고대중국어 어법론

고대중국어 어법론

리쭤펑 저 | 신원철·김혜영·이강재 역

역락

차례

제3장 실사_101

제7장 문장의 종류_497

제1장 개 론

이 책은 세 부분으로 이루어져 있다. 첫째는 고대중국어 어법 연구와 관련된 이론적인 문제를 다루고 있으며, 둘째는 고대중국어 어법의 체계를 논하고 있고 셋째는 그동안의 고대중국어 어법 연구에 대한 회고와 전망을 다루고 있다. 본서의 제1장은 첫 번째 내용을 다루고, 제2장에서 8장까지는 두 번째 내용을, 그리고 제9장은 세 번째 내용을 다루고 있다.

제1장에서는 1.고대중국어 어법론의 연구 대상, 2.고대중국어 어법론과 관련된 학문 분야, 3.고대중국어 어법의 특징, 4.고대중국어 어법의 연구 방법이라는 네 가지 문제에 대하여 언급한다.

제1절 고대중국어 어법론의 연구 대상

고대중국어 어법론의 연구 대상을 파악하기 위하여 먼저 '어법'이란 무엇인지를 설명하고 그 다음으로 '고대중국어 어법'이 무엇인지를 설명하기로 하자.

1. 어법

어법은 '문법'이라고도 부르는데, 언어의 구조 규칙을 가리킨다. 이 구조 규칙이란 독자적인 일련의 체계를 가리킨다. 이 체계를 이해하기 위해 다음 세 가지 내용을 소개할 필요가 있다. 먼저 이 체계의 세 가지 하위 체계 혹은 세 가지 기본 어법 단위, 다음은 어법 형식과 어법 의미, 그리고 끝으로 간단하게 어법의 공통점과 차이점을 언급하려고 한다.

(1) 어법 단위

체계란 서로 관련이 있거나 서로 작용하는 요소에 의해 조성된 일정한 구조와 기능을 갖춘 유기적 총체를 가리킨다. 모든 체계는 몇 가지 요소 혹은 몇 가지 하부 체계를 포함한다. 어법의 이러한 체계에는 층차가 다른 세 가지 요소, 즉 하부 체계가 있다. 문장 체계, 구 체계, 단어 체계가 바로 이것이다.

체계와 요소 사이에는 상호 의존적이면서 동시에 서로 바뀔 수 있는 관계가 있다. 먼저 하나의 체계 B는 그것과 그 주위 환경에 의해 조성되는 더 높은 단계의 체계인 A와 상대되는데, B가 바로 하나의 요소 a1(혹은 하부 체계 a1)이다. 동시에 이 체계 A에는 또한 요소 a2, a3……이 있는데, a1, a2, a3…… 사이에는 일정한 관계를 갖고서 체계 A를 구성한다. 다음으로 B라는 체계에는 요소 b1, b2, b3…… 그 자체로 모두 한 단계 낮은 체계인 C가 되며, 이 체계 C에는 또 요소 c1, c2, c3……이 있다. 따라서 어법 중의 어떠한 하부 체계도 모두 다음 두 측면에서 연구할 수 있다. 먼저, 하나의 체계를 하나의 요소로 간주하고 그것을 더 높은 층차의 체계 속으로 가져와서 그것과 다른 요소 간의 관계를 연구하는 것이다. 이러한 연구는 상향식 연구라고 부를 수 있다. 다음으로는, 하나의 체계를 몇 가지 요소로 분석하고 이 체계 속의 각 요소 사이의 내부 구조 관계를 관찰하는 것이다. 이러한 연구는 하향식 연구라고 부를 수 있다. 이 두 측면의 연구에는 다른 점도 있고 연관성도 있기는 하지만, 고대중국어 어법 중에서 이러한 상향식 연구와 하향식 연구는 완전하지 못한 대응관계를 이룬다.

이와 같은 고대중국어 어법의 체계에서 가장 먼저 해야 할 것이 문장 연구이다. 일반적으로 문장과 문장을 조합하여 문장 조합(문단[句群]이라고도 함)을 구성할 수 있다고 생각하며 어떤 학자들은 어법 분석의 범위를 문장 조합까지 확대하고 있다. 이 책에서는 전통적인 견해를 채택하여 문장이 어법 연구의 최대 구조 단위라고 설정한다. 문장을 최대의 어법 단위라고 정하여 연구를 진행해야만 우리는 상향식 연구를 할 수 있을 뿐만 아니라 하향식 연구도 진행할 수 있다. 상향식 연구를 할 때 각종 문장을 하나의 요소로 삼아 담화의 쌍방이 참여하는 상황에서 문장이 표현해 내는 갖가지 다양한 작용을 연구하는데, 이러한 연구는 화용 연구라 할 수 있다. 그런데 어법 연구는 문장에 대해 하향식 연구를 하는 것이며 이러한 하향식 연구는 먼저 전체 문장 어기의 차이에 근거하여 문장의 종류를 분류할 수 있다. 이렇게 분류한 종류를 '문장 종류[句類]'라고 부르는데, 일반적으로 진술

문, 의문문, 명령문[祈使句], 감탄문의 네 종류의 유형으로 나누어진다. 이러한 하향식 연구
는 또한 한 문장을 잘라낸 이후 잘라낸 각 어법 단위를 연구할 수 있다. 완전한 구조의 문장
은 두 요소 혹은 두 문장 성분이라 부르는 주어와 술어로 나눌 수 있다. 다음 예문을 보자.

> (1) 子産歸. (『左傳·昭公13年』)　　　　　　　　자산이 돌아왔다.
>
> (2) 臨大難而不懼者, 聖人之勇也. (『莊子·秋水』)　큰 어려움을 앞에 두고도 두려워하지 않는
> 　　것은 성인의 용기이다.

　위 두 문장은 주어와 술어, 두 부분으로 나눌 수 있다.(서로 다른 부호로 표시함) 대부분의
문장은 주어와 술어 두 부분으로 나눌 수 있는데, 두 요소라고 할 수 있다. 주어와 술어
사이의 서로 다른 문법 관계에 근거하여 문장의 유형을 구분해내는 것을 우리는 '문형[句
型]'이라고 부른다. 서술문[敍事句], 판단문은 고대중국어에서 가장 자주 보이는 두 가지
문형이다.

　어떤 문장의 주어, 술어는 단어로 충당되는데, 가령 (1)의 주어와 술어가 그 예에 속한
다. 그러나 대다수 문장의 주어와 술어는 단어로 충당되는 것이 아니고 구로 충당된다. (2)
가 그 예에 속한다. 이런 방식으로 구를 다시 더 나눌 수 있는데, 이렇게 구를 다시 나누
는 것은 문장을 나누는 것이 아니며 주어와 술어를 충당하는 구에 대해 나누는 것이다.

　문장을 주어와 술어로 나누어 논하면 이는 구 체계를 논하는 것이 된다. 구 체계는 주
로 두 측면을 연구한다. 첫째는 구가 주어나 술어로 쓰일 때 표현해내는 서로 다른 특징
인데, 이는 상향식 연구이다. 둘째는 구 내부의 구조 관계인데, 이는 하향식 연구이다. 상
향식 연구에 근거하면 우리는 구를 '용언'과 '체언'으로 나눌 수 있다. 하향식 연구에 근
거하면 우리는 구를 '관형구[定中短語]'와 '술목구[述賓短語]'로 나눌 수 있는데, 구를 구성
하는 관형어나 목적어 등 구를 구성하는 여러 부분들은 구의 성분이 된다.

　관형어, 목적어 등의 구 성분은 항상 단어로 충당되는데 때로는 더욱 작은 구로 충당될
수도 있다. 편의상 우리는 문장성분과 구 성분을 통칭하여 '문법성분'이라 부르기로 한다.

　단어에 대해 상향식 연구를 할 때, 우리는 주로 단어가 주어, 술어 및 각 종 구를 구성
할 때 표현해내는 서로 다른 특징을 연구하며, 이를 통해 실사, 허사, 명사, 동사, 타동사,
자동사 등등 여러 가지 품사와 그 하위 품사 부류로 나눌 수 있다. 하향식 연구를 할 때에
는 단어를 구성하는 요소를 구분해낼 수 있는데, 이것이 바로 형태소[語素]이다. 가령 '聖'

과 '人'은 '聖人' 이라는 단어를 구성하는 형태소이다. 고대중국어는 단음절사를 위주로 하기 때문에 형태소와 관련된 내용이 상대적으로 적다. 세 차원의 문법 단위 사이에는 다음과 같은 관계가 있다.

> 문장 - 문장성분 : 주어, 술어 (여러 종류의 구 혹은 단어로 충당됨)
> 구 - 구 성분 : 술어, 목적어, 관형어, 중심어 등등 (여러 종류의 단어 혹은 작은 구로 충당됨)
> 단어 - 형태소

문장의 기본 단위를 논할 때 위에서 언급한 세 가지 외에 형태소를 추가하여 네 가지를 제시하려는 학자도 있다. 이와 관련하여 '구 성분'이라는 부분은 없고 문장 성분과 구 성분을 통칭하여 문장 성분이라고 부른다. 문장을 구성하는 요소로는 주어와 술어 두 가지만 있다. 즉 문장은 단지 주어와 술어라는 두 종류의 요소로 나눌 수 있을 뿐이다. 구에서의 서술어, 관형어 등은 결코 문장에서 나눠진 것이 아니며 구에서 갈라져 나온 것이다. 따라서 우리는 '구 성분'이라는 개념을 더하는데, 구 성분이란 바로 구의 요소이다. 문장 성분, 구 성분과 상응하여 단어가 나누어진 성분이 형태소이므로, 이것은 문법의 독립된 단위가 될 수 없으며 어근과 접사를 포함하는 단어 체계 중의 한 요소에 불과한 것이다.

만약 고대중국어 문법에서 우리가 문장보다 큰 단위나 단어보다 작은 단위를 고려하지 않는다면, 문장, 구 그리고 단어에 대한 품사라는 세 가지 주요한 하위 체계가 있게 된다. 이 세 가지 하위 체계 중 문장과 단어는 양 끝에 위치하며 구는 중간에 위치한다. 품사, 구 및 문장 체계와 관련된 규칙은 고대중국어 문법의 기본 내용이며, 제2장에서 제8장에서 우리는 이에 대해 전면적으로 소개할 것이다.

(2) 어법 형식과 어법 의미

대화의 상대나 화용 상황 등의 차이를 고려하지 않는다면, 한 문장의 의미는 어휘 의미와 어법 의미 두 가지로 구성된다. 어법 의미는 보통 일정한 어법 형식을 통해 표현해낸 것이다. 또한 어법 체계는 어법 형식과 어법 의미라는 두 가지 하위 체계로 나눌 수 있다. 앞서 어법이란 언어의 구조 규칙이라고 말한 바 있는데, 이 구조 규칙이란 곧 어법 형식과 어법 의미가 조합하는 규칙이다. 어법 형식으로는 어순, 품사 구별[類別], 리듬[節律], 음운 변화[音變]의 네 가지를 들 수 있다.

어순은 단어 앞뒤의 순서를 가리키며, 품사 구별이란 단어 혹은 문장 중에 포함된 각종 서로 다른 품사를 가리키고, 리듬이란 휴지(休止, pause), 어조, 중음(重音)을 가리키며, 음운 변화는 음소[音位]의 변화를 가리킨다. 고대중국어에서 어순과 품사 구별은 가장 중요한 두 가지 어법 형식이다. 다음 문장을 보자.

(1) 齊伐宋. (『戰國策 · 燕策1』)   제나라가 송나라를 쳤다.

(2) 衛人來告亂. (『左傳 · 隱公4年』)   위나라 사람들이 와서 난리가 났음을 알렸다.

(3) 晉滅虢. (『左傳 · 僖公5年』)   진나라가 괵나라를 멸망시켰다.

(1)의 주어인 '齊'는 '伐'의 앞에 쓰여 제나라가 '伐'이라는 행위를 시행했음을 나타낸다. 즉 '齊'는 행위의 주체[施事, agent]이다. 목적어 '宋'은 '伐'의 뒤에 쓰여, 행위의 대상 [受事者, patient]이 되며 '伐'이라는 행위를 받아들인다. 만약 '齊'와 '宋'의 위치를 바꾸면, '齊'는 더 이상 행위의 주체가 아니며 행위의 대상이 된다. '宋'도 더 이상 행위의 대상이 아니며 행위의 주체가 된다. 여기서 어순이라는 어법 형식의 변화는 결과적으로 어법 의미인 행위의 주체와 대상의 변화를 유발한다. 또 (2)의 '來'는 '告亂'의 앞에 있는데, 이러한 어순은 위나라 사람이 먼저 '온[來]' 이후에 '난리가 났음을 알린[告亂]' 것임을 나타내는데, 이러한 어순은 행위 발생의 시간이라는 어법 의미를 나타낸다. 이 두 문장에서 어순상의 차이가 문장에 어휘 의미 이외에 어법 의미를 부여하게 되는데, 이것이 바로 어순과 어법 의미 사이의 관계이다.

이제 다시 품사 구별에 대해 살펴보자. 예(1)과 예(3) 두 문장의 구조는 기본적으로 같지만, '伐'과 '滅'이라는 두 동사의 차이로 말미암아 두 문장의 어법 의미도 전혀 달라진다. 예(1), 예(3)의 '齊'와 '晉'은 모두 행위의 주체이며, '齊'가 '伐'이라는 행위를 하지만, '晉'은 '滅'이라는 행위가 아닌 다른 행위를 한다. 이 행위는 문장 내의 단어를 통해 표현하는 것이 아니며 '滅'이라는 단어가 목적어를 수반함으로써 만들어내는 어법 의미로 표현한다. 이러한 행위는 또한 '虢'에게 '滅'이라는 변화가 일어나도록 만든다. 이것은 단어의 품사가 다르기 때문에 생긴 어법 의미상의 차이이다.

리듬이라는 형식 중 휴지가 고대중국어 어법 중에서 행하는 작용은 더욱 특별하다. 휴지는 이상의 두 가지 어법 형식처럼 자주 보이지는 않지만 매우 중요한 것이며 항상 다른 형식과 함께 어법 의미를 나타낸다. 아래 문장을 살펴보자.

(1) 趙背秦. (『戰國策 · 趙策3』)　　조나라가 진나라를 배신하다.

(2) 我食吾言, 背天地也. (『左傳 · 僖公15年』)　내가 나의 말을 실행하지 않는 것은 천지
　를 배신하는 것이다.

예(1)의 주어 '趙'와 그 뒤의 술어 사이에는 휴지가 없을 뿐만 아니라 휴지를 둘 수도 없다. 또 문미에 '也'도 쓰지 않았다. 예(2)와 예(1)의 분명한 차이는 문미에 '也'를 쓰는 것이며 동시에 문장의 주어와 술어 사이에 휴지가 있다는 것이다. 휴지는 리듬상의 차이이면서 동시에 어법 형식상의 차이이다. 예(1)과 예(2)는 서로 다른 문형에 속하는데, 예(1)은 서사문[敍事句]으로 객관적인 사실을 서술하며, 예(2)는 판단문[論斷句]으로 발화자의 주관적 느낌을 나타낸다. 이 두 유형의 문장 차이는 휴지와 '也'에 의해 결정된다. '也'가 있는지의 여부는 품사 구별을 통해 나타난 단어의 차이이다. 여기에서 휴지와 품사 구별이라는 두 가지 어법 형식이 문형을 결정한다.

리듬 중 어조라는 것이 있는데, 우리는 서면어로서의 고대중국어만을 볼 수 있기 때문에 고대인이 도대체 어떤 어조를 써서 발화를 한 것인지 이미 감성적으로 파악하기는 매우 어렵다. 다만 어떤 문장에서 우리는 그저 대체적인 추측을 해볼 수 있을 뿐이다. 가령, 감탄문의 어조는 보통 문장의 어조보다 강렬해야만 한다. 아래 문장을 보자.

(1) 孔子曰, "否! 立孫" (『禮記 · 檀弓上』)　공자가 말하길, "아니다! 손자를 세워야 한다."

(2) 公悲之, 喟然嘆曰, "令吏養之!" (『晏子春秋 · 內篇雜上』)　경공이 이를 슬퍼하면서 탄식하며 말했다. "관리로 하여금 그를 봉양하게 하여라!"

이 두 문장의 '否'와 "令吏養之"는 서사적인 문장에 비하여 감정이 강렬하며 어조 또한 변화를 주어야 한다. 이에 근거하여 우리는 감탄문을 확정할 수 있다.

고대중국어의 음운 변화도 중요한 어법 형식이기는 하지만, 고대중국어 중의 음운 변화에 대한 연구가 충분하지 않기 때문에, 앞으로 고대중국어 어법 체계를 소개할 때 음운 변화에 대해서는 매우 드물게 언급할 것이다.

(3) 어법 중의 공통점과 차이점

언어학자들은 세계의 언어에 대해 두 가지 분류법을 받아들이고 있다. 하나는 어족분류법[譜系分類法]이고 다른 하나는 유형분류법[類型分類法]이다. 어족분류법에 의하면, 세계의 언어는 한장어족, 인구어족 등으로 나눌 수 있다. 중국어는 한장어족에 속하는데, 이 어족에는 중국어 외에 티베트어와 미얀마어 등이 있다. 유형분류법에 의하면, 세계의 언어는 고립어, 교착어, 굴절어의 세 종류로 나눌 수 있다. 중국어는 고립어에 속하는데, 고립어는 일반적으로 단어의 형태 변화나 어미가 없어, 어법 관계가 어순이나 허사에 의해 나타난다. 여러 언어의 어법에도 공통점과 차이점이 있다. 단어 조합 방식이나 형태변화이든 혹은 품사 분류나 문장 유형도 모두 마찬가지이다. 일반적으로 말하면, 어족이나 유형이 같은 언어는 공통점이 더 많으며, 어족이나 유형이 다른 언어는 상대적으로 공통점이 적다. 동일한 언어 내부에는 방언의 차이가 있다. 여러 방언은 어법상 공통점이 더 많기는 하지만, 여전히 각각의 특징이 있다. 설사 동일한 방언을 말하는 사람이라도 단어를 사용하거나 문장을 만드는 데 있어서 완전히 동일하지는 않다.

어법상의 공통점과 차이점은 공시적(共時的)인 횡적 비교에만 나타나는 것이 아니고 통시적(通時的)인 종적 발전상에도 나타난다. 언어는 부단히 발전하는 것이고, 한 언어의 어법 또한 부단히 변화한다. 단시간 내에 이러한 변화가 쉽게 관찰되지는 않지만 시간을 길게 설정하면 이러한 변화가 분명해진다. 중국어는 수천 년의 발전을 거쳐 왔으며, 고대중국어와 현대중국어 사이에도 공통점과 차이점이 나타난다.

서로 다른 민족이나 역사 시기에 연유하여 어법 형식이나 어법 의미상에서 공통점과 차이점이 나타나기 때문에, 어법 연구에서 다른 언어의 어법을 참고할 수는 있지만 다른 종류의 어법을 이용하여 자신이 연구하고자 하는 어법에 그대로 적용할 수는 없는 것이다.

2. 고대중국어 어법

사람들이 사용하는 '고대중국어'라는 용어에는 고대의 중국어, 상고 중국어 그리고 문언(文言)이라는 세 가지 함의를 갖고 있다.

고대중국어는 먼저 '고대의 중국어'를 가리킨다. 이것은 아편전쟁 이전 한족이 사용한 언어를 모두 고대중국어라고 통칭할 수 있다는 말이 된다. 고인의 구어를 들어보지 못했고 현재에도 볼 수 있는 것은 문자로 기록된 서면어 자료뿐이다. 가장 초기의 서면어 자료는 갑골문(甲骨文)인데, 갑골문으로부터 계산하면 고대중국어는 대략 삼천여 년의 역사를 가지고 있다.

어떤 사물도 발전 변화가 없을 수 없는 것처럼 언어 또한 부단히 발전 변화하는 것이다. 삼천여 년 동안 중국어에는 큰 변화가 있었다. 중국어 어법과 어휘 및 어음변화의 상황에 근거할 때 어떤 학자들은 고대중국어를 상고시기, 중고시기, 근대시기라는 세 단계의 발전 시기로 구분한다. 상고시기는 3세기 이전까지로 역사상 상(商)[1], 주(周), 진(秦) 및 양한(兩漢) 시기를 가리킨다. 중고시기는 4세기부터 12세기까지로 역사상 육조(六朝)[2]와 당(唐), 송(宋) 시기를 가리킨다. 근대시기는 13세기에서 19세기까지로 역사상 원(元), 명(明), 청(淸) 시기를 가리킨다. 물론 학자에 따라 중국어 발전 시기의 시대 구분에 대한 견해가 완전히 일치하지는 않는다.

서면어는 구어의 가공된 형식이다. 일반적으로 상고 중국어 시기, 특히 상고 중국어의 전기와 중기에는 구어와 서면어의 거리가 그다지 멀지 않았다고 생각한다. 이 시기의 서면어는 기본적으로 당시의 구어를 반영하고 있기 때문에 상고 시기에는 구어와 대체로 일치하는 서면어 한 종류만이 있었다고 생각할 수 있다. 중고시기에 이르면 중국어의 구어는 이미 많은 변화가 일어나서 두 종류의 서면어가 있게 된다. 그 중 하나는 상고 중국어 서면 문헌을 모방한 서면어인데, 육조 작가와 당송팔대가(唐宋八大家)의 산문 등이 대부분 이러한 서면어이다. 또 다른 하나는 당시 구어의 기초 위에서 형성된 서면어인데, 이러한 서면어를 '고대백화(古代白話)'라고 부른다. 가령 남북조(南北朝) 시기 유의경(劉義慶)의 『세설신어(世說新語)』, 당대(唐代)의 변문(變文), 송대(宋代)의 화본(話本) 등이 여기에 속한다. 근대시기의 상황 역시 중고 시기와 유사한데, 동성파(桐城派)[3]의 산문(散文)처럼 상고 서면어를 모방한 것도 있고 또 『수호전(水滸傳)』이나 『서유기(西遊記)』 등처럼 당시 구어의 기초 위에 형성된 서면어인 고대백화도 있었다.

상고의 서면어와 후대 이를 모방하여 형성된 서면어를 문언이라고 부른다. 문언은 중국 고대 문헌 자료에서 사용한 기본 서면어 형식인데, '고대중국어'는 때로 이 문언을 가리키기도 한다. 상고의 문언은 전형적인 문언이며 중고와 근대의 문언은 모방의 결과물이라고

---

1) [역주] 은(殷)이라고도 한다.
2) [역주] 육조는 일반적으로 남경(南京)을 수도로 하는 동오(東吳), 동진(東晉), 송(宋), 제(齊), 양(梁), 진(陳)을 가리키지만, 이 책에서는 위진남북조(魏晉南北朝)와 수(隋) 시기를 언급하는 용어로 사용하였다.
3) [역주] 청대(淸代) 최대의 산문 유파로, 당송 시기의 문장을 기준으로 하였다.

말할 수 있다. 중고 이후의 사람들이 아무리 진지하게 모방하였다고 해도 모방은 여전히 모방일 뿐이다. 모방의 대상이 되었던 언어가 처한 시대의 언어적 영향으로 인하여 중고 이후의 문언과 상고의 서면어가 완전히 동일할 수는 없으며, 그 사이에는 차이가 있게 마련이다. 가령, 당대(唐代) 한유(韓愈)와 청대(淸代) 방포(方苞)의 산문이 상고 중국어와 차이를 보이고 있는 것이 그 예이다.

'고대중국어'의 세 번째 함의는 상고 시기의 중국어, 즉 상고 중국어이다. 이 책 '고대중국어 어법론'이라는 말 속의 '고대중국어'는 주로 상고 중국어를 가리킨다. 이 책에서 부가적인 설명이 없다면 '고대중국어' 혹은 '고중국어'라는 개념은 모두 상고 중국어를 가리킨다.[4] 따라서 이 책에서 말하는 '고대중국어 어법'도 사실은 상고 중국어 어법을 가리킨다.

이 책에서 논의하는 상고 중국어 어법에 대해 다음 세 가지를 더 설명할 필요가 있다.

먼저 학자들은 상고 중국어를 다시 세 시기로 구분하는데, 상나라는 상고 전기이고, 주나라, 진나라는 상고 중기이며, 양한 시기가 상고후기이다. 상고 중국어의 세 시기 내에서도 중국어는 부단히 변화 발전한 것이다. 따라서 이 시기 내의 중국어 어법은 서로 동일한 곳도 있지만 서로 다른 곳도 적지 않다. 이 세 시기 어법의 발전 상황을 상세하게 토론하는 것은 중국어사의 임무이다. 이 책의 주요한 목적은 이 세 시기 중국어 어법의 발전 상황을 소개하는 데에 있지 않고 주로 상고 중기의 어법을 토론하려는 것이다. 또 이 책에서는 갑골문이나 금문(金文)의 어법과 같은 상고 전기의 어법에 대해서 별로 언급하지 않는다. 『사기(史記)』의 어법과 같은 상고 후기의 어법에 대해서는 이 시기의 어법 현상과 상고 중기의 어법 사이에 동일한 것은 함께 소개하며, 『사기』의 어법과 상고 중기의 어법 상의 차이점은 그 중 중요한 것을 관련한 부분에서 설명을 하겠지만 전면적인 설명이나 소개를 하지는 않는다. 이 책에서 상고 중기의 어법을 토론할 때에 사용하는 언어 자료는 주로 『좌전(左傳)』, 『공양전(公羊傳)』, 『곡량전(穀梁傳)』, 『국어(國語)』, 『전국책(戰國策)』, 『논어(論語)』, 『노자(老子)』, 『손자(孫子)』, 『맹자(孟子)』, 『장자(莊子)』, 『순자(荀子)』, 『안자춘추(晏子春秋)』, 『여씨춘추(呂氏春秋)』, 『한비자(韓非子)』, 『예기(禮記)』 등 15권의 책이며, 『사기』의 언어 자료 역시 자주 사용한다. 예외적으로 『시경(詩經)』, 『상서(尙書)』와 『한서(漢書)』의 언어 자료를 사용하는 경우도 있다.

다음으로 이 책에서 토론하는 어법은 산문어법이다. 『시경』, 『초사(楚辭)』, 『악부(樂府)』

---

4) [역주] 본 번역문에서는 '고대중국어'와 '고중국어'를 구분하지 않고 모두 '고대중국어'라고 통일하여 부르고 있다.

등의 상고 운문도 당연히 그 자체의 어법 규칙이 있지만, 그들의 어법 규칙은 산문 어법과 다른 점이 있다. 이 책에서는 일반적으로 이러한 운문 작품의 어법 특징을 언급하지 않는다. 산문 어법에 대해서도 편폭의 제한 때문에 자주 보이는 어법 규칙만을 소개할 뿐이고 드물게 보이거나 특수한 어법 현상에 대해서는 다음을 기약하려고 한다.

세 번째로 상고 중기시기에도 방언의 차이나 시간상의 차이로 인하여 어법상의 차이가 있을 수 있다. 가령 『상서』의 어법은 『좌전』이나 『국어』의 어법과는 상당한 차이가 있다. 여기서 이용하는 문헌 중 『논어』, 『맹자』, 『순자』, 『예기』 등은 방언이라는 측면에서 가깝고 다른 문헌의 어법과는 일정한 차이가 있다. 하지만 시대가 서로 같고 방언이 서로 같다고 해도 서로 다른 작자의 언어 풍격이나 특징 때문에 서로 완전히 같은 수는 없다. 더 깊이 탐구해나간다면 모든 고대의 서적은 고대중국어 어법의 연구 대상이다. 이 책에서는 상고 중국어 중기 어법에 나타나는 방언, 시간이나 개인의 차이로 이루어진 어법 현상의 차이를 토론하지는 않으며, 상고 시기 주된 경향을 차지하고 있는 어법 규칙만을 다루게 될 것이다.

제2절 고대중국어 어법론과 관련된 학문 분야

고대중국어 어법론과 관련이 있는 학문 분야로는 언어학 내의 학문과의 관계, 언어학 외의 학문과의 관계, 고대중국어 교육과의 관계라는 세 가지 측면의 관계를 다루게 된다. 아래에서는 이 세 가지 측면에서 간단히 소개하기로 한다.

1. 언어학 내의 학문과의 관계

언어학 내의 관계를 살펴보면, 고대중국어 어법론과 관계가 밀접한 주요한 학문 분야로는 '소학(小學)', 일반언어학, 중국어사, 현대중국어 어법론, 방언학, 한장어계 각종 언어의 언어학이 있으며 이 밖에 수사학이 있다.

중국 전통의 언어문자학은 수당(隋唐) 시대 이래로 청말(淸末)에 이르기까지 모두 소학이라고 부른다. 그 중에는 훈고학, 문자학, 음운학이 포함된다. 훈고학은 고대의 단어 의미를 연구하는데 치중하며 고서에 나타난 어법이나 수사(修辭) 등도 함께 언급하지만, 연구의 중점은 한위(漢魏) 시대 이전의 고서이다. 훈고학과 고대중국어 어법론의 관계는 매우 밀접하다. 먼저 고대중국어 어법을 연구하는 전제는 고서를 해독하는 것인데, 『좌전』, 『사기』 등에 나오는 문장의 의미를 명확하게 알지 못하면 그 가운데 들어있는 어법 규칙에 대해 생각하기 어렵다. 또한 훈고학은 고서를 해독하기 위한 중요한 기초이므로, 만약 역대의 풍부한 훈고학 자료가 없다면 고서를 정확하게 해독할 방법을 생각하기 어렵다. 다음으로 어법론이 각종 어법 의미와 어휘 의미를 귀납해내고자 할 때, 단어와 문장에 대한 훈고학적 해석은 우리의 생각에서 가장 중요한 기초가 된다. 세 번째로 고인들은 실사와 허사를 모두 훈고의 범주 속에 포함시켰기 때문에 허사에 대한 이해 역시 훈고학에서 도움을 받아야 한다. 가령 훈고학의 '語助', '語已辭', '發語詞'의 풀이는 어법을 이해하는 데에 큰 도움이 된다. 역으로 어법의 연구 또한 훈고학을 더 깊이 연구하는데 도움이 된다. 이는 훈고학이 개별 단어의 뜻풀이에 치중하고 있고 어법은 전체 품사 의미와 문법 의미의 체계적 인식에 치중하고 있기 때문이다. 이러한 체계적인 인식은 단어 자체의 의미와 어법 의미를 구분하는데 도움이 되며, 또한 체계적인 각도에서 개별 단어의 의미를 생각하는 데에도 도움이 된다. 이렇게 하는 것이 단어의 의미를 더 정확하게 이해하는 데 도움이 될 수 있다. 훈고학의 주요한 저작에는 두 종류가 있는데, 어법론에도 모두 중요한 작용을 한다. 첫째 유형은 주소류(注疏類)인데, 『논어주소(論語注疏)』, 『춘추좌씨경전집해(春秋左氏經傳集解)』 등이 여기에 속한다. 둘째 유형은 공구서류(工具書類)인데, 『이아(爾雅)』, 『광아소증(廣雅疏證)』 등이 여기에 속한다. 만약 허사에 대한 고인들의 뜻풀이도 훈고학에 포함시킨다면, 『어조사(語助辭)』나 『경전석사(經傳釋詞)』 같은 유형의 책은 어법론과 관계가 더욱 밀접하다.

　문자학은 문자의 기원과 발전, 성질, 체계 및 문자의 형음의(形音義) 관계를 주로 연구한다. 문자학과 어법론의 관계 또한 밀접하다. 먼저 문자학과 훈고학은 직접 관련이 되어 단어에 대한 훈고학적 뜻풀이는 문자학을 떠나서 이루어지기 어렵다. 또 문자학에서 이루어지는 글자의 본의에 대한 해설은 품사의 어법 특징, 특히 허사의 작용을 이해하는 데 중요한 도움이 된다. 『설문해자주(說文解字注)』, 『설문해자의증(說文解字義證)』 등 문자학 저작은 모두 어법 연구를 위한 중요한 참고 문헌이다.

　음운학은 중국어 어음체계의 연혁과 서로 다른 역시 시기에 분리되고 합쳐지는 변화를 주로 연구한다. 언어는 본래 소리를 갖고 있으며 고대중국어 문헌도 소리를 기록해낸 결과물에 불과하다. 어휘, 어법 모두 일정한 어음 형식을 통해 표현해낸 것으로 훈고, 문자 혹은 어법 어느 쪽을 연구하든 모두 어음에 대한 인식을 떠날 수 없다. 가령 청대 학자의 '인성구의(因聲求義)'라는 사상은 고대중국어 어휘와 어법연구에 있어서 기초적인 방법이 된다. 음운학도 어법을 연구할 때의 기초 중의 기초라고 할 수 있다.

일반언어학은 언어학의 이론 부분으로, 언어의 본질, 기원과 발전, 언어 연구 방법, 언어학 분과와 언어학이 과학 체계 속에서 차지하는 위치 등을 연구한다. 이는 고대중국어 어법을 연구하는데 있어서 꼭 필요한 기본 이론이다. 사실 어법 연구를 한다면 어떤 이론을 통해 연구를 진행할 수밖에 없다. 다만 어떤 사람은 더 자각을 하고 어떤 사람은 전혀 자각하지 못하는 차이 혹은 어떤 사람은 이런 이론을 쓰고 또 다른 사람은 저런 이론을 쓴다는 차이만 있을 뿐이다. 연구를 이끄는 이론이 근본적으로 연구 방법을 결정하며, 다른 연구 방법은 또한 필연적으로 다른 연구의 결과를 결정한다. 이 때문에 학자들이 연구를 통해 얻어낸 서로 다른 결론은 그들이 채택한 이론이 연구에 다르게 표현된 것이라고 말할 수 있다. 최근의 언어학 이론은 주로 인구어계 언어에 대한 비교 연구의 기초 위에서 건립된 것이다. 한장어계는 세계 각 어족 중에서 매우 중요한 위치를 차지하고 있으므로 한장어계에 대한 연구는 일반 언어학의 이론을 풍부하게 해줄 것이며 고대중국어 어법의 연구 역시 일반 언어학 이론을 풍부하게 해주는 데에 중요한 의미를 가질 수 있다.

중국어사는 중국어 발전의 내부 규칙에 관한 연구 분야이며, 상나라에서 현대에 이르기까지의 중국어 변화, 발전과 그 규칙을 연구한다. 중국어 내부의 발전 규칙을 제시하는 것은 각 시대별 중국어 연구의 기초 위에 세워진 것이다. 각 시기 고대중국어의 규칙에 대한 깊은 연구가 없다면 중국어사도 있을 수 없다. 반대로 중국어사는 각 시대 어법을 연구하는 데에도 중요한 작용을 한다. 이는 어떤 시대의 중국어에 대한 연구는 그 전후 시기의 어법 규칙과 관련시켜 살펴보아야하기 때문이다. 가령, 상고 전기의 갑골문이나 금문 어법과 상고 후기의 한대(漢代) 어법에 대한 이해가 전제되지 않으면 상고 중기의 어법 규칙에 대해 생각하기는 매우 어려운 것이다.

고대중국어 어법론과 현대중국어 어법론 역시 밀접한 관계가 있다. 전체 중국 어법론 연구의 측면에서 볼 때, 현대중국어 어법 연구는 고대중국어 어법 연구를 선도하고 있다. 현대중국어 어법 연구의 분포에 대한 인식이나 변환 방법의 연구 결과는 중국어 연구의 방법상 중요한 발전이다. 이 방법은 고대중국어 연구의 이론이나 방법에 대해서도 중요한 가치가 있다. 따라서 현대중국어 연구의 이론과 방법을 학습하는 것은 고대중국어 어법

연구에 대해 매우 중요한 작업이다. 반대로 고대중국어의 연구 성과는 현대중국어의 어법 규칙을 연구하는 데에도 중요한 가치를 지닌다.

　　방언학은 각종 방언을 연구 대상으로 하며, 기술방언학(descriptive dialectology), 역사방언학(historical dialectology), 지리방언학(geometrical dialectology) 세 분야의 학문 분야로 나눌 수 있다. 일반적으로 학자들은 현대중국어에는 7대 방언구가 있다고 생각한다. 관화(官話) 방언, 오(吳) 방언, 상(湘) 방언, 객가(客家) 방언, 감(贛) 방언, 민(閩) 방언, 월(粵) 방언이 그것이다. 기술방언학이든 역사방언학이든 그 속에서 언급되는 어법은 고대중국어 어법과 불가분의 관계이다. 그리고 각종 방언 안에도 고대중국어의 어법 현상을 보존하고 있기 때문에 각지 방언에 대한 이해는 고대중국어 어법 연구에 대해 중요한 참고가 될 것이 분명하다.

　　한장어계에는 중국어족, 티베트버마어족[藏緬語族], 따이까다이어족[壯侗語族], 몽몐어족[苗瑤語族] 네 어족이 포함된다. 한장어계 가운데 중국어 이외의 다른 언어의 어법, 가령 티베트어 중의 사동(使動) 범주나 문미어[句終字] 등은 고대중국어 중의 사동용법이나 '也'자의 작용 등에 대해 중요한 시사를 던져준다.

　　어법 연구는 수사학과도 관계가 있는데, 여기서는 더 이야기하지 않는다.

2. 논리학, 기호학 등과의 관계

　　언어학과 관련된 동시에 어법론과 밀접한 관계가 있는 주요한 학문 분야로는 논리학, 기호학이 있으며, 이외에도 철학, 심리학 등이 있다.

　　논리학은 사유 형식과 그 규칙에 관한 학문 분야이다. 수리 논리의 발생과 발전으로 말미암아 논리학의 내용이 풍부해지고 확대되었다. 논리학이 연구하는 개념, 판단, 추리 및 상호 연관된 규칙은 사람들이 정확하게 사유하고 인식하는데 객관적인 논리 도구를 제공한다. 어법론의 연구 중 기본 연구 방법의 확립으로부터 구체적인 문제에 대한 사고와 인식에 이르기까지 거의 논리학을 벗어날 수 없다. 다음 절 연구 방법을 논할 때 공리화방법(公理化方法)을 언급하는데, 이는 논리학의 방법을 어법론 연구에 응용한 것이다. 어법에서 문장과 품사의 의미 내용을 분석할 때에도 논리학을 자주 이용한다. 가령 '명제', '개념'과 같은 것은 논리학 술어인데 어법을 분석할 때에도 사용한다. 넓은 의미의 논리학에는 논리어형론[邏輯語形學], 논리의미론, 논리화용론 등이 포함되는데, 논리어형론의 연구 방법에는 어법을 연구할 때에 본보기로 삼을만한 것이 있다. 언어를 분석할 때 논리학을 운용하지 않으면 안 된다. 다만 논리학에는 논리학의 방법이 있고 언어학에도 언어학의 방법이 있다. 따라서 논리학의 방법으로 자연 언어의 어법론 연구 방법을 대체할 수는 없으며 자연 언어의 분석에는 어법론의 연구 방법을 사용할 수 있을 뿐이다.

기호학[符號學 혹은 指號學, Semiotics]은 기호와 그 응용에 관한 일반 이론이다. 기호학은 경험기호학과 순수기호학 두 분야로 나눌 수 있다. 경험기호학이 연구하는 것은 자연 언어인데, 고대중국어 어법 연구에 필요한 이론의 하나가 바로 기호학 이론이다. 현대 기호학 이론의 술어에 대해 일치된 견해가 있는 것은 아니지만, 기호학은 어형론(어법론이라고도 부름), 의미론, 화용론의 세 부분으로 나눌 수 있다. 어형론에서 연구하는 것은 기호 형식과 기호 사이의 형식 관계에 대한 이론이며, 의미론은 기호와 그들이 지칭하는 대상 사이의 관계에 대한 이론이다. 화용론은 기호와 그들의 사용자가 이 기호를 만들거나 혹은 이 기호를 받아들이는 사람과의 관계에 대한 이론이다.

어법 연구는 또한 철학이나 심리학과도 밀접한 관계가 있다. 만약 체계론[系統論]을 철학 속에 포함시킨다면 체계적 사상도 어법 연구를 위한 중요한 이론이라고 할 수 있다. 심리학은 어법 규칙을 이해하고 응용하는 데에 중요한 의미가 있다.

3. 고대중국어 교육과의 관계

고대중국어 어법론은 고대중국어 교육이나 문언문 교육과 직접적인 관계가 있다. 대학교의 '고대중국어'라는 도구과목은 주로 학생들의 고대중국어 작품의 독해 능력을 배양하는 것인데, 독해 능력을 높이는 기초 중의 하나가 어법에 대한 지식이다. 과학적이고 체계적인 어법 지식을 갖추는 것이 학습자로 하여금 더욱 정확하고 신속하게 고대중국어 작품을 독해하고 이해하도록 만들어 줄 수 있다. 중·고등학교의 문언문 교육에서 고대중국어 어법 지식은 필수적이다.[5] 중·고등학교 교사나 학생들에게 좋은 고대중국어 어법 서적은 매우 유용하다. 그리고 중국 고대 전적을 읽고자 하는 독자에게도 어법 서적은 중요한 참고 도서가 된다. 만약 과거와 현대의 고문 번역본을 비교해본다면, 그 사이 고대중국어 연구 수준이 향상됨에 따라 자연히 고대중국어 어법 연구수준도 제고되었으며 현대 번역

---

5) [역주] 이는 중국에서의 상황이다.

본도 큰 진전을 이루었음을 발견할 수 있다. 이는 고대중국어 어법론이 고대중국어 학습에 대해 중요한 작용을 하고 있음을 설명한다. 고대중국어 어법의 연구와 보급은 많은 사람들, 특히 청소년들의 고문 학습 시간을 크게 절약시켜 줄 것이다.

제3절 고대중국어 어법의 특징

고대중국어 어법의 근본적인 특징은 총체성인데, 여기로부터 파생되어 나온 두 가지 특징이 더 있다. 그것은 변이성과 모호성이다.

1. 총체성

고대중국어 어법에서 총체성의 특징은 어법 범주가 단어의 형태 변화를 통해 표현되는 것이 아니며 단어 조합이나 문장 사이의 관계를 통해 표현된다는 것이다. 예를 들어 문형 중에서 서사문과 판단문, 어구[6] 중에서 지칭과 진술, 명사 중에서 유생과 무생, 술목구 중에서 자동(自動)과 치동(致動) 등 몇 가지 어법 범주는 단어의 조합이나 문장의 관계에서 나타나는 것이다.

어휘의 조합 중 허사와 다른 어휘의 조합, 실사와 실사성 어휘의 조합은 고대중국어 어법에서 중요한 어법 형식이다.

먼저 허사를 살펴보자. 실사와 비교할 때 허사의 출현빈도가 높은 편이며 그 용법도 다양하다. 가령 문미에 '也'를 쓰면 판단문을 구성하고 쓰지 않으면 서사문을 구성하는 것이 일반적이다. 또 '者'와 '所'는 동사성 혹은 형용사성 단어와 결합된 후 진술성 단어를 지칭성 단어로 바꿀 수 있다. 이러한 진술성 단어와 지칭성 단어 사이의 변화는 고대중국어에 자주 나타나는 현상이다.

다음으로 실사와 실사의 조합 관계도 매우 중요하다. 명사는 유생명사와 무생명사로 구분되는데, 이 두 가지 중요한 어법범주는 실사성 단어의 조합을 통해 분석해낸 것이다. 유생명사는 주로 사람을 나타내고 무생명사는 주로 사물을 나타낸다. 유생명사는 주어로 쓰

---

6) [역주] 이곳의 어휘라는 말은 '詞語'를 번역한 것이다. 사전상 '詞語'는 어휘나 글자 혹은 단어나 어구(語句)의 의미를 갖는데, 본서에서는 대개 '어휘'를 가리킨다.

일 수 있는데, 여러 유형의 동사의 주어가 될 수 있다. 그러나 무생명사가 주어가 되는 경우는 유생명사에 비하면 드문 편이며, 많은 동사는 무생명사의 술어가 되지 않는다.

> (1) 種頓首言曰, "願大王赦句踐之罪." (『史記‧越王句踐世家』) 문종이 머리를 조아리며 말했다. "대왕께서 구천의 죄를 용서해주기를 원합니다."
> (2) 東海之極, 水至而反. (『呂氏春秋‧君守』) 동해의 끝에 물이 다다르면 돌아온다.

예(1)의 '種'은 유생명사이며, '頓首', '言', '曰' 등 여러 동사의 주어가 된다. 예(2)의 '水'는 무생명사이며 비록 '至', '反' 등의 주어가 될 수 있지만, 예(1)에 쓰인 동사의 주어가 되기는 어렵다. 이처럼 '種'과 '水'가 다른 실사와 조합할 때 표현해내는 서로 다른 특징에 근거하여 이들을 유생과 무생이라는 두 종류의 다른 명사로 나눌 수 있는 것이다.

2. 변이성

품사나 구, 문장의 특성은 서로의 유기적인 관계 속에서 확정되기 때문에 여기에서 변이성이라는 특징이 나타난다. 변이성이란 어떤 유형의 확정된 단어나 구 혹은 문장이 일정한 언어 환경에서 특정한 변이가 출현할 수 있는 것을 말한다. 가령 서로 다른 단어와 동일한 단어의 서로 다른 용법은 항상 동일한 어음이나 문자 형식에 섞여 있기 때문에[7] 품사의 겸용[兼類], 품사의 전성[轉稱], 품사의 활용[活用] 등의 현상이 자주 나타나게 된다.[8]

> (1) 子反辭以心疾. (『韓非子‧飾邪』)　　자반이 마음의 병을 이유로 사직하였다.
> (2) 孫子無辭. (『韓非子‧難四』)　　손자가 아무 말이 없었다.

예(1)의 '辭'는 동사이며 예(2)의 '辭'는 명사이다. 동일한 '辭'가 서로 다른 문맥에 출현하여 서로 다른 품사에 속하게 되는데, 이것을 명사와 동사의 겸용이다. 예(1)의 '辭'가 동

---

7) [역주] 이 말은 문자로서의 자형이 같으면서 그 내부에 발음이 같거나 혹은 다른 두 단어가 포함된 경우도 있고(즉 이를 동형어(同形語)라고 할 수 있다), 또 설령 동일한 단어라고 할지라도 문맥에 따라 용법이 다른 경우를 가리키는 말이다.

8) 품사의 겸용, 전성, 활용에 대해서는 제2장 제4절의 품사를 참고할 것.

사인 이유는 그 앞에 명사가 있고 그 뒤에 전목구가 있기 때문이다. 예(2)의 '辭'는 그 앞에 '無'가 있으므로 명사라고 판단하는데, 이는 문맥에 의해 결정되는 것이다.

품사에만 변이성이 있는 것이 아니고 문장에도 변이성이 있는데, 이러한 변이성을 우리는 '모범형식[範式]'과 '변형형식[變式]'이라는 두 개념으로 부른다. 가령 판단문을 살펴보면, 모범형식은 문장의 중간에 휴지가 있고 문미에 '也'를 쓴다. 판단문의 문미에 '也'를 쓰는 것이 일반적인 상황에서 판단문의 문미에 '也'를 쓰지 않고 문장의 중간에 휴지도 없는 문장이 있다면 이것이 바로 변형형식이다.

    (1) 白圭, 周人也. (『史記 · 貨殖列傳』)   백규는 주나라 사람이다.

    (2) 此人力士. (『史記 · 魏公子列傳』)   이 사람은 힘이 센 사람이다.

예(1)은 전형적인 판단문 형식으로, 문미에 '也'를 쓰고 있고 주어와 술어 사이에 휴지가 있다는 특징이 있다. 예(2)는 휴지도 없을 뿐만 아니라 문미에 '也'를 쓰지 않고 있지만 여전히 판단문이다. 전형적인 판단문을 판단문의 모범형식이라고 할 수 있으며, 예(2)처럼 전형적인 판단문이 될 수 없는 문장이 판단문의 변형형식이다. 일반적으로 모범형식은 자주 보이는 편이고 변형형식은 모범형식만큼 자주 보이지 않는데, 이 또한 변이성의 표현이다.

3. 모호성

세상의 모든 사물은 정확성과 모호성이라는 두 가지 측면을 가지고 있다. 이 중 정확성은 상대적인 것이지만 모호성은 절대적인 것이다. 언어 또한 마찬가지여서 정확성도 있지만 모호성도 가지고 있다. 중국어는 특히 모호성이 강한 언어이다. 이른바 모호성이란 이것도 되고 저것도 되며 이것이 아니기도 하고 저것이 아니기도 한 성격을 말한다. 이러한 모호성은 고대중국어 어법의 각 방면에도 반영되어 있다. 문장, 구, 품사라는 이 세 가지 기본 어법 단위 사이에는 분명한 한계가 없기 때문에, 실제 품사, 구, 문장과 같은 어법 단위를 분류할 때에도 명확한 한계가 없이 모두 이것도 되고 저것도 되며 이것이 아니기도 하고 저것이 아니기도 한 성격을 나타낸다. 어법의 각종 분류에서 명확한 한계를 찾기 어렵다는 것은 실제 그들이 곳곳에서 과도적인 성격[過渡]과 탄력성을 나타내고 있기 때문이다. 품사에는 실사와 허사의 두 부류가 있는데, 실사 중의 대체사[代詞]는 허사적 성격이 있어서 허사로 분류하는 경우가 일반적이나, 본서에서는 실사에 귀납시켰다. 대체사 '之', '其'는 더욱 허사에 가깝다. 전치사[介詞]는 어떤 면에서는 동사와 상통하는 면이 있고 또 다른 측면에서는 접속사[連詞]와 상통하는 면이 있어서 실사와 허사의 중간에 위치하는 품사라고 할 수도 있다. 또한 술목구와 술보구는 구분하기 어려울 때가 있다. 문장에서도 과도적인 성격을 나타내는 곳이 적지 않다. 서사문, 판단문, 설명문은 가장 자주 보이는 문장 유형인데, 이 중 서사문과 판단문의 대립은 명확하지만 설명문은 두 종류의 문장 사이에 있고, 또 판단문과 복문 역시 그 한계가 모호하다. 종합하자면, 어법의 각종 구별에는 언제나 과도적인 성격이 나타나는데, 이러한 과도적인 성격은 일종의 총체적인 합리와 부분적인 불합리를 나타내는 것이다. 이 총체적 합리와 부분적 불합리한 상황에 대하여 상식적인 예를 통해 설명해보자. 노년과 중년, 청년 이 세 가지 개념을 40세와 60세 나이로 경계를 설정한다면, 60세 이상은 노년이고 40세 이하는 청년이 된다. 그렇다면 41세인 사람은 중년에 속하지만, 41세인 사람은 중년에 속하는 59세인 사람이나 청년에 속하는 39세인 사람과 비교할 때 당연히 39세인 사람에 가깝다. 그래서 부분의 입장에서 본다면 41세인 사람을 중년에 포함시키는 것은 전혀 합리적이지 않다. 그러나 분류를 위해 노년, 중년, 청년의 경계로 어떻게 설정하든 노년, 중년, 청년을 나누지 않는 것을 제외하고는 모두 부분적인 불합리가 있는 것이다. 비록 부분적인 불합리지만 총체적으로는 이와 같은 경계는 필요한 것이므로 전체적으로 볼 때는 합리적이기도 하다. 어법의 분류에서도 이러한 현상이 출현한다.

　어법의 모호성도 피할 수 없다. 이는 무엇보다 현실세계, 특히 사회현실 그 자체가 모호한 것이므로, 복잡하고 미묘하면서도 어디에나 미칠 수 있도록 현실을 반영하는 언어에서 모호성이 없을 수 없기 때문이다. 다음으로 언어체계는 추상적이며 언어활동은 개인적이다. 개인의 언어활동은 일정한 규칙의 제약 아래에서 어느 정도 자의성을 갖고 있는데, 이러한 자의성에는 필연적으로 모호한 결과를 수반하게 되기 때문이다. 끝으로 언어는 부단히 변화 발전하는 것인데, 앞 시대에 남겨진 어법 현상은 다음 시대에 생겨난 현상과 당시의 어법 규칙에 혼재되어 있어서 필연적으로 모호한 결과를 낳게 되는 것이다.

제4절 고대중국어 어법의 연구 방법

어법론의 유파에는 여러 가지가 있는데, 각 유파에는 모두 자신만의 연구 방법이 있기 때문에 어법 연구 방법 또한 여러 가지가 있다. 여기에서 말하는 연구 방법이란 주로 이 책에서 쓰고 있는 연구 방법이며, 이 책 제2장에서 제8장까지 소개하는 어법 체계는 이 방법으로 연구한 것이다. 이 책에서 채용한 방법에 대하여 1. 연구의 표준, 2. 연구의 순서, 3. 연구의 언어 자료, 4. 일반과 특수라는 네 가지 측면에서 소개하고자 한다.

1. 연구의 표준

연구의 표준이란, 고대중국어를 연구할 때 어떤 기준으로 문장, 구, 품사 등의 기본 어법 단위의 체계를 확정할 것인가를 가리킨다. 어떤 어법 단위이든 어법 형식과 어법 의미의 결합물인데, 이 결합물에서 형식과 의미는 서로 분리될 수 없는 밀접한 관계를 가지고 있다. 어법 형식과 어법 의미는 각각 서로 다른 작용을 하는데, 이에 상응하여 어법을 연구할 때 두 가지 다른 방법이 있을 수 있다. 이 두 가지 방법은 어법을 연구할 때 모두 채택되어야 한다. 그 중의 하나가 근본성의 방법이고 또 다른 하나는 종속성의 방법이다.

어법 형식에서 출발하여 어법 의미를 귀납해나는 것이 근본성의 방법이다. 이른바 근본성이란 우리들이 어법 형식에 근거하여 고대중국어 어법의 기본 체계를 확정하는 것을 말한다. 주지하는 바와 같이 민족과 시대에 따라 어법은 각각의 독특한 어법 형식과 어법 의미를 갖고 있다. 따라서 고대중국어 어법 형식과 어법 의미를 확정하는 데 있어서 다른 민족 언어의 어법 형식과 어법 의미에 근거할 수 없을 뿐만 아니라 현대중국어 어법 형식과 어법 의미에 근거할 수도 없다. 다른 민족 언어 혹은 현대중국어의 어법 형식과 어법 의미는 고대중국어 어법 체계를 확정하는 데 참고할 수 있을 뿐이다. 어법 형식과 어법 의미 이 두 가지 중에서 어법 형식은 외재적인 것이며 어법 의미는 내재적인 것이다. 우리는 먼저 어법 형식에 근거하여 고대중국어 어법 형식의 체계를 귀납하고 이러한 어법 형식의 체계에서 출발해서 다시 어법 의미를 귀납해 내어야 한다. 이렇게 얻어낸 어법 의미만이 고대중국어 자체의 고유한 어법 의미이다. 아래에서 두 가지 예를 통해 이 문제를 설명하도록 하자.

　품사를 나눌 때 근거로 삼는 것은, 한 단어가 문장 속에서 어떤 어법 성분으로 충당되며 그것이 어떤 어법 성분으로 충당될 때 어떤 단어와 조합되는가 하는 것 즉 통상 말하는 분포(分布)와 기능이다. 가령 '子産'이라는 단어는 일반적으로 술어가 되지 않으며, '入'이라는 단어는 항상 술어가 된다. 이 특징에 근거하여 우리는 '子産'이라는 단어를 이와 기능이 동일한 단어와 함께 한 종류로 귀납하고 명사라고 부른다. 또 '入'이라는 단어를 동일한 방식으로 동사라고 부른다. 대량의 명사와 동사에서 우리는 의미적인 측면에 초점을 두고, 명사는 일반적으로 사람이나 사물 등을 나타내고 동사는 행위나 동작을 나타낸다는 등의 의미상의 특징을 귀납해낼 수 있다. 또 문형을 구분할 때에 우리가 사용하는 것도 어법 형식에서 어법 의미에 이르는 방법이다. 이 장 제1절에서 예로 든 두 문장은 각각 서사문과 판단문이다. 이 두 예문을 서로 다른 문형으로 분류한 이유는, 주어와 술어 사이에 휴지가 있는지 여부와 문미에 '也'를 썼는지 여부 등의 특징에 따른 것이다. 마찬가지로 이 두 어법 형식상의 특징에 근거하여 더 많은 문장을 서사문과 판단문으로 분류할 수 있으며, 이 서사문과 판단문에서, 서사문은 주로 사실을 진술하고 판단문은 주관적 판단을 표시한다는 어법 특징을 귀납해낼 수 있다. 대체로 고대중국어의 어법 형식과 어법 의미라는 두 체계 속에 들어있는 기본적인 내용을 이러한 방법으로 귀납해낼 수 있다. 이상에서 소개한 것이 어법 형식에서 어법 의미에 이르는 방법이다. 아래에서는 어법 의미에서 어법 형식에 이르는 연구 방법에 대해 이야기하도록 하자.

　어법 의미로부터 어법 형식에 이르는 방법이 종속성의 방법이다. 이른바 종속성이란 어법 의미를 운용하여 구체적 어법 단위의 체계성을 확정할 때 어법 형식에서 귀납해낸 체계를 기초로 하는 것을 말한다. 어법 형식의 방법을 써서 고대중국어의 기본적 어법 체계를 귀납해낸 후에도 어떠한 단어나 문장은 위에서 언급한 방법으로 이에 상응하는 체계에 귀납시킬 수 없는 경우가 있다. 이는 어떤 단어나 문장이 어법 형식상 전형적이지 못하다면 이때 어법 의미를 참고하여 확정해야하기 때문이다. 가령 대체사는 전치목적어가 될 수 있다는 특징에 근거하여 그 품사를 정하지만, 어떤 대체사는 전치목적어가 될 수 없다. 가령 '其'는 목적어가 될 수 없으므로 전치목적어는 말할 수도 없는데 여전히 대체사로 분류한다. 이처럼 품사 분류에서 근거로 삼는 것은 어법 형식이 아니라 어법 의미이다. 왜냐하면 이 단어는 다른 대체사와 마찬가지로 지시하는 의미가 있다. 또 고대중국어의 판단문은 어법 형식에 근거하여 확정할 수 있다. 판단문의 문미에는 '也'를 자주 쓰지만 어떤 판단문의 문미에는 '也'를 쓰지 않는다. 이 경우 의미상 주어와 술어 사이에 판단의 관계를 나타낸다는 점에만 근거하여 이 문장을 판단문으로 분류할 뿐이다. 여기서 주의할 점은 이처럼 분류를 할 때에도 먼저 어법 형식에 근거하여 이미 고대중국어에는 대체사가 있고 판단문이 있다는 점을 확정한 이후에 가능하다는 것이다. 이는 또한 어법 형식의 연구에 근거하여 어법 내의 어법 형식과 어법 의미가 이미 기본적인 체계를 갖게 된 연후에야 어법 의미에 근거한 더 자세한 분류를 할 수 있다는 말이 된다. 만약 어법 형식에 근거하여 대체사라는 품사나 판단문이라는 문형을 귀납해내지 못한다면 대체사나 판단문의 어법 의미를 확정할 방법도 없는 것이다. 이러한 상황에서 상응하는 어법 의미도 분류할 수 있는 작용을 상실하게 된다. 그래서 우리는 어법 형식은 근본적이고, 어법 의미는 종속적이라고 말하는 것이다.

2. 연구의 순서

앞에서 연구의 표준을 이야기하면서 어법 형식에 근거하여 어법 체계를 확정할 때 순환 논증에 처해있다는 것을 발견할 수 있다. 즉 한편으로는 문장이나 구에 근거하여 각종 품사를 확정하면서도 반대로 또 각 실사나 허사에 기초하여 문장과 구를 분석한 것이다.[9] 이 문제를 해결할 수 있는 방법으로 공리화(公理化)[10]가 있다.

공리화 방법은 연역의 방법이다. 이 책에서 연구의 순서로 채용하고 있는 기본적인 방법은 일종의 연역 방법이며, 아울러 이 연역의 기초에서 귀납을 진행한다. 이러한 연구 방법은 어법이 문장에서 귀납해내는 규칙인데 어떻게 연역이 더 기본적일 수 있는 것인가 하는 점 때문에 이해할 수 없는 것처럼 보인다. 그러나 연구 과정을 자세히 살펴보면 충분히 인정할 수 있게 된다. 기본적으로 이 연역의 방법을 쓰지 않는다면 순환 논증에 빠질 가능성이 크다. 아래에서는 이 연구 방법에 대해 이야기해보도록 하자.

공리화 방법이란, 과학적 이론으로 구조를 연역해내는 논리학의 한 방법이다. 이 방법

---

9) 자오위안런은 일찍이 이러한 순환 논증에 대해 지적하면서 해결의 방법을 제시하였는데, 이에 대해서는 『한어구어어법(漢語口語語法)』(뤼수샹(呂叔湘) 역, 상무인서관(商務印書館), 1979년) 8쪽을 참고할 수 있다. 여기서는 다른 해결 방법을 선택하였다.

10) [역주] 공리(公理, axiom)란 논리학에서 하나의 이론에서 증명이 없이도 바르다고 전제하는 명제를 말한다. 그런데 논리학의 논쟁 과정 중 공리의 존재 자체가 부정되면서 이론의 기초로서 가정한 명제를 가리키기도 한다. 이 책에서 말하는 방법 역시 전제로서 기본 개념을 인정하고 그곳에서 출발하여 다른 개념들을 확정해나가는 것이다.

은 소수가 정의를 내릴 수 없는 원시 개념으로부터 출발하여 특정한 연역추리 규칙에 의거하여 이 학문 분야 중의 다른 명제를 도출해내고 이어서 연역 체계를 구성해내는 방법이다. 이러한 연구 방법은 본래 수학에 있던 연구 방법인데, 본서에서 어법을 연구하기 위해 사용하는 이 방법은 수학에서 운용하는 방법과는 다른 특징을 가지고 있다.

공리화 방법의 관건은 기본 개념을 끌어오는 것인데, 고대중국어 어법론의 기본 개념은 주어와 술어라고 말할 수 있다. 주어는 화제이고 술어는 주어에 대한 진술이다. 사실 어법론의 입장에서 '화제', '진술'은 엄격하게 정의내리기가 쉽지 않으며 다만 열거의 방법으로 그 개념을 해설할 수 있을 뿐이다. 한 문장의 앞에 위치한 어떤 성분이 진술의 제목이라면 이 제목이 화제이다. 가령 '행위의 주체', '행위의 대상', '판단의 대상' 등은 자주 보이는 화제이다. 이 화제를 나타내는 문장 성분이 주어이다. 한 문장의 뒤에 위치한 어떤 성분이 항상 앞의 화제를 해설하는 데 쓰인다면 이 화제를 해설하는 부분이 진술이다. 또 진술은 행위, 변화, 판단의 결과일 수 있는데, 진술을 나타내는 이 부분이 술어이다. 다수의 문장은 이 두 가지 기본 성분을 가지고 있다. 다음 예를 보자.

(1) 晉荀林父救鄭. (『左傳・宣公5年』)　　진나라 순림보가 정나라를 구했다.

(2) 襄仲如齊納幣, 禮也. (『左傳・文公2年』) 양중이 제나라에 가서 폐백을 바친 것은 예에 맞는 것이다.

예(1)의 '晉荀林父'는 화제이며 동시에 주어이고, 그 뒤의 '救鄭'은 술어이다. 또 예(2)의 '襄仲如齊納幣'도 화제를 나타내는 주어이며 주어와 상응하며 그 뒤에 나온 '禮也'는 진술을 나타내는 술어이다.

전제로 인정하고 시작한 초기 개념이 있다면 다음으로는 기능과 구조에 근거하여 각 어법 단위에 대해 분석과 종합을 진행해야 한다. '기능'이란 분포와 변환을 가리키며 '구조'란 문법 구조를 가리킨다. 이를 비유하자면, 분포와 변환이란 몇 가지로 분류된 구조 틀을 설치하고 그 후에 분류시키고자 하는 언어 단위를 각각 이 틀 속에 넣고 시험해보는 것과 매우 유사하다. 이 틀 속에 넣을 수 있는 것은 하나의 유형에 속하게 되며 이 틀 속에 넣을 수 없는 것은 또 다른 유형에 속하게 된다.

분포는 어떤 문장을 구성하는 문법 구조의 틀을 말하는 데, 가령 "주어나 혹은 술어가 될 수 있다"라는 것이 하나의 틀이다. 이 틀 속에 들어갈 수 있는 모든 단어를 동일한 유형으로 분류하여 실사라고 부른다. 또 이 틀 속에 들어갈 수 없는 단어가 허사이다. '실사'·'허사'라는 유형 분류가 있으면 더 나아가 실사와 허사의 어법 의미를 귀납해낼 수 있다. 어법론의 주요한 작업은 부단히 이러한 틀을 확정하려는 것이다. 또 "주어와 술어 사이에는 항상 휴지가 있다는 조건을 전제로, 문미에 어떤 허사를 더할 필요가 없이 술어가 될 수 있다."라는 것과 같은 틀을 확정할 수 있다면, '出', '大'와 같은 단어 역시 이 틀 속에 들어갈 수 있으며 이를 용언[謂詞]이라고 부른다. '人', '國'과 같이 이 틀에 들어갈 수 없는 단어는 별도의 다른 유형에 속하며 이것이 체언[體詞]이다. 용언과 체언을 구분해 낸 다음 여기에서 더 나아가 용언과 체언 어법 의미를 귀납해낼 수 있다.

이러한 어법 형식이 나타내는 관계를 변환시키는 것은 하나의 어법 단위 내에 국한되지 않고 두 가지 어법 단위 사이로 확대될 수 있는데, 이를 두 어법 단위의 관계 속에서 하나의 틀을 찾아낸다고 할 수도 있다. 가령, 여기 구 A가 있다면, 우리는 그 안에 있는 어떤 어휘를 증가, 감소 혹은 위치 이동[移位]의 방법을 써서 구 A의 기초 위에 또 다른 구 B를 구성할 수 있다. 만일 의미상 구 A와 구 B 사이에 동일하거나 포함 관계의 의미 관계가 있다면 이는 변환할 수 있지만, 그렇지 않다면 변환할 수 없다. 변환할 수 있는 어법 단위는 동일한 틀 속에 들어가는 동일한 유형에 속하지만, 변환할 수 없는 것은 다른 유형에 속한다. 아래에서 예문을 통해 변환을 설명하도록 하자.

동사 뒤에 '於/于'로 구성된 전목구를 더하면 술보구를 구성할 수 있다. 이러한 술보구를 구 A라고 하자. 이 A에서 '于'를 제거하는 감소의 변환 방식을 써서 술목구를 구성할 수 있는데, 이 술목구가 구 B이다. 가령 다음 예문을 보자.

　(1) 今人乍見孺子入於井. (『孟子·公孫丑上』) 지금 어린 아이가 우물로 들어가는 것을 언뜻 보았다.

　(2) 赤子匍匐將入井. (『孟子·滕文公上』)　어린 아이가 기어서 장차 우물로 들어가려 하였다.

　(3) 晉侯請于王. (『左傳·宣公16年』)　진나라 군주가 천자에게 (사회(士會)를 진의 경으로 임명해줄 것을) 청하였다.

　(4) 文嬴請三帥. (『左傳·僖公33年』)　(진(晉) 문공의 부인) 문영이 진(秦)의 세 장수를 놓아줄 것을 청하였다.

예(1)의 '入於井'은 구 A이고 예(2)의 '入井'은 구 B 인데, '入於井'과 '入井'의 의미는

기본적으로 동일하다. 그런데 예(3-4)는 앞의 예와는 다르다. 여기에서 예(3)을 예(4)의 형식으로 변환시킨다면 원래 문장의 의미에는 분명한 변화가 생겨난다. '請王'은 "왕에게 요청하다."라는 뜻이 아니며 "왕을 석방해줄 것을 요청하다"로 변화되었다. 이 변환에서 '入於井'과 '請于王'은 비록 모두 술보구이기는 하지만 서로 다른 종류의 술보구에 속하며, 이에 상응하여 '入'과 '請' 또한 서로 다른 유형의 동사에 속한다는 것을 알 수 있다. 다시 아래 예문을 보자.

(5) 彭城降晉. (『左傳·襄公元年』)   팽성이 진에게 항복하였다.

(6) 齊人降鄣. (『春秋·莊公30年』)   제나라 사람들이 장 지방이 항복하게 만들었다.

예(5-6)은 구조상 동일한 유형에 속하는 것처럼 보이지만, 이 두 문장의 구조는 외형상 비슷할 뿐 전혀 일치하지 않는다. 예(5)는 팽성이 진나라에 투항한 것이고 예(6)은 제나라 사람들이 장으로 하여금 투항하게 만든 것이다. 이러한 관계의 두 문장을 '형태는 같고 구조가 다르다[同型異構]'라고 부른다.[11] 이처럼 형태는 같고 구조가 다른 문장을 구별해 내려면, 문장 자체만 가지고는 부족하며 여기에 변환의 방식을 사용해야 형태만 같지만 구조가 다른 문형임을 확정할 수 있다. 가령, 예(6)에는 '鄣降'이라는 의미가 있는데 여기서 '降鄣'을 '鄣降'으로 변환할 수 있다. 그러나 예(5)에는 '晉降'의 의미가 없기 때문에 '晉降'으로 변환할 수 없다. 변환을 통해서 이처럼 형태는 같지만 구조가 다른 두 문장을 구분해낼 수 있다.

분포와 변환은 단어나 구의 유형을 확정할 때 자주 쓰이지만, 구조는 문장과 구를 분석할 때 사용되곤 한다. 품사의 유형과 어순, 리듬 등의 어법 형식은 문장과 구의 구조를 분석하는 표준으로 자주 사용한다. 이에 대해서는 앞의 어법 형식에서 이미 언급하였으므로 여기서는 생략하기로 한다.

주어, 술어라는 두 기본 개념이 있어야 기능과 구조의 분석을 통해 어법의 각종 신개념을 이끌어내어 하나의 어법 체계를 완성해낼 수 있다. 또 연구 과정에서 처음 확정한 초기 개념이 꼭 완전한 것은 아니라는 점을 기억해야 한다. 따라서 후속 연구 과정에서 더 깊은 연구를 통해 초기 개념을 수정하고 완전함을 추구해야 하며, 이렇게 밝혀낸 내용도 적절하게 수정해 나가야 한다. 결론적으로 공리화 연구 방법은 공리에 대해 부단히 완벽함을 추구하는 것을 인정하고 추진해야만 하는 것이다.

---

11) 앞의 예(1)과 예(3), 예(2)와 예(4) 역시 형태는 같지만 구조는 다르다.

이러한 공리화 방법은 어법 형식에서 출발하여 어법의 각종 관계를 유도해낼 뿐만 아니라 이에 상응하는 어법 의미를 귀납해내고 더 나아가 어법의 기본 규칙 혹은 고대중국어 어법 체계의 기본 틀을 확정할 수 있다. 물론 이 방법이 어법의 모든 문제를 해결해주는 것이 아니기 때문에 이 방법을 쓸 때 어법 의미로 보충을 해야 한다. 앞서 말한 것처럼 어법 의미는 여기에서 종속적이지만 연구 순서에 있어서는 빼놓을 수 없는 부분이다.

이 책의 제2장부터는 위에서 언급한 연구 순서를 운용하여 확립한 어법 체계를 소개할 것이다. 일반적으로 어법 체계를 소개할 때에 두 가지 방법이 있고, 이 두 가지 방법에는 각각의 장단점이 있다. 첫째는 연구 순서에 따라 소개하는 것인데, 이것의 가장 큰 장점은 유도하는 과정이 명확하고 언제나 논증한 적이 없는 술어가 먼저 출현하지는 않는다는 점이다. 반면에 전체 서술 과정에서 품사, 구, 문장이 함께 섞여 있을 수밖에 없어서 약간 질서가 없다는 단점이 있다. 둘째 방법은 품사, 구, 문법이라는 세 가지 하부 체계를 소개하되, 이 세 가지 하부 체계를 소개하기 전에 먼저 기본 개념에 대해 설명하며 동시에 최대한 연구 순서에 따르는 것이다. 이러한 서술의 장점은 조리가 있고 분명하다는 것이지만, 뒤에서야 상세하게 설명하는 술어를 앞에서 먼저 사용할 수 있다는 단점이 있다. 본서에서는 후자의 서술 방법을 취한다. 이 때문에 이 책을 읽는 과정에서 어떤 술어가 분명하지 않다고 느낄 수 있는데, 우선 이를 분명히 이해하고자 한다면 뒷면의 관련된 장절을 먼저 읽어볼 수 있다.

3. 연구의 언어 자료

아편전쟁 이전에 한족이 사용한 언어를 고대중국어라고 통칭한다면, 이는 몇 천 년의 장구한 역사를 지닌 언어가 된다. 이 과정 속의 중국어 자료에 대해 몇 가지 다른 연구 방법을 취할 수 있다. 만약 우리들이 공시적인 연구와 통시적인 연구를 모두 고려해 넣는다면 고대중국어 자료의 연구는 단독 저서에 대한 연구, 한 시대에 대한 연구, 범시(泛時) 연구와 비교 연구, 관통(貫通) 연구, 중국어사 연구의 여섯 가지로 귀결시킬 수 있다.

먼저 전문 서적 한 권의 어법에 대해 연구를 진행할 수 있는데, 가령 『좌전』 한 권만의 어법을 연구하는 것이 이 예에 속한다. 이 연구는 아마도 가장 기초적인 연구 작업이며 이에 대한 견고한 연구가 없다면 세밀하고 깊이 있는 고대중국어 연구에 대한 인식이 거의 불가능할 것이다. 단독 저서에 대한 연구에 비하여 좀더 넓은 연구가 한 시대에 대한 연구이다. 한 시대에 대한 연구란 어떤 역사 시기의 중국어 자료를 채택하여 연구를 진행하는 것을 가리킨다. 고대중국어는 상고 중국어를 가리킬 때도 있기 때문에 고대중국어 연구는 때로 상고 중국어 연구를 말하기도 한다. 상고 중국어는 다시 전기, 중기, 후기의 세 단계로 나눌 수 있기 때문에, 갑골문과 금문의 어법, 선진어법, 양한어법이라는 세 시기로 나누어 연구한다. 물론 상고 중기를 다시 세분하여 연구를 진행할 수 있는 것처럼 어떤 한 시대는 더욱 세밀하게 시기를 구분할 수 있다. 한 시대에 대한 연구에 비하여 더 넓은 연구가 시대의 구분이 없는 연구인데, 이 연구는 문언에 대한 연구라고 할 수 있다. 이 연구의 대상은 선진에서 청대에 이르는 문언 작품인데, 과거 많은 고대중국어 관련 저작도 대부분 이러한 연구의 성과물이다. 위에서 언급한 세 가지 연구는 모두 공시적 연구라고 말할 수 있고, 아래에서 말하는 세 가지 연구는 통시적 연구라고 할 수 있다.

　비교 연구는 각 시기 고대중국어 어법에 대해 비교하는 것인데, 상고 어법과 중고 어법을 비교하거나 혹은 이전에 많이 연구되었던 문언과 백화 어법의 비교 연구가 여기에 속한다. 이러한 비교는 고대중국어에 대한 이해나 고대중국어 교육에도 많은 도움이 된다. 관통 연구는 예부터 지금까지의 중국어 어법을 연구하는 것인데, 시기 구분에만 치중하지 않고 각 시기의 특색 있는 어법 현상을 연구하는 부분에 중점을 둔다. 이 연구는 각 역사 시기의 중국어 어법을 이해하는 데에 많은 도움이 된다. 중국어사 연구는 중국어 어법 발전의 역사에 대하여 시기를 나누고 각 역사 시기 중국어 어법의 발전 상황에 대해 연구하는 것인데, 이것이 전형적인 통시적 연구이다.

4. 일반과 특수

　고대중국어는 모호성이 강하기 때문에 어법 체계를 연구할 때 일반과 특수의 관계를 잘 처리해야 하며, 그렇지 않으면 이 연구를 제대로 수행할 수 없다. 일반과 특수라는 두 가지 점에서 항상 '정상 모습[常態]'과 '변형 예[變例]', 수량과 질량이라는 두 가지 문제에 부딪치게 된다.

(1) 정상 모습와 변형 예

　단어이든 구나 문장이든 어떤 어법 단위도 고정적인 어법 특징을 갖추고 있는데, 이것이 바로 정상 모습이다. 어떤 언어를 사용하는 사람들은 어법 단위의 정상 모습에 대해 기본적으로는 공통된 인식을 가지고 있을 수 있다. 그렇지 않다면 언어활동이 제대로 진행될 수 없다. 사람들이 받아들인다는 전제에서 어떤 어법 단위는 어떤 언어 환경에서 정상 모습이 바뀌어 변형 예로 출현할 수 있다. 자주 쓰이는 변형 예로는 다음 네 가지가 있다.

1) 품사 활용

품사 활용은 자주 보이는 변형 예의 하나인데, 한 단어가 활용될 때 그 기능과 의미에 모두 변화가 나타난다. 다음 예를 보자.

> (1) 齊景公問政於孔子, 孔子對曰, "君君, 臣臣, 父父, 子子." (『論語 · 顏淵』) 제나라 경공이 공자에게 정치에 대해 묻자, 공자가 대답하였다. "군주가 군주답고, 신하가 신하답고, 아버지가 아버지답고 아들이 아들다워야 한다."
> (2) 公若曰, "爾欲吳王我乎?" (『左傳 · 定公10年』) 정공이 승낙하며 말하였다. "그대는 나를 오나라 왕으로 삼고자 하는가?"

위에서 △ 표시 부분은 본래 명사이다. 명사는 일반적으로 단독으로 문장에서 술어가 되지 못하며 목적어를 수반할 수도 없다. 그러나 위에서는 동사로 쓰였고 동시에 단어의 의미에도 변화가 생겼기에, 이곳의 명사는 활용된 것이다.

일반적으로 활용될 때 나타내는 기능과 의미는 그 품사에 평소에 갖추어져 있는 것이 아니다. 이 품사의 단어에 본래부터 그러한 기능이 있었다면 그 단어 의미에도 변화가 나타나지 않으며 당연히 활용도 아니다. 여기서 기억해야 할 것이 하나 있다. 어떤 품사에 어떤 기능이 있는가 하는 점은, 고대중국어 자체로부터 귀납해낸 것이며 다른 민족의 언어나 현대중국어의 어법 특징에 근거하여 고대중국어에 부여한 것이 아니라는 점이다. 가령, 고대중국어의 자동사[不及物動詞]는 사동이 될 수도 있지만 이것은 활용은 아니다. 이는 상고 중국어 언어 자료를 통해 볼 때 목적어를 수반하는 자동사의 대다수가 사동사로 쓰일 수 있기 때문이다. 다만 어떤 자동사는 항상 사동을 구성하고 어떤 것은 사동을 구성하는 경우가 조금 적거나 혹은 매우 적은 차이가 있을 뿐이다. 즉 사동을 구성하는 것은 자동사의 기본 용법의 하나이므로 활용이 아니라는 것이다. 또 가령 '軍'이나 '妻'와 같은 명사가 동사로 쓰일 수 있는데, 이 단어는 고대중국어에서 항상 명사로 쓰이기도 하고 동사로 쓰이기도 한다. 따라서 아래 문장은 이들의 정상적인 용법이다.

> (1) 晉師軍于廬柳. (『左傳·僖公23年』) 진나라 군대가 여유 지방에 주둔하였다.
> (2) 鄭昭公之敗北戎也, 齊人將妻之. (『左傳·桓公11年』) 정나라 소공이 북쪽 오랑캐를 패배시
>   키자 제나라 사람이 그를 장가보내려 하였다.

간혹 위의 '軍'과 '妻'를 현대중국어의 '軍隊'(군대), '妻子'(처)라는 단어와 대응시키고 단어의 의미나 이 단어의 현대중국어 내의 속성에 근거하여 이들을 명사에 귀속시키면서 이들이 여기서는 명사가 활용되어 동사로 쓰였다고 말하는 경우가 있다. 그러나 이는 현대중국어 어법에 근거하여 고대중국어를 설명하는 것인데 활용 여부를 확정할 때 이러한 방법을 써서는 안 된다. 이 때문에 한 단어가 활용인지 아닌지를 확정하는 것은 고대중국어의 언어 자료에 근거할 수 있을 뿐 현대중국어 어법에 근거하거나 다른 민족 언어의 어법에 근거할 수 없다는 점을 강조할 필요가 있다.

2) 단어 의미의 변화

언어 사용 중 나타나는 단어 의미의 변화는 변형 예의 일종이라고 할 수 있다. 단어 의미의 변화는 원래의 단어에 어떤 새로운 단어 의미를 부여하는 것인데, 이 변화된 단어에 새로운 단어 의미가 포함될 때 원래에는 없었던 기능이 생겨나는 경우가 적지 않다. 다음 예를 보자.

> 周昨來, 有中道而呼者, 周顧視車轍中有鮒魚焉. 周問之曰, "鮒魚來, 子何爲者邪?" 對曰, "我東海之波臣也, 君豈有斗升之水而活我哉?" (『莊子·外物』) 제[莊周]가 어제 이곳으로 오는데, 도중에 누가 부르는 자가 있어 돌아다보니 수레바퀴 자국의 고인 물속에 붕어 한 마리가 있었습니다. 제가 그에게 물었습니다. "붕어야, 너는 왜 그러니?" 붕어가 대답하였습니다. "저는 동해의 물결을 다스리는 신하입니다. 당신은 한 말이나 한 되쯤 되는 물을 가져다가 저를 살려주셨으면 합니다."

'鮒魚'는 물고기 일종인데, 정상 모습에서는 장주가 묻는 말을 이해할 수도 없고 더더욱 사람이 묻는 말에 대답할 수는 없다. 그러나 여기서는 '鮒魚'라는 단어에 대해 장주가 변화를 주어 새로운 명사 '鮒魚'를 만들었다고 할 수 있다. 일반 언어에서 '鮒魚'라는 단어

가 "對曰……"과 같은 구와 조합될 수 없다. 기능과 의미는 서로 관련된 것인데 여기서 '鮒魚'는 이미 정상 모습 의미상의 '붕어'가 아니기 때문에 이 단어의 기능 또한 변화가 생긴 것이다. 정상 모습 의미로서의 '붕어'와 여기의 '鮒魚'는 사실 이미 의미와 기능이 모두 서로 다른 단어이다. 이와 같은 상황에서 이 단어의 의미에서 변화를 거친 '鮒魚' 또한 변형 예의 일종이다.

3) 수사와 운문

언어활동 중 필요에 의해 수사법을 쓰거나 운문을 사용하면 변형 예가 출현할 수 있다. 다음 예를 보자.

> (1) 魯酒薄而邯鄲圍. 聖人生而大盜起 (『莊子·胠篋』) 노나라 술이 싱거우면 조나라 한단이 포위당하고, 성인이 나타나면 큰 도둑이 생겨난다.
>
> (2) 世之禍, 惡賢士, 子胥見殺百里徙. 穆公任之, 强配五伯六卿施. (『荀子·成相』) 세상의 재앙은 현인을 미워하기 때문이니, 오자서가 죽고 백리해가 도망갔네. 진 목공은 백리해를 얻어 강성함이 오패와 나란히 할 수 있고, 육경을 설치할 만하였네.

위의 '圍', '徙', '施'가 정상 모습에서는 피동문을 구성하기 위해서는 일정한 형식을 갖고 있지만 여기서는 어떤 형식도 없이 피동문을 구성하였다. 이는 예(1)이 대우문(對偶文)이라는 수사법을 쓰고 있고, 예(2)가 운문이기 때문에 가능하다. 수사와 운문의 필요에 의한 것인데, 이것이 일종의 변형 예에 속한다.

4) 모범형식과 변형형식

모범형식과 변형형식은 문장에 대해 말하는 것이다. 일반적으로 문형을 구분할 때 문미에 '也'를 썼는지 여부와 주어와 술어 사이에 휴지가 있는지를 근거로 하여 판단문을 판별한다. 다음 예를 보자.

> (1) 亞父者, 范增也. (『史記·項羽本紀』)   아부란 범증을 말한다.
>
> (2) 信, 婦德也. (『禮記·郊特牲』)   믿음을 지키는 것은 부인네의 덕목이다.

예(1-2)는 판단문의 특징에 부합되므로 이를 판단문의 모범형식이라고 부른다. 그러나 어떤 문장은 어법 형식상 모범형식과 일치하지 않는 경우가 있다. 다음 예를 보자.

    (3) 虎者, 戾蟲. (『戰國策·秦策2』)　　　　　호랑이는 사나운 짐승이다.

    (4) 秦虎狼之國, 不可信. (『史記·屈原列傳』) 진나라는 호랑이나 이리와 같은 나라여서 믿을 수 없다.

예(3)은 문미에 '也'가 없으며 예(4)는 문미에 '也'가 없을 뿐만 아니라 문장 중간에 휴지가 없다. 그러나 이 두 문장은 판단문으로 분류한다. 이처럼 문형을 분류하는 주된 근거는 주어와 술어 사이의 의미관계이다. 예(3-4)와 앞의 예(1-2)는 의미상 서로 동일하므로 모두 판단문인 것이다. 그러나 예(3-4)와 같은 판단문은 전형적이지 않기 때문에 이러한 판단문을 '변형형식'이라고 불러 전형적인 모범형식인 예(1-2)와 구별한다.

어법 체계 중에서 정상 모습과 변형 예를 구별해야 한다. 통상으로 우리가 귀납하는 것은 정상 모습의 규칙으로, 특별한 필요에 의한 것이 아니라면 일반적으로 정상 모습과 변형 예를 혼동하지 않으며, 동시에 변형 모습에 근거하여 정상 모습의 규칙을 부정하지도 않는다.

(2) 수량과 질량

일반 사물은 모두 질과 양의 통일체인데, 양이 변하여 일정 정도에 도달하면 질적인 변화가 일어난다. 구체적인 사물이라면 이러한 양질 전환의 임계점이 명확하기 때문에 이들 사이의 한계 역시 분명하다. 추상적인 것은 서로 다른 질을 갖고 있는 사물의 양극 사이에 중간 상태가 있다. 중간 상태는 이것일 수도 있고 저것일 수도 있으며 이것도 아니고 저것도 아닌 상태이다. 그런데 이러한 이것일 수도 있고 저것일 수도 있으며 이것도 아니고 저것도 아닌 사물을 이쪽 혹은 저쪽의 어느 한 쪽으로 분류하고자 한다면 그리 간단하게 처리할 수 없으며 그 사물이 이 유형에 속하는지 아니면 저 유형에 속하는지의 정도인 예속도를 살펴보아야 한다. 중국어 체계는 모호한 체계여서 단어이든 구나 문장이든 서로 다른 어법 단위 사이에는 분명하게 구분하기 어려운 점이 있다. 따라서 이러한 체계를 기술할 때에는 예속도의 문제가 생기는데 이 예속도 문제는 사실상 수량의 문제이다.

　　어법 체계 속의 각 요소에 어떤 성격을 규정하기 위하여 이 책에서는 항상 수량상의 통계를 사용한다. 통상적인 통계는 『좌전』, 『국어』, 『논어』, 『맹자』, 『공양전』, 『곡량전』 여섯 권의 서적에 보이는 예문 수량이다.[12] 이러한 통계 결과를 설명할 때, 다음 두 가지 다른 방식을 사용한다. 첫째 방식은 명확하게 통계 숫자를 제시하는 것인데, 명확한 숫자를 설명할 때의 대부분은 직접 관련된 숫자를 나열하는 것이다. 어떤 단어의 어떤 용법의 예가 얼마나 있는가를 숫자를 이용하여 관련된 단어의 뒤에 나열한다. 가령 '也(10,450)'은 '也'가 위 여섯 권의 책 속에서 모두 10,450번 출현했음을 나타낸다. 간혹 "也는 모두 10,450회 출현한다."와 같이 구체적인 설명을 할 수도 있다. 명확한 숫자를 소개할 필요가 없는 상황에서는 일반적인 기술을 하는 방식을 쓰고 있다. 일반적인 기술로 가장 상용되는 것 중 수량과 관련이 있는 말로는 다음 몇 가지가 있다. ① 다수[多數]와 소수[少數] : 다수와 소수는 50%를 경계로 하여 초과하는 것이 다수이고 못 미치는 것이 소수이다. ② 일반[一般]과 통상[通常] 그리고 일부[有些] : 일반과 통상은 모두 75% 이상을 가리키며, 일부는 25% 이하를 가리킨다. ③ 절대다수[絶對多數]와 극히 드문[個別] : 절대다수는 100%에 근접하는 것을 가리킨다. 절대수가 크지 않은 상황에서 '극히 드문'은 10% 이하를 가리키며 절대수가 큰 상황에서 '극히 드문'은 몇 개를 나타낸다. ④ 자주[經常 혹은 時常], 대부분[大多]과 때로[有時] : 두 종류의 언어 현상을 비교할 때에 출현하는 횟수가 분명하게 다른 쪽보다 많을 경우 '자주', '대부분'이라고 말하며, 수량이 현저하게 적은 쪽을 '때로'라고 부른다.

　　고대중국어 어법은 모호한 체계이기 때문에 때로는 어법 단위 A 가운데 어법 단위 B의 어떤 특징이 출현할 수도 있는데, 이것은 이상할 것이 없으며 오히려 정상적인 현상일 수 있다. 이 책은 이처럼 모호한 체계 내의 교차적 성격과 이행적 성격을 좀 더 잘 처리하도록 힘써 노력하였다.

---

12) 물론 수천수만 글자의 통계에는 약간의 오차가 발생할 수 있다. 그러나 이러한 오차는 책 속의 결론에 큰 영향을 주지는 않을 것이다.

제2장 어법기초

본장에서는 먼저 문장, 구, 단어와 관련된 몇 가지 기초개념에 대해 소개하고, 이후 다시 이 몇 가지 기초개념에서 출발해서 문장, 구, 단어와 관련한 기본적인 분류에 대해서 소개할 것이다. 고대중국어는 단음절 단어로 주로 구성되므로 단어의 구성과 관련한 문제를 본장의 뒷부분에서 간략하게 설명하였다.

제1절 어법의 기초단위

이 절에서 문장, 구, 단어와 그들의 가장 기초적인 분류에 대해 간략하게 설명할 것이다.

1. 문장, 구, 단어

문장은 상대적으로 완전한 의미를 나타내며 앞뒤로 모두 휴지가 있고, 일정한 어조를 가지는 언어형식이다. 고대중국어는 서면어로, 문장 앞뒤의 휴지는 후대 사람들이 더해 놓은 표점부호 중의 마침표, 물음표, 느낌표 등으로 표시된다. 다음 예를 보자.

    (1)　齊師大敗. (『公羊傳・成公元年』)　　제나라의 군사가 크게 패하였다.

    (2)　子見夫子乎? (『論語・微子』)　　그대는 선생님을 보지 못했는가?

    (3)　子玉無禮哉! (『左傳・僖公28年』)　　자옥은 무례하구나!

이상 세 가지 예는 모두 문장으로, 예(1) 문장의 휴지는 마침표를 사용하였고, 뒤의 두 예는 물음표와 느낌표를 사용하였다. 이와 같은 문장의 어조는 현대인들은 단지 현대중국어의 어조와 비교대조하여 인식할 수 있을 뿐, 옛 사람들이 당시에 도대체 어떠한 어조로 이러한 문장을 발화했는지는 정확히 알기 어렵다. 위의 세 가지 문장은 모두 상대적으로 완전한 의미를 나타낸다. 하나의 문장은 주어와 술어라는 두 가지 문장 성분으로 구성되며, 위의 문장 내에 '●'과 '△'으로 표시한 부분은 각각 주어와 술어이다. 주어는 한 문장의 화제를 표시하고 통상 말하는 자와 듣는 자가 이미 알고 있는 정보이다. 따라서 주어는 한정의 경향이 있다. 술어는 주어에 대한 진술이다. 대개 듣는 자에게 있어서는 주어에 대한 진술인 술어는 아직 알지 못하는 정보이다. 주어, 술어는 단어로 충당될 수 있고, 구로 충당될 수도 있다. 구는 또한 사조(詞組)라고도 불리며 직접 문장이 되기도 한다. 하지만 주어나 서술어로 사용되어 문장을 구성하는 형식이 더 보편적이다. 예(1)의 주어 '齊師(제나라 군사)'와 술어 '大敗(크게 패했다)'가 바로 구이다. 단어는 언어 중 최소로 독립적으로 운용 가능한 언어단위로 예(1)에서의 '齊', '師' 등이 바로 단어이다.

구, 단어, 문장은 상이한 어법 단위인데, 문장은 사용단위로, 사람들이 문장으로 언어활동을 진행한다. 그러나 구와 단어는 예비단위로, 언어활동에 직접 사용되지 않는다. 큰 부분에서 보면, 한 문장이 사용될 때에는 두 종류의 다른 기능이 작용할 수 있다. 한 가지 기능은 객관적인 세계에 관한 어떠한 것을 말한 것으로, 논리학상으로는 한 가지 명제를 진술하는 것이라고 한다. 한 가지 기능은 명제를 직접적으로 진술하지 않으며 이는 곧 객관적인 세계에 대해서 어떠한 것을 직접적으로 말하지 않는 것이다. 위의 세 예문 중에서, 예(1)은 명제를 직접적으로 진술한 것으로, 한 가지 사실을 이야기한 것이다. 뒤의 두 가지 예는 예(1)과 같지 않다. 예(2)는 문제를 제기한 것으로, 객관적인 세계에 대해서 어떠한지 말하지 않는다. 예(3)은 감탄으로, 이와 같은 문장은 주로 말한 사람의 감정을 표시하는 것이다. 그것은 간접적으로 명제를 진술하는 것이지, 직접적으로 명제를 진술하는 것은 아니다. 구와 단어는 사용단위가 아니고 어조가 없다. 또한 문장 끝의 휴지의 문제가 없다. 구와 단어는 명제를 표시하지 않고, 의문을 제기하거나 감정을 나타내지도 않으며 개념을 표시한다. 개념은 사물의 특징과 본질 속성의 사유형식을 반영하는 것으로, 통상 언어를 사용하는 사람의 머리 속에 있다. 단어가 표시하는 것은 비교적 단순한 개념이나, 구는 단어로 구성되는 비교적 복잡한 개념을 나타낸다.

구에서 단어와 단어의 지위는 완전히 같지 않다. 어떠한 단어는 구에서 '중심단어'이고, 어떠한 것은 그렇지 않다. 어떤 구는 중심단어가 있고, 어떤 구는 중심단어가 없다. 중심단어는 구의 전체 기능과 같은 하나의 혹은 여러 단어를 가리키는 것으로, 이 하나 혹은 여러 단어는 해당 구의 기능을 결정할 수 있다. 중심단어 이외의 기타 단어는 중심단어가 아니다. 이 문제를 설명하기 위해서 아래 두 예문을 보자.

> (1) 段入於鄢. (『左傳·隱公元年』)   (공숙)단이 언에 들어갔다.
> (2) 晉侯, 秦伯圍鄭. (『左傳·僖公30年』)   진후와 진백이 정나라를 포위하였다.

예(1)중, '入於鄢'은 구이다. '入於鄢' 중에서, '入'은 단어이면서 또한 중심단어로, '入'과 '入於鄢'의 기능이 서로 같아서 모두 술어로 쓸 수 있기 때문이다. '於鄢' 또한 구이고, '於', '鄢'도 모두 단어이다. '於' 그리고 '鄢'과 '於鄢'의 기능이 모두 같지 않고[13], 이 구에는 중심어가 없다. 예(2)의 '晉侯, 秦伯'은 구이고, 이 구에서 '晉侯', '秦伯'은 모두 중심사로, '晉侯', '秦伯'과 '晉侯, 秦伯'의 기능이 모두 서로 같이 주어로 쓰이기 때문이다.

단어는 어소로부터 구성되는 것이다. 어소는 '사소(詞素)'라고도 하는데, 이는 언어 중 최소의 음과 뜻을 결합한 단위이다. 여기서 '최소'라고 하는 것은 어소가 이미 또 한 번 더 나뉠 수 없음을 이야기하는 것으로, 절대 다수의 정황 하에서 구어 중의 한 음절 혹은 서면 상의 한 글자가 바로 하나의 어소이다. 단지 한 음절의 단어가 일반적으로 나뉘지 않는데, '齊', '大'와 같이 이러한 단어가 바로 모두 하나의 어소로 구성된 것이다. 복음사는 복잡한데, '百姓', '沛然'(비가 많이 오는 모양), '匍匐'이 세 단어이다. '百姓'은 '百' 그리고 '姓'의 두 가지 어소로 나누어낼 수 있다. '沛然' 또한 '沛' 그리고 '然'의 두 가지 어소로 나누어 낼 수 있다. '百姓'과는 다른 것은, '沛', '然' 이 두 어소 중에서, '沛'의 뜻은 비교적 실재적인 것이나, '然'의 의미는 즉 비교적 허사적인(기능적인) 것이다. '匍匐'과 위의 두 가지 단어는 또한 다르다. 어음상으로 보았을 때 '匍'와 '匐' 두 가지 음으로 나눌 수 있지만, 의미상으로 본다면 이와 같이 둘로 나눌 수 없다. 이는 '匍'와 '匐'이 독립적일 때에는 의미가 없기 때문이다. 따라서 '匍匐'은 그냥 두 음절의 단어로, 단지 하나의 어소이다. 어소의 대부분은 단음절이지만, 다음절도 소수 있다.

어소와 관련 있는 다른 두 가지 개념은 '어근'과 '접사'이다. 어근은 한 단어 속에 기본 어휘 의미를 표시하는 어소를 가리킨다. 단음절어에 대해서 말하자면, 어근은 당연히 바로 (그 자체가) 단어의 어소를 구성하는 것이다. 복음사 중에 어떤 단어는 하나 이상의 어

---

[13] [역주] 기능이 같지 않다는 것은 다음 상황을 말한다. '於'는 전치사로 단독으로 쓰일 수 없으며 명사를 필요로 한다. '鄢'은 지명으로 명사이다. '於鄢'은 전치사구로 주어나 술어로 직접 쓰일 수 없고 주어나 술어 등을 한정하는 역할로 사용된다. 따라서 모두 기능이 같지 않다.

근으로 구성되며 '百姓'은 '百', '姓' 두 개의 어근으로 구성된다. 어떤 다음절 단어 중에는 단지 한 개의 어근이 있기도 하고, 그 외에 또 어떤 것은 일부 나뉘는 것이 접사이다. 접사는 어근 상에 부착되는 것으로 위치는 비교적 고정적이고 의미는 허사에 가까운 즉 기능적인 어소이다. '沛然'에서, '沛'는 어근이고, '然'이 접사이다.

2. 문장, 구와 단어의 기초분류

어법적 기본단위가 있고, 또한 주어와 술어가 있으면, 즉 문장, 구와 단어에 대해서 가장 기초적인 분류를 할 수 있다.

(1) 문장

문장 중의 술어의 수량에 근거해서, 문장을 단문, 복문 두 가지로 나눌 수 있다. 그 외에도 하나의 특수한 문장이 비주술문이다.

1) 단문, 주술문, 무주어문

하나의 술어가 있는 문장이 단문으로, 자주 보이는 단문에는 서로 다른 두 종류의 주술문과 무주어문이 있다. 한 단문 중에는 주어가 있고 술어가 있는데, 이러한 문장을 주술문이라고 한다. 1장 4절에서, 이미 언급하였는데, 주어가 표시하는 것은 화제(topic)이다. 여기서 이야기되는 화제의 의미는 비교적 넓다. 동작의 주체, 해당 일, 대상, 논단의 대상이 화제이고, 시간, 장소 등 또한 화제이며 이와 같은 화제를 문장성분으로 말하자면 바로 주어이다. 다음 예를 보자.

(1) 張儀逐惠施於魏. (『戰國策·楚策3』)　　장의가 혜시를 위나라에서 쫓아냈다.

(2) 齊大饑. (『禮記·檀弓下』)　　　　　　　제나라에 큰 기근이 들었다.

(3) 吾長見笑於大方之家. (『莊子·秋水』)　내가 오랫동안 큰 도의 집에서 웃음거리가 될 것이다.

(4) 父慈, 子孝, 夫信, 婦貞, 家之福也. (『戰國策·秦策3』) 아비가 자애롭고, 자식이 효성스러우며, 남편이 믿음직하고, 부인이 정숙한 것은 집안의 복이다.

(5) 冬, 晉文公卒. (『左傳·僖公32年』)　　겨울에 진문공이 죽었다.

(6) 口中有珠. (『莊子·外物』)　　입 속에 구슬이 있다.

예(1)~(4)의 주어는 각각 동작의 주체, 해당 일, 대상, 판단의 대상이고, 예(5), (6)의 주어는 시간과 처소이다. 주어 이후의 부분은 모두 술어이다. 위의 여섯 문장 모두 단문이고 또한 주어, 술어가 모두 있는 주술문이다.

무주어문은 단지 술어만 있고 주어가 없는 문장이다. 고대중국어에서는 삼인칭대체사가 없다. 따라서 고대중국어에서는 오늘날 삼인칭 대체사를 사용할 수 있는 문장을 통상 무주어문의 형식으로 취하였다. 무주어문으로는 다음과 같은 문장이 자주 보인다. 다음 예를 보자.

(1) 四年春, 齊侯以諸侯之師侵蔡. 蔡潰, (　)遂伐楚. (『左傳·僖公4年』) 사년 봄, 제후가 여러 제후의 군사로 채나라를 침범하여서, 채나라를 궤멸시키고, 마침내 초나라를 쳤다.

(2) 初, 鄭武公娶於申, (　)曰武姜, (　)生莊公及共叔段. (『左傳·隱公元年』) 처음에, 정무공이 신나라에서 부인을 얻었는데, 이름을 무강이라고 하고, 장공과 공숙단을 낳았다.

예(1)에서 '遂伐楚' 앞에 주어가 없는데, 초나라를 정벌하는 것은 마땅히 제후(齊侯)이기 때문에, 대체사를 사용하여 그것을 가리키지 않고, 무주어문을 구성하였다. 예(2)에서의 '曰武姜'과 '生莊公及共叔段'의 진술 대상도 모두 또한 무공이 신나라에서 취한 어떤 부인, 즉 강씨이다. 따라서 모두 주어를 사용하지 않고, 무주어문으로 구성한 것이다. 이와 같은 종류의 무주어문 이외에, 주어가 일반적인 것을 지시할 때에 또한 무주어문을 구성할 수 있다. 이른 바 주어가 일반적인 것을 지시한다는 것은, 주어가 표시하는 것이 일반적인 사람으로, 어떤 사람인지 알 수 없거나 혹은 확실히 지시할 필요가 없는 것을 말한다. 다음 예를 보자.

(1) 食不語, 寢不言. (『論語·鄉黨』)　　식사할 때 말하지 않았고, 잠자리에서 말하지 않았다.

(2) 聞鼓聲而進, 聞金聲而退. (『荀子·議兵』) 북소리를 듣고서 나아가고, 징소리를 듣고서 물러난다.

이상의 두 예의 주어는 일반인을 가리키기 때문에 주어가 없다. 어떤 문장은 논리상 진술의 대상이 없을 때 또한 단지 무주어문을 구성할 수 있다. 다음 예를 보자.

(3) 有人不難以死安利其國. (『國語·晉語8』) 죽음으로써 그 나라를 편안하고 이롭게 하는 것
을 어렵지 않게 여기는 사람이 있다.

예(3)은 논리상 진술대상이 없기 때문에 또한 무주어문이다.

무주어문은 주어 생략과는 다르다. 무주어문은 한 문장이 통상 근본적으로 주어가 필요
없는 것으로, 고대중국어 어법 규칙에 근거하여 주어를 보충하기 매우 어렵다. 대화중에
서 어떤 때에는 주어를 생략할 수 있는데, 이와 같은 문장은 결코 무주어문과는 다르다.
다음 예를 보자.

(1) 樊噲曰, "今日之事何如?" 良曰, "( )甚急."(『史記·項羽本紀』) 번쾌가 말하였다. "오늘 일
은 어떠하였는가?" 장량이 말하였다. "매우 급하게 되었소."
(2) 及里克將殺奚齊, 先告荀息曰, "三怨將作, 秦晉輔之, 子將何如?" 荀息曰, "0將死之."(『左傳·僖
公9年』) 이극이 장차 해제를 죽이려고 함에 이르러, 먼저 순식에게 알리면서 말하였다. "셋
이 원망하여서 장차 난을 일으키려고 하고, 진(秦)과 진(晉)이 그것을 도울 것인데, 그대는
장차 어찌할 것인가?" 순식이 말하였다. "장차 그를 위해서 죽을 것이오."

예(1)의 '甚急'의 주어는 '今日之事'로, 앞에서 묻는 말에서 있었기 때문에, 이번에는 주
어를 생략하였다. 예(2)의 대답에서는 일인칭대체사가 생략된 것이다. 이상의 두 예문에서
는 주어가 사용되지 않은 자리에, 고대중국어의 어법 규칙에 의거해서 모두 주어가 있을
수 있으니, 앞에서 이야기한 무주어문과는 다르다.

2) 복문, 절

어떤 문장은 단문보다 복잡하여 문장 중에 술어가 하나 이상인 것이 있다. 한 문장에
하나 이상의 술어가 있는 경우, 이 몇몇 술어가 상호간에 상대방을 포함하지 않을 때,
이러한 문장은 복문이다. 한 문장은 결국 상대적으로 완전한 의미를 표현하며 복문에
속하는 몇몇 술어들은 의미상 일정한 연관성이 있다. 복문 중의 술어는 앞부분에 주어
가 있거나 혹은 없으며 이처럼 주술이 상응하는 문장을 모두 절[分句]이라 한다. 다음 예
를 보자.

(1) 公輸盤九設攻城之機變, 子墨子九距之. (『墨子·公輸』) 공수반은 아홉 번 공성 기계를 바꾸어 가면서 설치하였고, 자묵자는 아홉 번 그것을 막았다.

(2) 盧綰者, 豐人也, 與高祖同里. (『史記·韓信盧綰列傳』) 노관이라는 자는, 풍 지방 사람으로, 고조와 같은 마을사람이다.

이상의 두 예문 모두 복문이다. 예(1)에서는 두 개의 절이 있고, 앞부분에 모두 주어가 나타났다. 예(2) 또한 두 개의 절이 있지만, 단지 첫 번째 절에만 주어가 나타나고, 뒷부분에는 나타나지 않았다.

3) 비주술문

복문의 구조는 단문에 비해서 복잡하다. 그 외에 일부 문장은 단문에 비해서 간단한데, 그것들은 대개 한 단어로 구성되며 주어와 술어로 나뉘지 않는다. 이러한 문장을 비주술문이라고 한다. 다음 예를 보자.

(1) 老聃曰, "丘!"(『禮記·曾子問』)　　　노담이 말하였다. "구(공자의 이름)!"

(2) 孟嘗君曰, "善!"(『戰國策·齊策3』)　　맹상군이 말하였다. "좋도다!"

예(1)의 '丘'는 상대방을 부르는 것이고, 예(2)는 칭찬하는 것으로, 모두 주어와 술어로 나누어 분석할 수 없다. 이들은 모두 비주술문이다.

(2) 구

주어 또는 술어를 담당할 때의 기능적 차이에 근거하여 구는 용언성구와 체언성구라는 두 가지 큰 종류로 나눌 수 있다. 그 외의 한 종류로 비교적 특수한 구는 주술구이다.

1) 용언성구, 체언성구

용언성구는 주로 술어를 담당하는 구이다. 술어로 사용될 때에 어떠한 조건을 덧붙일 필요가 없다. 이와 같은 종류의 구는 모두 주어의 능력을 설명하거나 종종 행위, 변화, 성질 등을 나타내며 진술적 성격이다. 다음 예를 보자.

(1) 子退朝. (『論語·鄕黨』)   선생께서 조정에서 물러나셨다.

(2) 洧水甚大. (『呂氏春秋·離謂』)   유수는 매우 크다.

위에서 △표시를 더한 것은 모두 용언성구이다. 용언성구는 주로 술어로 쓰이는 것을 제외하고서, 또한 몇몇 문장에서는 주어로도 쓰일 수 있다. 다음 예를 보자.

(3) 伐魯, 齊之大過也. (『墨子·魯問』)   노나라를 치는 것은, 제나라의 큰 실수입니다.

'伐魯'는 용언성 어휘를 주어로 사용한 것이다.

체언구는 주로 사람이나 사물을 표시하는데, 지칭하는 성질의 것으로 주로 주어로 쓰인다. 다음 예를 보자.

(1) 大國朝夕釋憾於敝邑之地. (『左傳·成公2年』) 큰 나라는 아침 저녁으로 우리 사는 땅에 보복하려고 합니다.

(2) 鄭武公, 莊公爲平王卿士. (『左傳·隱公3年』) 정무공, 장공은 (주)평왕의 경사가 되었다.

예(1), 예(2)의 주어는 모두 체언구이다. 일정한 조건의 정황을 덧붙일 때에는, 체언구 또한 술어로 쓰일 수 있다. 다음 예를 보자.

(3) 蔡叔, 康叔之兄也. (『左傳·定公4年』)   채숙은 강숙의 형이다.

예(3)에서는 체언구에 '也'를 더한 후에 술어로 사용하였다. 만약 '也'를 더하지 않은 단어의 체언구는 일반적으로 술어로 쓸 수 없다.

2) 주술구

주술구는 주어와 술어로 구성된 구로, 주로 사실을 설명하는 일종의 특수한 구이다. 주술구는 문장이나 일반적인 구와 비교하면 같은 점, 차이점이 있다. 우선 주술구에는 주어와 술어 부분이 있어 문장과 비슷하게 명제를 설명할 수 있다. 그렇지만 주술구가 설명하는 명제는 독립적일 수 없고 문장에 속하면서 또 하나의 큰 명제 속에 포함된다. 명제를 설명할 수 있는 점에서는 문장과 같지만 일반적인 구와는 다르다. 그렇지만 사용단위가 아니고 예비단위라는 점에서는 이는 또한 일반적인 구와 같다. 주술구는 일반적으로 용언성으로 술어로 사용할 수 있고, 이 외에도 목적어, 주어, 관형어로 쓰일 수 있다. 다음 예를 보자.

(1) 愛人者, 人恒愛之. (『孟子 · 離婁下』) 사람을 사랑하는 자는, 다른 사람이 항상 그를 사랑한다.

(2) 人又益喜, 惟恐沛公不爲秦王. (『漢書 · 高祖本紀』) 사람들이 또한 더욱 기뻐하며, 패공(고조)이 진왕이 되지 못할까 두려워할 뿐입니다.

(3) 國無九年之畜曰不足. (『穀梁傳 · 莊公28年』) 나라에 9년간 비축된 것이 없다면 부족한 것이라고 한다.

(4) 沛公居山東時, 貪於財貨, 好美姬. (『史記 · 項羽本紀』) 패공이 산동에 있을 때, 재화를 탐하였고, 아름다운 여인을 좋아하였다.

예(1)은 주술구가 술어로 쓰인 것이고, 예(2), 예(3), 예(4)는 각각 주술구가 목적어, 주어, 관형어로 쓰인 것이다. 어떠한 주술구는 체언성으로, 일반적으로 술어로 쓰이지 않는다. 이러한 주술구는 일반적인 용언성 주술구와는 다르다. 다음 예를 보자.

(5) 吾聞魯連先生, 齊國之高士也. (『戰國策 · 趙策3』) 나는 노중련 선생이 제나라의 덕이 높은 선비라는 것을 들었다.

이상의 예문 중의 주술구는 체언성이다. 체언성의 주술구는 비교적 적기에, 따라서 이후에 언급되는 주술구는 주로 용언성을 가리킨다.

일반적 주술구는 세 종류가 있는데, 한 종류는 단문 형식의 주술구이고 또 한 종류는 복문 형식의 주술구이고, 또 한 종류는 무주어문 형식의 주술구이다. 다음 예를 보자.

(1) 是時, 蕭何爲相國. (『史記 · 張丞相列傳』) 이때, 소하가 상국(승상이 되었다.

(2) 嘉耦曰妃, 怨耦曰仇, 古之命也. (『左傳 · 桓公2年』) 좋은 짝은 비(부인)라고 하고, 나쁜 짝은 원수라고 하는 것은, 옛날부터의 진리이다.

(3) 晉侯變程鄭, 使佐下軍. (『左傳 · 襄公24年』) 진후가 정정을 아껴서, 하군을 보좌하도록 하였다.

　　예(1)에서의 주술구는 단문형식이고, 예(2)에서의 주술구는 복문형식이다. 예(3)에서의 '佐下軍'의 앞에 주어가 없고 통상적으로도 주어를 쓰지는 않지만, 실제로는 '程鄭'을 가리킨다. 이는 무주어문 형식의 주술구이다.

　　주술구가 이상 각 종류의 문장 성분으로 쓰일 때, 한 문장 속에 하나의 '주어' 혹은 '술어'만으로 끝나지 않을 수 있다. 호칭의 편의상 전체 문장에서의 주어와 술어를 '대주어', '대술어'라고 하고 주술구 속의 주어와 술어를 '소주어', '소술어'라고 부른다.

(3) 품사

　　단어는 실사와 허사로 크게 나눌 수 있고, 실사는 또한 술사와 체사 두 가지로, 허사는 또한 보사와 조사 두 가지로 나눌 수 있다.

1) 실사와 허사

　　실사와 허사는 고대중국어 중 두 가지 가장 기본적인 단어 종류로, 주요한 구별은 주어나 술어로 사용할 수 있는지 아닌지에 있다.

① 실사

　　문장 중에 주어 혹은 술어로 쓰일 수 있는 것이 실사이다. 주어, 술어로 충당할 수 있는지, 아닌지는 두 가지 의미를 포함한다. 우선, 한 단어는 단독으로 주어 혹은 술어로 충당할 수 있다. 다음 예를 보자.

　　(1) 寇退. (『孟子·離婁下』)　　　　도적들이 물러났다.

　　(2) 項王怒. (『史記·項羽本紀』)　　　항왕이 노하였다.

　　이상 두 개의 예문 중의 '寇', '項王'과 '退', '怒'는 모두 단독으로 주어 혹은 술어로 충당할 수 있으며 실사이다. 그 다음으로 단어가 중심단어를 조합하여서 각종의 구가 될 수 있는 것을 가리키는 것으로, 주어 혹은 술어로 충당할 수 있다. 다음 예를 보자.

　　　(3) 山有木. (『左傳·隱公11年』)　　　산에 나무가 있다.

(4) 晉人弗許. (『左傳·僖公28年』)　　　　　진나라 사람이 허락하지 않았다.

　　이상의 예문 중 △ 표시된 단어는 각각 술목, 부사어구 중에서 중심단어를 충당하며 모두 실사이다.

　　의미의 관점에서 보면, 실사는 모두 진술의 의미가 있다. '진술[稱述]'은 두 가지 의미를 포함한다. 하나는 가리키는 것이고, 또 하나는 설명한다는 것이다. 가리킨다는 것은, 실사가 사람과 사물 등을 가리킬 수 있는데, 예(1)과 (3)의 '寇', '山' 등과 같다. 설명한다는 것은 실사가 사람과 사물에 대해서 설명할 수 있다는 것으로, 예(1)과 (4)의 '退', '許' 등과 같다.

　　어떤 실사는 간접적으로 사람과 사물에 대해서 말할 수 있다. 이는 특수한 실사인 대체사이다. 대체사는 사람과 사물을 가리킬 때 두 종류의 다른 유형이 있다. 한 종류는 지시대체사고, 또 한 종류는 의문대체사이다. 지시대체사일 때에는 대체사는 문맥상 몇 가지 확정적 언어단위를 대신하여 가리킨다. 다음 예를 보자.

(1) 吳人曰, "於周室, 我爲長."(『左傳·哀公10年』)　　오나라 사람이 말하였다. "주왕실보다 우리가 어른이다."

(2) 日月星辰瑞曆, 是禹桀之所同也. (『荀子·天論』)　　해와 달 별자리들의 상서로운 해, 이것은 우임금과 걸임금이 동일한 것이었다.

　　예(1), (2)의 '我', '是' 는 주어로 쓰였는데, 그들은 현실속의 사람이나 사물을 직접 지칭하는 것이 아니고, 각각 '吳人'과 '日月星辰瑞曆'을 대신하여서 가리키는 것으로, 이는 간접적으로 사람과 사물을 지칭하는 것이다. 그렇기 때문에 '我', '是' 또한 모두 실사이다. 이러한 유형의 실사 중에, 두 가지 비교적 특수한 대체사인 '之', '其'가 있다. 이 두 가지 대체사는 통상 주어로 쓰이지 않고 또한 술어로도 쓰이지 않는다. '之'는 항상 목적어로 사용하고, '其'는 항상 관형어로 사용한다. 이 두 가지 대체사는 실사와 허사의 사이에 있는 실사이다. 다음 예를 보자.

(1) 丑父寢於中, 蛇出於其下, 以肱擊之. (『左傳·成公2年』)　　축보가 안에서 자고 있는데, 뱀이 그 아래에서 나와서, 팔뚝으로 그것(뱀)을 쳤다.

 (2) 管仲以其君霸. (『孟子·公孫丑上』) 관중은 그의 임금으로 패자를 이루었다.

 이상의 두 예 중에서, '之', '其'는 각각 목적어와 관형어이며, 위 문장의 '蛇'과 '管仲'을 가리킨다. 그들의 대신 가리키는 기능을 고려하여 역시 기타 대체사와 함께 실사에 포함시킨다.

 의문대체사는 사람, 사물, 사건과 관련 있는 문제를 내고, 다음 문장에서 몇 가지 확정적 언어단위로 해당 질문에 답을 낼 수 있는 것이다. 다음 예를 보자.

 (1) 然則孰爲貴? 孰爲知? 曰, "天爲貴, 天爲知而已矣."(『墨子·天志中』) 그렇다면 누가 귀합니까? 누가 압니까? 말하였다. "하늘이 귀하고, 하늘이 알 뿐입니다."

 (2) 元年者何? 君之始年也. (『公羊傳·隱公元年』) 원년이라는 것은 무엇인가? 임금이 (즉위하여) 시작하는 해이다.

 예(1)의 '孰'은 주어로 쓰이고, 예(2)의 '何'는 술어로 쓰여서, 다음 문장에서 모두 답변의 언어단위가 있다. 이것이 의문대체사이다. 때때로, 이와 같은 종류의 대체사의 목적은 문제를 제기하는 것이 아니고 반문을 표시하는 것이다. 다음 예를 보자.

 (3) 誰能出不由戶? (『論語·雍也』)   누가 문을 통하지 않고 나올 수 있겠는가?

 만일 위의 반어문을 긍정문으로 이해하고자 한다면, '誰(누구)'는 실제로는 '누구라도 ……하지 않을 수 없다.'를 뜻하므로 이 문장의 대체사는 질문을 나타내는 것이 아니다.

② 허사

 허사는 일종의 보조적 성격의 단어로, 문장에서 일반적으로 주어 또는 술어로 쓰이지 않는다. 다음 예를 보자.

 (1) 大伯不從. (『左傳·僖公5年』)   태백이 따르지 않았다.

 (2) 諸侯莫朝, 而齊獨朝之. (『戰國策·趙策3』) 여러 제후들이 모두 조례를 표하지 않았으나, 제나라만이 홀로 조례를 표하였다.

이상의 예문 중에 △로 표시한 단어들이 모두 허사이다. 의미적으로 보았을 때, 허사는 의미를 진술하지 않고 주로 일종의 어법기능을 한다. 예를 들어 예(1)의 '不'은 수식성 허사로, '從'을 수식한다. 예(2)의 '而'는 두 절을 연결한다.

실사와 허사를 제외하고, 고대중국어에는 또한 일종의 특수한 품사로 감탄사가 있다. 그 종류에 관해서는 뒤에 다시 설명할 것이다.

2) 술사와 체사

주로 술어로 쓰일 때에 나타나는 특징에 근거하여, 실사는 술사와 체사 두 가지 종류로 나눌 수 있다.

① 술사

술사는 서술성을 갖추고 있어서, 자주 행위, 활동, 상태, 변화, 성질, 특징, 모종의 관계를 설명한다. 편의상, 아래 부분에서 술사가 표현하는 이 종류의 의미내용을 통칭하여 '속성'이라고 한다. 술사가 갖추고 있는 진술성은 본래 사람, 사물, 사건 등을 진술하는 것이다. 따라서 이것들은 대개 술어로 쓰이고 어떠한 조건이 붙을 필요가 없다. 다음 예를 보자.

(1) 平王崩. (『左傳·隱公3年』)　　　　　평왕이 붕어하였다.

(2) 愛民者强, 不愛民者弱. (『荀子·議兵』) 백성을 사랑하는 자는 강하고, 백성을 사랑하지 않는 자는 약하다.

이상의 여러 예 중의 '崩', '强', '弱' 등은 술사로, 주어가 나타내는 사람을 진술하는 것이다.

② 체사

체사는 지칭성을 가지고 있어서, 사람과 사물 등을 표시하니, 편의상 아래 체언성 어휘가 표시하는 사람과 사물 등을 통칭해서 '사체(事體)'라고 한다. 체사는 항상 용언성 어휘가 설명하는 대상이라서, 따라서 대개 주어나 목적어로 쓰인다. 다음 예를 보자.

(1) 子産歸. (『左傳·昭公13年』)　　　　　자산이 돌아왔다.

(2) 子擊磬於衛. (『論語·憲問』)　　　　　선생님(공자)께서 위나라에서 경을 두드렸다.

　　앞의 두 예 중 주어인 '子産', '子'는 사람을 표시하고, 예(2)의 목적어인 '磬'은 사물을 표시하는 것으로, 이들은 모두 체사이다.

　　체사는 간혹 독자적으로 술어를 충당하는데, 만일 술어를 충당할 때에는 일반적으로 조건이 있다. 체사가 통상으로 아래 세 종류의 상황일 때에 술어로 충당할 수 있다. 1) 체사 뒤에 문장 형태에 대해 정성(定性) 작용[14]의 허사가 있을 때이다. 이 종류의 허사 중에 가장 많이 사용하는 것이 '也'이다. 다음 예를 보자.

(1) 周公, 弟也. (『孟子·公孫丑下』)　　　주공은 동생이다.

(2) 臣之所好者, 道也. (『莊子·養生主』)　　신이 좋아하는 것은 도입니다.

　　예(1)에서의 '弟'는 체사이고, 그 뒤에 '也'가 붙어서 술어로 쓰이는 것이고, 예(2)는 이 종류와 비슷하다. 또 다른 정황에서 체사가 술어로 쓰일 때에 때때로 '也' 등의 허사가 필요 없을 수 있다. 다음 예를 보자.

(3) 農, 天下之本. (『史記·孝文本紀』)　　　농사는 천하의 근본이다.

　　2) 체사 앞에 어떠한 술사, 대체사가 관형어로 사용될 때, 이 체언성 어휘 또한 술어가 될 수 있다. 이러한 형식의 술어는 앞의 형식만큼 자주 보이지는 않는다. 다음 예를 보자.

(1) 人之身三百六十節. (『韓非子·解老』)　사람의 몸은 360 관절이다.

(2) 當其時不能治也, 後之人何罪? (『左傳·宣公18年』)　그때가 되어서 다스릴 수 없었던 것이지,
　　　뒤의 사람들이 무슨 죄란 말인가?

　　'三百六十'은 용언성 어휘이고, '何'는 의문대체사로, 체사 '節', '罪'의 앞에서 관형어로 더한 후에 술어로 사용한 것이다. 3) 약간의 묘사성 문장 중에서, 주어와 술어의 사이에

---

14) [역주] 정성 작용에 대해서는 3) 보사와 조사에서 설명하고 있다. 문장의 성질을 바꾸거나 확정하는 작용을 가리킨다.

모종의 종속관계가 있으면 체언성 어휘 또한 술어로 쓰일 수 있는데, 이런 종류의 문장은 매우 적게 보인다. 다음 예를 보자.

(1) 人者, 厚貌深情. (『莊子·列禦寇』)　사람은 모습을 두텁게 하고 정을 깊게 한다.

(2) 高祖爲人, 隆準而龍顏, 美須髥. (『史記·高祖本紀』)　고조의 사람됨은 코가 우뚝 솟고 용의 얼굴 모습을 하고서 아름다운 수염이 있었다.

이상의 예문 중에서 △를 더한 단어는 모두 체사로, 체언구를 구성한 뒤에 술어로 사용되었다.

3) 보사와 조사

주로 단어와 구 혹은 문장에 대해서 정성(定性) 작용이 있는지 없는지에 근거하여서 허사를 두 가지 큰 부류로 나눌 수 있다. 이 때 정성 작용은 주로 하나의 허사가 단어와 구 혹은 문장의 성질을 바꾸거나 확정하는 작용을 일컫는다. 보사는 일반적으로 정성작용이 없으며 주로 수식, 연결의 기능을 하고, 단어와 구의 성질을 변화시키지 않는다. 다음 예를 보자.

(1) 楚軍不出. (『史記·高祖本紀』)　　초나라 군대가 나오지 않았다.

(2) 項王按劍而跽. (『史記·項羽本紀[15]』)　항왕이 검을 어루만지면서 무릎꿇고 앉아 있었다.

이상의 예문 중에서 △를 더한 단어가 모두 보사로, 예(1)에서는 수식작용을, 예(2)의 '而'는 연결작용을 한다. 이와 같은 보사는 관련 어휘를 수식하며 그 어휘의 성질을 변화시키지 않는다.

조사는 끝맺는 작용이 있다. 즉 어휘 혹은 문장의 성질을 변화시키고 확정할 수 있다. 다음 예를 보자.

(1) 雹, 大者尺八寸. (『史記·孝景本紀』)　　우박이 큰 것은 길이가 팔촌이다.

---

15) [역주] 원서에서는 '田敬仲完世家'로 되어 있다. 원문에 근거하여 고쳤다.

(2) 食粥, 天下之達禮也. (『禮記·檀弓下』) 죽을 먹는 것은, 천하에 통하는 예이다.

이상의 예문 중의 허사 '者', '也' 모두 조사이다. 예(1)의 '大'는 술어로 '者'를 더한 후에 체언구를 구성한다. 그 속에서 '者'는 어휘의 성질을 변화시키고 정하기 때문에 따라서 조사이다. 예(2)의 '天下之達禮'는 체언구로, 일반적으로는 술어로 사용할 수 없으나, 그 뒤에 '也'를 더하면 술어로 쓸 수 있어서, 전체 문장이 판단문이 되었다. '也'도 마찬가지로 어휘의 성질을 바꾸고, 문장의 성질을 확정하였다.

보사 중에서 부사는 매우 자주 쓰이는 일종의 허사라서, 대다수의 부사는 모두 보사이고, 앞에 나온 예문 중의 '不'이 바로 자주 쓰이는 보사이다. 부사 중에 또한 몇 가지가 조사에 속하는데, 이러한 몇몇 조사 작용의 부사는 앞으로 4장1절 부사에서 소개할 것이므로 여기서는 잠시 논의하지 않겠다.

보사와 조사로 구분할 때에 동시에 지적해야 할 것이 있다. 조사는 단어나 문장의 성질을 바꿀 수 있다. 하지만 단어나 문장의 성질을 변화시킬 때에 조사가 필수적인 것은 아니다. 간혹 단어나 문장의 성질을 바꿀 때에 조사를 사용하지 않는 경우도 있다. 그 안에는 범례와 변식, 상태와 변례의 문제, 또한 전칭, 활용과 관련된 문제 등이 있다. 이는 뒷부분의 각각 관련된 장과 절에서 장차 설명할 것이다.

제2절 문장의 종류와 문형

한 문장(주로 단문을 가리킨다)을 통상 두 가지 측면에서 고찰함으로써 그 종류를 구별한다. 우선 어기상의 특징을 고찰하고, 다음은 내부 구조를 고찰한다. 전자에 의거한 것을 문장의 종류, 후자에 의거한 것을 문형이라고 칭한다.[16] 아래에서는 우선 문장의 종류와 문형 두 측면에서 문장의 종류로 소개를 하고, 이후에 다시 문장의 종류와 문형 사이의 관계에 대해서 다시 설명하겠다.

---

16) 문장의 종류, 문형과 관련된 내용은 이전에 왕홍쥔(王洪君), 송자오녠(宋紹年), 허모시에(何莫邪) 선생의 도움을 받았다. 여기서 감사를 표시하겠다.

1. 문장의 종류

어기가 다른 것에서 근거하여, 문장은 우선 두 가지, 명제문과 비명제문으로 나눌 수 있다. 명제문은 통상 진술문이라고도 하고, 비명제문은 의문문, 기원문, 감탄문 등 세 종류를 포함한다. 이 네 종류의 문장은 항상 언어활동 중에서의 화자의 상이한 태도를 나타내기 때문에 항상 다른 어기를 표현한다. 언어활동 중에 진술문이 가장 많이 나타나고 또한 가장 복잡한데, 이는 다시 직진문과 인정문 두 가지 하위 종류로 나눌 수 있다. 이하 문장의 종류, 문형과 관련한 논의에서 이러한 문장에 대해 집중적으로 다룰 것이다. 진술문을 제외하고서 수량이 비교적 많은 것이 의문문이고, 기원문 그리고 감탄문은 출현 수량이 비교적 적다.

(1) 진술문과 직진문, 인정문

진술문은 직접적으로 명제를 나타내는 문장으로, 진실인지 거짓인지 판단할 수 있다. 다음 예를 보자.

　(1) 大叔出奔共. (『左傳·隱公元年』)　　　　대숙이 공 지방으로 달아났다.

　(2) 趙盾, 古之良大夫也. (『左傳·宣公2年』)　조돈은 옛날의 훌륭한 대부였다.

　(3) 天下之無道也久矣. (『論語·八佾』)　　　천하의 도가 없어진지 오래되었도다.

이상 세 진술문 모두 직접 명제를 나타낸다. 문장 중에 모두 의문, 기원, 감탄과 관련된 허사가 없고, 모두 진실인지 거짓인지 판단할 수 있다. 만일 현실에서 태숙이 확실하게 공 지방으로 달아났다면, 예(1) 문장은 진실이다. 만일 태숙이 공 지방으로 달아나지 않았다면, 이 문장은 거짓이다. 예(2)는 객관적 사실을 서술한 것이 아니고 주관적으로 판단한 것이다. 그러나 또한 진실과 거짓을 판단할 수 있다. 만일 조돈이 진실로 '古之良大夫(옛날의 훌륭한 대부)'였다면, 이 문장은 진실이 된다. 만일 그렇지 않다면, 이 문장은 거짓이 된다. 예(3)은 개인의 견해를 나타내며, 만일 이러한 견해가 사실과 부합한다면 진실이고 맞지 않다면 거짓이다.

진술문은 한 단계 더 나아가서 직진문과 인정문의 두 가지 세부 항목으로 나눌 수 있다.

직진문은 문장이 객관적으로 사실을 진술하는 것을 나타낸다. 인정문은 문장 중 주관 인식과 관련한 내용을 포함하고 있다. 인정문은 주관적으로 판단하거나 관점을 명확하게 설명하고, 정황을 소개하는 경우에 가장 자주 쓰인다. 비유를 하자면, 직진문은 방백(옆에서 설명을 더해주는 말)이 없는 무대로, 일체의 내용이 모두 연기자의 표현 속에 있는 것과 비슷하다. 그러나 인정문은 무대 위의 방백 혹은 무대 위의 인물이 무대상에서 관중이 볼 수 없는 내용에 대해서 설명하는 것과 비슷하다. 두 종류의 문장으로 구분할 때, 주로 문장 속에 '也', '矣', '焉' 등의 조사를 사용하는지 안 하는지에 근거한다. 이하는 직진류의 문장에 속한다.

(1) 齊桓公伐山戎. (『史記 · 秦本紀』)　　제환공이 산융을 쳤다.

(2) 孔子見齊景公. (『呂氏春秋 · 高義』)　　공자가 제경공을 보았다.

이상의 두 문장의 문말에는 모두 '也', '矣', '焉' 등의 조사가 쓰이지 않았고, 모두 객관적으로 사실을 진술했다. 이하는 인정류의 문장에 속한다.

(1) 夫子, 君子也. (『左傳 · 昭公2年』)　선생님은 군자입니다.

(2) 范雎至秦, 王庭迎, 謂範雎曰, "寡人宜以身受令久矣."(『戰國策 · 秦策3』)　범저(범수라고도 한다)가 진나라에 이르자, 왕이 뜰에 나와서 맞이하면서, 범저에게 말하였다. "과인이 마땅히 몸소 가르침을 받고자 한지 오래되었소이다."

(3) 子貢曰, "大哉死乎! 君子息焉, 小人休焉."(『荀子 · 大略』)　자공이 말하였다. "대단하도다, 죽음이여! 군자도 그치고, 소인도 쉬게 된다."

예(1)은 객관적으로 사실을 서술한 것이 아니고, 주관적인 판단이다. 예(2)는 진왕이 자신의 관점(입장)을 설명한 것이고, 예(3)은 자공이 '死(죽음)'에 대해 말한 것이니, 이상 세 가지 예문 끝에 각각 '也', '矣', '焉'을 사용하였다.

(2) 의문문

의문문은 묻는데 쓰이고 아울러 상대방에게 답변의 문장을 요구하는 것으로 자체로 긍정 또는 부정의 내용을 포함하고 있지 않다. 따라서 진실 혹은 거짓의 문제가 없으며 또한 명제를 진술할 수도 없다. 상용의 의문문은 세 종류로 나눌 수 있다. 첫째, 의심하는 것이 있어서 물어보는 문장, 둘째, 의심 없이 묻는 반어문, 셋째, 의심하기도 하고 묻기도 하는 측문문이다.

의문을 제기하는 문장은 가장 자주 보이는 의문문으로, 시비문, 선택문, 특지문 등 세 종류로 나눌 수 있다. 다음 예를 보자.

(1) 子路問曰, "子見夫子乎?"(『論語·微子』) 자로가 물었다. "그대는 선생님을 보셨습니까?"

(2) 孟子曰, "敬叔父乎? 敬弟子乎?"(『孟子·告子上』) 맹자가 말하였다. "숙부를 공경할 것인가? 제자를 공경할 것인가?"

(3) 子之師誰邪? (『莊子·田子方』) 그대의 스승은 누구신가?

이상의 세 가지 예문은 모두 의문문이다. 예(1)은 시비문, 예(2)는 선택문, 예(3)은 특지문에 속한다. 이상의 문장 중 답안, 즉 명제적 내용은 대답에 의해서 한 방향으로 확정되기 때문에, 따라서 이와 같은 문장은 진실 혹은 거짓의 문제가 없다.

반어문은 일종의 특수한 의문문으로 의문문의 형식을 사용해서 명제를 진술한다. 다음 예를 보자.

(1) 以此爲治, 豈不難哉? (『呂氏春秋·察今』) 이로써 다스리게 되니, 어찌 어렵지 않겠습니까?

(2) 學而時習之, 不亦說乎? (『論語·學而』) 배워서 때때로 익히니, 어찌 즐겁지 않겠는가?

이 두 예문에서 실제로 명제를 진술하는 것은 '以此爲治'와 '難', 그리고 '學而時習之'와 '說(悅)'이다. 그렇지만 두 명제가 의문문의 형식을 사용해서 진술하고 있다. 진술문의 직접 진술과 같지 않기 때문에, 따라서 또한 의문문에 포함시켰다.

측문문은 일종의 진술문과 의문문의 사이에 있는 문장으로, 말하는 자가 말하고자 하는 내용에 대해서 이미 기본적인 관점을 가지고 있으면서, 단지 완전히 확정할 수 없기 때문에 상대방이 확정과 실증을 더해줄 것을 요구하는 것이다. 다음 예를 보자.

(1) 語之而不惰者, 其回也與? (『論語・子罕』) 말해주고서 게을리 하지 않는 자, 아마도 안회이
지 않겠는가?

(2) 臣竊意諸侯之不服者, 其惟莒乎? (『呂氏春秋・重言』) 신이 감히 생각건대, 제후 중에서 복종
하지 않는 자, 아마도 오로지 거나라 뿐이지 않습니까?

공자가 예(1)의 문장을 이야기할 때, 그 실제 마음속에는 이미 기본적인 관점을 가지고
있으면서, 이 속에는 단지 상대방이 확정을 더해줄 것을 요구하는 것이지, 결코 완전하게
상대방으로부터 그 속에 있는 자기 자신이 전혀 모르고 있던 답안을 요구하는 것은 아니
다. 예(2)도 이런 종류와 비슷하다.

(3) 기원문

기원문은 듣는 이가 어떤 일을 할 것을 희망하거나 요구하는 것, 혹은 어떤 일을 할 것
을 충고하거나 금지하는 것이다. 이런 종류의 문장은 듣는 사람이 어떠한 행동을 취할 것,
혹은 취하지 않을 것을 요구하는 것이기 때문에, 명제를 진술하는 것이 아니다. 다음 예를
보자.

(1) 王請度之 ! (『孟子・梁惠王上』)　　　왕께서는 그것을 헤아리시길 청합니다!

(2) 子必無往 ! (『左傳・昭公27年』)　　　그대는 반드시 가지 말라!

예(1)은 상대방이 '度之(그것을 헤아릴 것)'를 희망하는 것이고, 예(2)는 상대방이 '往(가
다)'을 하지 말 것을 요구하는 것으로, 모두 기원문이다.

(4) 감탄문

감탄문의 주요 작용은 감정을 표현하는 것으로, 감정을 표현하는 동시에, 또한 간접적
으로 명제를 진술한다. 다음 예를 보자.

(1) 孺子善哉 ! (『左傳・昭公16年』)　　　아이가 착하구나!

⑵ 子曰, "道其不行矣夫！"(『禮記·中庸』) 공자께서 말씀하셨다. "도가 행해지지 않을 것이구나!"
　　●　△△△△△

　이상의 두 감탄문은 모두 주로 감정을 표현하지만, 그렇지만 또한 간접적으로 '孺子善(아이가 착하다)'과 '道不行(도가 행해지지 않을 것이다)'과 같은 명제를 표현하고 있다.

2. 문형

　현재 고대중국어의 문형을 구분하는 기준은 주로 문장 속 술어의 유형에 근거한다. 이 기준에 근거하면 상용의 문형을 서술문, 묘사문, 판단문 등 세 종류로 나눌 수 있다. 이 세 가지 부류는 동사성 어휘, 형용사성 어휘, 명사성 어휘를 술어로 사용하는 것으로 나뉜다. 술어의 유형에 대해서는 자오위안런(趙元任) 선생이 또 다른 한 종류의 분류 방법을 제시한 적이 있으며 이러한 분류 방법은 우리가 문형에 대해 생각할 때에 계발시키는 부분이 있다.17) 문형 연구 대상은 문장의 내부 구조이고 문장은 주어와 술어 이 두 가지로 구성되어 있다는 점은 이미 알고 있다. 따라서 문장의 내부 구조가 반영된 것은 주어와 술어 사이의 구조 관계이다. 이 종류의 구조 관계는 문법과 의미 두 방면에서 표현된다. 문형을 구분할 때, 당연히 술어의 성질을 고려할 필요가 있는데 그렇지만 술어의 성질만 고려한다면, 결코 주어와 술어 사이의 구조 관계를 충분히 반영하기에는 부족하다. 따라서 이 책에서는 주어와 술어 사이의 구조 관계에 근거하여서, 고대중국어의 문형을 서설문과 논단문 두 종류로 나누고, 다시 서설문을 서사문과 설명문 이렇게 두 하위부류로 나눈다. 서사문, 설명문, 논단문은 고대중국어 중에서 가장 자주 보는 세 종류의 기본문이다. 이상의 세 가지 기본문을 제외하고, 그 밖에 또 세 종류의 비교적 특수한 구문이 있는데, 바로 유무문, 배경문, 분류문이다. 유무문과 배경문은 서사문에 속하고, *분류문*은 논단문에 속한다. 이하 차례로 간단하게 각 종류의 문장을 소개할 것이다.

(1) 서설문, 서사문, 설명문

　서설문은 주로 사람과 사물의 행위, 변화, 성질 등을 서술하거나 설명할 때 쓰인다. 서

---

17) 자오위안런(趙元任) 『漢語口語語法(중국어구어어법)』(뤼수샹(呂叔湘) 역, 商務印書館(상무인서관), 1979年』) 53페이지를 보시오.

설문은 다시 두 가지 하위 종류로 분류할 수 있는데, 각각 서사문와 설명문이다. 아래에서 우선 서설문을 소개하고, 이후에 다시 서사문과 설명문을 설명할 것이다.

1) 서설문

서설문에는 네 가지 특징이 있는데, 앞의 세 가지는 주로 단어의 종류에서 나타나는 특징이다.

1) 주어는 일반적으로 지칭성을 나타내는 것으로, 항상 사람이나 사물 등 사체(事體)를 표시하고, 이런 사체는 대개 동작의 주체 혹은 해당 일, 대상 등을 표시할 수도 있는데, 일반적으로 체언성 어휘로 충당된다. 2) 술어는 진술성을 나타내는 것으로, 대개 행위, 변화, 특징 등의 속성을 표시하고, 일반적으로 용언성 어휘로 충당된다. 다음 예를 보자.

(1) 齊侯歸. (『公羊傳·成公8年』)   제나라 임금이 돌아왔다.

(2) 齊師大敗. (『公羊傳·成公2年』)   제나라 군대가 크게 패하였다.

(3) 妻子爲戮. (『左傳·文公13年』)   부인과 아이가 죽임을 당하였다.

이상의 세 예문 중의 주어는 모두 체언성 어휘이고, 술어는 모두 용언성 어휘이다. 예(1)의 주어는 동작의 주체이고, 술어는 행위이다. 예(2)의 주어는 해당 일이고, 술어는 변화를 표시하였고, 예(3)의 주어는 대상이고, 술어는 또한 행위이다. 3) 부정성(否定性) 서술문은 부사 '不'을 가장 많이 사용하고, 또한 부사 '未'도 쓸 수 있다. 다음 예를 보자.

(4) 楚王不說. (『戰國策·楚策3』)   초왕이 기뻐하지 않았다.

(5) 子産歸, 未至, 聞子皮卒. (『左傳·昭公12年』)   자산이 돌아가다가, 아직 이르기 전에, 자피가 죽었다는 것을 들었다.

위의 두 예문은 모두 부정문으로, 각각 부사 '不'과 '未'를 사용한다. 4) 마지막 하나의 특징은 운율상으로 표현된다. 이와 같은 문장에 만일 주어가 있다면, 주어와 술어 사이에 일반적으로 휴지가 없다. 이상 열거한 예(1)~(5)가 이와 같다. 다음은 아래 두 예문을 보자.

　(1) 子貢問政. (『論語·顏淵』)　　　　　자공이 정치에 대해서 물었다.

　(2) 木正. (『墨子·經說下』)　　　　　나무가 바르다.

위의 두 예문의 주어와 술어의 사이에 모두 휴지가 없는데, 이들은 모두 서설문이다.

2) 서사문과 설명문

　서사문과 설명문은 문장 종류 중에서 직접진술과 인정, 이 두 가지 세부 종류를 구분한 것을 결합한 것이다. 직진류의 서설문은 서사문이고, 또한 바로 서사문이 설명하는 것은 객관적 존재의 사실이다. 이 종류의 문장의 특징은 문말과 문두에 일반적으로 조사를 사용하지 않는다. 서설문을 소개할 때 들었던 예문이 실제로는 모두 서사문이다.

　인정류의 서설문은 설명문으로, 설명문은 가장 자주 견해를 설명하거나 정황을 소개하는 데 쓰이고, 때때로 확인을 표시한다. 설명문이 서사문과 주로 다른 점은 문말에 일반적으로 조사 '也', '矣', '焉'을 사용하는 것이 필요한데, 때로는 문두에 조사를 사용할 때도 있다. 아래는 관점을 설명하는 예문이다. 다음 예를 보자.

　(1) 能知賢與不肖者寡矣. (『史記·日者列傳』)　현명함과 모자람을 알 수 있는 이는 드물다.

　(2) 吳起雪泣而應之曰, "子弗識也."(『呂氏春秋·觀表』)　오기가 눈물을 씻고서 응답하였다. "그대는 알지 못한다."

　(3) 三人行, 則必有我師焉. (『論語·述而』)　(나를 포함한) 세 명이 행동하면, 그 중에 반드시 내 스승이 있다.

　(4) 夫哀莫大於心死. (『莊子·田子方』)　대저 슬픔은 마음이 죽는 것보다 큰 것이 없다.

이상 예문 중의 앞의 3개는, 문말에 '也', '矣', '焉'을 사용했고, 마지막 예문은 문두에 조사 '夫'를 썼다. 아래는 정황을 소개하고, 확인을 표시하는 경우이다. 다음 예를 보자.

　(1) 子曰, "吾未見好德如好色者也."(『論語·子罕』)　공자께서 말씀하셨다. "나는 덕을 좋아하기를 색을 좋아하는 것처럼 하는 이를 보지 못했다."

　(2) 諜出曰, "原將降矣."(『左傳·僖公25年』)　염탐꾼이 나와서 말하였다. "원 지방이 장차 항복할 것입니다."

(3) 制, 岩邑也, 虢叔死焉. (『左傳·隱公元年』) 제 지방은 험한 곳이다, 괵숙이 거기에서 죽었다.

(4) (公子)將適齊, 謂季隗曰, "待我二十五年, 不來而後嫁." 對曰, "我二十五年矣！又如是而嫁, 則就木焉, 請待子."(『左傳·僖公23年』) (공자 중이가) 제나라를 떠나려고 준비하고서, 계외에게 말하였다. "나를 25년간 기다리고, 만일 내가 돌아오지 않으면, 그대는 다시 시집가시오." 계외가 대답하였다. "내가 이미 25살입니다! 또 그만큼의 해를 보내고서 시집을 가면, 또한 바로 거기에서 나무(관을 만들 재료)를 취해야 할 것입니다. 그대를 기다릴 것을 청하겠습니다."

이상 네 예문의 끝에 '也', '矣', '焉'을 사용하였는데, 앞 세 예문에서는 정황을 소개한 것이고, 예(4)는 이미 존재하는 어떠한 정황과, 확인을 표시한 것을 강조한 것이다.

(2) 논단문

논단문은 고대중국어에서 자주 보이는 다른 종류의 문형으로, 이 종류의 문장은 항상 논단을 표시한다. 이 속에서 이야기되는 논단은, 주로 분류, 원인, 평가 등의 방면에 대한 논단이다. 이 논단은 주로 사실을 진술하는 것이 아니고, 주로 일종의 인식적 결과를 표현하는 것이다. 논단문은 분류와 리듬, 두 가지 방면에서 모두 다섯 가지의 특징이 있다.

어휘를 분류하는 관점에서 본다면, 논단문은 다섯 가지 특징이 있다. 1) 논단문의 주어는 행위, 변화 등의 진술적인 대상이 아니고 논단의 대상으로, 즉 일종의 인식의 대상이다. 이러한 인식의 대상은 사람, 사물 등의 사체가 될 수 있을 뿐만 아니라, 또한 행위, 사실 등도 될 수 있다. 그렇기 때문에 체언성 어휘뿐만 아니라 또한 용언성 어휘, 주술구 등도 주어가 될 수 있다. 2) 논단문의 술어는 논단의 결과로, 즉 인식의 결과이다. 이 결론은 항상 체언성 어휘뿐만 아니라 또한 용언성 어휘로 진술할 수 있기 때문에, 따라서 논단문의 술어는 체언성 어휘뿐만 아니라 용언성 어휘, 주술구 등도 쓸 수 있다. 3) 이것이 논단이고 객관적인 서술이 아니라는 것을 표시하기 위해 문말에 조사 '也'를 가장 자주 사용하고[18], 때때로 '矣', '焉' 등의 조사를 사용할 수 있으며[19], 때때로 또한 문두에 '夫' 등의 조사를 쓸 수 있다. 다음 예를 보자.

---

18) 마건충(馬建忠)이 이미 '也'에 논단적 작용이 있다는 것을 지적하였다. 『馬氏文通(마씨문통)』(商務印書館(상무인서관), 1983년) 323페이지를 참조하시오.

19) 뤼수샹(呂叔湘)이 이미 '矣'에 논단적 작용이 있음을 지적하였다. 『中國文法要略(중국문법요략)』(商務印書館(상무인서관), 1982년) 274페이지를 참조하시오.

(1) 安平君, 小人也. (『戰國策·齊策6』)　안평군은 소인이다.

(2) 使者目動而言肆, 懼我也. (『左傳·文公12年』)　사신의 눈이 움직이고 말이 불손한 것은, 나를 두려워하는 것이다.

(3) 昔歲入陳, 今茲入鄭, 民不罷勞, 君無怨讟, 政有經矣. (『左傳·宣公12年』)　지난해에는 진나라를 침범했고, 올해는 정나라를 치려고 하니, 백성들은 쉴 수 없지만 임금이 원망을 듣지 않는 것은 정치에 법도가 있어서이기 때문입니다.

(4) 不正其名, 不分其職, 而數用刑罰, 亂莫大焉. (『呂氏春秋·審分』)　그 이름이 바르지 못하고 그 직분이 나뉘어져 있지 않은데, 자주 형벌을 사용하면 어지러움이 이보다 더한 것이 없다.

(5) 夫珠玉, 人主之所急也. (『韓非子·和氏』)　주옥은 임금이 귀하게 여기는 것이다.

이상 다섯 예문은 모두 논단문으로, 예(1), (5)는 귀류, 예(2)는 원인을 이야기하는 것이고, 예(3), (4)는 평가이다. 예(1), (5)의 주어는 체언성 어휘이고, 예(2), (3)의 주어는 주술구이고, 예(4)의 주어는 용언성 어휘이다. 예(1), (5)의 술어는 체언성 어휘이고, 예(2)의 술어는 용언성 어휘이고, 예(3), (4)의 술어는 주술구이다. 이상의 다섯 예의 문말에는 '也', '矣', '焉'을 구별하여서 사용하였고, 마지막 하나의 예에는 문두에 '夫'를 사용하였다. 4) 부정의 논단문 중에는 자주 부사 '非'가 쓰인다. 다음 예를 보자.

(6) 國燒於秦, 兵分於齊, 非趙之利也. (『戰國策·趙策4』)　나라가 진나라에 의해서 피폐해지고, 병사가 제나라에 의해서 나뉘는 것은, 조나라에게 있어서 이익이 되지 않습니다.

(7) 然今卒困於此, 此天之亡我, 非戰之罪也. (『史記·項羽本紀』)　그러나 지금 결국 이처럼 곤란해졌으니, 이는 하늘이 나를 버린 것이지, 싸움의 죄는 아니다.

이상의 두 논단문은, 부정을 표시하기 위해서 모두 '非'를 사용하였다. 5) 논단문의 주어와 술어의 사이에 일반적으로 휴지가 있다. 이상 예(1)~(7)에서 이러한 특징이 나타났는데, 또한 아래의 예문을 보도록 하자.

(1) 一張一弛, 文武之道也. (『禮記·雜記下』)　한 번 당겨주고 한 번 풀어주는 것이 문무의 도이다.

(2) 臣之所好者, 道也, 進乎技矣. (『莊子·養生主』)　신이 좋아하는 것은 도이고 기술보다 앞섭니다.

이상의 두 예문 모두 논단문으로, 주어와 술어 사이에 모두 휴지가 있다.

(3) 유무문, 배경문, 분류문

이상 세 종류의 자주 볼 수 있는 기본 문형을 제외하고서 또한 세 종류의 특수한 문형이 있는데, 유무문, 배경문, 분류문이다. 유무문과 배경문은 똑같이 사실을 서술하여, 서사문과 같은 한 종류로 볼 수 있다. 분류문은 주로 인식의 결과를 진술하므로, 논단문과 같은 한 종류로 간주할 수 있다. 유무문, 배경문, 분류문은 이전에 소개했던 서사문, 논단문과 조금 다른 특징들이 있기 때문에 별도로 여기에서 소개하고자 한다.

1) 유무문

유무문은 '有'(있다), '無'(없다)로 구성된 서사문으로, 주로 존재, 출현 또는 소유 등과 관련이 있는 사실을 표시한다. 유무문의 특징은 술어의 중심단어가 일반적으로 '有', '無' 이 두 가지 동사로 충당되고, 문말에 통상적으로 조사가 쓰이지 않는다는 점이다. 다음 예를 보자.

  (1) 天下有變. (『戰國策·秦策3』)   천하에 변화가 있다.
  (2) 行者無糧, 居者無食. (『呂氏春秋·先識』) 길을 갈 사람은 지니고 갈 양식이 없고, 머무를 사
       람은 먹을 양식이 없다.

예(1)의 '有'는 출현을 표시하고, 예(2)의 '無'는 소유를 표시한다. 유무문이 표시하는 존재, 출현, 소유는 일종의 넓은 뜻의 공간 관계이다. 주어는 넓은 뜻의 공간을 표시하고 목적어는 공간 중에 존재하는 사람과 사물 등을 나타낸다.

2) 배경문

배경문은 주술구가 술어를 구성하는 서사문으로, 특징은 대주어가 일반적으로 체언성 구이고, 통상적으로 시간과 장소 등 배경을 표시한다. 술어는 즉 주술구로, 술어를 충당하는 주술구는 통상적으로 서사문과 서로 비슷한 특징을 가지고 있어서 전체 문장의 문말에 일반적으로 '也', '矣', '焉' 등의 조사를 사용하지 않는다. 이러한 주술성 술어는 주어가

나타내고자 하는 환경 속에 처한 사실을 나타낸다. 대주어와 술어 사이에, 어떤 때는 휴지가 있고, 어떤 때는 휴지가 없다. 다음 예를 보자.

    (1) 四年春, 齊侯以諸侯之師侵蔡. (『左傳·僖公4年』) 사년 봄에, 제나라 임금이 여러 임금의
       군사로 채나라를 침략했다.
    (2) 公子顔色愈和. (『史記·魏公子列傳』)   공자의 안색이 더욱 온화해졌다.

   예(1)의 주어는 시간을 표시하고 뒷부분의 주술구는 사실의 환경을 서술한다. 예(2)의 '公子'는 '顔色'의 소유자로 또한 '顔色'의 큰 환경을 알 수 있다. 이상의 두 예문의 문말에는 모두 '也', '矣', '焉' 등의 조사가 쓰이지 않았다.

3) 분류문

   분류문은 주로 분류, 유추, 해설 등을 표시하고, 논단문과 기본적으로 서로 비슷한 의미의 내용을 진술하기 때문에, 논단문과 한 종류로 묶을 수 있다. 분류문은 주로 두 가지 특징이 있는데, 1) 주어는 체언성 어휘로 충당할 수 있지만 대개 주술구, 용언성 어휘이다. 2) 술어는 통사적으로 용언성 어휘로 충당하지만, 단지 이와 같은 용언성 어휘의 중심어휘는 주로 비교적 특수한 분류동사로, '爲', '若(마치 ~와 같다)', '曰' 등에 불과하다.[20] 다음 예를 보자.

    (1) 周公旦爲天下之聖人. (『墨子·公孟』)   주공 단은 천하의 성인이다.
    (2) 民望之, 若大旱之王雲霓也. (『孟子·梁惠王下』) 백성들이 그것을 바라는 것이 마치 큰 가뭄
       때에 구름과 무지개를 보듯이 합니다.
    (3) 幼而無父曰孤. (『孟子·梁惠王下』)   어리고서 아비가 없음을 고(孤)라고 한다.

   이상 세 예문은 순서대로 분류, 유추, 해설을 나타내며 술어 중의 중심단어는 각각 '爲', '若', '曰'이다. 예(1)의 주어는 체언성 어휘이고, 예(2)의 주어는 주술구이고, 예(3)의 주어는 용언성 어휘이다.

---

20) 분류 동사에 대해서는, 3장 1절에서 구체적으로 소개하고 있다.

3. 문장의 종류와 문형의 관계

문장의 종류는 전체 문장의 어기 특징에 근거해서 나누고, 문형은 주어와 술어 사이의 문법관계에 근거해서 나눈다. 두 종류의 다른 분류이지만, 그들 사이에는 일종의 정제되지 않은 대응 관계가 있다. 문장의 종류와 문형 사이의 관계를 설명하기 위해서 문장 분류의 도표를 보도록 하자.

문장의 종류	하위 문장 종류	문형	하위 문형
진술문	직진문	서설문	서사문
	인정문		설명문
		논단문	논단문
의문문	-	생략	생략
기원문	-	생략	생략
감탄문	-	생략	생략

이 도표에서 문장 구분과 관련한 네 가지 분류항목이 있는데, 문장의 종류, 하위 문장의 종류, 문형, 하위 문형이다. 이 네 가지 종별에서, 하위 문장의 종류는 특수하게 작용한다. 한 편으로는 문장의 종류에 속하고, 다른 한 편은 문형과 밀접한 관계가 있어서 문장의 종류와 문형을 연결하는 중요한 한 부분이라고 할 수 있다. 이하에서 하위 문장의 종류와 관련된 문제를 중점적으로 이야기할 것이다.

하위 문장의 종류와 문형과의 관계는, 문장 내용이 문장 구조에 대해 영향을 주는 것으로 나타난다. 직진문은 객관적으로 사실을 서술하는데, 이와 같은 문장 내용은 고대중국어에서 '명사 + 동사'의 주술형식을 가장 쉽게 취한다. 결과적으로 하위 문형 중 서사문을 구성한다. 인정문 중 주관적 인식을 표현하고, 이 주관인식이 만일 귀류, 인과 등의 논리관계의 전후 양 항목을 언급한다면 '전항 + 후항 + 조사'의 형식을 가장 쉽게 취하며, 결과적으로 논단문을 구성한다. 문장의 종류와 문형의 관계 중에서, 설명문은 과도적인 특징이 나타난다. 하위 문장의 종류에 의거하면, 설명문은 비교적 논단문에 근접하면서 모두 주관적 인식을 표현하는 것으로 인정문에 속한다. 그러나 문형에 의거하면 설명문 또한 비교적 서사문에 근접하며 모두 진술하는 바가 있어서 동일하게 서설문에 속한다. 단지 하위 문장의 종류가 문형에 미치는 영향으로 설명문은 서사문과 문형상에서 또한 약간의 차이가 있다. 설명문은 사실에 대해 주관인식을 설명하는 것으로, 서사문과 논단문의 특징을 종합하여 '명사 + 동사 + 조사'의 형식으로 나타난다.

　문장의 종류와 문형의 구분에 있어서, '也', '矣', '焉' 이 세 조사는 모두 중요한 작용을 한다. 하위 문장의 종류를 구분할 때, 주로 이 세 조사를 사용하며 하위 문장의 종류는 문장의 종류, 문형에 관계되는 분류이기 때문이다. 따라서 이 세 단어는 하위 문장의 종류를 구분하는 것에 쓰이는 것을 제외하고도 또한 문형을 구분하는 곳에도 자주 쓰인다. 즉, 이 세 단어는 항상 문장의 종류와 문형을 구분하는 두 종류의 다른 기능을 같이 가지고 있다. 한 편으로는 직진문과 인정문을 구분할 때, 이 세 단어가 중요한 표준으로 기능한다. 그러나 서사문과 논단문, 설명문 등의 문형을 구분할 때에도 또한 항상 이 세 단어를 쓰는 것이 중요한 표준이 된다. 이 세 조사를 인식하는 것이 고대중국어의 문장을 이해하는데 있어서 중요한 부분이다.

　명제문이 아니라면 직접 명제를 진술하지 않기에, 그들이 직술과 인정에서는 대립하지 않는가에 관해서는 아직 연구가 부족하다. 그러나 문형의 각도에서 본다면 세 종류는 명제가 아니면 다른 정황을 나타낸다. 기원문은 상대방이 행동을 취할 것을 요구하여 일반적으로 단지 서설문으로 쓰이고, 논단문으로 쓰이지 못한다. 따라서 기원문 속에는 논단문이 없다. 그러나 의문문, 감탄문 중에는 서설문, 논단문과 대체로 비슷한 문장이 있다. (이 방면의 내용에 대해서는 제7장 문장의 종류를 볼 것) 그러나 '也', '矣', '焉' 이 세 조사는 문장의 종류, 문형 두 종류에 영향을 미치기 때문에, 명제문 중에 사용될 뿐만 아니라 또한 비명제문 안에서도 쓰인다.

제3절 구

　2장 1절에서 이미 소개했듯이, 구는 용언구와 체언구, 두 가지 큰 종류가 있는데, 구 안의 중심단어의 수량에 근거해서 이 두 가지 종류의 구 또한 각각 다시 두 가지 종류로 나눌 수 있다. 한 종류는 단중심구로, 이 종류의 구 속에는 중심단어가 단지 하나가 있다. 또 다른 한 종류는 다중심구인데, 이 종류의 구 속에는 중심 단어가 단지 하나만 있지 않다. 단중심구와 다중심구 이 두 종류의 구 또한 구의 내부 구조에 근거해서 다시 구분이 가능하다. 단중심의 용언성구는 1) 술목구, 2) 술보구, 3) 부사어구, 4) 수량구 등 네 가지 종류로 나눌 수 있다. 다중심의 용언성구는 5) 연술구 한 종류가 있다. 단중심의 체언성구는 6) 관형구 한 종류가 있다. 다중심의 체언성 어휘는 7) 동위구, 8) 연체구 등 두 종류로 나눌 수 있다. 이 상의 여덟 종류의 구 이외에도 또 다른 두 종류의 다중심구는 용언구와 체언구가 공유하는 것인데, 바로 9) 병렬구, 10) 계수구이다. 이상의 열 가지 종류의 구 이외에도, 또한 두 종류의 중심단어가 없는 특수한 구가 있는데, 전목구와 조사구이다. 이 12 종류의 구에 위에서 이미 소개했던 주술구까지 더해서 총 합계가 13 종류이다. 이 절에서는, 이미 소개했던 주술구를 제외하고, 주로 중심단어가 있는 10 종류의 구에 대해서 소개할 것이고, 전목구와 조사구 두 종류에 대해서는 앞으로 다음절에서 허사와 함께 설명할 것이다.

1. 용언성구

용언성구에서 술목, 술보구는 앞쪽의 중심구이고, 부사어구와 수량구는 뒤쪽의 중심구이다. 연술구는 다중심구이다.

(1) 술목구

술목구는 중심단어가 앞에 있는 용언구이다. 앞쪽에 있는 중심단어를 술어라고 칭하고, 그 뒤의 단어를 목적어라고 한다. 술어는 주로 행위, 활동 등 속성을 표현하고, 목적어는 행위, 활동과 모종의 관계가 있는 사체, 활동 등을 표시한다. 다음 예를 보자.

    (1) 齊人伐燕. (『孟子・梁惠王下』)   제나라 사람이 연나라를 쳤다.

    (2) 民惟恐王之不好勇也. (『孟子・梁惠王下』)   백성들은 오로지 왕이 용맹함을 좋아하지 않는
        것을 두려워합니다.

이상의 예문 중에서 △를 더한 것이 술어이고, ●를 더한 것이 목적어이다. 이 외에도 또한 한 종류의 특수한 목적어가 있는데, 주로 길이와 시간(범위 내의 시간) 등을 표시하는데 쓰인다. 이러한 종류의 목적어는 준목적어라고 칭한다. 준목적어는 직접 술어의 뒤에 쓰일 수 있고 또한 술목구의 뒤에 쓰일 수 있다. 다음 예를 보자.

(1) 田文曰, "夫行數千里而救人者, 此國之利也."(『戰國策・魏策3』) 전문이 말하였다. "수천리를 가서 사람을 구하는 것은, 나라의 이익입니다."

(2) 行之十年, 秦民大悅 (『史記・商君列傳』) 행한 지 십년이 되자, 진나라 백성들은 크게 기뻐하였다.

예(1)은 거리 '數千里'는 '行'에게 있어서는 준목적어가 되고, 예(2)의 준목적어 '十年'은 '行之'의 뒤에서 시간을 표시하는데 쓰였다.

(2) 술보구

술보구 또한 중심단어가 앞에 위치하는 용언성구이다[21]. 앞부분의 중심단어 또한 술어라고 하고, 그 뒤의 어휘는 보어라고 한다. 술어는 행위, 활동 등의 속성을 진술하고, 보어는 즉 장소, 대상 등을 표시한다. 다음 예를 보자.

(1) 初, 宜子田於首山. (『左傳・宣公2年』) 처음에 선자가 수산에서 사냥을 하였다.

(2) 子禽問於子貢. (『論語・學而』)   자금이 자공에게 물었다.

이상의 예문 중에서, △를 더한 것이 술어이고, ●를 더한 것이 보어로, 예(1)의 보어는 장소를 표시하고, 예(2)는 대상을 표시했다.

(3) 부사어구

부사어구는 중심단어가 용언성구 뒤에 있다. 뒷부분의 중심단어를 중심어라고 하고, 그 앞의 어휘를 부사어라고 한다. 중심어는 행위, 변화 성질 등의 속성을 진술하고, 부사어는 한정, 수식으로 그 뒤의 중심어를 설명한다. 부사어구에서 가장 많이 보이는 형식은 부사어가 직접적으로 중심어의 앞에서 쓰이는 것으로 부사어와 중심어의 사이에 일반적으로 휴지가 없다. 다음 예를 보자.

(1) 周不納客. (『韓非子・說林上』)   주나라에서는 객을 받아들이지 않았다.

---

21) 목적어와 보어의 구체적인 내용에 대해서는, 제5장 제1, 2절에서 소개할 것이다

(2) 其樂甚美. (『呂氏春秋 · 長攻』)　　　　그 즐거움이 매우 좋았다.

이상의 문장에서 ●을 더한 것은 부사어이고, △을 더한 것은 중심어이다.

(4) 수량구

수량구는 일종의 특수한 용언구이다. 이러한 종류의 구는 또한 중심어가 뒷부분에 있지만, 수량구와 부사어구와는 다르다. 수량구에는 중심어가 점착성이 있는데, 즉 이 구에서는 중심어의 앞부분에 일반적으로 수사가 필요하고, 수사가 없는 상황에서는 이 중심어는 통상적으로 단독으로 쓰이지 않는다. 수량구는 술어로 충당할 수 있기 때문에, 따라서 이것들은 용언성이다. 이것들이 술어로 충당될 때에는, 일반적으로 목적어, 보어를 갖지 않는다. 다음 예를 보자.

(1) 馬食菽粟者數百匹. (『墨子 · 貴義』)　　말 중에서 콩과 곡식을 먹는 것이 수백 필이다.

(2) 貳車者, 諸侯千乘. (『禮記 · 少儀』)　　　이거(여벌로 따르는 수레)라는 것이 제후는 천승이다.

이상의 예문 중의 수량구는 모두 술어이다. 수량구가 비록 용언성이지만, 이들을 분석할 때에, 전통적 칭호에 근거하여 앞부분의 수식어는 관형어라고 하고 뒷부분을 중심어라고 한다.

(5) 연술구

연술구는 또한 '연용구'라고 하는데, 순서가 있는 다중심 용언성구이다. 이 속의 '순서 있음'은 구 중심어의 위치가 바뀔 수 없다는 것을 말하는 것으로, 만일 위치가 바뀌면, 원래 구의 의미는 근본적으로 변화가 발생한다. 다음 예를 보자.

(1) 子路聞之喜. (『論語 · 公冶長』)　　　　자로가 그것을 듣고는 기뻐하였다.

(2) 衛公叔文子朝而請享靈公. (『左傳 · 定公13年』)　　위의 공숙문자가 조례에 참석해서는 영공에게 청하여 제사를 지냈다.

예(1)에는 두개의 중심단어인 '聞'과 '喜'가 있어서, 이 두 중심단어는 위치를 바꿀 수가 없고, 예(2)도 이와 비슷하다.

2. 체언성구

체언성구 속의 단중심구는 한 종류이니, 그것은 관형구이다. 그리고 다중심구는 두 종류가 있는데, 동위구와 연체구이다.

(1) 관형구

관형구는 중심단어가 뒤에 있는 체언구이다. 그 앞부분을 관형어라고 하고, 그 뒷부분은 중심어라고 한다. 관형어는 중심단어를 수식, 제한하는 작용을 한다. 다음 예를 보자.

(1) 小國受命於大國, 敢不愼儀? (『左傳·文公3年』) 소국은 대국에게서 명을 받는데, 감히 의식을 신중하게 하지 않겠습니까?
(2) 其翼若垂天之雲. (『莊子·逍遙遊』) 그 날개는 마치 하늘에 드리워진 구름과 같다.

이상의 예문 중 ●을 표시한 것이 관형어이고, 그 뒤에 △를 표시한 것이 중심어이다.

(2) 동위구

동위구는 몇 개의 어휘가 동일한 한 사람이나 사물을 가리키는 다중심 체언구이다. 동위어 중에서, 해석되는 부분을 본위어라고 하고, 해석성의 어휘를 동위어라고 한다. 다음 예를 보자.

(1) 二十一年, 晉文公重耳伐曹. (『史記·管蔡世家』) 21년에, 진문공 중이가 조나라를 쳤다.
(2) 先王之明德, 猶無不難也, 無不懼也, 況我小國乎? (『左傳·僖公22年』) 선왕의 밝은 덕이 어렵지 않은 것이 없는 듯하고, 두렵지 않은 것이 없는데, 하물며 우리 작은 나라는 어떻겠습니까?

이상의 예문 중 ●을 더한 것이 본위어이고, 그 뒤가 동위어이다.

(3) 연체구

연체구는 순서가 있는 다중심 체언성구이다. 여기에서 '순서가 있음'은 이러한 구에서 중심사의 위치를 바꿀 수 없다는 것이다. 만일 위치를 바꾸면, 원 문장의 의미에 근본적인 변화가 발생한다. 다음 예를 보자.

> (1) 皇帝, 堯, 舜誅而不怒. (『戰國策·趙策2』) 황제, 요, 순은 (죄에 맞추어서) 죽이긴 했으나, 화를 내지는 않았다.
> (2) 天子乃率三公, 九卿, 諸侯, 大夫親往視之 (『禮記·月令』) 천자가 이에 삼공, 구경, 제후, 대부 등을 이끌고 직접 가서 그것을 보았다.

예(1)의 단어순서는 인물을 역사상 시간의 선후에 맞추어서 표현한 것이고, 예(2)는 지위의 존비에 맞추어서 표현한 것이다. 이상의 구에서 체언성 어휘는 일반적으로 위치를 바꿀 수 없다.

3 병렬구, 계수구

(1) 병렬구

병렬구는 순서가 없는 다중심구로, 용언성과 체언성 두 종류가 있다. 여기에서 '순서 없음'은 이 종류의 구에서 중심단어가 그 위치를 바꾸어도 괜찮다는 것으로, 중심단어가 위치를 바꾸어도 원문의 기본 의미는 큰 변화가 없다. 다음 예를 보자.

> (1) 吳强而富. (『韓非子·說林上』) 　　　오나라는 강하고 부유하다.
> (2) 黿, 鼉, 蛟龍, 魚, 鼈生焉. (『禮記·中庸』) 큰 자라, 악어, 교룡, 물고기, 작은 자라가 거기서 난다.

예(1)은 용언성 병렬구이고, 예(1)의 '强', '富'가 만일 위치를 바꾸어도, 원 문장의 의미에는 결코 근본적인 영향을 미치지 못한다. 예(2)는 체언성으로, 그 중의 '黿', '鼉', '蛟龍', '魚', '鱉'이 위치를 바꾸어도, 원 문장의 의미에는 또한 근본적인 영향이 없다.

(2) 계수구

계수구는 일종의 다중심단어의 순서가 있는 구이고, 또한 용언성과 체언성의 두 종류가 있다. 이것과 연술, 연체구의 다른 점은 중심사 사이에 일종의 수량상의 계산 관계가 있다는 것이다. 그러나 연술, 연체구에는 결코 이와 같은 종류의 수량상의 관계가 없다. 아래 부분의 문장과 같다.

(1) 八州, 州二百一十國. (『禮記 · 王制』)   여덟 주이고, (한) 주에 210국이다.

(2) 二十三年, 王將鑄無射. (『國語 · 周語下』) 이십삼년에, 왕이 장차 무사를 주조하였다.

이상의 예문 중에서 수량을 표시하는 어휘는 계수구로, 예(1)의 기수 '二百一十'의 '二百'과 '一十'의 사이에서는 서로 더해지는 순서가 있는 관계로 구성되어 위치를 바꿀 수 없고, 술어적이다. 예(2)의 서수 '二十三' 서로 더해지는 관계의 계수구로, 그 사이의 위치를 바꿀 수 없고, 서수를 표시하며 체언성이다.

제4절 품사

주로 기능이 같지 않다는 것을 근거로 단어는 우선 실사와 허사라는 큰 종류로 나눌 수 있다. 실사는 술사, 체사 두 종류로 나눌 수 있고, 허사는 보사, 조사 두 종류가 있다. 술사는 동사(형용사를 포함하였다), 기수사, 양사 등 세 종류로 나누어진다. 체언은 명사, 서수사, 시간사, 방위사, 대체사 등 다섯 종류로 나누어진다. 대체사는 대다수가 체언성이지만, 소수는 용언성이다. 기수사와 서수사는 수사라고 칭할 수 있다. 보사는 부사, 구별사, 전치사, 접속사 등 네 종류로 나누어진다. 부사는 대다수가 보사이나 또한 소수의 조사도 있다. 조사는 어기사, 판단사, 피동사, 구조조사 등 네 종류로 나누어진다. 이 외 한 종류의 특수한 허사는 감탄사이다.

1. 술사

고대중국어의 술사는 동사(형용사를 포함한), 기수사, 양사가 있다.

(1) 동사

술사를 분류할 때 직접적으로 형용사를 나눌 수 없는데, 실제로 형용사는 단지 동사 중의 한 부류로 성질동사로 볼 수 있기 때문이다. 전통적 품사 분류 체계에 근거해서 이 책에서도 '형용사'라는 명칭을 사용한다. 여기에서는 형용사와 동사를 합쳐서 함께 소개한다. 형용사 그 자체의 특징에 대해서는 제3장 제3절에서 설명할 것이다.

동사는 주로 행위, 활동, 상태, 변화, 성질 특징 등의 속성을 나타낸다. 술어 중에서 동사의 수가 가장 많고 용법도 매우 복잡하다. 주요한 특징은 세 가지가 있다.

1) '不', '甚' 등의 여러 종류의 부사의 수식을 받을 수 있다. 다음 예를 보자.

(1) 仁者不憂, 知者不惑, 勇者不懼. (『論語·憲問』) 인간다운 사람은 근심이 없고, 현명한 사람은 의혹됨이 없고, 용감한 사람은 두려움이 없다.

(2) 竊聞大王義甚高. (『史記·蘇秦列傳』) 제가 감히 대왕의 뜻이 높다는 것을 들었습니다.

이상의 두 예문에서 △을 더한 것은 동사이고, 그 앞은 모두 부사의 수식이 있다.

2) 동사는 일반적으로 목적어, 보어를 가질 수 있다. 다음 예를 보자.

(1) 鄭伯如周. (『左傳·隱公6年』)　　　　정백이 주나라에 갔다.

(2) 虎兕出於柙. (『論語·季氏』)　　　　호랑이와 외뿔소가 우리에서 나온다.

이상의 두 예 중에서 앞의 한 예는 동사가 목적어를 가지고 있는 것이고, 뒤의 한 예는 보어를 가지고 있는 것이다.

3) 동사성 어휘는 대개 명사성 어휘의 관형어가 될 수 있고, 단독으로 관형어적 동사가 될 수 없으며, 술목구의 뒤를 구성할 때 종종 관형어가 될 수 있다. 이들이 관형어가 될 때에는 단지 명사의 앞에 놓일 수 있고, 명사의 뒤에 놓일 수 없으며 이러한 관형구는 모두 체언성이다. 다음 예를 보자.

(1) 無大功而欲大祿, 皆怨府也. (『國語·魯語上』) 큰 공이 없이 큰 복록을 바라는 것은, 모두 원망이 모이는 곳이다.

(2) 子曰, "富而可求也, 雖執鞭之士, 吾亦爲之."(『論語·述而』) 공자께서 말씀하셨다. "재물이 (도에 어긋나지 않아서) 구할만한 것이라면, 비록 채찍을 잡는 사람의 일이라도, 나 또한 그 것을 할 것이다."

예(1)은 하나의 동사가 관형어가 되는 것이고, 예(2)는 술목구가 관형어가 되는 것이다. 이상의 두 관형구는 모두 체언성이다.

(2) 기수사

기수사는 수량을 표시하는데, 네 가지 특징이 있다. 이 네 가지 특징 중에서, 앞의 세 가지는 기수사 고유의 특징이고, 네 번째는 다음 부분에서 이야기할 서수사의 특징과 같다.

1) 기수사는 항상 사람과 사물의 수량을 설명하기 때문에, 따라서 가장 자주 관형어로 사용된다. 기수사가 관형어를 충당하는 구성의 관형구는 체언성도 있고 용언성도 있다. 이러한 종류의 관형구는 일반적인 관형구의 형태와 비슷해서 때때로 주어와 목적어로 사용될 뿐만 아니라, 기타 용언성 어휘와 비슷하게 술어로 쓰이면서 주어가 표시하는 사람과 사물과 관련 있는 모종의 수량적 특징에 대해서 설명한다. 다음 예를 보자.

(1) 五大夫奉子頹以伐王. (『左傳·莊公19年』) 다섯 대부가 자퇴를 모시고서 왕을 쳤다.

(2) 蟹六跪而二螯. (『荀子·勸學』) 게는 여섯 개의 다리와 두 집게발이 있다.

이상의 예문중에서 기수사는 모두 관형어로 쓰였고, 관형구를 구성한다. 예(1)의 관형구는 주어로 쓰이고, 예(2)의 관형구는 술어로 쓰인다. 기수사는 관형어로 사람과 사물의 수량으로 쓰일 때, 대개 명사의 앞에 쓰이는데, 위에서 든 예와 같다. 가끔은 뒤에 놓일 때도 있다. 다음 예를 보자.

> (1) 句踐也以甲楯三千, 棲於會稽. (『莊子·徐無鬼』) 구천이 갑옷과 방패를 가진 삼천 병사로 회계산 위에서 머물렀다.
>
> (2) 昔者, 紂爲天子, 將率天下甲兵百萬. (『韓非子·初見秦』) 옛날에 주가 천자가 되어서 천하의 갑병 백만 명을 거느렸다.

2) 기수사는 부사어로 기능할 수 있으며 행위, 변화 등과 유관한 수량을 설명한다. 다음 예를 보자.

> (1) 魯人從君戰, 三戰三北. (『韓非子·五蠹』) 노나라 사람이 임금을 따라서 전쟁을 해서, 세 번 싸웠는데 세 번 패했다.
>
> (2) 譬之若良醫, 病萬變, 藥亦萬變. (『呂氏春秋·察今』) 만일 그것을 좋은 의사에 비유하자면, 병은 여러 번 변하기 때문에, 약 또한 여러 번 변한다.

이상 예문 중의 기수사는 모두 부사어로 쓰였다.

3) 기수사는 때때로 술어로 쓰인다. 동사, 형용사에 비해 수사의 의미는 더 추상적이지만 비교적 단순하다. 그들이 술어로 쓰일 때에는, 주로 사물의 수량을 설명하고, 통상적으로는 단독으로 쓰이고, 목적어, 보어를 갖지 않으며 부사의 수식을 받는 경우도 드물다. 다음 예를 보자.

> (1) 名山三百, 支川三千. (『莊子·天下』) 이름난 산이 삼백 군데이고, 가지로 흐르는 강이 삼천 군데이다.
>
> (2) 道二, 仁與不仁而已矣. (『孟子·離婁上』) 길은 두 가지이다. 인간다운 것과 인간답지 않은 것일 뿐이다.

이상의 두 예는 모두 수사가 단독으로 술어로 쓰인 것이다.

4) 기수사는 계수구를 구성할 수 있다. 다음 예를 보자.

　　(1) 歲三百六十六日. (『史記 · 五帝本紀』)　　일년은 삼백육십육일이다.
　　　　　△△△△△

　　(2) 甲士四萬五千人. (『史記 · 周本紀』)　　갑옷을 입은 병사가 사만오천명이다.
　　　　　　△△△△

이상의 예문의 기수사는 모두 계수구를 구성한다.

(3) 양사

양사는 계량단위를 표시하고, 아주 적게 단독으로 문장성분을 충당하기도 하는데, 통상은 기수사와 조합해서 함께 수량구를 구성한 뒤에 사용한다. 다음 예를 보자.

　　(1) 五畝之宅, 樹之以桑. (『孟子 · 梁惠王上』) 다섯 무 넓이의 택지에, 뽕나무를 심는다.
　　　　●△

　　(2) 馬四匹. (『尚書 · 文侯之命』)　　　　　말 네 필.
　　　　　●△

이상의 예 중에서 △ 표시를 더한 것이 모두 양사로, 그 앞은 수사이다.

2. 체사

체사는 모두 지시성을 가지고 있고, 명사, 서수사, 시간사, 방위사 등 네 종류로 나눌 수 있다. 대체사는 대다수가 체사에 속하고, 소수가 술사에 속한다. 또한 이 부분에서 함께 설명할 것이다.

(1) 명사

체사 중 가장 자주 쓰이고, 수량도 가장 많은 것이 명사이다. 명사는 주로 사람과 사물 등의 사체를 가리킨다. 명사는 주로 네 가지 특징이 있다.

1) 여러 종류의 실사성 어휘의 수식을 받을 수 있어서, 관형구를 구성한다. 다음 예를 보자.

(1) 夫恃才與衆, 亡之道也. (『左傳·宣公15年』)   대개 재주와 무리를 믿는 것은, 망하는 길이다.

(2) 楚人憐之. (『史記·陳涉世家』)   초나라 사람들이 그것을 불쌍히 여겼다.

이상의 예문 중의 명사는 동사와 명사의 수식을 받는 것으로 구별된다.

2) 명사는 때때로 부사어로 쓰일 수 있는데, 단 명사의 다른 용법처럼 자주 보이지는 않는다. 다음 예를 보자.

(1) 豕人立而啼. (『左傳·莊公8年』)   돼지가 사람처럼 일어나서 울었다.

(2) 五方之士來, 必廟禮之 (『國語·越語上』)   다섯 방면의 선비가 오면, 반드시 묘에서 예를 표하였다.

이상의 예문 중의 '人'과 '廟'는 부사어로 쓰였다.

3) 명사는 용언의 주요한 진술 대상으로, 명사성 어휘는 대개 용언성 어휘에서 주어로 쓰이고, 명사성 어휘의 술어는 매우 자주 동사성 어휘로 충당된다. 다음 예를 보자.

(1) 桓公殺公子糾. (『論語·憲問』)   환공은 공자규를 죽였다.

(2) 瓜美. (『史記·蕭相國世家』)   오이가 좋았다.

4) 명사성 어휘는 종종 목적어로 충당된다. 일반적으로 목적어는 동사의 뒤에 온다. 다음 예를 보자.

(1) 項王渡淮. (『史記·項羽本紀』)   항왕은 회수를 건넜다.

(2) 伯夷死名於首陽之下. (『莊子·騈拇』)   백이는 수양산 밑에서 명예를 지키기 위해서 죽었다.

이상의 명사는 목적어로 쓰이면서 모두 동사 뒤에 위치한다. 때때로 명사성 어휘가 목적어로 쓰일 때에는 동사의 앞에 놓일 때도 있지만 목적어와 동사의 사이에 다른 단어를 사용해야 한다. 다음 예를 보자.

(1) 將虢是滅, 何愛於虞? (『左傳·僖公5年』)   장차 괵나라를 멸망시킬 것인데, 어찌 우나라에

　　대해 아끼겠습니까?

　(2) 宋何罪之有? (『墨子·公輸』)　　　　　　　송나라가 무슨 죄를 지었는가?

　　예(1), (2)의 '虢'과 '何罪'는 목적어가 앞에 놓인 것으로, 이 두 목적어와 동사의 사이에는 각각 '是'와 '之'가 있다.

(2) 서수사

　　서수사와 기수사는 모두 수량을 표시하지만, 그들의 기능이 다르기 때문에, 품사도 다르다. 기수사는 용언에 속하고, 서수사는 체언에 속한다. 서수사는 네 가지 특징이 있는데, 이 네 가지 특징 중에서 앞의 세 가지는 기수사와 다르고, 네 번째 특징은 기수사와 서로 같다.

　　1) 서수사는 항상 관형어로 쓰이면서, 서열과 관계있는 사물에 대해서 설명한다. 서수사가 관형어로 구성되는 관형구는 모두가 용언성이 아닌 체언성이다. 따라서 일반적으로 술어에 쓰이지 않고, 주어로 쓰인다. 다음 예를 보자.

　(1) 三十二年, 楚鬪章請平於晉. (『左傳·僖公32年』)　32년에, 초의 투장이 진나라에 화평을 청하였다.

　(2) 十二月, 秦兵過我郊 (『史記·晉世家』)　12월에, 진나라의 병사가 우리 국경을 넘었다.

　　이상의 예문 중의 서수사는 '年'와 '月'에 있어서 관형어가 되어, 관형구 '三十二年'과 '十二月' 모두 그 뒤의 주술구에서 주어가 된다. 그 외에 서수사가 관형어가 될 때, 기수사처럼 뒤에 놓일 수 없다.

　　2) 서수사는 주로 서열을 표시하고, 술어를 충당할 때, 다른 체언성 어휘가 술어로 쓰일 때와 같이 그 뒤에 '也'를 써야 한다. 또한 대개 비교적 고정적인 순서로 사용되어 일종의 열거의 기능을 한다. 다음 예를 보자.

　(1) 獲神, 一也, 有民, 二也, 令德, 三也, 寵貴, 四也, 居常, 五也. (『左傳·昭公13年』)　신을 잡는 것(신에게서 명을 받는 것)이 첫 번째이고, 백성을 가지는 것이 두 번째이고, 덕을 명하는

것이 세 번째이고, 귀함을 총애하는 것이 네 번째이고, 일상적인 것을 머무르게 하는 것이 다섯 번째이다.

(2) 不祀, 一也, 耆酒, 二也, 棄仲章而奪黎氏地, 三也；虐我伯姬, 四也, 傷其君目, 五也. (『左傳 · 宣公15年』) 제사를 지내지 않는 것이 첫 번째이고, 술을 좋아하는 것이 두 번째이고, 중장을 버리고 여씨의 땅을 빼앗은 것이 세 번째이고, 우리 백희를 학대한 것이 네 번째이고, 그 임금의 눈을 상하게 한 것이 다섯 번째이다.

3) 서수사는 드물게 부사어로 사용되며 간혹 볼 수 있다. 다음 예를 보자.

(1) 一鼓作氣, 再而衰, 三而竭. (『左傳 · 莊公10年』) 처음에는 북을 쳐서 기운을 올리지만, 두 번째는 쇠하고, 세 번째는 다한다.

이상의 예문 중에서 '一'은 '鼓'에 있어서 부사어가 된다.

4) 서수사는 기수사와 마찬가지로, 모두 계수구를 구성할 수 있기 때문에, 따라서 그들은 합쳐서 수사라고 통칭한다. 다음 예를 보자.

(1) 三十一年, 秦穆公卒. (『史記 · 周本紀』) 31년에, 진목공이 죽었다.

(2) 十一月, 鄭印段如晉吊. (『左傳 · 昭公2年』) 11월에, 정나라의 인단이 진나라에 조문하러 갔다.

이상의 예문 중에서 '三十一'과 '十一'은 모두 계수구이다.

한나라 이전에는 기수사와 서수사가 형식상으로는 구별이 없었고, 한나라에 이르러서 서수를 표시하는 '第'가 출현했다. 다음 예를 보자.

(3) 武信侯呂祿上侯, 位次第一. (『史記 · 呂太後本紀』) 무신후와 여록상후의 지위가 제일이다.

(3) 시간사

시간사는 주로 시점을 표시하는데, 시점은 대개 행위, 변화, 발생의 시간을 설명한다. 시간사는 세 가지 특징이 있다.

1) 시간사의 관형어는 대개 서수사이나, 가끔 다른 단어를 쓸 수도 있다. 다음 예를 보자.

   (1) 五月, 邾文公卒. (『左傳·文公13年』)　　　5월에, 주문공이 죽었다.

   (2) 是年不艾, 則無食矣. (『穀梁傳·定公元年』)　이 해에 다스리지 못하면, 즉 먹을 것이 없었을
　　　것이다.

예(1)의 관형어는 서수사이고, 예(2)의 관형어는 대체사이다.

2) 시간사는 일반적으로 부사어로 쓰일 수 있다. 다음 예를 보자.

   (1) 孫氏夜哭. (『左傳·襄公26年』)　　　　　　손씨가 밤에 울었다.

   (2) 蟻冬居山之陽, 夏居山之陰. (『韓非子·說林上』)　개미가 겨울에는 산의 남쪽에 살고, 여름
　　　에는 산의 북쪽에 산다.

이상의 예문 중에서 부사어가 되는 것은 모두 시간사이다.

3) 시간사성 어휘는 항상 주술구에서 주어로 쓰여서, 사실이나 현상이 발생하는 시각
즉 시점을 설명한다. 다음 예를 보자.

   (1) 秋, 司城蕩卒. (『左傳·文公16年』)　　　　가을에 사성인 탕(의제)이 죽었다.

   (2) 二十有六年, 公伐戎. (『左傳·莊公26年』)　26년에, (장)공이 융을 쳤다.

예(1)은 시간사 '秋'가 주어로 쓰이고, 예(2)는 시간사성구 '二十有六年'가 주어로 쓰
인다.

(4) 방위사

방위사는 주로 장소, 시간과 관련된 방위, 위치를 표시한다. 한정적인 품사로 두 가지
특징이 있다.

1) 방위사는 대개 명사, 수량구 등과 조합하여서 함께 방위구를 구성한다. 방위구는 대
개 동사, 전치사의 목적어가 되고 또한 주어, 관형어, 술어 등으로 충당할 수 있다. 다음
예를 보자.

(1) 子大叔之廟在道南. (『左傳·昭公18年』) 자대숙의 묘는 길 남쪽에 있다.

(2) 夫國內無用臣, 外雖得地, 勢不能守. (『戰國策·趙策4』) 대저 국내에 쓸만한 신하가 없으면, 밖에서 비록 땅을 얻더라도, 세력을 지킬 수 없다.

(3) 築卸亭者圍之, 高三丈以上. (『墨子·雜守』) 우정(역관)을 짓는 것은 그것을 둘러서 높이가 삼장 이상이다.

예(1)에서의 방위사는 명사와 조합해서 함께 방위구를 구성해서 목적어로 쓰이고, 예(2) 의 '國內'는 주어로, 예(3)의 수량구 '三丈'과 방위사 '上'이 조합한 후에 '高'의 술어로 쓰 인다.

2) 개별 방위사, 예를 들어 '間'(閒)은 방위구를 구성하는 것 이외에, 일반적으로 단독으 로 문장성분을 충당할 수 없다. 단독으로 문장성분을 충당할 수 있는 방위사는 일반적으 로 부사어로 쓰일 수 있다. 다음 예를 보자.

(1) 往者齊南破荊, 東破宋, 西服秦, 北破燕, 中使韓魏. (『韓非子·初見秦』) 전에 제나라가 남 쪽으로는 형나라를 부수고, 동쪽으로는 송나라를 부수고, 서쪽으로는 진나라를 복종시키 고, 북쪽으로는 연나라를 부수고, 중앙에서는 한나라와 위나라를 부렸다.

(2) 樂伯左射馬而右射人. (『左傳·宣公12年』) 낙백이 왼쪽에서는 말을 맞추었고, 오른쪽에서는 사람을 맞추었다.

이상 예문 중의 방위사는 모두 부사어로 쓰였다.

(5) 대체사

대체사는 일종의 특수한 실사로, 한정적인 품사이다. 기타 실사와 비교해서, 한 편으로 는 일반적인 실사에 비해 개괄성이 강하다. 또 다른 한 편으로는 현실 세계 중의 사체 또 는 속성을 지칭할 때 항상 간접적이다. 예컨대 '我'는 임의의 말하는 사람과 그가 속해 있 는 한 편을 가리킬 수 있는 것이니, 이는 분명히 일반적인 명사에 비해서 높은 개괄성을 가지고 있는 것이다. 이는 또한 종종 어떤 구체적인 어휘를 지칭해서 현실 세계 중의 어 떠한 확정적 대상을 가리키기 때문에, 따라서 직접 사체를 지칭하는 어휘와 서로 비교하 면 간접적인 것이다.

대체사는 체사를 가리킬 수도 있고 또한 술어나 심지어는 문장도 가리킬 수 있기 때문에, 대체사 또한 체언성과 용언성 두 종류가 있다. 그 중에 체언성대체사의 수가 비교적 많고, 용언성대체사의 대부분은 체언성대체사의 기초에서 구성되는 것이다.

1) 체언성대체사

체언성대체사는 두 종류의 특징이 있다. 1) 대체사가 지시하는 대상이 일반적으로 확정적이기 때문에, 따라서 이들은 각종 어휘의 수식을 매우 적게 받고, 종종 단독으로 문장성분으로 충당된다. 이 점에 근거해서 체언성대체사는 대다수의 명사와 구분할 수 있다. 다음 예를 보자.

> (1) 善卷曰, "余立於宇宙之中."(『莊子‧讓王』) 선권이 말하였다. "나는 천지 속에 서 있다."
>
> (2) 回也, 其心三月不違仁. (『論語‧雍也』) (안)회는, 그의 마음이 삼 개월 동안 인에서 벗어나지 않는다.

이상의 두 예문 중의 대체사는 각각 주어, 관형어로 쓰이고, 그 앞에는 모두 관형어를 사용하지 않았다.

2) 대체사가 목적어를 충당할 때는 항상 앞에 놓인다. 대체사성 목적어가 앞에 있을 때에는 동사의 앞에 바로 올 수 있으며, 명사처럼 목적어와 동사의 사이에서 어떠한 어휘를 사용할 필요는 없다. 다음 예를 보자.

> (1) 居則曰, "不吾知也."(『論語‧先進』) 집에 앉아 있으면서 말한다. "나를 알아주지 않는다."
>
> (2) 客曰, "子將何求?"(『莊子‧漁夫』) 객이 말하였다. "그대는 장차 무엇을 구하는가?"

이상의 예문 중의 대체사 '吾', '何'는 목적어로 쓰이면서 모두 앞으로 나왔다.

2) 용언성대체사

용언성대체사는 일반적으로 '如', '若', '奈'에 체언성 대체사가 붙어서 구성되거나, 또는 '然'을 붙인다. 용언성 대체사는 항상 술어로 쓰이고, 술어에 사용될 때는 일반적으로 목적어, 보어를 갖지 않으며 또한 기타 술어와 연동식을 구성하지 않고 통상적으로 단독으로 사용된다. 다음 예를 보자.

> (1) 子公之食指動, 以示子家, 曰, "他日我如此, 必嘗異味."(『左傳・宣公4年』) 자공의 둘째 손가락이 움직였을 때, 이를 자가에게 보여주면서 말하였다. "다른 날 내가 이와 같았으면, 반드시 색다른 음식을 맛보았었다."
>
> (2) 古之賢王, 好善而忘勢, 古之賢士, 何獨不然 !(『孟子・盡心上』) 옛날의 현명한 왕은 선한 것을 좋아하고 세를 잊었는데, 옛날의 현명한 선비들이 어찌 홀로 그러하지 않았겠는가!

예(1)의 '如此'는 용언성 대체사로, 단독으로 술어로 쓰이고, 예(2)의 '然' 또한 단독으로 술어의 용언성 대체사로 쓰인다. 어떤 용언성 대체사는 부사어로 쓰일 수 있다. 다음 예를 보자.

> (1) 奈何使人之君七年不飲酒不食肉. (『公羊傳・成公8年』) 어찌 사람의 임금으로 하여금 7년 동안 술을 안 마시고 고기를 안 먹게 할 수 있는가.
>
> (2) 公曰, "嘻 ! 晏子之家, 若是其貧也."(『晏子春秋・內篇雜下』) 공이 말하였다. "어허! 안자의 집이 이처럼 가난했다니."

이상의 두 예에서, '奈何', '若是'는 부사어의 용언성 대체사로 쓰였다.

3. 보사

자주 쓰이는 보사는 네 종류가 있다. 수식작용의 보사는 부사와 구별사가 있고, 연접 작용의 보사는 접속사와 전치사가 있다.

(1) 부사

부사는 행위, 변화, 성질 등에 대해서 수식, 제한하는 허사이다. 특징으로는 통상적으로 부사어만 될 수 있다. 다음 예를 보자.

(1) 名不正, 則言不順. (『論語·子路』)   이름이 바르지 않으면, 말이 거칠어진다.

(2) 季氏將伐顓臾. (『論語·季氏』)   계씨가 장차 전유를 정벌하려고 하였다.

이상에서 △를 더한 단어가 모두 부사어로 쓰인 부사이다.

(2) 구별사

구별사는 주로 사체, 시간과 관련 있는 수량을 표시하고, 특징은 대개 관형어로 쓰인다는 것이다. 다음 예를 보자.

(1) 趙高乃悉召諸大臣公子, 告以誅二世之狀. (『史記·秦始皇本紀』)   조고는 이에 여러 대신과 공자를 모두 불러서, 이세를 죽인 상황을 알렸다.

(2) 元年春, 公及夫人嬴氏至自王城 (『國語·晉語4』)   원년 봄에, 공과 부인 영씨가 왕성에서 왔다.

이상의 예문 중에서 △를 더한 것은 모두 구별사이고, '諸'는 사물의 수량과 관계있고, '元'은 시간의 수량과 관계가 있다.

(3) 전치사와 전목구

전치사는 동사와 접속사 사이의 일종의 허사로, 체언성 어휘와 용언성 어휘와의 발생 관계를 소개하며 이 점이 접속사와 비슷하다. 동시에 동사와의 공통점은 목적어를 가질 수 있다는 점이다. 전치사는 항상 체언성 어휘를 가지고 전목구를 구성한다. 전목구는 항상 보어 혹은 부사어로 작용한다. 다음 예를 보자.

(1) 王坐於堂上. (『孟子·梁惠王上』)   왕이 당상에 앉아 있었다.

(2) 天行有常, 不爲堯存, 不爲桀亡. (『荀子·天論』)   하늘의 행함은 일정함이 있어서, 요 때문에 존속한 것이 아니고, 걸 때문에 망한 것이 아니다.

이상의 예문 중의 '於', '爲'는 모두 전치사로, 예(1)의 '於'는 '坐'와 '堂上'을 연결한다.

예(2)의 '爲'는 '堯', '桀'과 '存', '亡'을 연결한다. 앞의 한 예 중의 전목구는 보어로 쓰이고, 뒤의 한 예의 전목구는 부사어로 쓰였다. 편의상, 이후 다른 전치사로 구성되는 전목구는 '於전목구', '以전목구' 등으로 구별해서 부를 것이다.

(4) 접속사

접속사는 어휘, 문장을 연결하는 일종의 허사이다. 다음 예를 보자.

    (1) 孟子對曰, "殺人以梃與刃, 有以異乎?"(『孟子・梁惠王上』) 맹자가 대답하였다. "몽둥이와 칼날로 살인을 하였는데, 다른 것이 있습니까?"

    (2) 君子知至學之難易, 而知其美惡, 然後能博喩. (『禮記・學記』) 군자는 학문에 이르는 쉽고 어려움을 알고서, 그 좋고 나쁨을 알고난 이후에 능히 박식해지고 능변이 된다.

이상의 두 예에서의 '與'는 어휘를 연결하고, '而', '然後'는 복문 중의 연결하는 것으로, 모두 접속사이다.

4. 조사

조사는 정성(定性) 작용이 있는 허사로, 어휘, 문장의 성질을 바꾸거나 혹은 확정할 수 있다. 문장에서의 상이한 기능에 근거해서, 조사는 어기사, 판단사, 피동사, 구조조사 등 네 종류로 구분할 수 있다. 어기사, 판단사, 피동사는 구법조사이고, 이는 정해진 문장에서 일종의 구법작용을 일으킨다. 구조조사는 결코 완전한 문장에서 작용하지 않고 어휘에 대해서 일종의 구법작용을 일으킨다.

(1) 어기사

어기사는 전체 문장의 의문, 명령, 감탄의 어기를 표명할 수 있는 조사로, 특징은 항상 문말에 쓰이고, 어떤 것은 문두에서 쓰일 수 있다. 다음 예를 보자.

(1) 齊宣王問曰, "交隣國有道乎?"(『孟子・梁惠王下』)　제선왕이 물었다. "이웃 나라와 교류하는데 방법이 있습니까?"

(2) 晏子曰, "嘻！難哉！"(『晏子春秋・內篇諫下』)　안자가 말하였다. "아! 어렵구나!"

(3) 若晉君朝以入, 則婢子夕以死, 夕以入, 則朝以死. 唯君裁之！(『左傳・僖公15年』)　만약 진나라 임금이 아침에 들어가면, 여자 종이 저녁에 죽고, (진나라 임금이) 저녁에 들어가면, 아침에 죽습니다. 임금께서 마음대로 하십시오!

예(1)에서의 '乎'는 문말에 쓰이는 어기사로, 의문을 표시한다. 예(2)의 '哉'는 문말에 쓰이면서, 감탄을 표시한다. 예(3)의 '唯'는 문두에 쓰이는 어조사로, 명령을 표시한다.

(2) 판단사

판단사는 인정을 표시하는데 쓰이고, 논단문과 설명문을 구성할 수 있는 조사이다. 또한 전체 문장에서 구법작용을 일으키고 또한 항상 문말에 쓰이는데, 어떤 것은 문두에도 쓰일 수 있다. 다음 예를 보자.

(1) 墨子者, 顯學也. (『韓非子・外儲說左上』)　묵자라는 이는, 유명한 학자이다.

(2) 諜出曰, "原不過一二日矣！"(『國語・晉語4』)　염탐꾼이 나와서 말하였다. "원까지는 불과 하루 이틀입니다!"

(3) 夫被堅執銳, 義不如公, 坐而運策, 公不如義. (『史記・項羽本紀』)　대저 단단한 것을 입고 날카로운 것을 잡고(싸우는 것은), 저 송의(宋義)가 공[項羽]보다는 못합니다. 앉아서 책략을 운용하는 것은, 공이 저보다 못합니다.

예(1), (2)에서의 '也', '矣' 모두 문말에 쓰인 판단사로, 예(1)은 논단의 어기를 표시하고 전체 문장을 논단문으로 구성하며, 예(2)는 설명의 어기를 표시하고 전체 문장을 설명문으로 구성한다. 예(3)의 '夫'는 문두에 쓰이는 판단사로, 이 문장 또한 설명문이다.

(3) 피동사

자주 쓰이는 피동사는 '見', '爲', '被'가 있고, 주요 기능은 피동문을 구성하는 것으로,

이 외에도 '於' 또한 피동문을 구성할 수 있다.

　　(1) 盆成括見殺. (『孟子·盡心下』)　　　　분성괄은 죽임을 당하였다.

　　(2) 夫差爲禽. (『韓非子·節邪』)　　　　부차는 사로잡히게 되었다.

　　(3) 國一日被攻, 雖欲事秦, 不可得也. (『戰國策·齊策1』) 나라가 매일 공격당하면, 비록 진나라를 섬기고 싶어도 그럴 수 없습니다.

　　(4) 唐鞅戮於宋. (『荀子·解蔽』)　　　　당앙은 송나라에게 죽임을 당하였다.

이상의 예문에서의 '見', '爲', '被', '於'는 피동문을 구성한다.

(4) 구조조사와 조사구

용언성 어휘나 주술구와 조합하여 그 기능과 의미를 변화시키는 조사를 구조조사라고 한다. 구조조사와 용언성 어휘 혹은 주술구로 구성되는 구가 조사구이다. 조사구는 주로 주어, 목적어로 쓰이며 일반적으로 술어로 쓰이지 않는 체언성이다. 다음 예를 보자.

　　(1) 臣聞智者千慮, 必有一失 (『史記·淮陰侯列傳』) 신이 듣기에 지혜로운 이가 천 번을 생각해도 한 번의 실수는 반드시 있다고 합니다.

　　(2) 觀起之死也, 其子從在蔡. (『左傳·昭公13年』) 관기가 죽었을 때, 그 아들이 따라가서 채나라에 있을 때였다.

예(1) 속의 '智'는 형용사로, 구조조사 '者'의 앞에 더하여서, 조사구를 이룬다. 조사구 '智者'는 명사성으로, 주어로 쓰인다. 예(2)의 조사 '之'는 동사 '死'의 앞에 더하여서, 조사구 '觀起之死也'를 구성하고, 이 구 또한 명사성으로, 주어로 쓰인다. 편의상, 이후 '者', '之' 등의 조사가 구성하는 구는, '者'자구, '之'자구 등으로 부를 것이다.

5. 감탄사

감탄사는 강렬한 감정의 소리를 모방한 일종의 허사이다. 이 종류의 단어는 항상 문장의 앞에서 쓰이고, 문장 속의 다른 어휘와 어법구조상의 관계가 발생하지 않는다. '噫', '嘻', '呼', '嚇', '吁', '唉', '嗟', '惡', '嗚呼'(烏乎, 於乎) 등이 상용된다. 다음 예를 보자.

> (1) 君曰, "噫! 其虛言與?"(『莊子·則陽』) 임금이 말하였다. "아! 그것은 거짓말인가?"
>
> (2) 亞父曰, "唉! 豎子不足與謀."(『史記·項羽本紀』) 아부(숙부)가 말하였다. "허! 그 녀석과는 논의하기 힘들겠는걸."
>
> (3) 嗚呼! 君人者, 亦可以察若言矣. (『荀子·王霸』) 오호! 임금이라는 것은, 또한 이 말처럼 살펴야 할 것이다.

이상에서 △를 더한 단어가 모두 감탄사이다.

6. 겸류, 전칭, 활용

품사를 나눌 때에는 세 가지에 대해서 설명해야 한다. 그것이 바로 겸류, 전칭, 활용이다.

(1) 겸류

겸류는 하나의 단어가 일반적으로 두 종류의 다른 품사의 기능을 가지고 있으며 이 두 종류의 단어가 의미상으로는 서로 관계가 있고 각 품사의 단어가 모두 비교적 확정적인 의미를 가지고 있다. 겸류는 명사와 동사의 사이에서 나타나는 것이 가장 두드러진다. 예를 들면 아래의 문장에서 '言'과 같다.

> (1) 芮曰, "幣重而言甘, 誘我也."(『左傳·僖公10年』) (극)예가 말하였다. "예물이 많고 말이 달콤하니, (이는) 나를 유혹하는 것이다."
>
> (2) 先軫言於襄公曰, "秦師不可不擊也, 臣請擊之."(『呂氏春秋·悔過』) 선진이 양공에게 말하였다. "진나라 군대는 치지 않으면 안됩니다. 신은 칠 것을 청합니다."

예(1), (2)에서의 '言'의 의미는 각각 말과 말하는 것으로 품사를 명사와 동사로 구분할 수 있다. '言'이라는 이 단어가 명사와 동사로 작용할 때에는, 의미상 관계가 있고, 또한 매 단어의 의미가 모두 비교적 확정적이다. 따라서 겸류에 해당한다.

(2) 전칭

전칭 또한 품사 중에서 항상 출현하는 현상이다. 일정한 조건 하에서, 어떤 술어가 의미적으로 속성을 나타내는 것에서 구체적인 일이나 사물(사체)를 표시하게 되는 것으로 바뀌는 것을 전칭이라고 한다. 전칭과 겸류는 같지 않으며 그 차이는 단어의 의미에 있다. 어떤 단어가 겸류에 속할 때, 이들은 동사나 명사로 쓰일 때, 단어의 의미는 모두 비교적 확정적이다. 예를 들면 겸류에서 거론했던 '言'과 같다. 그러나 어떠한 단어가 전칭으로 쓰일 때 나타내는 단어의 의미는 결코 확정적이지 않다. 대개 전칭 기능을 갖춘 것은 형용사이다. 다음 예를 보자.

> (1) 國之諸市, 屨賤踊貴. (『左傳·昭公3年』) 나라의 여러 시장에서, 신발은 천하고 용(월형을 받은 이가 신는 신)은 귀하다.
>
> (2) 賤事貴. (『荀子·仲尼』) 천한 자가 귀한 이를 섬긴다.
>
> (3) 市賤鬻貴, 旦暮從事於此, 以飭其子弟. (『國語·齊語』) 천한 것을 취해서 귀한 것으로 파는 이가 있는데, 아침부터 저녁까지 이렇게 일하여서 그 자제를 갖추었다.

이상의 세 예 중에는 모두 '賤'이 있는데, 예(1)은 전형적인 형용사이고, 예(2), (3)에서의 '賤'은 각각 사람과 사물을 가리킨다. 문장 속에서 그 의미는 결코 '言'과 같이 확정되지 않는다. '賤'이 사체를 표시할 때, 의미가 결코 확정적이지 않기 때문이다. 겸류에서의 '言'과 다르며 따라서 이들을 겸류에 귀속시킬 수 없다. 그리고 이들은 여전히 형용사이며, 단지 다른 문맥에서 진술이 지칭으로 변한 것으로 형용사적 전칭이다. 형용사 중의 '遠', '老', '弱', '貴', '富', '大', '小' 등은 모두 이와 같이 사용하고, 수사, 동사도 때때로 전칭으로 사용될 수 있다.

(3) 활용

고대중국어의 품사에는 형식 표시가 없고, 겸류, 전칭의 현상 또한 비교적 자주 보이는

데, 이러한 상황이 바로 일정한 어법 환경에서 나타나는 활용 때문에 조건이 갖추어진다. 활용은 겸류와 다를 뿐만 아니라, 또한 전칭과도 다르다. 겸류와 전칭은 모두 품사의 고유한 용법이다. 고유한 용법이라는 것은 일반적으로 말하자면, 겸류와 전칭은 모두 단어를 구분하는 방식의 일부분으로, 자주 쓰이는 단어는 통상 모두 가지고 있는 용법이고, 그 종류의 용법이 나타나는 횟수가 모두 적지 않을 뿐만 아니라 자주 보인다. 활용은 어떠한 종류 품사의 고유한 용법이 아니고, 단지 우연히 나타나는 용법이며 또한 이 용법이 나타나는 횟수는 매우 적어서 상용 용법과는 거리가 멀다. 활용이 가장 자주 출현하는 것으로는 명사가 동사로 쓰이는 것이다. 앞부분에서 이미 확인했지만, 동사는 술어로 쓰일 수 있고, 또한 여러 종류의 부사의 수식을 받을 수 있고, 목적어, 보어를 가질 수 있다고 하였다. 그러나 명사는 이와 같은 용법이 없다. 만일 한 명사가 통상적으로 동사만이 나타날 수 있는 위치에 출현하였다면, 이 명사는 동사로 활용된 것이다. 구체적으로 설명하면, 명사가 단독으로 술어로 기능하면 모두 활용되어 동사가 된다. 이 밖에 명사가 능원동사의 뒤에 오면 또한 활용하여서 동사가 된다. 다음 예를 보자.

(1) 齊景公問政於孔子, 孔子對曰, "君君, 臣臣, 父父, 子子."(『論語・顔淵』) 제경공이 공자에게 정치에 대해서 묻자, 공자가 대답하여 말하였다. "임금은 임금답게, 신하는 신하답게, 아버지는 아버지답게, 자식은 자식답게 굴면 됩니다."

(2) 晉靈公不君. (『左傳・宣公2年』) 진령공은 임금답지 못하였다.

(3) 物物而不物於物, 則胡可得而累邪? (『莊子・山木』) 사물에서 사물다움을 얻긴 하지만 사물에서 사물다움을 추구하지 않는다면 어찌 근심 걱정을 얻겠는가?

(4) 爲其所得者, 棺而出之. (『左傳・僖公28年』) 그 얻게 된 것(전사자)을 관에 넣어서 내 보냈다.

(5) 唯蟲能蟲, 唯蟲能天. (『莊子・庚桑楚』) 오로지 벌레만이 벌레처럼 굴 수 있고, 오로지 벌레만이 하늘을 날 수 있다.

예(1)은 명사 '君' 등이 단독으로 술어로 쓰인 것이고, 예(2)는 '君'이 부사의 수식을 받고서 술어로 쓰인 것으로, 이 두 가지 예는 명사가 동사로 활용된 것이다. 예(3)에서의 두 명사 '物'은 모두 술어로 쓰이고, 각각 목적어와 보어를 가진다. 또한 동사로 활용 된 것이다. 예(4)는 접속사 '而'로 연결한 후에 연용구를 구성하였는데, '棺'이 동사로 활용되었다. 마지막 예는 '蟲', '天'이 능원동사 '能' 뒤에 쓰이면서 동사로 활용되었다.

제5절 복음사의 구성

고대중국어의 어휘에는 단음절 단어가 위주이지만, 그러나 일정한 수량의 단어가 한 음절에 그치지 않는데, 이러한 것이 복음사이다. 단음절 단어는 비교적 간단하고, 일반적으로 구성의 문제가 없지만, 복음사는 바로 몇 가지 구성의 문제가 있다. 상용되는 복음사는 주로 두 종류인데, 한 종류는 단순복음사이고, 또 한 종류는 합성복음사이다. 이하에서는 간단하게 이러한 두 가지 복음사를 이야기할 것이다.

1. 단순복음사

단순사는 한 가지 어소로 구성되는 단어를 가리키며 주로 첩음사와 연면사 두 종류가 있다.

(1) 첩음사

한 단어의 두 개의 음절이 독음이 완전히 같은 것으로 이들로 구성되는 단어는 첩음사이다. 서면상 이러한 종류의 첩음사의 두 글자는 적는 법 또한 완전히 동일하다. 이러한 종류의 첩음사는 대다수가 형용사이고, 의성어라고도 할 수 있다. 다음 예를 보자.

> (1) 葛之覃兮, 施於中谷, 維葉莫莫. (『詩經·周南·葛覃』) 칡넝쿨이여, 골짜기 속에 퍼져 있는데, 그 잎이 무성하도다.
> (2) 坎坎伐檀兮, 置之河之幹兮. (『詩經·魏風·伐檀』) 탕탕 박달나무를 베는구나, 강가에 두는구나.

예(1)의 첩음사는 형용사이고, 예(2)는 의성어이다.

(2) 연면사

연면사는 또한 '연면자', '연어'라고도 하는데, 이 종류의의 단어는 절대다수가 모두 쌍성 혹은 첩운의 관계가 있다. 그 중 수량이 가장 많은 것이 형용사이고, 명사, 동사도 적지 않다. 다음 예를 보자.

　　(1) 參差荇菜, 左右流之. (『詩經‧周南‧關雎』)　삐쭉삐쭉 연잎, 좌우로 물에서 뽑네.

　　(2) 愛而不見, 搔首踟躕. (『詩經‧邶風‧靜女』)　사랑하지만 보지 못하니, 머리만 긁적긁적.

　　(3) 木枝扶疏, 將塞公閭. (『韓非子‧揚權』)　나무가지가 무성하니, 장차 그대의 집을 덮을 것이다.

　　(4) 螟蛉有子, 蜾蠃負之. (『詩經‧小雅‧小宛』)　명령(나비의 애벌레)에게 자식이 있으면, 나나니
　　　　벌이 그것을 이고 진다.

이상의 예문 중의 연면사에서 앞의 두 개는 쌍성이고, 뒤의 두 개는 첩운이다. 예(1), (3)은 형용사이고, 예(2), (4)는 각각 동사와 명사이다. 어떤 연면사는 또한 쌍성과 첩운을 겸하며, 그 밖에 다른 연면사는 쌍성 혹은 첩운의 관계가 없다. 다음 예를 보자.

　　(5) 悠哉悠哉, 轉輾反側. (『詩經‧周南‧關雎』)　오래구나 오래구나, 뒹굴뒹굴 뒤척이네.

　　(6) 寤寐無爲, 涕泗滂沱. (『詩經‧陳風‧澤陂』)　잠들지 못하고, 눈물만 펑펑.

예(5)에서의 연면사는 쌍성 겸 첩운이고, 예(6)에서의 '涕泗'는 쌍성도 아니고 첩운도 아니다. 연면사는 단지 하나의 어소이므로 따라서 일반적으로 분해해서 해석할 수 없다. 서면상에서 연면사 표기법은 여러 형태로 나타난다. 예를 들어 '恍惚'은 또한 '荒忽', '慌忽' 등으로 쓸 수 있다.

2. 합성복음사

한 개 이상의 어소로 구성된 복음사가 합성복음사로, 자주 보이는 합성복음사는 중첩사, 부가사, 복합사 세 종류이다.

(1) 중첩사

두 개의 서로 같은 어소가 중첩해서 같이 구성하는 합성사가 중첩사이다. 다음 예를 보자.

(1) 滔滔江漢, 南國之紀. (『詩經·小雅·四月』)　도도한 양자강과 한수, 남국의 물줄기일세.

(2) 蒹葭萋萋, 白露未晞. (『詩經·秦風·蒹葭』)　갈대가 무성하고, 흰 이슬에 아직 마르지 않았네.

형식상, 중첩사는 첩음사와 비슷하고 큰 구별이 없는 것 같지만, 실제 두 종류는 상이한 단어이다. 앞부분의 첩음사 중에서 예를 든 '莫莫'은 이 단어를 구성하는 '莫'과 '무성한 모양'과 근본적으로 어떠한 관계가 없다. 두 글자의 '莫'이 중첩해서 같이 출현해야 하나의 어소가 된다. 그러나 예(1)의 '滔滔'와 같은 경우는 두 개의 어소이다. '滔'의 의미가 바로 물이 많아서 가득 넘친다는 의미이기 때문이다. '萋萋' 또한 중첩사이다.

(2) 부가사

부가사는 접사를 어근에 붙여서 구성되는 단어이다. 고대중국어 중에 비교적 자주 보이는 접사는 형용사의 뒤에 붙는 '然', 그리고 '若', '爾', '焉', '如', '乎' 등이 있다. 다음 예를 보자.

(1) 天油然作雲, 沛然下雨. (『孟子·梁惠王上』)　하늘에 뭉게뭉게 구름이 만들어져서, 세차게 비가 내렸다.

(2) 桑之未落, 其葉沃若. (『詩經·衛風·氓』)　뽕나무가 아직 떨어지지 않고, 그 화합함이 유순한 듯하다.

(3) 子路率爾而對. (『論語·先進』)　자로가 벌떡 일어나서 대답하였다.

비교적 자주 보이는 접두사는 '有'이고, 이는 항상 왕조의 명칭이나, 지역명칭과 보통명사의 앞에서 쓰이는데, 어떤 때에는 동사의 앞에도 쓰인다. 다음 예를 보자.

(1) 有夏多罪, 天命殛之. (『尙書·湯誓』)　하에 죄가 많으니, 천명이 그를 죽인 것이다.

(2) 禹攻有扈. (『莊子·人間世』)　우공이 유호를 공격했다.

(3) 孔甲擾於有帝. (『左傳·昭公29年』)　공갑이 임금에게 휘둘렸다.

(4) 女子有行, 遠父母兄弟. (『詩經·鄘風·蝃蝀』)　여자가 시집가니, 부모형제에게서 멀어지네.

예(1), (2), (3)에서의 '有'는 각각 왕조의 명칭, 지역명칭, 보통명사 앞에 쓰였다. 예(4)는 동작의 앞에서 쓰인 것이다.

(3) 복합사

복합사는 두 개 혹은 두 개 이상의 어근을 가지고, 일정한 문법관계에 따라 조합해서 함께 구성한 단어이다. 복합사 중 비교적 자주 보이는 구성방식은 수식형식, 병렬식이 있다. 이 외에 술목식, 주술식이 있으며 이는 비교적 드물다. 다음 예를 보자.

> (1) 國家旣治四海平. (『荀子·成相』) 국가가 이미 다스려지니, 온 세계가 평안하다.
> (2) 萬乘之主, 見布衣之士. (『呂氏春秋·下賢』) 만승의 주인인 천자가 포의의 선비를 뵌다.

이상에서 △를 더한 것이 모두 수식형식의 복합사이고, 이하는 병렬식의 복합사이다.

> (3) 民爲貴, 社稷次之, 君爲輕. (『孟子·盡心下』) 백성이 귀하고, 사직이 그 다음이고, 임금은 중요하지 않습니다.
> (4) 邦分崩離析而不能守也, 而謀動干戈於邦內. (『論語·季氏』) 나라가 갈라져 무너지고 쪼개지고 흩어지지만 지키지 못하고, 그러나 나라 안에서 군대를 움직일 것을 모의한다.

이하는 술목식과 주술식이다.

> (5) 故先王立司南以端朝夕. (『韓非子·有度』) 따라서 선왕이 법도(司南=指南)를 세워서 아침 저녁으로 바르게 하였다.
> (6) 功已成矣, 卒支解. (『戰國策·秦策3』) 공이 이미 이루어졌지만, 끝내 팔다리가 끊겼다.

예(5)는 술목식이고, 예(6)의 '支解'는 주술식이다.

이상 소개된 복음사를 제외하고, 고대중국어 중에 또한 몇 가지의 겸사가 있다. 겸사는 두 개의 다른 음과 의미가 한 개의 음절 속에 있는 단어로, 자주 쓰이는 것은 '諸', '盍'(蓋, 闔), '旃' 등이 있다. '諸'는 '之於', '之乎'의 합음사이고, '盍'는 '何不'의 합음사이고, '旃'

은 '之焉'의 합음사이다. 다음 예를 보자.

(1) 子張書諸紳. (『論語·衛靈公』) 자장이 선생님의 말씀을 허리띠에 적었다.

(2) 文王之囿方七十裏, 有諸? (『孟子·梁惠王下』) 문왕의 사냥터가 사방 70리라고 하는데, 그러한 것이 있었습니까?

(3) 顏淵季路侍, 子曰, "盍各言爾志?"(『論語·公冶長』) 안연, 계로가 모실 때, 공자께서 말씀하셨다. "각자 너희의 뜻을 말해보지 않겠는가?"

(4) 天其殃之也, 其將聚而殲旃. (『左傳·襄公28年』) 하늘이 그를 벌하여서, 그가 장차 모아서 그를 멸망시킬 것이다.

제3장 실사

    실사 중에는 (형용사 포함) 동사와 관련된 내용이 가장 많다. 동사의 유형을 설명하기 위해서 제1절에서 목적어에 대한 내용을 삽입할 것이다. 목적어와 관련된 내용은 원래 제5장 구에서 설명하여야 하겠지만, 동사의 유형을 이해하는데 편리하도록 이곳에서 먼저 술어-목적어구[述賓短語]와 관련된 일부 내용을 소개한다. 여기에서 이미 소개한 내용은 제5장 술어-목적어구의 설명에서 중복하지 않는다.

제1절 동사

    주어와 목적어의 다양한 특징에 근거하여, 동사를 순차적으로 여러 종류의 다양한 유형으로 나눌 수 있다. 도표화하면 아래와 같다.

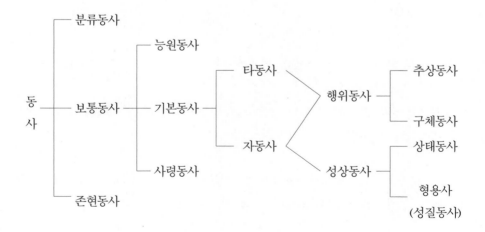

    다음의 1절부터 3절까지에서 각 유형의 동사를 소개할 것이다.

1. 보통동사, 분류동사, 존현동사

동사는 우선 보통동사, 분류동사, 존현동사의 세 종류로 나눌 수 있다.

(1) 보통동사

보통동사는 주로 행위, 활동, 상태, 변화, 성질, 특징 등의 특성을 나타내는데, 동사 중에는 보통동사의 수가 가장 많다. 보통동사는 일반적으로 서사문을 구성한다. 보통동사는 주로 사체(事體)를 진술하는 데에 사용된다는 특성을 갖는다.[22] 그래서 보통동사성 어휘는 항상 명사성 어휘나 대체사를 주어로 사용한다. 다음 예를 보자.

　　(1) 桀紂亡. (『莊子 · 外物』)　　　　　걸과 주가 망했다.
　　(2) 余收爾骨焉. (『左傳 · 僖公32年』)　　내가 너의 뼈를 거두겠다.

위의 예문에서 밑줄 친 부분은 모두 보통동사이며, 동사 앞의 주어는 명사성 어휘와 대체사이다.

보통동사의 주어는 항상 명사성 어휘나 대체사이기 때문에, 주어의 자리에 동사 혹은 형용사가 오더라도 이들은 성질, 특징, 행위 등의 속성을 나타내는 것이 아니라 사체를 나타낸다. 다음 예를 보자.

　　(1) 少事長, 賤事貴. (『荀子 · 仲尼』)　　젊은 사람은 나이 든 사람을 섬기고, 천한 사람은 귀한
　　　　사람을 섬긴다.
　　(2) 今耕漁不爭, 陶器不窳. (『韓非子 · 難一』)　농부, 어부들의 다툼이 없었을 것이고, 질그릇에
　　　　흠이 없었을 것이다.

예(1)의 '少'와 '賤'은 원래 형용사지만, 여기서는 '少者', '賤者'로 사용되었다. 예(2)의 '耕'과 '漁'는 동사지만, 여기서는 '耕者', '漁者'로 쓰였다.

---

22) 사체(事體)에 관련해서는 제2장 제1절의 체언을 참조하라.

(2) 분류동사

　분류동사는 주로 귀속, 비유(비슷하다), 해설 등을 나타내는데, 일반적으로 서사문으로 구성되지 않고 분류문으로 구성된다. 많이 사용되는 단어는 1) '爲', '是' 2) '似', '猶', '如', '若', '譬', 3) '曰'(~라고 하다), '謂'(가리키다, ~라고 이르다)의 세 가지로 분류할 수 있다. 이러한 동사의 주요한 특징은 항상 동사성 단어나 주술구가 주어로 기능한다는 점이다. 다음 예를 보자.

> (1) 事親爲大. (『孟子·離婁上』)　어버이를 섬김이 가장 크다.
>
> (2) 得志行乎中國, 若合符節. (『孟子·離婁上』) 뜻을 얻어 도(道)를 중국에 행함에 있어서는 부절을 합한 듯이 똑같았다.
>
> (3) 心搖搖如懸旌. (『戰國策·楚策1』)　마음이 흔들림이 마치 깃발 매달려 있는 것 같았다.
>
> (4) 天子適諸侯曰巡狩. (『孟子·梁惠王下』)　천자가 제후국에 가는 것을 순수라고 부른다.

　예(1)과 (2)는 동사성 어휘가 주어이며, 예(3)과 (4)는 주술구가 주어이다. 예(1)의 '爲'는 귀속을 나타내고, 예(2)와 (3)의 '若'과 '如'는 비유를 나타내며, 예(4)의 '曰'은 해설을 나타낸다.

　위에서 분류된 동사 중에서 '是'와 '猶'는 비교적 특수한 경우이다. '是'는 전국시대 후기와 한나라 때에 점차로 대체사에서 분류동사로 변한 것으로 동사성이 비교적 약하다. '猶'는 동사성이 비교적 약하며 동사와 부사 사이에 있는 단어라 할 수 있다. 하지만 '是'와 '猶'의 공통된 특성에 근거하여 이것들을 분류동사로 구분하였다.

(3) 존현동사

　존현동사는 주로 존재, 출현 등을 나타내는데, 자주 사용되는 것은 '有'와 '無'이다. 이 동사들의 주요 특징은 다음과 같다. 첫째, 시간사와 방위구가 주어로 기능한다. 다음 예를 보자.

> (1) 古者有諺曰, "知淵中之魚者不祥." (『韓非子·說林上』)　옛날의 속담에 이르기를, "연못 속의 물고기를 (눈으로 다 헤아려 셈할 수 있으면) 상서롭지 못하다."라고 하였다.

    (2) 國中無僞. (『孟子·滕文公上』)　　　　온 나라 안에 거짓이 없다.

위의 예문에서 주어는 예(1)은 시간사이고, 예(2)는 방위를 나타내는 말이다. 둘째, 주어가 없을 수 있고, 논리적으로 볼 때 그 앞에 진술 대상이 없다. 다음 예를 보자.

    (3) 恭王遊於涇上, 密康公從, 有三女奔之. (『國語·周語上』)　공왕이 경수가로 출타하였는데, 밀강공이 뒤따랐다. 세 명의 미녀가 그와 사통한 일이 있었다.
    (4) 德禮不易, 無人不懷. (『左傳·僖公7年』)　덕과 예는 쉽지 않은데도, 사람이라면 누구나 마음 속에 품지 않은 이가 없었다.

예(3)의 '有'는 주어가 없으며, 예(4)의 '無' 또한 주어가 없다. 또한 그 앞에 진술 대상도 없다.

위에서 설명한 특징 외에도 '有'와 '無'는 또한 용언을 주어로 삼는다. 다음 예를 보자.

    (5) 不動心有道乎? (『孟子·公孫丑上』)　　부동심에는 방법이 있습니까?
    (6) 出入無度. (『墨子·尙賢中』)　　　　　(비용의) 출입이 법도가 없었다.

예(5)와 (6)에서 주어는 모두 동사성 단어이다.

'有'와 '無'가 술어가 되는 문장은 비교적 특수하다. 한편으로 이런 종류의 문장은 항상 객관적 존현과 관련된 사실을 진술하는 데에 사용되기 때문에 서사문과 동일한 유형의 유무(有無)문을 구성한다. 예컨대 위에서 제시했던 예(1)과 (2)는 모두 사실을 서술한 것이다. 한편, 외부 세계에 무엇이 존재하는가, 아닌가는 대개 사람들의 주관적인 인식의 결과이며 설명문에서 소개해야 하는 상황이다. 따라서 이들은 '也', '矣', '未' 등을 조합해서 설명문을 구성한다. 다음 예를 보자.

    (1) 自生民以來[23], 未有盛乎孔子也. (『孟子·公孫丑上』)　백성이 생기고 난 이후로 공자보다 더 훌륭한 사람은 있지 않다.

---

23) [역주] 원서에는 "自有生民以來"라고 되어 있다. 십삼경주소본에 따라 본문을 고쳤다.

(2) 齊高厚之詩不類. 荀偃怒, 且曰, "諸侯有異志矣." (『左傳·襄公16年』)　제나라 대부 고후의 시는 의미가 같은 것이 아니었다. 그러자 진나라의 순언이 화를 내며, "제후 중에는 다른 마음을 가지고 있는 사람이 있다."라고 말했다.

예(1)은 상황을 소개하면서 문장 마지막에 '也'를 사용하고 있으며, 예(2)는 견해를 설명하면서 문장 마지막에 '矣'를 쓰고 있는데, 이 두 문장은 모두 설명문이 된다.

2. 기본동사, 사령동사, 능원동사

목적어가 다르다는 점에 근거하여, 보통동사는 기본동사, 사령동사, 능원동사 세 가지로 나눌 수 있다.

(1) 기본동사

기본동사는 주로 행위, 활동, 변화, 관계 등을 나타낸다. 보통동사 중에 절대다수가 기본동사이다. 행위, 활동, 변화, 관계 등은 일반적으로 모두 주어 이외의 사람과 사물을 언급할 수 있기 때문에 기본동사는 일반적으로 모두 체언성 목적어를 수반할 수 있다. 다음 예를 보자.

(1) 晉侯言衛侯之罪. (『左傳·襄公26年』)　진나라 제후가 위나라 제후의 죄를 말하였다.

(2) 鄭人惡高克. (『左傳·閔公2年』)　정나라 사람들이 고극을 미워하였다.

위의 두 예문에서 기본동사는 모두 체언성 목적어를 수반하고 있다. 일부 기본동사가 나타내는 행위나 변화 등은 단지 주어만을 진술하고 기타 사람이나 사물에 대해서는 언급하지 않는데, 이러한 동사는 목적어를 수반하지 않는다. 다음 예를 보자.

(3) 湯七年旱. (『荀子·富國』24))　탕임금이 다스리는 7년 동안 가물었다.

---

24) [역쥐] 원서에서는 이 예문의 출전을 『孟子·梁惠王下』라고 하였으나, 이 예문은 『荀子』에서 보인다.

(2) 사령동사

상용되는 사령동사는 '使'와 '令' 두 가지가 있다. 이 두 동사는 일반적으로 체언성 단어가 아닌 주술구를 목적어로 삼는다는 특징이 있다. 그리고 때때로 그 뒤에 동사성 단어를 수반한다. 이 때 동사성 단어는 주어가 없는 문장형식의 주술구이며, 술어 앞에는 일반적으로 반드시 사람이나 사물이 내포되어 있다. 다음 예를 보자.

(1) 楚王使陳軫之秦. (『戰國策·秦策2』) 초왕은 진진으로 하여금 진나라로 가게 하였다.

(2) 堯得之服澤之陽, 立爲天子, 使接天下之政, 而治天下之民. (『墨子·尙賢下』) 요는 복택의 남쪽을 얻고서 즉위하여 천자가 되었고, 천하의 정치를 다스리게 하고 천하의 백성을 다스리도록 하였다.

(3) 馳騁畋獵令人心發狂. (『老子·12章』) 말달리기와 사냥하기는 사람의 마음을 미쳐서 날뛰게 한다.

(4) 君其必速殺之, 勿令遠聞. (『國語·晉語8』) 임금께서는 반드시 빨리 그를 죽여야만 합니다. 그리고 사람들이 멀리까지 듣게 하지 마십시오.

예(1)의 '使'는 주술구를 목적어로 삼고, 예(2)의 '使'는 주어가 없는 문장형식의 주술구를 목적어로 삼는다. 이 때, '使'와 '接' 사이에는 보이지 않는 주어가 있다. 예(3)과 (4)의 '令'은 주술구와 주어가 없는 문장형식의 주술구가 목적어이다.

이 두 동사는 때때로 주술구를 주어로 삼기도 한다. 다음 예를 보자.

(1) 今王發政施仁, 使天下仕者, 皆欲立於王之朝. (『孟子·梁惠王上』) 지금 왕이 훌륭한 정치를 펴고 인을 베풀어, 천하의 벼슬하는 자들로 하여금 모두 왕의 조정에서 벼슬하고자 할 것입니다.

(2) 盆蓋井口, 毋令煙上洩. (『墨子·備穴』) 물동이로 우물의 입구를 덮어, 연기가 위로 새어 나가지 않게 하였다.

위 예문의 주어는 모두 주술구이다. 이러한 주어는 체언성 주어보다 훨씬 적게 보이기 때문에 '使'나 '令'을 분류동사 범주에 넣지 않고 보통동사 범주에 넣었다. 이것은 비교적 특수한 보통동사에 해당한다.

(3) 능원동사

능원동사는 주로 가능성, 가행성(可行性), 바람, 태도 등을 나타낸다. 이런 가능성과 바람 등은 모두 어떠한 행동과 활동을 겨냥한 것이기 때문에, 이러한 동사는 통상적으로 목적어를 수반한다. 주로 동사성 목적어를 수반하며 때때로 주술성 목적어를 수반하기도 한다. 일반적으로 체언성 목적어는 수반하지 않는다. 자주 보이는 능원동사로는 '能', '獲', '得', '克', '願', '欲', '敢', '肯', '可', '足' 등이 있다. 능원동사가 수반하는 목적어 중에서 동사성 목적어가 가장 많이 보인다. 다음 예를 보자.

    (1) 吳有伍子胥而不能用. (『荀子・君子』) 오나라에는 오자서가 있어서 등용할 수 없었다.

    (2) 攻者, 農夫不得耕, 婦人不得織. (『墨子・耕柱』) 공격(정벌)은 농부가 밭갈 수 없게 하고, 부인이 옷을 지을 수 없게 한다.

소수의 능원동사는 또한 형용사성 목적어를 수반하기도 한다. 다음 예를 보자.

    (3) 旣不能强, 又不能弱, 所以斃也. (『左傳・僖公7年』) 강하게 대응할 수도 없고, 비굴하게 대할 수도 없는 것은 망하는 원인이다.

상용되는 능원동사의 대부분은 기본동사로 겸용되며 그것들이 기본 동사로 쓰일 때는 체언성 목적어를 수반할 수 있으며, 항상 목적어를 수반하는 것은 아니다. 다음 예를 보자.

    (1) 陳人敗之, 獲公子茂. (『左傳・文公9年』) 진나라 사람들이 초나라 군대를 패배시키고, 공자 벌을 잡았다.

    (2) 工師得大木 (『孟子・梁惠王下』) 장인이 큰 나무를 얻었다.

    (3) 楚旣克東夷. (『左傳・哀公4年』) 초나라가 동이를 이겼다.

    (4) 今世主皆輕釋重罰嚴誅, 行愛惠, 而欲霸王之功, 亦不可幾也. (『韓非子・姦劫弑臣』) 지금 세상의 군주들은 모두 엄한 처벌을 버려두고, 사랑이니 은혜를 베푸느니 하면서 패왕의 공을 이루려고 하는데, 이것은 불가능한 일이다.

(5) 黨於趙氏, 且謂趙盾能. (『左傳·文公6年』) 조씨를 두둔하면서, 또한 조돈이 능력이 있다고 말했다.

(6) 莫不延頸擧踵而願曰, "知慮材性, 固有以賢人矣." (『荀子·榮辱』) 목을 길게 빼고 발꿈치를 들지 않는 사람이 없었으며 존경하며 말하였다. "지혜, 생각, 재주, 성품은 본디 현인이 갖는 것이다."

(7) 蒲城人欲戰, 重耳不可. (『左傳·僖公23年』) 포성의 사람들은 싸우고자 하였으나, 중이가 안 된다고 하였다.

예(1)~(7)에서 '獲' 등의 동사는 모두 기본 동사이다. 예(1)~(4)는 체언성 목적어를 수반하였고, 뒤의 3개는 목적어가 없다.

3. 동사의 목적어

동사의 유형을 좀 더 세분화하려면 목적어의 분류가 선행되어야 한다. 동사의 분류를 설명하기 위해서 여기서는 목적어의 성질과 목적어의 유형이라는 두 가지의 문제를 다룰 것이다.

(1) 목적어의 성질

목적어에 해당하는 단어들의 성질을 보면, 목적어는 추상성 목적어와 구체성 목적어, 두 가지 유형으로 분류할 수 있다.

1) 추상성 목적어

추상성 목적어는 어떤 진술내용을 포함하고 있는 목적어를 가리키는데, 주로 용언, 주술구, '之'자구, '其'자구 등 네 가지가 어휘가 목적어의 자리에 온다. 여기서 설명한 동사성 단어란 단독 동사뿐 아니라 술목, 술보 등의 비교적 복잡한 구조의 동사성구를 포함한다. 다음 예를 보자.

(1) 權然後知輕重, 度然後知長短. (『孟子·梁惠王上』) 저울질을 한 뒤에야 경중을 알며, 재어

본 뒤에야 장단을 알 수 있다.

(2) 季路問事鬼神. (『論語 · 先進』) 계로가 귀신 섬기는 일을 물었다.

(3) (由與求)謀動干戈於邦內. (『論語 · 季氏』) (자로와 염구가) 군대를 나라 안에서 사용할 것을 꾀하다.

(4) (一人)思援弓繳而射之. (『孟子 · 告子上』) (한 사람이) 활과 주살을 당겨서 쏠 것을 생각한다.

예(1)의 목적어는 형용사로 구성된 연합구이다. 예(2), (3), (4)의 목적어는 각각 술목구조와 술목구조가 보어와 연용구조를 수반한 경우이다. 이러한 것들은 모두 비교적 복잡한 동사성 구라고 할 수 있다. 주술성 목적어는 주로 사실을 표현한다. 다음 예를 보자.

(1) 孟孫見叔孫之旗入. (『韓非子 · 內儲說下』) 맹손이 숙손의 깃발이 들어오는 것을 보았다.

(2) 孟舒知士卒罷敝, 不忍出言. (『史記 · 田叔列傳』) 맹서는 군사들이 피폐한 것을 알고서, 차마 말하지 못했다.

위의 두 예문에서 목적어는 모두 주술구이다. '之'자 목적어나 '其'자 목적어는 주로 사건이나 상황을 나타낸다. 다음 예를 보자.

(1) 子隨我後, 觀百獸之見我而敢不走乎. (『戰國策 · 楚策1』) 그대는 나의 뒤를 따르면서 온갖 짐승들이 나를 보고서도 감히 달아나지 못하는 것을 보았는가.

(2) 勿乘駑馬, 惡其取道不遠也. (『晏子春秋 · 內篇雜上』) 노둔한 말을 타지 않는 것은 길을 떠남에 멀리 가지 못하는 것을 싫어한 것이다.

위 예문의 목적어는 '之'자구와 '其'자구이다. 때때로 之자가 가리키는 내용 중에 진술이 포함되어 있기도 한다. 이러한 형태의 '之'의 역할은 '之'자구와 동일하다. 다음 예를 보자.

(1) 襄公將復讐乎紀, 卜之. (『公羊傳 · 莊公4年』) 양공이 장차 기나라에게 원수를 갚고자 하여, 그것을 점쳤다.

(2) 君聞之曰, "吾大者不能行其道, 又不能從其言也, 使飢餓於我土地, 吾恥之." (『孟子 · 告子下』)

군주가 그것을 듣고 말하기를 "내가 크게는 그 도를 행하지 못하고 또 그 말을 따르지 못해서, 내 땅에서 굶주리게 하는 것을 나는 부끄러워한다."

예(1)의 '之'는 '襄公將復讎乎紀'를 가리키고, 예(2)의 '之'는 "吾大者不能行其道, 又不能從其言也, 使飢餓於我土地."를 가리킨다. 이러한 '之'는 '之'자구에 해당하는 것이다.

2) 구체성 목적어

구체성 목적어는 일반적으로 체언성 단어에 해당하는 목적어를 가리키며, 주로 사람과 사물 등을 나타낸다. 명사성 어휘, '所'자구, '者'자구, 체언성 대체사 목적어는 모두 상용되는 구체성 목적어이다. 다음 예를 보자.

(1) 伯氏不出而圖吾君. (『禮記・檀弓上』) 백씨가 나와서 우리 군주를 위하여 일을 도모하지 않았다.

(2) 夫兩者各得其[25]所欲, 大者宜爲下. (『老子・61章』) 큰 나라, 작은 나라가 각각 그 원하는 것을 얻으려면, 큰 나라가 스스로를 낮추어야 한다.

(3) 赦之以勸事君者. (『左傳・成公2年』) 그를 용서하고서 군주를 섬길 것을 권하였다.

(4) 魏文侯令樂羊將, 攻中山, 三年而拔之. (『戰國策・秦策2』) 위문후가 악양 장군을 시켜 중산을 공격하게 하였다. 삼년이 되어 쳐서 빼앗았다.

예(1)의 목적어는 명사성 어휘이고, 예(2)와 (3)의 목적어는 '所'자구, '者'자구이다. 예(4)의 목적어는 대체사 '之'이며 이때 '之'가 지시하는 것은 사물 즉 '中山'으로, 추상성 목적어에서 설명한 대체사 '之'와 다르다.

간혹 전칭된 용언이 구체성 목적어로 기능하며 이러한 용언은 심지어 부사어나 단음절 목적어를 가질 수 있다. 기타 구체성 목적어에 비하면 이러한 목적어는 수가 적다. 만약 추상 목적어와 비교하면, 이러한 목적어 속의 구법 구조 관계는 매우 간단해야 한다. 이런 종류의 구체성 목적어가 용언이라 할지라도 추상 목적어와는 구별하기 어렵지 않다. 다음 예를 보자.

---

25) [역주] 원서에서는 '其'가 없다. 『老子校釋』에 의거하여 보충하였다.

(1) 少事長, 賤事貴. (『荀子·仲尼』) 나이가 어린 사람은 나이 든 사람을 섬기고, 천한 사람은 귀한 사람을 섬긴다.

(2) 舜流共工于幽州, 放驩兜于崇山[26], 殺三苗于三危, 殛鯀于羽山. 四罪而天下咸服, 誅不仁也. (『孟子·萬章上』) 순이 공공을 유주에 유배하고, 환두를 숭산으로 추방하고, 삼묘를 삼위에서 죽이고, 곤을 우산에서 죽여서, 네 사람을 벌주니 천하가 모두 복종하였다. 이것은 불인한 자들을 처벌하였기 때문이다.

(3) 稱國以殺大夫, 殺無罪也. (『穀梁傳·僖公7年』) 나라를 칭하여 대부를 죽였으니, 무죄한 사람을 죽인 것이다.

예(1)의 '長'과 '貴'는 모두 사람을 가리키는 것으로, 지시사로 변화한 용언이다. 뒤의 두 예문에서 '不仁'과 '無罪' 역시 사람을 가리키는 것이다.

(2) 목적어의 유형

목적어의 유형이라는 관점에서 보면 보통동사의 목적어는 우선 수동목적어와 치동목적어로 크게 나눌 수 있다. 그리고 수동목적어는 다시 직접목적어와 간접목적어로 나눌 수 있으며, 치동목적어는 사동목적어와 의동목적어로 나눌 수 있다. 다음은 이러한 여러 가지 목적어를 설명하도록 하겠다.

1) 수동목적어와 치동목적어

수동목적어와 치동목적어는 두 종류의 자주 보이는 목적어로, 이 두 가지 목적어의 차이점은 목적어를 빼버릴 수 있느냐 없느냐에 있다. 아래에서 구체적으로 설명하겠다.

① 수동목적어

하나의 문장에서 주어가 행위의 주체일 때, 이 주체는 술어가 표현하고 있는 행위나 활동을 수행하며 목적어는 이 행위, 활동과 일정한 관계가 있는 사람, 사물, 사건이 된다. 이러한 목적어를 수동목적어라고 한다. 수동목적어가 있는 문장형식은 아래 A식과 같이 나타낼 수 있다.

---

26) [역주] 원서에는 '放兜于崇山'으로 되어 있다. 십삼경주소본에 의거하여 고쳤다.

A식: 주어(주체) + 술어(행위) + 목적어(행위의 대상, 처소 등)

A식에서 주어는 주체가 되고, 주체는 술어가 표현하려는 행위를 수행하거나 조절한다. 이러한 행위는 또한 술어의 뒤에 있는 목적어와 일정한 관계에 놓이게 된다. 여기서 목적어는 항상 행위의 대상이나 처소 등을 나타낸다. 이런 종류의 문장에서 '행위의 주체—행위—행위의 대상, 처소'의 사이에서 의미관계는 일차성 진술관계로, 즉 이 문장의 행위가 한번으로 완성되었다는 점을 말하고 있는 것이다. 이러한 의미관계는 수동목적어가 다음두 개의 특징 중 한 가지 특징을 갖게끔 한다. 1) 수동목적어를 수반할 수 있는 동사 중소수는 술어로 쓰일 때 통상적으로 목적어를 필요로 한다. 일반적인 상황에서 이런 동사의 목적어는 기본적으로 제거할 수 없다. 다음 예를 보자.

    (1) 大[27]師摯適齊. (『論語 · 微子』)   태사 지가 제나라로 갔다.

    (2) 宋人患之. (『左傳 · 成公18年』)   송나라 사람들이 그 일을 근심하였다.

위의 예문에서 '適'과 '患'은 일반적인 상황에서 반드시 목적어를 수반한다. 이런 종류의 목적어는 제거할 수 없다. 2) 수동목적어를 수반할 수 있는 동사 중 대다수는 술어로 쓰일 때 목적어를 가져올 수 있고 가져오지 않을 수도 있다. 이런 동사는 만일 목적어를 제거하더라도 주어와 술어 사이의 의미관계가 유지되고 변화하지 않는다. 원래 주어가 주체인 경우에는 목적어를 제거한 후에도 여전히 주체가 되기 때문에, 이런 종류의 술목구에서는 목적어를 제거할 수 있다. 아래의 두 개의 예문을 보자.

A조:

    (1) 鄭伯怨王. (『左傳 · 隱公3年』)   정백이 왕을 원망하였다.

    (2) 昭王反國. (『莊子 · 讓王』)   소왕이 국가로 돌아왔다.

B조:

    (1) 北狄怨. (『孟子 · 梁惠王下』)   북적이 원망하였다.

    (2) 右師反. (『左傳 · 成公15年』)   우사가 돌아왔다.

---

27) [역주] 원서에서는 '太'로 되어 있다. 십삼경주소본에 근거하여 고쳤다.

A조와 B조를 비교할 때, 만일 A조에서 술어의 뒤에 있는 목적어를 제거한다면 아래의 C조와 같은 구성이 될 것이다.

C조:

   (1) 鄭伯怨.   정백이 원망하였다.

   (2) 昭王反.   소왕이 돌아왔다.

C조의 예문에서 주어와 동사 사이의 의미관계는 A조의 주어와 동사의 의미관계와 기본적으로 같으며 주어가 모두 주체이다. 곧 A조의 예문에서 목적어를 제거해도 주어와 동사 사이의 의미관계는 모두 어떤 명확한 변화가 나타나지 않는다. 목적어가 있을 때에 '鄭伯'과 '昭王'이 주체인 것처럼, 목적어가 없을 때에도 주어는 여전히 주체가 되고 있다. 이런 상황에서 이러한 종류의 목적어는 생략이 가능하다고 할 수 있다.

② 치동목적어

치동목적어는 수동목적어와는 다른 또 하나의 목적어이다. 하나의 문장에서 주어가 행위주체인데도, 그 주체는 술어가 나타내는 변화, 행위를 수행하지 못하고 다른 행위를 수행하는 경우가 있다. 이런 행위는 목적어가 나타내는 사람이나 사물을 술어가 나타내는 변화나 행위의 화제로 만든다. 이런 목적어를 치동목적어라고 하는데, 치동목적어를 포함하는 문장형식을 B식과 같이 도식화할 수 있다.

   B식: 주어(주체) + (어떠한 행위) + 목적어(사람이나 사물) + 술어(변화나 행위)

B식의 주어는 주체이지만, 앞에서 설명한 A식과는 같지 않다. 이때의 주체는 그 뒤에서 술어 역할을 하는 동사가 나타내는 변화나 행위를 수행하지 않고 다른 행위를 수행한다. 이런 행위는 문장에서 어떤 단어를 써서 표현하는 것이 아니라 '주어 + 술어 + 목적어'의 문장형식을 통하여 의미가 나타난다. 이러한 행위는 말하는 사람이나 듣는 사람에게는 별로 중요하지 않다. 중요한 것은 이런 행위가 만들어내는 결과로, 목적어로 하여금 술어의 화제가 되도록 하는 점이다. 이것이 수동목적어의 문장과 다른 점은 B식에서는 두 차례의 진술을 포함하고 있다는 것이다. 일차 진술은 '주체-행위-대상'이다. 대상이 행위를

받아들인 다음 또 화제로 전환된다. 대상이 화제로 전환된 다음에 다시 '화제-행위나 변화'라는 이차 진술이 있다. 이러한 두 차례의 진술관계로 B식의 문장형식에서는 목적어를 제거할 수 없다. 구체적으로 설명하면, 치동목적어는 다음과 같은 특징을 갖고 있다. 만일 동사의 뒤에 있는 목적어를 제거하면 주어와 동사 사이의 의미관계가 변한다. 목적어가 있을 때, 주어는 문장 구조의 의미가 나타내는 행위의 주체이다. 반면에 목적어를 제거한 후에 주어는 다시 술어의 주체가 될 수 없고, 동사가 표현한 변화나 행위의 화제만이 된다. 주어가 화제가 되었을 때, 두 종류의 가능성이 존재한다. 첫째, 원래 목적어의 변화와 행위를 진술하지만 주어를 진술하게 되어, 문장의 주어와 술어 사이의 의미에 근본적인 변화가 발생하는 것이다. 대다수의 치동목적어는 이런 부류에 속한다. 아래 두 조의 예문을 보자.

A조:

(1) 趙穿弑公, 而後反趙盾. (『穀梁傳·宣公2年』) 조천이 공을 시해한 후에, 조돈을 배반하게 하였다.

(2) 孔子賢之. (『孟子·離婁下』) 공자가 그를 현명하다고 여겼다.

B조:

(1) 子貢反. (『孟子·滕文公上』) 자공이 돌아왔다.

(2) 太甲賢. (『孟子·盡心上』) 태갑은 현명했다.

치동목적어를 이해하는 데 도움을 주기 위해서 문장의 구조 관계와 의미 내용은 영향을 받지 않는다고 전제하고, A조의 예(1)을 적당히 생략하여 조정한 다음 원래 문장 뒤에다 덧붙였다. ("趙穿反趙盾.") A조의 예(1)은 원래 '趙穿'이 어떤 행위를 하여, '趙盾反'의 행동에 이르게 하였다는 것을 설명하고 있다. 여기서 만일 목적어를 생략한다면 '趙穿反'(조천이 배반하였다)이 된다. '趙穿反'과 원래 문장의 의미인 "趙穿이 趙盾으로 하여금 배반하게 만들었다"를 서로 비교해보면, 주어와 동사 사이의 의미관계에는 근본적으로 변화가 나타나게 된다. A조의 예(2)에서 만일 목적어를 생략한다면, 역시 비슷한 변화가 나타나게 된다. 이런 변화는 분명히 수동목적어의 경우에는 없는 것이다. 둘째, 문장 속의 동사가 나타내고자 하는 것은 목적어의 변화, 행위를 진술하는 것인데 주어를 진술하는 것으로 변한 후에는 이해할 수 없는 문장이 되어버리기도 한다. 소수의 치동목적어가 이런 종류에 속한다. 다음 예를 보자.

(1) 大夫潰莒. (『穀梁傳 · 成公9年』)　　　대부가 거를 무너뜨렸다.

(2) 莒潰. (『左傳 · 成公9年』)　　　거가 무너졌다.

예(2)와 비교해 보면, 예(1)을 변환하여 "大夫潰"라고 할 수도 있지만, 변환 후의 문장은 말이 되지 않는다. 이상의 논의에서 다음을 알 수 있다. 치동목적어는 목적어 제거 변환을 할 수 없다.

치동목적어에 대해서 언급할 것이 두 가지 더 있다. 첫째, 치동목적어를 가져올 수 있는 동사는 일반적으로 모두 목적어 없이도 술어 자리에 올 수 있다. 만약 어떤 동사가 술어가 될 때 일반적으로 반드시 목적어를 수반한다면, 그 동사의 목적어는 통상 수동목적이지 치동목적어가 아니다. 둘째, 치동목적어를 확정할 때, 어떤 술목구조를 '使+목적어+동사'로 이해할 수 있느냐 없느냐의 여부에 따라 결정해서는 안 된다. 이것은 치동목적어를 수반하는 일부 문장은 실제 '使+목적어+동사'로 이해하기 어렵기 때문이다.

2) 간접목적어와 직접목적어
수동목적어는 다시 간접목적어와 직접목적어로 나눌 수 있다.

① 간접목적어
간접목적어는 보통 처소, 대상을 나타내며, 원인, 목적, 여사(與事)를 나타내기도 한다. 간접목적어를 가질 수 있는 동사는 우선 목적어를 가지지 않을 수도 있다. 하나의 동사가 목적어를 수반하지 않을 수 있다는 전제 아래에서, 그 뒤에 오는 목적어가 다음 두 가지 중 하나의 조건에 부합하면 그것이 바로 간접목적어인 것이다.

1) 어떤 목적어와 '于'자보어, '與'+목적어로 구성된 부사어 사이에 변환 관계(혹은 변환 가능 관계)가 존재한다면 그것이 간접 목적어이다. 이런 형태의 간접목적어는 주로 처소, 대상, 여사(與事)를 나타낸다. 아래 두 조의 예문을 보자.

A조:

(1) 黃帝尙不能全德, 而戰涿鹿之野. (『莊子 · 盜跖』) 황제는 여전히 덕을 온전히 할 수 없었으

므로, 탁록의 들판에서 전쟁하였다.

(2) (商密人)乃降秦師. (『左傳·僖公25年』)   (상밀 사람들은) 바로 진나라 군대에게 항복하였다.

(3) (景公)乃盟國人於大宮. (『左傳·襄公25年』) (경공은) 나라 사람들과 대궁에서 회맹하였다.

B조:

(1) (黃帝)與蚩尤戰於涿鹿之野. (『莊子·盜跖』) (황제는) 치우와 탁록의 들판에서 전투하였다.

(2) 降于齊師. (『左傳·莊公8年』)   제나라 군대에게 항복하였다.

(3) 祭仲與宋人盟. (『左傳·桓公11年』)   제중이 송나라 사람들과 맹세하였다.

위의 **A조**와 **B조**를 비교해보면, **A조**의 예문은 **B조**의 예문을 모방하여 다음과 같이 바꿀 수 있다.

(1) 黃帝尚不能全德, 而戰於涿鹿之野.

(2) (商密人)乃降于秦師.

(3) (景公)乃與國人盟於大宮.

이런 변화에 근거하면 **A조**의 목적어는 모두 간접목적어이다. **A조** 예(1)의 목적어는 처소를 나타내고, (2)의 목적어는 대상을 표시한다. (3)의 목적어는 여사(與事)를 표시한다.

때로 간접목적어는 주어로 쓰이는 연합구 중의 일부분이 될 수 있는데, 이런 것들도 간접목적어에 해당하며 주로 여사(與事)를 표시한다. 아래 두 조의 예문을 보자.

A조:

(1) 晉郤犨盟秦伯于河西. (『左傳·成公11年』) 진나라의 극주는 진나라 군주와 하서에서 맹세하였다.

(2) 叔孫豹會晉士匄于柯. (『春秋·襄公19年』) 숙손표가 진나라 사개와 가땅에서 회합하였다.

B조:

(1) 紀子帛, 莒子盟于密. (『春秋·隱公2年』) 기자 백과 거자가 밀에서 맹세하였다.

(2) 蔡侯, 鄭伯會于鄧. (『左傳·桓公2年』) 채나라 군주와 정나라 군주가 등에서 회합하였다.

B조 예문과의 비교를 통해서 A조 예문을 다음과 같이 고칠 수 있다.

(1) 晉郤犨, 秦伯盟于河西.

(2) 叔孫豹, 晉士匄會于柯.

이러한 변환에 근거하여 A조 예(1)과 (2)의 목적어는 간접목적어로 여사를 나타낸다.

　2) 하나의 동사가 만일 치동목적어를 수반할 수 있다면, 또 다른 목적어를 수반할 수 있다. 이런 동사는 일반적으로는 두 개의 목적어를 가지지 않으며, 이 때 수반한 또 다른 하나의 목적어는 통상적으로 간접목적어이다. 이런 종류의 간접목적어는 원인을 나타내고, 또 처소를 표시할 수 있다. 아래의 예문에서 동사는 모두 치동목적어를 수반한다.

(1) 左右安能以虛言惑主. (『韓非子·姦劫弑臣』) 주위에서 어찌 빈말로 군주를 현혹시킬 수 있겠는가.

(2) 鄭放游楚於吳, 將行子南. (『左傳·昭公元年』) 정나라는 유초(남)를 오나라로 추방하였고 장차 공자 남을 추방하려고 한다.

아래의 예문은 위의 두 예문에서 상응하는 동사 ‘惑’과 ‘行’이 간접목적어를 수반하고 있다.

(1) 子爲晉國, 四鄰諸侯不聞令德, 而聞重幣, 僑也惑之. (『左傳·襄公24年』) 그대가 진나라를 다스림에, 사방의 제후들은 그대의 훌륭한 덕을 전해 듣지는 못하고, 많은 재물을 거두어들인다는 평만을 들었습니다. 저는 의아합니다.

(2) 桓子行東野. (『左傳·定公5年』) 환자가 동쪽 들판을 지나갔다.

‘惑’과 ‘行’ 두 동사는 일반적으로 두 개의 목적어를 수반할 수 없다. 위의 예문에서 이 동사들은 모두 간접목적어를 수반하고, 원인과 처소를 각각 표시하고 있다.

② 직접목적어
직접목적어는 주로 동작의 대상을 표시하고, 일부 동사의 직접목적어는 처소나 대상 등

을 나타낼 수 있다. 아래 두 종류의 상황에서 수반한 목적어는 모두 직접목적어이다. 우선 하나의 동사가 술어 역할을 할 때, 만일 통상적으로 반드시 목적어를 수반한다면 목적어를 수반하지 않는 경우는 어떤 특수한 조건이 있는 것이다. 이런 종류의 동사가 수반한 목적어가 바로 직접목적어이다. 다음 예를 보자.

(1) 吳侵陳. (『左傳 · 定公8年』)　　　오나라가 진나라를 침략했다.

(2) 魯君之宋. (『孟子 · 盡心上』)　　　노나라 군주가 송나라로 갔다.

(3) 公謂公冶曰, "吾可以入乎?" (『左傳 · 襄公29年』) 공이 공야에게 말하기를 "내가 들어갈 수 있겠는가?"

위의 예문 중에서 술어로 쓰인 '侵' 등의 동사는 통상적으로 반드시 목적어를 수반해야 한다. 그 뒤에 있는 목적어가 바로 직접목적어이다. 예(1)의 목적어는 동작의 대상을 나타내고, 예(2)와 (3)의 목적어는 처소와 대상이다.

다음으로, 목적어를 수반하는 경우와 목적어를 수반하지 않는 경우 모두 비교적 자주 보이는 동사라면 다음의 두 가지 특징 중 한 가지라도 부합하는 목적어는 직접목적어이다.

1) 하나의 동사가 술어 자리에 올 때, 만일 항상 목적어를 수반하고 게다가 단지 같은 종류의 수동목적어만을 수반한다면, 이런 종류의 목적어는 직접목적어이다. 이런 종류의 목적어가 가장 많이 보인다. 다음 예를 보자.

(1) 句踐事吳. (『孟子 · 梁惠王下』)　구천이 오나라를 섬겼다.

(2) 君子是以知息之將亡也. (『左傳 · 隱公11年』) 군자는 이 때문에 식나라가 장차 망할 것을 알았다.

위의 예문에서 '事'와 '知'는 항상 한 종류의 수동목적어를 수반하기 때문에 그 뒤의 목적어는 모두 직접목적어이다.

2) 어떤 동사는 목적어를 수반하는 것 이외에도 '于(於)'자 보어를 수반할 수 있다. 이런 '于'자 보어를 수반할 수 있는 동사의 목적어가 '于'자 보어로 치환될 수 없다면, 이런 목적어는 직접목적어이다. 다음 예를 보자.

(1) 范宣子言於晉侯. (『左傳·襄公19年』) 범선자가 진후에게 말했다.

(2) 吾長見笑於大方之家. (『莊子·秋水』) 나는 종종 식견이 높은 사람들에게 비웃음을 사겠구나.

예(1)의 보어는 대상을 표시하고, 예(2)의 보어는 주체를 표시하고 있다. 이러한 동사의 목적어는 모두 동작의 대상을 나타낸다. 아래 예문을 보자.

(1) 言人之不善, 當如后患何? (『孟子·離婁下』) 남의 불선을 말하다가, 후환을 어찌하려하는가.

(2) 斥鴳笑之. (『莊子·逍遙游』) 척안이 곤을 비웃었다.

위의 예문에서 두 개의 동사는 모두 대상목적어를 수반하고 있는데, 이러한 동사의 목적어와 보어는 다른 의미관계를 나타내기 때문에 바뀔 수 없다. 이러한 목적어는 모두 직접목적어이다.

3) 사동목적어와 의동목적어

치동목적어는 다시 사동목적어와 의동목적어로 나눌 수 있다. 의미상 이 두 종류의 목적어는 다음과 같이 구분될 수 있다. 목적어가 나타내는 사체에 현실적인 변화가 일어나고, 이러한 변화가 어떤 주체에 의해 만들어진 것이라면 이것은 사동목적어이다. 목적어가 나타내는 사체에 현실적인 변화는 없고, 단지 어떤 주체의 견해에 변화가 있거나 느껴지는 바가 있는 경우는 의동목적어이다. 아래의 A조는 사동목적어이고, B조는 의동목적어이다.

A조:

(1) 工師得大木 …… 匠人斫而小之. (『孟子·梁惠王下』) 공사가 큰 나무를 얻었다. …… 장인이 잘라서 작게 만들었다.

(2) 冉有曰, "旣庶矣, 又何加焉?" 曰, "富之." (『論語·子路』) 염유가 말하였다. "이미 백성들이 많으면, 또 무엇을 더하여야 합니까?" 공자가 대답하였다. "부유하게 해주어야 한다."

B조:

(1) 孔子登東山而小魯. (『孟子·盡心上』) 공자는 동산에 올라 노나라가 작다고 여겼다.

　(2) 燕噲賢子之. (『韓非子・難四』)　　　　　연쾌는 자지를 현명하다고 여겼다.
　　　　 • △ △

　　의미상으로 볼 때, A조의 목적어가 나타내는 사체는 현실에서 모두 변화했다. A조의
예(1)은 '匠人斫'을 거치면서, 큰 덩어리인 '큰 나무(大木)'가 확실히 작은 것으로 변화한다.
A조의 예(2) 역시 이것과 비슷하다. B조의 예문은 또 다른 하나의 상황으로 예(1)의 노나
라는 현실에서 변화하지 않고 다만 동산에 오른 공자의 눈에만 그것이 작게 변화한 것이
다. 이런 변화는 공자라는 주체의 생각 속에서만 변화한 것이다. 예(2) 역시 마찬가지이다.
　　이 두 종류의 목적어를 더욱 확실하게 구별하기 위해서 동사 '知'(느끼다, ~생각이 들다)
와 '謂'(~라고 생각하다, 말하다)를 이용해 바꾸어 보겠다. 구체적인 방법은 다음과 같다. 의
동목적어로 사용된 목적어를 주어로 변환하는 방법인데, 만약 원래의 목적어가 대체사
'之'라면 거기에 상응하는 명사로 바꾸어준다. 다음으로 의동목적어 앞에 있는 동사를 술
어로 바꾼다. 이렇게 변환된 주어와 술어를 조합한 다음, 이것을 동사 '知'나 '謂'의 목적
어로 만든다. 이런 변환이 가능한 것은 의동목적어이고, 그렇지 않은 것은 의동목적어가
아니다. B조의 예문은 다음과 같이 바꿀 수 있다.

　(1) 孔子登東山而知魯小.　　　　　　　공자는 동산에 올라서 노나라가 작다는 것을 알았다.
　　　　　　　　 • △ △
　(2) 燕噲謂子之賢.　　　　　　　　　　연쾌는 자지를 현명하다고 생각했다.
　　　 • △ △

　　A조의 예문은 위와 같이 바꿀 수 없기 때문에 의동목적어가 아닌 사동목적어이다.

4. 자동사, 타동사

　　목적어와 관련된 문제의 설명이 끝났기 때문에 다시 돌아와서 기본동사를 설명하도록
하겠다. 우선 수반하는 목적어의 상황에 근거하여 기본동사는 크게 자동사와 타동사 두
종류로 나눌 수 있다.

(1) 자동사

자동사는 뜻이 내향적인 동사이다. 즉, 동사가 나타내는 행위나 변화가 주어를 진술하는 하는 것 이외에는, 통상적으로 절대 다른 사람이나 사물을 지배하거나 가리키지 않는다. 목적어를 수반하는가의 여부에 따라 자동사는 진자동사와 준자동사 두 가지로 나눌수 있다.

1) 진자동사

진자동사는 전형적인 자동사로, 주로 사망, 질병, 재난, 개별적인 행위를 나타낸다. 특징은 근본적으로 목적어를 수반하지 않으며, 극히 드물게 목적어를 수반한다는 점이다. 이러한 동사의 수는 많지 않으며, '卒', '薨', '崩', '疾'(발병), '病'(중병), '饑', '旱', '災', '枯', '可'(적합하다), '宴', '次'(군대가 주둔하다), '宿', '狩', '嘆', '吠', '否' 등이 모두 진자동사에 해당한다. 다음 예를 보자.

　⑴ 晉昭公卒. (『左傳·昭公16年』)　　　진나라 소공이 죽었다.

　⑵ 齊饑. (『孟子·盡心下』)　　　　　　제나라 사람들이 굶주렸다.

위의 예문에서 술어는 모두 진자동사이다. '否'는 특수한 진자동사인데, 주로 앞의 동사가 나타낸 내용에 대해 부정을 가하는 경우에 사용된다. 단독으로 사용할 경우는 부정적인 대답을 나타내고, 기타의 다른 단어와 함께 쓰일 경우는 앞에서 진술한 내용을 부정한다. 다음 예를 보자.

　⑶ "許子必織布而後衣乎?" 曰, "否, 許子衣褐." (『孟子·滕文公上』) "허자는 반드시 옷을 짠이후에 입는가?" 말하기를 "아닙니다. 허자는 갈옷을 입습니다."

　⑷ 對曰, "小人恐矣, 君子則否." (『左傳·僖公26年』) 대답하기를 "소인은 두려워하고, 군자는 그렇지 않다."

위의 두 예문에서 '否'는 모두 ●로 표시한 동사성 어휘가 나타내는 내용을 부정하고 있다.

2) 준자동사

준자동사는 타동사와 비슷한 특징을 가지고 있는 자동사로, 진자동사에 비해 수량이 많다. 주로 운동, 정지, 정서, 태도, 어떤 상태를 표현한다. '出', '入', '死', '恐', '降', '盟', '敗' 등이 주로 사용된다.

준자동사에는 두 가지 특징이 있다. 1) 진자동사처럼 목적어를 수반하지 않을 수 있다. 이 때, 동사가 나타내는 행위와 변화 등은 주어 이외의 어떤 사람이나 사물에게도 영향을 미치지 않는다. 다음 예를 보자.

> (1) 鄭人恐. (『左傳·襄公9年』)   정나라 사람들이 두려워하였다.
> (2) 晉侯與鄭伯盟. (『史記·晉世家』)   진나라 제후와 정나라 제후가 회맹하였다.

위의 예문에서 '恐'과 '盟'은 모두 준자동사이다. 2) 간접목적어나 사동목적어를 수반할 수 있지만, 직접목적어를 수반할 수는 없다. 다음 예를 보자.

> (1) 楚子入陳. (『國語周語中』) 초나라 제후가 진나라로 들어갔다.
> (2) 魯君謂子墨子曰, "吾恐齊之攻我也." (『墨子·魯問』) 노나라 군주가 묵자에게 말하기를 "나는 제나라가 우리를 공격하는 것을 두려워합니다."
> (3) 北足以敗燕, 中足以擧宋. (『荀子·王霸』) 북쪽으로는 연나라를 무찌를 수 있고, 안으로는 송나라를 멸망시킬 수 있었다.

예(1)과 (2)의 '入'과 '恐'은 처소와 원인을 나타내는 간접목적어이다. 예(3)의 '敗'는 사동목적어이다. 이런 식으로 직접목적어를 수반할 수 없는 동사는 모두 준자동사이다.

(2) 타동사

타동사는 뜻이 외향적인 동사이다. 즉 동사가 표현한 행위와 활동이 주어 이외의 사람이나 사물로 향하거나 이를 지배할 수 있다. 타동사의 특징은 직접목적어를 수반한다는 것이며, 진타동사와 준타동사로 나눌 수 있다.

1) 진타동사

진타동사는 전형적인 타동사이다. 주로 어떤 사체나 속성을 대상으로 삼는 행위를 나타낸다. 자주 쓰이는 것으로는 '曰', '圍', '伐', '事', '執', '救', '追', '圖', '患', '射', '守', '獲' 등이 있다. 이러한 동사들의 특징은 항상 직접목적어를 수반한다는 것이다. 다음 예를 보자.

　(1) 翟慮被堅執銳, 救諸侯之患. (『墨子・魯問』) 적려가 견고한 갑옷을 입고 날카로운 병기를 들고서, 제후들의 근심을 구원하였다.

　(2) 君其圖之. (『韓非子・十過』) 군주께서는 그것을 도모하십시오.

위의 예문 중에서 밑줄 친 것들이 진타동사이다.

2) 준타동사

준타동사는 자동사의 특징을 갖고 있는 타동사로, 자주 보이는 준타동사는 다음과 같은 네 종류의 유형이 있다.

1) 두 개의 목적어를 수반하는 준타동사. 두 개의 목적어를 수반하는 준타동사에는 두 유형이 있다. 첫째, '간접목적어 + 직접목적어'의 형태로 두 개의 목적어를 수반하는 유형이다. 여기서 직접목적어는 체언, 용언 모두 가능하다. '賜', '與', '語', '告', '示' 등이 자주 쓰인다. 다음 예를 보자.

　(1) 余賜汝孟諸之麋. (『左傳・僖公28年』) 내가 너에게 맹제의 사슴을 하사하겠다.

　(2) 國家昏亂, 則語之尙賢尙同. (『墨子・魯問』) 국가가 혼란스럽다면, 그에게 '상현상동'할 것을 말해야 한다.

위의 예문에서 '賜'와 '語'는 모두 '간접목적어 + 직접목적어' 형태의 두 개의 목적어를 수반한 준타동사이다. 둘째, '사동목적어 + 직접목적어' 형태로 두 개의 목적어를 수반하는 유형이다. '飮', '食' 등이 있다. 다음 예를 보자.

　(1) (敬仲)飮桓公酒. (『左傳・莊公22年』) (경중이) 환공에게 술을 마시게 하였다.

(2) 及食大夫黿, 召子公而弗與也. (『左傳·宣公4年』) 대부들에게 자라고기를 먹이게 되었는데,
   (영공은) 공자 공(公)을 불러 놓고서도 나누어주지 않았다.

위의 예문에서 '飮'과 '食'은 먼저 사동목적어를 수반하고, 이어서 직접목적어를 수반하
며 준타동사이다.
   2) 목적어 자리에 직접목적어가 올 수도 있지만 다른 종류의 목적어를 수반할 수도 있
는 경우. 이런 형태의 동사는 직접목적어를 수반할 수 있는 것 이외에도 간접목적어를 가
져올 수도 있다. '鼓', '御', '耕', '問' 등이 이러한 동사에 속한다. 다음 예를 보자.

   (1) 伯牙鼓琴. (『荀子·勸學』)   백아가 거문고를 연주했다.

   (2) 顏淵問爲邦. (『論語·衛靈公』)   안연이 나라 다스리는 일을 물었다.

   (3) 齊師敗績, 公將鼓之. (『左傳·莊公10年』)   제나라 군대가 패배하였다. 공은 제나라 군대를
       추격하기 위해서 북을 두드렸다.

   (4) 桓公問管仲. (『韓非子·說林下』)   환공이 관중에게 물었다.

예(1)과 (2)의 '鼓'와 '問'은 직접목적어를 수반한다. 예(3)에서 '鼓'의 목적어는 목적을
표시하고 예(4)에서 '問'의 목적어는 대상을 나타내고 있는데, 모두 간접목적어이다.
   3) 목적어를 수반하지 않거나 직접목적어를 수반하는 경우가 모두 자주 보이는 경우.
심지어 목적어를 수반하지 않는 경우가 더욱 자주 나타나는 동사도 있다. 이러한 동사 중
자주 쓰이는 것은 '娶', '駕' 등이다. 다음 예를 보자.

   (1) 鄭武公娶于申. (『左傳·隱公元年』)   정무공이 신에서 부인을 맞이하였다.

   (2) (齊崔杼)娶東郭姜. (『左傳·襄公27年』) (제나라의 최저가) 동곽강(東郭姜)에게 장가들었다.

   (3) 齊侯駕. (『左傳·襄公18年』)   제나라 제후가 말에 탔다.

   (4) 彌子駕君車以出. (『韓非子·說難』)   미자가 군주의 수레를 타고서 나갔다.

위의 예문에서 '娶', '駕'는 준타동사이다. 예(1)과 (3)에서 동사들은 모두 목적어를 수반
하지 않았고, 예(2)와 (4)에서는 직접목적어를 수반하고 있다.

4) 일반적으로 직접 목적어를 수반하는 경우. 목적어를 수반하지 않는 때가 매우 적고, 그밖에 소수는 '于'자보어를 수반할 수도 있다. 직접목적어와 '于'자보어 사이의 의미차이는 크지 않고 이 둘은 치환할 수 있다. 이런 형태의 동사로는 '及', '在', '奔', '害', '察', '乘', '觀', '見' 등이 있다. 다음 예를 보자.

(1) 微虎欲宵攻王舍, …… 及稷門之內. (『左傳·哀公[28]8年』) 미호는 저녁에 왕의 본진을 공격하고자, …… 직문 안에 도착하였다.

(2) 楚子聞之, 投袂而起. …… 劍及於寢門之外. (『左傳·宣公14年』) 초나라 군주가 그것을 듣고, 앉은 자리에서 옷소매를 털고 일어났다. …… 칼은 침문의 밖에 이르러서 찼다.

(3) 然則姑嘗上觀聖王之事. (『墨子·明鬼下』) 그래서 위로는 성왕의 일을 살핀다.

(4) 蓋嘗尙觀於聖王之事. (『墨子·非命上』) 위로는 성왕의 일을 살핀다.

위의 예문에서 동사가 직접목적어를 수반한 경우와 '于'자보어를 수반한 경우 사이에 의미상의 차이는 크지 않다. 이런 종류의 준타동사 중에서 특수한 것은 '觀'과 '見' 등인데, 이 동사들은 때때로 사동목적어를 수반하기도 한다. 다음 예를 보자.

(1) 彼又惡能憒憒然爲世俗之禮, 以觀衆人之耳目哉! (『莊子·大宗師』) 저들은 또 어찌 성가신 세속의 예를 따라함으로써 세상 사람들의 이목에 뜨이게 하는가.

(2) 子墨子曰, "胡不見我於王." (『墨子·公輸』) 묵자가 말했다. "어찌 나를 왕에게 보여주지 않는가"

이런 유형의 준타동사는 타동사와 자동사 사이에서 어느 곳에라도 속할 수 있지만, 본서에서는 이런 준타동사들을 타동사로 분류하였다.

5. 행위동사, 성상동사

행위동사와 성상동사 역시 목적어에 근거하여 분류한 것으로, 주로 동사가 자주성을 내

---

28) [역주] 원서에서는 양공(襄公)8년으로 되어 있다. 십삼경주소본에 의거하여 고친다.

포하고 있는지의 여부를 반영하고 있다. 이런 분류는 동사의 자동사, 타동사의 분류와 함께 기본동사 중에서 가장 중요한 분류이다. 행위동사가 나타내는 행위는 자주적이다. 즉 일반적으로 사람이 스스로 제어하거나 혹은 조절할 수 있다는 것이다. 성상동사가 나타내는 변화는 비자주적이다. 즉 사람이 스스로 제어하거나 조절할 수 없는 것이다. 이런 두 종류의 동사의 구별은 주로 다른 성질의 목적어를 수반한다는 점이다. 그밖에 또 어떤 행위동사와 성상동사는 목적어를 수반하지 않을 수도 있는데, 이런 동사들의 주된 차이는 연용구와 연합구를 구성하는 특징에서 드러난다.

(1) 행위동사

기본동사 중에서 행위동사의 수가 가장 많다. 주로 행위와 활동을 표시하고, 주어의 대다수는 모두 주체가 된다. 이런 동사는 주로 서사문을 구성한다. 행위동사의 주된 특징은 직접목적어와 간접목적어를 수반할 수 있다는 점이다. 행위동사 중에는 자동사와 타동사가 포함되어 있는데, 이 중 타동사는 모두 행위동사이다. 다음 예를 보자.

(1) 季文子問師數於臧文仲. (『左傳·成公18年』)　계문자가 장문중에게 군사의 수를 물었다.

(2) 晉文公攻原. (『韓非子·外儲說左上』)　　진문공이 원을 공격했다.

(3) 君予之地. (『韓非子·說林上』)　　　　　군주가 그에게 땅을 주었다.

위의 예문에서 술어는 모두 타동사이면서 동시에 행위동사이다. (1)과 (2)는 직접목적어를 수반하였으며, (3)의 '予'는 직접목적어와 간접목적어를 같이 수반하고 있다.

자동사 중에 행위동사는 대부분 준자동사이며, 진자동사의 수는 적다. 준자동-행위동사의 특징은 간접목적어를 수반할 수 있다는 것이다. 다음 예를 보자.

(1) 吳入郢. (『左傳·定公4年』)　오나라의 군대가 영땅으로 들어갔다.

(2) (文公)還與荊人戰城濮. (『韓非子·外儲說右上』)　(문공이) 돌아와서 형나라 사람과 성복에서 전투하였다.

(3) (雍姬)曰, “吾惑之.” (『左傳·桓公15年』)　(옹희가) 말했다. “나는 이 일 때문에 의심이 들게 되었다.”

위의 자동사는 행위동사이기도 하다. 예(1)과 (2)의 목적어는 처소를 표시하고, 예(3)의 목적어는 원인을 나타낸다. 모두 간접목적어이다.

진자동사에 속하는 행위동사는 많지 않으며, 자주 쓰이는 것은 '嘆', '往', '來', '進', '次', '宿', '宴', '狩' 등이다. 이 동사들은 모두 다음의 두 가지 특징 중 한 가지를 갖고 있다. 1) 다른 행위동사와 직접 연동식을 구성한다. 연동식에서는 보통 같은 주어가 연속적으로 어떤 행위를 실행한다. 그래서 진자동사가 아닌 다른 동사의 주어가 행위의 주체이므로, 이 진자동사의 주어 역시 일반적으로 행위의 주체이다. 다음 예를 보자.

> (1) 孔子仰天嘆曰, "然." (『莊子・盜跖』) 공자가 하늘을 올려다보며 탄식하여 말하기를, "그렇구나."라 하였다.
> (2) 四方來觀之 (『孟子・滕文公上』) 사방에서 와서 구경하였다.

위의 진자동-행위동사는 다른 행위동사인 '曰', '觀'과 함께 연동식을 구성하고 있다. 다음 예를 보자.

> (1) 晉侯與諸侯宴于溫. (『左傳・襄公16年』) 진나라 제후가 제후들과 온땅에서 잔치하였다.
> (2) 楚子狩于州來. (『左傳・昭公12年』) 초나라 군주가 주래에서 사냥을 하였다.

예문의 두 동사는 항상 '于'자보어를 수반하는데, 이것 역시 행위동사이다. 때때로 진자동-행위동사는 사동목적어를 수반할 수 있다. 다음 예를 보자.

> (1) 夫如是, 故遠人不服, 則修文德以來之. (『論語・季氏』) 이와 같으므로 먼 지방 사람이 복종하지 않으면 문덕을 닦아서 그들을 오게한다.
> (2) 子曰, "求也退, 故進之." (『論語・先進』) 공자가 말하였다. "구는 소극적이므로 나아가게 한 것이다."

사동목적어를 수반할 수 있는 진자동사의 수는 많지 않다. 그 중에 극히 드물게 사동목적어를 수반하는 동사로는 '來'가 있다. '進'은 비교적 자주 사동목적어를 수반하는 동사이다. 이 동사들과 다음에 소개할 준자동-상태동사 사이에는 과도기가 존재한다. 그러나 이런 유형의 동사는 항상 다른 행위동사와 직접 연동식을 구성하기 때문에 행위동사로 구분하였다.

(2) 성상동사

성상동사는 모두 자동사이며, 주로 변화와 상태를 표시한다. 이것 역시 준자동사와 진자동사로 나눌 수 있다. 준자동사성 성상동사이든, 혹은 진자동사성 성상동사이든 모두 목적어를 수반하지 않으며, 이때 이 동사들의 주어는 당사(當事, 일을 담당하는 자)가 된다. 다음 예를 보자.

> (1) 吳師敗. (『左傳·定公5年』)　　　　　　오나라 군대가 패배하였다.
>
> (2) 王驚. (『韓非子·外儲說右下』[29])　　　　왕이 놀랐다.
>
> (3) 齊慶封來聘, 其車美. (『左傳·襄公27年』)　제나라의 경봉이 와서 빙문하였는데, 그의 수레가
> 　　아름다웠다.

위의 예문에서 주어는 주체가 아니고, 변화 혹은 특정진술의 대상인 당사자이다. 준자동 성상동사는 일반적으로 치동목적어를 수반하고 직접목적어와 간접목적어를 수반할 수 없다. 다음 예를 보자.

> (1) 華登帥其餘以敗宋師. (『左傳·昭公21年』)　화등이 나머지 군대를 이끌고서 송나라 군대를
> 　　패배시켰다.
>
> (2) 莊公寤生, 驚姜氏. (『左傳·隱公元年』)　장공은 비정상적으로 태어나서, 강씨를 놀라게 했다.
>
> (3) 君子之學也以美其身. (『荀子·勸學』)　군자의 배움은 그 자신을 아름답게 하는 것이다.

예문에서 동사가 수반한 목적어는 모두 치동목적어이다. 그 외 소수의 상태동사는 드물게 목적어를 가지며 진자동사에 속한다. '卒'(죽다), '薨'(제후가 죽다), '崩'(왕이 죽다), '疾'(발병하다), '旱', '災', '荒', '昌' 등이 있다. 진자동성 성상동사는 다음과 같은 두 가지 특징을 갖는다.

---

29) [역주] 원서에서는 '上'으로 되어 있다. 『한비자집해(韓非子集解)』 본에 의거하여 고쳤다.

1) 진자동 상태동사의 주어는 당사자가 되고, 성상동사가 아닌 기타 기본동사와 함께 연동식을 구성하는 경우는 극소수이며, 주로 단독으로 쓰인다. 다음 예를 보자.

  (1) 黃帝崩. (『史記·五帝本紀』)   황제(黃帝)가 붕어하였다.

  (2) 宋穆公疾. (『左傳·隱公3年』)   송목공이 병이 났다.

예문의 진자동 상태동사는 모두 단독으로 쓰였다.

2) 진자동 상태동사는 목적어를 수반할 수 없거나 혹은 극히 적은 수만이 목적어를 수반할 수 있을 뿐만 아니라, 또한 대부분 보어를 수반하는 동사도 극히 적다. 몇 개의 진자동 상태동사만이 보어를 수반할 수 있지만, 그러한 경우 역시 자주 나타나는 현상은 아니다. 다음 예를 보자.

  (1) 許穆公卒于師. (『左傳·僖公4年』) 허목공이 사에서 죽었다.

  (2) 公薨于車. (『左傳·桓公8年』)   공이 수레에서 죽었다.

위에서 '卒', '薨'이 비록 보어를 수반하고 있지만, 쉽게 찾아볼 수 있는 경우는 아니다.

제2절 행위동사

기본동사 중에서 행위동사의 수가 가장 많고, 용법 역시 가장 다양하다. 이 동사는 서사문에서 가장 많이 보이며, 인간의 행위와 활동의 다양함과 복잡함을 두드러지게 나타낸다. 목적어의 성질에 근거하여, 행위동사는 추상동사와 구체동사로 나눌 수 있다.

1. 추상동사

추상동사는 주로 감각과 지각, 심리, 정서, 언어 등과 관련된 추상행위를 나타낸다. 이러한 행위는 사람과 사물에 대한 일을 언급하는 것 이외에도 행위, 변화, 사실, 사건 등을 언급할 수 있다. 추상동사는 구체적인 목적어를 수반할 수 있을 뿐만 아니라 추상적 목적어를 수반할 수 있기 때문이다. 자주 쓰이는 추상동사는 지각동사, 정태동사, 명령동사, 인용동사 네 가지가 있다.

(1) 지각동사

지각동사는 주로 감지, 사유와 관련된 행위와 활동을 나타내는데, 일반적으로 타동사에 속한다. '聽', '望', '視', '觀', '夢', '遭', '遇', '思', '識', '忘', '恃', '待', '患', '恐', '妬', '謂'(여기다), '爲'(여기다), '以'(여기다), '請', '言' 등이 자주 사용된다. 이외에도 비교적 특수한 것으로 '知', '見', '聞' 등이 있다. 이러한 동사들은 주로 주술성 목적어를 갖는다는 특징이 있다. 다음 예를 보자.

> (1) 始吾不知水可以滅人之國, 吾乃今知之矣. (『韓非子・難三』) 처음에 나는 물이 사람의 국가를 멸할 수 있다는 것을 알지 못했으나, 나는 지금에는 그것을 알았다.
>
> (2) 吾視其轍亂, 望其旗靡. (『左傳・莊公10年』) 나는 그들의 전차 바퀴 자국이 난잡한 것을 보았고, 그 깃발이 서로 앞을 다투느라고 이러저리 흔들리는 걸 보았다.
>
> (3) (逢蒙)思天下惟羿爲愈己. (『孟子・離婁下』) (방몽은) 천하에 오직 예만이 자기보다 낫다고 생각했다.
>
> (4) 信再拜賀曰, "惟信亦爲大王不如也." (『史記・淮陰侯列傳』) 한신이 두 번 절하고 축하하며 말하였다. "저 또한 대왕께서 항왕만 못하다고 생각합니다."

위의 예문들은 지각동사로서, 앞의 두 예문은 감지를 뒤의 두 예문은 사유를 나타내고, 모두 주술구를 목적어로 갖고 있다. 주술성 목적어를 수반하는 것 이외에도 이 동사들은 대다수 '之'자 구조의 목적어('之'자구 혹은 '其'자구가 목적어의 자리에 오는 것)를 수반할 수 있다. 어떤 동사는 '之'자 구조의 목적어를 수반할 때 뜻이 조금 변할 수도 있다. 다음 예를 보자.

> (1) 蹇叔哭之曰, "孟子! 吾見師之出而不見其入也!" (『左傳・僖公32年』) 건숙이 소리내어 울며 말하였다. "맹씨여, 나는 우리의 군사가 출동하는 것은 보겠지만, 귀환하여 들어오는 것은 보지 못하겠구나!"

(2) 卒有寇難之事, 又望百姓之爲己死, 不可得也. (『荀子‧王霸』) 마침내 도둑맞고 어려운 일이 있을 때, 백성들이 자기를 위해 죽기를 바라는 것은 할 수 없는 것입니다.

(3) 王思子文之治楚國也, 曰, "子文無後, 何以勸善?" (『左傳‧宣公4年』) 왕은 (그의 할아버지인) 자문이 초나라를 다스린 공을 생각하며 말하였다. "자문의 후손이 없다면, 어떻게 신하들에게 선을 권할 수 있겠는가?"

예문의 동사가 수반한 것은 모두 '之'자 구조의 목적어이다. 예(2)의 '望'은 '之'자 구조의 목적어를 수반한 후에 멀리 바라보는 것이 아니라 기대하고 바란다는 뜻을 나타내게 되었다. 뜻에 변화가 일어난 것이다.

'請'과 '言'은 상대방에게 감지하게 하는 것으로, 상대방에게 어떠한 일을 하도록 청하거나 상대방이 어떤 일을 알게 하는 것을 나타낸다. '言'은 주술성 목적어를 수반하는 것 외에도 또한 '之'자성 목적어를 수반할 수 있다. 다음 예를 보자.

(1) 邾人告於鄭曰, "請君釋憾於宋, 敝邑爲道" (『左傳‧隱公5年』) 주나라 사람들이 정나라로 가서 고하여 말하였다. "원하건대 군주께서는 송나라에 대한 원한을 풀어주십시오. 저희가 길을 안내하겠습니다."

(2) (楚王)謂韓使者曰, "報韓君, 言弊邑之兵今將入境矣." (『韓非子‧十過』) (초왕이) 한나라의 사자에게 말하였다. "한나라 군주에게 보고하시오. 우리 군대가 이제 국경에 들어갈 것입니다."

(3) 然則曷爲不言忽之出奔? (『公羊傳‧桓公15年』) 그렇다면 왜 '忽之出奔'이라고 말하지 않았는가?

위의 예문은 모두 주술성 목적어를 수반하고 있으며, 마지막의 '言'은 '之'자 구조의 목적어를 수반하고 있다.

이러한 유형의 동사 중에서 '見', '聞', '知'는 비교적 특수한 행위동사이다. 이 세 동사는 비록 행위동사로 분류되어 있지만, 일반적인 행위동사와는 명백하게 다른 점이 존재하고, 오히려 존현동사 중의 '有'와 공통된 특징을 보인다. 이 세 동사는 일반적으로 주동적인 감각 행위를 나타내지는 않는다. '見'과 '聞'은 주로 '보이다'와 '들리다'를 나타내고, '知'는 간접적으로 혹은 직접적으로 '알게 되다'는 의미로, 그러한 행위의 결과를 감지하였거나 인식하였다는 것을 나타낸다(주동적 감지를 나타내면서 '見'과 '聞'에 상응하는 동사는 각각 '視'와 '聽'이다). 그러한 결과라는 것은 어떤 사람이 자신의 감각기관이나 사유를 통해 어떤 것을 얻거나 어떤 것이 출현하였다는 점을 말하는 것이다. 그래서 이 세 동사를 주관적 감지와 인식 상에 표현된 존재동사라고 할 수도 있다.

이 세 동사는 의미상 '有'와 유사하고, 또 용법상으로도 비교적 비슷하다. 앞에서 이미 행위동사는 서사문에서 쓰인다고 설명했는데, '有'는 서사문에서도 쓰이고 또 설명문에서도 쓰인다. 이 세 동사 역시 '有'와 같이 서사문에서도 쓰이고, 설명문에서도 쓰인다. 그것들이 설명문에서 쓰이는 것과 관련된 설명은 제4장 허사와 제6장 문장형식에서 자세하게 소개하도록 하겠다.

(2) 정태동사

정태동사는 주로 정서, 태도, 생각, 상의 등과 관련된 행위와 활동을 표시한다. 정태동사의 주된 특징은 '之'자성 목적어를 수반할 수 있다는 점이다. 그러나 일반적으로 주술성 목적어를 수반하지는 않는다. (이런 특징은 『사기』 등의 한나라 때의 작품 중에서는 그렇게 명확하지 않다.) 자동과 타동 두 가지로 나눌 수 있다.

1) 자동 정태동사

이러한 유형의 정태동사는 주로 정서를 나타내며, 준자동사에 속한다. 자주 쓰이는 것으로는 '懼', '憚', '說'(기쁘다), '喜', '憂', '恥', '怒', '惑' 등이 있으며, 주로 다음과 같은 특징이 있다.

1) '之'자 구조 목적어를 수반할 수 있으며, '之'자 구조 목적어는 항상 일정한 정서가 나타나게 된 원인을 표시한다. 다음 예를 보자.

> (1) 晉人懼二子之怒楚師也, 使軘車逆之. (『左傳 · 宣公12年』)　진나라 사람들은 두 사람이 초나라 군사를 화나게 할 것을 걱정하여, 전투용 수레가 아니라 군사가 주둔하고 있을 때에 쓰는 수레를 보내어 맞이하게 했다.
> (2) 賓孟適郊, 見雄雞自斷其尾, 問之, 侍者曰, "憚其犧也." (『國語 · 周語下』)　빈맹이 교땅에 갔는데, 수탉이 스스로 그 꼬리를 자르는 것을 보고 물었다. 모시던 사람이 말하였다. "희생이 될 것을 꺼린 것입니다."

위의 예문에서 목적어는 모두 원인을 나타낸다. 이러한 정태동사는 '之'자구조 목적어를 수반하는 경우가 극히 적고, 보통은 '之'를 목적어로 삼는다. 이때 '之'가 가리키는 것은 사람이나 사물이 아니라 사건으로, '之'의 역할과 '之'자구조 목적어가 나타내는 내용은 기본적으로 상통한다. 다음 예를 보자.

(1) 有衆逐虎, 虎負嵎, 莫之敢攖. 望見馮婦, 趨而迎之, 馮婦攘臂下車, 衆皆悅之. (『孟子・盡心下』) 여러 사람들이 범을 쫓고 있었다. 범이 산모퉁이를 의지하자, 감히 달려들지 못하였다. 풍부를 멀리 바라보고는 달려가 맞이하였다. 풍부가 팔뚝을 걷어붙이고 수레에서 내려오니, 여러 사람들이 그것을 좋아하였다.

(2) 梁惠王曰, "晉國天下莫强焉, 叟之所知也. 及寡人之身, 東敗於齊, 長子死焉. 西喪地於秦七百里, 南辱於楚, 寡人恥之." (『孟子・梁惠王上』) 양혜왕이 말했다. "진나라가 막강함은 선생님께서도 아는 바입니다. 그러나 과인의 몸에 이르러 동쪽으로는 제나라에게 패하고 장자가 죽었습니다. 서쪽으로는 진나라에게 땅 칠백리를 잃었고, 남쪽으로는 초나라에게 모욕을 당했습니다. 과인은 그것을 부끄러워합니다."

(3) 桓公謂管仲曰, "官少而索者衆, 寡人憂之." (『韓非子・外儲說左下』) 환공이 관중에게 일러 말하였다. "관직은 적은데 관직을 구하는 자들은 많으니, 과인은 그것을 근심한다."

위의 예문에서 목적어 '之'는 모두 밑줄 친 내용을 가리키는 것으로, 원인을 나타내고 있다.

2) 일반적으로 사동목적어를 수반할 수 있으며, 이 때 사동목적어는 항상 사람이나 국가를 나타낸다. 다음 예를 보자.

(1) 苗賁皇曰, "使反者得辭, 而害來者, 以懼諸侯, 將焉用之?" (『左傳・宣公17年』) 묘분황이 말했다. "오다가 돌아간 자들로 하여 정당한 구실의 말을 하게 하고, 온 자들을 해쳐서 다른 제후들을 두렵게 하고 있으니, 장차 무슨 소용이 있겠습니까?

(2) 王子閭曰, "何其侮我也, 殺我親而喜我以楚國." (『墨子・魯問』) 왕자려가 말하였다. 어찌 나를 욕되게 할 수 있겠는가. 나의 부모를 죽이고서도 초나라로써 나를 기쁘게 하는구나.

위의 예문에서 밑줄 친 동사는 모두 사동목적어를 수반하고 있다.

2) 타동 정태동사

타동 정태동사는 진타동사와 준타동사 두 가지가 있다.

① 진타동 정태동사

이런 유형의 동사는 주로 생각·합의[상의]를 표시하며, 타동사에 속한다. 자주 쓰이는 것으로는 '圖', '謀', '慮', '計', '議', '卜', '筮', '占', '察' 등이 있다. 이 동사들이 언급하는 사건들은 비교적 복잡한데, 그러한 사건들은 통상적으로 '之'자구를 사용하여 나타내지 않고, 앞에서 서술한 내용을 기초로 삼아 '之'를 사용하여 대신한다. 즉 생각과 상의는 '之'가 가리키는 사건에 대한 것이다. 다음 예를 보자.

(1) (齊侯)自衛將遂伐晉 …… 崔杼諫曰, "不可. 臣聞之, 小國閒大國之敗而毀焉, 必受其咎. 君其圖之." (『左傳·襄公23年』) (제나라 군주는) 위나라에서 진나라로 쳐들어 가려했다. …… 최저가 간하여 말하였다. "안됩니다. 제가 들었는데, 작은 나라가 큰 나라의 화를 틈타서 해를 끼치면, 반드시 그에 대한 벌을 받는다고 합니다. 군주께서는 그것을 헤아리십시오"

(2) 古者人之始生, 未有宮室之時, 因陵丘堀穴而處焉, 聖王慮之. (『墨子·節用中』) 옛날에 사람들이 처음 생겨나서 아직 집이 없었을 때 언덕의 구멍에서 살았었는데, 성왕이 그것을 걱정하였다.

위의 예문에서 '之'는 모두 앞 문장의 밑줄 친 부분을 지시한다. 동사 '圖'와 '慮'가 나타내는 행위는 모두 이런 일에 대한 것이다.

② 준타동 정태동사

이 유형의 동사들은 사람과 일에 대한 주관적인 태도를 나타낸다. '憎', '惡', '怨', '厭', '笑'(비웃다), '畏', '閔', '悔', '病'(걱정하다), '疾'(싫어하다), '恤', '忍', '虞', '俟', '賀', '弔'(조의를 표하다), '拜', '赦', '討'(성토하다), '求', '勉', '與'(허락하다) 등이 자주 사용된다. 이 동사들은 항상 두 종류의 다른 목적어를 수반할 수 있다. 1) '之'자구, '其'자구 혹은 '之'가 충당하는 대상목적어인데, 이 목적어들은 동사가 나타내는 태도가 대상으로 하는 사건을 나타낸다. 다음 예를 보자.

(1) 子産憎其爲人也, 且以爲不順. (『左傳·昭公19年』) 자산은 (하(瑕)의) 사람됨을 미워하고, 또

순하지 않다고 여겼다.

(2) 賈季怨陽子之易其班也, 而知其無援於晉也. (『左傳・文公6年』) 가계는 양자가 자리를 바꾼 일에 대해서 원한을 품고 있었는데 진나라에서 양처보를 도와줄 사람이 없게 된 것을 알게 되었다.

(3) 天下固畏齊之强也. (『孟子・梁惠王下』) 천하는 진실로 제나라의 강함을 두려워한다.

위의 동사들이 나타내는 행위는 모두 '之'자구 혹은 '其'자구가 나타내는 사건에 대한 것이다. 2) 또 다른 종류의 목적어는 생물명사를 사용하는 대상 목적어인데, 이러한 목적어는 대부분 동사가 표현하는 태도가 겨냥하고 있는 사람을 나타낸다. 다음 예를 보자.

(1) 盜憎主人. (『左傳・成公15年』) 도둑은 주인을 미워한다.

(2) 是亡楚國而不恤吾衆也. (『韓非子・十過』) 이는 초나라를 망하게 하고, 우리 백성들을 구하지 못한다.

(3) 楚人以重賂求鄭. (『左傳・成公9年』) 초나라 사람들이 막중한 뇌물을 써서 정나라를 취하길 원하였다.

위의 예문에서 목적어는 모두 사람에 대한 것이다.

(3) 명령동사

명령동사는 주로 명령, 통지, 명명, 평가 등의 행위를 나타내며, '체언 + 용언' 형식의 두 개의 목적어를 수반한다는 특징을 갖는다. 자주 보이는 동사는 두 개의 작은 유형으로 구분할 수 있다.

1) 명령류

이러한 유형의 동사는 주로 명령, 통지를 표시하며, '命'(명령하다), '令'(명령하다), '勸', '謂'(알려주다), '敎', '訓', '誨', '許', '告', '語'(알려주다), '示', '禁' 등이 자주 쓰인다. 이러한 동사에 접해 있는 목적어(근목적어)는 일반적으로 인명이나 국명 등 생물명사를 사용하며, 명령이나 통지의 대상이 된다. 이러한 동사에서 멀리 있는 목적어(원목적어)는 기원명령이나 통지의 내용을 나타내며 대부분 용언으로 이루어져 있다. 원목적어가 나타내는 내용을 '여물(與物, 사물을 주는 것, 혹은 준 사물)'이라 할 것이다. 다음 예를 보자.

 (1) 公父文伯至, 命校人駕乘車. (『左傳·哀公3年』[30]) 공보문백이 이르러, 군주가 탈 수레에 명
  에를 채우라고 말을 관리하는 관원에게 명령했다.
 (2) 王爲之聘於秦, 無極與逆, 勸王取之. (『左傳·昭公19年』) 초왕이 태자를 위해 진나라로 신부
  를 구하려 하자 비무극(費無極)이 맞이하러 가서는 초왕에게 그 신부를 취하라고 권하였다.
 (3) 聖王以爲不中人之情, 故作誨婦人治絲麻捆布絹.[31] (『墨子·辭過』) 성왕은 사람들의 실정에
  맞지 않다고 여겼다. 그래서 부인들에게 명주실과 삼실을 엮고 베와 명주를 가지런히 하는
  것을 가르쳐 주었다.

위의 예문에서 동사의 근목적어, 원목적어의 구별은 대상과 주는 사물을 나타낸다. 이런 동사는 대부분 그 원목적어로 체언성 단어를 수반할 수 있으며, 이 역시 여물이다. 다음 예를 보자.

 (1) 初, 公有嬖妾, 使師曹誨之琴. (『左傳·襄公14年』) 전에 헌공은 사랑하는 첩이 있어, 악사장
  조로 하여금 금을 가르치게 했다.
 (2) (廣成子)曰, "來! 吾語女至道." (『莊子·在宥』) (광성자가) 말하였다. "와라! 내가 너에게 지극
  한 도를 알려주겠다."

위의 예문 중에서 목적어 '琴'과 '至道'는 모두 여물을 표시한다. 이런 유형 중의 어떤 동사는 체계문을 구성할 수 있는데, 이 내용은 제8장 제4절 압축 복문 중에서 소개할 것이다.

2) 명명류

이 유형의 동사는 주로 명명에 사용된다. '命'(이름을 짓다), '名', '稱', '諡', '謂'가 자주 쓰인다. 이와 같은 동사의 근목적어는 명명의 대상을 나타내고, 이 때는 항상 '之'를 사용한다. 원목적어는 명명의 내용이 된다. '命', '名', '稱', '諡'의 원목적어는 항상 '曰'(~라고 부르다)을 통해서 목적어를 구성한다. '謂'의 목적어는 '曰'을 사용하지 않는다. 다음 예를 보자.

---

30) [역주] 원서에는 소공(昭公)12년으로 되어 있다. 십삼경주소본에 의거하여 고쳤다.
31) [역주] 원서에는 "故作誨婦人治絲麻布絹"으로 되어 있다. 『묵자교주(墨子校注)』본에 의거하여 고쳤다.

(1) 初, 晉穆侯之夫人姜氏以條之役生大子, 命之曰'仇'. (『左傳·桓公2年』) 전에, 진나라 군주 후작인 목공의 부인 강씨는 조땅에서 벌어진 전쟁에서 태자를 낳았다. 이름을 '구'라고 하였다.

(2) 晉韓宣子爲政, 聘于諸侯之歲, 嫻始生子, 名之曰'元'. (『左傳·昭公7年』) 진의 한선자가 정치를 함에, 제후들을 빙문했던 해에 양공의 애첩인 주압이 아들을 낳았다. 이름을 '원'이라고 하였다.

(3) 二五卒與驪姬譖羣公子而立奚齊, 晉人謂之二五耦. (『左傳·莊公28年』[32]) (양오(梁五)와 동관오(東關五)) 두 오는 마침내 여희와 편이 되어 여러 공자들에 대해 참언을 하고, 결국 해제를 태자로 세우니, 진나라 사람들은 이것을 일러 '두 오가 공동 경작한 것이다.'라고 하였다.

(4) 인용동사

인용동사는 주로 언어행위를 나타낼 때 사용한다. 수량은 그다지 많지 않지만, 모두 자주 사용된다. 자주 볼 수 있는 것으로는 '曰', '云', '問', '謂'가 있다. 다른 동사의 도움을 받지 않고 인용어를 수반할 수 있으며 이는 인용동사의 특징이다. '謂'는 수반된 목적어 뒤에서 다시 인용구를 가져온다. 다음 예를 보자.

(1) 吳王曰, "於周室我爲長." (『史記·吳太伯世家』) 오왕이 말하였다. "주왕실에서 내가 가장 어른이다."

(2) 孔子曰, "『詩』云, '溫恭朝夕, 執事有恪.'" (『荀子·大略』) 공자가 말하였다. "『시』에서 '아침 저녁으로 항상 삼가고, 일을 집행할 때에도 삼가라'라고 하였다."

(3) 孟武伯問: "子路仁乎?" (『論語·公冶長』) 맹무백이 물었다. "자로는 인자합니까?"

(4) 陳僖子謂其弟書: "爾死, 我必得志." (『左傳·哀公11年』) 제나라의 진희자가 그의 동생 진서에게 말하였다. "네가 죽어주면, 나는 반드시 내 뜻을 이룰 것이다."

'問', '謂'는 비록 인용어를 수반할 수 있지만, 대개 '曰'과 함께 조합되어 인용어를 수반하는 경우가 더 많다. 다음 예를 보자.

(1) 哀公問曰, "何爲則民服?" (『論語·爲政』) 애공이 물었다. "어찌하면 백성들이 복종합니까?"

---

32) [역주] 원서에는 희공28년으로 되어 있다. 십삼경주소본에 의거하여 고쳤다.

(2) 韓厥夢子輿謂己曰, "旦辟左右." (『左傳・成公2年』) 한궐이 꿈을 꾸었는데, (죽은 부친) 자여가
자기에 일러 말하였다. "너는 (내일 싸울 때에, 전차의) 좌우 자리는 피하여라."

2. 구체동사

구체동사는 주로 심리나 언어활동을 제외한 각종 구체적인 행위를 나타낸다. 이러한 구
체적인 행위는 보통 사람이나 사물에 영향을 미치기 때문에, 구체동사는 보통 구체적 목
적어를 수반한다. 구체동사는 거지동사(居止動詞), 운동동사(運動動詞), 인사동사(人事動詞),
지배동사(支配動詞), 사여동사(賜予動詞), 생활동사(生活動詞) 여섯 가지로 나눌 수 있다.

(1) 거지동사

거지동사는 머무름, 존재 및 특정한 곳에 한정된 활동을 나타낸다. 이러한 동사의 절대
다수는 자동사이다. 공통적으로 목적어와 동사 사이에 '于'를 삽입하여 이루어진 처소보
어를 수반하거나, 처소목적어를 수반하는 경우도 있다. '于'의 목적어는 주로 방위구, 지
명, 국명으로 충당되지만, 그 밖의 단어로 충당되는 경우도 있다. 처소목적어는 일반적으
로 '于'의 목적어가 되는 단어로 충당될 수 있다. 거지동사는 자동사와 타동사의 두 종류
로 나눠볼 수 있다.

1) 자동거지동사
자동 거지동사는 진자동사(眞自動詞)와 준자동사(準自動詞) 두 종류로 나뉜다.

① 진자동 거지동사
이는 주로 짧은 시간의 머무름, 활동을 나타내며, 처소보어를 수반하는 것 이외에 극히
드물게 각종 목적어를 수반하기도 하는 특징이 있다. 보통 '次', '宿', '狩', '宴' 등이 많이
쓰인다. 다음 예를 보자.

(1) 父不爲衆子次於外. (『禮記・喪服小記』) 아버지는 次子이하의 자식을 위해서는 집 밖에 喪
次를 마련하지 않는다. (머무르지 않는다)

(2) 孟子去齊 宿於晝. (『孟子·公孫丑下』) 맹자는 제를 떠날 때 주에서 묵었다.

② 준자동 거지동사

준자동 거지동사는 대부분 비교적 긴 시간의 머무름이나 특정한 곳에서 특정 활동을 하는 것을 나타낸다. 공통적 특징은 처소보어 외에도 목적어를 수반할 수 있다는 점이다. 이는 A, B, C 세 부분으로 나눌 수 있는데, A조는 진자동동사와 준자동동사 사이의 과도기적 모습으로 비교적 짧은 시간의 머무름, 활동을 나타낸다. 진자동사와 다른 점은 사동목적어를 수반할 수 있다는 점이다. '舍', '館', '栖', '浮', '遷' 등이 많이 쓰인다. 아래는 처소보어를 수반한 예이다.

(1) 至夫差之身, 北而攻齊, 舍於汶上. (『墨子·非攻中』) 부차의 시대에 이르러 북쪽으로 제를 공격하고, 문수가에서 묵었다.
(2) 句踐也以甲楯三千棲於會稽. (『莊子·徐無鬼』) 구천은 갑옷 입은 병사 삼천 명을 데리고 회계산에 머물렀다.
(3) 道不行, 乘桴浮於海. (『論語·公冶長』) 도가 행해지지 않으면, 뗏목을 타고 바다를 떠돈다.

아래는 사동목적어를 수반한 예이다.

(1) (靖郭君) 於是舍之上舍. (『戰國策·齊策1』) (정곽군은) 그를 상사에 묵게 했다.
(2) 若夫以鳥養養鳥者, 宜棲之深林, 浮之江湖. (『莊子·達生』) 새를 기르는 방법으로 새를 기르는 사람은 마땅히 깊은 산 속에 살게 하거나 강과 호수를 떠다니게 할 것이다.
(3) 士伯曰, "以薪蕘之難, 從者之病, 將館子於都" (『左傳·昭公23年』) 사백이 말했다. "땔나무와 말먹이를 구하기 어려워 시종들이 괴로울 것이니, 장차 그대를 큰 도시에 머물게 하겠습니다."

A조의 동사 중, '遷'은 기타동사와 의미상의 특징이 다르지만, 기능은 나머지 동사들과 기본적으로 같다. 다음 예를 보자.

(1) 衛遷于虎丘. (『左傳·僖公30年』) 위는 호구로 옮겼다.
(2) 辛丑, 楚公子申遷許于葉. (『左傳·成公15年』) 신축일에 초 공자 신은 허를 섭으로 옮겼다.

B조는 거지동사 중에 가장 큰 수량을 차지하며, 대부분 어떤 장소에서 비교적 긴 시간을 머무르거나 특정 장소에서 어떤 활동을 하는 것을 나타낸다. 그들은 일반적으로 처소보어나 처소목적어를 가지며 대부분은 사동목적어도 수반할 수 있다. '居', '處', '立', '坐', '沈', '戰', '鬪', '田', '軍', '游', '寢', '造' 등이 많이 쓰인다. 다음 예를 보자.

(1) 子思居於衛. (『孟子 · 離婁下』)　　　자사는 위나라에 있었다.

(2) (孟子) 處於平陸. (『孟子 · 告子下』)　　(맹자는) 평륙에 있었다.

(3) 孟孫立于房外. (『左傳 · 定公6年』)　　맹손은 방 밖에 서 있었다.

이상은 처소보어를 수반한 것이다. 아래는 처소목적어를 수반한 것이다. 다음 예를 보자.

(1) 曾子居衛. (『莊子 · 讓王』)　 증자는 위나라에 있었다.

(2) 我豈若處畎苗之中, 由是以樂堯舜之道哉. (『孟子 · 萬章上』)　 내가 어찌 밭에 있으면서 요순의 도를 즐기는 것과 같겠는가?

(3) 伐木者立其旁而不取也. (『莊子 · 山木』)　 벌목하는 사람이 그 곁에 서서 나무를 베지 않는다.

이하는 사동목적어를 수반한 것이다.

(1) 先王居檮杌于四裔, 以禦螭魅. (『左傳 · 昭公9年』)　 선왕께서는 도올을 사예에 머물게 하면서 이매를 막게 하셨다.

(2) (泿)處澆于過. (『左傳 · 襄公4年』)　 (착은) 요를 과에 거처하게 했다

(3) 伯州犁曰, "請問於囚." 乃立囚. (『左傳 · 襄公26年』)　 백주리가 말했다. "청컨대 포로에게 묻겠습니다." 그리고는 포로를 세워놓았다.

이 중 '造'는 기타 동사와 의미적 특징이 같지 않다. 그것은 보통 처소보어를 수반하며 처소목적어를 수반하는 경우는 비교적 적다. 다음 예를 보자.

(1) 景伯負載. 造於萊門. (『左傳 · 哀公8年』)　 경백이 맹약문을 짊어지고 내문으로 갔다.

(2) 孟仲子對曰, "昔者有王命 有采薪之憂 不能造朝." (『孟子·公孫丑下』)　맹중자가 대답했다. "예전에 왕명이 있었지만 사소한 병이 있어서 조견하러 갈 수 없었습니다."

C조는 많이 쓰이는 동사로 '死', '起'의 두 종류가 있을 뿐이다. 이 두 개의 동사는 처소 보어와 처소목적어, 사동목적어를 수반할 수 있는 것 이외에 목적이나 원인을 나타내는 목적어를 수반할 수도 있다. 다음 예를 보자.

(1) 石之紛如死于階下. (『左傳·莊公8年』)　석지분여는 계단아래에서 죽었다.

(2) 魯有事于小邾, 不敢問故, 死其城下可也. (『左傳·哀公14年』)　노나라가 소주와 싸울 일이 있다면 나는 감히 그 이유를 묻지 않고 성 아래에서 죽어도 괜찮습니다.

(3) (欒祁)曰, 死吾父而專於國, 有死而已. (『左傳·襄公21年』)　(난기가) 말했다. "내 아버지를 죽게 하고 나라를 전횡하니 죽음이 있을 뿐이다."

(4) 伯夷死名於首陽之下. (『莊子·駢拇』)　백이는 수양산 아래에서 명분을 위해 죽었다.

(5) 風曰, "然. 予蓬蓬然起於北海而入於南海也." (『莊子·秋水』)　바람이 말했다. "그렇다. 나는 북해에서 일어나 남해로 들어간다."

(6) 風起北方. (『莊子·天道』)　"바람은 북방에서 일어난다."

(7) 宋人懼, 使華元夜入楚師, 登子反之牀, 起之. (『左傳·宣公15年』)　송나라 사람들은 두려워서 화원으로 하여금 밤에 초나라 군대에 들어가게 했다. 화원은 공자 반의 침상으로 올라가 그를 일어나게 했다.

(8) (莊公)曰, "寡人卽不起此病, 吾將焉致乎魯國?" (『公羊傳·莊公32年』)　(장공이) 말하였다. "과인이 이 병 때문에 일어나지 못한다면 내가 어찌 노나라에 갈 수 있겠는가?"

예(1)~(4)에서 '死'는 각각 처소보어와 처소목적어, 사동목적어와 목적을 나타내는 목적어를 수반했으며, 예(5)~(8)에서의 '起'도 이와 유사하다.

2) 타동 거지동사

타동 거지동사는 '在'가 유일하다. 이는 상용되는 동사이면서 비교적 특수하다. 이 동사와 존현동사 간에는 일종의 역향관계(逆向關係)가 존재한다고 할 수 있다. 존현동사의 주어와 목적어는 각각 처소와 시간 및 존현하는 사물을 나타내지만, '在'의 주어와 목적어는 각각 존현하는 사물과 처소 및 시간을 나타낸다. '在'는 일반적으로 처소목적어와 시간목적어를 수반하지만, 보어를 수반하는 경우는 드물다. 다음 예를 보자.

> (1) 寇在城下. (『墨子·備城門』) 도적은 성 아래 있다.
> (2) 孤之事君在今日. (『國語·吳語』) 내가 그대를 섬길지의 여부는 오늘에 달려 있습니다.

예(1)의 목적어는 처소, 예(2)의 목적어는 시간을 표시한다. '在[있다]'의 의미가 '在于[~(달려) 있다]'로 파생될 때, 주어는 용언, 주술구가 될 수 있으며, 이때 그것은 분류동사와 매우 흡사하다. 다음 예를 보자.

> (1) 事大在共其時命, 字小在恤其所無. (『左傳·昭公30年』) 큰 것을 섬김은 명을 공손히 함에 달려있고, 작은 것을 돌보는 것은 없는 것을 불쌍히 여기는데 달려있다.
> (2) 天下治亂, 在朕一人. (『史記·孝文本紀』) 천하의 어지러움을 다스림은 짐 한 사람에게 달려 있다.

예(1), (2)의 주어는 각각 용언과 주술구이다.

(2) 운동동사

운동동사는 일반적으로 운동의 의미를 갖고 있다. 거지동사와 비교할 때 운동동사는 적어도 아래의 세 가지 특징 중 하나를 갖고 있다.

1) 일부 운동동사는 거리를 나타내는 수량구를 준목적어로 삼는다. 다음 예를 보자.

> (1) 且行千里, 其誰不知? (『左傳·僖公32年』) 또 천리를 행군한다면, 누가 그것을 모르겠습니까?
> (2) 古者吳闔閭教七年, 奉甲執兵, 奔三百里而舍焉. (『墨子·非攻中』) 옛날 오의 합려는 칠년 동안 교련하고, 갑옷을 입고 병기를 들고 삼백 리를 달려 그 곳에서 머물렀다.

이상에서 준목적어를 가진 동사는 모두 운동동사이다.

2) 일부 운동동사는 두 종류의 동일하지 않은 처소, 즉 도착점, 출발점과 관련되며, 다

른 장소를 나타내는 두 가지 보어인 '于'자보어, '自'자보어를 취할 수 있다. 다음 예를
보자.

  (1) 楚子入于郢. (『左傳 · 定公5年』)   초자가 영에 들어갔다.

  (2) 衆車入自純門. (『左傳 · 莊公28年』)   여러 수레들이 순문을 통해 들어갔다.

  3) 일부 운동동사는 '소재'의 의미와 무관하기 때문에 '于'보어를 취하는 경우는 극히
드물거나 불가하다. 다음 예를 보자.

  (1) 辛有適伊川. (『左傳 · 僖公22年』)   신유는 이천으로 갔다.

  (2) 晉人謀去故絳. (『左傳 · 成公6年』)   진나라 사람들은 현재의 도읍인 강에서 떠날 것을
    모의했다.

이상의 예 중에서 '適', '去'는 '于'자 보어를 수반하는 경우가 극히 드물다.

운동동사는 자동사와 타동사의 두 종류로 구분된다.

1) 자동 운동동사
자동 운동동사는 다시 내왕류(來往類), 행주류(行走類), 출입류(出入類)의 세 가지로 분류할
수 있다.

① 내왕류
내왕류 동사는 진자동사로 보통 장소가 바로 연결되어 나오진 않는다. 많이 쓰이는 것
으로는 '來', '往', '趨', '進', '退', '騁', '飛' 등이 있다. 내왕류 동사는 처소보어와 처소목
적어를 거의 수반하지 않으며, 이들의 대부분은 다른 행위동사와 연동식을 구성할 수 있
다. 다음 예를 보자.

  (1) 居數月, 秦人來襲之. (『韓非子 · 外儲說左上』)   몇 달 후에, 진나라 사람들이 이를 습격했다.

(2) 湯曰, "將往見伊尹." (『墨子·貴義』) 탕이 말했다. "장차 가서 이윤을 보겠다."

② 행주류

행주류 동사는 주로 어떤 장소와 관계있는 운동을 나타낸다. 많이 쓰이는 것으로는 '上', '下', '行', '走', '馳', '去', '登', '奔' 등이 있는데, 보통 처소목적어를 수반하는 특징이 있다. 다음 예를 보자.

(1) 日上其中. (『左傳·昭公5年』) 해가 한가운데 떴다.

(2) 六月, 季平子行東野. (『左傳·定公5年』) 유월, 계평자는 동야로 갔다.

이상은 처소목적어를 수반하는 경우이다. 행주류 동사는 대부분 '于', '乎'로 구성된 처소보어를 수반할 수는 있지만, 이런 형태가 자주 보이진 않는다. 예를 들면 다음과 같다.

(1) 一人衡行於天下, 武王恥之 (『孟子·梁惠王下』) 한사람이 천하에서 횡행함에 무왕은 이를 부끄럽게 여겼다.

(2) (黃帝)登乎崑崙之丘. (『莊子·天地』) (황제는) 곤륜의 언덕에 올랐다.

③ 출입류

출입류 동사는 두 종류의 다른 장소, 즉 도착점과 출발점과 관련이 있다. 따라서 '于'나 '自'로 구성된 두 종류의 처소보어를 취할 수 있다. 많이 쓰이는 것으로는 '出', '入', '歸', '反', '還', '涉', '濟', '逃', '至' 등이 있다. 다음 예를 보자.

(1) 仲尼適楚, 出於林中. (『莊子·達生』) 중니는 초에 가서 숲속에서 나왔다.

(2) 王子帶自齊復歸于京師. (『左傳·僖公22年』) 왕자 대는 제로부터 다시 수도로 돌아갔다.

(3) 陽虎使季孟自南門入, 出自東門. (『左傳·定公6年』) 양호가 계씨와 맹씨로 하여금 남문으로 들어와 동문으로 나가게 했다.

(4) 王歸自虢. (『左傳·莊公21年』) 왕은 괵으로부터 돌아갔다.

앞의 두 가지 예는 '于'자 보어를 수반했으며, 뒤의 두 가지 예는 앞의 예와 동일한 동사가 '自'자 보어를 수반했다.

출입류 동사중, '至'는 처소목적어 뿐만 아니라 시간목적어와 시간보어를 수반할 수도 있다. 다음 예를 보자.

(1) 魯人至今以爲美談. (『公羊傳·閔公2年』) 노나라 사람들은 지금에 이르기까지 미담으로 여긴다.

(2) 自日中以爭, 至于昏, 晉人許之. (『左傳·昭公13年』) 정오부터 싸우기 시작했는데, 저녁이 되어 진나라 사람들이 허락했다.

앞에서 언급한 세 가지 종류의 자동 운동동사는 대부분 사동목적어를 수반할 수 있다. 다음 예를 보자.

(1) 禮以行之, 信以守之, 仁以厲之, 而後可以殿邦國'同福祿, 來遠人. (『左傳·襄公16年』) 예로써 행하고, 믿음으로써 지키고, 인으로써 몸과 마음을 닦은 이후에 나라를 안정시키고, 복록을 함께 하며 멀리 있는 사람을 오게 할 수 있다.

(2) (陳乞)與之玉節而走之. (『公羊傳·哀公6年』) (진걸이) 그에게 옥절을 주고 가게 했다.

(3) 晉侯曰, "衛人出其君, 不亦甚乎?" (『左傳·襄公14年』) 진후가 말했다. "위나라 사람들이 그 임금을 떠나게 했으니, 또한 심하지 않은가?"

예(1)은 내왕류동사가, 예(2)와 예(3)은 각각 행주류와 출입류 동사가 사동목적어를 수반한 경우이다.

2) 타동 운동동사

이 종류의 동사는 주로 어떤 곳에 도달하거나 거쳐가는 것을 나타내는데, 통상적으로 처소목적어만을 수반하며, 처소보어를 수반하는 경우는 극히 드물다. 많이 쓰이는 것으로는 '之', '適', '如', '絶'(건너다), '就', '過' 와 '及', '逾', '越' 등이 있다. 다음 예를 보자.

(1) 匠石之齊. (『莊子·人間世』) 장석은 제나라로 갔다.

(2) 民歸之, 由水之就下, 沛然孰能禦之. (『孟子・梁惠王上』) 백성들이 그에게 귀의하는 것이 물이 아래로 내려가는 것과 같으니, 그 콸콸 쏟아지는 것을 누가 막을 수 있겠는가?

(3) 鄭子産晨出, 過東匠之閭. (『韓非子・難三』) 정자산은 새벽에 나와 동장의 마을을 지났다.

'及', '逾', '越' 세 동사는 시간을 표시하는 목적어를 수반할 수 있다. 다음 예를 보자.

(1) 不及百年, 此其戎乎! (『左傳・僖公22年』) 백년이 되지 않아, 이곳은 융땅이 되리라.

(2) 旣葬稱子, 踰年稱公. (『公羊傳・莊公32年』) 장례를 한 뒤에는 子라 칭하고, 해를 넘기면 公이라 칭한다.

(3) 今夫大鳥獸則失亡其群匹, 越月踰時, 則必反鉛過故鄉. (『荀子・禮論』) 이제 저 큰 새나 짐승들은 만일 그 무리를 잃으면 달이 바뀌고 계절이 바뀌면 반드시 왔던 길을 더듬어 고향으로 돌아온다.

(3) 인사동사

인사동사는 주로 사람 사이의 행위, 활동을 나타낸다. 보통 인명, 국명과 기타 유생명사를 목적어로 수반하는 것이 특징이다. 대부분 타동사이며, 자동사인 경우도 있다. 진타동, 준타동, 그리고 자동사 세 종류로 세분할 수 있다.

1) 진타동 인사동사

진타동 인사동사의 특징은 보통 직접목적어를 수반한다는 것이다. 이는 추축류(追逐類), 정벌류(征伐類), 솔령류(率領類)의 세 가지로 세분할 수 있다.

① 추축류

추축류 동사는 모두 사람에게 행하는 행위를 나타내며 A, B 두 개의 조로 나눠볼 수 있다. A조는 대부분 사람에 대해 불리한 행위를 나타낸다. 많이 쓰이는 것으로는 '殺', '戮', '弑', '劫', '囚', '畜', '拘', '逐', '放', '葬' 등이 있다. B조는 일반적으로 사람에 대해 불리한 의미가 없으며, 많이 쓰이는 것으로는 '召', '送', '迎', '逆', '追', '勞', '佐', '賂', '聘', '嫁', '妻', '封', '遣' 등이 있다. 추축류 동사의 공통점은 보통 인명과 유생명사를 목적어로 수반하는 것인데, 일반적으로 국명은 목적어로 오지 않는다. 다음 예를 보자.

> (1) 武王殺紂. (『莊子·盜蹠』)　　　　　무왕이 주를 죽였다.
>
> (2) 周公誅管叔. (『荀子·宥坐』)　　　　주공이 관숙을 주벌했다.

이상은 A조이고, 이하는 B조이다.

> (1) 王送知罃. (『左傳·成公3年』)　　　　왕은 지앵을 보냈다.
>
> (2) 公子鱣逆庚輿於齊. (『左傳·昭公14年』) 공자탁은 경여를 제에서 맞이했다.

　A, B조의 주요한 차이는 B조가 일반적으로 피동형식을 구성할 수 없는데 비해서, A조는 피동형식이 가능하다는 점이다. 다음 예를 보자.

> (1) 子胥見殺百里徙 (『荀子·成相』) 자서는 살해당하고, 백리해는(진나라로) 옮겼다.
>
> (2) 伍子胥父誅乎楚. (『公羊傳·定公4年』) 오자서의 아비는 초나라 군신들에 의해 살해당했다.

이상의 두 가지 예는 모두 A조의 동사를 사용해서 구성한 피동문이다.

② 정벌류

　정벌류 동사가 표시하는 행위는 국가에 시행할 수 있다. 많이 사용되는 것은 '侵', '圍', '伐', '襲', '征', '攻', '戌', '封', '事' 등이 있다. 이 조의 동사는 국명 등의 유생명사를 목적어로 사용하는 특징이 있다. 다음 예를 보자.

> (1) 鄭人侵蔡. (『公羊傳·襄公8年』)　　　정나라 사람들이 채를 침략했다.
>
> (2) 公伐邾. (『左傳·隱公7年』)　　　　　공이 주를 정벌했다.

　이 중, '事', '封', '攻', '伐', '圍' 등은 인명 등 유생명사를 목적어로 사용한 것이 비교적 자주 보인다. 다음 예를 보자.

(1) 武王伐紂. (『荀子·議兵』)　　무왕은 주를 벌했다.

(2) 子駟氏欲攻子産. (『左傳·襄公30年』)　자사씨는 자산을 공격하려고 했다.

이와 같은 동사는 피동문을 구성할 수 있으며 대부분 당하는 입장에서 불리한 의미를 갖는다. 다음 예를 보자.

(1) 今兄弟被侵, 必攻者, 廉也. (『韓非子·五蠹』)　지금 형제가 공격을 당함에 반드시 상대를 공격함은 곧은 것이다.

(2) 隨之見伐, 不量力也. (『左傳·僖公20年』)　수가 침략을 당한 것은 힘을 가늠하지 못했기 때문이다.

이상 두 가지 예는 모두 피동형식이다.

③ 솔령류

솔령류 동사는 주로 어떤 보조성 행위를 나타낸다. 많이 쓰이는 것은 '帥', '率', '助' 등이다. 이 동사들의 특징은 유생명사를 목적어로 사용한다는 것인데, 목적어를 수반한 다음 연동문 형식을 구성하기도 한다. 주어와 목적어가 표시하는 인물은 모두 관련있는 행위에 참여한다. 다음 예를 보자.

(1) 晉趙鞅帥師侵齊. (『春秋·哀公10年』)　진 조앙은 군대를 이끌고 제를 침공했다.

(2) (魯陽文君)曰, "我將助天誅也." (『墨子·魯問』)　(노양문군은) 말했다. 나는 장차 하늘의 주벌함을 도울 것이다.

2) 준타동 인사동사

준타동 인사동사는 공통적으로 목적어를 수반하지 않거나, 유생명사를 목적어로 수반할 수 있는데, 이러한 목적어들은 통상적으로 대상을 나타낸다. 이 동사는 두 조로 나눌 수 있다. A조는 언어와 관련된 행위를 나타낸다. 많이 쓰이는 것은 '戒', '應', '矢', '呼', '號' 등이 있다. 이들의 특징은 사람을 표시하는 단어를 목적어로 사용하거나, 목적어를 수반하거나 하지 않을 때 보통 '曰'과 함께 연동문 형식을 구성한다. 다음 예를 보자.

(1) 或問之曰, "人可殺與?" 則將應之曰, "可". (『孟子·公孫丑下』) 어떤 사람이 묻기를 "사람은 죽일 수 있습니까?"라고 한다면 장차 말하길 "가능하다"고 할 것이다.

(2) 子産戒曰, "苟有位於朝, 無有不共怖." (『左傳·昭公16年』) 자산이 경계하여 말했다. "진실로 조정에 있을 때는 공경하지 않는 마음이 없도록 하라."

예(1)에서 '應'은 '之'를 목적어로 수반하여 연동문을 구성하고 있다. 이 예문에서 '之'는 사람을 가리킨다. 예(2)의 '戒'는 목적어를 수반하지 않으면서 '曰'과 함께 연동문 형식을 구성한다.

B조는 어떤 주관적인 태도와 관련 있는 행위를 나타낸다. 많이 쓰이는 것은, '揖', '祭', '祀' 등이다. 이 동사들의 목적어는 동사가 표현하는 행위를 이어 받는 대상을 나타낸다. '祭', '祀'는 유생명사를 목적어로 수반하는 것 이외에, 무생명사를 목적어로 수반할 수도 있다. 옛날 사람들은 이런 무생명사들이 표시하는 사물에 영혼이 있다고 여겼다. 다음 예를 보자.

(1) 文伯揖籍談. (『左傳·昭公16年』) 문백은 적담에게 읍했다.

(2) 然則何祭? 祭泰山河海. (『公羊傳·僖公31年』) 그러면 어디에 제사를 지내는가? 태산과 하해에 제사를 지낸다.

예(2)의 '祭'의 뒤에 태산 등을 목적어로 사용했는데, 옛 사람들은 이를 사람을 표시하는 단어와 마찬가지로 생명이 있는 것이라 여겼다.

3) 자동 인사동사

이 중 많이 사용되는 것들은 A, B C 세 개의 조가 있다. A조 동사는 주로 쌍방에서 진행되는 어떤 활동을 나타낸다. 많이 쓰이는 것은 '盟', '會', '搏' 등이 있으며, 여사(與事) 목적어를 수반한다. 다음 예를 보자.

(1) 楚屈瑕將盟貳軫. (『左傳·桓公11年』) 초의 굴하는 장차 이진과 맹약하려 했다.

(2) 萬怒, 搏閔公. (『左傳·莊公12年』) 만은 노하여 민공을 쳤다.

B조는 주로 다른 사람에 대한 어떤 태도를 나타내며, 많이 쓰이는 것으로는 '降', '朝', '見', '虐', '順', '從', '貳', '聘', '畔' 등이 있다. 이 동사들은 대상을 표시하는 간접목적어나 보어를 수반하는데, 목적어와 보어 사이에는 기본적으로 동일한 의미관계가 존재하며 변환 가능하다. 다음 예를 보자.

> (1) 八月丙戌, 鄭伯以齊人朝王. (『左傳·隱公8年』) 8월 병술일에, 정백은 제나라 사람들을 데리고 왕을 조문했다.
>
> (2) 十五年五月, 陳侯自敝邑, 往朝于君. (『左傳·文公17年』) 15년 5월, 진후는 폐읍으로부터 가서 군을 조문했다.
>
> (3) 衆人貳之. (『荀子·成相』) 여러 사람들은 그에게 두 마음을 품었다.
>
> (4) 諸侯貳於晉. (『左傳·成公9年』) 제후들은 진나라에 두 마음을 품었다.

이상의 예문에서 예(1), (3)은 간접목적어를 수반한 것이고, 예(2), (4)는 동일한 동사가 보어를 수반한 것이다. '降', '朝', '貳'는 사동목적어를 수반할 수도 있다. 다음 예를 보자.

> (1) 晉降彭城而歸諸宋. (『左傳襄公26年』)   진은 팽성을 항복시켜 그것을 송에게 돌려주었다.
>
> (2) 武丁朝諸侯. (『孟子·公孫丑上』)   무정은 제후들을 조견하게 했다.
>
> (3) 上帝臨女, 無貳爾心. (『左傳·襄公24年』) 상제가 너에게 임하니, 너희들의 마음을 둘로 하지 말아라.

C조는 진자동사로서, 응답과 관련 있는 행위를 나타낸다. 많이 쓰이는 것으로는 '對', '諫', '歎' 등이 있다. 이 동사들은 대개 목적어를 가지지 않으며 주로 '曰'과 함께 사용된다.

> (1) 子貢對曰, "知者知人, 仁者愛人." (『荀子·子道』) 자공이 대답하여 말했다. "지혜로운 자는 남에 대해 알고, 어진 사람은 남을 사랑합니다."
>
> (2) 子墨子言, 見染絲者而歎曰, "染于蒼則蒼. 染于黃則黃." (『墨子·所染』) 자묵자가[33] 실을 물들

---

33) [역주] '言'은 연문(衍文)이라는 견해에 따랐다.

이는 사람을 보고서 탄식하여 말하였다. "푸른색으로 염색하면 푸르게 되고, 누런색으로 염색하면 누렇게 되는구나."

(4) 지배동사

지배동사는 주로 사물에 대해, 때로는 사람에 대해 어떤 지배작용을 하는 행위를 나타내며, 일반적으로 타동사에 속한다. 무생명사를 목적어로 수반하는 특징이 있으나, 대부분 유생명사를 목적어로 수반할 수도 있다. 이 목적어들은 모두 동작의 대상목적어로서 진타동과 준타동의 두 종류가 일반적으로 쓰인다.

1) 진타동 지배동사

이 동사는 통상적으로 한 종류의 목적어만을 수반한다. 대체로 축조류(築造類), 경앙류(敬仰類), 조수류(操守類), 가부류(歌賦類), 헌납류(獻納類)의 다섯 가지로 세분할 수 있다.

① 축조류

이는 주로 신체활동과 관련 있는 행위를 나타낸다. 많이 쓰이는 것으로는 '築', '造', '射', '斬', '擊', '系', '撫', '駕', '冠', '寢' 등이 있다. 구체명사를 목적어로 수반하는 특징이 있다.

    (1) 三十一年春, 築臺于郎. (『春秋·莊公31年』)   31년 봄, 랑(郎) 지방에 대를 쌓았다.

    (2) 伯棼射王. (『左傳·宣公4年』)   백분은 왕을 쏘았다.

'駕', '冠', '寢'은 목적어를 수반하는 경우와 수반하지 않는 경우 모두 흔히 볼 수 있어서 준타동사라고 할 수 있지만, 의미에 근거하여 진타동 지배동사로 귀납한다.

② 경앙류

이는 주로 어떤 주관적인 태도와 관련 있는 행위를 나타내며, 많이 쓰이는 것으로 '敬', '仰', '禮', '懷', '違', '奸', '犯', '養', '釣', '享', '干', '逞', '辭' 등이 있다. 보통 추상명사나 유생명사를 목적어로 수반하는 특징이 있다. 다음 예를 보자.

(1) 大國之主也, 不隆本行, 不敬舊法, 而好詐故. (『荀子·王霸』) 대국의 군주가 본업을 흥성시키지 않고, 옛 법을 존경하지 않으며 속임수를 좋아한다.

(2) 君子懷刑, 小人懷惠. (『論語·里仁』) 군자는 형을 생각하고, 소인은 은혜를 생각한다.

(3) 秦違蹇叔而以貪勤民. (『左傳·僖公33年』) 진나라는 건숙의 말을 어기고 탐욕심 때문에 백성들을 괴롭히고 있다.

(4) 晉人乃辭王子朝. (『左傳·昭公24年』) 진나라 사람들은 왕자 조를 물리쳤다.

예(1), (2)의 '敬'과 '懷'는 추상명사를 목적어로 수반하고 있으며, 예(3), (4)에서는 동사가 모두 유생명사를 목적어로 수반하고 있다. '辭'는 보통 '曰'과 함께 사용되는데 이러한 부류 중에서 비교적 특수한 경우에 해당된다. 다음 예를 보자.

公曰, "以火繼之" (敬仲)辭曰, "臣卜其晝, 未卜其夜, 不敢" (『左傳·莊公22年』) 공이 말했다. "불을 밝혀 계속하라." (경중은) 사양하며 말했다. "신은 낮에 대해서는 점을 쳤지만, 밤에 대해서는 아직 점을 치지 못하였습니다. 감히 할 수 없습니다."

③ 조수류

이는 비교적 구체적인 의미를 표시할 수도 있고, 또 추상적인 의미도 나타낼 수 있다. 많이 쓰이는 것으로는 '操', '守', '抱', '釋', '執', '秉', '收', '載', '實', '盜', '窮', '棄', '持', '擇', '推', '奉', '建', '救' '用' 등이 있으며, 구체명사와 추상명사를 목적어로 수반하는 것이 비교적 자주 보인다. 다음 예를 보자.

(1) 今吾子愛人則以政, 猶未能操刀而使割也. (『左傳·襄公31年』) 이제 그대가 그 사람을 아껴서 다스리는 일을 맡기는 것은, 아직 칼을 다루는 것에 익숙하지 않은데 그것으로 자르도록 시키는 것과 같다.

(2) 父子推車. (『韓非子·外儲說右下』) 아버지와 아들이 수레를 밀었다.

(3) 重死持義而不橈, 是士君子之勇也. (『荀子·榮辱』) 거듭 죽더라도 의를 가지고 꺾이지 않는 것, 이것이 사군자의 용기이다.

(4) 神竈曰, "不用吾言, 鄭又將火." (『左傳·昭公18年』) 비조가 말했다. "내 말을 듣지 않으면 정나라에 또 화재가 있을 것이다."

이상의 네 가지 예 중, 앞의 두 가지는 구체명사가, 뒤의 두 가지 예는 추상명사가 목적어로 쓰였다.

④ 가부류

많이 쓰이는 것으로는 '歌', '賦', '誦' 등이 있다. 작품의 편명에 해당하는 고유명사를 수반할 수 있는 것이 특징이다. 다음 예를 보자.

    (1) (工)爲之歌『小雅』. (『左傳·襄公29年』) (공은) 그를 위해 소아를 불렀다.

    (2) 公子賦『河水』. (『左傳·僖公 23年』) 공자는 하수를 읊었다.

⑤ 헌납류

이는 주로 헌납이나 요구를 나타내며, 많이 쓰이는 것으로는 '獻', '納' '致', '薦', '讓', '施', '愬', '取', '娶', '受', '乞', '徵' 등이 있다. 헌납류 동사의 뒤에 오는 헌납이나 요구의 대상이 되는 사물을 '여물(與物)'이라고 칭한다. 앞서 기고동사(祈告動詞)에 대한 설명에서 이미 여물의 개념에 대해 언급한 적이 있었는데, 지금부터는 주고받거나 교류하는 쌍방 간에 전달되는 각종 구체적 혹은 추상적인 사물들을 통칭하는 용어로 사용한다. 이 동사의 특징은 여물목적어를 수반하는 것 이외에 대상보어를 수반한다는 점이다. 행위주체와 대상보어 사이에는, 여물목적어가 나타내는 사물과 득실관계가 있다. 다음 예를 보자.

    (1) 翟人有獻豐狐, 玄豹之皮於晉文公. (『韓非子·喩老』) 적 사람들은 풍호와 현표의 가죽을 진문공에게 바쳤다.

    (2) 堯讓天下於許由. (『莊子·逍遙游』) 요 임금은 허유에게 천하를 양보했다.

    (3) (郤犫)取貨于宣伯而訴公于晉侯. (『左傳·成公16年』) (극주는) 선백에게서 재물을 취하고 공을 진후에게 비방하였다.

예(1)의 주어인 적 사람은 행위주체이고, 진문공은 대상이다. 그들 둘 사이에는 '풍호(豐狐)와 현표의 가죽[玄豹之皮]'이라는 득실관계가 존재한다. 예(2), (3)도 이와 비슷하다.

2) 준타동 지배동사

많이 쓰이는 것으로는 '鼓', '御', '乘', '蒙', '投', '泣', '耕', '雨' 등이 있다. 이들은 의미가 비교적 다양하지만, 직접, 간접 목적어를 수반할 수 있다는 공통적인 특징이 있다.

(1) 造父御四馬. (『韓非子·外儲說右下』)　조보가 네 마리 말을 몰았다.

(2) 邴夏御文侯. (『左傳·成公2年』)　병하가 문후의 수레를 몰았다.

(3) 高子皐之執親之喪也, 泣血三年. (『禮記·檀弓上』)　고자고가 친상을 당하자 3년 동안 피눈물을 흘렸다.

(4) 棄疾曰, "君三泣臣矣, 敢問誰之罪也?" (『左傳·襄公22年』)　기질이 말했다. "군은 신에 대해서 세 번이나 우셨는데, 감히 묻건대 누구의 죄입니까?"

이상에서 예(1), (3)은 직접목적어, 예(2), (4)는 간접목적어를 수반한 경우이다.

(5) 사여동사

사여동사는 주로 관련 있는 둘 사이에 득실 관계가 존재함을 나타낸다. 이는 여탈류(與奪類)와 작위류(作爲類)의 두 가지로 나눌 수 있다.

1) 여탈류

여탈류는 주로 주는 것을 나타내며, 많이 쓰이는 것으로는 '賜', '賞', '歸', '授', '予', '與', '分', '遺', '加', '降', '畀', '餽', '饋', '饍', '假', '貽', '詒', '贈', '輸', '償', '致', '借', '貸', '資', '奪' 등이 있다. 이들의 특징은 두 개의 목적어를 수반할 수 있는데, 이 때 근목적어는 주는 대상을, 원목적어는 여물(與物)을 나타낸다. 다음 예를 보자.

(1) 陽貨欲見孔子, 孔子不見, 歸孔子豚. (『論語·陽貨』)　양화가 공자를 만나고자 함에 공자가 만나지 않자 공자에게 돼지를 보냈다.

(2) 晉侯賞桓子狄臣千室. (『左傳·桓公15年』)　진후는 환자에게 적신 천실을 상으로 주었다.

이 중 '奪'은 비교적 특수하다. 그것은 주는 것이 아니라, 상대방으로부터 빼앗는 것을 나타낸다.

> (1) 紾兄之臂而奪之食, 則得食. (『孟子・告子下』) 형의 팔을 비틀어 그에게서 밥을 빼앗는다면
> 　　먹을 수 있다.
> (2) 王奪鄭伯政. (『左傳・桓公5年』) 왕은 정백으로부터 정권을 빼앗았다.

2) 작위류

작위류로 많이 쓰이는 것으로 '爲'와 '作'이 있다. 근목적어는 종사하는 대상, 원목적어
는 행위의 대상을 나타낸다.

> (1) 生大子建. 及卽位, 使伍奢爲之師. (『左傳・昭公19年』) 태자 건을 낳았는데, 즉위함에 이르
> 　　러 오사로 하여금 그의 스승이 되게 했다.
> (2) 丁丑, 作僖公主. (『穀梁傳・文公2年』) 정축일에 희공을 위해 신주를 만들었다.

(6) 생활동사(生活動詞)

생활동사는 사람들이 살아가는데 가장 기본적인 행위를 설명한 것이다. 많이 쓰이는 것
으로 '飮', '食', '衣', '枕'이 있다. 생활동사는 다음의 두 가지 특징이 있다.

1) 타동사에 속하며, 모두 무생명사를 목적어로 수반할 수 있다.

> (1) 七十飮酒食肉. (『禮記・雜記下』) 칠십에 술을 마시고 고기를 먹는다.
> (2) (鮮虞)遂舍, 枕轡而寢. (『左傳・襄公25年』) (선우는) 결국 그곳에서 묵고 말고삐를 베고 잤다.

2) 기본적인 생활행위는 간단하고 원초적인 행위이다. 시키는 일을 당할 수 있기 때문
에 사동목적어 뒤에 대상목적어를 수반할 수 있다. 다음 예를 보자.

> (1) (敬仲)飮桓公酒. (『左傳・莊公22年』) 경중은 환공에게 술을 마시게 하였다.
> (2) 公知其無罪也, 枕之股而哭之. (『左傳・僖公28年』) 공은 그가 죄 없음을 알아서, 그에게 허벅
> 　　지를 베게해주고 그를 위해 울었다.

제3절 성상동사

성상동사는 상태동사(狀態動詞)와 형용사(성질동사)의 두 종류로 나눌 수 있다.

1. 상태동사

상태동사는 자동사에 속하며, 주로 상태변화를 나타낸다. 그중 진자동사의 수량은 많지 않으며, 대다수는 준자동사이다.

(1) 진자동 상태동사

진자동 상태동사는 주로 생리변화와 자연현상을 나타낸다. 이들이 나타내는 변화와 현상은 일반적으로 다른 사람의 영향을 받지 않고 사람이나 사물 자체의 내재적인 원인에서 조성된 것으로 사동목적어를 수반하지 않는다. 생리변화를 나타내는 것으로는 '卒', '薨', '崩', '沒', '疾', '病' 등이 상용된다. 이들은 인명이나 기타 인물명사가 주어로 사용되는 것이 특징이다.

    (1) 孟子卒. (『左傳·隱公元年』) 맹자가 죽었다.

    (2) 曾子病. (『荀子·法行』) 증자가 병이 들었다.

자연현상을 나타내는 것으로는 '災', '荒', '旱', '饑', '熟', '餒', '敗', '枯', '逝', '鳴', '吠' 등이 있다. 이들의 특징은 인물명사를 제외한 각종 명사가 주어로 사용된다는 점이다.

    (1) 宋災. (『春秋·襄公9年』) 송나라에 재앙이 들었다.

    (2) 牛鳴於門外. (『韓非子·解老』) 소가 문 밖에서 운다.

(2) 준자동상태동사

준자동사는 상태동사 중 수량이 가장 많다. 주로 각종 상태변화를 표시하는데, 일련의 상태변화는 시킬 수 있기 때문에 모두 사동목적어를 수반할 수 있으며, 이런 형식이 일반적이다. 준자동상태동사는 존망(存亡), 추락(墜落), 충실(充實)의 세 가지로 구분할 수 있다.

1) 존망류

존망류는 비교적 전형적인 준자동상태동사이다. 이들이 대표하는 상태변화는 내재적, 혹은 외재적 원인에 의해 출현하는 것이기 때문에 목적어를 수반하는 경우와 수반하지 않는 경우 모두 흔히 볼 수 있다. 존망류 동사는 세 조로 나눠볼 수 있다.

A조 동사는 주로 사물을 설명하는 것인데, 많이 사용되는 것으로는 '盈', '足', '竭', '流', '蕩', '垂', '集', '弛', '壹', '變', '壞', '盡', '絶', '虧', '折', '朽', '覆', '隕' 등이 있다. A조 동사가 목적어를 수반하지 않을 때는 무생명사가 주어인 경우가 많다.

 (1) 七八月之間雨集, 溝澮皆盈. (『孟子·離婁下』) 7, 8월에 비가 모이면 도랑이 가득 찬다.

 (2) 師勞力竭. (『左傳·僖公32年』) 군대는 피로하여 힘이 다했다.

A조 동사가 사동목적어를 수반할 때, 주어는 일반적으로 행위주체를 표시하며 목적어는 보통 무생명사이다.

 (1) 我竭力耕田. (『孟子·萬章上』) 나는 힘을 다해 밭을 갈았다.

 (2) (天子)命舟牧覆舟. (『禮記·月令』) (천자는) 배를 관리하는 벼슬아치에게 배를 뒤집어 이상을 살피도록 명령한다.

이상에서 동사가 사동목적어를 수반할 때 모두 무생명사이다.

B조는 주로 사람을 설명한다. 많이 쓰이는 것은 '敗', '服', '驚', '罷', '斃', '勞' 등이다. 존망류중 B조의 동사가 가장 수량이 적다. 목적어가 없을 때는 유생명사가 주어로 온다. 다음 예를 보자.

(1) 吳師敗. (『左傳·定公5年』) 오나라 군대는 패했다.

(2) 師勞力竭. (『左傳·僖公32年』) 군대는 피로하여 힘이 다했다.

목적어를 수반할 때 유생명사가 목적어로 온다. 다음 예를 보자.

(1) 公敗宋師于菅. (『左傳·隱公10年』) 공은 관에서 송을 패배시켰다.

(2) 蹇叔曰, "勞師以襲遠, 非所聞也." (『左傳·僖公32年』) 건숙이 말했다. "지친 군대로 먼 곳을 습격한다는 것은 들어본 바가 없습니다."

C조의 동사들은 사람과 사물을 모두 설명할 수 있다. 많이 사용되는 것으로 '存', '亡', '興', '動', '作', '息', '散', '和', '正', '定', '顯', '達', '張', '傷', '殘', '壅' 등이 있다. 이 동사들이 목적어를 수반하지 않을 때 유생명사와 무생명사가 주어로 오는 경우가 비교적 자주 보인다. 다음 예를 보자.

(1) 桀紂亡. (『莊子·外物』) 걸과 주는 망했다.

(2) 伯夷辟紂居北海之濱, 聞文王作. (『孟子·離婁上』) 백이는 주를 피해 북해 가에 있다가 문왕이 일어났다는 것을 들었다.

이상은 유생명사가 주어인 경우이고, 다음은 무생명사가 주어인 경우이다.

(1) 道亡則國亡. (『荀子·君道』) 도가 없어지면 나라가 망한다.

(2) 亂作. (『左傳·莊公8年』) 난이 일어났다.

이 가운데 '存', '動', '散', '顯' 등과 같이 주어가 유생명사인지 무생명사인지 상관없이 의미에 큰 변화가 없는 것도 있고, '息', '定', '達', '張' 등과 같이 의미가 분명히 변하는 것도 있다.

사동목적어는 유생명사나 무생명사 모두 사용할 수 있으며, 주어는 통상적으로 행위 주체이다. 다음 예를 보자.

(1) 田伯鼎好士而存其君. (『韓非子·說林上』) 전백정은 선비를 좋아하여 그 임금을 존속시켰다.

(2) (百里奚) 相秦而顯其君於天下. (『孟子·萬章上』) (백리해는) 진의 재상이 되어 자신의 군주를 천하에 드러냈다.

(3) 存形窮生. (『莊子·天地』) 형체를 보존하고 생을 다한다.

(4) 是以賢者顯名而居. (『韓非子·詭使』) 이러한 까닭으로 현명한 자는 이름만 드러내고 밖에 거한다.

예(1), (2)는 유생명사를 목적어로, 예(3), (4)는 무생명사를 목적어로 사용했다.

'存'은 일반적으로 사동목적어를 수반하는데, 간혹 간접목적어를 수반할 수도 있다. 다음 예를 보자.

(5) 君子以仁存心, 以禮存心. (『孟子·離婁下』) 군자는 인으로써 마음에 보존하고 예로써 마음에 보존한다.

예(5)에서 '存'의 목적어는 처소를 표시하는 간접목적어인데, 이런 예문이 드물게 보이기 때문에 '存'은 상태동사로 분류된다.

'動', '作', '張'과 같은 일부동사의 목적어는 통상적으로 무생명사이지만 극히 드물게 유생명사인 경우도 있다.

(1) (由與求) 謀動干戈於邦內. (『論語·季氏』) (중유와 염구는) 경계 안에서 무력을 쓸 것을 도모했다.

(2) 子國作亂. (『左傳·莊公16年』) 그대의 나라가 난이 일어났다.

(3) 善張網者引其綱. (『韓非子·外儲說下』) 그물을 잘 펴는 사람은 그 벼리를 당긴다.

2) 추락류

추락류 동사는 진자동 상태동사와 가까우며, 많이 쓰이는 것으로는 '凍', '餒', '斃', '殪', '醉', '寧', '潰', '水', '火', '熱', '隊(墜)', '落', '畢', '荒', '鳴' 등이 있다. 이들이 나타내는 상태변화는 사람이나 사물의 내재적인 원인이나 자연적인 원인에 의해 조성되는 경우도 있고, 다른 사람이 그렇게 되도록 만드는 경우도 있다. 이들은 자주 목적어를 수반하지 않거나, 가끔 사동목적어를 수반하는 경우도 있다. 다음 예를 보자.

(1) 公聚朽蠹, 而三老凍餒. (『左傳·昭公3年』) 군주가 쌓아둔 것은 썩고 좀이 나지만, 원로들조
차 얼어죽고 굶어 죽는다.
(2) 城射之, (華豹)殪. (『左傳·昭公21年』) 성이 그를 쏘니 (화표가) 쓰러졌다.

이상은 목적어를 수반하지 않은 경우이고, 이하는 사동목적어를 수반한 경우이다.

(1) 莊子儀荷朱杖而擊之 殪之車上. (『墨子·明鬼下』) 장자의가 붉은 매를 들고서 (연간공(燕簡
公)을) 때려서 수레 위에서 죽였다.
(2) 子曰, "非吾徒也. 小子鳴鼓而攻之可也." (『論語·先進』) 공자께서 말씀하셨다. "우리 무리가
아니다. 얘들아, 북을 울리게 하여 그의 죄를 성토함이 가하다."

3) 충실류

충실류는 상태동사와 행위동사 중의 지배동사와 매우 근접하며, 어떤 것은 타동 행위동
사와 근접하다. 이들이 대표하는 상태와 변화는 주로 다른 사람의 행위에서 비롯되어 생
긴 것이다. 일상적으로 목적어를 수반한다. 수반하지 않는 경우도 있지만 수반하는 경우
에 비해 많지 않다. 많이 쓰이는 것은 '治', '生', '滅', '廢', '聚', '充', '實', '塞', '積',
'具', '成', '焚' 등이다.

목적어를 수반하지 않을 때, 일부 동사는 주어의 자리에 유생명사와 무생명사가 모두
올 수 있고, 어떤 것은 통상적으로 무생명사가 주어로 온다. 다음 예를 보자.

(1) 所以然者, 越亂而楚治也. (『韓非子·內儲說下』) 그렇게 된 것은 월은 어지럽고 초는 다스
려졌기 때문이다.
(2) 使之主事而事治, 百姓安之 (『孟子·萬章上』) 그로 하여금 일을 주관하게 하면 일이 다스려
지고 백성은 편안히 여긴다.
(3) 而君之倉廩實, 府庫充. (『孟子·梁惠王下』) 그러면서 임금의 창고는 가득하고 부고도 채워
져 있다.

앞의 두 가지 예문에서 '治'는 유생명사와 무생명사 모두 주어로 사용할 수 있고, 예(3)

의 '充'은 일반적으로 무생명사를 주어로 사용한다. 이 동사들은 사동목적어를 수반하는 경우가 자주 있다. 다음 예를 보자.

    (1) 治齊此五子足矣. (『韓非子·外儲說左下』) 제나라를 다스리는 데는 이 다섯 명이면 충분하다.

    (2) 我能爲君辟土地, 充府庫. (『孟子·告子下』) 나는 임금을 위해 토지를 개간하고 창고를 채울 수 있습니다.

이상의 예문 중 '治'와 '充'이 수반하는 것은 모두 사동목적어인데, 이 두 동사는 모두 타동 행위동사와 유사하다.

2. 형용사

(1) 형용사의 특징

형용사는 주로 성질·특징 등을 표시한다. 비자주적이라는 점에서 상태동사와 같다. 의미상에서 상태동사와의 주요한 차이점은 다음과 같다. 형용사가 나타내는 성질특징은 존재성과 주관성의 통일이지만, 상태동사가 나타내는 상태변화는 실현성과 객관성의 통일이다. 여기서 존재성이란 형용사가 나타내는 성질, 특징 등의 속성이 통상적으로 사람, 사물 등의 형체와 함께 존재함을 말한다. 형체가 존재하기만 하면, 이러한 형체가 지니는 모종의 속성은 상대적으로 안정되게 존재할 수 있다. 바로 이러한 특성 때문에 형용사는 일반적으로 전환되어 사람과 사물 등의 실체를 가리키는 데(이를 전칭(轉稱)이라 한다.)에 사용될 수 있다. 주관성이란 어떤 형체가 형용사가 나타내는 성질, 특징 등을 갖추고 있는지의 여부이다. 이는 비록 한편으로는 보통 사람들이 공인하지만, 다른 한편으로는 사람마다 달라 동일한 성질, 특징에 대해서 사람마다 다른 견해를 가질 수 있다. 주관성이 있기 때문에 형용사는 의동문을 구성할 수 있는 반면 상태동사는 그럴 수 없다. 실현성이란 형용사의 존재성에 상대되는 개념이다. 이는 상태동사가 나타내는 상태변화가 결코 사람이나 사물 등의 자체와 병존하지 않으며, 사체와 속성 사이에는 상대적으로 안정적인 관계가 존재하지 않는다는 것을 의미한다. 이는 단지 일정한 조건 하에서만 실현되는 것으로 상대적으로 융통적이다. 객관성은 형용사의 주관성에 상대되는 개념으로 상태동사가 나타내는 상태변화가 사람마다 달라지는 것이 아니라 설령 다른 사람일지라도 기본적으로 비슷한 견해를 가질 수 있음을 말한다. 예를 들어 흔히 쓰이는 상태동사인 '敗', '亡', '卒' 등이 나타내는 변화는 모두 현실성과 객관성의 통일을 보여준다. 그래서 상태동사는 일반적으로 전칭에 사용되지 않을 뿐 아니라 의동문을 구성하지도 않는다. 형용사의 주요한 특징은 다음 네 가지이다.

1) 사동목적어를 수반할 수도 있고 의동목적어를 수반할 수도 있다. 사동목적어를 수반할 수 있는 것은 형용사와 상태동사가 동일한 면이 있기 때문이고, 의동목적어를 수반할 수 있는 것은 형용사의 고유한 특징에서 비롯된다. 의동목적어는 일종의 주관적인 인식의 결과로서 바로 형용사의 주관성에서 기인한 것이다. 다음 예를 보자.

(1) 其家甚智其子, 而疑鄰人之父. (『韓非子·說難』)　그 집에서는 자기 자식은 현명하다 여기고, 옆집 사람은 의심했다.

(2) 且夫我嘗聞少仲尼之聞而輕伯夷之義者, 始吾弗信. (『莊子·秋水』)　나는 일찍이 중니의 식견과 백이의 의를 가볍게 여기는 것을 들었는데, 처음에 나는 그것을 믿지 않았다.

예(1)의 '其子'와 '鄰人之父'는 같은 말을 하고 있으며 본래 그들의 말에 대해 같은 결론을 내려야 옳다. 하지만 같은 집안사람이기 때문에 자신의 아이를 지혜롭다고 하고 다른 사람을 의심했으니 여기에서 주관성이 나타난다. 예(2)도 역시 의동인데 마찬가지로 형용사의 주관적인 특징을 보여준다.

2) 형용사가 나타내는 주관성을 수반한 성질, 특징은 항상 정도의 차이가 있기 때문에 于(於)를 써서 비교문을 만들 수 있다. 다음 예를 보자.

(1) 冰, 水爲之, 而寒於水. (『荀子·勸學』)　얼음은 물이 변해서 된 것이지만 물보다 차갑다.

(2) 小子識之, 苛政猛於虎也. (『禮記·檀弓』)　얘들아. 알아두어라. 가혹한 정치는 호랑이보다 무섭다.

이상의 예문 중에서 형용사는 모두 비교문을 구성한다. 이와 같이 '于'자 보어로 만든 비교문과 그 밖의 '于'자 보어와의 차이점에 대해서는 5장 2절의 술보구를 참고하길 바란다.

3) 형용사가 표현하는 성질, 특징은 관련 있는 사람이나 사물을 수식하여 설명하기 때문에 흔히 관형어로 쓰인다.

> 大弓, 大水, 大車, 大事, 大道, 大雨, 大國, 大會, 大盜, 大節, 大雪 (『左傳』)
> 白馬, 白圭, 白璧, 白雁(『左傳』) 白玉, 白衣, 白虹, 白刃(『禮記』)

4) 마찬가지로 형용사가 나타내는 성질, 특징은 정도상 차이가 있기 때문에 정도부사의 수식을 받을 수 있다. 다음 예를 보자.

> (1) 主上愈卑, 私門益尊. (『韓非子·孤憤』) 군주가 더욱 비천해지면 사문은 더욱 존귀해진다.
> (2) 大臣太重, 封君太衆. (『韓非子·和氏』) 대신들의 권세는 너무 무겁고, 봉해진 군은 너무 많다.

이상의 예문에서 ●로 표시한 것은 정도부사이고, △로 표시한 것은 형용사이다.

이상의 네 가지 특징 중 앞의 세 가지는 형용사의 주요한 특징으로 형용사를 구분 짓는 주요한 근거이다. 그런데 네 번째 특징은 형용사를 구분 지을 때 참고할 수 있는 근거에 불과하다. 우리가 그렇게 인식하는 것은 아래의 원인 때문이다. 우리는 다음 장에서 허사에 대해 설명하면서 정도부사에 대해 말할 것인데, 정도부사의 주요한 특징으로 형용사를 수식할 수 있는 것을 제시할 것이다. 즉 형용사가 정도부사의 수식을 받는 것과 마찬가지로 정도부사 역시 형용사에 근거해서 구분지을 수 있다. 형용사를 확정하기 전에는 정도부사는 부사 중에서 구분해 낼 수 없다. 만약 한쪽에서 형용사를 수식하는 것이 정도부사의 특징이라고 하고, 반대쪽에서 정도부사의 수식을 받는 것이 형용사의 특징이라 한다면 이는 순환정의가 된다. 하지만 본장에서 여전히 이를 하나의 근거로 제시한 것은 아래의 이유에서이다. 고대중국어 중 어떤 형용사의 예문은 그 수가 많지 않기 때문에 형용사의 세 가지 특징을 모두 겸비하고 있는지 보여줄 수 없다. 이와 같은 상황에서 우리는 아래에 설명할 방법을 채택할 수밖에 없다. 앞의 두 가지 특징에 근거해서 일련의 상용형용사를 구분해 낸 다음에 이 형용사들을 이용해서 정도부사를 확정짓는다. 그리고 이미 확정한 정도부사를 사용해서 예문의 수량이 부족한 형용사들을 확정한다.

(2) 형용사분류

형용사는 성질형용사(性質形容詞), 상태형용사(狀態形容詞), 사태형용사(事態形容詞)의 세 종류로 분류할 수 있다.

1) 성질형용사

성질형용사는 주로 사람, 사물의 품덕과 성질 등의 특징을 표시한다. 이는 세 개조로 분리할 수 있다. A조는 주로 사람의 도덕적인 품성을 나타내는 것으로 '仁', '義', '忠', '勇', '知', '愚', '慈', '孝', '賢', '才', '材', '佞', '廉', '貪', '鄙', '狂', '怯', '老', '幼' 등이 많이 쓰인다. B조는 주로 사물의 특징을 나타내는 것으로 '淸', '濁', '甘', '酸', '平' 등이 많이 쓰인다. C조는 사람과 사물 모두의 특징을 나타내는 것으로 '美', '醜', '惡', '黑', '白', '寒', '熱', '肥', '淫', '寬', '尊', '卑', '貧', '富', '賤', '剛', '彊', '懦', '弱', '巧', '孤', '猛', '吉', '凶', '文', '武' 등이 많이 쓰인다. 성질 형용사는 일반적으로 두 가지 특징이 있다.

1) 보통 부사어로 쓰이지 않고 관형어로 쓰인다. 다음 예를 보자.

> (1) 觀於濁水而迷於淸淵. (『莊子·山木』) 흐린 물을 보다가 맑은 물을 잊고 있었다.
> (2) 士志於道, 而恥惡衣惡食者, 未足與議也. (『論語·里仁』) 선비가 도에 뜻을 두었으면서 나쁜 옷과 나쁜 음식을 부끄러워하는 자는 더불어 의논할 만하지 않다.

이상의 예문에서 형용사는 모두 관형어로 쓰였다.

2) 보통 체언을 주어로 삼는다. 다음 예를 보자.

> (1) 父義, 母慈. (『左傳·文公18年』)   아버지는 의롭고 어머니는 자애롭다.
> (2) 酒酸. (『韓非子·外儲說右上』)   술은 시다.

2) 상태형용사

상태형용사는 주로 사람, 사물, 사건의 형태나 수량상의 특징을 나타낸다. 많이 쓰이는 것으로 '深', '遠', '博', '厚', '長', '廣', '高', '大', '巨', '重', '正', '直', '新', '舊', '靜',

‘疏’, ‘嚴’, ‘明’, ‘少’, ‘長’, ‘豊’, ‘盛’, ‘寡’, ‘衆’, ‘善’, ‘良’, ‘同’, ‘異’, ‘堅’, ‘淺’, ‘近’, ‘薄’, ‘短’, ‘小’, ‘輕’ 등이 있다. 상태형용사는 세 가지 특징이 있다.

　1) 상태형용사는 모두 부사어가 될 수 있다. 다음 예를 보자.

　　(1) 君子博學於文. (『論語·雍也』)　　　군자는 문장을 넓게 배운다.
　　(2) 葉公終不正視. (『左傳·定公5年』)　　섭공은 끝내 바로 보지 않았다.

　상태형용사 중 ‘異’, ‘衆’은 일반적으로 부사어로 쓰이지 않는데, 의미상 ‘同’, ‘寡’와 상통하는 면이 있기 때문에 이 부류에 귀납된다.

　2) 부사어 이외에 관형어로 사용될 수 있다. 다음 예를 보자.

　　(1) 寡人生於深宮之中. (『荀子·哀公』)　　과인은 깊은 궁중에서 태어났다.
　　(2) 齊桓公高冠博帶. (『墨子·公孟』)　　제환공은 높은 관과 넓은 대를 쓰고 찼다.

　예를 들어 ‘深’, ‘近’과 같이 대다수의 상태형용사는 관형어와 부사어로 쓰일 때 기본적으로 의미가 일치한다. ‘大’, ‘小’와 같은 소수의 경우 관형어와 부사어가 될 때의 의미가 일치하지 않는다. 의미상 일치하지 않는 형용사의 경우 두 가지 처리 방법이 있다. 하나는 형용사와 부사를 겸하는 부류로 보는 것이고, 또 다른 하나는 모두 형용사로 보는 것이다. 여기서는 후자를 채택한다.

　3) 상태형용사는 통상적으로 체언을 주어로 사용한다. 다음 예를 보자.

　　(1) 土厚水深. (『左傳·成公6年』)　　　땅은 두텁고 물은 깊다.
　　(2) 晉近, 奚不之晉? (『韓非子·說林上』)　　진나라가 가까운데 어찌 진으로 가지 않으십니까?

　이상은 모두 형용사가 체언을 주어로 사용한 경우이다. 이외에 어떤 상태형용사는 ‘之’자구, ‘其’자구, 주술구, 용언 등을 주어로 사용할 수 있다. 다음 예를 보자.

　　(1) 夫聲樂之入人也深, 其化人也速. (『荀子·樂論』)　음악이 사람에게 들어감은 깊고, 사람을

교화함은 빠르다.

(2) 其施之民也厚. (『左傳·昭公26年』) 백성에게 베푸는 것이 넉넉하다.

(3) 布帛長短同, 則賈相若. (『孟子·滕文公上』) 포와 비단의 길이가 같으면 값이 서로 같다.

(4) 將劍與挺劍異. (『墨子·大取』) 칼을 차는 것과 휘두르는 것은 다르다.

이상의 네 가지 예문은 '之'자구, '其'자구, 주술구, 용언을 각각 주어로 삼았다.

3) 사태형용사

사태형용사는 주로 행위, 사태에 대한 평론을 나타낸다. 많이 쓰이는 것으로 '難', '易', '甚', '久', '速', '遲', '多', '少', '鮮', '宜' 등이 있다. 사태형용사의 특징은 두 가지 이다.

1) 통상적으로 부사어로 쓰이고 관형어로 쓰이는 경우는 매우 드물다. 다음 예를 보자.

(1) 衆怒難犯. (『左傳·襄公10年』) 여러 사람이 노하면 범하기 어렵다.

(2) 令尹甚愛之. (『韓非子·內儲說下』) 영윤은 그를 매우 총애했다.

2) 주술구와 용언이 술어가 된다. 이 때 그 뒤에 '矣'를 첨가하는 경우가 많다. 다음 예를 보자.

(1) 天下歸殷久矣. (『孟子·公孫丑上』) 천하가 은에게 귀의한지 오래되었다.

(2) 曰, "若是, 則夫子過孟賁遠矣." (『孟子·公孫丑上』) 말했다. "만일 그렇다면, 선생님께서 맹분보다 뛰어나신 것이 크십니다."

(3) 世易時移, 變法宜矣. (『呂氏春秋·察今』) 세상이 바뀌고 시간이 변하니, 법을 바꾸는 것이 마땅하다.

(4) 民旁有慝無由省之, 盆邪多矣. (『國語·魯語上』) 백성들이 나쁜 짓을 하고 이를 반성할 수 없다면 사악함이 늘어남이 많아질 것이다.

예(1), (2)는 주술구의 술어가 된 것이고, 예(3), (4)는 동목구의 술어가 된 경우이다.

제4절 명사

명사는 세 가지 관점에서 세 가지 다른 종류로 구분할 수 있다. 유생명사(有生名詞)와 무생명사(無生名詞), 구체명사(具體名詞)와 추상명사(抽象名詞), 고유명사(固有名詞)와 보통명사(普通名詞)가 그것이다.

1. 유생명사와 무생명사

동사의 주어가 될 때 나타나는 다른 특징에 근거해서 명사는 유생명사와 무생명사의 두 종류로 구분할 수 있다.

(1) 유생명사

유생명사는 사람, 국가, 기타 생물을 나타내며, 보통 동사성 어휘의 주어가 되거나 행위의 주체로 쓰인다. 유생명사가 동사성 어휘의 주어가 될 때 다음의 세 가지 특징이 있다.

1) 추상동사가 나타내는 언어, 심리 등의 행위는 사람의 고유한 특징이다. 그래서 사람을 표시하는 유생명사는 추상동사의 주어가 되는 경우가 가장 흔하다. 인물 외에 국가, 동물들도 추상동사를 써서 진술되는 경우가 있다. 다음 예를 보자.

    (1) 越王問於大夫文種. (『韓非子·內儲說上』) 월왕은 대부 문종에게 물었다.

    (2) 衛國忘亡. (『左傳·閔公2年』)　　　　　　위국은 망할 것을 잊어버렸다.

    (3) 魚不畏罔. (『莊子·外物』)　　　　　　　물고기가 망을 두려워하지 않는다.

이상의 예문 중 △를 붙인 '越王' 등은 모두 유생명사이고, 그 뒤의 동사는 추상동사이다.

2) 인물, 국가 등도 구체행위의 주체가 된다. 그래서 유생명사는 구체동사성 어휘의 주어가 되기도 한다. 다음 예를 보자.

> (1) 孔子適楚. (『莊子·人間世』)   공자는 초나라로 갔다.
>   △ △ ●
>
> (2) 韓居中國. (『韓非子·存韓』)   한은 중원에 위치한다.
>   △ ●
>
> (3) 偃鼠飲河. (『莊子·逍遙游』)   들쥐가 황하 물을 마신다.
>   △ △ ●

이상의 예문 중 △를 붙인 '孔子' 등은 모두 유생명사이고, 그 후의 동사는 구체동사성 어휘이다.

3) 상태동사가 목적어를 수반할 때, 주어는 보통 행위주체인데, 유생명사는 목적어를 수반하는 상태동사의 주어가 될 수 있다. 다음 예를 보자.

> (1) 楚子成章華之臺. (『左傳·昭公7年』) 초자는 장화의 대를 완성했다.
>   △ △ ● ● ● ● ●
>
> (2) 宋敗齊, 必還. (『左傳·莊公10年』)   송이 제에게 패하면 반드시 돌아갈 것이다.
>   △ ● ●
>
> (3) 天崩之. (『左傳·成公5年』)   하늘이 그를 무너뜨렸다.
>   △ ● ●

위에서 △로 표시한 것은 모두 유생명사이다. 뒤에 성분은 상태동사가 목적어를 가진다. 예(3)의 '天'을 고대 사람은 생명을 가진 것으로 간주하였다.

(2) 무생명사

무생명사는 주로 장소를 포함한 구체적, 추상적 사물을 나타낸다. 유생명사와 비교해 보면 무생명사는 동사성 어휘의 주어나, 행위주체가 되는 경우가 매우 드물다. 대상주어를 제외하고, 무생명사가 동사성 어휘의 주어가 될 때 다음과 같은 세 가지 특징이 있다.

1) 언어, 심리 등의 행위는 인간만이 할 수 있는 것이므로, 무생명사는 일반적으로 추상동사의 주어가 되지 않는다.

2) 무생명사는 소수의 구체동사의 주어가 될 수 있다. 이런 구체동사는 주로 거지동사와 운동동사이다. 다음 예를 보자.

> (1) 政在季氏. (『左傳·昭公33年』)   정치는 계씨에게 있다.
>   ●
>
> (2) 江出於岷山. (『荀子·子道』)   강은 민산으로부터 흘러나온다.
>   △ ●

예(1), (2)의 '在', '出'은 거지동사와 운동동사이다.

3) 무생명사가 상태동사의 주어가 될 때, 상태동사는 일반적으로 목적어를 수반하지 않으며 무생명사가 술어의 당사자 주어가 된다. 다음 예를 보자.

    (1) 宮成. (『左傳·僖公10年』)   궁이 완성되었다.

    (2) 仁人之事畢. (『荀子·非十二子』)   어진 사람의 일이 완성되다.

이상의 예문 중 술어는 모두 상태동사인데, 주어는 모두 술어의 당사자이다.

무생명사는 일반적으로 목적어를 수반하는 상태동사, 대다수의 행위동사의 주어가 되지 않지만 가끔 예외적인 경우도 있다. 예외적인 경우는 극히 적은데, 무생명사의 경우 단지 이상의 두 종류의 동사 중 극히 일부 동사의 주어가 될 수 있을 뿐이다. 유생명사가 비교적 보편적으로 이 두 종류의 동사의 주어가 되는 것과 다르다. 다음 예를 보자.

    (1) (公孫呂) 名動天下. (『荀子·非相』)   (공손려의) 명성은 천하에 진동하였다.

    (2) 火焚山. (『左傳·昭公5年』)   불이 산을 태웠다.

'名'은 '動天下'의 주어가 될 수 있지만, 목적어를 수반하는 '焚'과 '言' 등의 주어가 되긴 어렵다. '火'는 '焚'의 주어가 될 수 있지만, 목적어를 수반하는 '動'이나 '日'의 주어가 되긴 어렵다.

2. 구체명사와 추상명사

판단문의 술어로 사용될 때 나타나는 상이한 특징으로 명사는 구체명사와 추상명사의 두 종류로 구분될 수 있다.

(1) 구체명사

구체명사는 주로 사람, 국가, 장소, 기물 등과 관련 있는 구체적인 사물을 나타낸다.

구체적인 사물은 '人', '國', '晉', '山', '刀', '狼', '日', '天池' 등과 같이 일반적으로 감각기관을 통해 직접 감지할 수 있는 것이다. 구체명사의 주요한 특징은 판단문 중 술어가 될 때 그들의 주어는 통상적으로 체언성 어휘이며, 용언성 어휘나 주술구가 아니다. 이런 판단문은 주로 귀류(歸類), 동등(同等), 비유(比喩) 등을 나타낸다. 다음 예를 보자.

> (1) 周公, 弟也. (『孟子·公孫丑下』)　　　주공은 동생이다.
>
> (2) 南溟者, 天池也. (『莊子·逍遙游』)　　　남명이란 것은 천지이다.
>
> (3) 趙衰, 冬日之日也. (『左傳·文公7年』)　조최는 겨울의 해와 같은 존재이다.

이상의 예문 중, 앞의 두 개는 귀류와 동등이고 주어는 명사이다. 마지막 예는 비유인데 주어는 역시 명사이다. 판단문에서 주어가 용언성 어휘나 주술구일 때, 전형적인 구체명사가 술어로 기능하는 경우는 드물다. 간혹 용언성 어휘가 주어가 되는 경우는 원인을 해설하는 것이다. 이러한 주술구의 구조는 일반적으로 비교적 간단하다. 다음 예를 보자.

> (4) (治亂) "地邪?" 曰, "得地則生, 失地則死, 是又禹桀之所同也, 禹以治, 桀以亂. 治亂非地也."
>
> (『荀子·天論』) (다스림과 어지러움은) "땅에 달려 있는 것인가?" 말하였다. "땅을 얻으면 살아가고 땅을 잃으면 죽는다는데, 이는 우와 걸이 동일한 바이다. 우는 다스리고, 걸은 어지러웠으니 다스림과 어지러움은 땅에 달려 있는 것이 아니다."

이 예문 중 구체명사인 '地'는 용언성 연합구인 '治亂'의 용언으로 원인을 나타낸다. 본문에서의 '治亂'은 구조가 비교적 간단한 용언성 어휘이다.

(2) 추상명사

추상명사는 무생명사에 속하면서 주로 도덕, 이해, 원인 등과 관련 있는 추상사물을 나타낸다. 이러한 추상명사는 현실세계에 존재하는 실재의 사물을 표시하는 것이 아니며 주로 일종의 인식의 산물이다. 예를 들면 '禮', '道', '義', '事', '屬', '情', '力', '過', '故' 등이 있다. 추상명사의 특징은 판단문에서 주술구, 용언성 어휘의 술어가 된다. 이런 술어는 주로 평가(評價), 시비(是非), 득실(得失), 인과(因果)를 설명하는 데에 사용된다. 주어가 되는 주술구와 용언성어휘는 대부분 비교적 복잡하다. 다음 예를 보자.

(1) 諸侯越境送女, 非禮也. (『公羊傳 · 桓公3年』) 제후가 경계를 넘어 딸을 전송하는 것은 예가 아니다.

(2) 夫懸衡而知平, 設規而知圓, 萬全之道也. (『韓非子 · 飾邪』) 무릇 저울대를 매달아 보아 평평함을 알고, 규구를 마련해 둥근 것을 아는 것이 완전한 방법이다.

(3) 昔鬪子文三舍令尹, 無一日之積, 恤民之故也. (『國語 · 楚語下』) 옛날에 투자문이 세 번 영윤을 사양하고, 하루 먹을 곡식도 쌓아두지 않은 것은 백성을 불쌍히 여겼기 때문이다.

이상의 세 가지 예 중 예(1)과 (3)은 모두 주술구를 주어로 사용했고, 예(2)는 용언성 어휘를 주어로 사용했는데, 모두 앞서 제시했던 예문에서의 '治亂'보다 복잡하다. 앞의 두 예는 평가이고, 마지막 예는 원인을 설명했다.

3. 고유명사와 보통명사

고유명사와 보통명사는 주로 수식구에 기초해서 구분한 두 종류의 명사이다.

(1) 고유명사

고유명사는 단수, 혹은 다수의 확정적인 개체를 지칭한다. 하나하나의 개체를 지칭하는 고유명사는 하나의 명칭에 하나의 사물이 있다. '鄭', '秦', '泰山', '堯' 등과 같이 대다수의 고유명사는 모두 하나의 명칭에 하나의 사물이 있다. 몇 개의 개체를 지칭하는 고유명사는 소수이다. 예를 들면 '子家' 라는 고유명사는 제(齊)나라의 '慶封', 채(蔡)나라의 '公孫歸生', 정(鄭)나라의 '公子歸生' 등 몇 사람을 지칭할 수 있다. 또 평양(平陽)은 춘추시대에 위(衛), 진(秦), 노(魯) 등 최소한 세 곳에 있었다. 고유명사가 나타내는 개체는 확정적이기 때문에 고유명사 앞의 관형어도 엄격하게 제한된다. 이런 제한은 아래의 세 가지 방면에서 나타난다.

1) 고유명사가 나타내는 개체는 통상적으로 수량을 잴 필요가 없기 때문에 일반적으로 수량사가 관형어로 올 수 없다. 한 명칭이 여러 개체를 지칭하는 경우 수사의 수식을 받을 수 있는 경우도 있지만 통상적으로 단지 '二'만 사용한다. 다음 예를 보자.

(1) 二宣子曰, "自郤稱以別, 三傳矣." (『左傳·昭公3年』)　범선자와 한선자는 말하였다. "극칭이 그 땅을 온현에서 분리한 이래로 그 땅의 주인이 세 번 바뀌었다."

(2) 子展, 伯有, 子西, 子産, 子大叔, 二子石從. (『左傳·襄公27年』)　자전, 백유, 자서, 자산, 자대숙과 두 명의 자석이 따랐다.

'二宣子'는 한기(韓起), 사개(士匄)를 가리키고, '二子石'은 공손단(公孫段)과 인단(印段)을 말한다. 만약 고유명사로부터 어떤 대표성이 있는 글자를 추출해내어 이 개체를 나타낸다면, '二'로 수식하는 것 이외에 '三'으로 수식할 수도 있다. 다음 예를 보자.

(1) 若以二文之法取之, 盜有所在矣. (『左傳·昭公7年』)　만일 이문의 법을 취한다면 도적이 생길 것이다.

(2) 三晉已破智氏, 將分其地. (『戰國策·韓策1』)　삼진은 지씨를 격파하고 난 뒤에, 그 땅을 나눴다.

'二文', '三晉'은 각각 주문왕(周文王), 초문왕(楚文王)과 조(趙), 한(韓), 위(魏)를 말한다.

2) 명사와 명사가 수식구를 구성할 때 고유명사는 아래의 세 가지 특징이 있다.

첫째로 하나의 명칭이 하나의 개체를 갖는 일부 고유명사는 다른 명사의 관형어가 될 뿐 다른 명사의 수식을 받지 않는다. 이는 이런 고유명사가 지시하는 사람, 사물이 매우 확정적이기 때문에 다른 명사의 수식을 받을 필요가 없기 때문이다. 다음 예를 보자.

(1) 鄭少年相率爲盜. (『韓非子·內儲說上』)　정나라의 소년들은 서로 이끌어 도적이 되었다.

(2) 舜避堯之子於南河之南. (『孟子·萬章上』)　순은 남하의 남쪽에서 요의 아들을 피했다.

이상의 고유명사는 관형어로 쓰였다. 다음은 위의 예문에서 관형어로 쓰인 고유명사가 각각 목적어와 주어로 사용된 예이며, 모두 관형어를 붙이지 않았다. 다음 예를 보자.

(1) 擧兵伐鄭. (『韓非子 · 喩老』)　　　　　병사를 일으켜 정나라를 공격하였다.

(2) 堯治天下之民. (『莊子 · 逍遙游』)　　　요임금은 천하의 백성들을 다스렸다.

하나의 명칭이 하나의 실체를 나타내는[一名一實] 고유명사는 명사뿐만 아니라 그 밖의 다른 단어의 수식을 받는 경우도 매우 드물다.

두 번째로 어떤 고유명사는 명사의 수식을 받을 수 있지만, 일부 다른 고유명사만이 그 관형어가 될 수 있다. 다음 예를 보자.

(1) 晉欒盈復入于晉. (『春秋 · 襄公23年』)　진 난영은 다시 진으로 들어갔다.

(2) (許瑕) 圍宋雍丘. (『左傳 · 哀公9年』)　(허하는) 송의 옹구를 포위하였다.

△를 붙인 것은 모두 고유명사이고 그 앞의 수식어도 역시 고유명사이다.

세 번째로 고유명사와 고유명사가 수식구를 구성할 때 관형어와 중심어 사이의 관계는 상대적으로 고정적이다. 일반적으로 말해서 어떤 고유명사가 관형어가 될 때 대다수는 비교적 고정적인 고유명사이다. 소수의 고유명사 수식어로 기타 고유명사가 올 수 있다. 다음 예를 보자.

(1) 鄭子産獻捷于晉. (『左傳 · 襄公25年』)　정자산이 진나라에 전리품을 바쳤다.

(2) 鄭子家卒. (『左傳 · 宣公10年』)　　　　정나라 자가가 죽었다.

(3) 蔡子家曰, "蒲宮有前, 不亦可乎?" (『左傳 · 昭公元年』)　채자가가 말했다. "포궁이 앞에 있으니 괜찮지 않겠습니까?"

이상에서 예(1)의 자산은 일반적으로 '鄭'의 수식만을 받는다. 예(2), (3)의 자가는 하나의 명칭이 여러 실체를 나타내지만[一名數實] 대부분 '鄭', '蔡' 등 몇 개의 나라이름의 수식을 받는다. 관형어가 상대적으로 고정적이기 때문에 대부분의 상황에서 이 관형어가 있건 없건 간에 이 고유명사는 실제로 동일한 개체를 지시한다. 다음 예를 보자.

(1) 子產爲政. (『左傳·襄公30年』)   자산이 정치를 했다.

(2) 子家賦『鴻雁』. (『左傳·文公13年』)   자가가 홍안을 읊었다.

(3) 子與子家持之. (『左傳·昭公元年』)   자여와 자가가 그것을 잡았다.

앞서 예(1)~(3)에서는 고유명사 앞에 모두 관형어가 붙어있고, 여기에서는 관형어가 붙어있지 않지만 모두 동일한 개체를 지칭한다.

(2) 보통명사

보통명사는 어떤 종류의 개체를 지칭하는 것으로 고유명사와 비교해보면 상대적으로 불확정적인데, 이러한 불확정성은 특히 관형어의 특징에서 드러난다.

1) 보통명사는 일반적으로 수사와 수량구를 관형어로 쓸 수 있다. 다음 예를 보자.

(1) 三人行, 則必有我師焉. (『論語·述而』) 세 사람이 가면 반드시 나의 스승이 있다.

(2) 一簞食, 一豆羹. (『孟子·告子上』)   한 소쿠리의 밥과 한 그릇의 국

이상의 예문 중 보통명사는 수사나 수량구의 수식을 받는다.

2) 고유명사는 보통명사의 관형어가 될 수 있지만 보통명사는 고유명사의 관형어가 될 수 없다. 다음 예를 보자.

1) 鄭人入滑. (『左傳·僖公20年』)   정나라 사람들이 활에 들어갔다.

2) 柳下季之弟曰盜蹠. (『莊子·盜蹠』)   유하계의 동생은 도척이다.

이상에서 모두 고유명사는 보통명사를 수식할 수 있지만 반대의 경우는 성립되지 않는다.

3) 고유명사와 비교해 볼 때, 보통명사와 명사성 관형어의 관계는 고정적이지 않다. 동일한 보통명사 앞에 관형어는 여러 종류의 명사성 어휘가 될 수 있다. 다음 예를 보자.

(1) 遵先王之法而過者, 未之有也. (『孟子・離婁上』) 선왕의 법을 따르면서 잘못한 사람은 아직 없었다.

(2) (子發)亂楚國之法. (『荀子・强國』) (자발은) 초나라의 법을 어지럽혔다.

(3) 禹之法猶存, 而夏不世主. (『荀子・君道』) 우의 법은 여전히 있는데, 하는 세상의 주인이 아니다.

예(1), (2), (3)의 관형어는 명사, 동위구, 고유명사로 '法'이라는 동일한 명사가 여러 종류의 명사성어휘의 수식을 받는 것을 볼 수 있다. 동일한 종류의 명사의 수식을 받더라도 관형어와 중심어의 관계는 고정적이지 않다. 다음 예를 보자.

(1) 與邴歜之父爭田. (『左傳・文公18年』) 병촉의 아버지와 사냥을 다투었다.

(2) 知罃之父, 成公之嬖也. (『左傳・成公2年』) 지앵의 아버지는 성공의 총애받는 신하이다.

(3) 鞅之父與二三子在君所矣. (『左傳・襄公23年』) 앙의 아버지와 몇몇은 임금이 있는 곳에 살았다.

이상의 세 가지 예 중 '父'는 모두 고유명사의 수식을 받는데 관형어와 중심어의 관계는 여전히 고정적이지 못하다. 일반적으로 사람을 나타내는 고유명사는 모두 '父'를 수식할 수 있다. 바로 관형어가 고정적이지 않기 때문에 보통명사는 각종 명사의 수식을 받는 것이 고유명사에 비해서 쉽게 발견된다.

국명, 인명, 지명은 가장 상용되는 세 종류의 고유명사이다. 국명과 인명은 유생명사에 속하고, 지명은 무생명사에 속한다.

제5절 시간사, 방위사

1. 시간사

시간사는 크게 역법시간사와 상대시간사로 분류할 수 있다.

(1) 역법시간사

역법시간사는 역법 사용의 필요에 따른 시간사로서, 상용어로 '年', '歲', '春', '夏', '秋', '冬', '月', '朔', '晦', '甲子', '乙丑', '丙寅'……'癸亥' 등이 있다. 역법시간사는 앞에 관형어를 덧붙이고 시간사의 수량관계에 의거해 수식구를 구성하여 시간을 표현한다.

'年'은 음력 정월 초하루에서 다음 정월 초하루까지를 가리키며, 총 354일 남짓 되고, 12개의 삭망월을 포함한다. 시간을 표현할 때, '年'자 앞에 대개 서수사를 붙인다. '月'은 삭망월을 가리키는 것으로, 1개월은 대략 29.5일 정도가 되며, '月'자 앞에 역시 서수사를 붙인다. '年'과 '月' 사이에 있는 것이 바로 사계(四季)인데, 정해진 수량 관계에 의거해 수식구로 조합하여 역법시간을 표현한다. 다음 예를 보자.

(1) 二十三年春, 宋景曹卒. (『左傳·哀公23年』)　23년 봄, 송나라 경조가 세상을 떠났다.

(2) 二十一年夏五月, 越人始來. (『左傳·哀公21年』)　21년 여름 5월, 월나라 사람이 처음으로 (초나라에) 왔다.

'月'보다 작은 역법 시간 단위는 간지(干支)로 일자를 표시하며, '月' 뒤에 쓰여 일자를 나타낸다. '朔'과 '晦'는 각각 월 초, 월 말을 뜻하는데, 보통 간지가 나타내는 날짜와 동위어로 조합한다. 다음 예를 보자.

(1) 夏五月辛卯, 司鐸火. (『左傳·哀公3年』)　여름 5월 신묘날, 사탁의 관사에서 불이 났다.

(2) 六月辛未朔,日有食之. (『左傳·莊公25年』)　6월 신미날인 초하룻날에, 일식이 있었다.

(3) 甲午晦,楚晨壓晉軍而陣. (『左傳·成公16年』)　갑오날인 그믐날에, 초나라 군사는 새벽에 진나라 군사에 바짝 다가가서 진을 쳤다.

'세(歲)'는 동지(冬至)에서 다음 동지 날까지를 가리키는 것으로, 총 365일 남짓 된다. '年'과 일수가 거의 같아, '歲'로써 일 년이라는 기간을 표현한다. 그러나 '歲'와 '年'은 다르다. '歲'는 12개의 삭망월일수의 합과 같지 않아서, 거의 '月'과 함께 시간을 기록하지 않는다. 이러한 점 때문에, '歲' 앞에 서수사를 수반하지 않는다. 가끔 '歲' 뒤에 서수사를 수반한 '月'이 사용되는 경우가 있는데, 이때의 '歲'는 '매년', '당해 년'을 뜻한다. 다음 예를 보자.

(1) 歲二月, 東巡守, 至于岱宗. (『禮記·王制』) 매년 2월, 동쪽으로 순시하며 태산에 이르렀다.

(2) 歲十一月徒杠成. (『孟子·離婁下』) 당년 11월, 도보자만 건너는 작은 다리를 지었다.

(2) 상대시간사

상대시간사는 상대적인 시간을 표현하는 것으로, 대개 진술자와 피진술자가 처해 있는 시각을 기준으로 시간을 설명한다. 시간의 배경은 진술 중에 포함되어 있기 때문에, 상대시간사 앞에는 거의 관형어를 붙이지 않는다. 이런 시간사는 A, B 두 가지 유형으로 분류된다.

A유형에는 '今', '今者', '今日', '昔', '昔者', '古', '古者', '初', '始'(애초에), 旣 등이 있다. 이들은 주술구에서 주어로 사용된다는 특징을 가진다. 다음 예를 보자.

(1) 古者舜耕歷山, 陶河瀕, 漁雷澤. (『墨子·尙賢中』) 옛날 순임금은 역산에서 밭을 갈고, 황하강변에서 그릇을 굽고, 뇌택에서 물고기를 잡았다.

(2) 初, 鄭武公娶于申, 曰武姜. (『左傳·隱公元年』) 당초에, 정무공이 신나라에서 아내를 맞이하였으니, 그가 무강이다.

위에 나온 시간사는 모두 주술구에서 주어를 담당하고 있으며, 예(1)의 경우 화자가 처해 있는 시각을 기준으로 시간을 설명하고 있고, 예(2)의 경우는 은공원년을 기준으로 지난 일을 따라가서 기록하고 있다.

B유형에는 '朝', '夕', '晨', '旦', '莫'(저녁), '日'(낮), '晝', '夙', '夜', '夜半', '日中' 등이 있다. 이런 시간사는 보통 부사어로 많이 사용된다. 다음 예를 보자.

(1) 趙氏朝亡, 我夕從之. (『墨子·非攻中』) 조씨는 아침에 죽고, 나는 저녁에 그를 따른다.

(2) 厲之人夜半生其子. (『莊子·天地』) 문둥병에 걸린 사람이 한밤중에 자식을 낳는다.

이처럼 '日中', '夜半'은 부사어로 사용되지만, 주술구에서 주어로 사용될 때도 있다. 다음 예를 보자.

(1) 日中, 杜伯乘白馬素車, 朱衣冠, 執朱弓, 挾朱矢. (『墨子·明鬼下』) 해가 중천에 있는데, 두백이 백마가 끄는 장례용 수레를 타고 붉은 의관에 붉은 활을 들고서 옆구리에 붉은 화살을 찼다.

(2) 夜半, 子皐問刖危. (『韓非子·外儲說左下』) 야밤에 자고가 월위에게 물었다.

2. 방위사

방위사는 크게 구체방위사(具體方位詞)와 추상방위사(抽象方位詞)로 나눌 수 있다.

(1) 구체방위사

구체방위사는 주로 공간의 방향 및 위치를 나타내며, 오직 명사성 어휘와 결합하여 방위구를 만든다. 구체방위사는 1) '東', '西', '南', '北' 2) '左', '右' 3) '側', '旁' 의 세 가지로 분류할 수 있다.

1) '東', '西', '南', '北'

이 네 가지 방위사는 지리적 방향을 나타내며, 4가지 특징이 있다.

1) 대개 지명이나 국명 그리고 기타 처소명사와 결합하여 방위구를 만든다. 다음 예를 보자.

(1) 諸侯之師次于鄭西. (『左傳·成公16年』) 제후의 군대는 정나라 서쪽에 주둔하였다.

(2) 晉士匄會救鄭, 逐楚師于潁北. (『左傳·宣公10年』) 진나라 사개는 회합하여 정나라를 구하고, 영 북쪽에서 초 군사를 내쫓았다.

(3) 廟在道南. (『左傳·昭公18年』) 사당은 (군대가 지나갈) 통로의 남쪽에 있었다.

예(1), (2)에서 '鄭'과 '潁北'은 각각 국명과 지명이며, 예(3)에서의 '道'는 처소를 나타낸다.

2) 처소 명사의 관형어로 많이 쓰인다.

　(1) 孔子獨立郭東門. (『史記 · 孔子世家』)　공자는 성곽 동문에 홀로 서 있었다.

　(2) 子貢觀於魯廟之北宮. (『荀子 · 宥坐』)　자공이 노나라 태묘의 북궁을 참관하였다.

위의 예문에서 '門'과 '宮'은 모두 처소를 나타내는 명사이다.

3) 이런 유형의 방위사는 서로 결합하여 연합구와 수식구를 만들 수도 있다. 서로 대립
되는 두 방향 혹은 네 방향이 결합하였을 때는 대개 연합구를 이룬다. 다음 예를 보자.

　(1) 水信無分於東西, 無分於上下乎? (『孟子 · 告子上』)　물은 진실로 동서에 분별이 없지만 상하
　　에서도 분별이 없단 말인가?

　(2) 父母於子, 東西南北, 唯命之從. (『莊子 · 大宗師』)　부모는 자식에게 있어서, 동서남북 어디에
　　있어도 오로지 명령을 따른다.

서로 대립하지 않는 두 방향이 결합할 때에는 수식구를 이뤄, 두 방향 사이에 있는 새
로운 방향을 나타내게 된다. 다음 예를 보자.

　(1) 天地溫厚之氣始於東北而盛於東南. (『禮記 · 鄕飮酒義』)　천지의 온후한 기운은 북방의 동쪽
　　(북동)에서 시작되고, 남의 동쪽(남동)에서 성하다.

　(2) 君有大臣, 在西南隅. (『左傳 · 哀公16年』)　군주에게 대신으로 남방의 서쪽(남서)에 사는 자가
　　있었다.

4) 앞에 '以'를 붙여 명사성 어휘와 함께 사용할 수 있다. 방위사에 '以'를 더하면 보통
그 방향이 가리키는 방향으로 뻗어나가는 것을 뜻한다. 다음 예를 보자.

　(1) 聊, 攝以東, 姑, 蘇以西, 其爲人也多矣. (『左傳 · 昭公20年』)　요와 섭의 동편과, 고와 소의
　　서편에는, 사람들이 많이 살고 있다.

　(2) 自關以東, 皆合縱西鄕. (『史記 · 韓長孺列傳』)　함곡관으로부터 동쪽에 있는 나라로는 모두

합종해서 서쪽을 향했다.

2) '左', '右'

'左'와 '右'는 사람이나 사물의 양쪽 중에 어느 한 쪽을 말하며, 아래와 같은 세 가지 특징이 있다.

1) 사람이나 사물의 양 옆의 위치를 말할 때, 대개 '側', '旁'을 사용하며 '左', '右'를 사용하지 않는다. 그렇기 때문에 모든 방위사 가운데, '左'와 '右'로 이뤄진 방위구가 가장 적다. 다음과 같은 예문은 드물게 사용된다. 다음 예를 보자.

  (1) 及饗日, 帷諸門左. (『左傳·昭公20年』) (영윤을) 대접하는 날이 되어, (극완은 그 갑옷과 무기를) 대문의 왼쪽 편에 막을 치고 정돈해 놓았다.
  (2) 役司馬射自門右. (『墨子·迎敵祠』) 사마를 부려 문의 오른쪽에서 활을 쏘게 했다.

2) 방위구와는 달리, 사람이나 사물의 위치를 한정시킬 때 '左', '右'를 사용한다. 모든 사물은 좌우로 나눠져 있기 때문에, 이 두 가지 방위사를 관형어로 많이 쓴다. 다음 예를 보자.

  (1) 左手攫之則右手廢, 右手攫之則左手廢. (『呂氏春秋·審爲』) 왼손으로 움켜쥐면 오른손이 잘려 나갈 것이고, 오른손으로 움켜쥐면 왼손이 잘려나갈 것이다.
  (2) 東海之鱉, 左足未入, 而右膝已縶矣. (『莊子·秋水』) 동해의 자라는 왼발도 채 들어가기 전에, 오른쪽 무릎이 이미 우물에 꽉 끼여 버렸다네.

3) '左', '右'는 서로 조합되어 수식구가 될 수 없지만 연합구는 가능하다. 다음 예를 보자.

  (1) 東野稷以御見莊公, 進退中繩, 左右旋中規. (『莊子·達生』) 동야직이 말 부리는 솜씨를 장공에게 보였다. 나아가고 물러남이 먹줄을 친 듯하고, 좌우로 도는 것이 그림쇠로 그린 듯 둥글었다.
  (2) 及饗日, 惟門左右而置甲兵焉. (『呂氏春秋·愼行』) 잔칫날에 이르자 대문의 좌우에 휘장을 치고서 거기에 갑옷과 창을 놓았다.

4) '左', '右' 앞에 '以'를 덧붙여 명사성 어휘와 결합하여 사용할 수 없다.

3) '側', '旁'

'側'과 '旁'은 사람 또는 사물의 양측 가운데 임의의 한 쪽을 말하며, 이들 역시 네 가지 특징을 가진다.

1) 사람 혹은 사물의 위치를 말할 때, 대개 좌와 우의 구분이 필요 없어, 주로 '側', '旁'을 사용하여 방위구를 만든다. 다음 예를 보자.

> (1) 費人攻之弗克, 入及公側. (『左傳·定公12年』) 비의 사람들이 무자의 대를 공격함에 이겨내지 못하고, 공격자들이 그의 옆까지 쳐들어 왔다.
> (2) (平公)乃召師涓, 令坐師曠之旁. (『韓非子·十過』) (평공이) 사연을 불러, 사광의 옆에 앉게 하였다.

2) 사람 혹은 사물의 위치를 한정지을 때, '側'과 '旁'을 많이 쓰지 않는다. 방위구에 비해 관형어로 사용되는 경우는 훨씬 적다. 아래와 같은 예문은 극히 드물다. 다음 예를 보자.

> (1) (姜)與崔子自側戶出. (『左傳·襄公25年』) 강과 최자는 옆문으로 나갔다.
> (2) 公與桓子莒之旁邑. (『左傳·昭公10年』) (제나라 군주)공은 (진)환자에게 거의 옆에 있는 읍을 주었다.

3) '側', '旁'은 양측 중에 임의의 한 쪽을 말하며, 상대되는 다른 한 쪽이라는 개념이 없다. 그렇기 때문에 앞에 나온 두 유형의 방위사처럼 연합구 또는 수식구로 둘이 서로 결합될 수 없는 것이다.

4) 이 두 가지 방위사 앞에 '以'를 덧붙여 명사성 어휘와 결합할 수 없다.

(2) 추상방위사

추상방위사는 공간의 방향 또는 위치를 나타내는가 하면, 시간과 관련된 위치 또한 나타낼 수 있다. 그 예로 '內', '外', '前', '後', '上', '下', '中', '間(間)' 등이 있다. 이런 유형의 방위사는 명사성 어휘와 결합하여 방위구를 이루거나, 수사(數詞)에 시간 양사를 더한 수량구와 결합하여 시간을 표현하는 방위구를 이룬다. 다음 예를 보자.

(1) 臣聞郊關之內有囿方四十里. (『孟子·梁惠王下』) 신이 듣기로, 교관의 안에 사냥터가 사방 40리이다.
(2) 子重使大宰伯州犂侍于王後. (『左傳·成公16年』) 공자 중은 (진나라에서) 대재였던 백주리를 왕의 뒤에서 모시고 있게 했었다.
(3) 子在川上曰, "逝者如斯夫." (『論語·子罕』) 공자가 냇가에서 말하였다. "흘러가는 것이 이와 같구나."

이상의 예는 추상방위사와 명사성 어휘가 방위구로 결합하여 공간을 나타낸 것이고, 아래의 예는 시간을 나타내는 방위구이다. 다음 예를 보자.

(1) 諸侯有行文王之政者, 七年之內必爲政於天下矣. (『孟子·離婁上』) 제후 중에 문왕의 정사를 행하는 자가 있으면 7년 이내에 반드시 천하에 정사를 할 것이다.
(2) 數月之後, 時時而進. (『戰國策·齊策1』) 수개월 후에, 때때로 나아갔다.
(3) 薪食足以支三月以上. (『墨子·備城門』) 땔나무와 식량은 석 달 이상을 버티기에 충분하다.

추상방위사는 1) '內', '外', '前', '後', 2) '上', '下', 3) '中', 4) '間(間)' 의 네 가지 유형으로 분류된다.

1) '內', '外', '前', '後'

'內'와 '外'는 특정 사물을 경계로 구분된 두 가지 위치이다. '前'과 '後'는 사람이나 사물의 향함과 등짐을 근거로 해서 구분한 위치이다. 이들은 모두 네 가지 특징을 보인다.

1) '內', '外'는 주로 명사성 어휘나 수량구 등과 조합하여 방위구를 이룬다. 다음 예를 보자.

(1) 郭內之田十畝. (『莊子·讓王』)   성곽 안에 있는 밭은 10이랑이다.

(2) 千里之內, 有暴人焉. (『墨子・尙同下』) 천리 안에 한 난폭한 사람이 있다

(3) 芒然彷徨乎塵垢之外. (『莊子・大宗師』) 망막한 듯 세상 밖에서 방황한다.

(4) 由射於百步之外也. (『孟子・萬章下』) 백보의 밖에서 활을 쏘는 것과 같다.

이상 네 개의 예문 가운데, 예(1), (3)은 명사성 어휘와 조합하여 방위구를 이룬 경우이고, 예(2), (4)는 수량구와 결합하여 방위구를 이룬 것이다. '前', '後' 역시 명사성 어휘와 결합하여 방위구를 이루는데, '後'는 동사성 어휘와도 방위구를 이룬다. 다음 예를 보자.

(1) 范文子立于戎馬之前. (『左傳・成公16年』) 범문자는 융마의 앞에 섰다.

(2) 范氏之徒在台後. (『左傳・襄公23年』) 범씨 측은 궁대의 뒤에 있었다.

(3) 旣盟之後, 言歸于好. (『孟子・告子下』) 이미 맹약한 뒤에 좋은 데로 돌아가도록 하자.[34]

2) 방위구에 비해 관형어로 사용되는 경우는 좀 적다. 관형어로 사용될 때에는 '前'과 '後'는 방위뿐만 아니라 시간을 나타내기도 한다. 다음 예를 보자.

(1) 民無內憂. (『左傳・昭公23年』) 백성들은 안으로의 걱정이 없었다.

(2) 出則無敵國外患者, 國恒亡. (『孟子・告子下』) 나오면 적국과 외환이 없는 자는 나라가 항상 멸망한다

(3) 宣伯聘于齊, 以修前好. (『左傳・成公11年』) 선백이 제나라를 찾아가 전부터의 우호관계를 다졌다.

(4) 名垂乎後世. (『荀子・王覇』) 이름이 후세에 드리우다.

예(1), (2)는 공간 방위를 나타내며, 예(3), (4)는 시간을 나타낸다.

3) '內', '外', '前', '後' 모두 연합구로 결합되어, 두 가지 다른 방향을 나타낼 수 있다.

(1) 定乎內外之分, 辯乎榮辱之境. (『莊子・逍遙游』) 안팎(내심과 외물의)의 분별을 뚜렷이 하

---

34) [역주] 이 예문은 방위사보다는 시간사에 포함되어야 할 것이다.

고, 명예와 치욕의 경계를 구분한다.

(2) 所謂古之善用兵者, 能使敵人前後不相及, 衆寡不相恃. (『孫子·九地篇』) 옛날에 군사를 잘 다
스린다는 자는 적수로 하여금 앞뒤로 서로 미치지 못하게 하고 많고 적음을 서로 믿지 않
는 것이다.

4) 이 네 가지 방위사는 '以'를 덧붙여 명사성 어휘와 결합하여 사용할 수 있지만, 이런
용례는 비교적 드물다. 다음 예를 보자.

(1) 長城以內, 冠帶之室, 朕亦制之 (『史記·匈奴列傳』) 장성 이내에 있는, 관을 찬 사람들은
짐이 또한 그것을 다스릴 것이다.

(2) 閫以內者, 寡人制之. 閫以外者, 將軍制之. (『史記·張釋之馮唐列傳』) 곤(수도) 안에 있는 것
은 과인이 다스리고, 곤 밖에 있는 것은 장군이 다스린다.

(3) 今三世以前, 至於趙之爲趙, 趙主之子孫侯者, 其繼有在者乎? (『戰國策·趙策4』) 조나라를 세
우고 왕이라 칭하신지 3대가 되었는데, 그 동안 지방의 영주로 봉해진 일족 가운데 아직도
그 자리를 계승하고 있는 예가 있습니까?

(4) 王曰, "自今日以後, 內政無出, 外政無入." (『國語·吳語』) 왕이 말하였다. "금일 이후로부터,
내정은 나가는 것이 없고, 외정은 들어오는 것이 없을 것이다."

2) '上', '下'

앞에서 소개한 각종 방위사들은 모두 가로 방향의 방위이나, 앞으로 소개할 '上', '下'는
세로 방향의 방위이며 아래 4가지 특징이 있다.

1) '上', '下'는 주로 방위구로 결합된다. '下' 앞에 나오는 명사는 대개 어느 정도의 높
이를 가진 사물인 반면에, '上' 앞에 나오는 명사는 이러한 제한이 없다. 그렇기 때문에
방위구를 구성하는 점에서 볼 때 '上'이 '下'보다 강하다. 만약 '上', '下' 앞에 인물명사가
나오면, 이때 이들은 지위나 등급 등의 추상적 높고 낮음을 말한다. 다음 예를 보자.

(1) 諸侯遷于潁上. (『左傳·成公16年』) 제후가 영수 쪽으로 옮겼다.

(2) 諸侯趨走乎堂下. (『荀子·正論』) 제후들은 당 아래를 종종걸음으로 거닌다.

(3) 勢在人上, 則王公之材也, 在人下, 則社稷之臣. (『荀子·儒效』) 권세가 사람 위에 있으면, 왕
이 되는 재목이고, 사람 밑에 있으면, 국가의 신하가 된다.

예(1)에서의 '潁'은 오직 '上'과 결합 가능하며, '下'와는 거의 결합하지 않는다. 이는 강물에 일정한 높이가 없기 때문이다. 반면, 예(2)의 경우, '堂'은 특정 높이가 있기 때문에 '下'와 결합할 수 있는 것이다. 예(3)의 '上', '下'는 추상적 높낮이를 말한다.

2) '上', '下'가 관형어로 사용되는 경우는 비교적 드물며, 보통 추상적 의미로 사용된다. 다음 예를 보자.

　(1) 群臣吏民能面刺寡人之過者, 受上賞. (『戰國策·齊策』) 여러 신하, 관리, 백성 가운데 과인의 과오를 비판할 수 있는 자는 높은 등급을 받을 수 있다.

　(2) 儒者在本朝則美政, 在下位則美俗. (『荀子·儒效』) 선비가 조정에 있으면 곧 아름다운 정치를 하고, 아랫자리에 있으면 풍속을 아름답게 한다.

'上賞'은 높은 등급, '下位'는 낮은 지위를 말하며, 모두 구체사물이 아닌 추상적 의미를 지니고 있다.

3) '上', '下'는 연합구로 결합하여 '위'와 '아래'라는 두 가지 다른 방위를 나타낼 수 있다. 다음 예를 보자.

　(1) 孟子曰, "水信無分於東西, 無分於上下乎?" (『孟子·告子上』) 맹자가 말하였다. "물은 진실로 동서에 분별이 없지만, 상하에 분별은 없는가?"

　(2) 有天有地, 而上下有差. (『荀子·王制』) 하늘이 있고 땅이 있어, 위아래의 차별이 있다.

4) '上', '下'에 '以'를 덧붙여 명사성 어휘 또는 수량을 나타내는 어휘와 결합시켜 사용할 수 있다. 명사성 어휘와 수량을 나타내는 어휘는 모두 특정 경계를 나타내며, '以上', '以下'는 그 경계의 위쪽 혹은 아래쪽에 있는 사람이나 사물을 나타낸다. 다음 예를 보자.

　(1) 中人以上, 可以語上也, 中人以下, 不可以語上也. (『論語·雍也』) 중급이상의 사람들에게는 상급을 얘기할 수 있으나, 중급이하의 사람들에게는 상급을 얘기할 수 없다.

　(2) 水缸容三石以上. (『墨子·備城門』) 물항아리는 3석 이상의 양을 담을 수 있다.

예(1)은 중간등급의 사람을 경계로 하여, 경계선 위와 아랫사람을 설명하며, 예(2)에서는 수량을 경계로 삼고 있다.

3) '中'

다른 방위사들은 모두 사람과 사물을 참조물로 삼고 그 밖의 특정 방위를 나타내는 반면에, '中'은 사람이나 사물 자체가 가지고 있는 특정 공간을 가리킨다. 그 외에 다른 방위들 간에 처해 있는 것을 가리킬 수도 있다. '中'에는 아래와 같은 세 가지 특징이 있다.

1) '中'은 주로 방위구를 구성하며, 그 앞에 체언 혹은 용언이 올 수 있으며, 주로 구체적, 추상적 공간과 시간을 나타낸다. 다음 예를 보자.

> (1) 鱄設諸置劍於魚中以進. (『左傳・昭公27年』) 전설제는 물고기 뱃속에 칼을 두고서 들어갔다.
> (2) 無聲之中, 獨聞和焉. (『莊子・天地』) 소리 없는 중에서, 홀로 조화를 듣는다
> (3) 在位之中, 一朝于襄, 而再見于君. (『左傳・文公17年』) 군주의 자리에 있는 중에, 양공을 한 번 찾아뵈었고, 현재의 군주를 두 차례 찾아뵈었다.

예(1)에서 '中'은 비교적 실재적인 공간을 나타내며, 예(2)에서는 비교적 추상적인 공간을 나타낸다. 예(3)에서는 시간을 나타내고 있다.

2) '中'은 관형어로 쓰여 다른 방위들 간에 처해 있는 것을 나타낼 수 있다. 다음 예를 보자.

> (1) 人上壽百歲, 中壽八十, 下壽六十. (『莊子・盜跖』) 사람은 오래 살면 100세이고, 중간치는 80, 일찍 죽으면 60이다.
> (2) 且帝以甲乙殺青龍於東方, 以丙丁殺赤龍於南方, 以庚辛殺白龍於西方, 以壬癸殺黑龍於北方, 以戊己殺黃龍於中方. (『墨子・貴義』) 갑을에 동방의 청룡을 죽이고, 병정에 남방의 적룡을 죽이며, 경신에 서방의 백룡을 죽이고, 임개에 북방의 흑룡을 죽이며, 무기에 중앙의 황룡을 죽인다.

3) '中'은 독립적인 방위로서, 이와 상대되는 또 다른 방위사가 존재하지 않는다. 다른 방위사들처럼 둘씩 서로 대립하는 연합구를 이루지 않는다.

'中'이 '外'와 호응하여, '中'은 사물의 정중앙, '外'는 사물의 바깥을 나타낼 때는 있다. 다음 예를 보자.

> (1) 公入而賦, "大隧之中, 其樂也融融!" 姜出而賦, "大隧之外, 其樂也泄泄!" (『左傳·隱公元年』)
> 장공이 (굴 속으로) 들어가서 시를 읊기를 "큰 굴 속에 들어오니 즐거운 마음이 융융하게 기쁘고 즐겁다."고 하였고, 강씨가 밖으로 나와서 시를 읊기를 "굴 밖으로 나오니 즐거운 마음 겉으로 나타난다."고 하였다.

이처럼 '中'과 '外'가 상호 호응하여 사용될 수 있지만, 연합구를 이루지는 않는다. '外'가 주로 '中'이 아닌 '內'와 연합구를 이루기 때문이다. 하지만, 『사기(史記)』에 이르러서, '中外'가 함께 쓰이는 예가 출현하기 시작했다. 다음 예를 보자.

> (2) 夫久結難連兵, 中外之國將何以自寧? (『史記·孝文本紀』) 오랫동안 전쟁이 연이어, 안팎에 있는 나라들이 안녕하겠는가?
> (3) 漢兵中外不得相救. (『史記·匈奴列傳』) 한나라 병사는 안팎으로 서로 구할 수 없었다.

4) '間'(閒)

'間'은 두 사물 사이에 놓인 위치를 나타내는 것으로, 방위사 중에 용법이 가장 단순하다. 대부분 방위구로 결합되어 사용되는데, 이 때 '間' 앞에 연합구가 자주 쓰인다. 이 연합구는 대부분 체언성이거나 용언성이다. 다음 예를 보자.

> (1) 孔子圍於陳蔡之間. (『莊子·山木』) 공자가 진나라와 채나라 사이에 포위되었다.
> (2) 莊子笑曰, "周將處乎材與不材之間." (『莊子·山木』) 장자가 웃으며 말하였다. "나는 재주 있는 것과 재주 없는 것 사이에 머물 것이다."

예(1)에서 '間'은 체언성 어휘와 조합한 것이고, 예(2)는 용언성 어휘와 조합한 것이다. '間' 앞에 연합구가 쓰이지 않았을 경우에는, '間'과 관련 있는 단어가 특정 공간 또는 시간을 이미 확보하고 있는 것이다. 다음 예를 보자.

(3) 孔張後至, 立於客間. (『左傳・昭公16年』) 공장이 (그 향연에)늦게 도착하여, 사람들 사이
    에 섰다.

예(3)에서 '客'은 많은 사람을 말하며, 그 안에 공간 개념이 내포되어 있다.

제6절 양사

양사는 크게 천연양사(天然量詞)와 인공양사(人工量詞)로 분류된다.

1. 천연양사의 특징

천연양사는 사물이 선천적으로 지니고 있는 특징을 계량단위로 삼는 양사로, 두 가지
특징이 있다.

1. 천연양사가 사물의 수량을 설명할 때 주로 두 가지 형식을 취한다. 명사의 앞, 명사
의 뒤에 위치하는 것으로, 어떠한 형식을 취하던 간에 수량구와 명사 사이에는 일반적으
로 '之'를 사용하지 않는다. 다음 예를 보자.

    (1) 鹿皮四個. (『國語・齊語』)   사슴 가죽 4개.
    (2) 馬三匹. (『左傳・莊公18年』)   말 세 필.
    (3) 一簞食, 一豆羹. (『孟子・告子上』)   한 그릇의 밥과 한 그릇의 국.

예(1), (2)는 사물의 개체를 계량 단위로 삼고, 양사를 명사 뒤에 위치시키고 있다. 예(3)
은 그릇을 계량 단위로 삼고 양사를 명사 앞에 위치시키고 있다. 이들은 모두 사물이 선
천적으로 지니고 있는 특징을 계량 단위로 삼고 있다.

2. 천연양사의 주된 역할은 사물의 수량을 설명하는데 있다. 천연양사는 대개 사물을

나타내는 명사에 의존하여 사용되어, 행위나 특징을 나타내는 동사나 형용사와 직접 결합
할 수 없다. 그래서 천연양사는 일반적으로 목적어 혹은 준목적어로 사용되지 않는다.

　인공양사는 인위적으로 만든 것이며, 천연양사와 비교했을 때, 아래 두 가지 특징이 있다.

　우선, 인공양사는 명사의 관형어로 사용될 수 있으며, 관형어와 중심어 사이에 '之'를
쓸 수 있다. 다음 예를 보자.

> (1) 百畝之田, 勿奪其時. (『孟子・襄惠王上』)　백무의 토지에 농사철을 빼앗지 않는다.
>
> (2) 七尺之軀. (『荀子・勸學』)　7척의 신체.
>
> (3) 千金之玉巵. (『韓非子・外儲說右上』)　천금의 옥 술잔.

'畝', '尺', '金' 모두 인위적으로 만든 양사다.

　둘째, 인공양사가 상대적 독립성을 가지고 있을 때, 사물뿐만 아니라 행위나 특징을 설
명할 수 있다. 그러므로 인공양사는 준목적어와 목적어로 사용될 수 있는 것이다. 다음 예
를 보자.

> (1) 騏驥驊騮一日而馳千里. (『莊子・秋水』)　기기화류(같은 준마)는 하루에 천리를 달릴 수 있다.
>
> (2) 都城過百雉, 國之害也. (『左傳・隱公元年』)　(수도 이외의) 도성이 백치(白雉)를 넘는 것은 국
> 　가의 화가 된다.

　예(1)의 수량구는 준목적어로, 예(2)의 수량구는 목적어로 사용되고 있다.

2. 천연양사의 분류

　선진시기 천연양사가 쓰이기 시작하였고, 한나라 이후부터 점차 그 사용이 많아졌으나,
후세에서만큼 자주 쓰이지는 않았다.

(1) 개체양사

　개체양사는 사물의 개체를 계량단위로 삼으며 의미에 따라 A, B 두 가지 유형으로 나

눌 수 있다. 유형A의 양사는 낱개의 개체를 계량단위로 삼은 것으로, 상용하는 예로 '乘'
(차량단위), '兩(輛)', '人', '匹', '張', '領', '稱', '枚', '個' 등이 있다. 유형B의 양사는 습관
적으로 함께 사용하는 어떠한 사물을 전체를 계량하는 단위로 삼으며 상용하는 예로 '乘'
(네 마리 말), '兩'(24수(銖)가 1량, 16량이 1근(斤)), '駟'(네 마리 말), '珏'(쌍을 이루는 옥), '肆'
(열을 이루어 걸어 놓은 종, 16개), '束'(10개), '車' 등이다. 사물의 수량을 설명할 때 개체양사
는 대개 명사성 어휘 뒤에 쓴다. 다음 예를 보자.

> (1) 人有見宋王者, 錫車十乘. (『莊子・列御寇』) 어떤 사람이 송왕을 만나 수레를 열 대나 받았다.
> (2) 子産以帷幕九張行. (『左傳・昭公16年』) 자산은 야영용 천막 아홉 벌만을 가지고 갔다.

수사가 '一'일 때, 개체양사는 보통 명사 앞에 쓰며, 때로는 '一'은 생략 가능하다. 다음
예를 보자.

> (1) 不用一領甲, 不苦一士民. (『韓非子・初見秦』) 갑옷 한 벌도 쓰지 않고 시민 한 사람의 노
> 고도 없다.
> (2) 其以乘壺酒, 束脩, 一犬賜人. (『禮記・少儀』) 네 병의 술, 열 조각의 육포, 한 마리의 개를 바
> 친다.

예(1)에서 '一領'은 '一'에 개체양사를 붙인 것이고, 예(2)에서 '束'은 앞에 '一'을 생략
한 것이다.

(2) 기물양사

기물양사가 설명하는 사물은 보통 개체로 계량할 수 없고, 공간을 가지는 기물을 계량
단위로 삼는 것이다. 상용되는 예로 '杯', '瓢', '壺', '簞', '豆', '簋', '筐', '束(捆)', '秉(把)',
'輿', '卣', '爵', '卮' 등이 있다. 기물양사는 자주 출현하지 않으며, 대개 뒤에 '之'를 붙이
지 않은 채 명사의 관형어로 사용된다. 다음 예를 보자.

> (1) 一簞食, 一瓢飮. (『論語・雍也』) 한 그릇의 밥과 한 표주박의 물.

(2) 取一豆肉. (『韓非子·難二』)　　　한 그릇의 고기를 얻다.

'食', '飲', '肉'은 보통 개체로 계량을 할 수 없기 때문에, 일정한 공간을 내포하는 기물인 '簞', '瓢', '豆'로 계량을 한다.

3. 인공양사

자주 쓰이는 인공 양사에는 용적양사, 면적양사, 길이양사, 중량양사, 시간양사, 명물양사 등 6가지 유형이 있다. 이 여섯 가지 양사 가운데, 앞의 네 가지 양사는 도량형 단위로, 이들 간에는 체계적인 자리올림 관계가 성립하여 많은 공통점을 지니고 있다. 뒤의 두 가지 양사는 앞에 네 가지 양사와 비교적 큰 차이를 보인다.

(1) 용적양사

용적양사는 기물양사와 같이, 개체로 계량할 수 없는 사물을 계량하는데 쓰인다. '升'과 '斗'가 자주 쓰이며, '石', '斛', '秉' 등은 드물게 쓰이고 있다. 용적양사는 주로 술어나 관형어로 사용된다. 다음 예를 보자.

(1) 爲卒干飯, 日二斗. (『墨子·備城門』)　　병사들을 위해 식량을 구함에 하루에 두 말이다.
(2) 請欲固置五升之飯足矣. (『莊子·天下』)　다섯 되의 밥을 놓아주면 충분하다.

예(1)에서 용적양사가 술어로, 예(2)에서는 관형어로 쓰이고 있다.

(2) 면적양사

면적양사는 토지를 계량하는 것으로 두 가지 유형이 있다. 하나는 면적을 측정하는 데에만 쓰는 것으로, 자주 쓰이는 '畝'가 있고, 자주 쓰이지 않는 '雉', '成', '同', '圻' 등이 있다. 다른 하나는 길이와 면적 모두를 측정하는데 쓰는 것으로, 자주 쓰이는 '里'(900畝)

가 있고, 그 외에 '步'(길이와 너비가 각각 삼 척) 등이 있다. 면적양사는 보통 관형어나 술어로 쓰인다. 다음 예를 보자.

> (1) 千里之國而請解炮烙之刑. (『韓非子·難二』) 천 리나 되는 나라 땅으로 포락형을 없애달라고 청하였다.
>
> (2) 郭內之田十畝. (『莊子·襄王』) 성곽 안에 있는 밭은 10이랑이다.

예(1)은 면적양사가 관형어로, 예(2)는 면적양사가 술어로 쓰이는 경우다.

(3) 길이양사

길이양사는 주로 길이를 설명하는 양사로, 상용하는 예로 '寸', '尺', '丈', '步', '仞', '圍', '里' 등이 있으며, 자주 쓰이지는 않는 예로 '分', '枚', '尋', '常', '舍' 등이 있다. 길이양사는 주로 술어, 관형어, 준목적어로 사용된다. 술어로 사용될 때에는 앞에 나오는 주어가 보통 형용사이거나 명사이다. 다음 예를 보자.

> (1) 堂高數仞. (『孟子·盡心下』)   당의 높이가 몇 길이다.
>
> (2) 棺三寸. (『墨子·節用中』)   관이 3촌이다.

예(1)은 형용사가 주어로 사용된 경우이고, 후자는 명사가 주어로 쓰인 경우이다. 길이양사가 술어로 사용되어 면적을 나타낼 수 있는데, 이때 자주 사용되는 예로 '方'이 있다. 다음 예를 보자.

> (1) 韓之上地方數百里. (『荀子·義兵』) 한나라 상당의 땅은 크기가 사방 수백 리이다.
>
> (2) 天子之宮方三百步. (儀禮·聘禮) 천자의 궁궐이 사방 300보이다.

길이양사가 관형어로 쓰일 때에는 보통 그 앞에 '之'를 쓴다. 다음 예를 보자.

> (1) 百步之溝. (『荀子·解蔽』) 백보의 개천.

(2) 毛先生以三寸之舌强於百萬之師. (『史記·平原君列傳』) 모수는 3촌의 혓바닥이 백만의 군사 보다 더 강하다.

길이양사가 준목적어로 사용될 때, 동사는 보통 움직임이나 서로 떨어진 거리를 뜻하는 경우가 많다. 다음 예를 보자.

(1) 我行三十里擊之 (『韓非子·說林下』) 나는 삼십 리를 가서 그를 격퇴하였다.

(2) 去池百步, 墙垣樹木小大俱壞伐. (『墨子·備城門』) 연못에서 백보의 거리에 있는 담장 옆 나무들을 크고 작음에 상관하지 않고 모두 베었다.

이상 '行'과 '去'는 각각 움직임과 거리를 나타낸다.

(4) 중량양사

상용하는 중량양사에는 '斤', '溢(鎰)', '鈞', '石' 등이 있다. 이들은 대개 관형어나 술어로 사용된다. 관형어로 사용될 때에는, 명사 앞 또는 뒤에 놓을 수 있다. 다음 예를 보자.

(1) 操十二石之弩. (『荀子·義兵』) 열두 섬 무게의 활을 잡다.

(2) 有能捕告, 賜黃金二十斤. (『墨子·號令』) 죄인을 체포해 관가에 고발하는 사람이 있으면, 황금 20근을 준다.

예(1)에서 관형어는 명사 앞에 쓰이고, 예(2)에서 관형어는 명사 뒤에 쓰이고 있다. 다음은 술어로 사용되는 용례들이다. 다음 예를 보자.

(1) 顔高之弓六鈞. (『左傳·定公8年』) 안고의 활은 무게가 6균이다.

(2) 我樹之而成, 實五石. (『莊子·逍遙游』) 내가 그것을 심자 자라나서 열매의 무게가 5석이다.

(5) 시간양사

시간양사는 일종의 특수 양사로, 계량 단위 안에 시간을 내포하고 있다. 그래서 시간양사는 주로 사물의 수량을 설명하지 않고, 행위의 변화와 관련된 시간을 설명한다. 상용하는 예로 '日', '月', '年'이 있고, 그 외에 '旬', '歲', '世', '朝', '夕', '夜', '宿' 등이 있다. 시간 양사는 대개 부사어로 많이 쓰이지만, 이 외에 술어, 관형어, 목적어로 쓰일 때도 있다.

시간양사가 부사어로 사용될 때에는 뒤에 나오는 행위 변화의 지속 시간을 나타내거나 얼마만큼의 시간이 지나야 뒤에 나오는 행위에 변화가 생기는지를 나타낸다.

> (1) 適千里者, 三月聚糧. (『莊子·逍遙游』) 천리를 가는 자는 석 달 동안 식량을 모아야 한다.
>
> (2) 七日七夜至老子所. (『莊子·庚桑楚』)   이레 밤낮을 거쳐 노자가 있는 곳에 이르렀다.

예(1)은 '聚糧'이 지속되는 시간을, 예(2)는 얼마만큼의 시간이 지난 후에야 뒤에 나오는 사건이 일어나는지를 나타내고 있다.

시간양사는 용언, 절을 구성하여 경험한 시간을 나타낸다.

> (1) 今衆聚而從余, 八年矣. (『左傳·成公17年』) 지금 무리들이 모여서 나를 따른 것이 8년이 되었다.
>
> (2) 雲將不得問, 又三年, 東游過有宋之野. (『莊子·在宥』) 운장은 더 물을 수가 없었다. 그리고 3년 후, (운장은 다시) 동녘으로 여행하여 송나라의 들판을 지났다.

예(1)은 시간양사가 용언으로, 예(2)는 절로 사용된 경우이다. 아래는 관형어로 사용된 용례들이다.

> (1) 贏三日之糧, 日中而趨百里. (『荀子·王制』) 삼일의 양식을 얻어 하루에 백리를 간다.
>
> (2) 三年耕, 必有一年之食. (『禮記·王制』) 3년간 밭을 갈면 반드시 1년 동안의 식량은 있다.

목적어로 사용될 때, 사간 양사는 보통목적어 또는 준목적어로 사용될 수 있다. 다음 예를 보자.

> (1) 間二年, 聞君將靖東夏. (『左傳·襄公22年』) 2년이 지난 뒤에 군주가 동방을 평정하신다는 것을 들었다.

(2) 哀公號之五日. (『莊子・田子方』)　애공이 포고를 한지 5일이 지났다.

예(1), (2)은 시간양사가 각각 보통목적어와 준목적어로 사용되고 있다.

(6) 명물양사

명물양사는 명사의 특징을 지닌 양사로, '준양사'라고도 부른다. 상용하는 예로 '金'이 있는데, 이 외에도 '軍', '師', '旅', '卒', '兩', '伍', '鍾', '釜', '區', '豆', '盆' 등이 있다. 명물양사는 계량단위를 나타냄과 동시에 사물을 나타내기도 한다는 점에서 명사와 비슷하고, 그렇기 때문에 명사처럼 목적어, 주어, 관형어로 사용할 수 있다.

(1) 我將得邑金, 將貸子三百金. (『莊子・外物』)　나는 장차 세금을 거둬들일 텐데, 그러면 너에게 삼백금을 빌려주겠다.
(2) 四軍無闕, 八卿和睦. (『左傳・襄公8年』)　네 군대의 군력은 완전무결하고, 여덟 경들은 화목하였다.
(3) 今有千金之玉卮, 通而無當. (『韓非子・外儲說右上』)　여기 천금의 옥 잔이 있는데, 통하며 밑이 없다.

예(1)은 명물양사가 목적어로, 예(2), (3)은 주어와 관형어로 사용되고 있다. 명물양사는 명사와 완전히 똑같은 것은 아니다. 명물양사가 일종의 양사인 만큼, 각종 문장 성분으로 쓰일 때 단독으로 사용되는 경우는 드물며, 보통 기수사와 함께 쓰인다. 앞에 나오는 네 가지 예문은 이러한 특징을 잘 보여주고 있다.

(1) 夫千金之珠, 必在九重之淵. (『莊子・列御寇』)　천금의 구슬은 반드시 아홉 길의 깊은 못에 있다.
(2) 若敖之六卒實從之 (『左傳・僖公28年』)　약오의 육졸만이 실제로 그를 따랐다.

제7절 대체사[35]

제2장에서 체언성과 용언성으로 분류한 대체사를 설명한다.

1. 체언성 대체사

목적어로 사용될 때 나타나는 차이점을 근거로, 체언성 대체사를 지칭대체사와 의문대체사로 나눈다.

(1) 지칭대체사

지칭대체사는 지칭, 지시 역할을 하는 체언성 대체사이다. 상용하는 지칭대체사에는 인칭대체사, 지시대체사, 타칭대체사, 무정대체사 등 4가지 유형이 있다. 지칭하는 대상을 기준으로, 네 가지 대체사를 또 다시 두 개의 다른 유형으로 나눌 수 있다. 인칭대체사와 무정대체사는 대개 사람이나 사물과 같은 사체(事體)만을 대신하여 가리킬 수 있지만, 타칭대체사와 지시대체사는 형체뿐만 아니라 어떤 사건이나 사실도 대신할 수 있다.

1) 인칭대체사

인칭대체사는 의사소통을 하고 있는 쌍방을 대신하는 대체사로, 보통 칭대 역할만 할 뿐, 지시는 하지 않는다. 인칭대체사는 주로 대화 중에 사용되며, 발화자나 청자를 대신하거나 그 사람이 처해있는 한 쪽을 나타낸다. 인칭대체사에는 자칭(自稱), 대칭(對稱), 기칭(己稱) 등이 있다.

① 자칭

자칭으로 상용되는 예로 '吾', '我', '予', '余'가 있고, 드물게 사용하는 '朕'이 있다. 자칭대체사 가운데, '我', '予', '余'는 주어, 관형어, 목적어로 사용될 수 있다. 다음 예를 보자.

---

35) [역주] '대체사'는 '代詞'의 번역어이다. '何' 등이 부사로서 쓰이기 때문에 '대명사'라는 용어로 한정할 수 없다.

(1) 息侯怒, 請楚文王, "來伐我, 我求救於蔡, 蔡必來." (『史記・管蔡世家』)　식후가 화를 내고,
　　초문왕에게 청하였다. "나를 벌할 때 내가 채나라에 구원을 요청하면 채는 반드시 올 것
　　이다."

(2) 天生德於予. (『論語・述而』)　하늘이 내게 덕을 부여해 주었다.

(3) 是余之罪也夫. (『史記・太史公自序』)　이것은 내 죄이다.

예(1)에서 나오는 '我'는 각각 목적어와 주어로 사용되고 있고, 예(2)에서 '予'는 전치사
목적어로 사용되고, 예(3)에서 '余'는 관형어로 사용되고 있다. '吾'는 주어, 관형어로 사용
될 수 있으나, 동사 뒤에서 목적어로 사용되지 않는다. 하지만 부정문에서는 동사 앞에 놓
여 앞으로 도치된 목적어로 사용될 수는 있다. 다음 예를 보자.

(1) 吾甚慚於孟子. (『孟子・公孫丑下』)　나는 맹자에게 매우 부끄럽다.

(2) 王曰何以利吾國. (『孟子・襄惠王上』)　왕이 말하였다. "어떻게 우리나라를 이롭게 하겠는가?"

(3) 楚弱於晉, 晉不吾疾也. (『左傳・襄公11年』)　초는 진나라보다 약하나, 진나라는 우리를 도우
　　러 빨리 오지 않았다.

예(1), (2)에서 '吾'는 주어와 관형어로 사용되고 있고, 예(3)에서는 전치목적어로 사용되
고 있으며, 그 앞에 '不'이 삽입되어 부정문이다.

'朕'은 『상서(尚書)』에 자주 등장한다. 진시황 26년에 이르러서 '朕'은 황제가 자신을 가
리키는 말로 통용되었다. 다음 예를 보자.

(1) 朕心朕德唯乃知. (『尚書・康誥』)　짐의 마음과 덕은 오직 너만이 안다.

(2) 朕爲始皇帝. 後世以計數, 二世三世至于萬世, 傳之無窮. (『史記・秦始皇本紀』)　짐이 시황제가
　　되어, 후세는 수로 세어, 2세, 3세에서 만세에 이르기까지 무궁하게 전해질 것이다.

② 대칭

대칭을 나타내는 말에는 '爾', '汝'(女), '若', '而', '乃' 등이 있다. '爾'와 '汝'(女), '若'은
모두 주어, 관형어, 목적어로 사용될 수 있다. 다음 예를 보자.

(1) 爾爲爾, 我爲我 (『孟子·萬章下』) 너는 너, 나는 나다.

(2) 人奪女妻而不怒, 一抶女, 庸何傷? (『左傳·文公18年』) 남이 너의 처를 빼앗아도 노하지 않더니, 내가 너를 한 번 때림에, 어찌 속이 상한단 말이냐?

(3) 周苛罵曰, "若不趣降漢, 漢今虜若, 若非漢敵也." (『史記·項羽本紀』) 주가가 욕하며 말하였다. "네가 만약 한나라에 항복을 하러 가지 않으면, 한은 이제 너를 포로로 잡을 것이니, 너는 한나라의 적수가 아니다."

예(1)에서 '爾'는 각각 주어와 목적어로 사용되고 있고, 예(2)에서 '女'는 관형어와 목적어로, 예(3)에서 '若'은 주어와 목적어로 사용되고 있다. '而', '乃'는 관형어와 주어로 사용될 수 있으나, 목적어로는 거의 사용하지 않는다. 다음 예를 보자.

(1) 公曰, "而無來, 吾固將歸君. 國謂君何?" (『國語·晉語3』) 공이 말하였다. "그대가 오지 않았을지라도 나는 본래 그대들의 군주를 귀국시킬 생각이었소. 그대들은 진군에 대해 어찌 생각하오?"

(2) 王曰, "舅氏! 余嘉乃勳! 應乃懿德, 謂督不忘." (『史記·秦始皇本紀』) 왕이 말하였다. "구씨여! 당신의 공은 가상하도다! 그 아름다운 덕에 감동해 영원히 잊지 못할 것이다."

예(1)에서 '而'는 주어로 사용되고, 예(2)에서 '乃'는 관형어로 사용되고 있다.

③ 기칭
기칭대체사는 비교적 특수한 인칭대체사이며, '自'와 '己'가 많이 쓰인다. 이 두 가지 대체사는 자칭대체사나 대칭대체사처럼 발화자나 청자를 대신하지 않고, 방금 막 진술한 대상을 대신하는데 쓰인다. 다음 예를 보자.

(1) 民以爲將拯己于水火之中也. (『孟子·襄惠王下』) 백성들은 장차 자기들을 물불(도탄)의 가운데에서 구원해 줄 것이라고 여겼다.

(2) 夫人必自侮, 然後人侮之 (『孟子·離婁上』) 사람은 반드시 스스로 업신여긴 뒤에 남이 그를 업신여긴다.

예(1)에서 '己'는 방금 막 진술한 '民'을 대신하여 가리키고, 예(2)에서 '自'는 앞에 나온

'人'을 대신하여 가리킨다. 만약 앞에 선행사가 없으면, 기칭대체사는 모든 사람을 두루 가리킨다. 다음 예를 보자.

> (1) 己所不欲, 勿施於人. (『論語·顏淵』) 자신이 하고자 하지 않는 것을 남에게 시키지 말라.
>
> (2) 自暴者不可與有言也, 自棄者不可與有爲也. (『孟子·離婁上』) 스스로 해치는 자는 함께 말할 수 없고, 스스로 버리는 자는 함께 일할 수 없다.

이상의 두 예문에서 '己'와 '自' 앞에 선행사가 나오지 않기 때문에, 임의의 사람을 가리킨다.

'己'가 목적어 역할을 할 때, 동사 뒤에 나올 수 있고, '自'는 재귀적 기능을 가지며 동사 뒤에 쓰지 않고 동사 앞에 쓴다. 다음 예를 보자.

> (1) 士爲知己者死, 女爲悅己者容. (『戰國策·趙策1』) 선비는 자기를 알아주는 사람을 위해 죽고, 여인은 자기를 기쁘게 하는 자를 위해 얼굴을 다듬는다.
>
> (2) 二子皆自殺. (『左傳·昭公13年』) 두 공자는 모두 자살했다.

예(1)에서 '己'는 목적어로 사용되고, 예(2)에서 '自殺'은 '자기가 자신을 죽이는 것'에 해당한다.

④ 겸칭과 존칭

겸칭과 존칭은 지칭 역할을 하는 명사이나 대체사는 아니다. 이들은 인칭대체사처럼 의사소통에서의 쌍방을 지칭할 수 있지만, 체언성 대체사가 가지고 있는 부정어 뒤에서 동사 앞으로 오는, 직접 전치하는 기능은 없다. 의미상으로 겸칭과 존칭은 인칭대체사가 갖고 있지 않는 뜻을 가지고 있다. 의사소통을 하는 쌍방의 신분이나 지위, 성별, 연령 등을 어느 정도 나타낼 수 있다는 것이다. 상용하는 겸칭으로 '寡人', '不穀', '孤', '臣', '下臣', '僕', '妾', '下妾', '弟子', '小人' 등이 있다. 다음 예를 보자.

> (1) 梁惠王曰, "寡人之于國也, 盡心焉耳矣!" (『孟子·襄惠王上』) 양혜왕이 말하였다. "과인은 나라에 대하여 마음을 다하고 있습니다."

(2) (穎考叔) 對曰, "小人有母, 皆嘗小人之食矣." (『左傳·隱公元年』) (영고숙이) 대답하였다. "소인에게는 어머니가 계신데, 소인이 올리는 음식은 모두 맛보았습니다."

(3) (衛姬) 對曰, "妾望君之入也, 足高氣强, 有伐國之志也." (『呂氏春秋·精諭』) (위희가) 대답하였다. "제가 임금이 들어오는 것을 보았더니, 걸음걸이가 드높고 기세가 강하여 나라를 칠 뜻을 갖고 계셨습니다."

예(1)에서 '寡人'은 나라 군주의 겸칭이고, 예(2)에서 '小人'은 신하가 군주와 대화할 때의 겸칭이며, 예(3)에서 '妾'은 여성의 겸칭이다.

자주 사용하는 존칭으로는 '公', '君', '執事', '卿', '叟', '夫子', '先生', '子', '吾子', '階下', '大夫', '左右', '足下' 등이 있다. 다음 예를 보자.

(1) 士蔿告晉侯曰, "可矣. 不過二年, 君必無患." (『左傳·莊公24年』) 사위가 진후에게 고하기를 "됐습니다. 2년이 지나지 않아서, 군주께서는 반드시 걱정이 없게 될 것입니다."

(2) 秦王跽曰, "先生何以幸教寡人?" (『戰國策·秦策3』) 진왕이 무릎을 꿇고 물었다. "선생은 과인에게 무엇을 가르쳐주시렵니까?"

이상의 예문에서 '君'과 '先生'은 모두 존칭이다.

2) 지시대체사

지시대체사는 공간이나 시간의 원근을 지시하여 사물을 분별하는 대체사이다. 지시대체사는 지시 역할 외에 칭대 역할도 한다. 상용되는 지시대체사는 근지(近指)와 원지(遠指)로 나눌 수 있다. 상용되는 근지에는 '是', '此' 그리고 『논어』 등에서 자주 쓰이는 '斯', '若', 『상서』에서 자주 보이는 '玆', '時'가 있다. 원지에는 '彼', '夫', 그리고 『시경』에서 주로 쓰이는 '匪'가 있다. 이상의 두 가지 지시대체사는 대개 관형어, 주어, 목적어로 사용하고, '斯'와 '玆'는 주어로는 잘 쓰지 않으며, '夫'는 주어보다는 관형어로 많이 쓰고, 목적어로는 거의 사용하지 않는다.

지시대체사가 관형어 역할을 할 때, 관련된 사물은 대체사가 수식하는 중심어로 나타내며, 지시대체사는 원근을 가리키며, 칭대의 뜻으로는 거의 사용되지 않는다. 다음 예를 보자.

(1) 是鳥也, 海運則將徙於南冥. (『莊子·逍遙游』) 이 새는 바다 기운이 움직이면 장차 남쪽 바

다로 날아가려 한다.

(2) 此心之所以合於王者, 何也. (『孟子·襄惠王上』) 이 마음이 왕도에 부합하는 까닭은 무엇입니까

(3) 時日曷喪, 予及汝皆亡. (『尙書·湯誓』) 이 해가 언제 망할까. 나와 네가 함께 망했으면 한다.

이상은 근지대체사가 관형어로 쓰인 경우이고, 다음은 원지대체사가 관형어로 쓰인 경우이다. 다음 예를 보자.

(1) 故彼人者, 寡不死其所長. (『墨子·親士』) 그 사람들은 그의 장점 때문에 죽지 않기에는 부족했다.

(2) 汝不知夫螳螂乎? (『莊子·人間世』) 당신은 저 사마귀를 모릅니까?

그러나 지시대체사가 단독으로 주어나 목적어를 충당할 때, 지시하면서 보통 칭대 기능까지 겸하는 경우가 많다. 다음 예를 보자.

(1) 左史倚相趨過, 王曰, "是良史也, 子善視之!" (『左傳·昭公12年』) 좌사의 벼슬에 있는 의상이 그들의 앞을 달려지나가자, 왕이 말하였다. "저 사람은 좋은 사관이오, 그러니 당신은 잘 봐두시오!"

(2) 子在川上曰, "逝者如斯夫!" (『論語·子罕』) 공자가 냇가에서 말하였다. "지나가는 것이 이와 같다."

(3) 若鬼神無有, 則文王旣死, 彼豈能在帝之左右哉! (『墨子·明鬼下』) 만약 귀신이 있지 않다면, 문왕은 이미 죽었는데 그는 어찌 제왕 곁에 있을 수 있겠는가!

이상의 지시대체사는 모두 앞에 ●을 붙인 단어를 가리킴과 동시에 지칭한다.

지시대체사 가운데, '是'와 '此'는 다른 지시대체사보다 자주 쓰인다. 왜냐하면 이들은 주로 사건을 가리키는데, 지시 기능 속에 사실을 지칭하는 기능까지 겸하는 사건성 지칭이기 때문이다. 다음 예를 보자.

(1) 德之不脩, 學之不講, 聞義不能徙, 不善不能改, 是吾憂也. (『論語·述而』) 덕을 닦지 못하는 것과, 배움을 익히지 못하는 것과, 의로움을 듣고도 옮아가지 못하는 것과, 선하지 못한 것을 고치지 않는 것이 바로 나의 걱정이다.

(2) 國君道長, 而大夫不出門, 此何禮也. (『左傳·哀公7年』) 귀국의 군주님은 먼 길 여행을 하고
계신데, (군주를 모시는) 대부는 대문에서 나오지 않으니 이것은 어느 예의입니까?

이상의 예문에서 '是'와 '此'는 모두 앞에 ●을 붙인 사실을 지칭한다.

3) 타칭대체사

타칭대체사는 지칭과 지시 역할을 겸하는 대체사이다. 이런 대체사는 칭대하는 범위가
넓어 가장 많이 쓰이며, 허사와도 밀접한 관계가 있다. 상용되는 예로 '之', '諸', '其' 등
이 있다. 이들의 공통적인 특징은 특정 문장의 성분으로 가장 많이 쓰이고, 주어로는 거의
사용되지 않는다는 점이다. 다음 예를 보자.

① '之'

'之'는 목적어로 가장 많이 쓰이며, 대개 사람이나 사물, 사건을 칭대하고 때로는 총칭
한다. 다음 예를 보자.

(1) 臣聞愛子, 敎之以義方, 弗納於邪. (『左傳·隱公3年』) 신이 듣건대 자식을 사랑하되 의로운
방도로 그를 가르쳐서 사악한 길로 들지 않게 한다.
(2) 九鼎旣成, 遷於三國, 夏后氏失之, 殷人受之. (『墨子·耕柱』) 구정이 다 만들어져 삼국에 보
내졌는데, 하후씨가 그것을 잃어 은나라 사람이 그것을 받아들였다.
(3) 一穀不收謂之饉. (『墨子·七患』) 오곡 중 어떤 한 가지 곡식이 제대로 수확되지 않은 것을
근이라고 한다.
(4) 學而時習之, 不亦說乎! (『論語·學而』) 배우고 때때로 그것을 익히면, 또한 기쁘지 아니한가.

이상 네 가지 예문에서, '之'는 차례로 사람, 사물, 사건 그리고 총칭이다. 사람을 칭대
할 때, 타칭 외에도 자칭을 나타낼 수도 있을 뿐더러 가끔은 대칭을 나타내기도 한다. 다
음 예를 보자.

(1) 宣子再拜稽首焉, 曰, "起也將亡, 賴子存之." (『國語·晉語8』) 선자는 두 번 절하고 머리를
조아리며 말하였다. "나 한기는 장차 망할 상황에서 그대의 가르침을 받고 내 몸을 보존
할 수 있게 되었소."

(2) (趙盾)將諫,士季曰, "諫而不入, 則莫之繼也." (『左傳·宣公2年』) (조돈이) 장차 간하려 하자, 사계가 말하기를 "간하였는데 받아들여지지 않으면 당신을 대신할 사람이 아무도 없게 됩니다."고 하였다.

'之'가 사실과 처소를 칭대할 때는 지시의 기능을 한다. 이때 이는 대개 체언성이나, 때로는 용언성이 될 수도 있다. 다음 예를 보자.

(1) 鄭武公, 莊公爲平王卿士, 王貳于虢, 鄭伯怨王, 王曰, "無之." (『左傳·隱公3年』) 정무공과 정장공이 대를 이어 평왕의 경사가 되었는데, 평왕이 장공에게 주었던 정권을 양분하여 괵공에게 그 반을 주려 하자, 정백이 평왕을 원망하니, 평왕은 "그럴 뜻이 없다."고 하였다.

(2) 請京, 使居之. (『左傳·隱公元年』) 경성(京城)을 청하니, 그를 그곳에 살게 하다.

(3) 先生不羞, 乃有意欲爲收責於薛乎? 馮諼曰, "願之." (『戰國策·齊策4』) 선생께서 부끄러워하지 않으시는 것은 설(薛) 지방에서 세금을 거두는 것을 책망할 뜻이 있다는 것인지요? 풍원이 말하였다. "그렇게 하길 원합니다."

이상의 세 가지 예문들 가운데 '之'는 모두 지시 역할을 하며, 앞에 두 가지 예는 체언성이고 마지막 예는 용언성이다.

관형어 역할을 충당할 때, '之'는 근지를 나타내기도 하고 때로는 원지를 가리키기도 한다. 다음 예를 보자.

(1) 之數物者, 不足以厚民 (『莊子·庚桑楚』) 이러한 짓은 세상 사람을 행복하게 할 수가 없다.

(2) 之二蟲又何知? (『莊子·逍遙游』) 두 벌레는 또 무엇을 알겠는가?

'之'는 일반적으로 주어로 쓰이지 않으나, 몇몇 동사의 주술성 목적어에서 가끔 주어로도 쓰인다. 다음 예를 보자.

(1) 有臣柳莊也者, 非寡人之臣, 社稷之臣也, 聞之死, 請往. (『禮記·檀弓下』) 류장이라는 신하가 있으니, 그는 과인의 신하가 아니라, 나라의 신하이다. 그가 죽었음을 들었으니 청하건대 가게 해주시오.

(2) 孺悲欲見孔子, 孔子辭以疾, 將命者出戶, 取瑟而歌, 使之聞之. (『論語・陽貨』) 유비가 공자를
　　뵈려 했으나, 공자는 병을 핑계로 거절하였다. 말을 전해온 사람이 문을 나가자마자, 슬을
　　타며 노래하여, 그로 하여금 듣도록 했다.

이상 두 가지 예에서의 '之'는 모두 주술성 목적어에서 주어로 사용되고 있다.

② '諸'

상고시대에 '諸'는 '之于'의 합음사였다. 이는 '之于' 또는 '之乎', 때로는 '之'에 해당할
수 있다. '諸'가 문장 가운데 나타날 때는 보통 '之于'에 해당하고, 문장 끝에 사용되었을
때는 보통 '之乎'에 해당한다. 다음 예를 보자.

(1) 兄弟, 吾哭諸廟, 父之友, 吾哭諸諸門之外. (『禮記・檀弓上』) 형제에게는 내 사당에서 곡하
　　고, 아버지의 벗에게는 사당문 밖에서 곡한다.
(2) 齊宣王問曰, "文王之囿方七十里, 有諸?" (『孟子・梁惠王下』) 제선왕이 물었다. "문왕의 동산
　　이 사방 70리라 하니, 그러한 일이 있습니까?"

예(1)의 두 개의 '諸' 모두 문장 가운데 사용되고 있기에 '之于'에 해당하고, 예(2)에서
는 문장 끝에 사용되었기에 '之乎'에 해당한다. '諸'가 '之'에 해당할 때에는 문장 끝이나
중간 아무데나 와도 된다. 다음 예를 보자.

(1) 王如改諸, 則必反予. (『孟子・公孫丑下』) 왕이 만일 고치신다면 반드시 나의 발길을 돌리
　　게 하셨을 것이다.
(2) 賜也始可與言『詩』已矣, 告諸往而知來者. (『論語・學而』) 사야! 비로소 너와 『시경』을 논할
　　수 있게 되었구나! 이미 얘기한 것을 설명해주니 아직 얘기하지 않은 것을 아는구나.

이상의 두 예문에서의 '諸'는 모두 '之'에 해당한다.

③ '其'

'其'와 '之'의 지칭 역할은 거의 유사하나, '其'는 대개 관형어를 충당할 뿐 목적어로는
쓰이지 않는다. '其'는 보통 사람이나 사물을 가리키며, 사람을 가리킬 때에는 보통 타칭으

로 많이 쓰이나, 자칭과 대칭으로도 쓸 수 있다. 또 총칭(總稱)도 가능하다. 다음 예를 보자.

(1) 回也, 其心三月不違仁. (『論語 · 雍也』) 회는 그의 마음이 석 달을 두고 인을 어기지 않는다.

(2) 禹作爲祭器, 墨染其外, 而朱畵其內. (『韓非子 · 十過』) 우가 제기를 만드는데 먹으로 바깥을 칠하고 붉은색으로 안을 그렸다.

(3) 攻其惡, 無攻人之惡. (『論語 · 顔淵』) 자기 악한 점은 공격하되, 남의 악한 점은 공격하지 않는다.

(4) 天子發政于天下之百姓, 言曰, "聞善而不能善, 皆以告其上." (『墨子 · 尙同上』) 천자는 정령을 천하의 백성들에게 포고하여 말하였다. "선을 듣고 선을 행하지 않으면 모두가 너희들 윗사람에게 알려라."

(5) 古者刑不過罪, 故殺其父而臣其子, 殺其兄而臣其弟. (『荀子 · 君子』) 옛날에는 형벌이 죄에 비해 무겁게 지우는 일이 없었고, 그러므로 혹 자기 아버지가 사형을 당하는 일이 있어도 그 아들만은 죄가 없으므로 데려다 신하로 썼으며, 그 형은 죽여도 아우는 신하로 썼던 것이다.

예(1), (2)에서 '其'는 각각 사람, 사물을 가리키고, 예(3), (4), (5)에서 '其'는 차례로 자칭, 대칭, 총칭이다.

'其'는 지시 기능도 있다. 원지를 많이 나타내나, 근지도 나타낼 수 있다. 다음 예를 보자.

(1) 或曰, "以子之矛陷子之楯, 何如?" 其人弗能應也. (『韓非子 · 難一』) 혹자가 "당신의 창으로 당신의 방패를 찌르면 어떠합니까?"라고 말하자, 그 사람은 대답을 하지 못했다.

(2) 見善如不及, 見不善如探湯, 吾見其人矣, 吾聞其語矣. (『論語 · 季氏』) 선한 것을 보면 이르지 못할 것을 안타까워하고, 선하지 못한 것을 보면 뜨거운 물에 손을 넣듯 피하는 것, 나는 이러한 사람을 보았고 나는 이런 말을 들었다.

'其'는 자주 특지(特指)를 나타내기도 한다. 이 때 '其'가 가리키는 대상은 알맞고, 정당하고 요구에 부합하는 것임을 나타낸다. 다음 예를 보자.

(1) 故君子博學深謀, 修身端行, 以俟其時. (『荀子 · 宥坐』) 그러므로 군자는 학식이 넓고 깊게 생각하며 자신을 닦고 품행을 단정히 하여 알맞은 시기를 기다린다.

(2) 富與貴, 是人之所欲也, 不以其道得之, 不處也. (『論語·里仁』) 부와 귀는 사람이 탐내는 것이나, 정도(正道)로써 얻는 것이 아니라면, 누리지 말아야 한다.

(3) 苟有其備, 何故不可? (『左傳·昭公5年』) 이미 충분한 준비가 되어있는데 왜 안 되는 것인가?

‘其’가 수사 앞에 쓰일 때에는 ‘그 중의’이란 뜻을 지니는 경우가 많다. 다음 예를 보자.

(1) 使弈秋誨二人弈, 其一人專心致志, 惟弈秋之爲聽. (『孟子·告子上』) 혁추로 하여금 두 사람에게 바둑을 가르치게 하거늘, 그 중에 한 사람은 전심치지하여 오직 혁추의 말만을 듣는다.

(2) 臣聞楚有七澤, 嘗見其一. (『史記·司馬相如列傳』) 신이 듣건대 초에는 일곱 개의 연못이 있는데, 일찍이 그 중 하나를 보았습니다.

4) 무정대체사

무정대체사는 범위를 지칭할 수 있으나 구체적으로 특정 사람이나 사물을 지칭하지 못하는 지칭대체사로, ‘或’과 ‘莫’을 많이 쓴다. 이 두 가지 대체사는 보통 주어로 많이 쓰고, 목적어로는 쓰지 않는다. 선행사가 수반될 때에는 대개 선행사 뒤에 쓰며, 선행사가 지칭의 범위를 확정지어준다. 다음 예를 보자.

(1) 宋人或得玉, 獻諸子罕. (『左傳·襄公15年』) 송나라 사람 중에 어떤 이가 옥을 얻어, 자한에게 바쳤다.

(2) 天下之水, 莫大於海. (『莊子·秋水』) 천하의 물 중에서 바다보다 큰 것은 없다.

만약 선행사가 없다면, 그들이 지칭하는 범위는 보통 사람이나 사물이다. 다음 예를 보자.

(1) 或謂孔子曰, "子奚不爲政?" (『論語·爲政』) 어떤 사람이 공자에게 말하였다. "선생께서 왜 정치를 하지 않으십니까?"

(2) 慈石召鐵, 或引之也. (『呂氏春秋·精通』) 자석이 쇠를 끌어당기는데, 어떤 힘이 그것을 끌어당기는 것이다.

(3) 莫神於天, 莫富於地, 莫大於帝王. (『莊子·天道』) 하늘보다 영묘한 것은 없고, 땅보다 풍성한 것은 없으며, 제왕보다 위대한 것은 없다.

이상의 예문에서 '或'과 '莫'은 모두 선행사가 없으며, 예(1)에서 '或'은 특정 사람을 가리키며, 예(2)에서 '或'은 특정 힘을, 예(3)에서 '莫'은 사람, 사물 중 아무것도 없는 것을 가리킨다.

선진시대에 '莫'은 부정부사와 기능이 유사해 '不'에 상당한다. 한나라 이후에 '莫'은 명령문으로도 사용되어, 금지를 나타내는 '勿'과 기능이 유사하다. 다음 예를 보자.

(1) 聞免父之命, 不可以莫之奔也. (『左傳 · 昭公20年』) 부친의 죽음을 면하게 된다는 것을 듣고는 달려가지 않을 수 없다.

(2) 秦王車裂商君以徇曰, "莫如商鞅反者." (『史記 · 商君列傳』) 진왕이 상군을 거열하고 시체를 돌려 보이며 말하였다. "상앙처럼 배반하지 마라"

예(1)에서 '莫'은 '不', 예(2)에서 '莫'은 '勿'과 근접하다.

5) 대체사의 단수와 복수

고대중국어에서 대체사에는 단수와 복수의 구분이 없다. 즉, 단수와 복수는 같은 형태를 띠고 있는 것이다. 다음 예를 보자.

(1) 我無爾詐, 爾無我虞. (『左傳 · 宣公15年』) 우리(초)는 당신들(송)을 속이지 않을 것이니, 당신들도 우리 초나라를 속이지 말라.

(2) 百工居肆以成其事. (『論語 · 子張』) 여러 공인들은 일터에 있으면서 그들의 일을 이룬다.

(3) 故遠人不服, 則修文德以來之. (『論語 · 季氏』) 그러므로 먼 곳 사람이 복종하지 않으면, 곧 문화와 덕을 닦아서 그들이 따라오게 한다.

예(1)에서 인칭대체사 '我', '爾'는 모두 복수이며, 예(2), (3)에서 '其'와 '之' 역시 복수이나, 형태상 단수와 아무 차이가 없다.

때로는 인칭대체사 뒤에 '儕', '屬', '曹'를 덧붙여 다수를 나타내어 '이런 사람들'이란 의미를 가진다. '儕'는 주로 선진시기에 자칭으로 많이 사용되었다. '曹'와 '屬'은 자칭과 통칭으로 쓰였는데, 전자는 선진, 한나라 때 모두 사용되었고, 후자는 주로 한나라 때 쓰였다. 다음 예를 보자.

(1) 文王猶用衆, 況吾儕乎? (『左傳‧成公2年』) 문왕도 역시 일에 많은 사람을 썼었는데, 하물며 우리와 같은 사람들이야 말할 것이 있겠는가?

(2) 爲公者必利, 不爲公者必害. 吾曹何愛不爲公? (『韓非子‧外儲說右上』) 공을 위한다면 필히 이로울 것이고, 공을 위하지 않으면 필히 해로울 것이다. 우리들은 어째서 공을 위하지 않는 일을 아까워하겠는가?

(3) 吾愛之重之, 不願汝曹效也. (『後漢書‧馬援列傳』) 내가 그것을 아끼고 중히 여기지만, 너희들이 그를 본받기를 바라지는 않는다.

(4) 若屬皆且爲所虜. (『史記‧項羽本紀』) 너희들은 모두 포로가 되었다.

예(1), (2)에서의 '儕'와 '曹'는 선진시기에 사용되었고, 예(3), (4)에서의 '曹'와 '屬'은 한나라 때 사용되었다.

(2) 의문대체사

의문대체사는 구체적인 사람, 사물, 사건을 묻는 것으로, 상용하는 의문대체사로 '何(盍, 闔, 蓋)', '誰', '孰', '焉', '惡', '安', '曷', '奚', '胡' 등 아홉 가지가 있으며, 이들을 네 가지 유형으로 나누고 있다.

1) '何'

의문대체사에서 '何'가 가장 자주 쓰인다(2216).[36] '何'는 독립적으로 사용되기도 하고 다른 단어와 결합하여 함께 쓰이는 등 다양하게 사용된다. '誰', '孰'과 비교해볼 때, '何'의 용법은 비교적 복잡하다. '何'는 주로 술어, 목적어, 관형어로 사용되지만, 부사어, 주어로도 사용된다. 이런 용법들 가운데, 관형어로 쓰일 때를 제외하고는 '何'는 대개 사물이나 사건, 원인을 묻는 것이다.

'何'가 술어로 쓰일 때 뒤에 '也'를 수반하는 경우와 아닌 경우를 볼 수 있다. 다음 예를 보자.

---

36) [역주] 이는 제1장 개론에서 소개한 바와 같이 본서에서 제시하는 수량상의 통계에 해당한다. 통상적으로 『좌전』, 『국어』, 『논어』, 『맹자』, 『공양전』, 『곡량전』 등 여섯 권의 서적에 보이는 예문의 수량이다.

(1) 天之所欲者何也? (『墨子·天志下』) 하늘이 원하고자 하는 바는 무엇인가?

(2) 邑不言潰, 此其言潰何? (『公羊傳·昭公29年』) 읍의 경우 '潰'라 하지 않는데 여기에서 '潰'라 한 것은 어째서인가?

'何'가 목적어로 쓰일 때에는 보통 전치되어야 하나, 몇몇 극히 드문 동사의 목적어로 쓰일 때에는 전치하지 않아도 된다. 다음 예를 보자.

(1) 問左右曰, "師何及?" (『左傳·隱公3年』) 측근에게 물었다. "군사가 어디에 이르렀는가?"

(2) 秦晉, 匹也, 何以卑我? (『左傳·僖公23年』) 진(秦)나라와 진(晉)나라는 대등한데, 어째서 나를 비참하게 대하십니까?

(3) 人言云何? (『史記·外戚世家』) 사람들은 무엇을 말하는가?

예(1)에서 '何'는 동사의 목적어로 쓰이고 있고, 예(2)에서는 전치사의 목적어로서 전치되었다. 예(3)에서는 동사 '云'의 목적어로 쓰였으나 전치되지 않았다. 이런 경우는 극히 드문 예이다.

'何'가 관형어로 쓰일 때에는 유생명사 또는 무생명사 모두를 수식할 수 있다. 다음 예를 보자.

(1) 是何人也? (『莊子·養生主』)　　　이건 어떤 사람인가?

(2) 此何木也哉? (『莊子·人間世』)　　　이것은 무슨 나무일까?

이상 두 예문에서 '何'는 각각 유생명사와 무생명사를 수식하고 있다.

'何'가 부사어와 주어로 쓰이는 경우는 이상 세 가지 용법만큼 자주 쓰이지는 않는다. 다음 예를 보자.

(1) 夫子何哂由也? (『論語·先進』)　　　당신은 왜 자로의 이야기에 웃으십니까?

(2) 公曰, "何謂忠貞?" (『左傳·僖公9年』) 희공이 말하였다. "무엇이 충정이라 불리는가?"

이상 두 예문에서 '何'는 각각 부사어와 주어로 쓰이고 있다.

'何'와 관계된 '盍'(闔, 蓋)은 주로 '何不'을 의미하지만, 때로는 '何'를 나타내기도 한다. 이들은 주로 부사어로 쓰인다. 다음 예를 보자.

> (1) 盍亦求之? (『左傳 · 僖公24年』) 어찌하여 너도 상(賞)을 구하지 않느냐?
>
> (2) 夫子闔行邪? 無落吾事. (『莊子 · 天地』) 당신은 어째서 가지 않는가? 내 일을 망치지 말라.
>
> (3) 子蓋言子之志于公乎? (『禮記 · 檀弓上』) 그대는 어째서 자신의 뜻을 부왕에게 말하지 않습니까?
>
> (4) 文惠君曰, "嘻, 善哉! 技蓋至此乎!" (『莊子 · 養生主』) 문혜군이 말하였다. "아, 훌륭하구나. 기술도 어찌하면 이런 경지에까지 이를 수 있느냐?"

예(1), (2), (3)에서 '盍', '闔', '蓋'는 모두 '何不'에 해당하며, 예(4)에서 '蓋'는 '何'에 해당한다.

2) '誰', '孰'

'何'와 비교했을 때, '誰'(219), '孰'(127)을 사용하는 횟수가 훨씬 적다.

'誰'의 경우 주로 사람을 묻는 것으로, 목적어로 쓰여 전치될 때를 제외하고는 일반명사의 기능과 별반 다를 것이 없다. 다음 예를 보자.

> (1) 誰殺不辜? (『墨子 · 天地』) 누가 무고한 자를 죽였는가?
>
> (2) 追我者誰也? (『孟子 · 離婁下』) 나를 뒤쫓고 있는 자는 누구인가?
>
> (3) 子爲元帥, 師不用命, 誰之罪也? (『左傳 · 宣公12年』) 당신이 원수가 되어, 군사에 명령이 쓰이지 않으니, 누구의 죄인가?
>
> (4) 子行三軍則誰與? (『論語 · 述而』) 선생께서 대군을 지휘한다면, 누구와 함께 하겠습니까?

예(1), (2), (3)에서 '誰'는 각각 주어, 술어, 관형어로 쓰였고, 예(4)에서는 전치된 목적어로 쓰였다.

'孰'은 사람, 사물, 그리고 사건을 물을 수 있으며, 주술성 술어에서 절의 주어로 쓰이는 경우가 가장 많다. 그 앞에 나오는 대주어는 질문과 관련된 범위를 한정한다. 다음 예를 보자.

(1) 弟子孰爲好學? (『論語‧先進』)　제자들 중에 누가 배우기를 가장 좋아합니까?

(2) 然當今之時, 天下之害孰爲大? (『墨子‧兼愛下』)　그러나 지금에 있어서, 천하의 해는 어느 것이 가장 크다고 할 것인가?

예(1), (2)에서 ●를 붙인 단어는 대주어로, '孰'과 관련된 범위를 나타낸다.

'孰'은 주어로 직접 사용할 수 있으며, 그 앞에는 범위를 한정하는 단어를 사용하지 않는다. 다음 예를 보자.

(1) 孰謂鄹人之子知禮乎? (『論語‧八佾』)　누가 추씨 사람의 아들이 예를 안다고 하는가?

(2) 白玉不毁, 孰爲圭璋? (『莊子‧馬蹄』)　백옥을 훼손하지 않는다면 어느 누가 규나 장을 만들겠는가?

'孰'은 관형어로는 사용하지 않지만, 가끔 전치된 목적어로는 사용된다. 다음 예를 보자.

(1) 聖人有百, 吾孰法焉? (『荀子‧非相』)　성인이 백이나 되는데 누구를 본받을 것입니까?

(2) 王者孰謂? 謂文王也. (『公羊傳‧隱公元年』)　왕은 누구를 말하는 것입니까? 문왕을 말합니다.

이상 두 예문에서 '孰'은 모두 전치된 목적어이다.

3) '焉', '惡', '安'

이 세 가지 대체사 가운데, '焉'(161)이 비교적 많이 쓰이고, 다음으로 '惡'(40), '安'(37)을 쓴다. 이들은 목적어와 부사어로 많이 쓰이는데, 목적어로 사용될 때는 처소를 묻는 것이며, 뒤에 나오는 술어는 대개 운동동사이다. 다음 예를 보자.

(1) 臣而不臣, 行將焉入? (『左傳‧僖公15年』)　신하가 신하 도리를 하지 않는다면, 간다한들 장차 어찌 들어갈 곳이 있겠는가?

(2) 若物之外, 若物之內, 惡至而倪貴賤, 惡至而倪大小? (『莊子‧秋水』)　사물의 밖일까요? 사물의 안일까요? 어디에 이르러 귀하고 천함으로 나눕니까? 어디에 이르러 작고 큰 것으로 나누는 것입니까?

(3) 行賢而去自賢之行, 安往而不愛哉? (『莊子・山木』)　현명함을 행하나 스스로 현명하다고 하는
　　행동을 버리면, 어디를 간들 애착을 갖지 않겠지요!

　이상 세 예문에서 '入', '至', '往'은 모두 운동동사이다. 이 세 가지 대체사가 부사어로
사용될 때에는 '어디', '어떻게', '어디로부터', '어디서부터', '어째서' 등의 뜻을 가진다.
다음 예를 보자.

(1) 吳人焉敢攻吾邑? (『呂氏春秋・察微』)　오나라 사람이 어떻게 감히 우리 읍을 공격하는가?
(2) 惡得之? 得之堤下. (『穀梁傳・定公9年』)　어디로부터 그것을 얻었는가? 제방 밑에서 얻었도다.
(3) 沛公曰, "君安與項伯有故?" (『史記・項羽本紀』)　패공이 말하였다. "그대는 어찌 항백과 안
　　분이 있는가?"

　'惡'는 '惡乎'로 결합하여 많이 쓰이며, '乎'와 전치사 '于'는 기능이 같다. '惡乎'는 '어디부
터(까지, 에서)', '어떻게'라는 뜻으로, 처소나 원인 또는 방식을 물을 때 쓰인다. 다음 예를 보
자.

(1) 學惡乎始? 惡乎終? (『荀子・勸學』)　학문은 어디서부터 시작하고 어디에서 끝나는가?
(2) 敢問夫子惡乎長? (『孟子・公孫丑上』)　감히 묻건대 선생님께서는 어떤 방면을(무엇을) 잘하
　　십니까?
(3) 君子去仁, 惡乎成名? (『論語・里仁』)　군자가 인을 제거하면 어찌 이름을 이루리오?

4) '曷', '奚', '胡'

　이 세 가지 대체사 중, '曷(268)'이 출현하는 빈도가 가장 높으며, 다음은 '奚'(54),
'胡'(22) 순이다. 자주 쓰이는 용법에서 볼 때, 이 세 가지 대체사는 각각 특징이 있다. '曷'
의 경우는 목적어로, '胡'는 부사어, '奚'는 부사어와 목적어로 자주 쓰인다.
　'曷'의 의미는 대체로 '何'와 유사하나, 전치사 '爲'의 목적어로 많이 쓰이며, 다른 전치
사나 동사의 목적어로도 사용될 수 있고, 때로는 부사어나 주어로도 사용된다. 다음 예를
보자.

(1) 曷爲久居此圍城之中而不去也? (『戰國策·趙策3』) 어찌 오랫동안 이 포위된 성에서 살면서 떠나지 않습니까?

(2) 曷以知舞之意? (『荀子·樂論』) 어떻게 춤의 뜻을 알겠습니까?

(3) 秦伯怒曰, "若爾之年者, 宰上之木拱矣, 爾曷知!" (『公羊傳·僖公33年』) 진백이 노하여서 말하였다. "그대들 나이만큼 오래 되었다면 무덤 위의 나무가 한아름이 될 것인데, 그대가 어찌 아는가!"

(4) 三者在身, 曷怨人! (『荀子·法行』) 세 가지가 (내) 몸에 있는 것이니 어찌 다른 사람을 원망하겠는가!

(5) 曷謂一? 曰, "執神而固." (『荀子·儒效』) 무엇을 하나라고 하는가? 말하였다. "정신을 잡고서 견고히 하는 것이다."

예(1), (2)는 '曷'이 전치사 '爲'와 '以'의 전치목적어로 쓰인 경우이며, 예(3)은 동사 '知'의 전치목적어로, 예(4), (5)는 각각 부사어와 주어로 사용된 경우이다.

'胡'는 부사어로 많이 쓰이며, 주로 '왜', '어째서(어떻게?)'를 의미하고, 때로는 전치목적어로 사용되어 처소를 나타내기도 한다. 다음 예를 보자.

(1) 上胡不法先王之法. (『呂氏春秋·察今』) 임금께서는 어찌 선왕의 법을 따르지 않습니까?

(2) 姑嘗本原若衆利之所自生, 此胡自生? (『墨子·兼愛下』) 옛날에 일찍이 근본이 마치 여러 이익이 스스로 나타나는 것과 같았으니, 이러한 것이 어찌 스스로 나타나는 것이겠는가?

예(1)에서 '胡'는 부사어로, 예(2)에서는 전치사 '自'의 전치목적어로 사용되어 처소를 나타내고 있다.

'奚'가 부사어나 목적어로 쓰이는 경우는 자주 볼 수 있다. 부사어로 사용될 때의 의미는 '왜'이고, '목적어'로 사용될 때는 '무엇', '어느 곳'이란 의미를 가진다. 다음 예를 보자.

(1) 或謂孔子曰, "子奚不爲政?" (『論語·爲政』) 혹자가 공자에게 말하였다. "선생은 어째서 정치를 하지 않습니까?"

(2) 公曰, "太師奚笑也?" 師曠對曰, "臣笑叔向之對君也." (『韓非子·難二』) 공이 말하였다. "태사는 무엇을 웃으십니까?" 사광이 대답하여 말하였다. "신은 숙향이 임금을 대하는 것을 보고서 웃었습니다."

(3) 水奚自至? (『呂氏春秋 · 貴直』) 물은 어디에서 흘러온 것인가?

예(1)에서 '奚'는 부사어로, 예(2), (3)에서는 목적어로 쓰이고 있다.

2. 용언성 대체사

용언성 대체사는 크게 지칭성 대체사와 의문성 대체사로 나눌 수 있다.

(1) 용언성 지칭대체사

자주 쓰는 용언성 지칭대체사에는 '然', '如是', '若是', '如此', '若此', '如彼' 등이 있다. 주로 '이렇게', '저렇게'를 나타낸다.

'然'이 술어로 쓰일 때에는 단독으로 사용할 수 있으나, 대개 부사의 수식을 받는 경우가 많다. 긍정과 부정 형식 모두 자주 쓰인다. 다음 예를 보자.

(1) 魯子曰, "我貳者, 非彼然, 我然也." (『公羊傳 · 莊公23年』) 노자가 말하였다. "내가 두 마음을 가진 것은, 그가 두 마음을 가진 것과는 다르다. 나는 그러하다."

(2) 古之賢王, 好善而忘勢. 古之賢者, 何獨不然. (『孟子 · 盡心上』) 옛날의 성인은 선함을 좋아하고 세력을 잊었다. 옛날의 현인이 어찌 홀로 그러하지 않았겠는가?

예(1)에서 '然'은 단독으로 사용되고, 예(2)에서 '然'은 부사 '不'의 수식을 받고 있다.

'如是', '若是', '如此', '若此', '如彼'가 술어로 쓰일 때에는 부사의 수식을 덜 받으며, 대부분 긍정으로 많이 쓰이며, 부정으로는 거의 쓰이지 않는다. 다음 예를 보자.

(1) 昔武王克商, 微子啓如是. (『左傳 · 僖公6年』) 옛날에 무왕이 은나라를 무찌르자, 미자계가 이와 같았다.

(2) 顏淵曰, "舜何人也? 予何人也? 有爲者亦若是." (『孟子 · 滕文公上』) 안연이 말하였다. "순은 어떠한 사람입니까? 저는 어떠한 사람입니까? 행함이 있는 자는 또한 이와 같습니다."

(3) 夫其爲人下也如彼, 其爲人上也如此, 何謂其無益於人之國也. (『荀子 · 儒效』) 대저 그 사람됨이 아래인 것이 저와 같고, 그 사람됨이 위인 것이 이와 같으니, 무엇을 가리켜서 사람의 나

라에 이익되지 않는 것이라고 하는가?

(4) 故古聖人之爲若此. (『墨子·尙同中』) 따라서 옛 성인이 한 것이 이와 같았다.

이상의 예문들 가운데 예(2)가 부사 '亦'의 수식을 받는 것을 제외하고는 모두 단독으로 쓰이고 있다.

'如是'는 부사어로 많이 쓰이며, '是'와 뒤에 나오는 용언성 어휘가 결합하여 주술 또는 수식관계가 되지 않도록 '是' 뒤에 '其'를 많이 쓴다. 오해의 소지가 없는 상황에서는 '其'를 덧붙이지 않아도 된다. 다음 예를 보자.

(1) 明法者强, 慢法者弱, 强弱如是其明矣. (『韓非子·飾邪』) 법에 강한 이가 강하고, 법에 약한 자가 약하니, 강하고 약한 것이 이처럼 명확하다.

(2) 自吾執斧斤以隨夫子, 未嘗見材如此其美也. (『莊子·人間世』) 제가 도끼를 들고서 선생님을 따라 다닌 때부터, 아직 이처럼 좋은 나무는 본 적이 없습니다.

(3) 人之生也, 固若是芒乎? (『莊子·齊物論』) 사람의 삶이, 진실로 이와 같이 어둡고 분명하지 않은 것인가?

이상 세 예문에서 '如是', '如此', '若是' 모두 부사어로 사용되고 있으며, 앞의 두 예문은 '其'를 붙였으나, 예(3)은 생략하였다.

(2) 용언성 의문대체사

상용하는 용언성 의문대체사에는 아홉 가지가 있다. 이들을 네 가지 유형으로 나눠보면 다음과 같다.

1. 奈何, 若何, 如何
2. 何如, 何若
3. 若之何, 如之何, 奈之何
4. 幾何

이상 9개의 의문대체사에서 '奈何'(68), '何如'(32), '若之何'(53)를 비교적 많이 쓰며, 나머지 여섯 가지는 비교적 드물게 사용한다. '奈何', '何如', '若之何'는 일반 형식이고, 이들과 같은 조에 있는 나머지 5가지 대체사는 방언에서 나온 변형체이다. '若之何', '如之何', '奈之何'에서 '之'는 거의 허화(虛化)하였으나, '奈之何'에서 '之'는 가끔 지시 기능을 지닐 때가 있다. 앞에 세 유형의 대체사는 술어로 쓰여, '어떻게'를 뜻한다. 다음 예를 보자.

(1) 文公問箕鄭曰, "救饑奈何?" 對曰, "信." (『韓非子・外儲說左上』) 문공이 기정에게 물었다. "배고픈 것에서 구해주겠다고 하면 어떠한가?" 대답하였다. "믿겠습니다."

(2) 子曰, "由, 知者若何? 仁者若何?" (『荀子・天道』) 공자가 말하였다. "유(자로)야, 아는 것은 어떠한 것인가? 인이라는 것은 어떠한 것인가?"

(3) 國將如何? (『左傳・昭公27年』) 나라는 장차 어떠할까?

(4) 然明謂子産曰, "毀鄕校何如?" (『左傳・襄公31年』) 연명이 자산에게 말하였다. "향교를 없애는 것은 어떠한가?"

(5) 子墨子謂公尙過曰, "子觀越王志何若?" (『墨子・魯問』) 자묵자가 공상과에게 말하였다. "그대는 월왕의 뜻이 어떠하였는지를 보았는가?"

(6) 善爲政者若之何? (『墨子・耕柱』) 정치를 잘하는 것이 이와 같으면 어떠한가?

(7) 仍舊貫, 如之何? (『論語・先進』) 하던 대로 하면 어떠한가?

(8) 若然者, 吾奈之何? (『莊子・人間世』) 이와 같다면, 나는 어찌해야 하는가?

'奈何', '如何', '若何', '若之何', '如之何'는 부사어로 많이 쓰이며, '何如'는 부사어로 쓰이기는 하지만 앞에 나온 대체사보다는 자주 쓰이지 않는다. '如是' 등과 마찬가지로, 부사어로 쓰일 때 뒤에 '其'를 덧붙이기도 한다. 부사어로 쓰일 때의 의미는 '왜', '어떻게 (가능한가)'이다. 다음 예를 보자.

(1) 奈何其欲爲高君子於天下, 而有復信衆人耳目請哉? (『墨子・明鬼下』) 어찌 그가 천하에 높은 군자가 되고자 하면서, 또 여러 사람들의 이목을 청하는 것을 갖고자 하는가?

(2) 明恥敎戰, 求殺敵也傷未及死, 如何勿重? (『左傳・僖公22年』) 부끄러움을 밝히고 전쟁을 가르치는 것은 적을 죽일 것을 요구하는 것입니다. 상처가 죽음에 이르지 않았는데, 거듭 상처를 주지 않는 것은 어째서입니까?

(3) 無神, 何告? 若有, 不可誣也. 有罪若何告無? (『左傳・哀公14年』) 신이 없다면 무엇을 고하겠는가? 만일 있다면 무고히 할 수 없다. 죄가 있다면 어찌 없다고 고하겠는가?

(4) 此車一人殿之, 可以集事, 若之何其以病敗君之大事也. (『左傳·成公2年』)　이 수레의 한 사람이 침착하면 이 일을 잡을 수 있는데, 어찌 그가 병 때문에 임금의 큰 일을 망칠 수 있겠습니까?

(5) 我之不賢與, 人將拒我, 如之何其拒人也. (『論語·子張』)　내가 못났다면, 사람들이 장차 나를 멀리할 것인데, 어떻게 내가 사람들을 멀리할 것인 가?

(6) 魯哀公問孔子曰, "吾欲論國之士, 與之治國, 敢問何如取之哉?" (『荀子·哀公問』)　노애공이 공자에게 물었다. "제가 나라의 선비와 나라를 다스리는 것에 대해서 논하고자 하는데, 감히 묻건데 어떻게 해야 그것을 얻을 수 있겠습니까?"

'何若', '奈之何'가 부사어로 쓰이는 경우는 없다. 이 외에 '何如', '何若'은 관형어로 쓰일 수 있으며, '어떠한'이라는 의미를 지닌다. 다음 예를 보자.

(1) 蘇代爲齊使燕, 王問之曰, "齊王亦何如主也?" (『韓非子·外儲說右下』)　소대가 제나라를 위해서 연나라로 사신을 갔다. 왕이 물었다. "제왕은 또한 어떠한 주인인가?"

(2) 此爲何若人也? (『墨子·公輸』)　이는 어떠한 사람입니까?

'幾何'는 주로 수량을 묻는 것으로, 술어, 관형어로 쓰이며 때로는 목적어로도 사용된다. 다음 예를 보자.

(1) 昭王曰, "薛公之地大小幾何?" (『戰國策·趙策四』)　소왕이 말하였다. "설공의 땅은 크기가 얼마인가?"

(2) 吾欲攻取荊, 於將軍度用幾何人而足? (『史記·白起王翦傳』)　내가 형(荊)을 공격하고자 하는데 장군에게 몇 명을 주면 좋겠소?

(3) 上問曰, "如我能將幾何?" (『史記·淮陰侯列傳』)　임금이 물었다. "나라면 능히 몇 명을 거느리겠소?"

이상 세 예문에서 '幾何'는 각각 술어, 관형어, 목적어로 사용되고 있다.

제4장 허사

편폭에 제한이 있으므로 이 장에서는 단지 자주 보이는 허사의 주요 용법만을 소개하려 하는데, 그 중에서도 조사 가운데 판단사[決斷詞]와 구조조사[結構助詞]를 중점적으로 소개하고자 한다. 왜냐하면 이러한 허사들의 용법들은 비교적 복잡하며, 또한 고대중국어 어법의 특징을 뚜렷하게 구현하기 때문이다.

제1절 부사

부사는 대다수가 보사(輔詞)에, 소수가 조사에 속한다. 문장 구성의 기능부터 보면, 부사는 가장 간단한 허사 중 하나이다. 이들 중 절대다수는 단지 부사어로만 쓰일 수 있으나 부사의 수량과 문장 중의 기능에서 본다면, 어쩌면 이것은 또한 가장 복잡한 허사 중 하나일 것이다. 부사를 분류하는 것 역시 비교적 복잡한 문제이다. 현재 상용되는 분류방법은 주로 의미를 기준으로 부사를 분류한 다음 각 부류의 부사의 어법 특징을 설명하는 것이다. 본서는 주로 부사의 기능에 근거하여 분류한다. 기능에 근거하여 나누어 낸 부류는 부사의 자주 보이는 분류결과와 완전히 같지는 않다. 다행히 자주 보이는 분류는 매우 쉽게 볼 수 있으므로 관심 있는 독자는 비교하고 참조해 볼 수 있다.

기능에 근거하면 부사는 대체로 1) 어기부사, 2) 결단부사, 3) 시태부사, 4) 정도부사, 5) 부정부사, 6) 겸허부사, 7) 범위부사 등 일곱 종류로 분류할 수 있다. 이 일곱 종류의 부사 중, 1)과 2)의 부사는 조사적 성격에 속하며, 이들은 주로 문장 종류 또는 문형을 확정짓는 기능이 있다. 3)~7)은 보사적인 것으로, 일반적으로 문장 종류 또는 문형을 확정짓는 기능이 없다. 3)~6)은 주로 부사가 수식하는 용언성 어휘에 근거하여 분류한 것이며, 7)의 범위 부사는 주로 주어에 근거하여 분류한다. 이상의 일곱 종류의 부사를 분류할 때, 세 가지 다른 기준을 채용했기 때문에 각각의 부사는 기능상에서 교차하는 부분이 있고,

어떤 부사는 상이한 기능으로 다른 부류에 겸하여 속하기도 한다.

1. 어기부사

어기부사는 다른 문장 종류를 구성하는 기능이 있는데, 상용되는 것은 의문어기부사(疑問語氣副詞)와 기사어기부사(祈使語氣副詞) 두 종류가 있다.

(1) 의문어기부사

의문어기부사는 대부분 반문과 추측 의문[測問]을 나타내는 데에 쓰인다. 반문을 나타내는 데에 자주 쓰이는 것은 '豈'(176), '不亦(……乎)'(92)가 있고, 이 외에도 '其', '寧', '庸', '獨' 등이 있다. 다음 예를 보자.

　(1) 沛公不先破關中, 公豈敢入乎?[37] (『史記・項羽本紀』)　패공이 먼저 관중을 부수지 않았는데, 공이 어찌 감히 들어가겠습니까?
　(2) 舟已行矣, 而劍不行, 求劍若此, 不亦惑乎? (『呂氏春秋・察今』)　배는 이미 갔으나, 검은 가지 않으니, 검을 구하는 것이 이와 같다면 어찌 의혹되지 않겠습니까?
　(3) 國無主, 其能久乎? (『左傳・襄公29年』)　나라에 주인이 없으니, 어찌 오래 갈 수 있겠는가?
　(4) 王獨未見夫晴蛉乎? (『戰國策・楚策4』)　왕께서는 설마 아직 잠자리를 보지 못하셨습니까?

이상은 모두 반어문이다.

추측 의문을 나타내는 데에 자주 쓰이는 것은 '無乃'(毋乃)(76)이며, '豈'도 때로는 추측 의문을 나타낼 수 있다. 다음 예를 보자.

　(1) 群臣諫曰, "以百金之地, 贖一胥靡, 無乃不可乎?" (『戰國策・宋衛策』)　여러 신하들이 간하여 말하였다. "백금의 가치의 땅으로 죄수 한 사람을 풀어주는 것은 불가능한 일이 아니겠습니까?"

---

37) [역주] 원서에는 "沛公不先破秦入關中, 公豈敢入乎?"라고 되어 있다. 中華書局本에 의거하여 고쳤다.

(2) 君反其國而有私也, 毋乃不可乎? (『禮記·檀弓下』)　임금이 나라에 돌아와 사사로운 일을 벌이시니, 그렇게 하면 안 되는 거겠지요?

(3) 今吾且死, 而侯生曾無一言半辭送我, 我豈有所失哉? (『史記·信陵君列傳』)　지금 내가 죽겠으나 후생이 일찍이 나에게 한 마디 말도 전송하지 않았으니, 아마도 내가 잘못한 것이 있었겠군요?

이상의 예문은 모두 추측 의문을 나타낸다.

'何其'는 의문을 나타낼 수 있고, 감탄을 나타낼 수도 있다. 다음 예를 보자.

(1) 王子問曰, "何其侮我也?" (『墨子·魯問』)　왕자가 물었다. "어찌 그리도 나를 모욕합니까?"

(2) 悲夫! 士何其易得而難用也! (『戰國策·齊策4』)　슬프도다! 어찌 그리도 선비를 얻기는 쉽지만 쓰기는 어려운가!

(1)은 의문을 나타내고, (2)는 감탄을 나타낸다.

(2) 기사어기부사

기사어기부사는 주로 희망이나 금지를 나타내고, 명령문에서 자주 쓰인다. 희망을 나타내는 것에는 주로 '其', '必', '姑', '庶幾', '庶' 및 한나라 때에 출현한 '幸', '弟(第)' 등이 있다. 금지를 나타내는 것은 '無', '毋', '勿'이 있다[38]. 다음은 희망을 나타내는 예문이다.

(1) 趙衰曰, "土者, 有土也, 君其拜受之." (『史記·晉世家』)　조최가 말하였다. "흙이라는 것은 땅을 가지는 것입니다. 임금께서는 그것을 받들어 받으십시오."

(2) 我死, 汝必速行! (『左傳·僖公28年』)　제가 죽으면, 당신은 반드시 속히 떠나십시오 !

(3) 及君之嗣也, 我君景公引領西望曰, "庶撫我乎!" (『左傳·成公13年』)　군주께서 대를 이으시게 되자, 우리의 경공은 고개를 들고 서쪽을 바라보시면서 말하였다. "부디 우리를 돌보십시오!"

(4) 君弟重射, 臣能令君勝. (『史記·孫子吳起列傳』)　그대께서는 단지 무겁게 거십시오. 신은 그대께서 이기도록 할 수 있습니다.

---

38) 이 세 가지 부사는 부정부사에 겸하여 속한다.

이상의 예는 모두 명령문이다. '毋', '無', '勿'은 그만두도록 권유나 금지를 나타내는데 쓰이는데, '毋', '無' 뒤의 동사는 목적어를 수반할 수 있고, '勿' 뒤의 동사는 보통 목적어를 수반하지 않는다. 다음 예를 보자.

(1) 將軍毋失時! 時間不容息. (『史記・張耳陳餘列傳』) 장군은 때를 잃지 마십시오. 시간은 쉬는 것을 허락하지 않습니다.

(2) 公懼而. 神曰, "無走!" (『國語・晉語2』) 공이 두려워하여 달아났다. 귀신이 말하였다. "달아나지 말거라!"

(3) 左右皆曰可殺, 勿聽. (『孟子・梁惠王下』) 좌우에서 모두 죽일만하다고 말하여도 듣지 마십시오.

예(1)과 (3)은 그만두도록 권유하는 것을 나타내고, (2)는 금지를 나타낸다. 경우에 따라서 '毋', '無', '勿'은 부정부사 '不'과 비슷하다. 다음 예를 보자.

(1) 燕, 趙城可毋戰而降也. (『史記・張耳陳餘列傳』) 연나라, 조나라 성은 싸우지 않고서도 항복시킬 수 있습니다.

(2) 貧而無諂, 富有無驕, 何如? (『論語・學而』) 가난하나 아첨하지 않고, 부유하나 교만하지 않으면, 어떻습니까?

(3) 楚人來討, 能勿從乎? (『左傳・襄公8年』) 초나라 사람이 토벌하러 왔는데, 따르지 않을 수 있겠습니까?

2. 결단부사

결단부사는 판단문과 설명문의 부사로 자주 쓰인다. 상용되는 것으로 1) '非(匪)', 2) '固', '實', '誠', '乃(迺)', '卽', '必', '殆', '又', '亦' 등, 3) '獨', '僅', '徒', '直', '特' 등, 4) '其', '庶', '庶幾' 등이 있다. 이 부류 부사의 특징은 용언성 어휘를 수식할 수 있는 것 외에, 일반적으로 체언성 어휘도 수식할 수 있다. 체언성 어휘를 수식할 경우에는 자주 '也'와 호응하여 쓰이며, 판단문을 구성한다.

(1) '非'

'非'는 전형적이고 자주 사용되는 결단부사로, 흔히 부정적인 판단을 나타내는 데에 쓰인다. 그 뒤의 '也'와 호응하는 것이 있고, 때로는 '也'를 사용하지 않을 수도 있다. 다음 예를 보자.

(1) 有子曰, "是非君子之言也." (『禮記·檀弓上』) 유자가 말하였다. "이는 군자의 말이 아니다."

(2) 宣太後非武王母. (『史記·穰侯列傳』) 선태후는 무왕의 어머니가 아니다.

'非'는 또한 복문의 앞 절에 자주 쓰이고, 뒷 절과 함께 '부정 + 긍정'의 형식을 구성하여 대비관계와 가설관계를 나타낸다. 다음 예를 보자.

(1) 對曰, "臣非能相人也, 能觀人之友也." (『呂氏春秋·貴當』) 대답하여 말하였다. "신은 사람을 살펴 볼 수는 없지만, 그 사람의 친구는 살펴볼 수 있습니다."

(2) 齊國之諸公子其可輔者, 非公子糾, 則小白也. (『韓非子·說林下』) 제나라의 여러 공자 중에서 가히 보필할만한 자는 공자규가 아니면 소백일 것이다.

예(1)은 대비관계를 나타내는 복문이고, 예(2)는 가설관계를 나타낸다.

(2) '固', '實', '誠', '乃', '卽', '必', '殆', '又', '亦'

이 몇 가지의 부사는 판단문에 쓰일 수 있을 뿐 아니라, 설명문에도 쓰일 수 있다. 이 몇 가지 부사 뒷부분이 체언성 어휘일 경우에는 긍정적인 판단문을 구성할 수 있고, 문미에 '也'가 자주 쓰인다. 다음 예를 보자.

(1) 同類相從, 同聲相應, 固天之理也. (『莊子·漁父』) 같은 무리는 서로 따르고, 같은 소리는 서로 응하니, 진실로 하늘의 이치이다.

(2) 除天下之害, 當若繁爲攻伐, 此實天下之巨害也. (『墨子·非攻下』) 천하의 해로움을 제거하고자 오히려 공격하고 정벌하는 것에 번거롭다면, 이는 실로 천하의 큰 해로움이다.

(3) 尹士聞之曰, "士誠小人也." (『孟子·公孫丑下』) 윤사는 그 말씀을 듣고 말하였다. "나는 진실로 소인이다."

(4) 夫有齊國, 必此二公子也. (『呂氏春秋·不廣』) 제나라를 가질 사람은 반드시 이 두 공자이다.

(5) 吾嘗見一子于路, 殆君子之子也. (『史記·趙世家』) 내가 전에 길에서 한 아이를 만났는데, 아마도 그대의 아이일 것이다.

(6) 魚, 我所欲也. 熊掌, 亦我所欲也. (『孟子·告子上』) 물고기는 내가 원하는 바이고, 곰발바닥 또한 내가 원하는 바이다.

이 몇 가지의 부사의 뒷부분이 용언성 어휘일 경우에는 설명문을 구성한다. 다음 예를 보자.

(1) 臣固知王之不忍也. (『孟子·梁惠王上』) 신은 진실로 왕이 참지 못하는 것을 압니다.

(2) 於是入朝見威王曰, "臣誠知不如徐公美." (『戰國策·齊策1』) 이 때 조정에 들어가서 위왕을 뵙고 말하였다. "신은 진실로 서평군의 아름다움에 미치지 못함을 압니다."

(3) 士有從原中出者, 曰, "原三日卽下矣." (『韓非子·外儲說左上』) 원지방에서 나오는 병사가 말하였다. "원지방은 삼일이면 함락될 것입니다."

(4) 公上過曰, "殆未能也." (『呂氏春秋·高義』) 공상과가 말하였다. "아직 능하지 못합니다."

(5) 聖人之治天下, 豈無所用其心哉? 亦不用於耕耳. (『孟子·滕文公上』) 성인이 천하를 다스리는 데에는 어찌 그 마음을 쓰지 않겠습니까? 또한 농사를 짓는데 쓰지 않았을 뿐입니다.

이상의 예문은 모두 설명문으로 모두 결단부사가 사용되었다.[39]

판단문과 설명문에 사용되는 것 이외에, 이 부류의 어떤 부사는 서술문에도 쓰일 수 있다. 다음 예를 보자.

(1) 管仲固諫, 不聽 (『史記·齊太公世家』) 관중이 진실로 간하였으나 듣지 않았다.

(2) 王怒, 少與之師, 唯西廣, 東宮與若敖之六卒實從之. (『左傳·僖公28年』) 왕이 노하여, 적게 군사를 주었으니, 오직 서광, 동궁과 약오의 여섯 병사만이 실제로 따랐다.

---

39) 설명문과 결단부사의 관계에 관해서는 제6장 제2절의 설명문을 참고하길 바란다. 본 절에서는 중복하지 않는다. 이하도 마찬가지이다.

(3) 莒紀公生大子僕, 又生季佗. (『左傳・文公十八年』) 거기공은 태자복을 낳았고, 또 계타를 낳았다.

(3) '獨', '僅', '徒', '直', '特'

'獨'은 범위를 한정하는 것을 나타내며, 용언성 어휘를 수식할 수 있는 것 이외에, 주술구와 체언성 어휘도 수식할 수 있다. 다음 예를 보자.

(1) 羣臣聞見者畢賀, 陳軫後見, 獨不賀. (『戰國策・秦策2』) 군신이 이를 듣고 축하하였다. 진진이 뒤에 알현하고 홀로 축하하지 않았다.

(2) 楚地皆降漢, 獨魯不下. (『史記・項羽本紀』) 초나라 땅은 모두 한나라에 항복하였는데, 오로지 노 지방만이 함락되지 않았다.

(3) 且以尙賢爲政之本者. 亦豈獨子墨子之言哉? (『墨子・尙賢中』) 또한 상현을 정치의 근본으로 삼는 것 역시 어찌 묵자만의 말만이겠습니까?

예(1)은 용언성 어휘를 수식하고, 예(2)는 주술구를 수식하고, 예(3)은 체언성 구를 수식한다.

'僅', '徒', '直', '特' 또한 관련된 내용에 대해 한정한다. 이들은 통상 용언성 어휘를 수식하고 문미에 '耳'를 자주 사용하여 설명문을 구성한다. 다음 예를 보자.

(1) 狡兔有三窟, 僅得免其死耳. (『戰國策・齊策4』) 현명한 토끼는 세 개의 굴이 있습니다. 그래야만 그 죽음을 면할 수 있습니다.

(2) (齊國有欲得金者) 對吏曰, "殊不見人, 徒見金耳." (『呂氏春秋・去宥』) (제나라에 금을 가지고자 하는 자가 있었다.) 관리에게 대답하여 말하였다. "사람이 안 보이고, 오로지 금만 보였습니다."

(3) 寡人非能好先王之樂也, 直好世俗之樂耳. (『孟子・梁惠王下』) 과인은 선왕의 음악을 좋아할 수 있지 않고 단지 세속의 음악을 좋아할 뿐입니다.

(4) 妻止之曰, "特與嬰兒戲耳." (『韓非子・外儲說左上』) 아내가 그만두게 하면서 말하였다. "단지 아이에게 농담한 것일 뿐입니다."

(4) '其', '庶', '庶幾'

이 세 가지 부사는 주로 추측을 나타내며, 공통적인 특징은 감탄문에 자주 쓰이고 의미
는 '아마', '대강', '거의 비슷하다' 등이며, 감탄문에서 이들은 자주 '乎'와 배합하여 쓰일
수 있다. '其'는 용언성 어휘도 수식할 수 있고, 체언성 어휘도 수식할 수 있다. '庶', '庶
幾'는 일반적으로 용언성 어휘만 수식할 수 있다. 다음 예를 보자.

(1) 天下有道, 盜其先變乎! (『荀子 · 正論』) 천하에 도가 있다면, 도적이 아마 먼저 변하겠군요!

(2) 表東海者, 其大公乎! (『左傳 · 襄公29年』) 동해를 대표하는 사람은 아마도 태공일 것이다!

(3) 少君不可以訪, 是以求長君, 庶亦能容群臣乎! (『左傳 · 哀公6年』) 어린 임금은 올 수 없어, 나
    이 많은 임금을 구하면, 아마도 여러 신하를 수용할 수 있을 것입니다!

(4) 懼而奔鄭, 引領南望, 曰, "庶幾赦余!" (『左傳 · 襄公26年』) 두려워 정나라로 도망가면서 고개
    를 들고 남쪽을 보고 말하였다. "바라건대 나를 놓아주시오!"

앞의 두 예는 '其'를 사용하였는데, (1)은 용언성 어휘를 수식하였고, (2)는 체언성 어휘
를 수식하였다. 마지막 뒤의 두 예는 각각 '庶', '庶幾'를 사용하였다.

이 세 가지 부사는 모두 추측을 나타내는 설명문을 구성할 수 있다. 다음 예를 보자.

(1) 城上有鳥, 齊師其遁. (『左傳 · 襄公18年』) 성 위에 까마귀가 있으니, 제나라 군대가 숨어 있
    을 것입니다.

(2) 君姑修政, 而親兄弟之國, 庶免於難. (『左傳 · 桓公6年』) 임금이 우선 정치를 고쳐가면서 형제
    의 나라와 친하면, 어려움을 면할 수 있을 것입니다.

(3) 彼懼而奔鄭, 緬然引領南望 曰, "庶幾赦吾罪." (『國語 · 楚語上』) 그가 두려워서 정나라로 도망
    가면서, 생각하는 듯 고개를 들고 남쪽을 보면서 말하였다. "아마도 나를 용서해줄 것이다!"

이상 세 문장은 모두 설명문이다.

3. 시태부사

시태부사는 일반적으로 행위동사와 상태동사를 수식하고 형용사를 수식하는 경우는 드물다. 이 부류의 부사는 비교적 많고 복잡하여, 다음으로 일곱 가지 소부류로 나누어 소개하고자 하는데, '未'를 중점적으로 소개하려 한다.[40)]

(1) '未'

'未'는 자주 쓰이는 부사(691)로, 주로 일정 시간 내의 존현(存現), 행위, 변화 등에 대해 지속적인 부정을 나타낸다. 경우에 따라서 미래에 출현할 수 있는 가능성을 예시하며, 예외가 없음을 나타내기도 한다. 이러한 지속성의 부정은 사실에 대한 부정일 수 있으며, 또한 주관적인 인식도 다수 포함된다. 이러한 점 때문에 '未'가 서사문에서 뿐 아니라, 설명문에서도 자주 쓰인다. 이와 상응하여 '未'는 세 가지 비교적 뚜렷한 특징이 있다.

1) '未'는 동사 '有'와 '聞', '見', '知'를 수식한다. '有'와 '聞', '見', '知'는 서술하는 데에 뿐만 아니라, 설명하는 데에도 쓰인다.[41)] '未'는 또한 이 두 종류의 문장 유형에 자주 쓰이므로, 앞의 몇 가지 동사를 수식한다.

'未'가 가장 자주 수식하는 동사는 '有'(142)로, '未'가 출현하는 총수의 21%를 차지한다. '未'가 '有'를 수식할 때에는 두 종류의 형식이 자주 사용된다. 하나는 동사 '未'가 직접 '有'(93)를 수식하는 부류이고, 다른 부류의 형식은 '未'가 전치목적어 '之'를 지니고 있는 '有'(49)를 수식하는 것으로, '未之有'의 형식을 구성한다. 앞의 종류의 형식 중, 만약 서사문을 구성할 경우, 문미에는 일반적으로 '也'를 사용하지 않는다. 그러나 설명문을 구성할 경우, 문미에는 일반적으로 '也'를 사용한다. 다음 예를 보자.

　(1) 久之, 荊卿未有行意. (『戰國策·燕策3』) 시간이 오래 되었지만, 형경은 떠날 뜻이 있지 않았다.

　(2) 此六君子者, 未有不謹於禮者也. (『禮記·禮運』) 이 여섯 군자는 예에 신중히 하지 않은 적

---

40) '未' 역시 부정부사에 겸하여 속한다.
41) 이 방면에 대한 구체적인 상황은, 제6장 제2절의 설명문을 참고하길 바란다.

이 없었다.

(3) 夫兵久而國利者, 未之有也. (『孫子·作戰』)　전쟁이 오래 이어지면서 나라가 이롭게 되는 경
우는 아직 없었다.

앞의 두 예는 '未'가 직접 '有'를 수식하는 것으로 (1)의 문미에 '也'를 사용하지 않았는
데, 이것은 서사문이다. (2)의 '也'를 더한 것은 설명문이다. (3)은 전치목적어 '之'를 지니
고 있는 '有'를 수식하는데, 이 역시 설명문이다.

앞 장의 감지동사에서 이미 언급한 바와 같이 '知', '見', '聞' 이 세 가지 동사는 주관적
인 인식상의 존현동사라 할 수 있으므로 그들은 '有'와 같이 역시 '未'로 수식하여 한 사
람이 보고 듣고 인지하는 상황에 대한 부정을 나타낸다. '未'는 '知'(39), '見'(23), '聞'(19)
을 수식하고, '未'가 출현하는 총 수의 12%를 차지한다. '未'가 이상의 이 세 가지 동사를
수식할 경우, 일반적인 형식과 목적어를 앞에 놓는 형식, 두 가지가 있다. 다음 예를 보자.

(1) 蘇代爲燕說齊, 未見齊王, 先說淳於髡. (『戰國策·燕策2』)　소대가 연을 위해 제나라를 설득
하는데, 제왕을 보지 않고, 먼저 순우곤을 설득시켰다.

(2) 今寡人之罪, 國人未知, 而議寡人者遍天下. (『戰國策·燕策3』)　지금 과인의 죄를 아직 나라
사람들이 알지 못하는데, 과인에 대해 논하는 사람이 천하에 두루 있다.

(3) 王曰, "善哉! 吾未之聞也." (『左傳·宣公11年』)　왕이 말하였다. "좋도다! 나는 아직 들은 적이
없다."

(4) 蓋有之矣, 我未之見也. (『論語·里仁』)　아마도 그러한 사람이 있을 것이나, 나는 아직 그런
사람을 보지 못했다.

앞의 두 예의 '未'는 일반적인 성질로 '見'과 '聞'을 수식하고, 뒤의 두 예는 목적어 '之'
의 전치이다.

2) '未'는 직접 '也'와 조합할 수 있으며(21), 출현하지 않은 어떤 상황을 설명하는 데에
쓰인다. 다음 예를 보자.

(1) 他日, 又獨立, 鯉趨而過庭. 曰, "學禮乎?" 對曰, "未也." (『論語·季氏』)　다른 날에, 다시 홀
로 서 있는데, 이가 총총 걸음으로 뜰을 지나갔다. 공자가 말하였다. "예를 배웠는가?" (이

가) 대답하였다. "아직 못 배웠습니다."

(2) 對曰, "臨下之樂則樂矣, 德義之樂則未也." (『國語·晉語7』) 대답하여 말하였다. "아래를 내려 다보는 즐거움은 즐겼습니다만, 덕과 의로 하는 즐거움은 아직 아닙니다."

이상의 예문은 모두 아직 출현하지 않은 상황을 설명한다.

3) '未'는 또한 완곡한 부정을 나타낼 수 있다. 뜻은 '아직 아니다'이다. 이것은 '未' 중에 주관적으로 인식한 성분이 '不'보다 많은 것이기 때문에 때로는 일종의 완곡한 부정이 되는 것이다. 단지 자신 개인의 관점이 사실에 부합하는지 아닌지 만을 나타내고 다른 사람의 인정을 기다리고 있는 것이다. 다음 예를 보자.

(1) 子魚曰, "君未知戰. 勍敵之人, 隘而不列, 天贊我也." (『左傳·僖公22年』) 자어가 말하였다. "그대는 아직 전쟁을 이해하지 못하십니다. 강한 적의 사람이 좋지 못한 입장에 있고, 싸울 대열을 짓지 못한 것은 하늘이 우리를 도운 것입니다.

(2) 見免而顧犬, 未爲晚也. 亡羊而補牢, 未爲遲也. (『戰國策·楚策4』) 토끼를 보고 개를 돌아보아도, 아직 늦은 것이 아닙니다. 양을 잃고 울타리를 손보아도 아직 늦은 것이 아닙니다.

(2) '旣', '已', '嘗'

이 세 가지 부사는 주로 이미 발생했음을 나타낸다. 자주 사용되는 것은 '旣'(299)이고, 그 다음으로는 '已'(56)와 '嘗'이다. 다음 예를 보자.

(1) 燕王噲旣立, 蘇秦死於齊. (『戰國策·燕策1』) 연왕쾌가 일어나고 나서, 소진은 제나라에서 죽었다.

(2) 三晉已破智氏, 將分其地. (『戰國策·韓策1』) 삼진이 지씨를 부수고 나서, 장차 그 땅을 나누고자 하였다.

(3) 高祖之微時, 嘗殺大蛇. (『史記·封禪書』) 고조가 미천할 때, 일찍이 큰 뱀을 죽인 적이 있었다.

'未'는 자주 '嘗'과 같이 조합하여 '未嘗'을 구성한다. '未嘗'은 단순하게 과거만을 부정한다. 다음 예를 보자.

(1) 孟嘗君笑曰, "客果有能也, 吾負之, 未嘗見也." (『戰國策·楚策4』) 맹상군이 웃으면서 말하였다. "객이 과연 유능하면 내가 그대에게 임무를 맡겼을 텐데, 아직 본 적이 없다."

(2) 三年之後, 未嘗見全牛也. (『莊子·養生主』) 삼 년이 지나고 나서도 아직 소가 전부가 다 보이지는 않았다.

이상의 '未嘗'은 모두 과거에 어떤 일이 발생한 적이 없음을 말하며, '未'가 가지고 있는 장래에 발생할 수 있음을 예시하는 것과 같은 부류의 뜻은 없다.

(3) '將', '且'

이 두 가지 부사는 주로 장차 발생하려고 함을 나타낸다. 자주 쓰이는 것은 '將'(1397)이고, '且'는 드물게 사용된다. 다음 예를 보자.

(1) 宋公將戰. (『左傳·僖公22年』) 송공이 장차 싸우려 하였다.

(2) 孟子曰, "吾固願見, 今吾尙病, 病愈, 我且往見." (『孟子·滕文公上』) 맹자가 말하였다. "제가 진실로 뵙길 원했습니다만, 지금 제가 병중이라서, 병이 나으면 제가 장차 가서 뵙겠습니다."

(2)의 '且'는 '장차'의 뜻을 나타낸다.

(4) '方', '方且', '尙', '猶', '適'

이 몇 가지 부사는 진행, 지속 또는 동시를 나타낸다. 다음 예를 보자.

(1) 國家方危, 諸侯方貳, 將以襲敵[42] 不亦難乎? (『左傳·定公4年』) 나라가 한창 위급하여, 제후들이 바야흐로 딴 마음을 품기 시작하였는데, 장차 적을 공격하려 하니, 또한 어렵지 않겠습니까?

(2) 子州支伯曰, "予適有幽憂之病, 方且治之, 未暇治天下也." (『莊子·讓王』) 자주지백이 말하였다. "내가 나아감에 깊이 수고한 병이 있는데, 마침 그것을 치료하려 하니, 천하를 다스릴 겨를이 없소이다."

---

42) [역주] 원서에서는 '將以襲鄭'으로 되어 있다. 십삼경주소본에 근거하여 고친다.

(3) 及夫至門, 丞相尚臥. (『史記·魏其武安侯列傳』) 문 앞에 이르자, 승상이 마침 드러누웠다.

(4) 今君雖終, 言猶在耳. (『左傳·文公7年』) 지금 당신이 죽어도, 당신의 말은 여전히 존재합니다.

(5) 適會魏公子無忌奪晉鄙軍以救趙擊秦. (『戰國策·趙策3』) 때마침 위공자무기가 진비의 군사를 빼앗아 조나라를 구하고자 진나라를 쳤다.

(5) '復', '驟', '數', '乃', '亟'

이 몇 개의 부사들은 한 번 뿐이 아님을 나타낸다. 다음 예를 보자.

(1) 晉侯復假道於虞以伐虢. (『左傳·僖公5年』) 진나라 제후가 괵을 치기 위해 우나라에게 다시 길을 빌려달라고 했다.

(2) 昔吾驟諫王, 王弗廳. (『國語·周語上』) 옛날에 내가 여러 번 왕을 간했으나, 왕이 듣지 않았다.

(3) 信數與蕭何語, 何奇之 (『史記·淮隱侯列傳』) 한신이 자주 소하에게 말하였는데. 소하가 그것을 이상하게 생각했다.

(4) 晉仍無道而鮮冑, 其將失之矣. (『國語·周語下』) 진나라는 여러 차례 무도하고 혈통이 없으니, 아마도 잃을 것입니다.

(5) (姜氏)亟請於武公, 公弗許. (『左傳·隱公元年』) (강씨는) 자주 무공에게 청하였으나 공은 허락하지 않았다.

(6) '先', '卒', '終', '竟'

이 몇 가지 부사는 시간의 순서를 나타낸다. 다음 예를 보자.

(1) 與諸侯約, 先入定關中者王之. (『史記·高祖本紀』) 여러 제후와 약속하여, 먼저 관중에 들어가서 평정하는 자가 왕이 된다.

(2) 王不廳, 卒鑄大鍾. (『國語·周語下』) 왕이 듣지 않고, 마침내 큰 종을 만들었다.

(3) 虞公不從其言, 終假之道以取郭. (『公羊傳·僖公2年』) 우공이 그 말을 듣지 않고, 끝내 그에게 길을 빌려주고서 곽 지방을 취하였다.

(4) 陳涉雖已死, 其所置遣侯王將相竟亡秦. (『史記·陳涉世家』) 진섭이 이미 죽었지만 그가 봉한

후왕장상들이 끝내 진나라를 망하게 하였다.

(7) '立', '卽', '遽', '亟', '稍', '素'

'立', '卽', '遽', '亟'은 매우 빨리 발생함을 나타내며, '稍'는 점점 변화함을 나타내고, '素'는 시종 이와 같음을 나타낸다. 다음 예를 보자.

(1) 沛公至軍, 立誅殺曹無傷. (『史記·項羽本紀』) 패공이 군대에 이르러, 바로 그 자리에서 조무상을 죽였다.

(2) 趙奢許諾, 卽發萬人趨之. (『史記·廉頗藺相如列傳』) 조사가 허락하자 곧바로 만 명의 병사를 내어서 빠르게 쫓아갔다.

(3) 僕人以告, 公遽見之. (『左傳·僖公24年』) 종이 고하자, 공이 급히 그것을 보았다.

(4) 我死, 乃亟去之. (『左傳·隱公11年』) 내가 죽으면, 너는 빨리 그곳을 떠나라.

(5) 項王乃疑范增與漢有私, 稍奪之權. (『史記·項羽本紀』) 항왕이 이에 범증이 한과 사사로움이 있다고 의심하여, 점점 그에서 권한을 빼앗았다.

(6) 吳廣素愛人, 士卒多爲用者. (『史記·陳涉世家』) 오광이 평소 사람을 아껴서, 병사들이 쓰이게 되는 자가 많았다.

4. 정도부사

정도부사의 특징은 형용사를 자주 수식한다는 것인데, 때로는 몇몇의 동사들도 수식할 수 있다. 자주 보이는 정도부사는 의미상에서 세 조로 나뉘고, 각각 정도의 높음, 정도의 낮음과 한층 더 나아감을 나타낸다.

1) 정도가 높음을 나타내는 데에 자주 쓰이는 부사는 '甚', '已', '至', '最', '殊', '太', '尤', '良', '極' 등이 있다. 다음 예를 보자.

(1) 楚公子甚美. (『國語·魯語下』) 초공자는 매우 아름다웠다.

(2) 宰我問, "三年之喪, 期已久矣. (『論語·陽貨』)　재아가 물었다. "삼년의 상을 지키는 것은 그 기간이 너무 깁니다."

(3) 大臣太重. (『韓非子·和氏』)　대신은 권력이 너무 큽니다.

이상의 정도부사가 수식하는 것은 모두 형용사이다. 앞 장에 형용사 중에 '甚'이 있었는데, 여기 부사에서도 '甚'이 있다. 이 두 '甚'의 차이점은 크지 않은데, 주로 분류의 편의를 고려하여, 우리는 그것을 두 부류에 포함시킨다.

2) 정도가 낮음을 나타내는 상용 부사에는 '少', '頗' 등이 있다. 경우에 따라서 '頗'는 정도가 높음도 나타낼 수 있다. 다음 예를 보자.

(1) 太后之色少解. (『戰國策·趙策4』)　태후의 안색이 조금 풀렸다.

(2) 臣願頗采古禮, 與秦儀雜就之. (『史記·劉敬叔孫通列傳』)　신이 원하는 것은 옛 예를 조금 채택하여 진나라의 의례와 섞어서 그것을 진행하십시오.

(3) 唯袁盎明絳侯無罪. 絳侯得釋, 盎頗有力. (『史記·袁盎鼂錯列傳』)　원앙만이 강후의 죄가 없다는 점을 밝혔다. 강후가 풀어지게 되자, 원앙이 매우 힘을 얻었다.

3) 한층 더 나아감을 나타내는 상용부사에는 '益', '愈(俞)', '彌', '加', '滋(兹)' 등이 있다. 다음 예를 보자.

(1) 以虧人愈多, 其不仁兹甚, 罪益厚. (『墨子·非攻上』)　다른 사람을 해치는 사람이 많을수록, 그 인자하지 않음이 더욱 심해지고, 죄가 더욱 두터워진다.

(2) 此數者愈善, 而離楚愈遠耳. (『戰國策·魏策4』)　(말과 돈과 마부) 이 몇 가지가 좋으면 좋을수록, 초나라에서 더욱 멀어지게 됩니다.

(3) 自此之後, 方士言祠神者彌衆. (『史記·封禪書』)　이 이후에 방사 중에 사신에 대해 말하는 자들이 더욱 많아졌다.

이상의 정도부사는 대부분 형용사를 수식한다. 다음은 정도부사가 동사를 수식하는 경우이다.

(1) 對曰, "最患社鼠矣." (『韓非子·外儲說右上』) 대답하여 말하였다. "사당에 사는 쥐(간신)를 가장 걱정합니다."

(2) 前日願見而不可得, 得侍同朝, 甚喜. (『孟子·公孫丑下』) 전날에는 조정에서 만나 뵙기를 원했는데 만나 뵐 수 없었으나 그 후 한 조정에서 모실 수 있게 되어서 심히 기뻤습니다.

5. 부정부사

자주 사용하는 부정부사에는 '不', '弗', '未', '無', '毋', '勿'이 있다. 여기에서는 주로 '不'과 '弗'을 소개한다.

(1) '不'

'不'(9551)은 가장 상용되는 부사로, 일반적인 부정을 나타내고, 각종 용언성 어휘를 수식할 수 있다. '不'은 주로 사실을 부정하는 데에 쓰이므로, 서사문 중에서 가장 자주 쓰인다. 만약에 그 다음이 행위동사이면, 그것은 자주 주관적인 염원에 대한 부정을 나타낸다. 만약에 그 뒤가 성질과 형상 동사이면, 객관적인 사실에 대한 부정을 나타낸다. 다음 예를 보자.

(1) 齊侯歸, 弔死視疾, 七年不飮酒, 不食肉. (『公羊傳·成公8年』) 제나라 제후가 돌아와서, 죽은 자를 조문하느라 눈병에 걸리고, 칠년 동안 술을 마시지 않고, 고기를 먹지 않았다.

(2) 召正常, 正常不反. (『左傳·哀公3年』) 정상을 불렀으나, 정상이 돌아오려 하지 않았다.

(3) 虎懼, 乃還, 不敗. (『左傳·定公7年』) (양)호가 두려워하여 이에 돌아가서 패하려하지 않았다.

(4) 不勇, 則不能斷疑以發大計. (『國語·吳語』) 용감하지 않으면, 의심됨을 끊고서 큰일을 시작할 수 없다.

이상의 네 가지 예문 중, 예(1), (2)의 '不'은 행위동사를 수식하고, 주관적인 염원에 대한 부정을 나타낸다. 예(3), (4)는 상태동사와 형용사를 수식하여, 객관적으로 출현하지 않았거나 가지고 있지 않음을 나타내는 것이다.

'不'과 '未'는 모두 부정하는 기능이 있으나, 그들의 특징은 다르다. '未'가 사실이나 인식을 부정할 경우, 그 중에 시간성을 분명히 포함한다. '不'은 일반성의 부정을 나타내고, 시간성을 부정하지 않는다. 이러한 일반성의 부정은 '不'로 하여금 서사문 중에서 더욱 자주 사용되도록 한다. 따라서 동일하게 부정을 나타내는 이 두 가지 부사의 용법 또한 다소 다르다. 이러한 차이는 주로 아래의 두 가지 방면에서 나타난다.

1) '未'와 비교하면, '不'이 '有', '聞', '見', '知', 이 네 가지 동사에 대한 부정과 횟수 모두 많지 않다. '不'이 '有'를 수식하는 수량은 매우 적어, 모두 31개의 예가 있고, '不'가 출현하는 총 수의 0.3%를 차지한다. 그러나 수량이 많지 않은 '不有'는 보통 단순하게 부정을 나타내지 않는다. '不有'는 때로는 '점유하려 하지 않음'을 나타내는데, 이때의 '有'는 어느 정도 행위동사의 의미가 있다. 때로는 주종 복문의 앞 절에 사용되어, '만일 없다면'을 나타낸다. 다음 예를 보자.

(1) 今君勝鄭而不有, 無乃失民臣之力乎? (『公羊傳·宣公12年』) 지금 당신이 정나라를 이기고도 소유하고자 하지 않으면, 백성과 신하의 힘을 잃는 것은 아니겠습니까?

(2) 不有居者, 誰守社稷? (『左傳·僖公28年』) 만일 남으려는 사람이 없다면, 누가 사직을 지킬 것인가?

예(1)에서 '不'이 수식하는 '有'는 행위동사와 비교적 가까우며, 행위를 나타낸다. 예(2)의 '不'은 복문에 사용되며, '만약에 없다면'을 나타낸다. 이상의 두 가지 상황 이외에 완전히 존현을 부정하는 데에 쓰이는 '不有'의 수량은 더 적고, 또한 주로 부정에 부정을 더하는 형식에 사용된다. 다음 예를 보자.

(1) 形體有處, 莫不有聲. (『呂氏春秋·大樂』) 형체가 있는 곳에는 소리가 없을 수 없다.

(2) 無國而不有美俗, 無國而不有惡俗. (『荀子·王霸』) 나라에 좋은 풍속이 있지 않은 곳이 없고, 나라에 나쁜 풍속이 있지 않은 곳이 없다.

이 상의 두 예의 '不'은 모두 부정의 부정에 사용된다.

앞에서 우리는 이미 '未'가 주로 '未之有'의 형식을 구성하나, '不'은 극소수가 '不之有'의 형식을 구성한다는 것을 지적한 바 있다. 사실상 '不'은 드물게 '之'를 사용하여 전치

목적어로 사용된다. '不' 뒤의 동사가 만약에 전치목적어를 수반한다면, 일반적으로는 인칭대체사를 사용한다. 다음 예를 보자.

> (1) 今楚師至, 晉不我救, 則楚强矣. (『左傳・襄公9年』) 지금 초나라의 군대가 이르렀는데 진나라는 나를 구해주지 않으니 초나라가 강한 것이다.
>
> (2) 主賢明, 能聽汝, 不明, 將不汝聽 (『韓非子・外儲說左下』) 주인이 현명하면 능히 그대의 말을 들을 것이고, 현명하지 않으면, 그대의 말을 듣지 않을 것이다.

이 상의 두 예문 중 '我'와 '汝'는 모두 인칭대체사의 전치목적어이다.

절대 수량으로 본다면, '不'이 '知', '見', '聞'을 수식하는 수량은 결코 적지 않다. '不知'는 142가지 예가 있고, '不見'은 61가지 예가 있고, '不聞'은 24가지 예가 있어, 총수는 227가지 예가 된다. 그러나 '不'의 총수가 많아서, 이 세 가지 동사는 단지 '不'의 총수의 2.3%를 차지한다. 이 수량은 '未'가 이 세 가지 동사를 수식하는 비례가 큰 것(12%)에 훨씬 못 미친다. 다음 예를 보자.

> (1) 楚王問爲國於詹子, 詹子對曰, "何聞爲身, 不聞爲國." (『呂氏春秋・執一』) 초왕이 나라 다스리는 것에 대해 담자에게 물었다. 담자가 대답하였다. "몸을 위하는 것에 대해서는 잠깐 들은 적이 있지만, 나라를 다스리는 일은 들은 적이 없습니다."
>
> (2) 東面而視, 不見水端. (『莊子・秋水』) 동쪽으로 얼굴을 향하고 보니, 물 끝이 보이지 않았다.
>
> (3) 王已入關, 車騎盡居外, 不知王處. (『史記・梁孝王世家』) 왕이 이미 관에 들어가고, 거기가 모두 밖에서 머무니, 왕이 있는 곳을 알지 못하였다.

2) '不'은 주로 서술에 사용되고, 술어가 없으면 서술할 방법이 없기 때문에 그 뒤에 반드시 술어가 있어야하고, '未'처럼 직접 '也'와 함께 조합하여 설명을 나타내는 데에 쓰일 수는 없다.

(2) '弗'

동일하게 부정을 표시한다고 하더라도, '弗'(536)이 출현하는 횟수는 '不'보다 훨씬 적어 '不'(9551)이 출현하는 횟수의 5.6% 정도이다. '弗'은 두 가지 특징이 있다. 1) "弗"은 사용하는 범위가 비교적 좁은 부사로서, 주로 행위동사를 수식하며, 동작의 주체와 동작의 대상자 쌍방이 근거리 내에서 활동하는 행위동사를 가장 자주 수식한다. 그 다음으로 출현하는 횟수가 가장 많은 동사는 '聽'(57), '許'(39), '受'(36)이고, 그 다음은 '克'(20), '從'(19), '與'(18), '爲'(15), '及'(12)이다. 이상 모두 216개의 예는 '弗'이 출현하는 총 수의 40%를 차지한다. 2) '弗'이 앞에서 말한 동사와 그 외 다른 동사(능원동사는 예외이다)의 부사어가 될 때, 동사의 뒤에는 일반적으로 목적어를 수반하지 않는다. 다음 예를 보자.

(1) 大心與子西使榮黃諫, 弗聽. (『左傳・僖公28年』) 대심과 자서가 영황으로 하여금 간하게 하였으나, 듣지 않았다.
(2) 亟請於武公, 公弗許. (『左傳・隱公元年』) 자주 무공에게 청하였으나, 공이 허락하지 않았다.
(3) 宋人或得玉, 獻諸子罕. 子罕弗受. (『左傳・襄公15年』) 송나라 사람이 옥을 얻어서 그것을 자한에게 바쳤는데, 자한이 받지 않았다.

이상의 예문 중, '弗' 뒤의 동사는 모두 타동사로, 목적어를 수반하지 않는다. 그러나 '弗'이 수식하는 동사 뒤에 목적어를 수반하지 않는 것에 대해서는 전혀 엄격하지 않다. 다음 예를 보자.

(1) 子曰, "素隱行怪, 後世有述焉. 吾弗爲之矣." (『禮記・中庸』) 공자가 말하였다. "평소에 은밀하고 행동이 기괴하면, 후세에 기록이 남는다. 나는 그러한 일을 하지 않는다."
(2) 知之者, 同於義而異於俗, 弗知之者, 異於義而同於俗. (『韓非子・姦劫弑臣』) 그것을 아는 사람은 의리 명분과는 같이 하고 속세의 바람과는 다르게 하는 것이고, 그것을 알지 못하는 사람은 의리 명분과는 다르게 하고서는 속세의 바람과는 같이 한다.

이상 두 예의 '弗' 뒤의 동사는 모두 목적어를 수반한다. 때로는, '之'를 사용하여 목적어를 앞에 둘 수도 있다. 이 점은 도리어 '未'와 다소 비슷하다. 다음 예를 보자.

(1) 欲察物而不由禮, 弗之得矣. (『禮記・禮器』) 사물을 살펴보고자 하나 예에 근거하지 않으면, 그것을 얻지 못할 것이다.
(2) 出言不以禮, 弗之信矣. (『禮記・禮器』) 말을 할 때 예로서 하지 않으면, 그것을 믿지 못할 것이다.

진한시기에는 '弗'이 대체로 선진의 용법을 답습하였고, 변화가 많지 않았다. 다음 예를 보자.

(1) 子張, 子石請行, 孔子弗許. (『史記·仲尼弟子列傳』) 자장과 자석이 갈 것을 청하였으나 공자가 허락하지 않았다.

(2) 趙肅侯令其弟成爲相, 號奉陽君. 奉陽君弗說之. (『史記·蘇秦列傳』) 조숙후가 그 동생 성으로 하여금 재상이 되게 하여 봉양군이라고 불렀는데, 봉양군은 기뻐하지 않았다.

그 뒤에 오는 동사가 목적어를 지니는가 하는 점에서 '弗'과 '不'에 차이가 있으나, 대립은 뚜렷하지 않다. 예를 들면 '不'이 '聽'(50)을 수식할 때 목적어를 가지는 경우는 14개(28%를 차지한다), '許'(29)를 수식할 때, 목적어를 가지는 경우는 7개(24%를 차지한다), '受'(36)를 수식할 때 목적어를 가지는 경우는 12개(39%를 차지한다)이다. '不'이 이러한 동사들을 수식할 때, 대부분 또한 목적어를 수반하지 않는다. 다음 예를 보자.

(1) 大夫諫, 不聽. (『左傳·哀公7年』) 대부가 간했는데 듣지 않았다.

(2) 往歲, 鄭伯請成於陳, 陳侯不許. (『左傳·隱公6年』) 옛날에 정백이 진나라와 화평을 맺을 것을 청하였으나 진후가 허락하지 않았다.

(3) 十二月, 公疾, 徧賜大夫, 大夫不受. (『左傳·昭公32年』) 십이월에 공이 병이 들어, 대부에게 모두 주었는데, 대부가 받지 않았다.

(3) '未', '無', '毋', '勿'

'未', '無', '毋'는 모두 대체사의 목적어 전치를 구성할 수 있다. 이러한 특징에서 이들은 모두 '不'과 같다. 따라서 부정부사에 속한다. '勿'은 '無', '毋'와 의미와 용법상에서 비슷하다. 따라서 부정부사에 속한다.

6. 겸경부사

겸경부사에는 두 종류가 있다. 한 종류는 말하는 사람이 자기를 낮추는 것을 나타내고,

다른 한 종류는 상대방을 존중하는 것을 나타낸다. 이 종류의 부사는 일반적으로 행위동
사를 수식하며, 또한 대화, 편지, 상주문 중에 많이 사용된다. 자기를 낮추는 것을 나타내
는 것으로 비교적 자주 사용되는 것은 '敢', '竊', '愚', '伏' 등이다. 다음 예를 보자.

  (1) 萬章問曰, "敢問交際, 何心也?"(『孟子‧萬章下』) 만장이 물었다. "감히 묻겠습니다. 사귀는
      것은 어떤 마음가짐입니까?"
  (2) 今釋霸王之業, 而有事人之名, 臣竊爲大王不取也.(『戰國策‧楚策1』 지금 패왕의 업적을
      놓아 버리고, 남의 명성을 섬기는 것을 대왕께서는 취하지 않으셔야 한다고 저는 생각합
      니다.
  (3) 曰, "政亂兵弱." 杜子曰, "臣愚患之."(『韓非子‧喩老』 말하였다. "정치가 혼란하고 병력이
      약합니다." 두자가 말하였다. "신이 그것을 어리석게도 걱정합니다."

  존중을 나타내는 것으로 비교적 자주 사용되는 것은 '辱', '惠'가 있고, 이 외에도 '請',
'敬', '謹', '幸' 등이 더 있다. 다음 예를 보자.

  (1) 晏子聘於吳. 吳王曰, "子大夫以君命辱在敝邑之地, 施貺寡人."(『晏子春秋‧內篇問下』) 안영
      이 오나라에 찾아갔다. 오왕이 말하였다. "그대 대부는 임금의 명령으로서 욕되게 우리 땅
      에 와서 저에게 주려고 하시는군요."
  (2) 公子重耳對客曰, "君惠弔亡臣重耳."(『禮記‧檀弓下』) 공자중이가 객에게 답하였다. "임금께
      서 은혜롭게도 망명한 신하 중이를 위로하였다."
  (3) 楚王曰, "善哉! 吾請無攻宋矣."(『墨子‧公輸』) 초왕이 말하였다. "좋도다! 내가 송나라를 공
      격하지 않을 것을 청할 것이다."

7. 범위부사

  범위부사는 주로 주어의 특징에 근거하여 구분해 낸 부사로, 이 부류 부사의 주요 기능
은 행위, 변화와 관계가 있는 사체(事體)의 양에 대해 한정하거나 설명하는 것이다. 여기에
서 말하는 '관계가 있는 사체'는 주어가 나타내는 사람, 사물일 수 있을 뿐만 아니라, 목
적어가 나타내는 사람과 사물을 나타낼 수도 있다. 어떤 범위부사는 서사문에서 뿐만 아

니라, 판단문에서도 사용될 수 있다. 자주 사용되는 범위부사에는 '皆', '盡', '悉', '俱', '具', '咸', '畢', '並', '各', '共' 등이 있고, 이 외에 '相'도 여기에 속한다. 일반적으로 다음의 두 가지 특징을 가지고 있다.

1) 범위부사의 주어는 주로 연합구이고, 때로는 수량구이다. 다음 예를 보자.

    (1) 君臣父子皆能孝慈. (『墨子·兼愛』) 군신부자가 모두 효성스럽고 자애로울 수 있다.

    (2) 晉, 楚各處其偏. (『左傳·襄公27年』) 진과 초는 각각 그 치우쳐 있는 곳에 있었다.

    (3) 五穀盡收. (『墨子·七患』) 오곡을 다 거두었다.

    (4) 先時五諸侯共伐秦. (『韓非子·存韓』) 이전에 다섯 제후가 함께 진나라를 쳤다.

예(1)과 (2)의 주어는 연합구이고, 예(3), (4)의 주어는 수량구이다.

2) 범위부사는 이따금 주어가 나타내는 사람, 사물이 하나의 개체만이 아님을 나타낸다. 만약에 주어가 나타내는 사람, 사물이 단지 하나의 개체만 있으면, 이 범위부사는 항상 존재할 필요가 없다. 이러한 까닭에 범위부사를 포함하는 일부 문장에서 부사가 주어가 나타내는 개체가 하나만이 아님도 설명하는 경우, 이 문장은 범위부사를 없애고 변환할 수 있다. 다음 예를 보자.

    (1) 廣長各三尺. (『墨子·備城門』) 폭과 길이가 각각 삼척이다.

위의 문장은 두 개의 단문 "넓이가 삼척, 길이가 삼척이다.[廣三尺, 長三尺]"로 변환할 수 있다. 범위부사를 포함하는 단문장이 두 개의 절로 변환될 때에는 이 부사를 제거할 수 있다. 예를 들면 위의 예문 중의 '各'이다. 아래의 문장 역시 비슷한 변환을 할 수 있다.

    (2) 名實俱至. (『韓非子·八經』)   명과 실은 모두 지극하다.

    (3) 蔡, 衞, 陳皆奔. (『左傳·桓公5年』)   채, 위, 진은 모두 달아났다.

(2)는 "名至, 實至."로 변환할 수 있다. (3)은 이와 비슷하며, 변환 후에 모두 상응하는 범위부사를 제거할 수 있다. 범위부사 외의 다른 부사는 그 앞의 주어가 간혹 연합구라 하더라도 유사한 변환을 할 수 없다. 다음 예를 보자.

　　(1) 晉鄭必至於漢. (『左傳·成公7年』)　　진과 정은 반드시 한수에 이를 것이다.

　　(2) 堯舜不復生. (『韓非子·顯學』)　　요, 순은 다시 살아나지 않는다.

　이상의 두 문장은 비록 두 개의 절로 변환할 수도 있지만, 변환한 후에는 부사를 제거할 수 없고, 반드시 부사를 보류해야 한다. (1)은 "晉必至於漢, 鄭必至於漢."으로 변환되고, (2)는 "堯不復生, 舜不復生."으로 변환된다. 이 문장이 만약 부사 '必'과 '復'를 제거한다면, 원래 문장의 의미에는 이미 뚜렷한 변화가 나타난 것이다. 따라서 범위부사와 같은 변환을 할 수 없다.

　'相'은 재귀부사로, 다른 범위 부사의 용법과 전혀 달라서 이것이 수식하는 동사는 일반적으로 목적어를 수반하지 않는다. 다음 예를 보자.

　　(1) 父子不相見. (『孟子·梁惠王上』)　　부자간에 서로 만나지 못한다.

　　(2) 隣國相望. (『莊子·胠篋』)　　이웃 국가들이 서로 바라본다.

제2절　구별사

　구별사는 수식성의 허사로 주로 수량과 시간을 나타낸다. 주요 특징은 자주 관형어로 쓰이는 것이다. 부사와 비교하면, 구별사의 수량이 훨씬 적고 용법도 훨씬 간단하다. 이것은 두 부류로 나눌 수 있는데, 첫 번째 부류 가운데 가장 자주 사용하는 것은 '諸'이고, 이외에 '元'(제1), '正'(제1), '明'(제2, 다음), '卒'(마지막), '孟'(제1), '仲'(제2), '季'(가장 끝의), '卽'(해당하는), '往'(이전의, 과거의), '終'(온, 전체) 등이 있다. 두 번째 부류에서 자주 사용되는 것은 '每'와 '擧'이다.

　첫 번째 부류의 구별사는 일반적으로 단지 관형어로만 사용된다. 다음 예를 보자.

(1) 諸大夫皆曰, "諾." (『公羊傳・哀公6年』) 여러 대부들이 모두 말하였다. "좋다."

(2) 『七月』之卒章, 藏冰之道也. (『左傳・昭公4年』) 『칠월』의 마지막 장은 얼음을 저장하는 방법을 말한 것이다.

(3) 項伯許諾, 卽夜復去. (『漢書・高帝紀』) 항백이 허락하였다. 그날 밤에 다시 갔다.

(4) 吾嘗終日而思矣, 不如須臾之所學也. (『荀子・勸學』) 내가 일찍이 하루 종일 생각을 했으나, 잠깐 동안 배운 것만 못하다.

제2조의 '每', '擧'는 관형어로 쓰이는 것 외에, 부사어로도 자주 쓰이는데, 이것은 부사와 구별사 사이에 있는 단어이다. 다음 예를 보자.

(1) 公與夫人每日必適華氏. (『左傳・昭公20年』) 공과 부인이 매일 꼭 화씨에게 갔다.

(2) 孝王慈孝, 每聞太后病, 口不能食, 居不安寢. (『史記・梁孝王世家』) 효왕은 자애롭고 효성스러워 매일 태후의 병을 묻느라, 입으로는 먹을 수 없고 거처에서는 편안히 누울 수 없었다.

(3) 擧國留之, 數年乃成. (『國語・楚語上』) 모든 나라가 그것을 다스려서, 수년 후에 이루었다.

(4) 天下之民擧安. (『孟子・公孫丑下』) 천하의 백성들이 모두 편하였다.

예(1), (2)에서 '每'는 관형어, 부사어 예(3), (4)에서 '擧'는 관형어, 부사어로 기능한다.

제3절 전치사

전치사는 대부분 동사가 허화한 것이고, 또한 서로 다른 정도에서 일정한 동사성을 가지고 있으므로 차동사(次動詞), 부동사(副動詞)라고 하기도 한다. 허사로서 전치사와 접속사의 기능은 비슷하다. 우리가 아는 바, 접속사는 연관된 단어를 연결하여 연합구를 구성할 수 있고, 이후에 이 연합구는 주어 또는 술어 등의 문법 성분이 될 수 있다. 만약 접속사가 단지 연합구 중의 앞부분 혹은 뒷부분의 단어와 같이 조합한다면 주어나 술어 등의 문법 성분으로 쓰일 수 없다. 전치사가 목적어를 수반한 뒤에는 마치 접속사가 단지 연합구 중의 어떤 한 부분의 단어와 조합한 것 같아서, 대부분 독립해서 술어 등의 문법 성분으로 충당될 수가 없다. 전치사가 목적어를 수반하고 다시 용언성 어휘와 같이 조합하여야 비로소 접속사가 두 가지 상관된 단어를 모두 연결한 것과 같다. 따라서 전치사와 전치사의 목적어 그리고 용언성 어휘, 이 세 부분이 함께 조합 된 후에야 비로소 술어 등으로 쓰인다. 그런데 접속사와 전치사는 다른 점이 있다. 접속사로 연결된 두 부분은 대부분 평등의 관계를 가지고 있다. 그렇지만 전치사로 연결된 두 부분은 즉 전치사의 목적어와 용언성 어휘는 설명과 피설명의 관계이지, 평등의 관계가 아니다. 전치사는 이러한 구성 안에서 상대적으로 독립적으로 나타나기 때문에 전목구 같이 상대적으로 독립된 구가 있다. 어떤 전목구는 경우에 따라서 심지어 주어 등으로 기능하나, 접속사는 이와 같은 기능의 '접속구'가 없다.

상용되는 전치사는 대부분 세 조로 나눌 수 있는데, 우리는 각각 여위(與爲)전치사, 장소전치사, 시간전치사라고 칭한다. 여위전치사 중 자주 사용되는 것은 '以', '爲', '與'이고, 장소전치사 중 자주 사용되는 것은 '于(於)', '自'이며, 시간전치사는 세 가지 비교적 특수한 전치사 '及', '當', '比'가 있다. 이상의 자주 사용되는 전치사 이외에도 자주 사용되지 않는 '由', '從', '用', '因' 등과 같은 전치사가 있다. 다음으로 세 조의 자주 사용되는 전치사를 소개하고자 한다.

1. 여위전치사

'以', '爲', '與' 이 세 개의 전치사는 일정한 동사성을 다소 지니고 있다. 특징은 주로 다음에 서술하는 세 가지 방면에서 나타난다.

1) 이 전치사들로 조성된 전목구는 가장 자주 동사의 앞에서 수식어가 되는데, 이들은 또한 모두 '之'를 수반하거나 '之'를 수반하지 않고 뒤에서 부사어가 된다. 만약 그들이 언급한 사람, 사물 등이 앞에서 출현한 적이 있으면, '以' 뒤에 통상 목적어를 수반하지 않고, 이따금 '之'가 사용된다. '爲', '與'는 목적어로 '之'를 사용하며, 경우에 따라서 목적어가 사용되지 않아도 된다. 다음 예를 보자.

    (1) 王見之, 曰, "牛何之?" 對曰, "將以( )釁鐘" (『孟子·梁惠王上』) 왕이 그것을 보고 말하였다. "소는 어디로 가는가?" 대답하여 말하였다. "장차 그것을 흔종에 쓸 것입니다."

(2) 衣食所安, 弗敢專也, 必以( )分人. (『左傳 · 莊公10年』) 의식이 편안한 것을, 감히 전용하지 않고, 반드시 그것을 다른 사람과 나눈다.

(3) 十餘萬人皆入睢水, 睢水爲之不流. (『史記 · 項羽本紀』) 십여 만인이 모두 휴수에 들어갔다. 휴수가 그 때문에 흐르지 않았다.

(4) 巫嫗弟子是女子也, 不能白事, 煩三老爲( )入白之. (『史記 · 滑稽列傳』) 무녀의 제자들은 여성과 아이인지라 일에 대해서 말해주지 못할 것이다. 삼로가 그들을 대신하여 들어가서 알려 주십시오.

(5) 夫唯不爭, 故天下莫能與之爭. (『老子 · 22章』) 대저 오직 다투지 않기에 따라서 천하가 그것과 함께 다툴 수 없다.

(6) 項伯乃夜馳之沛公軍, 私見張良, 具告以事, 欲呼張良與( )俱去. (『史記 · 項羽本紀』) 항백이 패공군에게 달려가서 개인적으로 장량을 보고, 일을 모두 얘기해주고, 장량을 불러서 그와 함께 가고자 하였다.

예(1), (2)의 '以'는 모두 목적어를 수반하지 않는 상황에서 부사어가 된 것이고, 예(3), (4)와 예(5), (6)의 '爲', '與'는 각각 '之'를 수반하고 '之'를 수반하지 않는 상황에서 부사어가 된 것이다.

2) 이들은 목적어로 쓰이는 의문대체사를 수반하며, 또한 의문대체사 목적어를 통상 앞에 놓는다. 다음 예를 보자.

(1) 何以知其然? (『墨子 · 辭過』) 어떻게 그것이 그러한지를 알게 되었는가?

(2) 先生何爲出此言也? (『孟子 · 離婁上』) 선생은 어째서 그 말을 하였는가?

(3) 若適淫虐, 楚將棄之, 吾又誰與爭? (『左傳 · 昭公4年』) 만약에 음탕하고 잔학하게 된다면, 초나라는 장차 그것을 버릴 것이니 나는 또 누구와 다투겠는가?

이상 이 세 가지 전치사는 전치의 의문대체사를 목적어로 수반한다.

3) 이 세 가지 전치사는 모두 동사처럼 '所'와 함께 '所'자구를 조성할 수 있으며, 그 중에서 '所以'가 가장 자주 보인다. 다음 예를 보자.

(1) 重耳曰, "羽毛齒角玉帛, 君王所餘, 未知所爲報." (『史記·晉世家』) 중이가 말하였다. "우모, 치각, 옥백은 임금이 남긴 바이니, 보답할 바를 모르겠습니다.

(2) 此嬰之所爲不敢受也. (『晏子春秋·內篇雜下』) 이는 안영이 감히 받을 수 없는 것입니다.

(3) 王笑曰, "聖人非所與熙(嬉)也. 寡人反取病焉." (『晏子春秋·內篇雜下』) 왕이 웃으며 말하였다. "성인과 함께 장난치는게 아닌데, 과인이 도리어 거기에서 병을 얻었다."

2. 장소전치사

상고시기에 '于'와 '於' 이 두 글자는 같은 형태도 아니고, 같은 음도 아니다. 그러나 선진의 문헌에서는 '于'와 '於'의 용법은 대체로 같다. 이 외에, '乎'는 경우에 따라서 '于'로 사용될 수 있고, '諸'도 때로는 '于'로 사용된다. '自'의 특징은 '于'와 여위전치사 사이에 있다. '于'와 '自', 이 두 전치사는 (광의의) 장소를 나타내는 데에 가장 자주 사용되고, 또 시간을 나타내는 데에도 사용된다. 이들은 앞 부류의 전치사와 다르므로, 주로 다음에 상술하는 네 가지 방면에서 나타난다.

1) '于'자로 구성된 전목구는 가장 자주 보어가 되고, 때로는 부사어로 쓰일 수 있다. '自'자 전목구는 보어가 되기도 하고, 부사어가 되기도 한다. 부사어가 되든 보어가 되든지 간에, '于(於)', '自'는 통상 모두 목적어를 수반해야 한다. 일반적으로 목적어를 수반하지 않을 수 없으나, 또한 극소수는 목적어로 '之'가 사용된다. 다음 예를 보자.

(1) 龐涓死於此樹之下. (『史記·孫子吳起列傳』) 방연이 이 나무 아래에서 죽을 것이다.

(2) 子於是日哭, 則不歌. (『論語·述而』) 선생께서 이 날 곡을 했으면 노래하지 않았다.

(3) 楚夫人嬴氏至自秦. (『左傳·昭公19年』) 초부인 영씨가 진나라에서부터 이르렀다.

(4) 吾自衛反魯, 然後樂正. (『論語·子罕』) 내가 위나라에서부터 노나라로 돌아와서 그 뒤에 음악이 바르게 되었다.

이상의 모든 예 중 전목구는 각각 보어와 부사어가 되고, '于', '自'는 모두 목적어를 수반해야 한다.

2) 이들은 의문대체사를 목적어로 수반하는 경우는 드물다. 만약 목적어로 수반한다면, 일반적으로 앞에 놓지 않는다. 단지 '乎'만이 의문대체사를 목적어로 사용하고 이를 앞에 놓는 예가 있다. 다음 예를 보자.

(1) 于何本之? 上本之於古者聖王之事. (『墨子・非命上』) 누구에게서 그것을 근본으로 삼았는 가? 위에서 그것을 본으로 삼은 것은 옛날 성왕의 일이었다.
(2) 學惡乎始? 惡乎終? (『荀子・勸學』) 학문은 어디에서 시작하고 어디에서 끝나는가?

예(1)의 '于'는 목적어로 의문대체사 '何'를 수반하고 앞에 놓지 않았다. 예(2)의 '乎'는 의문대체사 '惡'를 목적어로 수반하여 전치하였으며, '于'는 일반적으로 이러한 용법이 없다.

3) '于'는 '所'와 같이 조합되는 경우가 드물다. '自'가 '所'와 함께 조합된 예문은 소수 이다. 다음 예를 보자.

(1) 不知亂之所自起, 則不能治. (『墨子・兼愛上』) 난리가 비롯된 바를 모르면 다스릴 수가 없다.
(2) 全乎萬物而不宰, 澤被天下而莫知其所自始. (『呂氏春秋・審分』) 만물에 두루 미치나 그것을 관여하지 않으면 혜택이 천하에 미치지만 그것이 어디서부터 비롯되는 바를 알지 못한다.

4) '于', '自'로 구성된 전목구는 일정한 지칭성이 있어, 시점을 나타낼 수 있고, 배경문 에서 주어가 될 수 있다. 다음 예를 보자.

(1) 於其反也, 其長子死. (『禮記・檀弓下』) 그가 돌아왔을 때, 그 장남이 죽었다.
(2) 自夫子之死也, 吾無以爲質矣, 吾無與言之矣. (『莊子・徐無鬼』) 저 사람(혜시(惠施))이 죽고 나서, 나는 상대가 없었다. 나는 함께 말할 사람이 없다.

이상의 두 예는 모두 전목구가 주어가 되어 시점을 나타낸 것이고, 그 뒤의 주술구는 술어이다.

3. 시간전치사

전치사 중 '及', '當', '比'는 또 다른 유형이다. 이 세 가지의 전치사의 공통된 특징은 문장 중에서 반드시 목적어를 수반해야 하고, 목적어를 수반한 후에 일정한 지칭성을 나타낸다는 것이다. 일반적으로 시점을 나타내며, 배경문에서 주어가 된다. 다음 예를 보자.

(1) 及定王, 王室遂卑. (『國語·周語下』) 정왕에 이르러서, 왕실이 드디어 낮아졌다.

(2) 當是時, 季心以勇, 布以諾着聞關中. (『史記·季布欒布列傳』) 이때가 되어서, 계심은 용기로, 계포는 너그러움으로 관중에서 유명하게 되었다.

(3) 比及宋, 手足皆見. (『左傳·莊公12年』) 송나라에 이르자, 손과 발이 모두 드러났다.

이상의 모든 예의 전목구는 모두 배경문 중에서 주어가 되고, 시점을 나타낸다.

제4절 접속사

연결되는 언어 단위에 근거하여, 접속사는 대체로 단어접속사, 문장접속사, 단어문장접속사 등 세 부류로 나눌 수 있다.[43] 단어접속사는 주로 단어를 연결하는 데에 사용되고, 문장접속사는 주로 절을 연결하는 데에 사용되며, 단어문장접속사는 단어와 절을 모두 연결한 것이다. 첫 번째 부류의 접속사는 비교적 단순하며, 자주 사용되는 것에는 '與', '及' 등이 있다. 이들과 관계된 내용은 제5장 제4절, 제8절의 연용구, 연체구와 체언성연합구를 참고할 수 있다. 두 번째, 세 번째 부류의 접속사 중 용법이 비교적 간단한 것은 제8장의 복문을 참고하길 바란다. 여기서는 주로 제2부류와 제3부류의 접속사 중 용법이 비교적 복잡한 몇 가지를 소개하고자 한다.

---

43) [역주] '단어접속사', '문장접속사', '단어문장접속사'는 각각 '詞語連詞', '句法連詞', '詞句連詞'을 번역한 것이다. 이 책에서는 접속사를 연결되는 언어단위에 따라 분류하여 일반적인 분류와는 다르다. 일반적으로 접속사는 그 의미에 근거하여 나열, 순접, 역접 등으로 구분한다.

1. 문장접속사

여기에서 소개하는 문장접속사에는 '然', '然而', '然則', '雖', '雖然' 등 몇 가지가 있다.

(1) '然', '然而', '然則'

접속사로서 '然'은 통상 전환을 나타낸다. 다음 예를 보자.

> (1) 吾不能早用子, 今急而求子, 是寡人之過也. 然鄭亡, 子亦有不利焉. (『左傳·僖公30年』)　나는
> 　　일찍이 그대를 쓸 수 없었는데, 지금 급히 그대를 구하니 이는 나의 잘못이다. 그런데 정
> 　　나라가 망하면 그대 또한 불리함이 있을 것이다.
> (2) 孫子籌策龐涓明矣, 然不能蚤救患於被刑. (『史記·孫子吳起列傳』)　손자는 방연을 무찌르는
> 　　것에는 밝았으나 형벌을 받는 재앙은 일찌감치 구제할 수 없었다.

이상 두 예의 '然'은 전환을 나타낸다.

'然而'는 구이기도 하고, 복음허사(複音虛詞)[44]이기도 하다. 구가 될 경우, 이는 대체사 '然'에 접속사 '而'를 더한 것이다. '然'의 의미는 '이러한', '이러한 상황에서'이고, '而'의 의미는 '여전히', '아직', '도리어', '그러나'이다. 다음 예를 보자.

> (1) 樂以天下, 憂以天下, 然而不王者, 未之有也. (『孟子·梁惠王下』)　천하로 즐거워하고 천하로
> 　　걱정하는데 그렇지만 왕이 되지 못하는 자는 있지 않다.
> (2) 夫環而攻之, 必有得天時者矣, 然而不勝者, 是天時不如地利也. (『孟子·公孫丑下』)　대저 포위
> 　　하여 그것을 공격할 때는, 반드시 하늘의 때를 얻음이 있다. 그럼에도 이기지 못하는 것은
> 　　하늘의 때가 땅의 이로움만 못하기 때문이다.

이상은 모두 구이다. 복음허사의 하나로서 '然而'는 주로 전환을 나타낸다. 다음 예를 보자.

> (1) 夫市之無虎明矣. 然而三人言而成虎. (『戰國策·魏策2』)　시장에 호랑이가 없는 것은 명확하

---

44) [역주] 두 음절 이상으로 이루어진 허사. 본문에서 들고 있는 '然而' 이외에도 '雖然', '而已' 등이 있다.

지만, 그럼에도 불구하고 세 사람이 말하면 호랑이가 만들어진다.

(2) 此三臣者, 豈不忠哉. 然而不免於死 (『史記 · 李斯列傳』) 이 세 신하는 어찌 충성하지 않았겠는가! 그럼에도 죽음을 면하지 못하였다.

'然則'은 구이기도 하며, 복음허사이기도 하다. 구일 때에는 대체사 '然'에 접속사 '則'을 더한 것으로 볼 수 있다. '然'의 의미는 '이왕 이렇게 된 바에야', '만약 이렇다면'이고, '則'의 의미는 '그러면'이다. 다음 예를 보자.

(1) (輪扁)問桓公曰, "敢問, 公之所讀者何言邪?" 公曰, "聖人之言也." 曰, "聖人在乎?" 公曰, "已死矣." 曰, "然則君之所讀者, 故人之糟粕已夫!" (『莊者 · 天道』) (윤편이) 환공에게 물었다. "감히 묻겠습니다. 공께서 읽는 것은 어떤 말입니까?" 공이 말하였다. "성인의 말이다." "성인이 살아있습니까?" 공이 말하였다. "이미 죽었다." "그렇다면 임금께서 읽고 있는 것은, 옛사람의 껍데기일 뿐이군요!"

(2) 魯仲連曰, "然梁之比於秦, 若僕耶?" 辛垣衍曰, "然." 魯仲連曰, "然則吾將使秦王烹醢梁王." (『戰國策 · 趙策3』) 노중련이 말하였다. "그렇다면 양을 진에 비하면 그 아래 종과 같다고 하시는 것입니까?" 신원연이 말하였다. "그렇다." 노중련이 말하였다. "그렇다면 저는 이제 진나라 왕으로 하여금 양왕을 삶아서 소금 절여 버리게 하겠습니다.

'然則'이 하나의 복음허사인 경우, 의미는 '그러면'이다. 때로는 전환을 나타내기도 하며, 의미는 '그럼에도 불구하고', '그러나'이다. 다음 예를 보자.

(1) 狙公賦芧曰, "朝三而暮四." 衆狙皆怒. 曰, "然則朝四而暮三." 衆狙皆悅. (『莊子 · 齊物論』) 저공이 도토리를 주면서 말하였다. "아침에 세 번 주고 저녁에 네 번 주겠다." 여러 원숭이들이 모두 화냈다. 말하길, "그렇다면 아침에 네 번 주고 저녁에 세 번 주겠다." 여러 원숭이들이 모두 기뻐하였다.

(2) 夫貴爲天子, 富有天下, 是人情之所同欲也. 然則從人之欲, 則勢不能容, 物不能贍也. (『荀子 · 榮辱』) 대저 귀함은 천자이고, 부유함은 천하를 가지는 것, 이러한 것은 사람이 함께 누구나 원하는 것이다. 그러나 사람의 욕망을 따르면, 세력은 담을 수 없고 사물은 만족할 수 없다.

(2) '雖', '雖然'

'雖'는 전환이나 양보 복문에 자주 사용된다. '雖' 뒤의 사실이 만약 현실적인 것이라면 전환을 구성하고, 의미는 '비록 ……지만', '설령 ……일지라도'이다. 그 뒤의 사실이 만약 허구이면 양보의 의미를 구성한다면 '설사 ……라도', '설령 ……일지라도'의 뜻이다. 다음 예를 보자.

> (1) 雖與之俱學 弗若之矣. (『孟子·告子上』) 비록 그 사람과 같이 배운다고 하지만 그 사람만큼 하지는 못한다.
>
> (2) 人一能之, 己百之 人十能之, 己千之. 果能此道矣, 雖愚必明, 雖柔必强. (『禮記·中庸』) 남이 한 번에 그것을 능히 할 수 있으면 자신은 그 것을 백 번할 수 있고, 남이 열 번 그것을 능히 할 수 있으면 자신은 그것을 천 번 한다. 과연 이 방법을 잘 해낸다면 우매한 사람이라도 반드시 총명해질 것이고 유약한 사람이라 하더라도 반드시 굳세어질 것이다.

'雖'의 뒤로 예(1)의 사실은 현실적인 것이고, 예(2)의 사실은 허구이다.

'雖然'은 접속사 '雖'에 대체사 '然'이 더해져서 구성된 구이다. '雖'의 의미는 '비록 ……지만', '설령 ……일지라도', '설사 ……라도' 등이다. '然'의 의미는 '이와 같다', '이러한'이다. '雖'가 전환과 양보의 두 종류의 다른 기능을 하기 때문에, '雖然'도 전환과 양보 두 종류의 다른 기능이 있는 것이다. 다음 예를 보자.

> (1) 滕君, 則誠賢君也. 雖然, 未聞道也. (『孟子·滕文公上』) 등문공은 진실로 현군이다. 그렇지만 아직 도를 듣지 못하였다.
>
> (2) 爲人臣不忠當死, 言不審亦當死 雖然, 臣願悉言所聞. (『戰國策·秦策1』) 신하된 자로 충성하지 않으면 마땅히 죽어야 하고, 말을 살펴하지 않으면 마땅히 죽어야 합니다. 그렇지만 신은 들어 아는 일들을 모두 말하고자 합니다.

이상의 두 예는 각각 전환과 양보를 나타낸다.

2. 단어문장접속사

'而', '則', '以', '且'는 자주 사용되는 네 가지 접속사이다. 이들은 모두 용언성 어휘와 절도 연결하고, 어떤 것은 주어와 술어도 연결할 수 있다.

(1) '而'

'而'는 용법이 매우 많은 접속사이며, 다음에 서술하는 다섯 종류의 용법이 있다.

1) '而'는 용언성 연합구를 연결할 수 있다. 용언성 어휘 사이의 관계는 병렬일 수도 있고 전환일 수도 있다. 다음 예를 보자.

> (1) 秦師輕而無禮. (『左傳·僖公33年』) 진나라 군대는 경솔하고 예의가 없다.
>
> (2) 子溫而厲, 威而不猛, 恭而安. (『論語·述而』) 선생께서는 온순하지만 엄숙하시고, 위엄이 있으시지만 사납지는 않으시고, 공손하시지만 편안하셨다.

이상의 두 예문 중, 앞의 예문은 병렬을 나타내고, 뒤의 예문은 전환을 나타낸다. 체언성 어휘가 술어일 경우, '而'를 사용하여 연결할 수도 있다. 다음 예를 보자.

> (1) 高祖爲人, 隆准而龍顔. (『史記·高祖本紀』) 고조의 생김은, 코가 오똑하고 용의 얼굴이다.
>
> (2) 是子也, 熊虎之狀而豺狼之聲. (『左傳·宣公4年』) 이 사람은 곰과 호랑이의 모습이고, 표범과 늑대의 목소리이다.

2) 연용구를 연결할 경우, 시간의 전후관계나 수식관계를 나타낼 수 있다. 다음 예를 보자.

> (1) 滅滑而還. (『左傳·僖公33年』) 활 나라를 멸망시키고 돌아왔다.
>
> (2) 越子爲左右句卒, 使夜或左或右, 鼓譟而進. (『左傳·哀公17年』) 월나라 임금이 좌우에 군사를 두고 밤에 혹은 좌로 혹은 우로 북을 치면서 나아갔다.

예(1)은 시간의 전후관계이고, 예(2)는 수식관계이다.

3) 부사어와 피수식어를 연결할 수 있다. 다음 예를 보자.

(1) 子路率爾而對曰, "千乘之國, 攝乎大國之間." (『論語·先進』) 자로가 벌떡 일어나서 대답하
    였다. "천승의 나라로 큰 나라들 사이에 있습니다."

(2) (馮諼)長驅到齊, 晨而求見. (『戰國策·秦策4』) (풍훤이) 오랫동안 달려 제나라에 도착해서 새
    벽에 볼 것을 요구하였다.

이상 두 예문의 '而' 앞에 있는 것은 부사어이다.

4) '而'가 주어와 술어를 연결할 경우, 절을 사건화[45]하고, 가정의 뜻이 있다. 다음 예를 보자.

(1) 人而無信, 不知其可也. (『論語·爲政』) 사람이 신의가 없으면 쓸 만한 데가 없다.

(2) 父而賜子死, 尙安復請? (『史記·李斯列傳』) 아버지가 아들을 죽게 한다면 오히려 어찌 다시
    청하겠는가?

이상 '而'를 사용한 절은 모두 가정을 나타낸다.

5) '而'가 복문을 연결할 경우, 통상 뒷 절에 사용되며, 연합 복문과 주종 복문에 모두
사용될 수 있다. 다음 예를 보자.

(1) 孔子時其亡也, 而往拜之. (『論語·陽貨』) 공자께서 그가 없는 틈을 타서 그의 집에 가서서
    감사함을 표시하였다.

(2) 諸侯莫朝, 而齊獨朝之 (『戰國策·秦策3』) 제후들이 조례하지 않았는데, 제나라 임금만이 홀
    로 조례하였다.

이상의 두 예는 각각 연합 복문과 주종 복문이다. '而'는 압축 복문을 연결할 수도 있
다. 다음 예를 보자.

(1) 秦王發圖, 圖窮而匕首見. (『史記·刺客列傳』) 진왕이 지도를 펼치자, 지도 끝에 비수가 보
    였다.

---

45) 사건화에 관해서는 이 장의 제7절을 참고하라.

(2) 上古之世, 人民少而禽獸衆. (『韓非子·五蠹』) 상고 시대에 인민들은 적고 짐승들은 많았다.

(2) '則'

'則'은 주로 조건과 결과 사이에서 이어지는 관계를 연결하는 데에 쓰인다. 이러한 이어지는 관계는 '則'이 연결하는 전후의 두 사건이 시간상으로 서로의 거리가 매우 가깝거나 앞일이 일어난 후에 뒷일의 발생을 야기할 수 있음을 뜻한다. 앞부분의 내용이 만약 사실이면, 현실 중에서 이어지는 것이고, 만약 발생한 적이 없다면, 가정의 뜻이 있다. '則'의 자주 쓰이는 용법은 다음 세 종류가 있다.

1) '則'은 용언성 어휘를 연결하며, 일반적으로 조건과 결과의 관계를 연결한다. 경우에 따라서 사실의 연결을 나타내고, 이따금 전환을 나타낼 수도 있다. 다음 예를 보자.

(1) 我稱病不行, 丞相必自來, 來則殺之. (『史記·秦始皇本紀』) 나는 병을 핑계로 가지 않았다. 승상이 반드시 올 것이니 오면 그를 죽일 것이다.
(2) 仁人固如是乎? 在他人則誅之, 在弟則封之. (『孟子·萬章上』) 인자한 사람은 진실로 이와 같습니까? 다른 사람에게 있었다면 그를 죽였을 것이고, 동생에게 있었으면 그에게 벼슬을 주었을 것입니다.

이상은 조건과 결과이고, 다음은 사실의 이어짐과 전환이다.

(1) 木受繩則直, 金就礪則利. (『荀子·勸學』) 나무에 먹줄을 대면 곧아지고, 쇠가 숫돌에 갈리면 날카로워진다.
(2) 求牛則名馬, 求馬則名牛, 所求必不得矣. (『呂氏春秋·審分』) 소를 구하는데 말을 구한다고 말하고 말을 구하는데 소를 구한다고 말하면 그 구하는 것을 반드시 얻지 못하는 것이다.

예(1)은 사실상의 이어짐이고, 예(2)는 전환이다.

2) '則'은 주어와 술어 사이에서 사용될 수도 있으며, 가정을 나타낸다. 다음 예를 보자.

(1) 己則不明, 而殺人以逞, 不亦難乎? (『左傳·僖公23年』) 자신은 명확하지 못하면서, 다른 사

람을 죽임으로서 즐거워하면, 또한 어렵지 않은가?

  (2) 子則自以爲有罪, 寡人亦有罪邪? (『史記·循吏列傳』) 그대가 스스로 죄가 있다고 생각한다면 과인 또한 죄가 있는 것인가?

중복지시 부류의 주술성 술어문 중, '則'은 주술성 술어의 앞에 쓰일 수 있다. 다음 예를 보자.

  (1) 子女玉帛, 則君有之. (『左傳·僖公22年』) 자녀와 옥백은 임금이 가지고 있습니다.

  (2) 公子, 則下卿送之. (『左傳·桓公3年』) 공자라면, 하경이 그를 보낸다.

예(1)의 '之'는 '子女玉帛'을 중복지시하고, 주술성 술어 '君有之' 앞에 '則'을 사용하였다. 예(2)도 이와 유사하다.

판단문의 주어와 술어 사이에도 '則'이 사용될 수 있다. 다음 예를 보자.

  (1) 譬如農夫作耦, 以钐殺四方之蓬蒿, 以立名於荆, 此則大夫之力也. (『國語·吳語』) 비유하건대 농부가 밭갈이를 하면서 사방의 쑥대를 베어 죽여 형 지방에서 이름을 세우는 것은 대부의 힘입니다.

  (2) 佚治在我, 勞亂在天下, 則王之道也. (『戰國策·齊策5』) 나에게서 편안하게 다스려지고, 천하의 다른 사람에게서 수고하고 어지러워지는 것, 이러한 것이 즉 왕도의 시작이다.

이상의 두 예문은 모두 판단문으로, 주어와 술어 사이에 '則'을 사용하였다.

3) '則'이 승접을 나타낼 경우, 이어짐과 가정을 나타내는 복문에서 가장 자주 사용된다. 다음 예를 보자.

  (1) 水懦弱, 民狎而玩之, 則多死焉. (『左傳·昭公20年』) 물은 나약하지만, 사람들이 그것에 익숙하여 (거기에서) 놀다보면 많이 죽는다.

  (2) 三十日不還, 則請立太子爲王, 以絶秦望. (『史記·廉頗藺相如列傳』) 삼십 일이 되어도 돌아오지 않는다면, 태자를 왕으로 세워서 진나라의 바람을 끊기를 바랍니다.

예(1)은 이어짐을 나타내고, 예(2)는 가설을 나타낸다. '則'이 나타내는 이러한 이어짐의 관계는 전후호응의 기능도 있어, '則……則……' 의 문장형식을 구성한다. 이러한 문장형식은 대비의 의미가 있는 연합관계를 나타낸다. 이러한 대비의 의미는 현대중국어에서 보면 이미 이와 상응되는 글자를 찾기가 매우 어렵다.

> (1) 事智者衆則法敗, 用力者寡則國貧. (『韓非子·五蠹』) 지혜를 섬기는 자가 많으면 법이 망하고, 힘을 쓰는 자가 적으면 나라가 가난해진다.
>
> (2) 鄒魯之臣, 生則不得事養, 死則不得飯含. (『戰國策·趙策3』) 노나라의 신하는 살아서는 섬김과 봉양을 얻을 수 없을 것이고, 죽어서도 반함(죽으면 입에 구슬을 물리는 것)을 하지 못할 것이다.

이상의 두 예문 중, '則'이 있는 절 사이에는 모두 호응관계가 있고, 또한 일종의 대비의 의미를 구성한다. 이러한 대비의 의미로 인해 또 다른 종류의 용법이 생기게 된다. 이것이 바로 '則'이 뒷 절에 사용되는 것으로 일종의 전환 기능이 있다. 의미는 '오히려'이다. 다음 예를 보자.

> (1) 今民生齊於不盜, 入楚則盜. (『晏子春秋·內篇雜下』) 지금 백성들이 모두 도적이 없던 곳에서 살다가, 초나라에 들어가면 도적이 된다.
>
> (2) 竭力以事大國, 則不得免焉. (『孟子·梁惠王下』) 힘을 다하여서 큰 나라를 섬기더라도, 그것(화)을 면할 수 없다.

이상 두 예의 '則'은 모두 '오히려'의 뜻이 있다.

(3) '以'

'而'나 '則'과는 달리, 접속사 '以'는 전치사가 허화(虛化)한 것이다. 비록 접속사이긴 하나, '以'는 여전히 전치사 '以'의 어떠한 기능을 보존하였다. 다음 두 종류의 용법은 모두 이것이 원래 전치사라는 점과 관련이 있다.

1) '以'가 단어를 연결할 때, 이것의 앞부분은 방식, 수단, 원인 등을 나타내고, 그 뒷부

분은 상관되는 행위 및 목적, 결과 등을 나타낸다. 경우에 따라서 이것의 기능이 '與'와 가깝기도 하다. '以'는 연용구를 연결할 수 있다. 다음 예를 보자.

(1) 軻自知事不就, 倚柱而笑, 箕踞以罵. (『史記·刺客列傳』) (형)가가 스스로 일이 이루어지지 못함을 알고서 기둥에 기대어서 웃고, 발을 뻗고 욕하였다.
(2) 晉侯復假道於虞以伐虢. (『左傳·僖公5年』) 진후가 또 괵을 치기 위해서 우에게서 길을 빌렸다.
(3) 發憤忘食, 樂以忘憂. (『論語·述而』) 발분하여 밥 먹는 것도 잊고, 즐거워하면서 근심을 잊는다.
(4) 齊因乘勝盡破其軍, 虜魏太子申以歸. (『史記·孫子吳起列傳』) 제나라가 승기를 타고서 그 군대를 모두 무찌르고, 위나라의 태자 신을 포로로 잡고서 돌아갔다.

예(1)의 '以' 앞의 '箕踞'는 행위의 방식을 나타내고, (2)의 '以' 앞의 부분은 수단을 나타내며, (3)의 '樂'은 원인을 나타낸다. 마지막 예문 중 '以'와 '而'의 기능은 비슷하며, '以'도 연합구를 연결할 수 있다. 다음 예를 보자.

(1) 主明以嚴, 將智以勇. (『史記·張儀列傳』) 주군은 엄격함을 밝히고, 장수는 용기를 밝힌다.
(2) 狐偃惠以有謀, 趙衰文以忠貞, 賈佗多識以恭敬. (『國語·晉語4』) 호언은 자애로우면서 지모가 있었고, 조췌는 글재주가 있으면서 충절이 있고, 가타는 아는 것이 많고 공경함이 있었다.

이상의 '以'는 모두 연합구를 연결한 것이다.

2) 복문을 연결할 경우, '以'도 주종 복문에 사용된다. 만약 앞 절에 사용되면 인과 관계를 나타내고, 뒷 절에 사용되면 목적을 나타낸다. 다음 예를 보자.

(1) 以吾從大夫之後, 不敢不告也. (『論語·憲問』) 내가 대부의 말석에 있었기에, 감히 고하지 않을 수 없었습니다.
(2) 晉侯使詹嘉處瑕, 以守桃林之塞. (『左傳·文公13年』) 진후가 첨가로 하여금 하 지방에 처하게 하여, 도림의 요새를 지키게 하였다.

예(1)은 인과를 나타내고, 예(2)의 뒷 절은 앞 절의 행위의 목적이다.

(4) '且'

'且'의 용법은 다음에 서술하는 두 가지 방면에서 나타난다.

1) 용언성 어휘를 연결할 경우, '且'는 연합구와 연용구를 구성한다. 만약 형용사를 연결하면, '且'는 두 가지가 같이 존재함을 나타내고, '또한'의 의미가 있다. 다음 예를 보자.

> (1) 不義而富且貴, 於我如浮雲. (『論語·述而』)　의롭지 못하면서 부유하고 귀한 것은, 나에게 있어서는 뜬구름과 같다.
> (2) 周貧且微. (『戰國策·趙策3』)　주나라가 가난하고 미약해졌다.

만약 동사를 연결하면, '且'는 '또한', '……이기도 하고 ……이기도 한', '……하면서 ……하다'의 의미가 있다. '……하면서 ……한다.'를 나타내고자 일 경우에는 "且…… 且……"의 형식도 사용될 수 있다. 다음 예를 보자.

> (1) 曰, "飮此, 則有後於魯國, 不然, 死且無後."(『左傳·莊公32年』)　말하였다. "이것을 마신다면, 노나라에게는 뒷일이 있을 것입니다. 그렇지 않으면, 죽고서 뒷일이 없을 것입니다."
> (2) 盾曰, "棄人用犬, 雖猛何爲!" 鬪且出. (『左傳·宣公2年』)　(조)돈이 말하였다. "사람을 버리고 개를 쓰면, 비록 (개가) 용맹하지만 어디에 쓸 것인가?" 싸우고 나갔다.
> (3) (李廣)且引且戰. (『史記·李廣列傳』)　(이광이) 한편으로는 물러나면서 한편으로는 싸웠다.

예(1)의 '且'는 '또한' 혹은 '……이기도 하고 ……이기도 한'을 의미하고, 뒤의 두 예는 '……하면서 ……하다'를 의미한다. 예(3)은 '且'를 두 번 사용하였다.

2) 복문을 연결할 경우, '且'는 다음 세 종류의 기능을 한다. 첫째, 연합 복문에 쓰여 '또한', '……에도 불구하고'를 의미한다. 다음 예를 보자.

(1) 公語之故, 且告之悔. (『左傳 · 隱公元年』) 공이 그 까닭을 이야기하고, 또 그 후회함을 고백하였다.

(2) 臣死且不避, 厄酒安足辭? (『史記 · 項羽本紀』) 신이 죽는 것도 피하지 않는데, 한 잔 술 따위를 어찌 사양하겠습니까?

예(1)은 '또한'을 의미한다, 예(2)는 '……에도 불구하고'를 의미한다. 둘째, '且'는 가정복문에 쓰여 '만약', '만일'을 의미한다. 다음 예를 보자.

(1) 且使子而可逐, 則先君其逐臣矣. (『公羊傳 · 隱公3年』) 또한 아들로 하여금 가히 쫓아낼 수 있다면, 선군은 신하도 쫓아낼 것입니다.

(2) 君且欲敗王, 非管夷吾不可. (『史記 · 齊世家』) 만약 임금이 왕을 패퇴시키고자 한다면, 관이오가 아니면 안됩니다.

이상의 두 예는 '만약'이나 '만일'을 나타낸다. 셋째, 선택의문문에 사용되어 '아니면'을 의미한다. 다음 예를 보자.

(1) 日有食之, 則有變乎? 且不乎? (『禮記 · 曾子問』) 일식이 있으면 변동이 있습니까? 아니면 바꾸지 않습니까?

(2) 王以天下爲尊秦乎? 且尊齊乎? (『戰國策 · 齊策4』) 왕께서는 천하로 하여금 진나라를 존중하게 하겠습니까? 제나라를 존중하게 하겠습니까?

제5절 어기사

어기사는 주로 의문, 명령, 감탄의 어기를 나타내며, 문장 속에서 처한 위치에 따라서 어기사는 문미어기사와 문두어기사로 나눌 수 있다.

1. 문미어기사

문미어기사가 나타내는 어기는 일반적으로 한 종류를 주로 나타내고, 다른 어기를 겸하여 나타낸다. 다음은 주로 어떤 어기를 나타내는지에 따라서, 문미어기사는 의문어기사, 감탄어기사 두 종류로 나눌 수 있다.

(1) 의문어기사

의문어기사는 주로 의문의 어기를 나타내고, '乎', '與', '歟', '邪', '耶' 등이 있다.

1) '乎'

어기사 중 '乎'(1243)는 출현하는 횟수와 용법이 가장 많다. 각종 의문문에서 거의 다 '乎'를 쓸 수 있으나, 판단의문문과 선택의문문에서 가장 자주 사용된다. 다음 예를 보자.

(1) 子路問曰, "子見夫子乎?" (『論語・微子』) 자로가 물었다. "그대는 선생님을 보셨습니까?"

(2) 滕, 小國也, 間於齊楚. 事齊乎? 事楚乎? (『孟子・梁惠王下』) 등나라는 소국으로 제나라와 초나라 사이에 끼어 있습니다. 제나라를 섬길까요? 초나라를 섬길까요?

이상의 두 예는 각각 판단의문문과 선택의문문이다. '乎'는 특수의문, 반문문 그리고 추측 의문문에서도 사용될 수 있다. 그러나 앞의 두 의문문에서처럼 자주 쓰이지는 않는다. 다음 예를 보자.

(1) 非子職之, 其誰乎? (『國語・楚語下』) 그대가 맡지 않았다면 누구겠는가?

(2) 子墨子曰, "然, 胡不已乎?" (『墨子・公輸』) 묵자가 말하였다. "그렇다. 어째서 끝나지 않았는가?"

(3) 吾聞聖人不相, 殆先生乎? (『史記・范雎蔡澤列傳』) 내가 듣기에 성인은 모습이 같지 않다던데, 혹시 선생이십니까?

이상 세 가지 예는 차례대로 특수의문문, 반문문, 추측 의문문이다. 의문문에서 사용되는 것 이외에, '乎'는 감탄문과 호칭문에서도 사용될 수 있다. 다음 예를 보자.

(1) 文子曰, "甚乎! 其城杞也!" (『左傳・襄公29年』) 문자가 말하였다. "심하도다! 기 땅에 성을 쌓는 것이."

(2) 子曰, "參乎! 吾道一以貫之." (『論語‧里仁』) 공자께서 말씀하셨다. "증참아! 내 도는 하나로 관통한다."

예(1)은 감탄문이고, 예(2)는 호칭문이다. 이상의 용법 이외에도, '乎'는 종속 복문의 앞 절의 뒤에 사용될 수 있는데, 이 경우에는 이미 기본적으로 의문을 나타내지 않는다. 다음 예를 보자.

(1) 以容取人乎, 失之子羽, 以言取人乎, 失之宰予. (『韓非子‧顯學』) 용모로써 사람을 취할 것 인가? 자우를 선택하는 실수를 할 것이다. 말로써 사람을 취할 것인가? 재여를 선택하는 실수를 할 것이다.

(2) 荊軻雖遊於酒人乎, 然其爲人沈深好書. (『史記‧刺客列傳』) 형가가 비록 술 마시는 사람과 놀 지만 그 사람됨은 침착하고 책을 좋아하였다.

이상 두 예문은 각각 가정과 전환 복문이고, 앞 절의 뒤에 '乎'를 사용한 것이다.

2) '與', '歟', '邪', '耶'

'與'(111)는 경우에 따라서 '歟'로 쓰고, '邪'는 또 '耶'로 쓰기도 한다. 이 네 가지 어기 사 중, '與'가 비교적 자주 사용되는 것 이외에, 다른 세 가지는 모두 자주 사용하지 않는 다. '歟'는 주로 『여씨춘추(呂氏春秋)』에서 사용되었고, 다른 선진 전적에서는 드물게 보인 다. 이 네 가지 어기사의 기능은 기본적으로 같고, 어쩌면 방언 상의 차이가 있을 수도 있 다. 이들은 주로 추측 의문문에서 쓰인다. 다음 예를 보자.

(1) 孝悌也者, 其爲仁之本與! (『論語‧學而』) 효성스럽고 공손한 것은 인의 근본이 되는 것이다!

(2) (張唐曰,) "臣之功不如武安君也." 甘羅曰, "卿明知功之不如武安君歟?" (『戰國策‧秦策5』) (장 당이 말하였다.) "신의 공은 무안공보다 못합니다." 감라가 말하였다. "경께서는 공이 무안 군보다 못하다는 것을 명확히 아시는 겁니까?"

(3) 王曰, "齊無人耶?" (『晏子春秋‧內篇雜下』) 왕이 말하였다. "제나라에는 사람이 없는가?"

(4) 吏不當若是邪? (『史記‧張釋之列傳』) 관리의 감당함이 이와 같습니까?

추측의문문에서 사용되는 것 외에, 이 네 가지 어기사는 판단의문문, 선택의문문, 특수

의문문과 반어문에서도 사용될 수 있다. 이 때 이들과 '乎'의 차이는 크지 않으며, 아마도 추측의 의미도 다소 있다. 다음 예를 보자.

   (1) 沛公誠欲倍項羽邪? (『史記·留侯世家』) 패공이 진실로 항우를 배반하고자 했겠습니까?

   (2) 先生之老歟? 昏歟? (『呂氏春秋·貴直』) 선생께서 연로하신 겁니까? 혼미해지신겁니까?

   (3) 丘何爲是棲棲者與? (『論語·憲問』) (공)구는 어찌하여 이리도 연연해하는가?

   (4) 十人而從一人者, 寧力不勝, 智不若耶? (『戰國策·趙策4』) 열 사람이 한 사람을 따르는 것은, 어찌 힘이 이기지 못하고 지혜가 못해서이겠습니까?

이상의 네 가지 예는 차례대로 판단의문문, 선택의문문, 특수의문문, 반어문이다. '與'는 감탄문에서도 사용될 수 있다. 다음 예를 보자.

   (5) 子在陳曰, "歸與, 歸與!" (『論語·公治長』) 공자께서 진나라에 계시면서 말씀하셨다. "돌아가자! 돌아가자!"

'與', '邪'는 경우에 따라서 앞 절의 뒤에 사용될 수도 있는데, 이러한 문장은 대부분 가정 복문이다. 다음 예를 보자.

   (1) 爲其布與? 赤子之布寡矣. (『莊子·山木』) 그 포대기 때문인가? 아기의 포대기는 별거 아니다.

   (2) 言君臣邪, 固當諫爭. (『後漢書·馬援列傳』) 군신 관계에 대해 이야기 한다면 간신이 그것에 해당한다.

이상의 두 예는 모두 가정 복문이다.

(2) 감탄어기사

가장 자주 사용되는 감탄어기사는 '哉'(176)이고, 그 다음으로 '夫'(46)가 더 있다. 다음 예를 보자.

(1) 管仲之器小哉! (『論語・八佾』) 관중의 그릇은 작도다!

(2) 子在川上曰, "逝者如斯夫!" (『論語・子罕』) 공자가 강가에 있으면서 말하였다. "흘러가는 것
    이 이와 같도다!"

감탄문에서 사용되는 것 이외에, '哉'는 반어문에서도 사용되는데, 반문을 나타낼 때에
는 동시에 문장 중에서 '豈' 등의 어기부사를 사용해야한다. 경우에 따라서 일반 의문문이
나 명령문에서 사용될 수도 있다. 다음 예를 보자.

(1) 時已徙矣, 而法不徙, 以此爲治, 豈不難哉? (『呂氏春秋・察今』) 시간이 이미 옮겨 갔으나, 법
    이 바뀌지 않았으니 이로써 다스리고자 한다면, 어찌 어렵지 않겠는가?

(2) 王笑曰, "是誠何心哉? 我非愛其財而易之以羊也." (『孟子・梁惠王上』) 왕이 웃으면서 말하였
    다. "이는 진실로 어떠한 마음일까요? 나는 그 재물을 아끼고자 그것을 양으로 바꾼 것이
    아닙니다."

(3) 無若殷王受之迷亂, 酗於酒德哉. (『尙書・無逸』) 은왕 수(紂王)처럼 어지럽히고 술기운에 빠
    지지 말라.

(1)은 반어문으로 문장 중에 '豈'가 있고, (2)는 일반의문문, (3)은 명령문이다.

2. 문두어기사

자주 사용되는 문두어기사에는 '唯'와 '其'가 있다. '唯'는 문두에 쓰여, 주로 명령의 어
기를 나타낸다. 다음 예를 보자.

(1) 唯大王與羣臣孰計議之 (『史記・廉頗藺相如列傳』) 대왕께서 여러 신하들과 이를 잘 의논해
    보시길 바랍니다.

(2) 越國之寶器畢從, 寡君帥越國之衆, 以從君之師徒, 唯君左右之 (『國語・越語上』) 월나라의 보
    물은 모두 오나라로 가지고 오고, 우리 임금은 월나라의 백성들을 이끌고서, 오나라 임금의
    군사를 따르니, 바라건대 오나라 임금이 다스리소서.

'其'는 주로 의문어기를 나타내며, 대부분 문두에 사용되고, 문중에 사용될 수도 있다. 통상 반문이나 추측의문을 나타낸다. 다음 예를 보자.

  (1) 且行千裏, 其誰不知. (『左傳·僖公32年』) 또한 천리를 가면서, 그가 누구인지 알지 못한다.
  (2) 王遣知罃曰, "子其怨我乎?" (『左傳·成公3年』) 왕이 지앵을 보내면서 말하였다. "그대는 나를 원망하는가?"

  (1)은 반문을 나타내며, '其'가 문두에 사용되었다. (2)는 추측의문을 나타내며, '其'는 문중에 사용되었다.

제6절 판단사

  판단사의 주요 역할은 확정[46]을 나타내며, 판단문이나 설명문을 구성하는 것이다. 판단사와 어기사는 공통점이 있는데, 항상 전체 문장의 뒤에 붙고, 두 가지 모두 문장 종류를 구분한다는 점에서 어기사로 통칭되었다. 하지만 판단사와 어기사는 차이점이 존재하며 주요 차이점은 다음과 같다. 어기사의 기능은 비교적 단순한데, 일반적으로 주로 의문, 명령, 감탄 세 가지 어기를 표시할 수 있다. 판단사가 확정의 어기를 나타낼 때, 그 문장은 보통 사건, 행위, 변화 등을 주관적인 인식으로 나타낼 수 있다. 바로 이러한 기능으로 판단사는 문장 종류의 하위분류를 확정할 뿐만 아니라, 문장 유형을 확정하는 기능을 한다. 이 외에도 판단사는 몇 가지 기타 특징을 갖는다. 예를 들면, '也'는 대개 '之'자구 뒤에 쓰이고, '矣'는 사실 변화와 상관이 있으며, '焉'은 지시 기능이 있다. 이런 용법은 모두 어기사에 없다.

  이상 판단사의 여러 가지 특징은 의문, 명령, 감탄 등 어기사와 동일한 층차에서 대립하지 않으므로 진술문에 사용될 뿐만 아니라, 비명제문에도 사용될 수 있다. 반대로 어기사는 단순히 의문, 명령, 감탄의 어기를 표시한다. 일반적으로 비명제문에서만 사용되며 진술문에서 사용되는 것은 극히 적다. 판단사와 어기사가 대개 대립하지 않기 때문에, 판단사는 어기사와 연용될 수 있으며 각각 문형과 문장 종류를 구분하는 서로 다른 문법적 기

---

46) 확정에 관해서는 제2장 2절을 참고하기 바란다.

능을 갖는다.[47] 이런 상황에서 우리는 판단사에 대해서 두 가지 다른 처리 방법을 취할 수 있다. 한 가지 방법은 이를 일종의 특수한 어기사로 간주하여 어기사로 귀속시켜, '판단 어기사'로 칭하는 것이고, 다른 방법은 바로 판단사를 다른 하나의 부류로 만드는 것이다. 본서는 후자의 방법을 선택하였다.

판단사는 문장에서의 위치에 따라 두 종류로 나뉜다. 문미판단사와 문두판단사이다.

1. 문미판단사

문미판단사는 항상 문장 끝에 위치하여 어느 때는 주어의 뒤에 위치하는데 자주 쓰이는 것은 '也', '矣', '焉', 이외에도 '已', '而已', '耳', '爾' 등이 있다. 아래에서는 먼저 '也', '矣', '焉'에 대해서 이야기하고, 이후에 다시 기타 몇 가지에 대하여 이야기해보자,

옛 사람들은 '也', '矣', '焉'을 한 종류의 단어로 여겼다. 한나라 때『설문해자(說文解字)』에서 말하길, "矣는 말을 끝내는 어휘(詞)이다."[48] 남북조시기에 이르러, 『옥편(玉篇)』에서 말하길, "也는 끝나는 것으로써 문장을 이루게 한다."[49] 또는 "焉은 말을 끝내는 단어이다."[50]라고 했다. 『안씨가훈(顔氏家訓)・서증(書證)』에서 말하였다. "也는 말을 마치게 하면서 문장을 (구성할 수 있게) 돕는 말이다."[51] 당(唐)나라 때 유종원(柳宗元)이 이러한 몇 가지 단어의 기능을 종합하여 "'矣', '耳', '焉', '也'는 판단을 나타내는 허사이다."[52]라고 하였다. 왕인지(王引之)는 이상의 모든 사람들이 말한 용법들을 모두 '상어(常語)'로 간주하였다. '語已詞'와 '決辭'가 쓰여 '也', '矣', '焉'로 해석되는 것은 문장 구성법과 어법 의미, 이 두 가지 다른 각도에서 이 세 단어의 어법 기능을 설명한 것이다. '語已'라는 것은 주관적 인식을 내포한 한 문장의 말이 여기에서 마침을 뜻한다. 주지하다시피 명제의 주어와 서술어 사이에는 일반적으로 휴지가 있는데 '語已'의 기능은 말을 듣는 사람에게 설령 앞쪽에 휴지가 있더라도, 말이 아직 끝난 게 아니며 '也', '矣', '焉'이 출현하면 한 문장의 말이 비로소 끝난 것임을 나타낸다. 이는 논단문의 문장 유형의 구조적 특징에 근거하여 세

---

47) 제7장 4절 조사 연용을 참고하기 바란다.
48) "矣, 語已之詞."
49) "也, 所以窮上成文也."
50) "焉, 語已之詞也."
51) "也, 語已及助句之辭."
52) "'矣', '耳', '焉', '也'者, 決辭也."

가지 허사를 해석한 것이다. "문장 구성을 마치다(窮上成文)"와 "말을 마치다[語已]"는 같은
뜻이다. '決辭'는 주로 이 세 가지 허사의 어법의미에 대하여 말한 것으로 모두 판단의 기
능이 있다. 유종원의 설명에 근거하여 그것들을 '판단사'라고 칭한다. 이 세 가지 허사 사
용은 고대중국어 어법의 특징을 나타낸다. '矣'와 현대의 '了' 관계가 밀접한 것 외에는,
'也', '焉'은 후세 중국어에서 직접 대응하는 단어를 찾을 수가 없어 파악하는데 어려움이
있다. 따라서 고대인들에게는 "之乎者也矣焉哉를 쓸 줄 아는 사람은 대단한 수재이다.(之乎
者也矣焉哉, 用的來的好秀才)"라는 속담이 있다.

'也', '矣', '焉'의 공통 기능은 확정을 표시하고, 또한 논단, 설명에 사용되며 동시에 각
각 특징을 가지고 있다. 개괄하면, '也'는 주로 정태적(靜態的) 명제를 표시하고, 대개 체언
성 어휘와 조합되고, 용언성 어휘, 주술 문장과 조합될 수도 있다. 또한 설명을 나타낼 수
있지만 서사문에 쓰이는 경우는 극히 적다. '矣'는 항상 동태적(動態的) 설명을 나타내는데
체언성 어휘와 조합되는 경우는 극히 적고, 용언성 어휘나 주술구와 자주 조합된다. 또한
논단을 표시하며 간혹 서사문에도 쓰인다. '焉'은 지대기능을 겸하는 판단사이다. 체언성
어휘와 결합하지 않고 용언성 어휘와 결합한다. 대개 비교 의미의 논단을 나타내며 설명
에도 사용된다. 서사문에도 비교적 자주 사용된다. 이 절에서는 각각의 주요 특징들을 소
개한 후에 기타 기능들에 대해서도 아울러 설명하도록 한다. 이 세 단어의 논단문, 설명문
의 구체적 용법에 관해서는 제6장에 관련 부분을 참고하길 바란다.

(1) '也'

'也'(10450)는 고대중국어에서 가장 자주 쓰이는 허사인데, 정태(靜態) 관계를 표시하는
판단사이며, 용법이 비교적 복잡하다. 여기서 말하는 정태 관계는 주로 '也'가 나타내는
판단관계를 지칭하며 말하는 사람이 말하는 시간 속에서 일정한 지속성을 갖추고 있어서
상대적으로 안정적이다. '也'는 주로 여섯 가지의 용법을 가지고 있는데 가장 자주 보이는
용법은 다음과 같다. 첫째, 명제를 표시하는 것(6892)으로, '也'가 판단사로 쓰인 횟수는
71%를 차지한다. 둘째, 설명(1018)을 표시한다. 셋째, 복문[複句]에 쓰인다(951). 넷째, '之'
자구(545), '其'자구(262)에 쓰인다, 다섯째, 기타 용법(104)이다. 여섯째, 명제가 아닌 것(678)
에도 쓰인다. 이 절에서는 중점적으로 '也'의 명제 기능에 대하여 이야기한다. 기타 5가지
용법은 여기에서는 다만 간단하게 설명한다. 이런 작용과 연관한 구체적인 내용은 기타

관련 장, 절을 참고하기 바란다.

1) 논단 표시

'也'는 논단을 제일 빈번히 표시한다. 논단을 표시할 때 '也'는 논단문의 문장 끝에 쓰이는데, 그 기능은 주로 아래 두 가지를 나타내는 데에 있다.

1) 체언성 어휘, 전목구는 일반적으로 모두 서사문의 서술어가 될 수 없으나, 일종의 명제 결과가 될 때, '也'를 더해서 논단문의 술어가 될 수 있다. 아래 예문은 체언성 어휘가 술어가 된 것이다. 다음 예를 보자.

> (1) 刑勝, 治之首也. (『韓非子‧心度』) 형을 내세우는 것은 다스림의 첫 번째이다.
>
> (2) 違天, 一也, 反道, 二也, 誑人, 三也. (『國語‧周語下』) 천의를 위반한 것이 하나이고, 도를 반한 것이 둘이요, 사람을 유혹케 하는 것이 셋이라.
>
> (3) 魚, 我所欲也, 熊掌, 亦我所欲也. (『孟子‧告子上』) 물고기는 내가 얻고 싶은 것이고, 곰의 발바닥 또한 내가 얻고 싶어 하는 것이다.

이상의 명사성 어휘, 서수사, '所'자구에 '也'를 더하여 명제를 표시한다. 아래는 전목구가 술어가 된 것인데, 원인 혹은 목적과 관련 있는 명제를 표시한다. 다음 예를 보자.

> (1) 夫馬之所以能任重引車致遠道者, 以筋力也. (『韓非子‧人主』) 무릇 말이 능히 무거운 것을 떠맡고 수레를 밀며 먼 길에 이르는 것은 근육의 힘 때문이다.
>
> (2) 昔者君王辱於會稽, 臣所以不死者, 爲此事也. (『國語‧越語上』) 옛날에 군왕께서 회계에서 욕을 당할 때, 신이 죽지 않은 것은 이 일을 위해서입니다.

예(1)은 '以'자전목구가 술어가 되어 원인을 표시한다. 예(2)는 '爲'자 전목구가 술어로 목적을 표시한다. 그들 모두 명제를 구성한다.

2) 둘째, 용언성 어휘, 주술구 모두 서사문에서 사실을 진술한다. 사실을 진술할 때, 주어는 가장 흔한 것이 인물이다. 그러나 '也'를 더하면 더 이상 단순히 사실을 진술하는 것

이 아니고, 진술한 사실이 일종의 명제 결과가 된다. 이러한 의미관계의 변화는 동시에 문법관계를 변하게 한다. 일부 문장은 '也'를 더하지 않으면 복문이며 '也'를 더한 후에 논단문이 된다. 이 점을 설명하기 위하여 먼저 두 조의 예문을 보기로 한다.

A조

(1) 蕩澤弱公室, 殺公子肥. (『左傳·成公15年』) 탕택이 공실을 약화시키고자, 공자 비를 죽이려 했다.

(2) 秋七月, 叔弓如宋, 葬共姬. (『春秋·襄公30年』) 가을 칠월에 숙궁이 송으로 가서 공희를 장사지내다.

(3) 公會齊侯衛侯于脾上梁之間, 謀救范中行氏. (『左傳·定公14年』) 제후와 위후를 비와 상량 사이에서 같이 만나, 범씨, 중항씨를 구할 방도를 모색했다.

B조

(1) 楚鄭方惡, 而使余往, 是殺余也. (『左傳·襄公29年』) 초, 정의 사이가 안 좋아져 나를 가게 하니, 이는 나를 죽이는 것이라.

(2) 秋七月, 叔弓如宋, 葬共姬也. (『春秋·襄公30年』) 가을 칠월에 숙궁이 송으로 간 것은 공희를 장사지내고자 한 것이다.

(3) 冬, 公會齊侯于防, 謀伐宋也. (『左傳·隱公9年』) 겨울에 방에서 제후가 모인 것은 송을 정벌할 것을 도모고자 한 것이다.

A조는 모두 서사성 복문이고, 사실을 서술한다. B조는 모두 논단문이며 논단을 만들어 낸다. A조 예(1)의 "蕩澤弱公室"과 "殺公子肥"는 이미 벌어진 일로 복문을 구성한다. B조 예(1)은 A조 예(1)과 같지 않은데, 문장에서 설명된 '使余往'과 '殺余'는 앞으로 벌어질 사실이며 결코 복문 관계를 구성하지 않으며, '殺余也'는 "楚鄭方惡, 而使余往"의 결과이고, 또한 '殺余也'은 앞에 서술한 "楚鄭方惡, 而使余往"에 대한 일종의 주관적 명제이다. 이 두 가지 예문의 주어의 성질도 결코 같지가 않다. 전자는 앞 절의 주어 '蕩澤'이고, 후자는 "楚鄭方惡, 而使余往"라는 사실이다. 그들에게 이런 차이가 있는 것은 문미의 '也'가 만들어낸 것이다. A조 예(2) 『춘추(春秋)』의 경문(經文)은 복문이고 두 가지 사실을 언급하고 있는데 의미는 숙궁(叔弓)-노(魯)나라 종족-이 송나라에 가서 공희(共姬)를 안장하는데 참여했다이다. "공희(共姬)를 장사 지낸다"의 주어는 숙궁이다. B조 예(2) 『좌전(左傳)』의 전문(傳文)은 복문이 아니고, 또한 『춘추(春秋)』를 간단히 중복한 것이 아니며, 『춘추(春秋)』 경

문에 대한 진일보한 해석으로 경문과 똑같이 두 가지 사실을 말하고 있다. 숙궁(叔弓)이 송나라에 갔는데, (이 행차의) 목적은 바로 공희를 안장하는 것임을 주로 설명하고 있다. 이는 논단문이다. A조 예(3)과 B조 예(3) 또한 두 가지 다른 문형이다. 이 두 조의 예문에 이런 차이가 있는 것은, 판단사 '也'의 기능 때문이다. B조 예문 중에, '也'의 기능은 바로 앞의 동사성 어휘가 나타내는 행위를 인식의 결과로 바꾸어 논단문을 구성하는 데에 있다.

사람들은 항상 '也'는 긍정이나 확신하여 의심이 없음을 나타내는 어기사라고 말하며, 동시에 또한 현대중국어에서 서로 대응하는 어기사를 찾을 수 없다고 한다. 현대중국어에서 서로 대응할 어기사를 찾을 수 없는 것은 판단을 표시하는 '也'가 본래는 긍정을 나타내는 어기사가 아니기 때문이다.

2) 설명을 표시

'也'는 문장 끝 혹은 문장 중에 사용되어 모두 설명문을 구성할 수 있다. 주로 생각을 설명하거나 상황을 소개하는데 사용된다. 다음 예를 보자.

(1) 管仲曰, "國必有聖人也." (『呂氏春秋·重言』) 관중이 말하였다. "나라에 반드시 성인이 있다."

(2) 自生民以來, 未有盛於孔子也. (『孟子·公孫丑上』) 백성이 생겨난 이래로, 공자만 하신 분이 없다.

(3) 宮之奇之爲人也, 懦而不能强諫. (『左傳·僖公2年』) 궁지기의 사람됨은 나약해서 호되게 간할 수 없다.

앞쪽의 두 가지 예에서는 '也'가 문장 끝에 쓰였고, 마지막 예문의 '也'는 문장 중에 쓰였다. 예(1), (3)에서는 개인적인 생각을 설명했고, 예(2)는 상황을 소개했다.

3) 복문에 쓰임

복문의 문장 끝 혹은 문장 중에 모두 '也'를 쓸 수 있다. 연합 복문 중에서 이어받거나 복문을 병렬할 때는 문장 끝에 '也'를 쓸 수 있다. 다음 예를 보자.

(1) 子惡聞之, 遂自殺也. (『左傳·昭公27年』) 공자 악은 그 사실을 듣고, 이내 자살했다.

(2) 對曰, "臣委質於狄之鼓, 未委質於晉之鼓也." (『國語·晉語9』) 대답하였다. "신은 고군(鼓君)에

게 예를 갖춰 죽을 때까지 신하가 될 것을 다짐한 사람이지, 진나라가 세운 고군에게 다짐
하지는 않는다."

예(1)은 복문을 이어받은 것이고, 예(2)는 복문을 병렬한 것인데, 문장 끝에 모두 '也'를
썼다. 만약에 두 절이 모두 설명문이라면 절의 뒤에는 모두 '也'를 쓸 수 있다. 다음 예를
보자.

> (1) 非徒危身也, 又將危父也. (『韓非子·外儲說左下』)　자신도 위태로울 뿐만 아니라, 아버지도
> 위태롭게 할 것이다.
> (2) 丑見王之敬子也, 未見所以敬王也. (『孟子·公孫丑下』)　저는 왕이 선생을 공경하는 것은 보
> 았으나, 선생께서 왕을 공경하는 바를 보지 못했습니다.

예(1)의 절은 모두 견해를 설명한 것이고, 예(2)의 절은 모두 상황을 소개한 것이다. 이
상 두 가지 예 모두 병렬의 설명문으로 구성된 복문이고 문장 중과 문장 끝에 모두 '也'를
사용했다.

수식구조의 복문 중에서 전, 후 절 사이의 의미관계는 대체로 일종의 명제 관계이다. 뒤
의 절은 앞 절에서 서술한 사실에 논단성을 더하게 된다. (복문 사이에 이런 논단 관계에 관
하여, 제8장 제1절 복문 개설을 참고하기 바란다), 이렇게 복문의 문장 끝 혹은 문장 중에 또한
항상 '也'가 쓰인다. 다음 예를 보자.

> (1) 今授之諸侯, 而後有侵伐之事, 故微之也. (『穀梁傳·莊公28年』)　지금 제후를 수여받은 일이
> 있고나서 바로 침범하는 일이 있었다. 따라서 그를 낮추어 말한 것이다.
> (2) 若以假人, 與人政也. (『左傳·成公2年』)　만약 남에게 빌려주면, 남에게 정권을 주는 것이다.

예(1), (2)는 각각 인과, 가설 복문으로 문장 끝에 모두 '也'를 쓴다.

4) '之'자구, '其'자구에 쓰임

'也'는 항상 '之'자구, '其'자구 끝에 쓰인다. 다음 예를 보자.

> (1) 王之伐宋也, 請剛柔而皆用之. (『戰國策·魏策2』)　왕이 송을 공격할 때, 강직함과 부드러움

을 모두 쓰도록 하십시오.

(2) 鄙賤之人, 不知將軍寬之至此也. (『史記·廉頗藺相如列傳』) 비천한 사람은 장군의 관대함이 이처럼 지극한지도 모른다.

(3) 鳥之將死, 其鳴也哀, 人之將死, 其言也善. (『論語·泰伯』) 새가 죽으려면 소리가 슬프고, 사람이 죽으려면 말이 선하다.

(4) 惡莠, 恐其亂苗也. (『孟子·盡心下』) 강아지풀을 미워하는 건 싹을 어지럽힐까 두려워서이다.

예(1), (2)와 (3), (4)는 각각 '之'자구, '其'자구의 뒤에 '也'를 썼다. '之'자, '其'자구의 뒤에 대개 '也'를 쓰지만, 반드시 써야하는 것은 아니며 만약 오해를 일으키지 않는다면 때로는 '也'를 쓰지 않는다. 다음 예를 보자.

(1) 國之將興, 明神降之, 監其德也. (『左傳·莊公32年』) 나라가 장차 흥하려면, 신이 내려와 그 덕치를 본다.

(2) 其進銳者, 其退速 (『孟子·盡心上』) 나아감이 날랜 자는, 물러서는 것도 빠르다.

예(1)의 '之'자구, 예(2)의 '其'자구 뒤에 모두 '也'를 쓰지 않았다.

5) 기타 용법

이상 네 가지 용법 외에도, '也'는 또한 아래 세 가지 용법이 있으며 이는 자주 사용되지 않는다.

1) 시간사 뒤에 '也'를 붙일 수 있다(30). 다음 예를 보자.

(1) 是歲也, 海多大風, 冬煖. (『國語·魯語上』) 이 해에 바다에 큰 바람이 불고, 겨울이 따뜻했다.

(2) 吾聞之, 古也墓而不墳. (『禮記·檀弓上』) 내 듣기로, 옛날에 무덤은 만들어도 분은 만들지 않는다.

위의 두 가지 예는 시간을 표시하는 어휘 '是歲', '古' 뒤에 '也'가 쓰인다.

2) '也'는 드물게 사용되는 특수 용법이 있는데, 형용사 접미사 '如'의 뒤에 쓰인다. 아마도 이러한 용법은 방언으로, 주로 『논어(論語)』(33)에서 보이고, 기타 『맹자(孟子)』(4), 『순자(荀子)』(4), 『예기(禮記)』(2)에서도 소수 예문들이 보이기 때문이다. 『좌전(左傳)』, 『공양전(公羊傳)』, 『곡량전(穀梁傳)』, 『국어(國語)』, 『전국책(戰國策)』, 『장자(莊子)』, 『묵자(墨子)』, 『한비자(韓非子)』, 『노자(老子)』, 『손자(孫子)』, 『안자춘추(晏子春秋)』 등의 책에서는 모두 이런 용법을 볼 수가 없다. 다음 예를 보자.

(1) 子之燕居, 申申如也, 夭夭如也. (『論語·述而』) 선생이 한가히 계실 때는 용모는 피어난 듯하시고, 안색은 화기가 도는 듯하시다.

(2) 孔子三月無君, 則皇皇如也. (『孟子·滕文公下』) 공자께서는 석 달 동안 섬길 임금이 없으면, 곧 애를 태우시는 듯 했다.

(3) 孔子曰, "望其壙, 皋如也, 顚如也, 鬲如也, 此則知所息矣." (『荀子·大略』) 공자가 말하였다. "무덤의 봉분을 바라보아라. 높다랗고 우뚝하고 그릇을 엎어 놓은 것 같구나. 이는 곧 쉴 곳을 알 수 있겠구나."

3) 사람에 대한 호칭 뒤에 '也'를 쓸 수 있다. 다음 예를 보자.

(1) 子曰, "由也, 女聞六言六蔽矣乎?" (『論語·陽貨』) 선생님이 말하였다. "유야, 너는 육언육폐를 들어보았느냐?"

(2) 子貢觀於蜡, 孔子曰, "賜也, 樂乎?" (『禮記·雜記下』) 자공이 사(蜡) 제사를 구경했는데, 공자가 말하였다. "사야, 즐거우냐?"

6) 비명제문에 쓰임

'也'는 진술문에 상용되는 것 외에도 또한 비명제문에도 쓰일 수가 있는데, 그 중 '也'는 의문문에서 가장 자주 쓰인다(579). '也'의 총수에서 의문문에서 사용한 횟수는 많지 않다. 대략 '也' 총수량의 5%를 차지한다. 그러나 만약에 의문어기사의 출현 횟수와 비교하면, '也'를 사용한 횟수는 비교적 많은 편으로, '乎'를 사용한 횟수보다 덜하지만, 기타 의문어기사 출현 횟수보다는 많다.

'也'는 특수 지시 의문문에서 가장 자주 쓰이는데, 특수 지시 의문문에 체언성 의문대체사가 사용될 때, '也'가 자주 쓰인다. 이러한 의문문은 주로 원인, 인물, 사물 등을 묻는데,

이 문장에서 물어본 내용은 답하는 사람이 판단을 해야만 하는 것이다. 다음 예를 보자.

  (1) 吳之所以亡者, 何也. (『呂氏春秋・適威』) 오나라가 망한 이유는 무엇인가

  (2) 南冠而縶者, 誰也? (『左傳・成公9年』) 남관을 쓰고 잡혀 있는 자는 누구인가?

이상 두 가지 특수 지시 의문문은 각각 상대방이 원인과 인물을 답해야 한다. '也'가 때로는 시비의문문과 선택의문문 중에 쓰이기도 하나, 이런 문장은 아주 드물다. 다음 예를 보자.

  (1) 子張問曰, "十世可知也?" (『論語・爲政』) 자장이 물었다. "십대 후의 일을 알 수 있겠습니까?"

  (2) 敢問天道乎? 抑人故也? (『國語・周語下』) 감히 묻건대 천도(天道) 때문입니까? 아니면 사람 때문입니까?

이상 두 가지 예는 각각 시비의문문, 선택의문문에 속한다. '也'는 또한 반어문에도 사용될 수 있다. 다음 예를 보자.

  (1) 妾曰, "徐公何能及君也!" (『戰國策・齊策1』) 첩이 말하였다. "서공이 어찌 그대에 미치리오!"

  (2) 國君去其國, 止之曰, "奈何去社稷也!" (『禮記・曲禮下』) 나라의 군주가 그 나라를 떠나자, 백성들이 말리면서 말하였다. "어찌 사직을 버리겠는가!"

이상 두 가지 모두 반어문이다.

의문문에서 쓰인 것 외에도, '也'는 또한 기원문(47), 감탄문(52)에서도 쓰인다. 기원문에서는 그 앞에 일반적으로 기사를 표시하는 어휘가 있다. 다음 예를 보자.

  (1) 攻之不克, 圍之不繼, 吾其還也. (『左傳・僖公33年』) 공격해도 이기지 못하고, 포위해도 이어서 지원해줄 수 없으니 나는 아마도 돌아가야겠다.

  (2) 甘茂對曰, "王勿患也!"(『戰國策・秦策2』) 감무가 대답하였다. "왕께서는 걱정하지 마십시오!"

이상의 문장 중에서 ● 점을 더한 어휘는 모두 기사를 표시하고, 문장 끝에서 '也'가 사용되었다. '也'는 또한 감탄문 중에서 사용될 수 있다. 다음 예를 보자.

　(1) 嘻! 子誠仁人也! (『公羊傳・宣公6年』)　　아! 그대는 진실로 어진 사람이라!
　(2) 甚矣, 吾不知人也! (『史記・刺客列傳』)　　심하도다! 내가 사람을 몰라본 것이!

(2) '矣'

'矣'는 동태(動態)를 설명하는 데에 자주 쓰인다. 이는 모종의 변화에 대하여 개인의 견해를 설명하는 것으로, 어떤 변화 상황에 대하여 소개하는 것이다. 이 단락에서는 '矣'에 관한 4가지 용법 1) '矣'와 용언성 어휘, 2) '矣'와 설명문, 3) '矣'와 복문, 4) 비명제문에 쓰임을 설명한다.

1) '矣'와 용언성 어휘

'矣'는 자주 쓰이는 판단사로(1732), '也'에 비해서는 출현 횟수가 훨씬 더 적다. 이미 설명한 것처럼, '也'는 정태의 판단을 표시한다. 따라서 자주 체언성 어휘와 조합하여 같이 사용된다. '矣'는 동태를 설명한다. 따라서 그것은 항상 용언성 어휘와 조합되어 같이 사용된다. '矣'는 항상 용언성 어휘와 조합되기 때문에, 언뜻 보면 문장 뒤에 '矣'가 쓰인 설명문은 서사문의 뒤에 '矣'를 더한 것처럼 보이나 그렇지 않다. 이런 문제를 설명하기 위해서, 먼저 '矣'와 용언성 어휘의 관계를 이야기하고, 후에 아래에서 다시 '矣'로부터 구성된 설명문의 특징을 설명하고자 한다.

3장에서 행위동사를 소개할 때, 일찍이 말했던 것처럼 행위동사 수량이 가장 많고, 주로 서사문을 구성한다. '矣'가 더해진 문장은 주로 서사문을 구성하지 않고 설명문을 구성한다. 따라서 '矣' 앞의 용언성 어휘는 결코 서사문처럼 행위동사를 자주 쓰지는 않고, 설령 행위동사를 쓰더라도 또한 모종의 선택성을 나타낸다. '矣' 앞에 자주 쓰이는 술어는 두 가지 종류가 있다. 하나는 주관적 인식과 관련이 있다. 그 중에는 가부(可否)를 표시하는 동사 및 평가 혹은 수량의 의미가 있는 술어가 가장 많다. 그 외에는 존현(存現)의미와 관련한 술어가 있다. '矣'앞에 자주 출현하는 두 가지 술어가 '矣'와 같이 조합되는 수량은 '矣'가 출현하는 총수의 절반 이상을 차지한다. 이하 이 두 가지 술어 중에 상용되는 어휘와 '矣'가 조합되는 상황을 소개한다.

1) 주관적 인식과 관련된 어휘 중에서, '矣' 앞에 가장 자주 쓰이는 동사는 가부를 나타내는 '可'(163)이다. 대략 '矣'가 출현하는 총수의 9.4%를 차지한다. '矣'의 앞에 '可'는 항상 단독으로 사용되며, 전치사 '以'를 더하거나 혹은 동사 뒤에 사용한다. 다음 예를 보자.

(1) 子曰, "朝聞道, 夕死可矣." (『論語·里仁』) 선생님이 말하였다. "아침에 도를 들으면, 저녁에 죽어도 좋다."

(2) 四徵者符, 乃可以觀矣. (『韓非子·八經』) 네 가지 증거가 부합되면, 이내 볼 수 있다.

(3) 齊之管仲, 晉之咎犯, 楚之孫叔敖, 可謂功臣矣. (『荀子·臣道』) 제의 관중, 진의 구범, 초의 손숙오는 공신이라고 할 수 있다.

예(1)에서 '可'는 단독으로 사용하고, 예(2), (3)의 '可'는 뒤에 각각 전치사 '以'와 동사 '謂'를 사용하였으며 모두 가부를 논하는 것이다.

'矣' 앞에 자주 사용되는 평가 의미의 동사는 주로 '謂'(25)와 '以爲'(15)이다. '謂' 앞에는 '之'를 써서 목적어 전치 형식을 구성하는 경우 자주 평가하는 용도로 쓰인다. '以爲'(以……爲……)는 화자의 개인의 견해를 표시하며 실제로 또한 평가의 의미가 있다. 다음 예를 보자.

(1) 諺所謂'室於怒市於色'者, 楚之謂矣. (『左傳·昭公19年』) 속담에서 이르길, "집에서 화를 내고 시장에서 안색을 좋게 한다." 이는 초나라를 가리킨다.

(2) 老子曰, "以智治國, 國之賊也" 其子產之謂矣. (『韓非子·亂三』) 노자가 말하였다. "지혜로써 나라를 다스리면, 나라를 해치는 일이다." 아마도 자산을 가리키는 것이다.

(3) 今王以用之于越矣, 而忘之于秦, 臣以爲王鉅速忘矣. (『戰國策·楚策1』) 지금 왕께서 월나라에 대해서는 그 방법을 쓰면서, 진에 대해서는 잊었습니다. 신이 생각하기에 너무 빨리 잊으신다고 생각합니다.

(4) 子畏於匡, 顏淵後. 子曰, "吾以女爲死矣." (『論語·先進』) 공자가 광에서 병난(兵難)을 당하여 올 때, 안연이 뒤쳐졌다. 공자가 말하였다. "난 네가 죽은 줄 알았다."

예(1), (2)는 속담과 노자의 말을 인용한 것으로 '楚'와 '子產'에 대하여 평가를 하는 것이고, 예(3), (4)는 주관적인 견해를 표시하며 또한 평가의 뜻을 가지고 있다.

상술한 세 가지 동사 이외에, '矣'는 형용사와 같이 조합되어 상용된다. 형용사가 표시하는 의미는 항상 일정한 주관성을 가지고 있는데, 형용사의 의미에 수량, 평가의 의미가 있다면 더욱 주관적 인식의 결과이다. 형용사의 이러한 특징으로 아주 용이하게 '矣'와 같이 조합된다. '矣' 앞에 쓰인 형용사는 모두 68개가 있는데 모두 344차례 출현하며 '矣' 총 수량의 20%를 차지한다. 출현 횟수가 가장 많은 것은 주로 수량 의미나 평가의 뜻이 있는 것이다. 그 중에서 특히 사태(事態)형용사가 자주 사용된다. '多'(43), '久'(40), '鮮'(10), '甚'(20), '難'(12) 등이 있다. 그 다음으로는 '大'(22), '遠'(17), '老'(16), '善'(11), '長'(10) 등이다. 다음 예를 보자.

(1) 今嬰事君也, 國僅齊于諸侯. 怨積乎百姓. 嬰之罪多矣. (『晏子春秋·內篇雜下』) 지금 저 안영이 군주를 섬기는데, 나라는 겨우 제후와 나란히 하면서 백성들에게서 원망이 쌓여갑니다. 저의 죄가 많습니다.

(2) 劉季乃書帛射城上, 謂沛父老曰, "天下苦秦久矣." (『史記·高祖本紀』) 유계는 마침내 편지를 써서 성 위로 쏘아 올렸다. 편지에서 패 지방의 원로들에게 일러 말하였다. "천하가 진나라 때문에 괴로운지가 오래되었다."

(3) 生不服, 死追錫之, 不正甚矣. (『穀梁傳·莊公元年』) 살면서 복종하지 않았으면서, 죽어서 하사함을 따른다면, 정당하지 못함이 심하도다.

(4) 辭曰, "臣之壯也, 猶不如人. 今老矣, 無能爲也已." (『左傳·僖公30年』) 사양하며 말하였다. "신이 장년일 때, 오히려 남들만도 못했으며, 지금은 늙어서 할 수 있는 것이 없을 따름입니다."

이상 모든 예 중에서 예(1), (3)은 논단이고, 예(2), (4)는 설명이다.

마지막으로 수량 또한 일종의 인식의 결과이므로, 수량구 또한 비교적 자주 '矣'와 조합되는데, 모두 27가지 예가 있다. 다음 예를 보자.

(1) 今臣之刀十九年矣, 所解數千牛矣, 而刀刃若新發於硎. (『莊子·養生主』) 지금 저의 칼은 19년이 되었고, 해체한 것이 수천 마리의 소입니다. 그렇지만 칼날은 새로 숫돌에 갈아낸 듯합니다.

(2) 莊子持竿不顧, 曰, "吾聞楚有神龜, 死已三千歲矣." (『莊子·秋水』) 장자는 낚싯대를 쥐고 돌아보지도 않고 말하였다. "내가 듣기로 초나라에 신령스러운 거북이 있는데, 죽은 지 이미

　　3천년이 되었다."

　　2) '矣'는 각종 존현의미를 포함하고 있는 동사와 자주 조합되어 설명 혹은 논단을 나타 낸다. 존현의미와 관련 있는 상용동사가 '矣' 앞에 모두 452차례 나타나며 '矣'가 출현한 총수의 26%를 차지한다. 자주 쓰이는 동사는 주로 아래 세 가지이다.

　　첫 번째는 '有', '無'로, 존현을 전문적으로 나타내는 동사이다. 자주 '矣'와 조합하여 사용 한다. ('有'는 68번, '無'는 59번) '矣'가 출현하는 총 횟수의 7%를 차지한다. 다음 예를 보자.

　　(1) 交善, 周君必以爲公功. 交惡, 勸周君入秦者, 必有罪矣." (『戰國策·西周策』)　사이가 좋으면 주나라 임금은 반드시 당신의 공으로 여길 것입니다. 사이가 나빠지면 주군을 진나라로 가도록 권한 그대가 반드시 죄가 있을 것입니다.
　　(2) 致禮樂之道, 擧而錯之天下, 無難矣. (『禮記·樂記』)　예악의 도를 철저히 체득하여 이것으로 천하에 실시하면 어려움이 없다.

　　이상 두 가지 예문에서 '矣' 앞에는 각각 '有', '無'를 사용했으며 예(1)은 설명문, 예(2) 는 논단문이다.

　　'無'는 자주 '無日'(23)로 조합되어 '矣'의 앞에 쓰인다. '無日'은 어떤 일의 출현 가능한 변화에 대하여 시간상으로 예견하는 것이다. '無日'은 서술어가 되는 경우는 드물지만 '矣'를 더한 뒤에는 서술어가 된다. 간혹 '有日'도 볼 수 있다. 다음 예를 보자.

　　(1) 楚人乘我, 喪師無日矣. (『左傳·宣公12年』)　초나라 사람들이 우리의 틈을 노리고 오면 군 대를 잃는 것은 하루가 안 걸릴 겁니다.
　　(2) 智氏信韓魏, 從而伐趙, 攻晉陽之城, 勝有日矣, (『戰國策·秦策4』)　지씨가 한, 위를 믿고, 따라 서 조를 치고 진양성을 공격하면 조만간 이길 것입니다.

　　이상 두 가지 예문의 '無日', '有日'은 앞의 서술된 상황에 맞추어 자신의 견해를 설명 한다.

　　두 번째로, '矣' 앞에 출현하는 행위동사는 모두 198개이고, 합계가 671번이다. 이상의 행위동사 중에서 존현의미가 있는 동사가 출현한 횟수가 가장 많고, 주로 아래 세 가지 그룹이 있다.

제 1조: 知(53), 聞(30), 見(14)
제 2조: 在(46), 至(35), 死(22), 及(12)
제 3조: 失(19), 受(8), 棄(8), 取(8), 得(7)

이상 12개 동사는 합계가 262경우이다. '矣'가 출현하는 총 횟수의 15%를 차지하고, '矣' 앞에 모든 행위동사가 출현하는 총 수량의 39%를 차지한다. 이상 12개 동사 및 앞에 소개했던 '謂', '以爲' 외에, 기타 행위동사가 출현하는 횟수는 일반적으로 10차례를 넘지 않는다.

지각동사 중 '知', '聞', '見'은 주로 개인의 행위를 말하지 않고 개인의 감각과 지각의 결과, 즉 개인의 사상 혹은 감각 기관에 존재하는 상황이다. 따라서 행위동사 중에서 가장 자주 '矣'와 조합된다. 다음 예를 보자.

(1) 王曰, "行, 寡人知子矣." (『戰國策·燕策2』) 왕이 말하였다. "그대가 하시오, 과인은 그대를 알고 있소"

(2) 王曰, "先生就舍, 寡人聞命矣." (『戰國策·楚策3』) 왕이 말하였다. "선생은 객사로 가시오. 과인이 명을 들으리다."

(3) 且曰, "他日, 吾見蔑之面而已, 今吾見其心矣." (『左傳·襄公25年』) 또한 말하였다. "지난 날에 나는 멸의 얼굴만 보았을 뿐입니다. 지금은 그의 마음을 보았습니다."

예(1)은 원래 "그대를 잘 모른다[不知子]"였으나 지금은 "그대를 알고 있다.[知子]"는 결과가 이미 자신의 생각 속에 있다. 예(2), (3)은 원래 '듣고[聞]', '보고[見]' 하지 못한 상황이었으나, 지금은 '듣는 것[聞]', '보는 것[見]'과 관련한 상황이 이미 자신의 감각과 지각 중에 존재한다.

'在', '死' 또한 존현의 상황을 표시하며, '至', '及'은 모종의 행위로 인해서 유발된 존현의 상황이라 말할 수 있다. 따라서 자주 '矣'와 조합된다. 다음 예를 보자.

(1) 子夏曰, "博學而篤志, 切問而近思, 仁在其中矣." (『論語·子張』) 자하가 말하였다. "널리 배우고 뜻을 돈독히 하며, 적절하게 묻고 가까운 곳에서부터 생각하면 인은 그 안에 있다."

(2) 見孟孝伯, 語之曰, "趙孟將死矣. 其語偸, 不似民主." (『左傳·襄公31年』) 맹효백을 보고 말하였다. "조맹은 장차 죽을 것이라. 말하는 게 구차하니, 백성의 주인 같지가 않다."

(3) 乙卯夜, 棄疾使周走而呼曰, "王至矣!" 國人大驚. (『左傳·昭公13年』) 을묘 밤에 기질이 보낸 사람들이 소리치며 말하였다. "왕께서 도착하셨다!" 나라 사람들이 크게 놀랐다.

(4) 里克丕鄭荀息. 相見, 里克曰, "夫史蘇之言將及矣!" (『國語·晉語1』) 이극, 비정, 순식이 서로 만났다. 이극이 말하였다. "태사 소(蘇)의 예언이 장차 이를 것이다!"

세 번째 그룹의 '失', '受', '棄', '取', '得'은 득실과 취사 등과 관련된 개인의 행위이다. 이 행위의 결과는 또한 개인 득실상의 존현으로 표현되며, 비교적 '矣'와 자주 조합된다. 다음 예를 보자.

(1) 仲尼曰, "晉其亡乎! 失其度矣."(『左傳·昭公29年』) 중니가 말하였다. "진나라가 망할 것이다! 그 법도를 잃었구나."

(2) 文子曰, "武受賜矣." (『左傳·昭公元年』) 문자가 말하였다. "무가 당신의 은덕을 받았습니다."

(3) 今西王之大臣亦震, 天棄之矣. (『左傳·昭公23年』) 지금 서왕의 대신에서 지진이 났다고 하니 하늘이 그를 버린 것이라.

(4) 商密人懼曰, "秦取析矣!"(『左傳·僖公25年』) 상밀 사람들이 두려워하며 말하였다. "진이 석읍을 취했다!"

예(1)은 개인 견해를 설명하는 것이고, 예(2)는 자신에게 출현한 상황을 소개한 것이고, 예(3)은 논단, 예(4)는 개인이 이해한 다른 이의 상황을 소개한 것이다.

세 번째는 '矣' 앞에 출현한 상태동사는 104개이고 모두 287번 출현했으며 10번 이상 출현한 것은 일반적으로 존현의미와 관련이 있다. '亡'(28), '病'(15), '成'(13), '盡'(10) 등 모두 66번이며, '矣' 출현 총수의 4%이다. 다음 예를 보자.

(1) 宮之奇諫而不聽, 出, 謂其子曰, "虞將亡矣!" (『國語·晉語2』) 궁지기가 간했으나 듣지 않자, 나오면서 그 아들에게 말하였다. "우는 장차 망할 것이다.!"

(2) 郤克傷於矢, 流血及屨, 未絕鼓音, 曰, "余病矣!"(『左傳·成公2年』) 극극이 화살에 다쳐 피가 신발까지 흘렀지만, 북소리를 끊어지지 않게 하면서 말하였다. "내가 다쳤다!"

(3) 叛而伐之, 服而舍之, 德刑成矣. (『左傳·宣公12年』) 배반하면 토벌하고 복종하면 놔줄 때, 덕치와 형벌이 이루어진다.

(4) 叔向曰, "晉之公族盡矣." (『左傳·昭公3年』) 숙향이 말하였다. "진의 공족들은 (명을) 다했다."

예(1), (4)는 소실된 사물에 대해 개인의 견해를 설명하며, 예(2), (3)은 바로 나타난 상황에 대해 설명하는 것이다.

2) '矣'와 설명문

'矣'로 구성된 설명문은 자주 모종의 변화에 대해 견해를 설명하고 상황을 소개한다. 견해를 설명하거나 상황을 소개하는 것과 관계없이, '矣'는 모두 술어로 표현되는 행위, 변화 등을 일종의 주관인식으로 변화시킨다. 일반적으로 상황을 소개할 때, '矣'을 사용하는 설명문과 서사문의 구별은 뚜렷해진다. 서사문에서 술어는 종종 주어의 행위, 변화를 설명한다. 설명문에서 술어는 주로 행위나 변화가 완성된 후, 출현한 상황 또는 결과를 설명한다. 다음 예를 보자.

(1) 弔者入, 主人升堂, 西面. (『禮記·雜記上』) 조문자가 들어오면 주인은 당에 올라 서쪽으로 대면한다.

(2) 子曰, "由也升堂矣, 未入於室也." (『論語·先進』) 선생님이 말하였다. "유(자로(子路))는 대청까지는 올라왔지만, 실내로는 아직 들어오지 않았다."

(3) 子展曰, "與宋爲惡, 諸侯必至, 吾從之盟. 楚師至, 吾又從之, 則晉怒甚矣." (『左傳·襄公11年』) 자전이 말하였다. "송과의 관계가 악화되면 제후들은 반드시 이를 것이니, 우리는 동맹을 따르면 된다. 초나라의 군대가 이르렀을 때 우리가 또한 그들을 따르면, 진나라의 분노는 심하게 될 것이다."

(4) 齊侯欲與衛侯乘, 與之宴而駕乘廣, 載甲焉. 使告曰, "晉師至矣!" …… 或告曰, "無晉師." 乃止. (『左傳·定公13年』) 제후가 위후와 같이 수레를 타서, 같이 연회를 가지고자 하여 전차에 탔는데 갑옷이 실려 있었다. 사절이 고하여 말하였다. "진 군대가 도착했다!" …… 혹자가 고였다. "진 군대는 없다." 이내 멈췄다.

(5) 春作夏長, 仁也. 秋斂冬藏, 義也. (『禮記·樂記』) 봄에 농사지어 여름에 길러내는 것이 인이요, 가을에 거두어 겨울에 저장하는 것이 의라.

(6) 宋人有閔其苗之不長而揠之者, 芒芒然歸, 謂其人曰, "今日病矣! 予助苗長矣!" (『孟子·公孫丑上』) 송나라 사람 중에 곡식의 싹이 자라지 않는 것을 불쌍히 여겨 싹을 뽑아 올린 이가 있었다. 지쳐 돌아와 (집안) 사람들에게 말하였다. "오늘은 피곤하다. 내가 싹이 자라는 것

을 도와주었다."

예(1)의 서사문 "主人升堂"은 주인이 원래 당(堂)에 있지 않았는데, 조문객이 들어온 이후에 그가 바로 당 위에 올라, 서쪽으로 대면했다는 것이다. 여기에서 '升堂'은 주어 '主人'의 행위를 서술한다. 예(2)는 이와 다른데, "由升堂矣"는 주어 '由'의 행위가 아니고, 자로가 당에 올라가는 것을 완료한 후의 상황을 설명하는 것이다. 그러니까 자로는 이미 당 위에 있는 것이다. 예(3)의 "楚師至"는 초사(楚師)가 이 때 진(晉)나라에 이른 것을 설명하는 것인데, '至'는 '楚師'의 행위이다. (4)의 "晉師至矣"에서 주요점은 진나라의 군대가 이미 '至'라는 행위 후의 결과이다. 즉, 진나라의 군대는 이미 부근에 출현한 것이다. 따라서 뒤에 비로소 "無晉師"를 써서 그를 부정한 것이다. 예(5)의 "夏長"은 여름철에 만물이 생장하는 것이고, 예(6)의 "長矣"는 생장 후의 상황인 이미 커버렸음을 설명한 것이다.

'矣'로 구성되어 견해를 표시하는 설명문과 서사문의 차이는 거의 없다. 서사문은 객관적 사실을 진술하고, 설명문은 모종의 변화에 대한 견해를 설명한다. 다음 예를 보자.

(1) 國危則無樂君, 國安則無憂民. (『荀子 · 王霸』) 나라가 위태로우면 즐거운 군주가 없고, 나라가 편하면 근심하는 백성이 없다.

(2) 佚之狐言於鄭伯曰, "國危矣, 若使燭之武見秦君, 師必退."(『左傳 · 僖公30年』) 일지호가 정백에게 말하였다. "나라가 위태롭습니다. 만약에 촉지무를 보내어 진나라 군주를 만나게 하면, 군대는 반드시 물러납니다."

(3) 古者帝堯之治天下也, 蓋殺一人, 刑二人, 而天下治. (『荀子 · 儀兵』) 옛날에 황제 요가 천하를 다스리는데, 한 사람을 죽이고 두 사람을 형에 처하니 천하가 다스려졌다.

(4) 無名人曰, "汝遊心於淡, 合氣於漠, 順物自然而無容私焉, 而天下治矣."(『莊子 · 應帝王』) 무명인이 말하였다. "너는 마음을 담담한 경지에서 노닐게 하고, 막막함에 기를 합하여, 사물의 자연스러움을 따르면서 사사로움을 용납하지 않으면 천하는 다스려질 것이다."

예(1)에서 "國危"는 일을 서술하는 것으로, 국가의 실제 형편을 설명하는 것이며 예(2)에 "國危矣"는 진후(晉侯)와 진백(秦伯)이 정나라를 포위했던 일에 대하여 스스로 국가 형세에 변화가 출현한 것에 대한 견해를 설명한 것이다. 예(3)의 "天下治"는 일을 서술하는 것으로 천하의 실제적인 판국을 설명한 것이다. 예(4)의 "天下治矣"는 곧 천하에 대하여 변화가 출현할 것이라는 견해이다.

'矣'를 더한 설명문와 서사문은 보통 구별되나, 설명문과 서사문 사이에는 분명한 경계가 없고, 어느 때는 이 두 가지 문장이 쉽사리 뚜렷하게 나눠지지 않는다.

3) '矣'와 복문

'矣'는 일반적으로 서사성 단문에는 쓰이지 않지만, 복문에는 가능하다. 서사문에 '矣'가 사용될 때, 자주 서사성의 이어지는 복문에 출현한다. 이 때 '矣'는 앞, 뒤 절에 모두 출현할 수 있다.

'矣'가 만약 뒤의 절에 출현하면 항상 이 절에서 서술되는 사실을 표시하며 이는 주체가 주관적으로 발견한 의외의 내용이다. 다음 예를 보자.

> (1) 南史氏聞大史盡死, 執簡以往. 聞旣書矣, 乃還. (『左傳 · 襄公25年』) 남사씨가 태사들이 모두 죽었다는 것을 듣고, 죽간을 들고 갔다. 이미 기록했다는 이야기를 듣고서야 비로소 돌아왔다.
> (2) 宣子驟諫, 公患之, 使鉏麑賊之. 晨往, 寢門闢矣, 盛服將朝. (『左傳 · 宣公2年』) 선자가 누차 간하니 공이 싫어하여, 서예로 하여금 그를 죽이게 했다. 새벽에 가니 침실 문이 열려 있고, 옷을 갖추고 조정에 오르려 했다.

예(1)의 주체인 남사씨(南史氏)가 편지를 들고 갔는데, 목적은 가서 "최저(崔杼)가 군주를 시해한" 일을 기록하는 것이었으나 결과는 도리어 이 일이 이미 기록되어 있었다. 예(2)의 주체 서예(鉏麑)가 아침에 가서 조돈(趙盾)을 죽이려는데, 생각지도 않게 조돈의 침실 문이 일찌감치 열려 있었다. 이 두 문장의 '矣'는 주체가 주관적으로 뜻밖의 사건들을 발견했다는 것이다. '矣'가 만약 앞의 절에 출현하여 서술된 사실에 대하여 강조 혹은 주의를 일깨우는 작용을 했다면, 뒷 절에서 서술된 사실은 가끔 규칙에 부합되지 않는 게 있다. 다음 예를 보자.

> (1) 於是祁奚老矣, 聞之, 乘馹而見宣子. (『左傳 · 襄公21年』) 이 때 기해는 늙었지만, 그 소식을 듣고서는 역마를 타고 선자를 만났다.
> (2) 韓子買諸賈人, 旣成賈矣. 商人曰, "必告君大夫!" (『左傳 · 昭公16年』) 한자가 상인들에게 사

들이니, 이미 거래가 성립했다. 상인이 말하였다. "반드시 우리 임금과 대부에게 알리겠습니다.!"

예(1)은 기해(祁奚)가 이미 늙었음을 강조하여, 본래 진나라의 일을 관여치 않으려 했으나, 숙향(叔向)이 갇혔다는 말을 듣고, 바로 수레를 타고 가서 범선자(范宣子)를 만나, 숙향을 위해서 죄책에서 벗어나게 해주었다. 예(2)는 한기(韓起)가 옥환를 사서 이미 거래가 성사되었음을 강조했는데, 상인이 되레 그에게 "반드시 임금과 대부에게 고해야 한다."고 하는 것이다. 이상의 두 가지 예문이 모두 의미하는 것은 이미 앞의 절에서 사실을 서술한 상황에서 뒷 단문에서 말한 사실은 완전하게 상식에 부합되지 않는다는 점이다.

서사성의 이어받는 문장 외에도, '矣'는 기타 유형의 복문에서 아래와 같은 용법이 있다. '矣'는 뒷 절에서 나와도 되고 앞 절에서 출현해도 된다. 뒷 절에 사용될 때 가설 복문을 자주 구성한다. 앞 절은 모종의 가설 조건을 설명하고, 뒷 절에서는 대개 생겨날 수 있는 결과를 설명하니, 사실 이 또한 일종의 논단이다. 다음 예를 보자.

(1) 如有不嗜殺人者, 則天下之民, 皆引領而望之矣. (『孟子‧梁惠王上』)　만일 사람 죽이기를 좋아하지 아니하는 사람이 있다면, 천하의 백성들이 모두 다 목을 길게 빼고 우러러 볼 것입니다.

(2) 魏牟曰, "王能重王之國若此尺帛, 則王之國大治矣." (『戰國策‧楚策3』)　위모가 말하였다. "왕께서 이 비단 조각과 같이 아낄 수 있다면 대왕의 나라는 크게 다스려질 것입니다."

이상 두 가지 복문에서 전, 후 절 사이에는 모두 가설과 결과의 관계가 있다. '矣'가 앞 단문에서 사용될 때, 이 절은 항상 설명문의 성질을 가지고 그 뒷 절과 함께 여러 종류의 관계를 형성한다. 다음 예를 보자.

(1) 鬪伯比曰, "天去其疾矣, 隨未可克也." (『左傳‧桓公8年』)　투백비가 말하였다. "하늘이 근심거리를 제거했으니, 수나라는 이길 수 없다."

(2) 辭曰, "臣與聞命矣, 言若洩, 臣不獲死." (『左傳‧昭公25年』)　말하기를 "신이 참여하여 명을 들었습니다. 말이 만약 새어나간다면 신은 곱게 죽지 못할 것입니다."

(3) 苟志於仁矣, 無惡也.(『論語‧里仁』)　진실로 인함에 뜻을 둔다면, 싫어함이 없게 될 것이다.

이상 세 가지 복문 중에서 앞 절은 모두 설명문이다. 예(1)은 견해를 설명하는 것이고, 예(2)는 상황을 소개하는 것이며, 예(3)은 확인을 표시한다. 그들과 뒷 절은 각각 인과, 연접, 가설의 복문을 구성한다. '矣'는 앞 절 중에서 새로 출현하는 모종의 상황을 설명할 때, 뒷 절에는 의문문 혹은 기원문이 쓰일 수 있다. 다음 예를 보자.

> (1) 今亂本成矣, 立可必乎? (『左傳·閔公2年』) 지금 혼란은 본래부터 있었던 것입니다. 왕위에 오르는 것이 반드시 그렇게 될 수 있겠습니까?
>
> (2) 寡君知不得事君矣, 請君無勤. (『左傳·昭公13年』) 우리 임금께서는 그대를 섬길 수 없음을 압니다. 그대는 수고하실 필요 없습니다.

예(1), (2)의 뒷 절은 각각 의문문과 기원문이다. '矣' 두 개가 전후에서 호응하니 또한 복문을 구성할 수 있다. 관련한 내용은 제8장 복문 제1절 병렬 복문을 참고하기 바란다.

4) 비명제문에 쓰임

'矣'가 감탄문 중(133)에서 가장 자주 쓰이는데, 감탄문에 출현하는 횟수는 '哉'보다는 적고, '夫'보다는 한참 많다. 다음 예를 보자.

> (1) 美哉禹功! 明德遠矣. (『左傳·昭公元年』) 아름답구나. 우공의 덕이여! 밝은 덕이 심원하다.
>
> (2) 王大悅之曰, "天下無敵矣!" (『莊子·說劍』) 왕이 크게 기뻐하며 말하였다. "천하무적이다!"

이상 두 구절 모두 설명하는 내용을 가지고 있는 감탄문이다. 간혹 의문문(25)과 소수의 기원문에도 사용된다. 다음 예를 보자.

> (1) 子路問曰, "何如斯可謂之士矣?" (『論語·子路』) 자로가 물었다. "어찌하면 선비라 이를 수 있겠습니까?"
>
> (2) 孟嘗君不說曰, "諾, 先生休矣!" (『戰國策·齊策4』) 맹상군이 좋아하지 않으며 말하였다. "좋소, 선생은 가서 쉬도록 하시오!"

이상 두 가지 예는 각각 의문문과 기원문이다.

(3) '焉'

'焉'(1423)은 지시 기능을 겸하고 있는 판단사이고, 또한 실사와 허사 사이의 특수 허사이다. 한편으로는 '也', '矣'를 같은 종류에 속하고 다른 한편으로는 '之'와 비슷하며 술어의 뒤에서 지시로 쓰인다. 1) '焉'의 지시 겸 판단 기능, 2) '焉'과 서사문, 3) 비명제문에 사용 등 세 가지 측면에 대해 소개하고자 한다.

1) '焉'의 지시 겸 판단 기능

'焉'은 지시 겸 판단 기능이 있다. 먼저 지시 기능에 대하여 알아보고, 그 후에 다시 이 두 가지 기능을 겸하고 있는 점을 알아보자.

① '焉'의 지시 기능

'焉'과 대체사는 비슷한 지시 기능이 있다. 하지만 이는 대체사와 다르다. 대체사는 실사이고, 만약 술어 바로 뒤에 사용하면 항상 목적어가 된다. '焉' 또한 항상 술어의 뒤에 쓰이지만 무슨 문법성분으로 쓰인 것인지, 목적어인지 보어인지는 결코 확정할 수 없다. 이 점이 '焉'과 대체사의 차이점이다. 아래 두 그룹의 예문을 보도록 하자.

A조

    (1) "夙夜匪解, 以事一人", 孟明有焉. (『左傳·文公3年』) "아침부터 저녁까지 게을리 하지 않으며, 한 사람을 섬기다." 맹명이 그러했다.

    (2) 善不善不分, 亂莫大焉. (『呂氏春秋·聽言』) 선하고 선하지 않음을 구분하지 않으면 어지러움이 막대하다.

    (3) 子貢見師乙而問焉. (『史記·樂書』) 자공이 사을 보고 물었다.

B조

    (1) 仁義禮智, 非由外鑠我也, 我固有之也. (『孟子·告子上』) 인의예지는 밖으로부터 나를 녹여 오는 것이 아니라, 내가 본래 가지고 있는 것이다.

    (2) 禍莫大於不知足. (『韓非子·解老』) 재앙은 만족할 줄 모르는 것보다 더 큰 것이 없다.

    (3) 元王惕然而悟. 乃召博士衛平而問之. (『史記·龜策列傳』) 원왕이 놀란 듯 깨우치다. 이내 박

사 위평을 불러 물었다.

(4) 魏文侯問於子夏. (『史記·樂書』)　위문후가 자하에게 묻다.
　●　△ △ △

　　A조 예문 중에서 '焉' 앞의 '有', '大', '問'은 상용되는 세 가지 술어이다. '有'는 일반적으로 직접 '于'자보어를 가지지 않지만 B조 예(1)처럼 '之'를 목적어로 가질 수 있다. '有'의 이런 특징에 근거하여 A조 예(1)의 '焉'은 대체로 '之'의 기능에 상당한다고 볼 수 있다. B조 예(2)의 '大'의 용법에 근거하여, A조 예(2)의 '焉'의 기능이 '于'에 대체사 '是' 혹은 '斯'를 더한 것과 같다고 볼 수 있다. 상술한 네 가지 예문에서 볼 수 있듯이 '焉'의 기능과 '之', '于是', '于斯' 등의 어휘는 모두 같은 점이 있으나 또한 그중의 어느 한 가지와도 동일하지는 않다. B조 예(3), (4) 중에 '問'의 뒷부분이 자문의 대상일 때, 목적어를 가질 수 있고 또한 보어를 가질 수 있다. 만약에 '問'의 이러한 특징에 근거한다면, A조 예(3)중에 '焉'은 '之' 혹은 '于' 뒤에 대체사가 올 수 있다고 이해해도 된다. 하지만 도대체 무엇인지 확정하기가 정말 어렵다. 상술한 몇 가지 예문에서 볼 수 있듯이 '焉'에는 지시 기능이 있지만 그렇다고 '焉'이 어떠한 대체사이거나 혹은 '于'에 어떠한 대체사를 더한 것은 아니다. '焉'의 이러한 융통성 있는 지시성은 문장 중에서 여러 가지 의미관계를 표시할 수 있으며, 대상, 처소, 범위, 시간, 원인을 표시하며 때로는 동작의 지배를 받는 사람이나 사물을 표시하기도 한다. 이와 같은 의미내용을 표시하는 동시에 앞의 문장과 호응관계도 나타낸다. 아래는 '焉'이 대상을 표시한다.

(1) 長沮桀溺, 耦而耕, 孔子過之, 使子路問津焉. (『論語·微子』)　장저와 걸익은 밭을 갈고 있는
　　　　　　　　　　　　　　　　　　　　　△
데, 공자가 지나가다가 자로로 하여금 나루터를 물어보게 했다.

(2) 尤而效之, 罪有甚焉. (『史記·晉世家』)　죄가 있는데 뇌주었으니, 죄가 더 심한 것이다.
　　　　　　△

　　예(1)의 '焉'이 행위의 대상을 표시하고, 예(2)의 '焉'은 비교 대상을 표시한다. 아래에는 처소와 범위를 표시한다.

(1) 公說, 乃城曲沃, 太子處焉. (『國語·晉語1』)　공이 기뻐하며, 이에 곡옥에 성을 짓고서는 태
　　　　　　　　　　△
자를 살게 하였다.

(2) 三人行, 則必有我師焉. (『論語·述而』)　세 사람이 가면, 반드시 내 스승이 있을 것이다.
　　　　　　　　　△

예(1), (2)는 각각 처소와 범위를 표시한다. '焉'은 원인을 표시하는 것도 비교적 자주 보인다. 다음 예를 보자.

(1) 驗之以近物, 參之以平心, 流言止焉, 惡言死焉. (『荀子・大略』) 가까운 사물로 그것을 검증 하고, 평심으로서 헤아리면 유언이 그치고, 악언이 없어진다.

(2) 行其綴兆, 要其節奏, 行列得正焉, 進退得齊焉. (『禮記・樂記』) 춤추는 자가 그 무도장 안의 한 가운데 모여 합일하게 되면, 행렬이 바를 수 있고, 진퇴를 가지런히 할 수 있는 것이다.

'焉'은 또한 시간, 동작의 지배를 받는 사물이나 사람을 의미하지만 이상 두 종류 용법 보다 자주 보이지는 않는다. 다음 예를 보자.

(1) 及寡人之身, 東敗於齊, 長子死焉. (『孟子・梁惠王上』) 과인에게 있어 동으로는 제나라에 패 하여 큰 아들이 죽었다.

(2) 衆惡之, 必察焉. 衆好之, 必察焉. (『論語・衛靈公』) 모든 사람이 싫어해도, 반드시 살펴볼 것 이요 모든 사람이 좋아해도 반드시 살펴볼 것이다.

예(1)의 '焉'은 시간을 나타내고, 예(2)의 '焉'과 앞의 '之'는 같으니, 모두 동작의 지배 를 받는 사물이나 사람이다.

'焉'이 지시 기능을 가지고 있어서 어느 학자는 '于是'와 대등하다고 여기기도 한다. 그 러나 '焉'은 결코 '于是'가 아니다. 어느 저서에서는 그것을 '于此', '于斯', '于之', '之' 등 과 같다고 여긴다. 이런 식으로 '焉'을 해석하는 것은 이해하기에 편하다. 그러나 이러한 이해는 두 가지 점에서 납득하기 어려운 점이 있다. 첫째, '于是', '于此', '于斯'와 '之' 등 은 비록 고대중국어에도 확실히 존재했지만 '于之'는 극히 드물다. '于之'를 사용하여 '焉' 을 해석하는 건, 확실히 인위적이고 타당하지 않다. 둘째, '焉'을 '于是' 등등으로 이해하 는 것은, 이미 판단을 표시하는 기능을 부정하는 것이다. '于是' 등은 결코 판단을 표시하 는 기능이 없기 때문이다. 합리적으로 대략 '焉'은 바로 '焉'이라는 점만 인정할 수 있다. 그것이 지시 기능을 하고 있는 판단사이며, 구체적인 환경 중에서 도대체 무엇을 의미하 는지는 단지 위, 아래 문장에 근거할 수밖에 없으므로 주로 그 앞의 술어에 근거해서 결 정하게 된다는 점이다.

② '焉'은 지시 겸 판단을 표시한다.

'焉'은 '也', '矣'와 같이 모두 판단사이나 '焉'에는 지시 기능이 있고, '也', '矣'에는 지시 기능이 없다. '焉'의 이러한 지시 기능은 '也', '矣'와 판단을 표시할 때 다른 문장형식을 구성하도록 한다.

'也', '矣'가 논단문을 구성할 때, 주로 주어와 서술어 사이에 모종의 논단관계가 성립된다. 만약에 거듭 주어를 지칭하려면, 곧 다른 대체사를 사용해야 한다. 판단사 '焉'은 앞의 '也', '矣'와 같은 방식으로 판단 논단관계를 세울 수 있지만, '焉'이 세운 이러한 관계는 주어와 술어 사이에 있지 않고, 이러한 관계는 주어와 술어 중의 술어의 뒤에 세우게 된다. 다시 말하자면 명제 앞의 항목 중에서의 어떤 내용이 술부 중 서술어 뒤의 '焉'이 지시하는 내용이라 할 수 있다. '焉'의 이러한 지시 겸 판단 기능으로 논단문을 만들 때에 주로 주술구를 술어로 하는 형식을 구성한다. 그리고 이러한 문장을 통해 판단의 앞 항목 혹은 설명의 대상이 술어 중 술어의 한 단계 아래에 놓이게 하고 아울러 술어 중 술어 뒤의 내용과 대주어로 호응관계를 구성하게 한다. 다음 예를 보자.

(1) 相楚而攻魏, 破軍殺將, 功莫大焉. (『史記・楚世家』) 초나라에서 재상을 하고 위나라를 공격하여 군사를 격파하고 장수를 죽였으니, 공로가 이보다 큰 것은 없다.
(2) 亂而弗討, 害民莫長焉. (『呂氏春秋・召類』) 어지러운데도 토벌하지 않으면, 백성들에 해를 끼치는데 이보다 더한 것은 없다.

이상 예문은 모두 주술구가 술부가 되는 명제이다. 예(1)의 '焉'은 한편으로 "相楚而攻魏, 破軍殺將"을 가리키며, 다른 한편으로는 이것이 명제임을 의미하는데, "功莫大焉"은 앞쪽에 서술된 내용의 명제이다. 예(2)의 '焉'은 한편으로는 주어 "亂而弗討"를 지시하며, 다른 한편으로는 이것이 명제임을 의미한다.

'焉'과 '矣'는 똑같이 모두 항상 용언성 어휘와 조합된다. 그러나 '焉'은 지시 기능이 있고, '矣'는 지시 기능이 없다. 따라서 술어와 조합할 때 '焉'과 '矣'는 같은 점도 있고 다른 점도 있다. '焉'과 '矣'는 모두 존현(存現)과 관련된 사태를 논하고 혹은 설명한다. 따라서 항상 존현동사와 같이 조합하여 사용한다. '焉'은 일반적으로 평가, 가부에서는 쓰이지 않으므로, 일반적으로 '可'와 조합하지 않는다. 이외에도 '焉'은 항상 지시를 통하여 비교를 표시하므로 비교하는데 쓰일 수 있는 형용사들과 조합된다.

'焉'과 가장 자주 조합되어 사용되는 동사가 '有'(171)인데, '焉'의 총 수량의 12%를 차지한다. 다음 예를 보자.

> (1) 凡五霸所以能成功名於天下者, 必君臣俱有力焉. (『韓非子‧難二』)　무릇 오패가 능히 천하에 공명을 이룰 수 있었던 것은 반드시 군신이 모두 힘을 함께 하였기 때문이다.
> (2) "夙夜匪解, 以事一人", 孟明有焉. (『左傳‧文公3年』)　"아침부터 저녁까지 게을리 하지 않으며, 한 사람을 섬기다." 맹명이 그러했다.
> (3) 子謂子産, "有君子之道四焉." (『論語‧公冶長』)　스승께서 자산을 가리키며 말하였다. "군자의 도는 네 가지가 있다."

앞의 두 예는 '焉'으로부터 구성된 명제이고, 예(1)의 주어 '凡五霸所以能成功名於天下者'는 명제의 전항(前項)이고, 술어 '必君臣俱有力焉'은 논단의 결과이다. 예(2)는 이와 비슷하다. 예(3)은 견해를 설명하는 설명문이다.

'焉'은 대개 형용사와 조합하며 그 중 가장 자주 쓰이는 것이 '大'(45)와 '甚'(17) 등이다. '焉'과 이런 형용사가 같이 조합하여 논단문을 구성한다. 다음 예를 보자.

> (1) 人誰無過, 過而能改, 善莫大焉. (『左傳‧宣公2年』)　사람에게 누가 죄가 없을까, 죄를 지어도 능히 고친다면, 좋은 것이 이보다 더 큰 것이 없다.
> (2) 進受嚴命, 退而不全, 負孰甚焉. (『史記‧趙世家』)　나아가서는 엄명을 받고, 물러나서는 힘을 다하지 않는다면, 위배하는 것이 이보다 더 심한 것은 없다.

위 두 가지 모두 형용사와 '焉'이 조합되어 구성된 명제이다. 예(1)에서 "人誰無過, 過而能改"는 명제의 전항이고, "善莫大焉"은 논단의 후항(後項)이며, 예(2)도 이와 유사하다.

2) '焉'과 서사문

앞에서 이미 말했던 것처럼 '也'는 서사문에서 쓰이지 않지만, '矣'는 때로 서사문에서 쓰이며 '焉'은 자주 서사문에 쓰인다. '焉'이 자주 서사문에 쓰이는 것은 대략 지시작용과 관련 있다. 대체사는 판단 기능을 하지 않는다. '焉'은 대체사와 같이 지시 기능을 가지므로 판단 기능은 약해진다. 서사문에서 쓰일 때 '焉'의 판단 기능은 앞 문장과 일종의 호응 관계로 더 많이 표현된다. 그리고 이러한 관계는 '焉'으로 하여금 그 앞에서 쓰인 동사에 대한 일정한 선택성을 갖추도록 한다. 의미상 '焉' 앞에 자주 사용되는 동사는 아래 두 가지이다. 1) 개인 간의 교제 행위표시. 2) 소득이 있는 행위표시이다. 아래에서 '焉'의 앞에 쓰이는 두 종류의 동사를 구체적으로 설명한다.

'焉' 앞에서 개인 간의 교제 행위를 나타내는 동사가 가장 자주 사용되는데, 상용되는 동사는 '問'(33), '禮'(22), '求'(19), '辭'(19), '屬'(12), '請'(10) 등이 있다. 이상 동사는 모두 115번 사용되고 '焉'이 출현하는 총수의 8%를 차지한다. 다음 예를 보자.

> (1) 晏子聘于魯. 魯昭公問焉. (『晏子春秋·內篇問下』) 안자가 노나라에 방문하여 안부를 물으니, 노 소공이 물었다.
>
> (2) 公子過鄭, 鄭文公亦不禮焉. (『國語·晉語4』) 공자가 정을 지나가는데 정문공이 예로써 대하지 않았다.
>
> (3) 趙穿曰, "我侵崇, 秦急崇, 必救之. 吾以求成焉." (『左傳·宣公元年』) 조천이 말하였다. "내가 숭을 침범하면, 진은 숭을 위급하다고 여길 것이니, 반드시 구해야 할 것이다. (이 때) 우리가 강화를 요구해도 될 것이다."

예(1)에서 안자(晏子)가 노(魯)나라에 초빙을 받자, 노소공(魯昭公)이 이 때 그에게 물었다. '問'은 개인 간의 교제 행위이다. '焉'과 앞 단문 중에 점을 찍은 부분에서 호응을 하여 '問'의 시간, 환경을 표시한다. 예(2), (3)의 '禮', '救' 또한 개인 간의 교제 행위이고 아울러 앞 문장과 호응관계를 형성한다.

'焉' 앞에는 자주 소득이 있는 행위를 표시하는데, 상용되는 동사는 '取'(27), '與'(참여하다)(24), '加'(16), '獲'(13)이다. 이상의 동사는 모두 80가지이며 '焉'이 출현하는 총 수의 6%를 차지한다. 다음 예를 보자.

> (1) 及公子返晉邦, 擧兵伐鄭, 大破之, 取八城焉. (『韓非子·喩老』) 이내 공자가 진으로 돌아와 병을 일으켜 정을 벌하여, 크게 쳐부수고 팔성을 취하다.
>
> (2) 楚令尹將有大事, 子蕩將與焉 (『左傳·襄公30年』) 초나라 영윤이 장차 큰 일이 있으려니, 자탕도 같이 참여하다.
>
> (3) 田氏四量, 各加一焉. (『晏子春秋·外篇』) 전씨가 4량에 각각 하나씩을 더했다.

예(1), (2)는 앞 절의 사실이 있고 나서, 비로소 뒷 절의 '取', '與'가 있음을 말하는 것이다. 예(3)은 앞의 '四量'에 대해 하나를 더하는 것이다. 세 가지 예 모두 앞 절과 뒷 절의 호응을 나타낸다.

3) 비명제문에 사용

'焉'은 비명제문(171 차례로 '焉'이 출현하는 총수의 12%를 차지한다.)에도 자주 사용되며 수량에서 볼 때 비명제문에 출현하는 횟수는 '也', '乎' 다음으로 기타 조사보다는 많다.

'焉'은 의문문에서 자주 사용된다. 이런 문장 중에서 '焉'은 자주 '何', '孰'과 호응되며, '何……焉', '孰……焉'의 형식으로 구성된다. 이런 형식의 문장은 반어문이 될 수도 있고, 특수 지시 의문문이 될 수도 있다. 다음 예를 보자.

> (1) 古之君子, 孰能脫焉? (『莊子·田子方』) 옛 군자 중에 누가 이런 지극한 말을 할 수 있겠는가?
>
> (2) 冉有曰, "旣庶矣, 又何加焉?" (『論語·子路』) 염유가 말하였다. "많이 살고 있으면, 또 무엇을 더해야 합니까?"

이상의 예문 중에서 '焉'과 '何', '孰'은 호응한다. 앞의 예는 반어문이고, 뒤의 예는 특수 지시 의문문이다.

'焉'은 또한 기원문, 감탄문 중에서 쓰일 수 있다. (모두 34차례) 기원문 중에서 쓰일 때는 그 앞에 일반적으로 기사를 의미하는 어휘가 있다. 다음 예를 보자.

> (1) 晉公子有三焉, 天其或者將建諸, 君其禮焉! (『左傳·僖公23年』) 진 공자에게 세 가지가 있으니, 하늘이 혹여 장차 그대를 세우려니, 그대는 예를 갖추라!
>
> (2) 窮達賞罰幸否有極, 人之知力, 不能爲焉! (『墨子·非儒下』) 궁하거나 출세하거나 상주거나 벌하는 거나 행복하거나 그렇지 않은 것은 한계가 있다. 사람의 지력으로는 할 수 없는 것이다!

이상 두 예는 각각 기원문과 감탄문이다.

(4) '而已', '爾', '耳', '已'

네 가지 판단사 중에서, '而已'(63)는 비교적 자주 사용되며, '爾'(18), '耳'(14), '已'(15) 모두 자주 사용되지 않는다.(이상 숫자는 모두 조사 단독으로 사용된 것이지 기타 조사와 연용된 것은 포함하지 않는다.) '而已', '爾', '耳'의 용법은 기본적으로 같은데, 주로 한정, 확인을 표시한다. 그들은 설명문에서 상용되고, 어느 때는 또한 논단문에서도 사용된다. 다음 예를 보자.

> (1) 晉將遁矣, 苗賁皇曰, "楚師之良在其中軍王族而已." (『左傳・襄公26年』) 진이 장차 달아나려하니, 묘분황이 말하였다. "초나라 군대의 장점은 그 중군의 왕족뿐입니다."
>
> (2) 不崇朝而遍雨乎天下者, 唯泰山爾. (『公羊傳・僖公31年』) 아침이 끝나지도 않았는데 비를 천하에 뿌리는 건 오직 태산뿐이다.
>
> (3) 孟子曰, "何以異於人哉? 堯舜與人同耳." (『孟子・離婁下』) 맹자가 말하였다. "어찌 남들과 다름이 있겠느냐? 요순도 같은 사람이다."

예(1), (3)은 설명문이고, (2)는 명제이다.

이상 세 가지 조사는 또한 복문 중에서도 사용된다. 다음 예를 보자.

> (1) 晏子乃出見之曰, "嚮也見客之容而已, 今也見客之志." (『呂氏春秋・觀世』) 안자가 나와 그를 만나 말하였다. "아까는 객의 얼굴만을 보았을 뿐인데, 지금은 객의 의지도 보았습니다."
>
> (2) 君若用臣之謀, 則今日取郭而明日取虞矣. (『公羊傳・僖公2年』) 만약 그대께서 신하를 이용하려는 계략이라면, 오늘은 곽을 취하고 내일은 우를 취하시오.
>
> (3) 趙王田獵耳, 非爲寇也. (『史記・信陵君列傳』) 조왕은 사냥을 하는 것일 뿐, 도적질을 하는 것이 아니다.

예(1), (3)은 병렬 복문이고, 예(2)는 가설 복문이다.

'已'는 명제 끝에서 쓰일 수 있으며, 또한 복문 끝에 쓰일 수도 있다. 명제 끝에서 쓰일 때, '也'의 기능과 가깝다. 다음 예를 보자.

> (1) 夫存韓安魏而利天下, 此亦王之大時已. (『戰國策・魏策3』) 지금 대왕은 한나라를 존속시키고 위나라를 평안하게 하여, 천하에 이로움을 주는 것이 왕께서는 아주 적당한 시기입니다.
>
> (2) 此三者, 其美德已. (『荀子・堯問53)』) 이 세 가지는 미덕일 따름이다.

---

53) [역주] 원서에서는 '堯曰'로 되어 있다. 『순자』에는 요왈편이 없고, 이 문장은 '堯問'편이 있다. 이에

이상 두 가지 예는 모두 명제이다. '已'는 복문 중에서 사용될 때, 수식구조 복문의 뒷절에서 사용되며, 이때 기능은 '矣'와 비슷한 점이 있다. 다음 예를 보자.

> (1) 苟無恒心, 放辟邪侈, 無不爲已. (『孟子·梁惠王上』) 진실로 일정한 마음이 없으면 방벽하고 사치한 것을 하지 않을 사람이 없을 것입니다.
>
> (2) 彼且德燕而輕亡宋, 則齊可亡已. (『戰國策·燕策1』) 그리되면 연나라가 고맙게 여겨 경솔하게 송을 멸망시키려 할 것이니 곧 제나라를 망하게 할 수 있다.

이상 두 가지 복문 모두 가설 복문이다.

2. 문두판단사

자주 쓰이는 문두판단사에는 '夫', '凡', '蓋', '唯(維, 惟)' 네 가지가 있다. 이 네 가지 판단사는 문미판단사와 같이 항상 판단을 나타내며, 따라서 명제 혹은 설명문을 구성한다. 문미판단사와 다른 점은 '夫', '凡'은 항상 문두에 쓰이고, '蓋', '唯(維, 惟)'는 문두에서 쓰이는 것 외에도 또한 문장 중에서도 사용된다는 점이다.

(1) '夫'

'夫'는 통상 문장 앞에서만 사용되며, 자주 판단사 '也'와 함께 명제를 구성한다. '夫'가 있을 수 있는 문장은 단문이다. 다음 예를 보자.

> (1) 夫禮, 死生存亡之體也. (『國語·周語上』) 대저 예란 사생존망의 바탕이다.
>
> (2) 夫三晉相結, 秦之深讎也. (『戰國策·秦策2』) 삼진이 서로 결맹하면, 진이 더욱 싫어하게 된다.

이상 두 가지 예문 모두 명제이며, 문장 끝에 '也'를 사용한다. 만약에 '夫'가 있는 문장이 복문이라면, 그와 함께 사용되는 '也'는 문장 끝이나 문장 중에 쓰일 수 있으며, 전체

따라 고친다.

본문이 설명을 하는 성질을 갖고 있음을 나타낸다. 다음 예를 보자.

(1) 夫民求不匱於財, 而神求優裕於享者也. (『國語‧魯語上』) 대저 백성이 추구하는 것은 재물이 결핍되지 않는 것이고, 신이 추구하는 것은 제사를 풍성이 하는 것이다.

(2) 夫雀其小者也, 黃鵠因是以. (『戰國策‧楚策4』) 황작은 작은 새이나, 황곡(황학)도 이로부터 비롯됨은 마찬가지이다.

예(1) '夫'와 문장 끝에 '也'는 서로 어울린다. 예(2)는 문장 중에 '也'와 서로 어울린다. 이상 두 가지 문장 모두 설명하는 성질을 가진다. 때로 '夫'가 있는 문장 끝에서 '也'가 쓰이지 않는데, 이런 문장은 여전히 논단 혹은 설명하는 성질을 가진다. 다음 예를 보자.

(1) 夫斯乃上蔡布衣, 閭巷之黔首. (『史記‧李斯列傳』) 상채 지역의 벼슬 없는 사람으로, 일반 백성입니다.

(2) 夫人必自侮, 然後人侮之. (『孟子‧離婁上』) 사람은 반드시 그 자신을 스스로 업신여기고, 그런 뒤에 다른 사람들이 그를 업신여기게 된다.

예(1)은 판단을 나타내는 논단문이고, 예(2)는 설명의 성격을 띤 복문이다. 두 절은 이어지는 관계이고, 이치를 설명하고 있다.

단독으로 사용되는 것 외에도, '夫' 또한 자주 '且夫', '今夫', '若夫'로 조합되며, 논설을 하고자 하는 점을 나타낸다.

'且夫'는 한 단계 더 나아가는 논설을 표시하며, '今夫'는 주로 의론을 발표하거나 혹은 견해를 제시하고자 함을 나타내며, '若夫'는 화제가 다른 방향으로 전환된 논설임을 나타낸다.

(1) 大王事秦, 秦必求宜陽, 成皐. 今玆效之, 明年又益求割地. 與之, 卽無地以給之, 不與, 則棄前功, 而後更受其禍. 且夫大王之地有盡, 而秦之求無已. (『戰國策‧韓策1』) 대왕이 진을 섬길 때, 진은 반드시, 의양, 성고를 요구한다. 지금 바치면 내년에는 더욱 많은 땅을 요구할 것이다. 준다면, 줄 땅이 없게 되고 주지 않으면 앞서 세운 공을 버리게 되고, 후에 더욱 그 화를 받게 되니, 또한 대왕의 땅에는 한계가 있는데, 진의 요구는 끝이 없을 것이다.

(2) 今夫顓臾, 固而近於費, 今不取, 後世必爲子孫憂. (『論語‧季氏』) 지금 전유국이 성이 견고하

고 비 땅에서 가까우니, 지금 취하지 않으면 후세에 반드시 자손들이 근심하게 될 것이다.

(3) 待文王而後興者, 凡民也. 若夫豪傑之士, 雖無文王猶興 (『孟子 · 盡心上』) 문왕이 기다린 뒤에
　　일어나는 자는 백성이다. 만약 호걸스러운 선비라면 비록 문왕이 없더라도 오히려 스스로
　　분발하여 일어난다.

예(1) '且夫'는 한 단계 더 나아가는 논설이며, 예(2)의 '今夫'는 견해를 제시하고, 예(3) '若夫'는 화제가 전환된 논설을 나타낸다.

(2) '凡'

'凡'은 주로 총괄을 표시하고, 그것이 총괄되는 바는 사태, 속성이거나, 또한 사실이나 사건이 될 수 있다. 총괄하는 내용 중에 보통 추상적인 것도 포함되는데, 이러한 추상은 또한 주관적 인식의 결과이다. 따라서 '凡'은 항상 명제 혹은 설명문을 형성한다. 그 뒤가 체언성 어휘일 때, 또한 문장 끝에 '也'가 쓰이는데, 항상 논단문을 구성한다. 다음 예를 보자.

(1) 凡音者, 産乎人心者也. (『呂氏春秋 · 音初』) 무릇 음조라는 건, 사람의 마음에서 생겨나는
　　것이다.
(2) 凡群臣之言事秦者, 皆奸臣, 非忠臣也. (『戰國策 · 魏策1』) 무릇 군신들이 진을 섬기라고 하
　　는 자는, 모두 간신이지, 충신이 아니다.

이상 두 가지 예 모두 명제이다. '凡' 뒤의 체언성 어휘, 용언성 어휘, '之'자구가 오는 경우에는 문장 뒤에 '也'도 쓰지 않으며 보통 설명문을 구성한다. 다음 예를 보자.

(1) 孔子曰, "凡人心, 險於山川, 難於知天." (『莊子 · 列御寇』) 공자가 말하였다. "무릇 사람의
　　마음은 산천보다 위험하고, 하늘을 아는 거보다 어렵다."
(2) 凡持國, 太上知始, 其次知終, 其次知中. (『呂氏春秋 · 察微』) 무릇 나라를 지키는데 가장 위
　　의 것이 시작을 아는 것이요, 그 다음이 끝을 아는 것이며, 그 다음이 중간을 아는 것이다.

이상 두 가지 예에서 '凡' 뒤에 어휘는 각각 체언성 구, 용언성 구이며, 이 두 문장은 모

두 설명문이다.

(3) '蓋'

'蓋'는 주로 완전한 긍정 및 원인 설명이 어려움을 나타낼 때 주로 사용하며 문장의 첫 부분에 쓰일 수 있고, 문장 중에 쓰일 수도 있다. '蓋'가 문장 중에 쓰일 때, 아울러 문장 끝에 '也'를 써서 대개 논단문을 구성하며 어느 때는 '也'를 쓰지 않아도 된다. 다음 예를 보자.

> (1) 列禦寇, 蓋有道之士也, (『莊子·讓王』)   열어구는 도가 있는 선비이다.
>
> (2) 七十餘王矣, 其俎豆之禮不章, 蓋難言之. (『史記·封禪書』)   70여 왕이라. 조두의 예는 명백하
>   지는 않아, 말하기 힘들다.

이상 두 가지 예문은 모두 명제이며, 예(1)은 문장 끝에 '也'를 썼고, 예(2)는 '也'를 쓰지 않았다.

'蓋'가 문장 처음 혹은 문장 중에 사용되고, 문장 끝에 '也', '矣'를 쓰지 않은 경우는 보통 설명문을 구성하는데, 이러한 설명문은 완전히 긍정하기 어려운 사실을 소개할 때 자주 사용된다. 때때로 문장 끝에서 '也'가 쓰일 수 있다. 다음 예를 보자.

> (1) 高曰, "蓋聞聖人遷徙無常, 就變而從時." (『史記·李斯列傳』)   조고가 말하였다. "들으니 성
>   인들은 옮겨 다니는데 일정함이 없어, 변화에 나아가고 때에 따른다."
>
> (2) 陽生謂陳乞曰, "吾聞子蓋將不欲立我也." (『公羊傳·哀公4年』)   양생이 진걸에게 말하였다.
>   "내 들기로 그대가 장차 나를 보위에 세우고 싶어 하지 않는다고 했다."

이상 두 가지 예 모두 완전히 긍정하기 어려운 사실을 소개하는 것이며, 예(2)의 문장 끝에 '也'를 썼다.

(4) '唯(維, 惟)'

'唯'(267) (惟: 76), 維(7))는 주로 다른 것은 배제하는 것을 표시하고, 때로는 원인을 표시

한다. 다른 것을 배제하는 것은 일종의 주관적 인식이다. 따라서 '唯'는 논단문 혹은 설명문에 자주 쓰인다. 배타를 표시할 때, '唯'는 '오직', '오로지'로 이해할 수 있고, 또한 '완전히', '모두'로 이해할 수도 있다. '唯'는 항상 문장 처음에 쓰고, 또한 문장 중에서도 쓰인다. 이하 세 가지 측면에서 소개한다.

1) 논단을 표시

논단을 표시할 때, '唯'는 자주 문장 중에 사용되고, 문장 끝에서 일반적으로 판단사가 쓰인다. 다음 예를 보자.

> (1) 天下諸侯宜爲君者, 唯魯侯爾! (『公羊傳・莊公12年』)　천하 제후에서 임금이 되기 마땅한 자는 오직 노후뿐이다!
>
> (2) 君處北海, 寡人處南海, 唯是風馬牛不相及也, (『左傳・僖公4年』)　그대가 북해에 있고, 과인이 남해에 있으니 이는 바람난 말과 소같이 전혀 서로 미치지 못한다.

이상 두 가지 예 모두 명제를 표시하고, 예(1)은 '오직', 예(2)는 '완전히'를 표시한다. 명제를 표시할 때, '唯'가 있는 문장 끝에 때로는 '也' 등을 쓰지 않아도 된다. 이 때 '唯'의 기능은 '爲'와 비슷한 점이 있다. 다음 예를 보자.

> 晉, 楚唯天所相, 不可與爭 (『左傳・昭公4年』)　진, 초가 오직 하늘이 돕는 대로 해야 하고, 싸워서는 안 됩니다.

2) 설명을 표시

설명을 표시할 때, '唯'는 주로 문장 처음에 사용되며 의미는 '단지', '오직'이다. 다음 예를 보자.

> (1) 子曰, "唯上知與下愚不移." (『論語・陽貨』)　선생님이 말하였다. "나면서부터 아는 사람과 가르쳐도 알지 못하는 사람만이 바꿀 수 없다."
>
> (2) 惟君子能由是路, 出入是門也. (『孟子・萬章下』)　오직 군자만이 이 길을 통해서, 이 문으로 출입할 수 있다.

이상 두 가지 예 모두 견해를 설명하는 설명문이다.

문장 처음에 쓰인 것 외에도 설명을 표시할 때는 '唯'는 또한 아래 세 가지 자주 보이는 형식이 있다.

1) 목적어 전치에 사용된다. 대체사가 중복 지시하는 목적어 전치 형식에서 그 앞에는 자주 '唯'가 사용되며, 이러한 문장은 주로 개인의 견해, 의도 등을 설명하며 설명문을 구성한다. 이러한 견해 중에 '唯'는 '오직' 혹은 '완전히'와 같은 한정적인 의미를 포함한다. 다음 예를 보자.

> (1) 富而不驕者鮮, 吾唯子之見. (『左傳‧定公13年』) 부유해도 교만하지 않는 자 드문데, 난 오직 그대만을 보았습니다.
>
> (2) 荀偃令曰, "鷄鳴而駕, 塞井夷竈, 唯余馬首是瞻." (『左傳‧襄公14年』) 순언이 명을 내리며 말하였다. "닭이 울 때 수레를 몰아 우물을 메우고 부뚜막을 평평히 할 것이니, 내 말의 머리만을 보아라."

예(1)은 '오직'을 나타내고, 예(2)는 '완전히'를 나타낸다.

2) '唯' 뒤에 체언성 어휘를 쓸 때, 이 체언성 어휘가 표시한 내용은 말하는 사람의 행위의 준칙이며, 이 문장은 주로 말하는 이의 생각을 표현한다. '唯'의 의미는 '완전히', '모든' 등이다. 다음 예를 보자.

> (1) 旣聞命矣, 敬共以往, 遲速唯君. (『左傳‧昭公13年』) 이미 명을 들었으니, 공경히 함께 가되, 시간의 이르고 늦음은 군주에 따르겠습니다.
>
> (2) 公曰, "制, 巖邑也, 虢叔死焉. 佗邑唯命." (『左傳‧隱公元年』) 공이 말하였다. "제는 험한 성읍이라 괵숙도 죽었습니다. 다른 성읍은 명에 따르겠습니다."
>
> (3) 大人者, 言不必信, 行不必果, 惟義所在. (『孟子‧離婁下』) 대인은 말을 한다고 반드시 그 신용을 지키지는 않고, 행동한다고 반드시 처음 목표했던 것까지 완수해내지는 않는다. 오직 의(義)가 있는 곳을 따를 뿐이다.

예(1), (2)의 '君', '命' 모두 명사이고, 예(3)의 '所在'는 체언성 구이다.

3) '唯'는 주술성 술어의 앞에 쓰이며 주술 술어구를 구성한다. 대주어가 주술성 서술어 중의 목적어 중복지시에 쓰여 견해를 설명하는 설명문을 구성한다. 다음 예를 보자.

> (1) 夫免乎外內之刑者, 唯眞人能之. (『莊子・列御寇』) 안팎의 형을 면하는 자는 오직 진인만 이 할 수 있다.
>
> (2) 王道約而易操也, 惟明主能行之. (『史記・李斯列傳』) 왕도는 간단하고 시행하기 쉬운데, 오 직 밝은 군주만이 능히 행할 수 있습니다.

이상 두 가지 예 모두 주술성 술어의 설명문이다.

3) 기타 용법

명제 혹은 설명문 외에 '唯' 또한 아래 네 가지 기능이 있다.

1) 서사문 중에서 쓰여, 이 때는 단지 한정을 표시하고, 판단의 기능을 나타내지 않는 다. 다음 예를 보자.

> (1) 吳人皆喜, 唯子胥懼, 曰, "是豢吳也夫!" (『左傳・哀公11年』) 오나라 사람들 모두 기뻐할 때, 오직 자서만이 두려워했다. 말하였다. "여기는 오를 길러낸 곳이라!"
>
> (2) 其一人專心致志, 惟奕秋之爲聽 (『孟子・告子上』) 한 사람은 마음을 오로지하고 뜻을 다하여 혁추의 말만 듣는다.

2) 어느 때는 '때문에' 혹은 '비록'에 해당한다. 다음 예를 보자.

> (1) 夫唯弗居, 是以不去. (『老子・2章』) 높이 처하지 않기 때문에, 없어지지 않는다.
>
> (2) 爲政若此 唯欲毋與我同. 將不可得也. (『墨子・尙同下』) 정치를 이와 같이 한다면 비록 나와 같지 않으려 해도, 그렇게 될 수 없을 것이다.

전자의 '唯'는 '때문에'를 표시하고, 후자는 '비록'에 해당한다.

3) '唯'는 전체 문장이 시작할 때 쓰여서 연월일을 이끌어낸다. 『상서(尙書)』에서 많이

보이며 기타 전적 중에서도 때로 볼 수 있다. 다음 예를 보자.

(1) 惟十有三祀, 王訪于箕子. (『尙書·洪範』) 13년에 왕이 기자를 방문하시다.

(2) 唯正月朔, 愿未作, 日有食之 (『左傳·莊公25年』) 정월 초하루에 음기가 아직 나지 않으니 일식이 생기다.

4) 맹세문 중에 쓰여, 한정을 표시한다. 다음 예를 보자.

(1) 自今日旣盟之後, 鄭國而不唯有禮與强, 可以庇民者是從, 而敢有異志者, 亦如之. (『左傳·襄公 9年』) 오늘로부터 회맹을 한 후에 정나라가 만약 예의와 강함을 가지고 백성들을 보호하는 것에 따르지 않으면서 다른 뜻이 있다고 하면, 또한 맹세에 기록된 대로 할 것이다.

(2) 晏子仰天歎曰, "嬰所不唯忠於君, 利社稷者是與, 有如上帝." (『左傳·襄公25年』) 안자가 하늘을 우러러 탄식하며 말하였다. "내가 만약 군주에게 충성하지 않고, 사직을 이롭게 하는 일에 참여하지 않는다면, 상제께 맹세한대로 하십시오."

이상 두 가지 예 모두 맹세문에 쓰이고, 한정의 기능을 한다.

제7절 구조조사

'者', '所', '之', '其'는 상용되는 네 가지 구조조사이다. 이 네 가지 조사들 중 '者'와 '所', '之'와 '其'는 각각 많은 공통점이 있으므로 두 개의 그룹으로 나누어 소개하겠다.

1. '者', '所'

다음 세 가지 방면으로 '者', '所'를 설명한다.
1) '者', '所'의 기능 2) '者', '所'와 '일반화 전환 지시[轉指]' 3) '者', '所'의 차이점

(1) '者', '所'의 기능

1) '者'

'者'의 주요한 기능은 용언성 성분의 뒤에 사용되어 '者'자구를 만드는 것인데, 이 때 '者'자구는 체언적 성격을 가진다. '者' 앞 쪽의 용언성 성분은 보통 주어를 가지지 않는다. 이것은 '者'자구가 지칭하는 것이 바로 용언성 성분의 주어가 나타내는 사람이나 사물 그 자체이기 때문이다. '者'자구는 종종 사람을 나타내는데, 물론 사물도 지칭할 수 있다. 다음 예를 보자.

(1) 御者且羞與射者比 (『孟子·滕文公下』) 수레 모는 사람조차도 활 쏘는 자에게 아첨하는 것을 부끄러워한다.

(2) 老者衣帛食肉. (『孟子·梁惠王下』) 노인들이 비단옷을 입고 고기를 먹는다.

(3) 子在川上曰, "逝者如斯夫! 不舍晝夜." (『論語·子罕』) 공자가 냇가에서 말하였다. "흘러가고 있는 것들은 이와 같구나! 밤낮을 쉬지 않네."

예(1)의 '御'의 의미는 '수레 모는 것'을 의미하는 데, '御者'는 수레 모는 사람을 의미한다. 이 때 '수레 모는 사람'은 '御'의 주어가 가리키는 사람이다. 이어서 나오는 '射者'도 이와 유사하고, 예(2)의 '老者' 역시 사람을 가리킨다. 예(3)의 '逝者'는 '물'을 가리키는데, '물'은 곧 '逝'의 주어가 가리키는 사물이다.

주술구 역시 술어적 성격을 가지므로, '者'는 때로 주술구 뒤 쪽에 와서 '者'자구를 만들 수 있다. 이 때 '者'자구가 지칭하는 것은 이 주술구의 전체 주어 역할을 하는 대주어이다.

(1) 力不足者, 中道而廢. 今女畫. (『論語·雍也』) 힘이 모자란다는 사람은 도중에 그만두게 마련인데, 지금 너는 선을 긋고 있는 것이다.

(2) 毛羽不豐滿者, 不可以高飛 (『戰國策·秦策1』) (새 중에) 깃털이 풍만하지 않은 것들은 높이 날 수가 없다.

예(1), (2)의 '力不足', '毛羽不豐滿'은 모두 주술구로, '者'를 더한 후에는 '힘이 부족한 사람', '깃털이 풍만하지 않은 새'를 가리키게 된다.

　기수사 역시 술어적 성격을 가지므로 마찬가지로 '者'자구를 만들 수 있는데, 이런 종류의 '者'자구는 종종 '총괄(總括)하는 기능'을 갖는다. 다음 예를 보자.

> (1) 知, 仁, 勇三者, 天下之達德也. (『禮記 · 中庸』)　지, 인, 용 세 가지는 천하에 두루 통하는 덕이다.
>
> (2) 君臣, 父子, 兄弟, 夫婦, 長幼之序, 此五者天下之通道也. (『史記 · 平津侯主父列傳』)　군신, 부자, 형제, 부부, 장유의 순서, 이 다섯 가지는 천하에 두루 미치는 도이라.

　예(1)의 '三者'는 '知, 仁, 勇' 이 세 가지 덕목을 총괄하고, 예(2)의 '五者'는 앞의 다섯 가지 관계를 총괄한다.

　'者'자구가 '似', '似若', '如', '僞' 등의 목적어로 사용 될 때는 '……척 하는 모양', '마치 ……와 같은 것'의 의미를 가진다. 다음 예를 보자.

> (1) 孔子於鄕黨, 恂恂如也, 似不能言者. (『論語 · 鄕黨』)　공자가 마을에 계실 적에는 공손하시어, 마치 말할 줄 모르는 것 같으셨다.
>
> (2) 於是公子立自責, 似若無所容者. (『史記 · 信陵君列傳』)　이에 공자가 즉시 자책하니 마치 (부끄러워) 용납될 수가 없는 듯했다.
>
> (3) 田乞僞事高國者. (『史記 · 齊太公世家』)　전걸(田乞)이 고씨 국씨를 섬기는 척 하였다.

2) '所'

　'所'는 종종 용언성 성분의 앞 쪽에 사용되어 체언성 구를 만든다. '所'와 결합하는 용언성 성분에는 보통 목적어가 포함되어 있지 않다. 이것은 '所'자구가 지칭하는 것이 바로 이 용언성 성분의 목적어가 지칭하는 사체이기 때문이다. 이 대상은 보통 사물이지만 때로 사람인 경우도 있다. 다음 예를 보자.

> (1) 人迹所至, 無不臣者. (『史記 · 秦始皇本紀』)　인적이 이르는 곳은 어디나 신하되지 않는 자가 없다.
>
> (2) 常民溺於習俗, 學者沉於所聞. (『戰國策 · 趙策2』)　보통 사람들은 습속에 빠지고, 배우는 사람

은 들은 바(공부한 바)에 심취된다.

(3) 所愛不親, 所惡不疏. (『韓非子·安危』) 사랑하는 사람을 친히 여기지 않고, 미워하는 사람을 멀리 하지 않는다.

예(1)의 '所至'는 '이르는 장소'를 나타내는 데, 이 때 '이르는 장소'는 '至'의 목적어가 나타내는 처소에 해당한다. 예(2)의 '所聞'은 '들은 것'인데 이것은 '聞'의 목적어가 지칭하는 것이다. 예(3)은 사람을 가리키는데, 사랑하는 사람과 미워하는 사람을 말한다.

'所'자구 앞에는 체언성 성분도 올 수 있다. 일반적으로 '所'자구의 앞에 위치하는 체언성 성분은 관형어라고 분석하는데, 의미관계를 따져 볼 때 이 체언성 성분은 '所'자 뒤에 오는 용언성 성분의 주어에 해당한다. 다음 예를 보자.

(1) 舟車所至. (『禮記·中庸』) 배와 수레가 도달하는 곳.

(2) 華周對曰, "貪貨棄命, 亦君所惡也." (『左傳·襄公23年』) 화주가 대답하여 말하길, "재물을 탐하고 명을 버리는 것은 임금이 싫어하는 바입니다."

예(1)의 '舟車'는 일반적으로 '所至'의 관형어라고 분석하지만, 의미관계를 따져 본다면 '舟車'는 '至'의 주어이다. '舟車所至'는 '배와 마차가 다니는 곳'을 의미한다. 예(2)의 '君所惡'는 '임금이 싫어하는 것'을 의미한다.

'之所'의 기능은 '所'의 기능과 대체로 동일한데, 마찬가지로 '所'자구를 만든다. '之' 앞에는 일반적으로 관형어가 오는데, 이 관형어는 의미상 '所' 뒤에 오는 술어의 주어이다. 다음 예를 보자.

(1) 富與貴, 是人之所欲也. (『論語·里仁』) 부한 것과 귀한 것, 이것은 사람들이 바라는 바이다.

(2) 公之所居, 天下精兵處也. (『史記·淮陰侯列傳』) 공께서 계신 곳이 천하의 정예 병기가 있는 곳이다.

예(1)의 '之所'의 앞뒤로 각각 '人'과 '欲'이 있는데, 그 의미는 '사람들이 바라는 것'이다. 이 때의 '之所'의 기능은 所와 동일하다. 예(2)도 이와 유사하다.

(2) '者', '所'와 '일반화 전환 지시[轉指]'

'者', '所' 모두 '일반화 전환 지시'를 나타낼 수 있다.[54] 여기에서 '전환 지시[轉指]'는 그것들로 구성된 조사구가 나타내는 내용은 모두 용언성 성분 본래의 내용이 아니라, 이 용언성 성분이 서술하는 의미 밖의 내용이다. 구체적으로 말하면 '者'자구가 지칭하는 것은 용언성 성분의 주어가 나타내는 내용이고, '所'자구가 지칭하는 것은 용언성 성분의 목적어가 지칭하는 내용이다. 이에 관해서는 이미 앞에서 다루었으므로 아래에서는 '일반화'에 대해 설명하겠다. 여기에서 '일반화'는 '者'자구와 '所'자구가 지칭하는 내용이 체언성 성분이 지칭하는 실제 대상보다 훨씬 추상적이고 개괄적인 사체임을 말한다. 이러한 사건을 일컬어 '일반화 사체'라고 한다. 아래에 예를 들어 설명한다. 우선 다음 예를 보자.

(1) 大者不難卑身尊位以下之, 小者高爵重祿以利之. (『韓非子·說疑』) 큰 사람들은 자신을 낮추고, 지위를 존귀하게 하여 겸손해지는 것을, 작은 사람들은 작위를 높이고 녹을 중시하여 그들을 이롭게 하는 것을 꺼리지 않는다.

(2) 今兩虎諍人而鬪, 小者必死, 大者必傷. (『戰國策·秦策2』) 지금 두 호랑이가 다툰다면, 작은 놈은 반드시 죽을 것이고, 큰 놈은 필히 다칠 것이다.

(3) 肉腥, 細者爲膾, 大者爲軒. (『禮記·內則』) 날고기는 가느다란 것은 회로 만들며 큰 것은 헌(크게 썬 고기)으로 만든다.

(4) 噴則大者如珠, 小者如霧, 雜而下者不可勝數也. (『莊子·秋水』) 침을 뱉었을 때 큰 것은 구슬만 하고, 작은 것은 안개와 같아서 뒤섞여 쏟아져 내리는 것들이 그 수효를 헤아릴 수가 없을 정도이다.

예(1), (2)에서 '大者'는 각각 사람, 호랑이를, 예(3), (4)는 각각 고기와 침을 가리킨다. 이러한 예에서 볼 수 있듯이 사람, 물건을 막론하고, 큰 것은 모두 '大者'로 바꿀 수 있다. 아래에 다시 '所'자구의 예를 살펴보면,

(1) 人主賞所愛, 而罰所惡. (『戰國策·秦策3』) 사람들은 주로 좋아하는 사람을 상주고, 미워하는 사람을 벌준다.

---

54) 최초로 '전환 지시[轉指]', '자체 지시[自指]' 개념을 제의한 것은 주더시(朱德熙)이다. 『自指와 轉指』를 참고하라. (『方言』1983년 1期)

(2) 洚水者, 洪水也, 仁人之所惡也. (『孟子·告子下』)　홍수(洚水)라는 것은 홍수(洪水)인데, 인자한 사람이 미워하는 것이다.

(3) 貧與賤, 是人之所惡也, 不以其道得之, 不去也. (『論語·里仁』)　가난한 것과 천한 것은 사람들이 싫어하는 것이지만, 올바른 도로써 얻은 게 아니라면 (가난한 것과 천한 것을) 벗어나려 하지 말아야 한다.

(4) 人之所惡者, 吾亦惡之. (『荀子·不苟』)　사람들이 미워하는 것은, 나도 또한 미워한다.

　　예(1), (2)의 '所惡'는 각각 사람과 물을, 예(3)의 '所惡'는 어떤 생활 수준을, 예(4)에서는 모든 사람과 사물을 총칭한다. 이러한 예에서 볼 수 있듯이, 어떤 것을 막론하고 '惡'의 사건은 모두 '所惡'로 지칭할 수 있는 것이다. 그러나 일반적인 체언성 어휘는 보통 이미 확정된 사람과 사물을 지칭한다. 이상 두 그룹의 예를 통해 '者'자구와 '所'자구가 지칭하는 사건은 체언성 어휘가 지칭하는 어떤 사람과 사물보다 훨씬 개괄적이고 추상적이다. 그러므로 '者'자구와 '所'자구가 지칭하는 것을 가리켜 '일반화한 사체'라고 부른다. 바로 이러한 이유로 어떤 학자들은 '所'와 '者'를 대체사에 포함시키는데, 이것은 대체사 역시 일반화한 사람과 사물을 지칭할 수 있기 때문이다. 그러나 대체사는 실사이고, '所'와 '者'는 허사이므로 우리는 이것을 대체사에 포함시키지 않겠다.

(3) '者', '所'의 차이점

　　'者'와 '所'는 모두 일반화 전환 지시의 기능을 갖고 있는데, 이것이 그들의 공통점이다. 공통점 이외에 '者'와 '所'는 서로 다른 점이 있는데 아래에 나누어 설명하겠다.

1) '者'

　　'者'는 최초에는 아마도 대체사였을 것이다. 이 대체사는 종종 명사와 더불어 동격구를 만드는데, 앞에 나오는 체언성 어휘를 '중복지시'하는 것이다. 구조조사 '者'에는 여전히 '중복지시'의 기능이 남아 있어서, 여러 종류의 실사성 어휘와 결합하여 앞에 나오는 단어를 중복지시한다. '者'의 이러한 중복지시 기능은 주로 아래 다섯 가지 방면에서 나타난다.

1) '者'는 각종 실사성 어휘 뒤에 첨가되어 '중복지시 관계'를 만들어 내는데, '也'와 호응하여 판단문를 만든다. 다음 예를 보자.

   (1) 淮陰侯韓信者, 淮陰人也. (『史記 · 淮陰侯列傳』) 회음후 한신이라는 사람은 회음 사람이다.
   (2) 還者, 事未畢也. (『公羊傳 · 宣公18年』) '환(還)'이라 한 것은 일을 마치지 못했다는 것이다.
   (3) 國亡者, 非無賢人, 不能用也. (『戰國策 · 秦策5』) 나라가 망하는 것은 어진 이가 없어서가 아니라, (그들을) 쓰지 않아서이다.

예(1)에서 '者' 앞 쪽에는 명사성 어휘가, 예(2)의 '者' 앞에는 동사, 예(3)의 '者' 앞에는 주술구가 놓여있다. 이상의 예에서, 예(1)은 분류, 예(2)는 해석, 예(3)은 원인 설명이다. 때로 문장 끝에 '也'를 쓰지 않더라도 또한 소개성 논단문을 만들 수 있다. 다음 예를 보자.

   (1) 陳軫者, 游說之士. (『史記 · 秦始皇本紀』) 진진이라는 자는 유세하는 선비다.
   (2) 太公望呂尙者, 東海上人. (『史記 · 齊太公世家』) 태공망 여상이라는 자는 동해상의 사람이다.

논단문이 '해석'의 의미를 나타낼 때, 주어의 뒤 부분에도 '也者'를 사용할 수 있다. 다음 예를 보자.

   (1) 夫君也者, 民之川澤也. (『國語 · 魯語上』) 대체로 임금이라는 자는 백성들의 강과 호수이다.
   (2) 葬也者, 藏也. (『呂氏春秋 · 節喪』) '장(葬)'이라는 것은 묻어둔다는 뜻이다.

2) '者'와 주어로 사용되는 명사성 어휘는 중복지시 관계를 만들어내고, 술어는 종종 사건의 특징에 대해 보충 설명을 가한다. 이러한 중복지시 관계 중, '者'와 서로 조합되는 단어는 보통 사람을 나타내는데, 때로는 다른 사물을 표시하기도 한다. 문장 끝에는 일반적으로 '也'를 쓰지 않는다. 다음 예를 보자.

   (1) 虞舜者, 名曰重華. (『史記 · 五帝本紀』) 우순은 이름이 중화라 한다.
   (2) 武安者, 貌侵, 生貴甚. (『史記 · 魏其武安侯列傳』) 무안은 키는 왜소하지만, 얼굴이 작고 존귀

하게 생겼다.

(3) 夜郎者, 臨牂柯江, 江廣百餘步, 足以行船. (『史記·西南夷列傳』) 야랑은 장가강 근처로 강폭이 백 여보여서, 족히 배로 갈 수 있다.

앞 두 개의 예문은 사람을 소개하는 것이고, 마지막 예문은 나라를 소개하는 것이다. '者'와 명사성 어휘가 결합한 '중복지시구'는 반드시 '설명 받는 대상'으로 사용되는 것은 아니며, 일반적인 문장에서 각종 문법 성분을 충당할 수도 있다. 이 때에 관련 명사성 어휘의 앞에는 종종 수사를 사용하지만, 없을 수도 있다. 다음 예를 보자.

(1) 三子者出, 曾晳後. (『論語·先進』) 세 제자들은 나가고, 증석이 뒤에 처졌다.

(2) 今儀困秦而雎收楚, 韓魏欲得秦, 必善二人者. (『戰國策·楚策3』) 지금 장의는 진나라에서 곤욕을 당하고 소수는 초에 갇혀 있으니, 한, 위가 진을 얻으려면 반드시 두 사람과 친해져야 한다.

(3) 此沛公之參乘樊噲者也. (『史記·項羽本紀』) 이 자가 패공의 참승(수레를 탈 때 좌우에 서 있는 일종의 경호원) 번쾌이다.

앞의 두 예에서 명사 앞에 모두 수사를 사용하였고, 마지막 예에서는 사용하지 않았다. 예(1)에서 '者'를 덧붙인 명사성 어휘는 주어가 되고, 예(2)에서는 목적어, 예(3)에서는 판단문의 술어가 되었다. 이러한 용법의 '者' 앞 쪽에는 종종 '有'자가 놓인다. 다음 예를 보자.

(1) 窮發之北有冥海者, 天池也. (『莊子·逍遙游』) 궁발(窮發: 초목도 자라지 않는 북극 지방의 불모지)의 북쪽에 명해가 있는데, 천지이다.

(2) 齊人有馮諼者, 貧乏不能自存. (『戰國策·齊策3』) 제나라에 풍훤이라는 사람이 있었는데, 빈곤하여 스스로 살아갈 수 없었다.

3) '者'는 명사성 어휘와 결합할 수 있는데, '所'자구는 명사적 성격을 가지므로, '所'자구의 뒤에는 다시 '者'를 사용해서 중복지시할 수 있다. 다음 예를 보자.

(1) 臣之所好者道也. (『莊子·養生主』) 신이 좋아하는 것은 도입니다.

(2) 孟嘗君曰, "視吾家所寡有者." (『戰國策·齊策4』)　맹상군이 말하였다. "우리 집에서 부족한 것을 살피시오."

예(1)의 '所好'는 '所'자구인데, 그 뒤 '者'가 이를 중복지시한다. 예(2)도 이와 유사하다.

4) '者'는 방위사 또는 시간사와 결합하여 중복지시 관계를 만들 수 있다. 다음 예를 보자.

(1) 是故上者, 天鬼富之, 外者, 諸侯與之. (『墨子·尚賢中』)　이런 이유로 위로는 하늘과 귀신이 그를 부유하게 해주고, 밖으로는 제후들이 그와 함께 한다.
(2) 暮春者, 春服旣成. (『論語·先進』)　늦은 봄에, 봄옷이 다 이루어지다.

예(1)의 '上', '下'는 방위사이고, 예(2)의 '暮春'은 시간사이다.

5) '者'는 종속문에서 앞 절의 마지막에 사용되는데, 이러한 종속문의 가장 흔한 형태는 가설관계이지만, 물론 다른 종류의 종속문일 수도 있다. 다음 예를 보자.

(1) 若不得者, 則大憂以懼. (『莊子·至樂』)　만약 얻지 못한다면, 크게 근심하고, 두려워한다.
(2) 伍奢有二子, 不殺者, 爲楚國患. (『史記·楚世家』)　오사에게 두 아들이 있는데 죽이지 않으면 초나라에 우환이 될 것입니다.
(3) 雖有槁暴, 不復挺者, 輮使之然也. (『荀子·勸學』)　비록 햇볕에 말려도, 다시 펴지지 않는 것은 휘어 굽힌 것이 그렇게 만든 것이다.

앞 두 예문은 가설관계의 복문이고, 마지막은 양보관계의 복문이다. 모두 앞 절의 마지막에는 '者'가 사용되었다.

2) '所'

'所'와 '者'의 가장 두드러진 차이점은 '所'는 전치사와 결합할 수 있지만, '者'는 불가능하다. '者'자구가 지칭하는 것이 주어라는 사실과, 전치사는 일반적으로 단독으로는 술어역할을 할 수 없다는 점은 잘 알고 있다. 전치사가 술어 역할을 할 수 없다면 이는 곧 주어를 가질 수도 없음을 의미한다. 그러므로 '者'가 전치사와 결합하여 '者'자구를 만드는 것은 극히 드문 일이다. 한편, 전치사는 목적어를 수반할 수 있는데, '所'자구는 곧 목적어를 지칭하므로 '所'자구는 전치사와 결합할 수 있으며, 특히 동사적 성격이 비교적 강한 전치사인 '以' 등과 잘 결합한다. '所'는 명사가 허화한 것으로 볼 수 있으므로, 명사적 성격과 동사적 성격을 많이 내포하고 있으며, 나아가 전치사와 결합할 수 있다는 특징도 가지게 되는 것이다.

전치사는 어느 정도 동사적 성격을 띠는 허사이므로, '所'가 전치사와 결합할 때, '所＋전치사'는 '所＋동사'와 같은 점도 있지만, 다른 점도 있다. 전치사는 허사이므로, '所＋전치사'는 '所＋동사'와 같이 주어, 목적어 등의 문장성분이 될 수 없다. 다만, 뒤 쪽에 용언성 어휘를 첨가하여 '所＋전치사＋동사'구조를 만들어 체언성 어휘로 바뀐 다음에야 주어와 목적어 등의 문장성분이 될 수 있다. '所＋전치사'의 바로 이런 특징 때문에 사람들이 '所＋전치사'를 복음허사에 포함시킨다. 이것이 '所＋전치사'와 '所＋동사'의 다른 점이다. '所＋전치사'와 '所＋동사'의 공통점은 다음과 같다. '所＋전치사＋동사'가 지칭하는 것은 동사의 목적어가 가리키는 사체가 아니라, '所' 뒤에 오는 전치사의 목적어가 나타내는 사물이다. 이렇게 본다면, 전치사의 뒤에는 목적어가 올 수 없게 되고, 전치사 뒤에 오는 동사는 목적어가 없어도 되고, 또한 있어도 되는 것이다. '所＋전치사' 구문 중, '所以'가 가장 상용되는데, 아래에서 이를 중점적으로 다루고, '所爲'와 '所與'도 함께 설명한다. 때로는 '所＋동사'가 '所＋전치사＋동사'에 해당되기도 한다. 이 부분 역시 소개하고자 한다.

① '所以'

'以'의 목적어는 도구, 방법, 방식 등을 나타낼 수도 있고, 또한 원인을 나타내기도 한다. 이에 맞추어 본다면, '所以'는 주로 도구, 방법 그리고 원인 등을 나타낸다고 볼 수 있다.

'所以'가 도구와 방법 등을 표시할 때에는 '해당 동사의 행위를 하는데 사용되는', '해당 동사의 행위를 하는데 쓰이는 방법' 등의 의미로 이해할 수 있다.(여기서 말하는 동사는 '所＋전치사＋동사'에서의 동사이다.) 다음 예를 보자.

(1) 彼兵者, 所以禁暴除害也. (『荀子・儀兵』) 저 무기는 폭력을 금하고 손해를 제거하는데 사용되는 것이다.

(2) 吾之所以距子矣, 吾不言.(『墨子・公輸』) 내가 그대를 제어하는 방법에 대해서는 말하지 않겠다.

'所以'가 원인을 표시할 때에는 '동사의 원인', '동사의 까닭' 등의 의미로 이해할 수 있다. 다음 예를 보자.

(1) 旣不能强, 又不能弱, 所以斃也. (『左傳・僖公7年』) 강건해질 수도 없고, 또한 약해질 수도 없으니 이는 폐망의 원인이 될 것이다.

(2) 諸侯所以歸晉君, 禮也. (『左傳・昭公30年』) 제후가 진군에게 귀의한 까닭은 예에 맞았기 때문이다.

'所+전치사+동사'는 체언성이고, 者는 체언성 어휘와 결합할 수 있으므로, '所+전치사+동사'의 뒤에는 종종 '者'를 덧붙일 수 있다. 다음 예를 보자.

(1) 君所以治臣者有三. (『韓非子・外儲說右上』) 군주가 신하를 다스리는 방법에는 세 가지가 있다.

(2) 臣所以不死者, 爲此事也. (『國語・越語下』) 신이 죽지 않았던 까닭(목숨을 던져 순국하지 않았던 까닭)은 이 일을 위해서입니다.

이상의 두 예에서 '所以'는 각각 '……의 방법', '……의 까닭'의 의미를 나타낸다.

② '所爲', '所與'

'所爲'의 주요용법은 원인을 나타내는 '所以'와 같은데, 때로 이런 원인은 주관적인 것이고, 또한 목적을 나타내는 것이기도 하다.

(1) 上所爲數問君者, 畏君傾動關中. (『史記・蕭相國世家』) 황제께서 수차례 그대에게 묻는 까닭은, 그대가 관중을 요동케 할까 두려워서이다.

(2) 所爲見將軍者, 欲以助[55)趙也. (『戰國策・趙策3』) 장군을 만나려 한 것은 조를 돕기 위해서이다.

예(1)은 원인을 나타내고, 예(2)는 목적을 나타낸다.

'所與'는 행위와 관련이 있는 사람, 사물 등을 나타내는데, '……와 같이 ……한 사람이

---

55) [역주] 원서에서는 '救'로 되어 있다. 포본(鮑本), 교주본(校注本) 등에 의거하여 고쳤다.

나 사물'로 해석할 수 있다. 다음 예를 보자.

(1) 其妻問所與飮食者, 則盡富貴也. (『孟子・離婁下』) 그 아내가 (남편에게) 같이 음식을 먹는
    자가 누구인가를 물었더니, 모두 부귀한 사람들이라고 했다.
(2) 大臣廷吏, 人主之所與度計也. (『韓非子・八姦』) 조정의 중신과 고급 관리들은 군주가 더불
    어 일을 도모하는 사람들이다.

③ '所+동사'는 '所+전치사+동사'에 해당한다.

때로 '所'는 동사의 앞에 직접 사용되기도 하지만, 이것의 기능은 '所+전치사'와 같다.
여기에 또 다른 두 가지 상황이 존재한다. 하나는 '所' 뒤의 동사가 목적어를 대동하는 것
이다. 동사가 이미 목적어를 가지기 때문에 '所+동사'는 더 이상 동사의 목적어를 지칭하
는 것이 아니라, '所+전치사+동사'의 기능과 동일해진다. 다음 예를 보자.

(1) 尊者賜之曰, '其所取之者義乎, 不義乎?' (『孟子・萬章下』) 존귀한 자가 물건을 하사하면서
    그가 생각한다. '이것을 얻은 방법이 의에 맞는지 아닌지?'
(2) 其北陵, 文王之所辟風雨也. (『左傳・僖公32年』) 북릉이라는 것은 문왕이 (그것으로써) 비바
    람을 피했던 곳이다.

이상 두 예문 가운데 동사 '取', '辟'의 뒤에는 목적어가 있으므로, 여기에서의 '所'는
뒤의 목적어가 나타내는 사물을 지칭하지 않고, 전치사 '以'가 생략된 것과 같다. 다른 한
가지 상황은 동사의 뒤 부분에 목적어가 없는 경우인데, 이러한 형식은 '所+전치사+동
사'에 해당되는 것 외에, 또한 처소를 지칭할 수 있다. 다음 예를 보자.

(1) 衣食所安, 弗敢專也. (『左傳・莊公10年』) 입는 것과 먹는 것, 그리고 편안히 지내는 곳은
    혼자 독차지해서는 안 된다.
(2) 所貴于天下之士者, 爲人排患, 釋難, 解紛亂而無所取也. (『戰國策・趙策3』) 천하의 선비를 귀
    하게 여기는 것은 다른 사람을 위해 우환을 떨쳐주고 환난과 분쟁을 해결하면서 취하는 것
    이 없기 때문이다.
(3) 冀北之土, 馬之所生. (『左傳・昭公4年』) 기주(冀州)의 북쪽 땅에는 말이 태어나는 곳이다.

예(1), (2)에서 '所'의 뒤에는 모두 전치사 以가 있는 셈이다. 그 뒤 부분의 동사 '安', '貴'는 목적어가 없다. 예(3)의 '所生'은 처소를 나타낸다.

2. '之', '其'

구조조사로 사용되는 '之'와 '其'는 차이가 크지 않다. '之'의 용법을 알고 나면, '其'의 용법을 쉽게 알 수 있다. 아래 우리는 '之'를 중점적으로 소개하고, '其'에 대해 이야기 하 겠다. '之'에 관해서는 두 가지, '之'의 용법, '之'와 '사건화 자체 지시[事件化自指]'를 논의 한다.

(1) '之'의 용법

조사 '之'는 '수식구'의 표지이다. 이 '之'의 앞에 실사성 어휘가 오면, 그 다음에 명사 가 오든 겸류사(兼類詞)가 오든 모두 '수식구'를 만든다. 다음 예를 보자.

(1) 有謀人之心, 而令人知之, (『戰國策·燕策1』) 사람을 도모하려는 마음이 있다면 사람으로 하여금 깨닫게 해야 한다.
(2) 有子曰, "是非君子之言也." (『禮記·檀弓上』) 유자가 말하였다. "이는 군자의 말이 아니다."
(3) 昔先王之教, 懋帥其德也, 猶恐殞越. (『國語·周語中』) 선왕의 가르침은 온 힘을 다해서 좇으 면서 오히려 이를 제대로 이행하지 못할까 두려워해야 하는 것이다.

예(1)의 '心'은 명사, 예(2), (3)의 '言'과 '教'는 모두 명사와 동사 양쪽에 모두 속하는 상용 겸류사이다. 그 앞에 '之'가 있으므로, 그들은 모두 명사성 어휘로 수식구를 만드는 것이다. 이것은 '之'가 수식구를 확정해주는 역할을 함을 말한다. '之'의 바로 이와 같은 기능 때문에 그 뒤에 용언성 어휘가 오더라도 역시 수식구를 만들게 되는 것이다. 만약 '之' 전후의 관형어와 피수식어가 의미상 주어와 술어의 관계에 있다면, 이러한 수식구를 '之'자구라고 부른다. 수식구의 관형어와 피수식어의 관계가 의미적으로 주어와 술어 관 계와 동일하기 때문에, 사람들은 이러한 구가 주어와 술어 간에 '之'가 첨가된 것으로, 또 는 주술구의 사이에 '之'가 첨가된 것으로 설명한다. '之'자구 중의 용언성 어휘는 단 하나의 술어일 수도 있지만, 용언성구가 더욱 자주 보인다. 다음 예를 보자.

    (1) 物類之起, 必有所始. 榮辱之來, 必象其德. (『荀子 · 勸學』) 사물이 일어날 때에는 반드시 시초가 있고, 영욕이 올 때는 반드시 그 덕을 본뜬다.

    (2) 子曰, "君子成人之美, 不成人之惡. (『論語 · 顏淵』) 선생님이 말하였다. "군자는 남의 아름다운 점은 이루게 해 주고, 남의 악한 점은 이루지 못하게 한다."

    (3) 歲寒然後知松柏之後彫也. (『論語 · 子罕』) 한 해의 날씨가 추워진 다음에야 소나무와 잣나무가 잎새가 시들지 않음을 알게 된다.

    (4) 子之事親也, 三諫而不聽, 則號泣而隨之 (『禮記 · 曲禮下』) 자식이 부모를 섬길 때는, 세 번 간하여 듣지 않으면 소리 내어 울면서 따른다.

예(1), (2)의 '之' 뒤에는 각각 동사와 형용사가, 예(3), (4)의 뒤의 '之'는 각각 부사어구와 술목구가 따라 나온다.

'之'자 뒤에, 때로는 '於', '與'로 구성된 전목구가 오기도 하는데 이러한 '之'자구는 종종 두 가지 사물 간의 관계를 나타낸다. 다음 예를 보자.

    (1) 今之於古也, 猶古之[56]於後世也. (『呂氏春秋 · 長見』) 오늘이 옛날과 갖는 관계는 옛날이 그 후세와 갖는 관계와 같다.

    (2) 今越之與秦也, 猶齊之於魯也. (『戰國策 · 齊策1』) 지금 월이 진과 같이 함은 제나라가 노나라와의 관계와 같다.

예(1)은 '今'과 '古'의 관계를, 예(2)도 이와 유사한 관계를 나타낸다.

피동문 형식의 주술구도 때로 '之'자구를 만들 수 있다. 다음 예를 보자.

    (3) 員不忍稱疾辟[57]易, 以見王之親爲越之擒也. (『國語 · 吳語』) 나 오원(伍員)은 차마 병을 핑계로 피신하거나, 군왕이 월나라의 포로가 되는 것을 눈 뜨고 볼 수 없습니다.

예(3)에서 '王'은 대상인데, 여기에서는 피동문장형식의 주술구 사이에 '之'를 첨가한

---

56) [역주] 원서에서는 이 '之'가 빠져 있다. 사고전서본과 전역(全譯)본에 의거하여 보충한다.
57) [역주] 원서에서는 '辭'로 되어 있다. 전역(全譯)본에 의거하여 고쳤다.

것이다.

'之'자구의 뒤에는 종종 '也'가 들어가는데, 때로는 쓰지 않기도 한다. 다음 예를 보자.

> (1) 夫吳之與越也, 仇讎敵戰之國也. (『國語·越語上』)　오나라는 월나라에 대하여, 원수 보듯
> 하여 쉼없이 싸움을 벌였다.
> (2) 奕之爲數, 小數也. (『孟子·告子上』)　바둑의 수는 작은 수이다.

예(1)의 '之'자구의 뒤에는 '也'를 사용하였고, 예(2)에서는 사용하지 않았다.

(2) '之'와 사건화 자체 지시

'之'자구는 일종의 특수한 수식구이다. '之'자구의 관형어와 피수식어는 주어와 술어 관계와 비슷한 의미관계가 존재하기 때문에 이러한 구는 사실에 상응하는 의미내용을 포함하고 있다. 이러한 점에서 '之'자구는 어느 정도 문장과 유사하다고 볼 수 있다. 그러나 '之'자구는 구, 곧 예비단위인 것이지, 결코 문장이 아니며, 사용단위가 아니다. '之'자구가 이렇게 사실에 상응하는 의미내용을 포함하고 있다는 것은, 사실을 서술하는데 있는 것이 아니라, 사실에 대한 사람들의 인식의 결과를 반영한다는 것이다. 사용단위로 기능하는 문장에서 주어는 이미 알고 있는 것이고 술어는 미지의 것으로, 전체 문장은 사람들에게 하나의 새로운 사실을 제공해주고 하나의 명제를 나타낸다. 한편, 예비단위로 사용되는 '之'자구가 나타내는 인식의 결과는 종종 이미 사람들의 의식 중에 존재하던 것인데, 종종 비교적 복잡한 개념, 어떤 사건 또는 어떤 상황이다. 이러한 사건 또는 상황은 의사소통을 하는 양방 모두가 이미 알고 있는 사실이다. 만약 우리가 문장이 나타내는 사실을 하나의 '작은 이야기'에 비유한다면, '之'는 이 작은 이야기를 양방이 모두 알고 있는 하나의 전제로 만들어 주고, 의사소통 활동에 사용한다.

구의 성질에 대해 말하자면, '之'자구는 체언성과 지칭성을 가진다. 이러한 체언성 구는 '지칭화' 되었을 때 '者'나 '所'와 같이 '일반화'로 실현되지 않는다. 우리는 '之'자가 실현하는 이러한 '지칭화'를 일컬어 '사건화(事件化)'라고 부른다. '之'자구가 나타내는 내용은 우리가 사건 혹은 상황이라고 부르는 것이다. 또한 '之'자구가 지칭하는 것이 주술구 이외의 내용이 아니라, 주술구가 나타내는 내용 바로 그 자체이기 때문에 '사건화 자체 지시

[事件化自指]'라고 부르는 것이다. '之'자구의 이러한 특징을 이해하기 위해, 아래 두 종류의 예문을 살펴보기 바란다.

A조

   (1) 庚辰, 吳入楚. (『穀梁傳·定公4年』) 경신일에 오나라가 초나라로 쳐들어갔다.

   (2) 師出, 百里子與蹇叔子送其子而戒之 (『公羊傳·僖公33年』) 군대가 출정하니, 백리자(百里子)와 건숙자(蹇叔子)는 그 아들들을 환송하며 훈계하였다.

   (3) 梁由靡御韓簡, 虢射爲右. (『左傳·僖公8年』) 양유미는 한간의 전차를 몰고, 괵사는 우사가 되었다.

B조

   (1) 吳之入楚也, 胡子盡俘楚邑之近胡者. (『左傳·定公15年』) 오나라가 초나라로 쳐들어갔을 때, 호의 군주는 호나라에 가까운 초나라 읍의 사람들을 모두 포로로 잡았다.

   (2) 蹇叔哭之曰, "孟子! 吾見師之出而不見其入也!" (『左傳·僖公32年』) 건숙(蹇叔)이 소리 내어 울면서 말하였다. "맹자여! 나는 우리 군대가 출정하는 것은 보지만, 들어오는 것은 보지 못하겠구려!"

   (3) 鮑子曰, "女忘君之爲孺子牛而折其齒乎, 而背之也? (『左傳·哀公6年』) 포자(鮑子)가 말하였다. "너는 군주께서 아이를 위해 소 노릇을 하다가(소놀이를 하다가), 이를 부러뜨린 일을 잊었느냐. 군주를 배반하는 것 아닌가?"

A조 예(1)의 "吳入楚"는 하나의 사실을 서술하는 것이다. 이러한 사실 중, 주어 '吳'는 의사소통을 하는 양방이 모두 알고 있는 정보이고, 술어 '入楚'는 화자가 청자에게 새로운 정보를 제공해 주는 것이다. B조 예(1) "吳之入楚也"는 "吳入楚"라는 사실을 서술하고 있는 것이 아니라, 이 사실을 어떤 사건으로 추상화하는 것이며, 이 사건의 내용이 곧 "吳入楚"가 된다. 이 사건은 통상 의사소통 양방이 이미 모두 알고 있는 사건이고, 여기에서는 이 사건을 일종의 표지로 삼아 시간을 나타내고 있는 것이다. 이 '之'자구 뒤의 내용이 비로소 화자가 청자에게 제공하는 새로운 정보가 된다. A조 예(2)의 "師出" 또한 사실을 진술하는 것이다. B조 예(2)에서 "師之出"에서 부대는 결코 출발하지 않았으므로, 사실을 진술하는 것이 아니라 이 사실을 발생 가능한 하나의 상황으로 추상화하는 것이며, 의사소통 양방이 모두 능히 상상해 볼 수 있는 상황인 것이다. A조 예(3)의 "虢射爲右"는 마찬가지로 사실을 진술한 것인데, B조 예(3)의 "君之爲孺子牛而折其齒"은 사실을 진술하는 것

이 아니라 양방이 모두 알고 있는, 예전에 발생했던 어떤 상황을 말하고 있는 것이다.

이상의 세 가지 예에서 알 수 있듯이 주어와 술어 간에 만약 '之'자가 없다면, 이것은 사실을 진술하는 것이다. 만약 '之'자를 첨가하였다면, 사실을 진술하는 것이 아니라, 어떤 사건이나 상황을 말하는 것이다. 이것이 '사건화 자체 지시'이다. '사건화 자체 지시'의 '之'자구는 어법기능 면에서 보았을 때 체언성을 갖는다. 그러나 의미적으로 보았을 때 그것이 나타내는 의미내용은 체언성 목적어와 가깝지 않다. 오히려 주술구와 가깝고 어느 정도 서술적 성격을 지닌다. 이러한 특징은 '之'자구가 목적어와 주어 역할을 할 때 모두 드러난다.

(3) '其'

'其'자구는 '之'자구의 '지시 형식'이며, 마찬가지로 '사건화 자체 지시'를 표시한다. '其'는 '대체사+之'에 해당한다. '之'자구 앞의 주어는 명사일 필요가 없는데, 대체사를 사용하여 지시하려고 할 때 곧 '其'자를 쓸 수 있다. 이로써 '其'자구를 만든다. '其'자구와 '之'자구는 기능적 또는 의미적인 특징이 기본적으로 모두 동일한데, 다른 점이 있다면 '其'는 대체사와 마찬가지로 지시하는 바가 있어야 하므로, '其' 앞에는 선행사를 써야 한다. 다음 예를 보자.

(1) 古之天子, 其重言如此, 故言無遺者. (『呂氏春秋·重言』) 옛 천자는 말을 신중히 함이 이와 같음으로, 고로 말은 허물이 없었다.

(2) 延陵季子適齊, 於其反也, 其長子死, 葬於嬴博之間. (『禮記·檀弓下』) 연릉의 계자가 제나라로 갔다가 돌아오는 중에 장자가 죽어 영, 박 사이에서 장사를 지냈다.

(3) 且夫水之積也不厚, 則其負大舟也無力. (『莊子·逍遙游』) 무릇 물이 고인 곳이 깊지 못하면, 큰 배를 띄우려 해도 힘이 없다.

이상의 '其'자구는 모두 '사건화 자체 지시'를 나타내는 것인데, '之'자구의 용법과 동일하다. '其'는 곧 앞부분에 ●을 더한 명사성 어휘를 지시한다.

제5장 구

제2장에서 간단하게 구의 종류에 대해 소개한 바 있다. 이 장에서는 순서에 따라 각종 구에 대해 논의할 것이다. 앞의 네 절에서는 다양한 용언성 구에 대해 논의하고, 이어지는 두 절에서는 전목구와 수량구, 그리고 마지막 세 절에서는 다양한 체언성 구에 대해 논의할 것이다.

제1절 술목구

동사의 분류를 위해서 제3장에서 목적어를 크게 수동목적어와 치동목적어로 나누어 설명하였다. 본장 1절에서는 주로 이 두 종류의 목적어를 기초로 1) 수동술목구 2) 치동술목구 3) 쌍목술목구 4) 목적어 전치의 네 가지로 나누어 술목구를 설명하도록 하겠다.

1. 수동술목구

수동술목구 중에서 자주 보이는 것은 다음의 다섯 가지 형태이다. 1) 대상술목구 2) 처소술목구 3) 대상술목구 4) 원인술목구 5) '以爲'류의 술목구. 이상의 다섯 종류의 구 중에서 대상술목구는 보통 타동사, 특히 진타동사로 구성되는 경우가 가장 자주 보인다. 처소, 대상, 원인의 술목구는 항상 자동사를 사용하여 구성되지만, 간혹 타동사를 사용하여 구성되는 경우도 있다. 또한 '以爲'류의 술목구는 주로 동사 '以爲'로 구성된다. 다음에서 차례대로 설명하도록 하겠다.

(1) 대상술목구

대상술목구 중의 목적어는 동작의 대상을 나타낸다. 행위활동 중에서 모종의 행위를 받는, 상대적으로 소극적이고 피동적인 쪽이 대상이다. 대상술목구 중의 동사는 항상 타동사이며, 자주 보이는 대상목적어는 주로 다음과 같이 네 종류가 있다.

1) 무생물명사가 나타내는 사물은 항상 소극적, 피동적으로 행위를 받는 대상이기 때문에 그것들은 항상 대상목적어가 된다. 생활동사나 지배동사는 항상 무생물 명사를 목적어로 삼아 대상술목구를 구성한다.

> (1) 有疾則飮酒食肉. (『禮記·曲禮上』) 병이 있으면 술을 마시고, 고기를 먹는다.
>
> (2) 后子享晉侯, 造舟于河. (『左傳·昭公元年』) 후자가 진나라 군주를 대접함에, 황하에 배로 다리를 놓았다.
>
> (3) 宋公違命. (『左傳·文公10年』) 송공이 명을 어겼다.

위의 예문에서 '飮', '食'은 생활동사이며, '造'와 '違'는 지배동사인데, 이 동사들은 모두 무생물 명사를 대상목적어로 삼고 있다.

2) 유생물 명사 또한 대상목적어로 사용되는데, 무생물 명사가 대상술목구를 구성하는 것과는 그 양상이 다르다. 유생물명사가 나타내는 인물 등은 모두 의지가 있으나, 어떤 대상은 술어가 나타내는 행위를 받도록 강요당하고, 또 어떤 대상은 술어가 나타내는 행위를 받기를 원하기도 한다. 지배동사와 인사동사는 유생물명사를 목적어로 만든 후에 항상 대상술목구를 구성한다.

> (1) 宋人執鄭祭仲. (『左傳·桓公11年』) 송나라 사람들이 정나라 제중을 잡았다.
>
> (2) 公子慶父弑閔公. (『公羊傳·僖公元年』) 공자 경보가 민공을 시해하였다.
>
> (3) 鄭太子忽帥師救齊. (『左傳·桓公6年』) 정나라 태자 홀이 군사를 이끌고 제나라를 구하였다.
>
> (4) 王送知罃. (『左傳·成公3年』) (초나라) 왕이 지앵을 돌려보냈다.

예(1)과 예(2)에서 '執'은 지배동사이고 '弑'는 인사동사인데, 두 동사의 뒤에 있는 목적어는 모두 강제적으로 행위를 당하고 있다. 예(3)의 '救'는 지배동사이고, 예(4)의 '送'은 인사동사이다. 이 동사들의 뒤에 있는 목적어는 모두 행위를 당하기를 바라고 있다. 타동정태동사 역시 유생물 명사를 대상목적어로 사용할 수 있다.

(1) 衛君怨吳王. (『韓非子‧說林上』) 위나라 군주가 오나라 왕을 원망하였다.

(2) 晉人欲伐衛, 畏子路. (『荀子‧大略』) 진나라 사람들이 위나라를 정벌하려 하였으나, 자로를 두려워하였다.

위의 예문에서 밑줄 친 동사들은 모두 타동정태동사이며, 이어지는 목적어는 모두 대상목적어이다.

3) 감지동사와 정태동사 중의 타동사는 그 뒤에 용언성 어휘, 주술구, '之'자구, '其'자구 등의 추상목적어를 수반하는데, 이것들은 항상 대상이 된다.

(1) 諸侯將謀救燕. (『孟子‧梁惠王下』) 제후들이 장차 연나라를 구할 것을 도모하였다.

(2) 紂怒曰, "吾聞聖人心有七竅." (『史記‧殷本紀』) 주가 노하여 말하였다. "나는 성인의 심장에는 일곱 개의 구멍이 있다는 것을 들었습니다."

(3) 是以周公屛成王而及武王, 以屬天下, 惡天下之離周也. (『荀子‧儒效』) 그러므로 주공이 성왕을 뒤로 물리고 무왕을 계승하여 천하를 물려받았던 것은, 천하 사람들이 주나라를 배반할 것을 두려워한 것이다.

(4) 子産憎其爲人也, 且以爲不順. (『左傳‧昭公19年』)[58] 자산이 그의 사람됨을 미워하고, 또 순하지 못하다고 여겼다.

위에서 각각의 목적어는 예(1)은 용언, 예(2)는 주술구, 예(3)과 예(4)는 '之'자구와 '其'자구이다. 예(1), 예(3), 예(4)의 동사는 정태동사이며, 예(2)는 감지동사이다. 대체사 '之' 등이 가리키는 것이 만일 사실이라면, 이러한 목적어 또한 추상적 대상목적어가 된다.

(1) (重人曰, "梁山崩, 將召伯宗謀之." (『左傳‧成公5年』) (무거운 짐차의 주인이) 말하였다. "양산이 무너져서, 백종을 불러 그 일에 대해 상의를 하려고 합니다."

(2) 衛君之晉, 謂薄疑曰, "吾欲與子皆行." 薄疑曰, "媼也在中, 請歸與媼計之." (『韓非子‧外儲說

右上』)　위나라 임금이 진나라를 방문하려고 하였다. 박의에게 말하였다. "과인은 그대와 함께 가고자 하오." 박의가 말하였다. "저희 집에 노모가 계신데, 돌아가서 상의하도록 허락해주십시오."

예(1), 예(2)의 '之'가 가리키는 것은 각각 "梁山崩"과 "吾欲與子皆行"이며, 이것들 역시 추상대상목적어이다.

4) 인용동사가 수반하는 인용 역시 대상목적어에 속한다. 가장 자주 인용을 수반하는 것은 '曰'과 '云'이다. '曰'은 각종 인용을 수반할 수 있는데, 인용의 내용은 일상대화, 서면어, 전하는 이야기 등으로 제한 없이 폭넓다.

> (1) 孟子曰, "許子必種粟而後食乎?" (『孟子·滕文公上』)　맹자가 말하였다. "허자는 반드시 곡식을 심은 후에야 밥을 먹는가?"
>
> (2) 巫臣自晉遺二子書曰, "爾以讒慝貪惏事君, 而多殺不辜, 余必使爾罷於奔命以死." (『左傳·成公7年』)　무신이 진나라에 있으면서 두 공자에게 편지를 보내어 말하였다. "너희들은 타인을 모함하고 나쁜 짓을 하며 탐욕하는 마음으로 군주를 섬기어, 죄 없는 사람을 많이 죽였다. 나는 꼭 너희들이 군주의 명을 받고 이리저리 돌아다니다가 기진맥진하여 죽게 하리라."
>
> (3) 書曰, "天降下民, 作之君, 作之師." (『孟子·梁惠王下』)　서에서 말하였다. "하늘이 백성을 내리고 그 군주를 세워주고 스승을 삼아주었다."

예(1)의 인용은 일상대화이며, 예(2)는 서면어를 인용한 것이고 예(3)은 전해지는 이야기를 인용한 것이다.

'云'의 뒤에 인용되는 내용은 제한적인데, 일반적으로 이미 존재하는 책의 내용이나 사람들 사이에 전해지는 내용을 인용할 때 사용된다. 예를 들어 문헌, 숙어, 다른 사람의 말 등이다. 바꾸어 말하자면, '云'의 뒤에 오는 인용은 이미 있는 말을 전술하거나 중복하는 것이다.

> (1) 孔子曰, "詩云, '孝子不匱, 永錫爾類.'" (『荀子·大略』)　공자가 말하였다. "시에 이르기를 '효자의 효는 다함이 없으니, 영원토록 복을 내리시네.'"
>
> (2) (卜偃對曰, "童謠云, '丙之晨, 龍尾伏辰, 均服振振, 取虢之旗.'" (『左傳·僖公5年』)　(복언이) 대답하였다. "동요에서 말하였다. '병자날의 새벽에, 용미성은 간 곳 없이 보이지 않네. 다같이 입은 군복이 빛나고 아름다운데, 그들은 괵나라 군주의 깃발을 뺏을 것이로다.'"

(3) 莊子曰, "孔子云, '夫受才乎大本.'" (『莊子·寓言』) 장자가 말하였다. "공자가 말하였다. '무릇
　　재주를 천지의 근원에서 받는다.'"

　　예(1)은 『시경』을 인용하였으며 이러한 용법이 가장 자주 보인다. (2)와 (3)은 동요와 공
자의 말을 인용하고 있다. '云'은 항상 이미 있는 말들을 인용하기 때문에 그 뒤에서 인용
어가 가끔 나타나지 않을 수도 있다. 이 때 '云'의 뒤에서 언급된 내용은 일반적으로 앞
문장에서 이미 이야기한 것이다.

　　(1) 其子曰, "不築, 必將有盜." 其鄰人之父亦云. (『韓非子·說難』)　아들이 말하였다. "담장을
　　　　세우지 않으면, 반드시 도둑이 들 것입니다." 이웃의 한 남자도 역시 같은 말을 하였다.
　　(2) 行人子朱曰, "朱也當御." 三云, 叔向不應. (『左傳·襄公26年』)　행인인 공자 주가 말하였다.
　　　　"제가 접대할 차례입니다." 세 번이나 말하였지만, 숙향은 응하지 않았다.

(2) 처소술목구

　　처소술목구의 목적어는 주로 처소를 나타내는데, 가끔 시간을 나타내기도 한다. 처소목
적어를 수반하는 것은 주로 자동과 타동의 거지동사와 운동동사이며, 이 때 목적어는 일
반적으로 처소의 명사와 방위구를 나타낼 수 있다.

　　(1) (平公) 乃召師涓, 令坐師曠之旁. (『韓非子·十過』) (평공이) 곧 사연을 불러서 사광의 옆에
　　　　앉게 하였다.
　　(2) 有漁夫者, 下船而來. (『莊子·定公5年』)　어떤 어부가 배에서 내려 걸어왔다.
　　(3) 孔子適楚. (『莊子·人間世』)　공자가 초나라로 갔다.
　　(4) 丑父使公下, 如華泉取飮. (『左傳·成公2年』)　축보는 군주로 하여금 전차에서 내려 화천으로
　　　　가서 물을 먹게 하였다.
　　(5) 沛公兵十萬, 在覇上. (『史記·項羽本紀』)　패공이 군사 10만으로 패위에 올랐다.

　　예(1)과 예(2)의 동사는 자동거지동사와 운동동사로 처소목적어를 수반하고 있다. 예(3)
에서 예(5)까지는 타동운동동사와 거지동사로 처소 목적어를 수반하고 있는데, 모두 어떤

지역으로 떠나서 도착한 것을 나타내고 있다. '適'은 일반적으로 도착한 지역에서 장기간 머무는 것을 나타내고, '如'는 어떤 지역으로 떠나서 도착한 후에 임무를 완성하고 돌아오는 것까지를 나타낸다.

극소수의 거지동사와 소수의 운동동사는 시간 목적어를 수반할 수 있다. 다음 예를 보자.

    (1) 死在朝夕, 無助天爲虐. (『左傳·昭公2年』) 죽음이 조석 간에 걸려 있으니, 하늘이 하는 것을 돕지 마십시오.

    (2) 萬民從而譽之曰聖王, 至今不已. (『墨子·尙賢中』) 만민이 따라서 그를 기리어 성왕이라 부르고, 지금에 이르기까지 그치지 않는 것이다.

    (3) 祭之, 其明日而亡.[59] (『左傳·成公5年』) (조영이) 제사지내고, 다음날이 되자 도망갔다.

예(1)의 거지동사와 예(2), 예(3)의 운동동사는 모두 시간을 나타내는 목적어를 수반하고 있다.

(3) 대상술목구

대상술목구의 목적어는 주로 행위의 대상을 나타내며, 소수는 여사(與事)를 나타낸다. 행위나 활동의 행위를 받지만 완전히 소극적이거나 피동적이지는 않은 한 쪽이 대상이다. 동사는 대상목적어를 수반하여 대상술목구를 구성할 수 있다. 대상목적어는 통상적으로 유생물명사가 되는데, 이 때 동사는 일반적으로 자동인사동사와 준타동인사동사이다. 대상목적어가 나타내는 인물은 상태대상이거나 교제대상 혹은 때때로 여사이다.

1) 상태대상이 목적어가 될 때, 주로 어떤 상태를 포함하고 있는 행위를 받게 된다. 동시에 이런 목적어가 나타내는 인물의 대다수는 행위자인 주어가 해당 행위를 완성했을 때의 의지를 결정한다. 대부분의 상황에서 행위자는 모두 상태대상의 의지를 따르는데, 일부는 상태대상의 의지를 위배하는 경우도 있다. 자동인사동사는 항상 이런 종류의 목적어를 수반한다.

    (1) 十五年, 楚圍鄭, 鄭降楚. (『史記·管蔡世家』) 15년, 초나라가 정나라를 포위하자 정나라가

---

59) [역주] 이 책의 원문에는 "之明日而亡"이라고 되어있다. 십삼경주소본에 따라 고쳤다.

초나라에게 항복하였다.

(2) 戊午, 晉侯朝王. (『左傳 · 僖公25年』) 무오에 진나라 제후가 왕에게 조회하였다.

(3) 夫秦王有虎狼之心, 殺人如不能擧, 刑人如恐不勝, 天下皆叛之. (『史記 · 項羽本紀』) 무릇 진나라 왕이 호랑이의 마음을 품고, 사람을 죽인 것을 일일이 열거할 수도 없고 벌 내린 것도 이루 헤아릴 수 없었으니, 천하가 모두 그를 배반했다.

예(1)의 행위자는 '鄭'이고, 목적어 '楚'의 의지를 따르고 있다. 예(2)의 행위자인 '晉侯'와 상태 대상인 '王' 사이의 관계는 예(1)의 관계와 유사하다. 예(3)의 행위자인 '天下'와 '之'(진나라를 가리킨다)의 의지는 서로 상반된다.

2) 교제대상이 목적어가 될 때 그것들은 주로 어떤 언어행위를 받게 되는데, 이 언어행위는 주로 행위를 받는 쪽이 항상 어떤 반응을 보이기를 요구한다. 최소한 이러한 대상은 듣고 있는 상황이기 때문에 완전히 소극적이고 피동적이라고는 할 수 없다. 준타동인사동사는 이러한 종류의 목적어를 수반할 수 있다.

(1) 公號慶鄭. (『左傳 · 僖公15年』) 공이 경정을 불렀다.

(2) 吳子呼叔孫曰, "而事何也?" (『左傳 · 哀公11年』) 오자가 숙손을 불러 말하였다. "그대는 누구를 섬기는가?"

(3) 魯祭周公. (『公羊傳 · 文公13年』) 노나라가 주공에게 제사지냈다.

위의 예문에서 '號'와 '呼'는 모두 언어행위이며 목적어는 대상목적어이다. (3)의 '祭'는 옛날 사람들의 입장에서 보자면 제사를 받는 주공의 반응이 있는 것이다. 위와 같은 것들이 모두 대상 목적어이다.

3) 행위과정 중에서 여사는 대상에 비해서 좀 더 많은 적극성을 나타낸다. 이것들은 통상적으로 동사가 표현하는 행위에 직접적으로 참여한다. 자동인사동사 중의 '盟'과 '會'가 이러한 종류의 목적어를 수반한다.

(1) 晉郤犫盟秦伯于河西. (『左傳 · 成公11年』) 진나라의 극주는 진나라 군주와 하서에서 맹세하였다.

(2) 叔孫豹會晉士匄于柯. (『左傳 · 襄公19年』) 숙손표가 진사개와 가땅에서 회합하였다.

'盟'과 '會'는 모두 일방적인 방향의 행위가 아니라 목적어가 나타내는 사람 또한 그 일에 참여하도록 한다. 그래서 그것들의 목적어는 간접목적어 중 여사목적어이다.

(4) 원인술목구

원인술목구의 목적어는 원인 혹은 목적을 나타낸다. 통상 이런 종류의 목적어를 수반하는 동사는 주로 자동정태동사이다.

(1) 甘露降, 風雨時至, 農夫登, 年穀豐盈, 衆人喜之. (『戰國策·趙策1』) 감로가 내리고 비바람이 때에 맞추어 내리니, 농부가 풍성해지고 곡식이 잘 익어서 여러 사람들이 기뻐하였다.

(2) 有其言無其行, 君子恥之. (『禮記·雜記下』) 말만 있고 행실이 없는 것을 군자는 부끄러워한다.

(3) (子産)曰, "子爲晉國, 四鄰諸侯不聞令德而聞重幣, 僑也惑之." (『左傳·襄公24年』) (자산이) 말하였다. "그대는 진나라를 위하는데, 사방의 제후들이 그대의 훌륭한 덕을 전해 듣지 못하고, 많은 재물을 거두어들인다는 평만을 듣고 있습니다. 그래서 저는 미혹되고 있습니다."

예(1)의 '喜'는 '之' 때문에 생긴 일이며, '之'는 앞의 밑줄 친 부분을 가리킨다. 예(2)와 (3)도 예(1)과 비슷하다. 위에 나온 목적어들은 모두 원인을 나타낸다. 목적어가 목적을 나타내는 동사는 많지 않은데, 주로 여러 개의 목적어를 수반할 수 있는 동사 '死'와 '鼓' 등이 있다.

(1) 子路曰, "桓公殺公子糾, 召忽死之, 管仲不死." (『論語·憲問』) 자로가 말했다. "환공이 공자 규를 죽이자, 소홀은 죽었고, 관중은 죽지 않았다."

(2) 戰于長勺, 公將鼓之. (『左傳·莊公10年』) 장작에서 전투할 때, 장공이 장차 북을 두드렸다.

(5) '以爲'류의 술목구

동사 '以爲'와 '以……爲……'는 비교적 특수한 동사이다. 이런 류의 동사는 '……으로 하여금 ……이 되게 하다', '……을 이용해 ……로 삼다'의 의미를 나타낼 수 있으며, 또한 '……라고 생각하다', '……를 ……라고 간주하다'의 의미를 나타낼 수 있다.

일반적으로 '以爲'의 뒤에 오는 목적어가 만일 용언성 어휘 혹은 주술구라면, "……라고 생각한다"의 의미를 나타낸다.

> (1) 左右皆惡之, 以爲貪而不知足. (『戰國策·齊策4』) 좌우에서 모두 그를 미워하며 탐욕스러워서 만족을 알지 못한다고 여겼다.
> (2) 始皇自以爲功過五帝. (『史記·秦始皇本紀』) 진시황은 스스로 공이 오제를 넘어선다고 여겼다.

위의 두 예문에서 목적어는 용언성 어휘와 주술구이며, '以爲'는 모두 '……라고 생각하다'의 의미로 쓰였다. 만일 '以……爲……'를 쓴다면, 주술구의 주어와 술어는 '爲'의 앞뒤로 각각 나뉘어 놓이게 된다. 다음 예를 보자.

> (1) 夫韓以秦爲不義, 而與秦兄弟共苦天下. (『韓非子·存韓』) 무릇 한나라는 진나라를 불의하다고 여기면서도 진나라와 형제관계를 맺고 함께 천하를 괴롭혔다.
> (2) 鄭人以其子爲智. (『韓非子·說林下』) 정나라 사람이 그 아들을 지혜롭다고 여겼다.

예(1)의 "以秦爲不義"는 대략 "以爲秦不義"와 같고, 예(2) 역시 이와 비슷하다.

'爲' 다음에 오는 목적어가 만일 명사성 어휘라면 두 종류의 가능성이 존재한다. 이 두 종류의 가능성은 명사의 의미 특징과 관계가 있다. 만일 '爲'가 다음의 명사인 사람이 자신의 노력과 재능에 의해서만 이룰 수 있는 일이거나 혹은 통상적으로 사람의 힘으로는 이룰 수 없는 일이라면, 이 때에는 주로 '……라고 생각한다'를 의미한다.

> (1) 晏子之晉, 至中牟, 睹敝冠反裘負芻, 息于塗側者, 以爲君子也. (『晏子春秋·內篇雜上』) 안자가 진나라로 갈 때, 중모 땅에 이르러서 찌그러진 관을 쓰고 갖옷을 뒤집어 입고서 꼴을 지고서 길가에서 쉬고 있는 사람을 보고서 군자라고 생각했다.
> (2) 彼鄭周之女, 粉白墨黑, 立于衢閭, 非知而見之者, 以爲神. (『戰國策·楚策3』) 정·주 두 나라의 여인이 희게 분을 바르고 검게 눈썹을 그린 후 거리로 나와 서 있으면, 처음 보는 사람들은 선녀가 내려온 것으로 여길 것이다.

예(1)의 '君子'는 자신이 노력한 후에 재능에 의해서 이루어질 수 있는 것이고, 예(2)의 '神'은 사람의 노력으로 이룰 수 있는 것이 아니다. 여기에서 '以爲'는 모두 "……라고 생각하다”를 의미한다. 만일 명사가 나타내는 사람이나 사물이 타인의 역량으로 이루어질 수 있는 것이라면 특히 그것이 모종의 신분을 나타내는 것이라면, '以爲', '以……爲……' 는 '……로 하여금 ……이 되게 하다', '……을 이용해 ……로 삼다'라는 의미를 갖는다.

(1) 孫子去之趙, 趙以爲上卿. (『戰國策·楚策4』) 손경이 (초나라를 떠나) 조나라로 가자, 조나라가 그를 상경으로 맞아들였다.

(2) 必以長安君爲人質, 兵乃出. (『戰國策·趙策4』) 장안군을 인질로 보내면 원군을 보내겠다.

예(1)의 '上卿'은 임명할 수 있는 것이고, 예(2)의 '人質'은 인력으로 할 수 있는 것이다. 이 두 예는 모두 '……로 하여금 ……이 되게 하다' 혹은 '……을 이용해 ……로 삼다'를 의미한다.

때때로 '以' 하나만을 써서 여기다(생각하다)라는 의미를 나타낼 수 있다.

(1) 老臣以媼爲長安君計短也. (『戰國策·趙策4』) 노신은 태후의 장안군을 위한 계책이 사려 깊지 못하다고 여깁니다.

(2) 臣之妻私臣, 臣之妾畏臣, 臣之客欲有求於臣, 皆以美於徐公. (『戰國策·齊策1』) 저의 처는 저에 대한 애정에서, 첩은 저에 대한 두려움에서, 손님은 저에게 무엇인가를 얻고자 하는 기대가 있어서, 모두 제가 서공보다 미남이라고 했습니다.

2. 치동술목구

치동술목구는 사동과 의동 두 종류로 나눌 수 있다.

(1) 사동술목구

사동술목구는 자주 동사와 형용사로 구성되는데, 이외에 수사나 명사 또한 이런 종류의 구를 구성할 수도 있다.

1) 동사 사동술목구

상태동사와 준자동행위동사는 자주 사동술목구를 구성한다. 이외에도 소수의 타동사 또한 이러한 구를 구성할 수 있다. 상태동사는 자주 사동목적어를 수반하기 때문에 그것들이 가장 일반적으로 사동술목구를 구성한다.

(1) 中天下而立, 定四海之民. (『孟子·盡心下』) 천하의 가운데에 서서, 사해의 백성을 안정시킨다.

(2) 焉用亡鄭以陪鄰? (『左傳·僖公30年』) 어찌 정나라를 망하게 하여 이웃나라의 땅을 불어나게 하려고 합니까?

위의 두 예문은 모두 상태동사가 사동술목구를 구성한 것이다. 준자동거지동사와 운동동사, 자동인사동사는 모두 사동술목구를 구성한다.

(1) 魏王恐, 使人止晉鄙軍. (『史記·魏公子列傳』) 위왕이 두려워하여, 사람을 시켜 진비의 진격을 중지시켰다.

(2) 晉人歸楚公子穀臣與連尹襄老之尸於楚, 以求知罃. (『左傳·成公3年』) 진나라 사람이 초나라 공자 곡신과 연고을의 장관이었던 양로의 시체를 초나라에게 돌려주기로 하고, 지앵을 돌려달라고 요구하였다.

(3) 無極曰, "奢之子材, 若在吳, 必憂楚國." (『左傳·昭公20年』) 비무극이 말하였다. "오사의 아들은 유능한 인재입니다. 만약 오나라에 있게 된다면, 반드시 초나라를 근심하게 만들 것입니다."

(4) 齊桓公有天下, 朝諸侯. (『戰國策·齊策6』) 제환공이 천하를 소유하고, 제후들을 조회하게 하였다.

예(1)과 (2)에서 사동술목구를 구성한 것은 거지동사와 운동동사이다. 예(3)과 (4)는 자동상태동사와 인사동사가 사동술목구를 구성하고 있다.

타동사 중의 생활동사와 타동과 자동 사이의 일부 타동사 역시 사동술목구를 구성할 수 있다. 의미상 이러한 사동술목구를 구성할 수 있는 타동사는 일반적으로 미성년자라도 쉽게 완수할 수 있는 기초적인 생활 행위이다. 이런 종류의 동사로 상용되는 것은 '飮', '食', '衣', '枕', '觀', '視', '見', '從' 등이 있다.

(1) 太史敫女奇法章狀貌, 以爲非恆人, 憐而常竊衣食之. (『史記・田敬仲完世家』) 태사교의 딸은 법장(죽은 민왕의 아들)의 외모를 기이하게 생각하고 일반 사람이 아니라고 여겼다. 불쌍히 생각하여 항상 몰래 입히고 먹였다.

(2) 止子路宿, 殺鷄爲黍而食之, 見其二子焉. (『論語・微子』) 자로를 머물러 자게 하고는 닭을 잡고 기장밥을 지어 먹이고, 그의 두 아들을 뵙게 하였다.

(3) 沛公旦日從百餘騎來見項王. (『史記・項羽本紀』) 패공이 다음 날 백 여 마리의 기병을 따르게 하고 와서 항왕을 알현했다.

위의 타동사는 모두 사동술목구를 구성하고 있다.

2) 형용사 사동술목구

형용사의 성질은 상태동사와 비슷해서, 형용사 또한 종종 사동문을 구성한다.

(1) 桓公知諸侯之歸己也, 故使輕其幣而重其禮. (『國語・齊語』) 환공은 제후들이 자신에게 귀의할 것을 알았다. 그러므로 그 폐백을 가볍게 하고 그 예를 중하게 했다.

(2) 儒者在本朝, 則美政. (『荀子・儒效』) 선비가 조정에 있으면 곧 정치를 아름답게 만든다.

(3) 貧者富之, 賤者貴之. (『史記・李斯列傳』) 가난한 자를 부유하게 하고, 천한 자를 귀하게 한다.

3) 기타 사동술목구

수사는 형용사와 성질이 비슷하기 때문에, 때때로 사동문을 구성할 수 있다.

(1) 人一能之, 己百之, 人十能之, 己千之. (『禮記・中庸』) 다른 사람이 한 번에 능하면 나는 백 번을 하고, 다른 사람이 열 번에 능하면 나는 천 번을 한다.

(2) 棗栗千石者三之. (『史記・貨殖列傳』) 대추, 밤 천섬을 생산하는 자는 10분의 3의 이익을 갖게 한다.

명사는 일반적으로 술어로 사용될 수 없기 때문에, 명사가 사동문을 구성하는 것은 '활용'이다.

(1) 孟嘗君客我. (『戰國策・齊策4』) 맹상군이 나를 객으로 대우해준다.

(2) 爾欲吳王我乎? (『左傳・定公10年』) 네가 나를 오나라 왕을 죽였던 것과 같이 죽이려 하느냐?

위의 예문은 모두 명사를 활용하여 사동으로 구성된 것이다.

(2) 의동술목구

사동술목구와 비교하자면, 의동술목구는 주로 일종의 주관적 인식을 나타낸다. 그래서 항상 형용사로 구성된다. 이 외에 명사활용 또한 의동술목구를 구성할 수 있다. 동사는 일반적으로 의동술목구를 구성할 수 없다. 다음은 형용사가 의동술목구를 구성한 예이다.

(1) 登東山而小魯, 登泰山而小天下. (『孟子・盡心上』) 동산에 올라 노나라를 작게 여기고, 태산에 올라 천하를 작게 여긴다.

(2) 人主自智而愚人, 自巧而拙人. (『呂氏春秋・知道』) 군주는 자신을 지혜롭다고 여기고 남을 어리석다고 여기며, 자신을 공교하다고 여기고 남을 치졸하다고 여긴다.

명사활용으로 구성되는 의동술목구는 비교적 적게 보인다. 다음 예를 보자.

(3) 夫人之, 我可以不夫人之乎? (『穀梁傳・僖公8年』) 그 여자를 부인이라고 생각하는데 내가 그 여자를 부인이 아니라고 생각할 수 있겠는가?

어떤 사람은 '以爲'를 이용하여 의동을 확정하는데, 사실 이렇게 의동을 확정하는 것에는 조건이 있다. 이미 확실하게 형용사가 치동문을 구성한다는 전제가 있을 때만 '以爲'를 이용해 의동을 확정할 수 있다. 만일 명사를 활용으로 치동문이 되고 '以爲'로 전환 가능한 경우는 사실 다수가 사동이 된다. 이런 점에 관해서는 앞의 이위류의 술목구를 참조하기 바란다.

3. 쌍목술목구

근목적어의 종류에 따라 두 개의 목적어를 수반하는 술목구는 간접목적어류, 직접목적어류, 사동목적어류 등 세 가지 유형으로 나눌 수 있다.

(1) 간접목적어류

쌍목적어류의 술목구 중에서 근목적어가 간접목적어인 경우가 가장 자주 보이며, 또한 비교적 복잡하다. 이러한 류의 쌍목적어를 자주 수반하는 것은 수여동사, 명령동사, 인용동사 중의 '謂', '問' 등이다. 이러한 류의 쌍목적어 중에서 근목적어는 일반적으로 체언이 된다. 원목적어는 두 종류의 유형이 있는데, 체언인 경우와 술어인 경우이다. 전자는 체언 + 체언, 후자는 체언 + 술어의 쌍목적어 형식을 구성한다.

1) 수여동사는 통상적으로 체언 + 체언 형태의 쌍목적어를 수반한다. 수여동사 중 여탈(與奪)류 동사가 술어가 될 때, 근목적어와 원목적어는 각각 대상과 여물이 된다.

> (1) 我欲中國而授孟子室. (『孟子·公孫丑下』) 내가 서울[國中]에 맹자에게 집을 지어 주려고 한다.
>
> (2) 湯使遺之牛羊. (『孟子·滕文公下』) 탕왕이 사람을 시켜 그에게 소와 양을 보내주게 하였다.

(1)의 '孟子'는 대상이고 '室'은 여물이다. (2) 역시 이와 유사하다.

작위류의 수여동사가 두 개의 목적어를 수반할 때, 근목적어는 항상 일하는 대상을 나타내고 원목적어는 행위의 대상을 나타낸다. '立' 등 일부 상태동사도 때때로 수여동사로 사용될 수 있다.

> (1) (一人)奪其巵曰, "蛇固無足, 子安能爲之足." 遂飮其酒. (『戰國策·齊策2』) (한 사람이) 그 잔을 뺏고서 말하였다. "뱀은 본래 다리가 없는데 그대는 어찌 그것을 위해 발을 그릴 수 있는가?" 마침내 그 술을 마셨다.
>
> (2) 作僖公主何者? 爲僖公作主也. (『公羊傳·文公2年』) '作僖公主'라는 것은 무슨 뜻인가? 희공을 위해 신주를 만들었다는 뜻이다.
>
> (3) 天生民而立之君. (『左傳·襄公14年』) 하늘이 백성을 만들고 그들에게 군주를 세워주었다.

위에서 근목적어는 모두 일하는 대상이며, 원목적어는 행위의 대상이다. 똑같이 간접목적어 + 직접목적어의 형태이지만, 때때로 '爲' 등의 동사 뒤에서 근목적어는 또한 처소를 나타낼 수 있으며 원목적어는 행위의 대상을 나타낸다.

> (1) 澆使椒求之, 逃奔有虞, 爲之庖正. (『左傳·哀公元年』) 요가 초를 시켜 소강을 찾아 잡게 하자, 우나라로 도망가서 (그곳에서) 요리장이 되었다.
> (2) 樹吾墓檟, 檟可材也. (『左傳·哀公11年』) 나의 묘 옆에 개오동나무를 심어라. 개오동나무는 관의 재료로 좋다.

위의 예문에서 근목적어는 모두 처소를 나타내고 있다.

2) 기원명령동사 중의 명령류 동사가 술어로 두 개의 목적어를 수반할 때, 대부분 체언 + 체언 형태의 쌍목적어 구조나 체언 + 용언 형태의 쌍목적어 구조로 구성된다. 이러한 구의 근목적어와 원목적어는 각각 대상과 여물이 된다. 그러나 여기서 대상은 항상 언어 교제의 대상이며, 여물은 즉 비교적 추상적인 사물을 나타낸다.

> (1) 公告之故. (『左傳·哀公14年』) 공이 그에게 까닭을 말하였다.
> (2) (廣成子)曰, "來! 吾語女至道." (『莊子·在宥』) (광성자가) 말하였다. "이리 와 보아라! 내가 너에게 지극한 도에 대해서 말해주겠다."

위의 예문에서 '告'와 '語'는 모두 기원명령동사 중의 명령류에 속하는데, 원목적어는 모두 체언성 어휘이다. 아래의 예문에서 명령동사 '告'와 '語'의 원목적어는 용언성 어휘 이다.

> (1) 公語之故, 且告之悔. (『左傳·隱公元年』) 장공은 그 까닭을 이야기하며 이를 후회한다고 말했다.
> (2) 國家淫僻無禮, 則語之尊天事鬼. (『墨子·魯問』) 국가가 사악하고 바르지 못하면, 하늘을 존중하고 귀신을 섬기는 것에 대해 말한다.

명령동사 중의 '命', '令' 등은 대상에게 강제성을 발휘하는데, 이런 종류의 동사들의 목적어로 기능하는 대상에게 통상적으로 원목적어가 나타내는 행위를 하도록 만든다. 그래서 근목적어와 원목적어는 모두 주술구를 구성하며, 이로써 그에 상응하는 사실을 진술하

게 된다. 이러한 동사들이 구성한 문장은 체계문에 속한다.[60)]

　두 개의 목적어를 수반할 수 있는 동사 중에서 '謂'의 용법은 비교적 복잡하다. '謂'는 분류동사일 수도 있고, 행위동사일 수도 있다.[61)] '謂'가 행위동사로 쓰일 때, 상용되는 용법은 다음과 같이 세 종류이다. 첫째, '謂'가 감지동사로 쓰이며 '여기다', '말하다'의 의미가 된다. 이 때 '謂'는 주술성 목적어를 수반할 수 있다. 둘째, '謂'가 기원명령동사 중의 명령류 동사로 쓰이며, '이야기하다', '부탁하다, 명령하다', '권하다' 등의 의미를 갖는 경우이다. 셋째, '謂'가 기원명령동사 중의 명명류 동사에 속하면서 '~라고 일컫다'라는 의미로 쓰이는 경우이다.

> (1) 人謂子産不仁, 吾不信也. (『左傳·襄公31年』) 사람들이 자산을 인하지 못하다고 여기지만, 나는 믿지 않을 것이다.
> (2) 逢大夫與其二子乘, 謂其二子無顧. (『左傳·宣公12年』) 방대부가 그의 두 아들과 함께 전차를 타고 달리며, 그의 두 아들에게 뒤돌아보지 말라고 말했다.
> (3) 少姜有寵於晉侯, 晉侯謂之少齊. (『左傳·昭公2年』) 소강은 진나라 군주의 총애를 받았고, 진나라 군주는 소강을 소제라고 불렀다.

　예(1)의 '謂'는 감지동사로 주술성 목적어를 수반하고 있다. 예(2)와 (3)의 '謂'는 모두 기원명령동사에 속하는데, 예(2)의 '謂'는 기원명령동사 중의 명령류 동사로 두 개의 목적어를 수반하고 있다. 예(3)의 '謂'는 기원명령동사 중의 명명류 동사에 속하며 역시 두 개의 목적어를 수반하고 있다.

(2) 직접목적어류

　이 유형에 속하는 쌍목적어구에서 근목적어는 직접목적어이고, 원목적어는 간접목적어이다. 이러한 두 종류의 목적어를 수반할 수 있는 것은 타동의 행위동사이다. 이러한 구는 대개 두 가지 유형이 있다. 첫째, 근목적어는 동작의 대상을 원목적어는 처소를 나타낸다. 다음 예를 보자.

---

60) 이와 관련해서 제8장 제4절 긴축 복문과 관련된 내용을 참조할 수 있다.
61) 분류동사의 용법에 관해서는 제6장 제6절 분류구에서 소개하도록 하겠다.

(1) 韓厥執縶馬前, 再拜稽首. (『左傳·成公2年』) 한궐은 말의 고삐를 잡고 제나라 군주의 말 앞으로 가서, 재배하고 머리를 땅위에 조아렸다.

(2) 至爲河伯娶婦時, 願三老·巫祝·父老送女河上. (『史記·滑稽列傳』) 하백이 부인을 맞이하러 올 때, 삼로·무당·부로들이 황하로 처녀를 전송하러 오기를 원합니다.

또 다른 유형은 근목적어는 여물을 나타내고, 원목적어는 대상을 표시하는 것이다.

(1) 范座獻書魏王. (『戰國策·趙策4』) 범좌가 책을 위왕에게 바쳤다.

(2) 得璧, 傳之美人. (『史記·廉頗藺相如列傳』) 벽옥을 얻고는 그것을 궁녀들에게 돌려보게 하였다.

(3) 사동목적어류

근목적어가 사동목적어일 때, 원목적어는 직접목적어이거나 간접목적어이다. 원목적어가 직접목적어일 때, 동사는 주로 생활동사이며 또한 기타 다른 동사일 수도 있다.

(1) 晉侯飮趙盾酒. (『左傳·宣公2年』) 진나라의 군주가 조돈에게 술을 마시게 했다.

(2) 均之二策, 寧許以負秦曲. (『史記·廉頗藺相如列傳』) 이 두 가지의 계책을 비교해보면, 차라리 허락하여 잘못의 책임을 진나라에게 지우는 것이 좋겠다.

예(1)의 '飮'은 생활동사이고, 예(2)의 '負'는 기타류 동사이다.

원목적어가 간접목적어일 때는 항상 처소를 나타내며, 동사는 항상 운동동사가 된다. 이런 형태의 쌍목적어는 비교적 드물게 보인다.

(3) 吾欲輔重耳, 而入之晉. (『韓非子·十過』) 나는 중이를 도와서 그를 진나라에 들어가게 하고자 한다.

위의 예문에서 두 개의 목적어를 수반한 것은 운동동사이다.

4. 목적어 전치

지금까지 서술한 목적어는 일반적으로 모두 술어의 뒤에 위치하였다. 그러나 일정한 조건 아래에서 목적어는 또한 술어의 앞에 위치할 수도 있다. 이런 용법을 일반적으로 목적어 전치라고 부른다. 목적어 전치의 기본조건은 대체사를 사용하여야만 한다는 것이다. 달리 말하면 대체사를 사용하지 않으면 목적어 전치가 있을 수 없다. 목적어 전치는 주로 다음 세 가지 유형이 있다.

(1) 부정문의 목적어 대체사

부정문은 주로 부정부사 '不', '未', '無', '毋'와 대체사 '莫'을 통해 구성된다. 이러한 문장 중의 대체사는 항상 앞에 놓인다. '不'의 전치 목적어는 인칭대체사 '我', '吾', '女(汝)', '爾', '己' 등 일 수 있다. 또 가끔 지시대체사 '是'가 사용될 수도 있지만 일반적으로 '之'를 쓸 수는 없다.

> (1) 居則曰, "不吾知也." (『論語·先進』)　평소에 말하였다. "나를 알아주지 않는다."
>
> (2) 不患人之不己知, 患不知人也. (『論語·學而』)　다른 사람이 자신을 알아주지 않음을 근심하지 말고, 다른 사람을 알지 못하는 것을 근심하라.
>
> (3) 國馬足以行軍, 公馬足以稱賦, 不是過也. (『國語·楚語』)　나라의 말은 행군하기에 충분하고 공의 말은 세금을 내기에 충분하니, 이를 잘못되었다고 할 수 없습니다.

앞의 두 예문은 인칭대체사가 전치목적어이며, 마지막 예문은 '是'가 전치 목적어이다. '未'가 부정문을 구성할 때는 대개 '之'를 전치목적어로 사용하며 때때로 인칭대체사가 전치 목적어로 기능하기도 한다.

> (1) 王曰, "未之聞也." (『戰國策·趙策4』)　왕이 말했다. "그것을 들어본 적이 없습니다."
>
> (2) 使吏數之, 曰, "伯有之亂, 以大國之事, 而未爾討也. (『左傳·昭公2年』)　관리를 시켜 그를 책망하여 말하였다. "백유의 난리 때에는 큰 나라를 위하는 일로 너를 벌주지 않았었다."

예(1)은 '之'는 전치목적어이며, 예(2)는 인칭대체사 '爾'가 전치목적어이다.

'無'와 '毋'가 목적어 전치를 구성하는 것은 앞서 살펴본 '不'과 '未'만큼 자주 보이지는 않는다. 대개 인칭대체사가 전치목적어로 사용되며 때때로 '是'를 사용하기도 한다.

(1) 我無爾詐, 爾無我虞. (『左傳·宣公15年』) 우리(초)는 당신들(송)을 속이지 않을 것이니, 당신들도 우리를 속이지 말라.

(2) 必交修余, 無余棄也. (『國語·楚語上』) 반드시 화합하여 나를 수련할 것이니, 나를 포기하지 마십시오.

(3) 惠公蠲其大德, 謂我諸戎, 是四嶽之裔胄也, 毋是翦棄. (『左傳·襄公14年』) 진나라의 혜공은 큰 덕을 밝히어 우리 모든 융족을 사악의 후손이라 여기시고, 이것들의 혈통이 끊어지게 버리지 말라고 말하였습니다.

'莫'이 목적어전치를 구성할 때, '之'가 목적어로 가장 자주 쓰이며 인칭대체사를 쓸 수도 있다.

(1) 天下散亂, 莫之能一. (『史記·秦始皇本紀』) 천하가 혼란스러우니 누구도 그것(천하)을 하나로 할 수 없다.

(2) 余拘殺國子, 莫余敢止. (『左傳·僖公25年』) 내가 국자(임금)를 끼어 던져 죽일 때, 나를 감히 저지하는 자가 없었다.

고대중국어에서 부정문 중의 대체사가 목적어가 될 때는 보통 전치시키지만, 전치시키지 않는 경우 또한 비교적 자주 보인다.

(1) 有事而不告我. (『左傳·襄公28年』)[62] 일이 있으면서도 나에게 말하지 않는다.

(2) 天下不知之. (『荀子·性惡』) 천하가 그것을 알지 못했다.

위의 예문에서 대체사는 목적어를 모두 전치시키지 않았다.

---

62) [역주] 원서에서는 『左傳·襄公18年』으로 되어 있다. 십삼경주소본을 참조하여 수정하였다.

(2) 의문대체사가 만든 목적어 전치

의문대체사가 목적어가 될 때 일반적으로 모두 전치시킨다.

> (1) 管子曰, "然則君將何求?" (『公羊傳·莊公16年』)　관자가 말하였다. "그렇다면 그대는 장차 누구를 구할 것인가?"
>
> (2) 聖王有百, 吾孰法焉? (『荀子·非相』)　성왕이 백 명이 있는데, 나는 누구를 본받아야 하는가?
>
> (3) 天下之父歸之, 其子焉往? (『孟子·離婁上』)　천하의 아비들이 돌아온다면, 그 자식들은 어디로 가겠는가?

위의 세 예문은 모두 의문대체사가 목적어전치를 만든 경우이다.

(3) 중복지시 목적어 '是'와 '之'의 목적어전치

명사성 어휘의 뒤에서 '是'와 '之'가 중복지시로 쓰이는 경우, 이는 목적어 전치 형식이다. '是'를 사용하여 중복지시를 나타내는 경우 전치된 목적어는 항상 명사성 어휘이며, '是'의 앞에 놓이게 된다. 때때로 전치된 목적어가 대체사인 경우도 있다. 전치된 명사성 어휘와 '是'의 사이에는 일반적으로 휴지가 없지만, 가끔은 전치목적어와 '是' 사이가 떨어져 있는 경우도 있다.

> (1) 今吳是懼而城於郢. (『左傳·昭公23年』)　지금 오나라를 두려워하여 영에 성을 쌓았다.
>
> (2) 孔子曰, "求無乃爾是過與?" (『論語·季氏』)　공자가 말하였다. "구야! 이것은 너의 잘못이 아니냐?"
>
> (3) 爾貢包茅不入, 王祭不共, 無以縮酒, 寡人是徵. (『左傳·僖公4年』)　당신의 나라에서 공물을 들여오지 않아, 천자가 드리는 제사에 제물을 바치지 못하고 제사용 술을 제대로 올리지 못하고 있으니, 과인이 이에 징벌한다.

예(1)의 전치목적어는 명사이고, 예(2)의 전치목적어는 대체사 '爾'이다. 이 두 예문에서 전치목적어는 모두 '是' 바로 앞에 쓰였다. 예(3)의 전치목적어는 '爾貢包茅'인데, '是'와 떨어져 있다. '之'를 사용하여 중복지시를 구성할 때, 전치목적어는 항상 명사성 어휘이며,

대체사가 사용될 수도 있다. 또한 가끔 용언성 어휘가 쓰이기도 한다.

   (1) 吾以子爲異之問, 曾由與求之問. (『論語·先進』) 나는 그대가 특이한 질문을 할 것이라고
      생각했는데, 겨우 유와 구에 대한 질문이로구나!

   (2) 吾斯之未能信. (『論語·公冶長』) 나는 그것에 대해 자신할 수가 없습니다.

   (3) 鄭將覆亡之不暇, 豈敢不懼? (『左傳·僖公7年』) 정나라는 망하는 것을 면하는 데에도 여가가
      없거늘, 어찌 감히 두려워하지 않겠는가?

예(1)의 전치목적어는 명사성 어휘이며, 예(2)의 전치목적어는 대체사이고 예(3)은 용언
성 어휘가 전치목적어이다. 간혹 '焉', '斯', '於'를 써서 동격을 나타내고 목적어전치를 만
들 수도 있다.

   (1) 我周之東遷, 晉鄭焉依. (『左傳·隱公元年』) 우리 주왕실이 동천할 때 진나라와 정나라에게
      의지하였다.

   (2) 周公居東二年, 則罪人斯得. (『尚書·金縢』) 주공이 동쪽에 산 지 이년이 지난 뒤 죄인을 붙
      잡을 수 있었다.

   (3) 王貪而無信, 惟蔡於感. (『左傳·昭公11年』) 초왕은 탐욕스럽고 신의가 없어, 채나라를 빼앗
      지 못한 것을 유감으로 여기고 있다.

위의 예문은 모두 목적어전치의 경우이다.

제2절 술보구

술보구는 용언의 뒤에 더해진 또 다른 종류의 구이다. 이런 종류의 구에서 술어는 행위,
변화 등을 나타내고, 보어는 술어에 대해서 보충하고 설명한다. 보어는 동사 뒤에 바로 올
수 있으며, 또한 술목구의 뒤에 오기도 한다. 보어는 자주 전목구의 형태가 되며, 때때로
용언성 어휘가 될 수도 있다.

1. 전목보어

전목보어는 전목구가 보어로 쓰인 것인데, 이것이 고대중국어 중에서 가장 자주 볼 수 있는 보어이다. 항상 처소나 대상을 나타내며, 이 외에도 원인이나 행위자, 여사, 공구(工 具) 등을 나타낸다. 전목보어 중에서 가장 자주 쓰이는 전치사는 '于'(於, 乎)이며, 이 외에 '自', '以' 등이 있다.

(1) 처소보어와 대상보어

처소보어와 대상보어는 가장 자주 사용되는 보어로 주로 '于'를 써서 표시하며 때때로 '自'를 쓰기도 한다.

1) 처소보어

여기에서 말하는 '처소'는 광의적이다. 구체적 '처소'일 수도 있으며, 예컨대 범위나 방 면 등과 같이 추상적 '처소'일 수도 있다.

처소보어 앞의 술어로는 주로 동사가 쓰인다. 항상 직접적으로 처소보어를 수반하는 동 사는 주로 거지동사와 운동동사이다. 기타 부류의 동사로는 특히 타동사와 상태동사가 목 적어를 수반한 후에 다시 처소보어를 수반할 수 있다. 보어 앞에 있는 동사는 의미가 여 러 종류이기 때문에, '于'자보어가 나타내는 처소는 존재하는 장소나 도착할 곳이 될 수 있고, 때로는 출발장소가 될 수도 있다. 동사가 나타내는 행위나 변화가 통상적으로 항상 어떤 하나의 장소 안에 국한될 때, '于'는 종종 존재하는 장소를 나타낸다. 존재하는 장소 를 나타낼 때, '于'자보어의 앞에 오는 것이 동사이든 술목구이든지 상관없이, 주어와 목 적어가 나타내는 사람이나 사물은 일반적으로 항상 같은 장소 내에 처하게 된다.

> (1) 鷦鷯巢於深林. (『莊子·逍遙遊』) 뱁새가 깊은 숲 속에 둥지를 짓는다.
>
> (2) 魏敗楚於陘山. (『戰國策·趙策4』) 위나라가 초나라를 경산에서 패배시켰다.

예(1)의 동사는 목적어를 수반하지 않고, 단지 주어가 가리키는 새가 어느 장소 안에 있 음을 나타낸다. 예(2)의 동사는 목적어를 수반하고, 주어와 목적어가 나타내는 사람은 모두 같은 장소 안에 있다.

동사가 행위자 자신이나 혹은 다른 사람으로 하여금 이동하게끔 하려는 의도를 포함하고 있을 때, '于'자보어는 도착하는 장소 혹은 출발 장소를 표시할 수 있다. '于'가 도착장소 혹은 출발장소를 나타낼 때, 그 앞에는 동사 또는 술목구가 오며 상황이 항상 같은 것은 아니다. 앞에 단일 동사가 올 때는, 일반적으로 항상 행위자인 주어가 이동하게 된다.

　(1) 公懼, 入于室. (『左傳·成公10年』) 공이 두려워서 방으로 들어갔다.

　(2) 子墨子聞之, 起於魯, 行十日十夜, 至於郢. (『墨子·公輸』) 묵자가 그것을 듣고서 노나라에서 출발하여 십일 밤낮으로 가서 영에 이르렀다.

예(1)은 도착장소를 나타내고 예(2)는 출발장소와 도착장소를 나타내고 있는데, 모두 행위자가 이동한 것이다. 술목구가 목적어를 수반할 때는, 주어가 나타내는 사람이 이동한 것인지 혹은 목적어가 나타내는 사람이나 사물이 이동한 것인지에 대해 일률적으로 말할 수 없다.

　(1) 晉侯使荀會逆吳子于淮上, 吳子不至. (『左傳·襄公3年』) 진나라 군주는 순회를 시켜 오나라 군주를 회수 가에서 맞이하게 했지만, 오나라 군주는 오지 않았다.

　(2) 辛丑, 楚公子申遷許于葉. (『左傳·成公15年』) 신축일에 초나라 공자 신이 허나라를 섭으로 옮겼다.

　(3) 明日, 張子行, 犀首送之, 至於齊疆. (『戰國策·齊策2』) 다음날 장자가 떠나는데, 지수가 그를 송별하기 위해 제나라 국경에 이르렀다.

예(1)은 행위자가 이동한 것이고, 예(2)는 대상이 이동한 것이며, 예(3)은 행위자와 대상이 모두 이동한 것이다.

처소보어가 나타내는 것이 범위나 방면 등일 때, 동사의 뒤에 쓰일 뿐만 아니라 때때로 형용사의 뒤에 쓰일 수도 있다.

　(1) 吾十有五而志於學. (『論語·爲政』) 나는 열다섯 살에 학문에 뜻을 두었다.

　(2) 民勇於公戰, 怯於私鬪. (『史記·商君列傳』) 백성들은 국가를 위한 싸움에는 용감하고 사사

로운 싸움에는 겁낸다.

위의 예문에서 '于'자보어는 모두 범위를 나타내는데, 예(1)은 동사의 뒤에 쓰였고 예(2)는 형용사의 뒤에 쓰였다.

'于'자보어 이외에도, 전치사 '自' 역시 전목구를 구성해서 처소를 나타낼 수 있다. 통상적으로 출발장소를 나타내지만, '于'처럼 자주 보이지는 않는다.

    (1) 秋, 公至自會. (『春秋·成公17年』) 가을, 공이 회합에서 돌아왔다.

    (2) 大宛之跡, 見自張騫. (『史記·大宛列傳』) 대원의 자취는 장건으로부터 보인다.

2) 대상보어

자주 보이는 대상보어에는 교제대상, 수여대상, 비교대상 세 종류가 있다. 교제대상과 수여대상은 항상 인명, 국명, 기타 유생물명사이다. 교제대상을 나타낼 때, 주어와 대상 사이에는 항상 비천함 대 존귀함, 혹은 상대적 피동 대 상대적 주동의 관계가 성립한다.

    (1) 婦將有事, 大小必請於舅姑. (『禮記·內則』) 며느리에게 일이 있으면, 크거나 작거나 반드시 시부모에게 아뢰어 지시를 받아야 한다.

    (2) 王孫滿尙幼, 觀之, 言於王曰, "秦師輕而無禮, 必敗." (『左傳·僖公33年』) 왕손 만은 아직 나이가 어렸었는데, 그것을(그 장면을) 보고서 왕에게 말하기를, "진나라 군사는 경솔하고 무례하니, 반드시 패할 것입니다."라고 하였다.

    (3) 邯鄲之難, 趙求救於齊. (『戰國策·齊策1』) 한단이 어려워지자, 조나라는 제나라에게 구원해 줄 것을 요구하였다.

    (4) (武姜)愛共叔段, 欲立之. 亟請於武公, 公弗許. (『左傳·隱公元年』) (무강은) 공숙단을 아껴 그를 군주의 자리에 앉히고자 하였다. 여러 번 무공에게 요청하였으나 공이 들어주지 않았다.

예(1)과 (2)의 주어와 대상의 관계는 모두 비천함 대 존귀함의 관계이고, 예(3)과 (4)의 주어는 대상에 대해서 요구하는 것이 있으며 그들은 상대적인 피동 대 상대적 주동의 관계에 있다.

'于'자보어가 수여의 대상을 나타낼 때, 대다수의 보어는 얻는 것이 있는 쪽이다. 가끔 반대로 주어가 얻는 것이 있는 쪽일 때도 있다.

(1) 使狐偃將上軍, 讓於狐毛, 而佐之. (『左傳·僖公27年』) 호언으로 하여금 상군을 거느리게 했더니, 그는 그 자리를 호모에게 양보하고 자신은 그를 보좌했다.

(2) 昔秦伯嫁其女於晉公子. (『韓非子·外儲說左上』) 옛날에 진나라 군주가 그 딸을 진나라 공자에게 시집보냈다.

(3) 景翠得城於秦, 受寶於韓. (『戰國策·東周策』) 경취는 진나라에게는 성을 얻고, 한나라에게는 보물을 받았다.

예(1)과 (2)의 보어는 얻은 것이 있는 쪽이고, 예(3)은 주어가 얻은 것이 있는 쪽이다. '于'자보어가 나타내는 것이 비교대상일 때, 주로 형용사의 뒤에 쓰이며 '于'는 '~보다'라는 뜻을 갖는다. 이런 종류의 형식은 주어가 나타내는 사람이나 사물, 사건이 보어가 나타내는 사람이나 사물, 사건보다 어떤 성질이나 특징의 정도에서 뛰어나다는 것을 말한다.

(1) 季氏富於周公. (『論語·先進』) 계씨가 주공보다 부유하다.

(2) 靑取之於藍, 而靑於藍. (『荀子·勸學』) 청색은 쪽풀에서 그것을 취하였지만, 남색보다 푸르다.

형용사가 이런 종류의 보어를 수반할 때, 통상적으로 다음과 같이 변환할 수 있다. '于'의 목적어를 '于'의 앞에 있는 형용사의 주어가 되게 하고, 다시 형용사의 원래 주어의 뒤에 '더욱'의 의미를 더한다. 그런 후에 앞의 두 단문을 더하여 하나의 복문으로 만들 수 있다. 예를 들어 위의 예(1)은 "周公富, 季氏愈富."로 변환된다. 때때로 형용사의 앞에 주어가 없는 경우가 있는데, 이 때는 상응하는 주어를 보충하여 다시 변환할 수 있다. 위의 예(2)에서 '靑於藍'은 주어가 없는 경우이지만, 실제로 앞에 있는 '靑'이 주어이다. 만일 그것을 보충하면 "靑靑於藍."이 된다. 이 문장은 다시 "藍靑, 靑愈靑."으로 변환할 수 있다. '于'자보어가 비교대상을 나타내면, 일반적으로 모두 위와 똑같이 변환할 수 있다. 처소, 교제대상, 수여대상을 나타내는 기타 '于'자보어는 모두 이러한 변환을 할 수 없다.

일부 형용사는 '于'자보어를 수반한 경우, 그것이 비교의 대상을 표시하지 않고, 주어와 보어가 나타내는 사체의 사이에서 형용사가 나타내는 관계가 존재한다는 것을 표시할 수 있다. 이러한 형태의 '于'는 '與'의 의미로 이해할 수 있다.

(1) 邊伯之宮近於王宮. (『左傳·莊公19年』) 변백의 궁은 왕궁에서 가까웠다.

(2) 吾黨之直者異於是. (『論語·子路』)　우리 마을의 정직한 자는 이와는 다르다.

(2) 기타 전목보어

전목보어는 항상 처소나 대상을 나타내는 것 이외에 또 원인, 행위자, 여사, 공구, 여물, 시간 등을 표시할 수 있다.

1) 원인, 행위자, 여사보어

원인, 행위자, 여사보어는 통상적으로 '于'자보어로 나타난다. '于'자보어가 원인을 나타내는 것은 분명 범위를 표시하는 것에서 인신되어 나온 것이다. '于'자보어가 원인을 나타낼 때, '于'의 목적어는 항상 용언성 어휘가 되며, 술어는 대부분 상태동사이다. 이런 종류의 문장은 주로 어떤 상태나 변화가 '于'의 목적어가 나타내는 내용으로 말미암은 것임을 말하는 것이다.

(1) 余必使爾疲於奔命以死 (『左傳·成公7年』)　나는 반드시 너희들이 군주의 명을 받고 이리저리 돌아다니다가 기진맥진하여 죽게 하리라.

(2) 恃此三者而不修政德, 亡於不暇, 又何能濟? (『左傳·昭公4年』)　이 세 가지를 믿고 정치와 덕에 힘쓰지 않는다면 단시일 내에 망하게 될 것이니, 또 어찌 하는 일이 잘 될 수 있겠습니까?

위의 예문에서 '于'자보어는 모두 원인을 나타내고 있다. '于'의 목적어는 모두 용언성 어휘이고, 술어는 상태동사이다.

'于'자보어가 행위자를 나타낼 때, 술어는 타동의 행위동사인데 가끔 상태동사가 쓰이기도 한다. '于'의 목적어는 유생물 명사이다.

(1) 前大王見欺於張儀. (『史記·張儀列傳』)　전에 대왕은 장의에게 속았습니다.

(2) 其稱人以敗, 何也? 不以師敗於人也. (『穀梁傳·莊公29年』)　"人以敗"라고 한 것은 어째서인가? 師 때문에 남에게 패한 것이 아니기 때문이다.

위의 두 예문 중의 '于'자보어는 모두 행위자를 나타내며, '于'의 목적어는 모두 유생물

명사이다. 예(1)의 술어 '欺'는 타동의 행위동사이고, 예(2)의 술어 '敗'는 상태동사이다.

　양쪽이 모두 활동에 참여해야만 하는 동사는 여사보어를 수반하여 나타낼 수 있는데, 자주 보이지는 않는다.

　(1) 陸渾氏甚睦於楚. (『左傳·昭公17年』)　육혼땅의 융족이 초나라에 대해 매우 화평함을 취하

　　　고 있다.

　(2) 夏, 盟于艾, 始平于齊也. (『左傳·隱公6年』)　여름에, 예산에서 동맹을 맺어 비로소 제나라와

　　　화평하게 되었다.

　예(1)과 (2)의 '睦'과 '平'은 모두 양쪽이 참여하여야만 완성할 수 있는 동사이며, 그 뒤에 오는 '于'자보어는 여사를 나타낸다.

2) 공구, 여물보어

　공구와 여물보어는 주로 '以'자보어를 사용하여 나타낸다. '以'자보어가 나타내는 공구는 광의로, 공구가 될 수도 있고 재료, 의지하는 물건, 따르는 기준 등이 될 수도 있다.

　(1) 子南知之, 執戈逐之, 及衝, 擊之以戈. (『左傳·昭公元年』)　공자 남이 그것을 미리 알아서

　　　창을 들고 그(공자 석)를 몰아서, 사거리에 이르러 창으로 그를 쳤다.

　(2) 南方有鳥焉, 名曰蒙鳩, 以羽爲巢, 而編之以髮, 繫之葦苕. (『荀子·勸學』)　남방에 새가 있는데

　　　이름을 몽구라고 한다. 자기 깃으로 둥지를 만들고, 머리털로 그것을 이어 갈대 이삭에 매

　　　어 놓는다.

　(3) 何不試之以足. (『韓非子·外儲說左上』)　어찌하여 네 발로써 그것을 시험하지 않느냐?

　(4) 凡聞言必熟論, 其於人必驗之以理. (『呂氏春秋·察傳』)　무릇 말을 들을 때는 그 논리를 익혀

　　　야 하고, 그 사람에 대해서는 이치로 시험해야 한다.

　위 네 예문의 '以'자보어는 각각 공구, 재료, 의지하는 물건, 기준을 나타낸다.

　여물보어는 항상 두 개의 목적어를 수반하는 동사의 뒤에 나온다.

　(1) 子路人告之以有過, 則喜. (『孟子·公孫丑上』)　자로는 다른 사람이 그에게 허물이 있다고

　　　말하여주면, 기뻐하였다.

(2) 太子曰, "君賜我以偏衣金玦, 何也?" (『國語·晉語1』)　태자가 말했다. "군주가 나에게 옷과 금과 패옥을 하사하시니, 어째서인가?"

(3) 我非愛其財而易之以羊也. (『孟子·梁惠王上』)　내가 재물을 아껴서 그것을 양으로 바꾸게 한 것이 아니다.

위의 세 예문에서 '以'자보어는 모두 여물을 나타낸다. 세 예문의 동사는 모두 두 개의 목적어를 수반할 수 있지만, 예(3)의 '易'은 통상적으로 두 개의 목적어를 수반하지 않는다.

3) 시간보어

'于'자보어, '以'자보어는 모두 시간을 표시할 수 있지만, 모두 비교적 드물게 보인다. '以'에는 지배의 의미가 있기 때문에 시간을 나타낼 때, 때때로 '用(사용하다)'의 의미를 갖는다.

(1) 繁啓蕃長於春夏, 畜積收藏於秋冬. (『荀子·天論』)　봄 여름에는 많은 식물의 싹이 터서 무성하게 자라고, 가을 겨울에는 거둬들여 쌓아 놓는다.

(2) 賞以春夏, 刑以秋冬. (『左傳·襄公26年』)　포상은 봄 여름에 행하고, 형벌은 가을 겨울에 행하였다.

위의 두 예문에서 보어는 모두 시간을 나타내며, 예(2)의 '以'는 '이용'의 의미를 갖고 있다.

2. 용언성보어

선진시기 고대중국어 중에는 극소수의 동사성 보어가 있으며, 형용사성 보어 역시 매우 적게 보인다. 전형적이지 않을 뿐만 아니라 종종 일부 형용사로 대체되기 때문에, 체계를 이루기는 어렵다.

(1) 君美甚, 徐公何能及公也? (『戰國策·齊策1』)　그대의 아름다움이 훌륭하니, 서공이 어찌 그

대에게 미칠 수 있겠습니까?

(2) 鄂侯爭之急, 辨之疾, 故脯鄂侯. (『戰國策·趙策3』) 악후가 급하게 논쟁하고 빠르게 변호하였기 때문에 악후를 육포로 만들었다.

위의 예문에서 밑줄 친 단어는 모두 보어라고 분석할 수 있지만, 선진시기의 이런 형태의 용법은 체계를 이루지 않기 때문에 이런 보어의 대다수는 술어와 분명하게 구분하기 어렵다. 그래서 여기서는 이것들을 모두 술어에 편입시켰다. 한나라 때부터 동사성 보어가 대량으로 나타나기 때문에 형용사성보어 역시 비교적 정형화하고 수량 역시 점차로 많아진다. 이런 보어의 대부분은 결과를 나타내며, 때로는 정도를 나타내기도 한다.

용언성 어휘가 보어로 될 때, 술어는 통상적으로 행위동사이며 보어는 항상 상태동사나 사동목적어를 수반한 행위동사, 혹은 형용사가 된다. 다음은 동사성 단어가 보어인 경우이다.

(1) 齊田單以卽墨擊敗秦軍. (『史記·燕召公世家』) 제 나라 전단이 즉묵에서 진군을 공격하여 패배시켰다.

(2) 越王句踐射傷吳王. (『史記·楚世家』) 월왕 구천이 오왕에게 활을 쏘아 상처를 입혔다.

(3) 陳餘擊走常山王張耳. (『史記·張丞相列傳』) 진여가 상산왕 장이를 공격하여 달아나게 했다.

(4) (蘇秦)乃激怒張儀 (『史記·蘇秦列傳』) (소진이) 장의를 격분시켜 노하게 했다.

위의 예문에서 '擊', '射', '擊', '激'은 모두 행위동사이며, '敗', '傷'은 상태동사이고, 행위동사 '走'와 '怒'는 사동목적어를 수반하고 있다.

형용사가 보어로 될 때, 두 종류의 다른 형식이 가능하다. 하나는 형용사의 뒤에 목적어가 없는 형식이며, 또 다른 하나는 형용사의 뒤에 목적어가 있는 형식이다. 이와 같은 형식에서 형용사는 일반적으로 사동용법이 된다.

(1) 公子遇臣厚. (『史記·魏公子列傳』) 공자가 저를 대함이 후합니다.

(2) (秦始皇)求賊甚急. (『史記·留侯世家』) (진시황은) 자객을 잡는데 매우 조급했다.

(3) 漢氏減輕田賦. (『漢書·王莽傳』) 한씨는 전부를 깎아 가볍게 하였다.

(4) 今陛下未有繼嗣, 引近定陶王.(『漢書·元后傳』) 지금 폐하는 아직 후사가 없으니 정도왕을
　　데리고 와 가깝게 지내십시오.

위에서 보어는 모두 형용사이다. 예(1), 예(2)는 형용사의 뒤에 목적어가 없고, 예(3), 예
(4)는 형용사의 뒤에 사동목적어가 있다.

선진시기의 이런 행위동사는 한나라 때에 이르러 그 기능, 의미가 모두 변했고, 성질이
상태동사와 비슷해졌다. 이런 형태의 동사 또한 보어가 될 수 있는데, 자주 사용되는 것으
로는 '殺'이 있다. 보어를 사용한 '殺'의 의미는 '死(죽이다)'가 된다.

(1) 歲敗谷盡, 不能兩活, 餓殺其子.(『論衡·齊世篇』)[63] 흉년이 들고 곡식도 다 떨어져 둘 다
　　살 수 없었기 때문에 그 아들을 굶겨 죽였습니다.
(2) 武士擊殺盜.(『史記·秦始皇本紀』) 무사가 도둑을 쳐서 죽였다.

제3절 부사구

부사어에 해당하는 것에는 주로 실사성 어휘와 전목구 그리고 부사가 있다. 부사가 부
사어로 기능하는 것은 제4장 제1절 부사부분을 참고하고, 이 절에서는 주로 실사성 어휘
와 전목구가 부사어를 구성하는 것에 대해서 소개하도록 하겠다.

1. 실사성 부사어

실사성 어휘 중에서 통상적으로 부사어로 기능하는 것은 형용사, 수사, 시간사, 방위사
가 있으며, 이 외에 명사, 의문대체사, 동사 또한 부사어가 될 수 있다. 방위사가 부사어를
구성하는 것은 제3장 제5절 방위사를 참고할 수 있다. 여기에서 다시 소개하지 않는다. 기
타 실사성 어휘가 부사어를 구성하는 것에 대해서만 소개하도록 하겠다.

---

63) [역주] 원문에서 이 예문의 출전을 『論語』라고 했으나, 이 구절은 『論衡』에서 보인다.

(1) 형용사가 부사어로 되는 경우

형태형용사와 사태형용사는 항상 부사어를 구성할 수 있으며, 주로 형태와 수량 방면의 특징을 설명한다. 형용사가 부사어를 구성할 때, 드물게 '而'를 첨가하기도 한다.

> (1) 子曰, "父母在, 不遠遊, 遊必有方." (『論語・里仁』)　공자가 말하였다. "부모가 생존해 계시면, 먼 데에서 노닐지 말며, 노닐더라도 반드시 일정한 방향이 있어야 한다."
> (2) 楚人久伐而中山亡. (『戰國策・趙策1』)　초나라 사람들이 오랫동안 공격하니, 중산이 망했다.

예(1)에서 부사어는 형태형용사이고, 예(2)의 '久'는 사태형용사이다.

이음절 형용사 중에서 뒤에 '然'이 붙은 형태가 가장 자주 부사어로 사용되며, 뒤에 '焉'이나 '爾'가 붙는 것 역시 비교적 자주 부사어가 된다. 뒤에 '爾'가 붙는 형용사가 부사어가 될 때, 일반적으로 '而'를 필요로 한다. 이와 같은 여러 부사어들은 일반적으로 모두 일정한 묘사적 성격을 갖게 된다.

> (1) 天油然作雲, 沛然下雨, 則苗渤然興之矣. (『孟子・梁惠王上』)　하늘이 뭉게뭉게 구름을 일으켜 쏟아내듯 비를 내리면, 벼싹은 쑥쑥 일어난다.
> (2) 年未盈五十, 而諄諄焉如八九十者, 弗能久矣. (『左傳・襄公31年』)　나이가 아직 오십이 못되었으면서도, 한 말을 하고 또 하여 마치 팔구십은 된 사람 같으니, 오래 살지 못할 것이다.
> (3) 子路率爾而對. (『論語・先進』)　자로가 경솔하게 대답하였다.

(2) 수사가 부사어로 되는 경우

수사는 종종 부사어를 구성하며, 주로 행위나 변화의 횟수를 나타낸다.

> (1) 病萬變, 藥亦萬變. (『呂氏春秋・察今』)　병이 만 번 변화하면, 약 또한 만 번 변한다.
> (2) 梁使三反, 孟嘗君固辭不往也. (『戰國策・齊策4』)　양나라 사자가 세 번이나 왕복했지만, 맹상군은 완고히 사양하고 가지 않았다.

수사 중의 '一'(어떤 때는 '壹'로 쓰기도 한다)이 부사어일 때, 횟수를 나타내는 것 이외에도 또한 다음에서 설명하는 네 종류의 의미를 갖는다. 이것은 일반적인 수사와는 다른 점이다.

1) '一'은 '모두', '온전히', '실제로', '뜻밖에도, 결국' 등의 의미를 가질 수 있다.

(1) 故先王焉爲之立中制節, 壹使足以成文理, 則釋之矣. (『禮記 · 三年間』)　그러므로 선왕이 이를 위해서 중도를 세우고 예절을 제정해서, 모두가 문리를 이룰 수 있게 하면 탈상을 하게 된다.

(2) 元年, 號令一出太后. (『史記 · 呂太后本紀』)　원년에는 명령이 온전히 태후에게서 나왔다.

(3) 固有無其實而得其名者乎? 回壹怪之. (『莊子 · 大宗師』)　진실로 그러한 사실이 없는데도 좋은 소문을 얻는 일이 있습니까? 저는 정말로 그것을 모르겠습니다.

(4) 靖郭君之於寡人, 一至此乎? (『呂氏春秋 · 知士』)　정곽군이 과인한테 행하는 바가 뜻밖에도 여기까지 이르렀단 말인가?

2) 두 개의 '一'은 호응하여 사용하며, 두 종류의 갈마들며 나타나는 현상을 대비해서 언급할 수 있다.

(1) 天下之生久矣, 一治一亂. (『孟子 · 滕文公下』)　천하가 생겨난 지가 오래되었는데, 한 번 다스려지고 한 번 혼란하였다.

(2) 一共一否, 爲罪滋大. (『左傳 · 昭公16年』)　한 번은 요구대로 주고 한 번은 주지 않는다면, 죄가 더 크다.

예(1)의 '治'와 '亂'은 '一'의 수식을 받아 갈마들며 나타나는 현상을 나타내고 있다. 예(2) 역시 이와 유사하다.

3) '一'을 중첩한 후에 부사어로 만들면, '하나씩' 혹은 순서대로 하면서도 '빠짐이 없다'는 것을 나타낸다. 보통 '하나씩 하나씩'의 의미를 갖는다.

(1) 宣王死, 湣王立, 好一一聽之, 處士逃. (『韓非子 · 內儲說上 · 七術』)　선왕이 죽고 민왕이 즉위하였다. 민왕은 한 명씩 독주하는 것을 듣기를 좋아하였다. 처사는 (자신의 실력이 탄로 날까 두려워) 도망쳤다.

(2) 搖木者一一攝其葉, 則勞而不遍. (『韓非子 · 外儲說右下』)　나무를 흔들려고 하는 자가 잎사귀

들을 한 잎씩 한 잎씩 잡아당기는 방법으로 한다면, 수고로울 뿐만 아니라 잎사귀들을 모두 흔들리게 할 수 없을 것이다.

4) '一'이 복문 혹은 연동식 구조 앞 부분의 일부로서 사용될 때는, 뒷부분에서 서술한 사실이 앞부분에 연달아 나타나는 것을 표시한다. 어떨 때는 가설을 나타내고 어떨 때는 시간이 짧다는 것을 나타내며, '……하자마자'나 '일단 ……하면'의 의미를 갖는다.

(1) 君子曰, "位其不可不愼也乎! 蔡許之君, 一失其位, 不得列於諸侯, 況其下乎! (『左傳·成公2年』) 군자가 말하였다. "지위는 삼가해서 지키지 않을 수 없는 것이다. 채와 허의 군주가 일단 그 지위를 잃고서는 제후들의 열에 들지 못하였다. 하물며 그 아랫사람들에 있어서야!

(2) 先生一至楚, 而使趙重於九鼎大呂. (『史記·平原君列傳』) 선생이 초나라에 가자마자, 조나라를 구정과 대려보다 무겁게 만들었다.

두 차례 혹은 두 번째를 나타낼 때는 통상적으로 '再'를 사용하고 '二'를 사용하지 않는다.

(1) 秦趙戰於河漳之上, 再戰而再勝秦. (『戰國策·齊策1』) 진나라와 조나라가 황하와 장수의 사이에서 싸울 때, (조나라는) 두 번 싸워서 두 번 모두 진나라를 이겼다.

(2) 一呼而不聞, 再呼而不聞, 於是三呼邪. (『莊子·山木』) 한 번 불러서 듣지 못하고, 다시 불러도 듣지 못하여 결국 세 번 부르다.

(3) 시간사가 부사어로 되는 경우

여기서의 시간사는 시간을 나타내는 단어를 가리키며, 그 중 시간양사와 시간사를 포함한다. 시간사가 부사어일 때에는 항상 다음에서 설명한 세 종류의 형식이다.

1) 관형어를 더한 시간양사가 부사어가 된다. 이 종류의 부사어는 비교적 확정적인 시간단위를 설명하며, 보통 그 뒤의 행위나 변화가 연속된 시간을 나타낸다. 가끔 어느 정도 시간이 경과한 후에야 어떤 일이 발생하게 된다는 것을 나타내기도 한다.

(1) 燒秦宮室, 火三月不滅. (『史記·項羽本紀』) 진나라 궁실을 불태우니, 불이 삼개월 동안 꺼지지 않았다.

(2) 陵怒, 謝疾免, 杜門竟不朝請, 七年而卒. (『史記 · 陳丞相世家』) 왕릉이 화가 나서 병을 핑계로 사직하고 나와 집안에 틀어박혀 결국 조회하지 않다가 칠년이 지난 후에 죽었다.

　예(1)은 시간부사어가 연속된 시간을 표시하고 있으며, 예(2)는 '7년'이 경과된 후에야 세상을 떠났음을 나타내고 있다.
　2) 상대시간사는 자주 부사어가 된다.

　　(1) 鄭子産晨出. (『韓非子 · 難三』) 정자산이 새벽에 외출하였다.
　　(2) 澭水暴益, 荊人弗知, 循表而夜涉. (『呂氏春秋 · 察今』) 옹수가 크게 불어났지만 형나라 사람이 이를 알지 못하고 표를 따라 밤에 건넜다.

　위의 예문은 상대시간사가 부사어를 만든 것이다. '今'이 부사어가 될 때, 때때로 '매우 빨리'의 의미를 갖는다.

　　(1) 天下必以王爲能市馬, 馬今至矣. (『戰國策 · 燕策1』) 천하 사람들은 반드시 왕이 말을 제대로 사들인다고 여길 것이니, 좋은 말들이 재빨리 몰려들 것입니다.
　　(2) 竪子不足與謀, …… 吾屬今爲之虜矣. (『史記 · 項羽本紀』)[64] 수자는 더불어 일을 도모하기 부족하니 …… 우리는 지금 그를 잡아 포로로 만들 것을 부탁하겠네.

　상대시간사는 보통 두 가지를 함께 조합하여 부사어로 만든다. 그것들이 함께 조합되는 경우 의미가 단독으로 쓰일 때와 완전히 같지 않다.

　　(1) 邾人, 莒人愬于晉曰, "魯朝夕伐我, 幾亡矣." (『左傳 · 昭公13年』)[65] 주나라 사람과 거나라 사람이 진나라에게 호소하여 말하였다. "노나라가 자주 우리를 공격하여 우리는 거의 망해가고 있습니다."
　　(2) 日夜望將軍至, 豈敢反乎! (『史記 · 項羽本紀』) 언제나 장군이 오기만을 기다렸는데, 어찌 감히 반역할 수 있는가?

---

64) [역주] 원서에서는 "竪子不足與謀, 吾屬今爲之虜矣."로 되어 있다. 중화서국본에서는 사이에 "奪項王天下者, 必沛公也."(항왕에게서 천하를 빼앗을 사람은 패공이다.)가 포함되어 있다.
65) [역주] 원서에서는 "魯朝夕亡我"로 되어 있다. 십삼경주소본에 의거하여 고쳤다.

3) '歲', '月', '日', '時' 등은 단독으로 부사어를 만들 수 있으며, 주로 '항상', '언제나'의 의미를 나타내며, '歲歲(매년, 해마다)', '月月(매월)', '日日(매일)', '時時(때때로)'의 의미와 같다. 일정한 규율에 따르는 것을 나타내기도 한다. '日'은 간혹 '날로(날이 지날수록)'라는 뜻을 나타낼 수도 있다.

(1) 良庖歲更刀, 割也. 族庖月更刀, 折也. (『莊子・養生主』) 솜씨 좋은 소잡이가 매년 칼을 바꾸는 것은 살을 가르기 때문이다. 평범한 소잡이가 매월 칼을 바꾸는 것은 (무리하게) 뼈를 자르기 때문이다.

(2) 魏王日聞其毁, 不能不信. (『史記・魏公子列傳』) 위왕이 날마다 그 비방을 듣고서 믿지 않을 수가 없었다.

(3) 季春行冬令, 則寒氣時發. (『禮記・月令』) 계춘에 겨울철의 정령을 행하면 한기가 불시에 생겨난다.

(4) 於是乎氣無滯陰, 亦無散陽, 陰陽序次, 風雨時至. (『國語・周語下』) 이때 공기에 음습한 기운이 없고 또한 양기가 흩어지지 않으니, 음양이 질서 있게 되고 비와 바람도 때에 맞추어 내리고 분다.

(5) 事日急, 諸公莫敢復明言於上. (『史記・魏其武安侯列傳』) 일이 날로 다급해졌으나 여러 신하들 중에서 감히 황제에게 다시 밝혀 말해주는 사람이 없었다.

(4) 명사가 부사어인 경우

명사가 부사어인 경우는 선진시기에는 자주 보이지 않지만, 『사기』에 이르면 매우 많아진다.[66] 명사가 만든 부사어는 주로 두 가지 유형이 있는데, 하나는 비유적인 것이고 다른 하나는 실재적인 것이다.

1) 비유적인 부사어는 명사를 비유에 이용하여 그와 관련된 행위나 사람, 사물을 설명하는 것이다. 이런 종류의 부사어가 만일 사람이나 사물의 외형을 사용하여 비유하고 있다면, 보통 어떤 형태를 설명하는 것이다. 만일 사람이나 사물 간의 내재적 관계를 비유한다면, 보통 어떤 행위를 완수하면서 갖는 태도를 나타낸다.

(1) 豕人立而啼. (『左傳・莊公8年』) 돼지가 사람처럼 서서 울었다.

---

66) 허러스(何樂士)의 『古漢語語法研究論文集』(商務印書館, 2000年』) 228쪽을 참고하라.

(2) 老人兒啼. (『史記 · 循吏列傳』) 노인이 아이처럼 울었다.

(3) 信乃解其縛, 東鄕坐, 西鄕對, 師事之. (『史記 · 淮陰侯列傳』) 신은 곧 그의 포승을 풀고 동향하여 앉게 하고는 자신은 서향하여 마주앉아서 광무군이 스승인 듯한 태도로 섬겼다.

(4) 君爲我呼入, 吾得兄事之. (『史記 · 項羽本紀』) (패공이 말하길) 그대(장량)가 나를 위해서 불러들인다면, 나는 그 사람을 형으로서 섬길 수 있다.

예(1)에서 '豕'는 일어선 모양이 사람과 같다는 것을 말한 것으로, 여기에서는 사람의 외형으로 비유하였다. 예(2) 역시 이와 비슷하다. 예(3)의 '師事之'는 겉모습이 선생님과 같은 사람을 받들었다는 것이 아니라, 선생님을 대하는 것과 같이, 즉 선생님을 모시는 것과 똑같이 섬겼다는 것을 말한다. 예(4)도 이와 비슷하다.

2) 실재적인 부사어는 비유가 아니면 어떤 사체가 확실히 행위와 관련이 있는 것이다. 이러한 사체로는 공구(工具), 준칙, 처소 등이 올 수 있다.

(1) 羣臣後應者, 臣請劍斬之. (『漢書 · 霍光傳』) 여러 신하들 중에서 뒤에 응하는 자는, 신이 검으로 그들을 벨 것을 청합니다.

(2) 失期, 法皆斬. (『史記 · 陳涉世家』) 기한을 어기면, 법대로 모두 벨 것이다.

(3) 夫以秦王之威, 而相如廷叱之. (『史記 · 廉頗藺相如列傳』) 무릇 진왕의 위엄에도 불구하고, 인상여는 조정에서 그들(조정의 관리들)을 꾸짖었다.

위의 예문에서 부사어로 사용된 명사는 모두 비유가 아니다. 사체가 확실히 행위와 관련이 있는 것으로, 차례대로 공구, 준칙, 처소를 나타내고 있다.

(5) 기타 실사성 어휘가 부사어로 되는 경우

의문대체사가 부사어일 때 일반적으로 의문문을 만든다.

(1) 勝也何敢言事? (『戰國策 · 趙策』) 내(勝)가 어찌 감히 일을 말을 할 수 있겠습니까?

(2) 梁王安得晏然而已乎? (『戰國策 · 趙策』) 위왕이 어찌 편안할 뿐이겠습니까?

동사와 동사성 단어가 연용될 때, 통상적으로 연용구를 구성하기 때문에 부사어를 만든 것은 비교적 적게 보인다.

  (1) 見兵事起, 欲坐觀成敗. (『史記·田叔傳褚補』) 군사봉기가 일어나는 것을 보고는, 앉아서 그 성패를 살피고자 했다.

  (2) 破廣軍, 生得廣. (『漢書·李廣傳』) 이광의 군대를 격파하고 이광을 사로잡았다.

위의 두 예문은 모두 동사가 부사어를 만든 경우이다.

2. 전목성 부사어

전목구가 부사어로 될 때, 가장 자주 보이는 것은 공구부사어와 수반부사어 두 종류이다. 이외에 또 목적, 여사, 여물의 부사어, 시간, 처소의 부사어 등이 있다. 전목부사어 중에서 가장 자주 쓰이는 전치사는 '以', '爲', '與'이며, 이 외에 '自', '于', '由', '從'도 있다.

(1) 공구부사어, 수반부사어

1) 공구부사어

여기서 말하는 공구란 광의적이다. 공구부사어는 주로 '以'로 구성된 목적어구이다. 이런 종류의 부사어 중에서 '以'는 '~을 이용하여', '~을 가지고', '~에 의지하여', '~에 근거하여', '~를 차지하여', '~에 따라' 등의 의미로 이해할 수 있다. '以' 이외에도 '由', '自', '從'도 때때로 공구부사어를 구성할 수 있다. 이런 부사어에서 전치사의 목적어가 되는 것은 통상적으로 무생물 명사이다. 가끔 유생물 명사가 사용되기도 하지만, 이 경우도 보통은 사람을 나타내는 것이 아니라, 추상적인 사물을 나타낸다.

'~을 이용하여', '~을 가지고'의 뜻을 나타낼 때, '以'의 목적어가 표시하는 사물은 통상적으로 구체적이며, 간혹 추상적이다.

(1) 以子之矛陷子之楯, 何如?(『韓非子·難一』)　당신의 창으로 당신의 방패를 찌른다면 어찌되겠습니까?

(2) 王孫由于以背受之. (『左傳·定公4年』)　왕의 손자 유우는 등으로 그것을 받았다.

(3) 臣以神遇而不以目視. (『莊子·養生主』)　신은 신통력을 이용해 만난 것이지 눈을 이용해 본것은 아닙니다.

위의 예문에서 '以'는 모두 '～을 이용하여'나 '～을 가지고'의 의미로 이해할 수 있다. (1)과 (2)의 예문에서 '以'의 사물은 비교적 구체적이며, (3)의 '神'은 비교적 추상적이다. '以'가 '～에 의지하여', '～에 근거하여'라는 의미를 가질 때, 그것들의 목적어는 항상 추상적이다.

(1) (廉頗)以勇氣聞於諸侯. (『史記·廉頗藺相如列傳』)　염파는 그 용기 때문에 제후들 사이에서 소문이 자자했다.

(2) 君子不以言擧人, 不以人廢言. (『論語·衛靈公』)　군자는 말에 의지하여 사람을 등용하지 않고 사람에 근거해서 말을 바꾸지 않는다.

(3) 三老, 官屬, 豪長者, 里父老皆會, 以人民往觀之者三二千人. (『史記·滑稽列傳』)　고위관료, 관리, 호족, 마을의 장로 등이 모두 모이니, 일반 백성의 신분으로 구경간 사람들이 이삼 천명이나 되었다.

위 세 예문의 '以'는 모두 '～에 의지하여', '～에 의거하여', '～에 근거하여'의 의미를 나타내고 있다. 예(1)과 (2)의 '勇氣'와 '言'이 나타내는 바는 모두 추상적이다. 예(2)의 '人'과 예(3)의 '人民'은 유생물명사가 목적어이다. 여기서 '人民'은 사람을 나타내는 것이 아니라 어떤 신분을 나타내는 것으로 비교적 추상적이다.

'～에 따라'를 나타낼 때, '以'의 목적어가 나타내는 사물은 한편으로 행위자에게 사용되는 것이면서, 다른 한편으로는 행위자에 대한 일종의 약속 혹은 제한이 된다.

(1) 子皮以子展之命, 餼國人粟, 戶一鐘. (『左傳·襄公29年』)　자피가 자전의 명령에 따라 나라 백성들에게 집집마다 곡식 일종씩 나누어주었다.

(2) 司空以時平易道路. (『左傳·襄公31年』)　사공이 때에 맞추어 도로를 수리하였다.

예(1)에서 자피가 자전의 명령에 따라서 일을 처리하는데, 한편으로 자전의 명령은 자피가 일을 처리할 때의 근거가 되며 자피가 사용하는 것이다. 다른 한편으로는 자피가 일을 처리하는 것은 자전의 제약을 받으며 임의대로 처리할 수 있는 것이 아니다. 예(2) 역시 이와 유사하다. 때때로 유생물 명사가 만일 어떤 추상적 사물을 대신한다면, 또한 행위의 표준으로 쓰일 수 있다.

> (1) 以先王觀之, 則尙德也. (『左傳·定公4年』) 선왕의 일에 근거해 살펴보면 덕을 숭상했다는 것을 알 수 있습니다.
> (2) 以臣觀之, 將不能. (『左傳·文公17年』) 신하된 저의 관점에서 보면 불가능할 것 같습니다.

위의 예문에서 유생물 명사는 모두 사람을 나타내지 않고 추상사물을 나타내고 있다. '由', '自', '從', '用'이 대체사 '是', '此'를 목적어로 하는 경우, 보통 '觀之'와 함께 쓰이는데, 이것은 무엇인가에 근거하여 어떤 일을 보는 것을 나타낸다.

> (1) 由此觀之, 安危之統相去遠矣. (『史記·秦始皇本紀』) 이를 통해 살펴보면, 안정과 위기의 근본은 그 차이가 서로 매우 멉니다.
> (2) 自是觀之, 兩臂重於天下也, 身亦重於兩臂. (『莊子·讓王』) 이것으로부터 살펴보면, 두 어깨가 천하보다 무겁고, 몸은 또한 그 두 어깨보다 무겁습니다.
> (3) 從是觀之, 父之愛子也, 猶可以毁而害也. (『韓非子·姦劫弑臣』) 이로써 살펴보면, 아버지가 아이를 아끼는 것이 도리어 아이를 망치고 해치는 것과 같습니다.
> (4) 用此觀之, 然則人之性惡明矣. (『荀子·性惡』) 이를 통해 보면, 그런즉 사람의 본성이 악하다는 것이 명확하다.

2) 수반부사어

수반부사어는 주로 이끌고 다니거나 조종하거나 휴대하는 대상 등을 나타낸다. 이런 종류의 부사어는 대부분 '以'가 유생물 명사를 수반한다. '以'목적어구가 이끌고 다니는 대상을 나타낼 때, 전체 문장의 주어가 나타내는 행위자는 '以'의 목적어가 나타내는 사람을 지배하여 술어가 나타내는 행위를 함께 완성한다.

(1) 四年春, 齊侯以諸侯之師侵蔡. (『左傳·僖公4年』) 사년 봄에 제나라 왕이 제후의 군대를 이끌고 채나라를 침략했다.

(2) 狐毛, 狐偃以上軍夾攻子西. (『左傳·僖公28年』) 호모와 호언이 상군을 이끌고 자서를 협공했다.

위의 예문에서 '以'는 이끌거나 혹은 인솔한다는 뜻을 나타내며, 주어와 '以'의 목적어가 나타내는 사람은 술어가 나타내는 행위를 함께 완성하고 있다.

조종을 나타낼 때는, 행위자 자신이 직접적으로 다음에 오는 동사가 나타내는 행위와 변화에 참여하지 않고 단지 '以'의 목적어가 행위와 변화를 완수하게 만든다. 이 때의 '以'는 '使'의 작용과 서로 비슷하다.

(1) 管仲以其君覇, 晏子以其君顯. (『孟子·公孫丑上』) 관중은 자신의 군주를 패왕으로 만들었고, 안자는 자신의 군주를 드러나게 만들었다.

(2) 冷向謂秦王曰, "向欲以齊事王, 使攻宋也." (『戰國策·秦策1』) 냉향이 진왕에게 말했다. "저는 제나라를 움직여 왕을 섬기게 하고 송나라를 공격하게 만들고 싶습니다."

위의 예문에서 '以'는 모두 '使'의 의미와 비슷하다.

'以'가 나타내는 조종의 의미가 비교적 가벼울 때는 주어가 나타내는 행위자는 다만 주도하는 쪽, '以'의 목적어는 협력하여 행위를 완수하는 쪽을 나타낸다. 이런 형태의 '以'는 '與'의 기능과 비교적 비슷하다고 할 수 있다.

(1) 晉侯以齊侯宴. (『左傳·昭公12年』) 진후가 제후와 잔치를 벌였다.

(2) 天下有變, 王割漢中以楚和. (『戰國策·秦策1』) 천하에 변란이 생기면, 왕께서는 한중을 갈라 초나라와 화해하십시오.

예(1)의 진후(晉侯)와 제후(齊侯)는 연회를 열었으며 이 연회에서 진후가 주도자가 되고 제후가 협동자가 된다. 예(2) 역시 유사하다.

휴대를 나타낼 때, '以'의 목적어는 물건이 될 수 있으며 자주권이 없는 사람일 수도 있다. 동사는 항상 운동동사이다.

(1) 吾以劍過朝. (『左傳·定公10年』)　내가 검을 들고 조정을 지나갈 것이다.

(2) (楚子)滅息, 以息嬀歸. (『左傳·莊公14年』)　초나라 군주가 식나라를 멸하고, 식규를 데리고 돌아왔다.

예(1)에서 '以'의 목적어는 무생물명사이며, 예(2)는 유생물명사이다. '息嬀'에게는 자주 권이 없다. '以'는 모두 휴대 혹은 지닌다는 의미를 갖고 있으며, 부사어의 뒤에 있는 술어는 모두 운동동사이다.

(2) 기타 전목부사어

위와 같은 두 종류의 부사어 이외에도, 기타 전목부사어에는 목적부사어, 여사부사어, 여물부사어와 시간부사어, 처소부사어, 관련부사어 등이 있다.

1) 목적부사어

목적부사어는 주로 행위의 목적, 원인, 수혜자를 나타내며, 전치사 '爲'로 가장 자주 구성된다.

(1) 天下熙熙, 皆爲利來. (『史記·食貨列傳』)　천하의 사람들이 기뻐하며 모두 이익을 위해 모여들었다.

(2) 天不爲人之惡寒也而輟冬, 地不爲人之惡遼也而輟廣. (『荀子·天論』)　하늘은 사람들이 추운 것을 싫어하기 때문에 겨울을 멈추는 것이 아니고, 땅은 사람들이 먼것을 싫어하기 때문에 넓은 것을 그치는 것이 아니다.

(3) 公輸盤爲我造雲梯, 必取宋 (『墨子·公輸』)　공수반이 나를 위해 구름 사다리를 만들었으니, 반드시 송나라를 취해야 한다.

위의 세 예문에서 부사어는 각각 목적과 원인, 수혜자를 나타내고 있다.

2) 여사부사어

여사는 행위자와 함께 어떤 행위나 활동에 참여하는 사람을 나타내며, 여사가 어떤 행위활동에 참여할 때 비교적 큰 주동성을 갖고 직접적으로 행위자의 지배를 받지 않는다.

자주 보이는 여사는 두 종류가 있다. 첫째, 여사는 행위자와 함께 동사가 나타내는 행위를 완수한다. 둘째 여사와 행위자가 모두 개별적으로 행위를 완수할 수 있다. 여사부사어로 가장 자주 사용되는 것은 '與'이다.

(1) 吾將與楚人戰. (『韓非子·難一』)　나는 앞으로 초나라 군대와 전쟁을 벌일 것이다.

(2) 虎以爲然, 故遂與之同行. (『戰國策·楚策1』)　호랑이는 그렇게 생각해서 결국에는 여우와 함께 같이 걸어갔다.

(1)의 예문에서 행위는 행위자와 여사가 함께 행위를 완성한 것이고, (2)의 행위는 행위자와 여사 모두 독립적으로 완성할 수 있는 것이다.

3) 여물부사어

여물(제3장 제1절 동사 중에서 이미 '여물(與物)'의 개념에 대해서 설명하였다. 참조하라.) 또한 주로 '以'목적어구로 구성된다. '以'가 지배하는 사물은 종종 행위자 쪽에서 목적어가 나타내는 쪽까지 이동하게 된다. 이런 용법의 '以'는 항상 두 개의 목적어를 수반하는 동사 앞에 사용되는데, 때때로 두 개의 목적어 동사를 수반하지 않는 동사 앞에서도 사용될 수 있다.

(1) 子犯以璧授公子. (『左傳·僖公24年』)　자범이 옥돌을 공자에게 주었다.

(2) 荊軻以術說衛元君. (『史記·刺客列傳』)　형가가 재주를 가지고 위나라 원군에게 유세하였다.

예(1)의 술어 '授'는 항상 두 개의 목적어를 수반하는 동사이다. 예(2)의 술어 '說'은 통상적으로 두 개의 목적어를 수반하지 않는다.

4) 시간부사어, 처소부사어, 관련부사어

고대중국어에서 시간은 항상 주어로 쓰이고(제6장 제5절 배경문을 참고하라), 처소는 항상 보어로 쓰이기 때문에(이 장 제5절 전목구를 참고하라), 이 두 종류의 부사어는 모두 자주 보이지 않는다. 시간부사어는 주로 전치사 '以'와 '于'에 목적어를 수반하여 구성된다.

(1) 文以五月五日生. (『史記·孟嘗君列傳』) 문은 오월 오일날에 태어났다.

(2) 子於是日哭, 則不歌. (『論語·述而』)[67] 공자는 곡을 한 날에는 노래를 부르지 않았다.

처소부사어는 주로 '于(於)'로 구성된다.

(1) 宋先代之後也, 於周爲客. (『左傳·僖公24年』) 송나라 선대의 후예로서, 주나라에서 객이
   되었다.

(2) 文公獲若雲石, 於陳倉北阪城祠之. (『史記·封禪書』) 문공은 약운석을 얻어, 진창 북판성에
   서 제사를 올렸다.

관련부사어는 주로 '～에 대하여 말하지만'의 의미를 나타내며, 항상 '于(於)'로 구성되
지만 자주 보이지는 않는다.

(1) 不義而富且貴, 於我如浮雲. (『論語·述而』) 의롭지 못하면서 부귀한 것은 나에게는 뜬구
   름과 같다.

(2) 且矯魏王令奪晉鄙兵以救趙, 於趙則有功矣, 於魏則未爲忠臣也. (『史記·魏公子列傳』) 또한
   위왕의 명령이라고 속이고 진비의 군사를 빼앗아 조나라를 구제하였는데, 조나라의 입장에
   서는 공이 있는 것이지만, 위나라의 입장에서는 충신이라고 할 수 없는 것입니다.

제4절 연용구, 용언성연합구

연용구와 용언성연합구는 모두 다중심구인데, 그 둘의 차이점은 주로 전자는 순서가 있
지만 후자는 순서가 없다는 데 있다. 순서가 있다는 것은 다중심의 단어 사이에 명백한
차이가 존재하고 있음을 의미하고, 순서가 없다는 것은 다중심의 단어 사이에 명백한 차
이가 존재하지 않음을 뜻한다. 사물 간에 차이가 존재한다는 점은 절대적인 것이고, 존재
하지 않는다는 점은 단지 상대적인 것이기 때문에, 연용구가 용언성연합구보다 많이 보
인다.

---

67) [역주] 원서에서는 학이(學而)편으로 되어 있다. 십삼경주소본에 근거하여 고쳤다.

1. 연용구

연용구에서 단어상의 순서는 주로 두 가지 층위에서 나타난다. 하나는 문장 구조에서 나타나고, 다른 하나는 의미관계에서 나타난다. 문장 구조의 차이점이란, 용언성 어휘의 순서는 용언성 어휘가 문장 구조상 간단한 것인지 혹은 복잡한 것인지의 차이를 반영한다는 것이다. 용언성 어휘의 구조라는 관점에서 보면, 비교적 복잡한 목적어를 수반하는 동사성 단어는 보통 연용구의 뒷부분에 놓이지 앞부분에 놓이지 않는다. 의미 관계의 차이점이란, 용언성 어휘의 순서는 행위나 활동의 시간성을 반영하고 있다는 것이다. 이러한 시간성은 주로 선후관계로 나타나는데, 즉 연용구에서는 먼저 발생한 행위를 먼저 말하고 나중에 발생한 행위는 나중에 말하는 것이다. 시간성이라는 관점에서 보면, 연용구는 시간상의 역향진술, 다시 말해 나중에 발생한 일을 먼저 말하고 먼저 발생한 일을 나중에 말하는 경우는 매우 적다. 연용구의 시간성은 어느 때는 또한 동시관계를 나타내기도 한다. 동시관계란, 연용구가 표현하고자 하는 행위가 동시에 발생한다는 뜻이다. 이러한 동시관계는 의미상 주로 수식관계로 나타나는데, 앞의 단어는 뒤의 단어를 수식하며, 뒤의 단어에 의미상의 중점이 있는 경우가 많다.

접속사를 사용하는지의 여부에 따라, 연용구는 접속사를 사용하지 않는 것과 접속사를 사용하는 것의 두 가지 유형으로 나눌 수 있다.

(1) 접속사를 사용하지 않는 연용구

접속사를 사용하지 않는 연용구에는 두 가지의 자주 보이는 유형이 있다. 하나는 단일한 동사에 동사성 단어를 덧붙이는 것이고, 다른 하나는 동사구에 동사구를 덧붙이는 것이다.

1) 단일한 동사에 동사 단어를 덧붙인 경우

1) 다른 동사성 단어의 뒤에 놓여 연동식을 구성하는 경우가 가장 많은 동사는 '曰'이다. 이러한 연용구의 단어순서는 주로 용언성 어휘의 구조상의 차이를 반영하고 있다. '曰'의 뒤에는 길거나 짧은 다양한 인용이 있기 때문에 그것은 통상적으로 연용구의 뒷부분에 위치하게 된다. '曰'의 앞에 가장 많이 출현하는 단일 동사는 '對'이다(598). '對曰'은 보통 아랫사람이 윗사람의 질문에 대답하는 것을 표시하며, 때때로 신분이 평등한 사람

사이에서 질문에 대답하는 경우도 있다.

　　(1) 王曰, "子焉聞之?" 對曰, "犀首告臣." (『戰國策·秦策2』)　왕이 말했다. "그대는 어떻게 들었
　　　　는가?" 대답하여 말했다. "서수가 신에게 알려주었습니다."

　　(2) 景公問晏子曰, "天下有極大物乎?" 晏子對曰, "有." (『晏子春秋·外篇』)　경공이 안자에게 물었
　　　　다. "천하에 지극히 큰 물건이 있는가?" 안자가 대답하여 말했다. "있습니다."

　　(3) 子夏見曾子, 曾子曰, "何肥也?" 對曰, "戰勝故肥也." (『韓非子·喩老』)　자하가 증자를 뵈니 증
　　　　자가 말했다. "어찌하여 살이 쪘는가?" 대답하여 말했다. "전쟁에서 이겨서 살이 쪘습니다."

　예(1)과 (2)는 군신관계로 아랫사람이 윗사람의 질문에 대답하는 것이다. 예(3)의 경우, 자하와 증자가 모두 공자의 학생으로, 자하는 증자보다 두 살 밖에 적지 않아 두 사람의 신분은 기본적으로 평등하다. 그러므로 여기서 '對曰'은 아랫사람이 윗사람에게 대답하는 것이 아니다. '對' 이외에 '曰' 앞에 자주 출현하는 단어로는 '告'(114), '辭'(66), '諫'(58), '問'(54), '命'(22), '怒'(19), '請'(16), '嘆'(14), '呼'(13) 등이 있다.

　　(1) 重館人告曰, "晉新得諸侯, 必親其共." (『左傳·僖公31年』)　중관인이 고하여 말했다. "진이 새
　　　　로 제후들을 얻었으니 반드시 (제후들 중에) 공손한 이들과 친하게 지내고자 할 것입니다."

　　(2) 包胥辭曰, "不知." (『國語·吳語』)　포서는 사양하며 말했다. "모르겠습니다."

　2) 단일 동사 뒤에 동사성 단어를 더한 형식은 운동동사, 특히 자동운동동사가 이러한 형식을 구성하는 경우가 가장 많다. 이러한 연용형식의 대부분은 시간상의 선후관계를 나타낸다. 그 중 '來', '出'이 가장 많이 사용된다. '來' 뒷부분에 자주 사용되는 단어로는 '聘'(57), '朝'(53), '奔'(48), '歸'(36), '告'(25), '逆'(17), '求'(15), '盟'(12), '討'(10) 등이 있다.

　　(1) 夏, 宋華定來聘. (『左傳·昭公12年』)　여름에 송의 화정이 빙문하러 왔다.

　　(2) 十二年, 魯武公來朝. (『史記·周本紀』)　12년, 노무공이 조회하러 왔다.

　'出' 뒤에 자주 사용되는 동사는 '來'보다는 적다. 주요한 것으로 '奔'(101), '曰'(10), '見'(10) 등이 있다.

(1) 昭公懼, 遂出奔齊. (『呂氏春秋·察微』) 소공은 두려워서 마침내 탈출하여 제나라로 달아났다.

(2) 飲酒樂, 趙孟出曰, "吾不復此矣." (『左傳·昭公元年』) 술을 마시고 즐거워지자 조맹은 나가서 말했다. "나는 이것을 다시 할 수 없겠구나"

그 밖에 '入', '往' 등 뒤에 동사성 단어를 덧붙여 연용구를 구성하는 경우도 비교적 많다.

(1) 虞卿聞之, 入見王. (『戰國策·趙策3』) 우경이 이를 듣고 들어가 왕을 알현했다.

(2) 孔子時其亡也, 而往拜之. (『論語·陽貨』) 공자는 그가 없는 틈을 타고 가서 절했다.

단일 동사와 기타 동사성단어의 조합으로 이루어진 연동형식은 당연히 여기에서 열거한 몇 개의 동사에 그치지는 않지만, 위의 동사들에 비하면 그 수량이 매우 적은 편이다. 다음 예를 보자.

(1) 楚師及宋, 公衡逃歸. (『左傳·成公2年』) 초나라 군대가 송에 이르자 공형이 도망쳐 돌아왔다.

(2) 坐者皆起再拜. (『史記·蘇秦列傳』) 앉아 있던 사람들은 모두 일어나 두 번 절했다.

위의 예는 '逃', '起'와 그 뒤의 동사성 단어로 구성된 연용구이다. 연용구를 구성하는 두 개의 동사는 어떤 경우 동일한 하나의 목적어를 가져올 수 있다.

(1) 樂毅攻入臨菑 (『史記·樂毅列傳』) 악의는 임치에 공격해 들어갔다.

(2) 願足下急復進兵, 收取滎陽. (『史記·酈生陸賈列傳』) 원컨대 족하께서는 급히 병사를 내시어 형양을 취하십시오.

예(1)의 '攻'과 '入'의 목적어는 모두 임치이고, 예(2)의 '收'와 '取'의 목적어는 모두 형양이다.

2) 동사구에 동사구를 덧붙인 경우

동사구에 동사구를 덧붙여 연용구를 만드는 형식 중에서 가장 많이 보이는 것은 '曰'이 인용목적어를 수반한 다음 연용구를 구성하는 방식이다. '曰' 앞에 주로 출현하는 동사구로는 '聞之'(58), '言於'(49), '有言'(39), '有之'(23) 등이다.

> (1) 曾子聞之曰, "多矣乎, 予出祖者."(『禮記·檀弓上』) 증자가 이것을 듣고 말했다. "많구나. 내가 세금을 내는 것이."
> (2) 子胥言於吳王曰, "天以越賜."(『史記·越王句踐世家』) 자서가 오왕에게 말했다. "하늘이 월을 하사하시는 것입니다."

기타 '동사구＋동사구'로 구성된 연용구도 자주 보이는데, 이러한 연용구는 주로 선후관계를 구성하기도 하고 동시적 수식관계를 구성하기도 한다.

> (1) 冬, 公子友如齊涖盟. (『左傳·成公2年』) 겨울에 공자 우가 제나라에 가서 맹약에 참여했다.
> (2) 卒買魚烹食 (『史記·陳涉世家』) 마침내 물고기를 사서 삶아 먹었다.
> (3) 左右欲刃相如, 相如張目叱之. (『史記·廉頗藺相如列傳』) 좌우의 신하들이 상여를 해치려하자 상여는 눈을 크게 뜨고 그들을 꾸짖었다.

예(1), (2)는 선후관계이고, 예(3)은 수식관계이다. 만약 연용구에 단지 두 개의 동사구만이 있는 것이 아니라면, 이때는 그것이 층차관계라는 점에 주의해야한다.

> (4) 項莊拔劍起舞. (『史記·項羽本紀』) 항장은 칼을 뽑아 일어나서 검무를 추었다.

예(4)는 '拔劍＋起舞'가 연동식을 구성하는데, 그 아래 층위의 '起＋舞'가 또한 연용구를 구성한다.

(2) 접속사가 있는 연용구

접속사가 있기 때문에, 이러한 연용구에서 포함하고 있는 관계는 접속사가 없는 경우와 비교해보면 다소간에 차이가 있다. 연용구에서 가장 많이 사용하는 접속사는 '而', '而後', '以', '則' 등이 있다.

1) '而'를 사용하는 연용구가 선후관계를 나타낼 경우, 그 논리적 관계를 더욱 파고 들어가 분석해보면 '순접'과 '역접'으로 나눌 수 있다. 순접이란, '而'로 연결된 앞뒤 부분에서 의미상 뒷부분은 앞부분을 이치에 맞게 발전시킨 것으로서 그 사이에 전환관계가 존재하지 않는다. 역접이란, '而'로 연결된 앞뒤 부분을 논리적으로 살펴보았을 때, 전환관계를 포함하고 있다. 이러한 역접관계에서는 부정부사 '不'을 자주 사용한다.

  (1) 扁鵲望桓侯而還走. (『韓非子・喩老』) 편작은 환후를 보고는 돌아갔다.

  (2) 王將聽之, 召甘茂而告之. (『戰國策・秦策2』) 왕이 장차 사정을 들어보기 위해서 감무를 불러 말했다.

  (3) 故聖人之用兵也, 亡國而不失人心 (『莊子・大宗師』) 그러므로 성인이 군대를 부림에 나라를 잃더라도 사람의 마음을 잃진 않는다.

  (4) 今不恤士卒而徇其私, 非社稷之臣. (『史記・項羽本紀』) 지금 사졸을 불쌍히 여기지 않고 자신의 사사로움을 쫓으니(가솔만을 챙겨주니) 이는 사직의 신하가 아니다.

  (5) 人不知而不慍, (『論語・學而』) 남이 알아주지 않더라도 성내지 않는다.

예(1)의 '望'과 '還走'는 순접의 선후관계이고, 예(2) 역시 이와 유사하다. 예(3)~(5)는 역접관계로 예(3)과 (4)는 '而'의 뒤, 앞에서 각각 '不'을 사용하였다. 예(5)는 '而'의 앞뒤에서 모두 '不'을 사용하고 있다. 위에서 제시한 예문은 모두 선후관계이다. 다음의 예문은 수식관계이다.

  (1) 妻側目而視, 傾耳而聽. (『戰國策・秦策1』) 아내는 곁눈으로 보면서 귀를 기울여 들었다.

  (2) 舜南面而立. (『孟子・萬章上』) 순은 남면하여 즉위했다.

2) '而後'는 통상적으로 선후관계를 나타낸다.

  (1) 季文子三思而後行. (『論語・公冶長』) 계문자는 세 번 생각하고 나서야 행동했다.

  (2) 王入秦. 秦留趙王而後許之媾. (『戰國策・趙策3』) 왕이 진나라에 들어가자, 진에서는 조왕을 머무르게 한 뒤에야 혼인을 허락했다.

3) '以'를 사용하는 연용구에서는 선후관계와 수식관계가 모두 비교적 자주 보인다. '以'

로 선후관계를 나타낼 때, 뒷부분의 행위는 항상 앞에서 나온 행위의 목적이나 결과이다.

> (1) 君子學以致其道. (『論語・子張』) 군자는 배워서 자신의 도에 이른다.
>
> (2) 虞公不從其言, 終假之道以取郭. (『公羊傳・僖公2年』) 우공은 그 말을 따르지 않고 마침내 길을 빌려주어 곽(혹은 괵虢) 나라를 취하게 하였다.

예(1)에서 '以'의 뒷부분은 목적이고, 예(2)에서는 결과이다. '以'가 동시관계를 나타낼 때, 앞의 행위는 항상 뒤에 나온 행위의 방식이나 수단이다.

> (1) 是歲也, 有雲如衆赤鳥, 夾日以飛. (『左傳・哀公6年』) 이 해에 구름처럼 많은 붉은 새떼가 해를 끼고 날아다녔다.
>
> (2) 秦子蒲子虎帥車五百乘以救楚. (『左傳・定公5年』) 진의 자포와 자호는 수레 오백승을 거느리고 초나라를 구원했다.

예(1)에서 '以'의 앞부분은 방식이고, 예(2)에서는 수단이다.

4) '則'은 항상 선후관계를 나타내는데, 이런 종류의 선후관계는 종종 시간상 긴밀하게 이어지거나 일의 이치상 긴밀하게 이어진다. 이런 관계는 종종 가설의 관계를 포함한다.

> (1) 物盛則衰, 天之常數也. (『戰國策・秦策3』) 사물이 성하면 쇠하는 것이 자연의 법칙이다.
>
> (2) 欲速則不達, 見小利則大事不成. (『論語・子路』) 빨리 하고자 하면 이르지 못하고, 작은 이익을 보면 큰 일을 이루지 못한다.

예(1)은 시간상 이어지는 관계이고, 예(2)는 일의 이치상 이어지는 관계이다. 위의 두 예문은 모두 가설관계를 포함하고 있다.

2. 용언성연합구

용언성연합구도 접속사를 사용하지 않는 것과 접속사를 사용하는 것, 두 가지로 나눌 수 있다.

1) 접속사를 사용하지 않는 용언성연합구는 대부분 어휘화의 경향을 보인다. 따라서 일부 학자들은 이를 이음절 단어로 간주하기도 한다. 본서에서는 이를 연합구에 귀속시켰다. 이러한 연합구는 대부분 순서가 없어서 두 개의 단어의 위치를 바꾸더라도 기본적 의미는 변하지 않는다

(1) 出入無旁, 與日無始 (『莊子‧在宥』)　나고 듦에 끝이 없으며, 날과 더불어 시작이 없다.

(2) 入出而無見其形, 是謂天門. (『莊子‧庚桑楚』)　들어가고 나감에 그 형체를 볼 수 없으니 이를 일러 천문이라고 한다.

(3) 陳軫曰, "公惡事乎, 何爲飲食而無事?" (『戰國策‧魏策1』)　진진이 말했다. "그대는 무슨 일을 하는가? 어찌 먹고 마시면서 하는 일이 없는가?"

(4) 曰, "日食飲得無衰乎?" (『戰國策‧趙策4』)　"날마다 먹고 마시면서 쇠약해지지 않을 수 있는가?"

위의 네 예문 중에 '出入', '飲食'은 위치를 바꿀 수 있다. 이와 유사한 단어 중에 상용되는 것으로는 '鬪爭/爭鬪', '服從/從服', '困窮/窮困', '計算/算計', '謳歌/歌謳', '整齊/齊整', '悲哀/哀悲', '危險/險危', '誅殺/殺誅', '議論/論議' 등이 있다.

소수의 일부 연합구는 용언의 위치가 비교적 고정되어 있어서 일반적으로 위치변환을 할 수 없다. 이러한 연합구는 보통 위치변환을 할 수 없지만, 이 두 개의 용언 사이에는 연용구에서와 같은 선후관계나 수식관계가 존재하지 않는다. 이런 유형은 연합구와 연용구 사이에 놓여있다고 할 수 있지만, 본서에서는 연합구에서 이를 다룬다.

(1) 哀樂失時, 殃咎必至. (『左傳‧定公5年』)　슬픔과 기쁨이 제 때를 잃으면 재앙이 반드시 이른다.

(2) 地有高下, 天有晦明, (『國語‧楚語上』)　땅에는 높고 낮음이 있으며, 하늘에는 흐리고 맑음이 있다.

예(1)의 '哀樂'은 일반적으로 '樂哀'라고 바꾸어 말하지 않는다. 그러나 이 두 글자 사이에는 선후 혹은 수식관계는 없다. 예(2)의 '高下'와 '晦明'도 이와 유사하다.

2) 접속사 '而', '以', '且', '且……且……', '與' 등을 사용하여 용언성연합구를 구성할 수 있다.

'而'는 점층과 병렬을 나타낼 수 있으며, '게다가', '그리고' 등의 의미를 갖는다. '以'는 주로 점층을 표시하며, '또한', '게다가' 등의 의미를 갖는다.

> (1) 吳輕而遠, 不能久, 將歸矣. (『左傳·哀公8年』) 오나라는 경솔하고 게다가 멀리 왔으니 오래 버틸 수가 없어 장차 돌아갈 것이다.
>
> (2) 聞善而不善皆以告其上 (『墨子·尙同上』) 선한 것이나 불선한 것을 들으면 모두 자신의 윗사람에게 고한다.
>
> (3) 主明以嚴, 將智以武[68]. (『史記·張儀列傳』) 군주는 밝고 또 엄격하며, 장수는 지혜롭고 또 용맹스럽다.

예(1)과 (2)는 '而'를 사용하였고, 예(3)은 '以'를 사용하고 있다. 예(2)는 '그리고'를 의미하고, 예(1)과 (3)은 점층을 표시하고 있다.

'且', '且……且……'는 항상 점층을 나타내며 '또한', '……할 뿐만 아니라 또 ……'의 의미를 갖는다. 또한 동시진행을 나타낼 수도 있는데, 이 때는 '한편으로는 ……하고, 한편으로는 ……하다'의 의미를 갖는다.

> (1) 王不行, 示趙弱且怯也. (『史記·廉頗藺相如列傳』) 왕이 가지 않는다면 조나라는 약하고 겁이 많은 것을 보여주는 것입니다.
>
> (2) 百工之事, 固不可耕且爲也 (『孟子·滕文公上』) 백공의 일은 본디 경작하면서 동시에 할 수 있는 것이 아닙니다.

예(1)은 점층을 나타내며, 예(2)는 동시진행을 나타내고 있다. '與'는 항상 병렬을 나타내며, 때때로 점층을 나타낼 수도 있다.

> (1) 懷與安, 實敗名. (『左傳·僖公23年』) 품어주고 편안히 해주는 것은 사실 패업을 이루려는 명성을 망치는 것입니다.
>
> (2) 盡天年則全而壽, 必成功則富與貴. (『韓非子·解老』) 하늘이 내려준 수명을 다하면 온전하고 장수하며, 반드시 공을 이루면 부하고 귀해진다.

---

68) [역주] 원서에서는 '勇'으로 되어 있다. 중화서국본에 의거하여 고쳤다.

예(1)은 병렬을 나타내고, 예(2)는 '게다가'라는 의미로 점층을 나타낸다.

제5절 전목구

전목구에 대해 이 절에서는 어순과 관련된 두 가지 문제에 대해 살펴본다. 하나는 전목구가 부사어와 보어로 사용되는 것, 다른 하나는 목적어 앞으로의 전치이다. 이 중 전자에 대해서 중점적으로 살펴본다.

1. 전목구가 부사어와 보어로 사용됨

(1) 전목부사어와 보어의 기본 어순

전목구는 일반적으로 부사어나 보어로 쓰인다. 전목구의 위치는 고대중국어에서 어순이 의미상 활동성을 나타낸다는 특징을 반영한다. 앞의 연용구에 대한 논의에서, 동사성 단어가 함께 조합될 때 어순의 의미상의 특징 중의 하나가 시간성을 나타낸다는 점이라는 것을 알아보았다. 전치사는 어느 정도의 동사성을 가지고 있기 때문에 마찬가지로 시간성을 표현한다. 전치사는 또한 접속사의 성질도 갖추고 있어서, 전목구의 어순에서 시간성을 나타내는 특징 이외에 활동성의 특징도 나타낸다. 여기서 활동성은 하나의 문장에서 활동성이 강한 사람과 사물이 통상적으로 문장의 앞쪽에 나타나며, 활동성이 비교적 약한 사람이나 사물이 문장의 후반부에 위치한다는 것을 말한다. 시간성과 활동성의 두 가지 특징을 통합하여 전치사 구조가 출현하는 위치는 대체로 아래와 같이 나타낼 수 있다.

수반·여사(與事), 여물(與物)·공구·목적 + 행위 + 대상(여물·공구), 대상·처소

활동성과 시간성의 두 방면에서 볼 때, 주체의 주어와 문장에서 위치가 가장 가까운 것은 보통 수반과 여사이며, 그 다음은 여물, 공구와 목적이다. 그래서 그들은 서술어 안에서 통상적으로 앞쪽에 출현한다. 여물, 공구는 어떤 원인에 의해서 행위를 표시하는 동사 뒤에 나타날 수도 있다. 이 점에 대해서는 아래에서 다시 설명하기로 한다. 시간성의 측면

에서 보자면, 원인과 일하는 대상을 포함한 목적은 통상적으로 행위의 앞에 출현한다. 그래서 서술어에서 그들은 일반적으로 행위동사 앞에 나타난다. 대상과 처소는 활동성이 가장 약하기 때문에 통상적으로 마지막에 위치한다. 대상의 활동성은 처소나 대상보다는 강하기 때문에 그들의 앞에 위치한다. 다음에서 몇 가지 예문을 통해 이러한 어순 관계에 대해 예를 들어 보기로 한다.

(1) 衛人以燕師伐鄭. (『左傳·宣公12年』) 위나라 사람들이 연나라의 군대를 써서 정나라를 쳤다.

(2) 秋七月戊戌, 楚子與若敖氏戰于皐滸. (『左傳·宣公4年』) 가을 칠월 무술일에 초자가 약오씨와 고허(皐滸)에서 싸웠다.

예(1)의 전목구 부사어는 수반을 표시하는데, 주체와 함께 그 다음의 행위에 참여하는 비교적 강한 활동성을 갖고 있다. 예(2)에서 전목구 부사어는 여사를 나타내는데, 역시 주체와 함께 그 다음의 행위에 참여한다. 그들은 모두 동사 '伐', '戰'의 앞에 쓰였는데, 예(1)의 정나라는 대상이고, 예(2)의 '고허(皐滸)'는 처소를 나타내며 모두 동사의 뒤에 쓰였다. 아래는 여물과 공구 그리고 대상 등을 포함하는 예문이다.

(1) 堯以天下讓於子州支父. (『呂氏春秋·貴生』) 요는 천하를 자주지보에게 양보했다.

(2) 靈姑浮以戈擊闔廬. (『左傳·定公14年』) 영고부는 창으로 합려를 때렸다.

예(1), (2)의 전목구 부사어는 여물과 공구로 구분되는데, 이 역시 비교적 강한 활동성을 갖기 때문에 동사 앞에 사용되었다. 동사 뒤의 자주지보는 대상을 표시하고, 합려는 대상을 표시한다. 다음으로 목적과 원인 그리고 일하는 대상을 살펴보자.

(1) 江乙爲魏使于楚. (『戰國策·楚策1』) 강을은 위나라를 위해 초나라에 사신으로 갔다.

(2) 天行有常, 不爲堯存, 不爲桀亡. (『荀子·天論』) 하늘의 행함은 일정함이 있어서 요라고 해서 존재케 하지 않고, 걸이라고 해서 망하게 하지 않는다.

(3) 叔魚曰, "待吾爲子殺之." (『國語·晉語8』) 숙어가 말했다. "내가 그대를 위해 그를 죽이는 것을 기다리라."

예(1)의 부사어는 목적을 표시하며 동사의 앞에 쓰였다. '於楚'는 처소를 표시하며 동사의 뒤에 쓰였다. 예(2), (3)에서 각각의 전목구 부사어는 원인과 일하는 대상이 되는데, 모두 동사의 앞에 쓰였다.

앞에서 이미 제시한 대로, 전목구 부사어 중에 가장 자주 보이는 것은 공구와 수반이다. 전치사보어 중에 가장 자주 보이는 것은 처소와 대상보어이다. 이러한 부사어와 보어가 가장 자주 보이는 것은 어순의 의미 특징 중 활동성에서 비롯된 것이다.

(2) 전목구 부사어와 보어의 위치변화

이상에서 살펴본 것이 전목구의 기본어순이지만, 언어는 매우 융통성 있는 것이라서 실제 상황은 훨씬 복잡하다. 구법, 의미, 수사 등의 영향으로 변화가 있을 수 있다. 그 중 '以'자전목구는 여물, 공구를 나타낼 때 부사어가 보어로 변하는 경우가 가장 자주 보인다. 이런 변화는 아래의 네 가지 원인에서 비롯된 것이다.

1) 술어의 구조는 복잡하지 않은데 '以'자전목구가 복잡하면 대개 동사의 뒤에 놓인다.

(1) 又重之以寡君之不祿, 喪亂並臻. (『國語·晉語2』) 또 우리 군주께서 붕어하신 일이 더해졌으니 상과 난이 함께 이르렀습니다.

(2) 及宋, 宋襄公贈之以馬二十乘. (『左傳·僖公23年』) 송에 이르러, 송양공이 그에게 말 이십승을 선물해 주었다.

(3) 鄭人賂晉侯以師悝[69], 師觸, 師蠲. (『左傳·襄公11年』) 정나라 사람들은 진후에게 악사인 이, 촉, 견을 뇌물로 주었다.

(4) 立適以長不以賢. (『公羊傳·隱公元年』) 적자를 세울 때에는 나이로 하지 현명함으로 하지 않는다.

예(1)에서 '以'의 목적어는 '之'자구이고, 예(2)는 수량구, 예(3)은 연합구, 예(4)는 두 개의 '以'자전목구가 합쳐진 것이다. 이상 '以'자전목구는 모두 비교적 복잡하여 보어로 쓰였다.

---

69) [역주] 원서에서는 '陲'으로 되어 있다. 십삼경주소본에 의거하여 고친다.

2) 술어에서 '之' 등의 대체사가 목적어가 될 때, '之'가 지시하는 대상과 가까이 두기 위해서 '以'자전목구를 뒤로 옮겨서 보어가 되게 할 수 있다.

(1) 千乘之國, 攝乎大國之間, 加之以師旅, 因之以饑饉. (『論語・先進』) 천승의 수레를 갖고 있는 나라가 대국의 사이에 껴서 그 나라에 병란이 더해지고 이 때문에 기근이 든다.

(2) 五畝之宅, 樹之以桑, 五十者可以衣帛矣. (『孟子・梁惠王上』) 오무의 땅에 뽕나무를 심는다면 나이 오십 먹은 사람들이 비단 옷을 입을 수 있다.

예(1)의 '以' 앞의 '之'는 천승의 수레를 갖는 나라를 지칭한다. 지시하는 대상에 근접하기 위해 '以'자전목구는 술어 '加'의 뒤에 쓰였다. 예(2)도 이와 비슷하다.

3) 본래 동사의 앞에 써야 할 부사어가 동사 뒤로 이동하는 문장형식의 변화는 '以'자전목구를 돌출시키거나 강조하는 작용을 한다.

(1) 屈到嗜芰. 有疾, 召其宗老而屬之曰, "祭我必以芰." (『國語・楚語上』) 굴도가 마름을 좋아했다. 병에 걸리자 큰아들을 불러 당부하여 말했다. "나에게 제사지낼 때에는 반드시 마름을 올려다오."

(2) 且吾聞成公之生也, 其母夢神規其臀以墨. (『國語・周語下』) 또한 내가 듣기에 성공이 태어날 때에 그의 어머니가 꿈을 꾸었는데 신이 성공의 볼기에 먹으로 동그라미를 그리려 하였다고 했다.

(3) 王笑曰, "是誠何心哉 我非愛其財而易之以羊也." (『孟子・梁惠王上』) 왕은 웃으며 말했다. "이는 진실로 무슨 마음인가? 나는 내 재물을 아껴서 이를 양으로 바꾼 것이 아니다."

예(1)의 굴도는 마름을 좋아해서 그에게 제사지낼 때에 반드시 마름을 올리게 했다. 후에 그의 아들이 따르지 않아서 예문과 같이 문장을 전개한 것이다. 여기서 '芰'는 작자가 돌출시키고자 하는 사물이었기 때문에 이를 동사의 뒤에 사용했다. 예(2)에서는 '墨'을 강조했는데, 성공이 나중에 '墨臀'이라고 불리기 때문이다. 예(3)의 앞에는 줄곧 '以羊易之'라고 말하였으니 '以羊'은 부사어로 쓰였다. 이 부분에서 '易之以羊'이라고 한 것은 이 말의 앞에서 맹자가 "王若隱其無罪而就死地, 則牛羊何擇焉?(왕께서 만일 죄 없이 죽으러 가는 것을 불쌍히 여기셨다면 소와 양을 어찌 가리셨습까)"이라고 말하면서 소와 양이 차이가 없다는 것을 강조했기 때문에, 양혜왕은 자신이 자신의 재물을 아끼는 것이 아니라는 것을 설명하려고 '소'와 대비하여 '양'을 강조하기 위해서 보어를 써서 이야기한 것이다.

　4) 대우(對偶)와 배비문[排比句]에서 '以'자전목구를 뒤에 둘 수 있다.

　　　(1) 道之以文, 行之以順, 勤之以力, 致之以死. (『國語・晉語9』) 문으로 인도하고, 순응함으로
　　　　행하고, 힘으로 면려하고 죽음으로 이른다.
　　　(2) 道之以訓辭, 奉之以舊法, 考之以先王. (『左傳・昭公5年』) 가르침으로 인도하고, 옛 법으로
　　　　받들며 선왕과 비교해본다.

예(1)은 대우이고, 예(2)는 배비로, '以'자전목구는 모두 보어로 쓰였다.

'以'자 외에 처소가 행위의 기점을 나타낼 때 시간성의 측면에서 말하자면 일반적으로 동사의 앞에 놓인다. 이 점은 전치사 '自'가 비교적 명확하게 보여준다. '自'로 구성된 처소의 전목구는 75%가 동사의 앞에 놓이며 25%가 동사의 뒤에 놓인다. 동사의 뒤에 놓이는 것은 '至', '出', '入', '反(返)' 네 개 동사의 뒤에 놓이는 것이 절대다수이다.

　　　(1) 秋八月, 蔡季自陳歸于蔡. (『春秋・桓公17年』) 가을 팔월에 채계가 진에서부터 채로 돌아
　　　　왔다.
　　　(2) 蘇秦自燕之齊. (『戰國策・齊策4』) 소진이 연에서 제로 갔다.
　　　(3) 元年春, 公及夫人嬴氏至自王城. (『國語・晉語4』) 원년 봄에, 공이 부인 영씨와 함께 왕성에
　　　　서 도착했다.

예(1)의 '自陳'은 행위의 기점으로 여기에선 시간상의 특징에 따라, 처소를 표시하는 전목구가 동사의 앞에 놓인 것이고, 예(2)도 이와 비슷하다. 예(3)은 동사 '至'의 뒤에 놓였다.

2. 전치사의 목적어 전치

전치사는 동사의 성질을 지니고 있기 때문에, 동사와 마찬가지로 목적어를 전치할 수

있다. 하지만 전목구는 통상적으로 서술어가 되지 않으며, 목적어 전치를 구성할 때에도 동사와 다른 특징을 보여준다. 일반적으로 말해서 전치사 중 '以', '爲', '與'의 동사성은 비교적 강하기 때문에 자주 목적어를 전치한다. 그 외에 전치사가 전치된 목적어를 수반하는 수량은 매우 적다.[70)]

1) 의문대체사는 전치사 '以', '爲', '與'의 전치 목적어로 기능한다.

 (1) 釋此三者, 何以事夫子. (『左傳‧文公6年』) 이 세 가지를 버려두고 무엇으로써 조돈을 섬길 것인가?
 (2) 今子何爲中門而立? (『韓非子‧外儲說左下』) 그대는 어째서 문 가운데에 서 있는가?
 (3) 是襄子無國, 晉陽無君也, 尙誰與守哉? (『韓非子‧難一』) 이는 양자에게는 나라가 없는 것이오, 진양에는 군주가 없는 것인데, 그런데도 누구와 더불어 지키겠습니까?

2) 대체사 '是'는 단독으로 쓰여 전치사 '以' 앞으로 옮겨지는 경우가 가장 많다.

 (1) 敏而好學 不恥下問 是以謂之文也. (『論語‧公冶長』) 민첩하고 배우기를 좋아하며, 아랫사람에게 묻기를 부끄러워 않았다. 이 때문에 文이라고 한다.
 (2) 三施而無報, 是以來也. (『左傳‧僖公15年』) 세 가지를 베풀면서도 보답을 바라지 않으니 이런 까닭에 오게 되는 것입니다.

3) '爲'는 '是', '之'와 같은 중복 지시대체사를 통해 목적어 전치가 이루어진다. '與'나 '自'도 역시 이런 식으로 쓰일 때가 있다.

 (1) 齊侯曰, "豈不穀是爲? 先君之好是繼, 與不穀同好如何?" (『左傳‧僖公4年』) 제후가 말했다. "어찌 나를 위하는 것이겠는가? 선대 군주 때 맺은 우호를 지속시키는 것이니, 나와 잘 지내는 것이 어떻겠는가?"
 (2) 我一人之爲, 非爲楚也. (『左傳‧襄公28年』) 난 한사람 자신을 위한 것이지, 초나라를 위하는 것이 아니다.

---

70) 전치사의 동사성에 대해서는 제4장 3절 전치사를 참고할 수 있다.

(3) 晉居深山, 戎狄之與鄰, 而遠於王室. (『左傳·昭公15年』) 진나라는 깊은 산에 거하면서 융적과 더불어 이웃하고 있으며 왕실과는 멀다.

(4) 至於莊宣, 皆我之自立. (『左傳·襄公25年』) 장공, 선공에 이르기까지 모두 우리(정나라)가 세워준 것이다.

4) 전치사 앞에 위치한 명사는 목적어가 전치된 것으로 간주할 수 있다.

(1) 君若以力, 楚國方城以爲城. 漢水以爲池, 雖衆, 無所用之 (『左傳·僖公4年』) 군께서 만일 무력으로 하신다면, 초나라는 방성을 성으로 삼고 한수를 못으로 삼을 것이니 비록 사람이 많다해도 쓸 곳이 없을 것입니다.

(2) 信以守禮, 禮以庇身, 信禮之亡, 欲免, 得乎? (『左傳·成公15年』) 믿음으로서 예를 지키고, 예로서 몸을 보호하는 것인데 믿음과 예가 없다면 비록 (화를) 면하려고 한들 가능하겠는가?

이상의 두 가지 예는 모두 목적어전치로 간주할 수 있다. 다만 이런 전치 목적어들은 화제가 되는 경우가 많은데, 예(2)의 경우 표현이 더욱 명확해서 이를 주어로 간주하는 사람도 있다.

제6절 계수구

계수구는 정수(整數), 분수(分數), 배수(倍數), 허수(虛數), 약수(約數) 등을 나타낼 수 있다 . 그 중 대부분은 기수(基數)이고, 서수(序數)를 표시하는 경우는 많지 않다. 여기서는 함께 소개하기로 한다.

1. 정수

정수에 관해서는 세 가지 문제에 대해 살펴본다. 1. 위수(位數)와 개수(個數). 2. 정수(整數)의 표시. 3. '一'과 '二'.

(1) 위수와 개수

'一'부터 '九'까지는 개수이고, '十', '百', '千', '萬', '億' 등은 위수이다. 개수와 위수는
단독으로 문장성분이 될 수 있으며, 함께 계수구를 구성하여 문장 성분이 될 수도 있다.
몇 가지 수사가 조합되어 계수구를 구성할 때, 위수는 일반적으로 높은 것에서 낮은 순으
로, 큰 것에서 작은 순으로 배열하지만, 개수는 이와 같은 제한이 없다.

> (1) 凡四極之內,東西五億有九萬七千里,南北亦五億有九萬七千里. (『呂氏春秋·有始』) 세상에
> 는 동서의 길이가 오억구만칠천리이고, 남북 역시 오억구만칠천리이다.
> (2) 戌五萬九千四十九分三萬二千七百六十八. (『史記·律書』) 황종(黃鐘)에서의 술(戌)은 그 길
> 이가 32,7698/59,049이다.

예(1)의 '億', '萬', '千', 예(2)의 '萬', '千', '百', '十'은 모두 위수이며, 그들은 모두 높은
것에서 낮은 순으로, 큰 것에서 작은 것의 순서로 배열한다. 예(1)의 '五', '九', '七', 예(2)
의 '三', '二', '七', '六', '八' 등의 개수는 순서제한이 없다.

(2) 정수의 표시

정수를 표시하는 계수구에서 영위(零位)를 나타내는 수사를 기재하지 않으며, 위수를
'有'로 연결하는 경우도 있다.

> (1) 三千七十一級. (『史記·衛將軍驃騎列傳』) 삼천 칠십 일급.
> (2) 士文伯曰, "然則二萬六千六百有六旬也." (『左傳·襄公30年』) 사문백이 말했다. "그렇다면
> 이만 육천 육백 하고 육십일이다."
> (3) 割地而朝者三十有六國. (『韓非子·五蠹』) 땅을 나눠주어 조회하는 자가 서른하고 여섯 나
> 라이다.

예(1)의 '三千'과 '七十'은 직접 연결되었는데, 그 사이에는 백 단위의 영위를 표시하는
수사가 없다. 예(2)의 '百'과 개수 간에는 영위를 표시하는 수사를 사용하지 않고 '有'를
사용했다. 예(3)의 경우 '十'과 개수 사이에 '有'를 사용했다.

(3) '一'과 '二'

'一', '二'는 상용되는 수사이다. '一'은 '壹'로 쓰는 경우가 있으며, '二'를 나타내는 경우에 '兩'을 사용해야 할 경우가 있다. 이 두 가지 수사는 용법상 기타 수사와는 다른 점이 있는데, 다음에서 나누어 소개해 보기로 한다.

1) '一', '壹'

1) 단독으로 사용되는 개수 '一'은 종종 생략되기도 한다.

> (1) 凡九州, 千七百七十三國. (『禮記·王制』)　구주는 (일)천 칠백 칠십 세 나라이다.
>
> (2) 然而晉人與姜戎要之殽而擊之, 匹馬只輪無反者. (『公羊傳·僖公33年』)　그렇지만 진나라 사람들이 강융과 더불어 효를 차지하기 위해 공격했을 때, 한 필의 말이나 한 대의 수레도 돌아오지 않았다.
>
> (3) 丑父寢於轏中, 蛇出於其下, 以肱擊之. (『左傳·成公2年』)　축보가 수레에서 자는데 뱀 한 마리가 그 아래에서 나오니 팔뚝으로 이를 쳤다.

예(1)중 수사 '千', 예(2)중 양사 '匹', '只', 예(3)중 명사 '蛇' 앞에서는 모두 '一'이 생략됐다.

2) '一'은 개수를 표시하는 것 이외에, 동류의 몇 가지 사물을 열거하는데 사용한다.

> (1) 天下有達尊三, 爵一, 齒一, 德一. (『孟子·公孫丑下』)　천하의 존귀한 것이 세 가지가 있으니, 작위가 하나이고, 나이가 하나이며, 덕이 하나이다.
>
> (2) 公襲 卷衣一, 玄端一, 朝服一, 素積一, 纁裳一. (『禮記·雜記上』)　공이 받은 것은 권의 한벌, 현단 한벌, 조복 한벌, 소적 한벌, 훈상 한벌이다.

이상의 두 가지 예는 모두 동류의 사물을 열거하고 있다. 만약 열거하는 것이 두 개의 동일한 사람, 사물일 때 뒤의 '一'은 보통 '다른 하나'를 뜻한다.

> (1) 一人門于句鼆, 一人門于戾丘, 皆死 (『左傳·文公15年』)　한사람은 구맹의 성문에서, 다른 한사람은 여구의 성문에 있었는데 모두 죽었다.

(2) 王使榮叔歸含且賵. 含, 一事也, 賵, 一事也, 兼歸之, 非正也. (『穀梁傳·文公5年』) 왕이 영숙을 시켜 함(죽은 사람 입에 넣는 구슬)과 선물을 함께 보내게 했다. 함은 한 가지 일이고, 선물을 주는 것은 다른 한 가지 일인데 겸하여 보냈으니 바른 행동이 아니다.

예(1), (2)에서 열거하는 것은 동일한 '사람'과 '사물'인데 뒤의 하나는 '다른 하나'의 의미가 있다. 앞의 하나가 말하는 사람 자신을 지칭하기도 하기 때문에, 일은 단독으로 재현될 때에도 '다른 하나'의 의미를 갖는 경우가 있다.

(3) 所謂伊人, 在水一方. (『詩經·秦風·蒹葭』) 이른바 그 사람은, 물가의 다른 한편에 있네.

3) '一'은 동사나 형용사로 쓰일 수 있는데, '통일하다', '오로지 하다', '서로 같다', '일치하다' 등의 의미를 갖는다.

(1) 不知壹天下, 建國家之權稱. (『荀子·非十二子』) 천하를 통일하고 국가를 세우는 방법을 알지 못한다.
(2) 螾無爪牙之利, 筋骨之强, 上食埃土, 下飮黃泉, 用心一也. (『荀子·勸學』) 지렁이는 발톱이나 이빨의 날카로움이나 근골의 강함도 없으면서 위로는 흙먼지를 먹고 아래로는 황천을 마시지만 그 마음 씀이 전일(專一)하다.
(3) 貴貴, 尊賢, 其義一也. (『孟子·萬章 下』) 귀함을 귀하게 여기는 것과 현명함을 존중한 것은 그 뜻이 서로 같다.
(4) 賢聖不明, 道德不一. (『莊子·天下』) 성현이 밝지 않으면 도덕이 일치하지 않는다.

4) 수식어로 사용될 때, '一'은 '모든', '전부'의 의미를 나타내는데, 이런 용법의 일은 구별사(관형의미 일종)와 같은 작용을 한다.

(1) 一國謀之, 何以不亡. (『左傳·宣公14年』) 온나라가 그를 도모하는데, 어찌 망하지 않을 수 있겠는가?
(2) 一人聽之, 一心以爲有鴻鵠將至. (『孟子·告子上』) 한사람은 그것을 들으면서 온 마음은 기러기나 고니가 장차 이를 것을 신경 쓴다.

'一'은 일반적으로 부사어로 사용되기도 하는데 이에 대해서는 제3절 부사구를 참고하라.

2) '兩', '二'

'兩'과 '二'는 모두 '一'보다 하나가 큰 것을 표시하지만 그 용법은 같지 않다.

1) '兩'은 관형어와 부사어로 쓰일 수 있다. 관형어로 쓰일 때는 보통 짝을 이루거나 병립되는 사물을 설명하지만, 이와 같은 의미가 없이 단지 '二'를 말하는 경우도 있다.

> (1) 子華子曰, "甚善! 自是觀之, 兩臂重於天下也." (『莊子‧讓王』) 자화자가 말했다. "매우 좋다. 이로써 보면 두 팔이 천하보다 무겁구나."
>
> (2) 今兩國治戎, 行人不使, 不可謂整. (『左傳‧成公16年』) 지금 두 나라가 전쟁을 하는데, 사자를 보내지 않으면 잘 정돈되었다고 할 수 없습니다.
>
> (3) 王召養由基, 與之兩矢. (『左傳‧成公16年』) 왕은 양유기를 불러 화살 두 개를 주었다.

예(1)의 '臂'는 짝을 이루는 것이다. 예(2)의 '國'은 짝을 이루는 것은 아니지만 병립되는 것이다. 예(3)의 '兩矢'는 짝을 이루는 것도 아니고 병립하지도 않는다.

'兩'이 부사어가 될 때에는 주로 행위의 횟수를 설명하는 것이 아니라 어떤 행위나 변화가 동시에 두 개의 사물과 연관 있음을 나타낸다.

> (1) 目不能兩視而明, 耳不能兩聽而聰 (『荀子‧勸學』) 눈은 두 개로 동시에 본다고 밝아지지 않고, 귀는 두 개로 동시에 듣는다고 잘 들리지 않는다.
>
> (2) 魏兩用犀首張儀, 而西河之外亡. (『韓非子‧說林上』) 위나라에서는 서수와 장의를 동시에 등용하였지만 서하의 바깥쪽을 잃었다.

'兩'은 일반적으로 다른 수사와 함께 사용되지는 않으며 그 뒤에 수량사가 오는 경우도 극히 드물다.

2) '二'가 수식어가 될 때에는 통상적으로 두 가지 임의의 사물을 설명하는데, 이 두 가지 사물은 짝을 이루거나 대립하지 않는 경우도 있고, 짝을 이루거나 대립하는 사물인 경우도 있다.

(1) 二子已死 (『韓非子・內儲說上』) 두 아들은 이미 죽었다.

(2) 蟹六跪而二螯. (『荀子・勸學』) 게는 여섯 개의 발과 두 개의 집게발이 있다.

(3) 天禍鄭國, 使介居二大國之間. (『左傳・襄公9年』) 하늘이 정나라에게 화를 내려서 두 대국 사이에 있게 했다.

예(1)의 '子'는 짝을 이루거나 병립되는 것이 아니고, 예(2)의 '螯'는 짝을 이루는 것, 예 (3)의 '大國'은 병립하는 경우이다.

2. 분수와 배수

분수와 배수는 두 가지 서로 다른 방식으로 표시한다. 수사를 써서 표시하는 것이 하나 이고, 다른 하나는 수사와 다른 단어를 함께 조합하여 표시하는 것이다.

(1) 분수

1) 분수를 표시할 때, 통상적으로 큰 숫자는 앞에서 분모를 표시하고 작은 숫자는 뒤에 서 분자를 표시한다. 자주 보이는 표현법은 아래의 네 종류이다.

1) 분모와 분자 사이에 '分之'를 사용한다. 이는 현대의 분수를 표시하는 방법과 같다.

(1) 殺士三分之一. (『孫子・謀公』) 군사의 삼분의 일을 죽였다.

(2) 三十里而爭利, 則三分之二至. (『孫子・軍爭篇』) 삼 십리를 행군하여 이로움을 다투면 3분의 2가 도착한다.

2) 분모와 분자사이에 '分'이나 '之'를 사용하며 가끔 '有'를 사용하기도 한다.

(1) 子一分, 丑三分二. (『史記・律書』) 자가 일분이고, 축은 삼분의 이이다.

(2) 于舜之功, 二十之一矣. (『左傳・文公18年』) 순의 공적에 비하면 20분의 1이다.

(3) 生之徒十有三. (『老子・五十章』) 살아있는 무리가 열 명 중의 세 명이다.

명사를 '之'의 앞에 사용하거나 '分之'의 중간에 삽입하는 경우도 있는데, 이런 형식이 자주 보이진 않는다.

(1) 先王之制, 大國不過參國之一. (『左傳·隱公元年』) 선왕의 제도에 큰 나라도 전체 나라의 삼분의 일을 넘지 않습니다.

(2) 歲行三十度十六分度之七. (『史記·天官書』) 목성은 30하고 7/16을 돈다.

3) '分', '之', '有'를 모두 사용하지 않을 수도 있다. 분모와 분자를 직접 연결하는 방법은 십분의 몇을 나타내는 경우 가장 많이 쓰이며, '十'은 '什'으로 쓰기도 한다. 이런 방식으로 다른 분수를 나타내기도 한다.

(1) 古者公田什一. (『穀梁傳·哀公12年』) 옛날에 공전은 십분의 일이었다.

(2) 請野, 九一而助. (『孟子·滕文公上』) 청컨대 야(野)에서는 구분의 일을 세금으로 받으십시오.

(3) 得來還千人一兩人耳. (『史記·匈奴列傳』) 돌아올 수 있었던 사람은 천 명 중에 한 두 명뿐이었다.

4) 이분의 일은 보통 '半'을 써서 표시한다. '半'은 단독으로 쓰일 수도 있고, 수사와 함께 조합하여 사용되기도 한다.

(1) 陳恒弑其君, 民之不與者半. (『左傳·哀公14年』) 진항이 자신의 임금을 시해했을 적에 백성들 중 그와 함께 하지 않는 자가 절반이었다.

(2) 居二日半, 簡子寤. (『史記·趙世家』) 이틀 반이 지나자 간자가 깨어났다.

(2) 배수

배수를 나타낼 때에 통상적으로 작은 숫자를 앞에 쓰고 큰 숫자를 뒤에 쓰거나 혹은 두 개의 동일한 숫자를 연용할 수도 있다. 배수의 계산 결과를 말하기도 한다.

(1) (師曠) 一奏之, 有玄鶴二八, 道南方來. (『韓非子·十過』) (사광이) 한번 연주하자 현학 16마

리가 남방에서 날아왔다.

(2) 凡一鼎而九萬人輓之, 九九八十一萬人. (『戰國策·東周策』) 솥 하나를 구만 명의 사람이 끌었으니 아홉 개의 솥을 끄는데 81만 명이었다.

배수를 표시할 때 '倍'를 사용할 수도 있다. 2배를 표시할 때는 '倍'를 단독으로 사용할 때도 있지만 목적어를 수반하는 것이 보통이다. 2배보다 많을 경우에는 수사를 덧붙여 사용하기도 한다.

(1) 故事半古之人, 功必倍之. (『孟子·公孫丑上』) 그러므로 일은 옛사람의 반에 불과해도 공은 반드시 그 배가 될 것이다.

(2) 田肥以易則出實百倍. (『荀子·富國』) 땅이 비옥하여 경작하기 쉽다면 수확을 맺는 것이 백배가 될 것이다.

3. 약수와 허수

(1) 약수

약수는 대략의 수량을 나타내는 것인데 아래 몇 가지 방식으로 표현한다.

1) 단순히 수사만을 사용해서 나타낸다. 인접한 개수나 위수를 조합하여 함께 약수를 표시하는 방식이 자주 쓰이며 이 중 '二三'이 특히 자주 보인다. 이런 약수는 주로 관형어로 사용된다.

(1) 二三子不能事君, 焉用厥也? (『左傳·成公17年』) 당신들 몇몇이 임금을 섬길 수 없다고 해서 무슨 부족함이 있겠는가?

(2) 漢兵出塞六七里, 夜圍右賢王. (『史記·匈奴列傳』) 한나라 군대는 요새를 나와 육칠리를 행군하여 밤에 우현왕을 포위했다.

(3) 雖千萬人, 吾往矣. (『孟子·公孫丑上』) 비록 천명이나 만명이 있더라도 나는 갈 것이다.

앞의 두 가지 예는 인접한 개수가, 마지막 예는 인접한 위수가 약수를 표시했으며, 모두 수식어로 사용되었다. 분수의 분자 중에도 약수가 자주 보인다.

> (1) 會天寒, 士卒墮指者什二三. (『史記·高祖本紀』)　마침 날씨가 추워져서 사졸들 중에 (동상으로) 손가락이 떨어져 나간 이가 열에 두셋이었다.
>
> (2) 漢兵物故什六七. (『史記·匈奴列傳』)　한나라 병사 중에 죽은 이가 열에 예닐곱이었다.

이상의 두 가지 예는 모두 분자에 약수가 사용되었다.

단지 위수만을 설명하고 그 뒤의 개수는 생략해도 약수를 나타낼 수 있다.

> (1) 名川三百, 支川三千, 小者無數. (『莊子·天下』)　이름난 하천이 삼백여 개이고 지천은 삼천여 개이며, 작은 것은 수도 없이 많다.
>
> (2) 以大侯不過萬家, 小者五六百戶. (『史記·臣侯者年表』)　크게 봉하게 된 후도 녹읍이 만여 가를 넘기지 않고 작은 사람은 오륙백 호이다.

여기서의 '三百', '三千', '萬'은 모두 정확한 수가 아닌 약수이다.

2) 약수는 '數', '餘', '若干(而)' 등을 써서 표시할 수도 있다. 이 외에도 '可', '且', '將', '幾', '所', '許' 등을 써서 나타내기도 한다. '數'는 단독으로 수식어가 될 수 있으며 수사와 함께 조합하여 사용하기도 한다. 수사와 함께 조합해서 사용될 때 대부분 수사의 앞에 쓰이지만 수사의 뒤에 쓰이는 경우도 있다.

> (1) 堂高數仞. (『孟子·盡心下』)　당의 높이가 수 길이다.
>
> (2) 籍所擊殺數十百人. (『史記·項羽本紀』)　항적이 때려죽인 이가 수 십 수 백 사람이었다.
>
> (3) 此十數人者, 皆世之仁賢忠良有道術之士也. (『韓非子·難言』)　이 십여 명의 사람은 모두 세상의 어질고 현명하고 충성스럽고 진실된 도술이 있는 선비들이었다.

예(1)의 '數'는 단독으로 사용되었고, 예(2)는 수사의 앞에, 예(3)은 수사의 뒤에 사용되었다.

'餘'는 수사나 수량구의 뒤에 쓸 수 있다. 수사나 수량구와 '餘'의 사이에 '有'를 덧붙이기도 한다.

(1) 死傷者歲百餘人. (『莊子·說劍』) 죽거나 다친 사람이 일 년에 백여 사람이다.

(2) 踏火而死者, 左右百人有餘. (『墨子·兼愛中』) 불을 밟아 죽은 사람이 좌우에 백여 사람이었다.

예(1)에서는 수사, 예(2)에서는 수량구의 뒤에 쓰면서 '有'를 덧붙였다. '若干'(또는 '若而')은 통상 단독으로 사용된다.

(1) 吾攻國覆軍殺將若干人矣. (『墨子·天地上』) 내가 나라를 공격하고 군대를 무찌르며 장수를 죽인 것이 약간 된다.

(2) 夫婦所生若而人. (『左傳·襄公12年』) 저 부인이 낳은 자식이 약간 명이다.

수사의 앞에 '可', '且', '將', '幾'를 더하고, 수사의 뒤에 '所', '許' 등의 단어를 덧붙여서 약수를 표시할 수도 있다.

(1) 烏孫在大宛東北可二千里. (『史記·大宛烈傳』) 오손은 대원에서 동북쪽으로 이천리 정도 떨어져 있다.

(2) 北山愚公者, 年且七十. (『列子·湯問』) 북산의 우공이란 사람은 나이가 거의 칠십이 다 되었다.

(3) 今滕絶長補短, 將五十里也. (『孟子·滕文公上』) 지금 등나라는 긴 곳을 잘라 짧은 곳을 더하면 거의 오십 리가 됩니다.

(4) 蒙霧露, 沐霜雪, 行幾十年. (『漢書·韓安國傳』) 이슬을 맞고 눈서리에 머리를 감으며 다닌 지가 거의 십 년이 되었다.

(5) 其巫, 老女子也, 已年七十, 從弟子女十人所. (『史記·滑稽列傳』) 그 무당은 늙은 여자로 나이가 이미 칠십이었는데 따르는 남녀가 열 명쯤이었다.

(6) 赴河死者, 五萬許人. (『後漢書·皇甫嵩傳』) 강에 달려가 죽은 사람이 오만 명 정도였다.

예(1)~(4)는 수사 앞에 각각 '可', '且', '將', '幾'를, 예(5)~(6)는 수사의 뒤에 각각 '所'

와 '許'를 더한 경우이다.

(2) 허수

허수는 주로 정확치 않지만 많은 수량을 표시한다. 보통 허수를 나타내는 것은 '三', '九', '百', '千', '萬' 등이다. 쉽게 계산할 수 있는 범위 내에서 '삼'은 일반적으로 많음을, '구'는 매우 많음을 표시한다. 계산하기 쉽지 않은 범위 내에서 '백'은 일반적인 많음을, '만'은 무척 많음을, '천'은 앞의 두 가지 사이를 나타낸다. 허수는 통상 부사어와 관형어로 사용된다.

(1) 一沐三握髮, 一飯三吐哺. (『史記·魯世家』) (현인이 방문했다면) 한번 머리 감는 중에도 여러 차례 감던 머리를 쥐었으며, 한번 밥을 먹는 동안에도 여러 차례 먹던 밥을 뱉어냈다.

(2) 公輸盤九設功城之機變, 子墨子九距之. (『墨子·公輸』) 공수반이 여러 차례 공성기계를 설치했으나 자묵자는 매번 막아냈다.

(3) 夫春氣發而百草生. (『莊子·庚桑楚』) 봄기운이 발하고 온갖 풀이 피어난다.

(4) 夫千里之遠, 不足以擧其大. (『莊子·秋水』) 천리의 먼 거리라도 그 큼을 들 수 없다.

(5) 其知慮足以應待萬變. (『荀子·君道』) 그 헤아림이 온갖 변화에 응대할 만하다.

예(1), (2)는 허수가 부사어로, 예(3)~(5)는 허수가 관형어로 사용되었다.

제7절 수식구, 동격구

이 두 종류의 구는 모두 체언성이므로 묶어서 소개하기로 한다.

1. 수식구

수식구에 관해서 우리는 두 가지 문제에 대해 이야기하기로 한다. 첫째, 수식구 중의 수식어, 둘째, 수식구 중의 '之'이다.

(1) 수식구 중의 수식어

수식구에서 수식어로 사용되는 것은 용언성 어휘나 체언성 어휘가 될 수 있다.

1) 용언성 수식어

용언 중 수사, 수량구, 형용사 등은 보통 수식어로 사용되며 동사성구도 역시 수식어로 사용된다. 동사 하나만으로 수식어가 되는 경우도 있으며 주술구 역시 수식어가 될 수 있다.

수사나 수량구가 수식어가 될 때 일반적으로 제한성을 가지며 사물의 수량, 가치, 크기, 시간 등을 표시한다. 이런 수식어는 명사의 앞에 혹은 명사성 어휘의 뒤에 사용될 수 있다. 다음은 앞에 사용된 경우이다.

> (1) 今御驪馬者, 使四人人操一策. (『呂氏春秋·執一』) 지금 검은 말을 모는 사람은 네 사람으로 하여금 사람마다 각각 하나의 채찍을 들게 한다.
> (2) 夫身中大創十餘, 適有萬金良藥, 故得無死 (『史記·魏其武安侯列傳』) 몸에 큰 상처를 입은 것이 십여 곳이었지만, 때마침 만금의 값어치가 나가는 좋은 약이 있어서 죽지 않을 수 있었다.
> (3) 毛先生以三寸之舌, 彊於百萬之師. (『史記·平原君列傳』) 모선생은 세 촌의 혀를 가지셨는데 백만의 군사보다도 강하십니다.
> (4) (項羽)持三日糧, 以示士卒必死, 無一還心. (『史記·項羽本紀』) (항우는) 삼일 먹을 양식만을 챙겨서 사졸들에게 반드시 이 곳에서 죽을 것이며 조금도 돌아갈 마음이 없다는 것을 보였다.

예(1)의 수사는 수식어로 쓰여 수량을 표시한다. 예(2)~(4)는 모두 수량구가 수식어로 사용되었다. (2), (3)은 가치와 크기를 표시하며 (4)는 시간을 표시한다. 아래는 뒤에 사용된 경우로 수사나 수량구는 일반적으로 후치수식어로 간주된다.

> (1) 吏二縛一人詣王. (『晏子春秋·內篇雜下』) 관리 두 사람이 한사람을 잡아 왕에게 갔다.

(2) 宋人以兵車百乘, 文馬百駟以贖華元. (『左傳·宣公2年』) 송나라 사람들은 병거 백승과 무늬 있는 말 사백마리로 화원의 속죄금을 냈다.

예(1)의 수사와 예(2)의 수량구는 후치수식어로 사용되었다.

형용사가 수식어가 될 때에는 일반적으로 수식성이 있으며 주로 성질, 특징 등을 표시한다.

(1) 汝將行, 盍志而子美德乎. (『荀子·堯問』) 네가 장차 떠나려함에 어찌 너의 아름다운 덕을 기억하려 하지 않는가?
(2) 行前者還報曰, "前有大蛇當徑." (『史記·高祖本紀』) 앞서 갔던 사람이 돌아와 보고했다. "앞에 큰 뱀이 길을 가로막고 있습니다."

이상의 두 가지 예에서 수식어는 모두 형용사인데, 성질과 특징을 표시한다.

동사성 구도 역시 수식어로 상용되는데 주로 피수식어의 행위활동의 특징에 대해 설명하거나 한정한다. 단독으로 쓰인 동사가 수식어가 되는 경우는 비교적 적게 보이는데, 역시 행위활동의 특징에 대해서 피수식어를 설명, 한정하는 역할을 한다.

(1) 人皆有不忍人之心. (『孟子·公孫丑上』) 사람들은 모두 남에게 차마 하지 못하는 마음을 갖고 있다.
(2) 然聞其西可千餘里有乘象國. (『史記·大宛烈傳』) 그런데 그 서쪽으로 천 여리 정도 되는 곳에 코끼리를 타는 나라가 있다는 것을 들었습니다.
(3) 流水不腐. (『呂氏春秋·盡數』) 흐르는 물은 썩지 않는다.

주술구의 수식어는 주로 한정성이 있는데 보다 드물게 보인다.

(1) 呂太后者, 高祖微時妃也. (『史記·呂太后本紀』) 여태후는 고조가 평민이었을 때의 부인이다.
(2) 今中國無狗吠之驚. (『史記·平津侯主父列傳』) 지금 나라 안에는 개가 짖는 놀라운 일(도적

의 폐해)이 없습니다.

2) 체언성 수식어

체언성 어휘 중, 명사성 어휘, 시간사, 방위사, 대체사 등은 보통 수식어가 된다. 명사성 수식어 중 보통명사가 수식어가 되는 때는 보통 한정성이 있으며, 수식성이나 비유성을 갖는 경우도 있다.

(1) 此所謂率土地而食人肉. (『孟子·離婁上』) 이는 이른바 토지를 쫓아 사람 고기를 먹는다는 것입니다.

(2) 故舜彈五弦之琴, 歌南風之詩而天下治. (『史記·樂書』) 따라서 순은 오현의 금을 연주하고 남풍의 시를 노래했는데 천하는 다스려졌다.

(3) 秦, 虎狼之國. (『史記·屈原列傳』) 진은 호랑이, 이리와 같은 나라입니다.

예(1)은 한정성, 예(2)는 수식성, 예(3)은 비유성이다.

고유명사가 수식어가 될 때에는 대부분 한정성을 갖는다.

(1) 齊, 楚之事已畢. (『戰國策·齊策2』) 제나라와 초나라의 일은 이미 끝났다.

(2) 臣在大夏時, 見邛竹杖, 蜀布. (『史記·大宛列傳』) 신이 대하에 있을 때 공 땅의 죽장과 촉 땅의 베를 보았습니다.

명사성 수식어는 동위성이 있을 수 있는데, 이때 수식어와 피수식어는 동일한 내용을 나타내며, 수식어와 피수식어는 각각 분명(分名)과 총명(總名)으로 구별된다.

(1) 心之官則思. (『孟子·告子上』) 마음의 감각기관은 생각을 담당한다.

(2) 秦孝公據殽函之固, 擁雍州之地. (『史記·秦始皇本紀』) 진 효공은 효함의 험난함을 근거로 삼고, 옹주의 땅을 소유했다.

이상의 고유명사가 수식어가 된 경우는 모두 동일한 성격이 있다. 예(1)의 '心'은 분명이고 '官'은 총명으로 마음은 내장기관 중의 하나이다. 예(2)도 이와 유사하다.

시간사, 방위사와 처소를 표시하는 명사가 수식어가 될 때 주로 관련 있는 시간, 방위, 처소 등을 설명한다.

  (1) 君所以不擧五月子者, 何故? (『史記·孟嘗君列傳』) 아버님께서 오월에 태어난 자식을 거두어 기르지 않는 것은 무엇때문입니까?
  (2) 東征而西國怨. (『荀子·王制』) 동쪽으로 정벌하러 가면 서쪽에 있는 나라들이 원망했다.
  (3) 老父相呂后曰, "天下貴人." (『史記·高祖本紀』) 늙은이가 여후의 상을 보고 말했다. "천하의 귀인이로다."

예(1)은 시간사가, 예(2)는 방위사가, 예(3)은 처소를 표시하는 단어가 수식어로 사용되었다. 년, 월을 표시할 때 역법 시간사로 구성된 수식구는 중간에 휴지를 둘 수 있다.

  (1) 三年春, 王三月壬戌, 平王崩. (『左傳·隱公3年』) 삼년 봄, 왕 삼월 임술일에 평왕이 붕어했다.
  (2) 十年春, 王正月庚申, 曹伯終生卒. (『春秋·桓公10年』) 십 년 봄, 왕 정월 경신일에 조백 종생이 죽었다.

이 두 가지 예에서 '三年春', '十年春'은 수식어이고 그 뒤에 점을 찍은 부분이 피수식어로 중간에 휴지를 둔다.

대체사가 수식어가 될 때는 일반적으로 한정성이 있으며 영속(領屬), 지시(指示) 혹은 의문(疑問) 등을 표시한다.

  (1) 非貴我名聲也, 非美我德行也. (『荀子·議兵』) 나의 명성을 귀하게 여기는 것도 아니고 나의 덕행을 아름답게 여기는 것도 아니다.
  (2) 此二子者, 實弑寡君. (『左傳·隱公3年』) 이 두 사람이 진실로 우리 임금을 죽였다.
  (3) 趙氏孤兒何罪? (『史記·趙世家』) 조씨고아에게 무슨 죄가 있는가?

예(1)의 인칭대체사가 수식어가 될 때는 영속, 예(2), (3)은 각각 지시와 의문을 나타내고 있다.

(2) 수식구 중의 '之'

조사 '之'는 수식구의 표지이다. 그것은 수식어, 피수식어를 하나의 온전한 형태로 연결할 수 있다. 수식구 사이에는 '之'를 더하지만, 더하지 않는 경우도 있다. 여기에는 일정한 규칙성이 있긴 하지만, 매우 엄격한 것은 아니어서 개인의 언어습관에 따라 임의적으로 변할 수 있다. 종합하자면 '之'를 더하는 여부의 기본원칙은 다음과 같다. 수식구 사이에 '之'를 더하지 않아도 오해가 일어나지 않을 경우에는 '之'를 쓰지 않는다. '之'를 쓰지 않을 경우 문장 안의 다른 구조와 혼동될 경우에는 '之'를 더한다. '之'를 사용하는 여부는 일종의 음절상의 기세와도 연관이 있다. 음절이 홀수일 때는 '之'를 더하여 짝수를 만드는 경우가 쉽게 보인다. 어떤 학자는 수식구 사이에 '之'를 붙이는 것은 음절의 홀짝수와 관련하여 결정된다고 한다. 우리가 보기에 음절의 홀짝수와 '之'를 더하는 것은 자주 보이는 결과의 하나로서 어느 정도 영향을 끼치는 요소일 것이다. 하지만 이는 기본원칙이 아닐 터인데, 그렇지 않다면 자수가 짝수인 상황에서 '之'를 더하는 원인을 설명할 방법이 없다. 다음에서 수식구에 '之'를 더하는 여부의 상황에 대해 구체적으로 설명하기로 한다.

1) '之'를 더하지 않는 경우
'之'를 더하지 않는 상황은 다음의 네 가지 경우이다.

1) 단음절 단어, 혹은 수식어로 자주 쓰이는 형용사, 명사, 방위사가 수식어가 될 때 그 뒤에는 통상적으로 '之'를 더하지 않는다.

(1) 弃小義, 雪大恥, 名垂於後世, 悲夫! (『史記 · 伍子胥列傳』) 작은 의를 버리고 큰 치욕을 갚았으며 명성을 후세에 드리웠도다. 슬프구나.
(2) 以何具得秦圖書也 (『史記 · 蕭相國世家』) 소하를 시켜 진나라의 도서들을 모두 얻었다.

(3) 東海之鼈左足未入, 而右膝已縶矣. (『莊子・秋水』) 동해의 자라는 왼쪽발이 들어가기도 전에 오른쪽 무릎은 이미 묶였다.

예(1)은 형용사를 수식어로, 예(2)는 명사를 수식어로, 예(3)은 방위사를 수식어로 사용한 경우인데 모두 '之'를 더하지 않았다. 예(2)는 비록 세 음절이긴 하지만 그런데도 '之'를 더하지 않았다. (이후로는 홀수음절이 수식구가 되는 경우에도 일일이 지적하진 않는다.)

2) '誰' 외에 대체사가 수식어가 될 때에는 일반적으로 '之'를 더하지 않는다.

(1) 取我衣冠而褚之, 取我田疇而伍之. (『左傳・襄公30年』) 우리 의관을 취하여 세금을 매기고, 우리 밭을 취하여 세금을 매기네.
(2) 三甥曰, "亡鄧國者, 必此人也." (『左傳・莊公6年』) 삼생이 말했다. "등국을 망하게 할 사람은 반드시 이 사람이다."
(3) 我則悍矣, 彼何罪焉! (『莊子・大宗師』) 나는 사나웠지만, 저들은 무슨 죄인가.

이상의 세 가지 예는 인칭대체사, 지시대체사, 의문대체사가 수식어가 된 경우인데 모두 '之'를 더하지 않았다. 대체사 중 '余'와 '朕', '爾'는 '之'를 더한 예문이 드물게 보인다. '誰'가 수식어가 될 때에는 일반적으로 '之'를 더하는데 더하지 않는 경우도 있다.

(1) 是余之罪也夫, 身毀不用矣. (『史記・太史公自序』) 이는 나의 잘못이로구나. 몸이 훼손되어 쓸 수 없게 되었다.
(2) 厥愆, 曰, "朕之愆." (『尙書・無逸』) 잘못이 있다면 말했다. "나의 잘못이다."
(3) 昔高后成湯與爾之先祖俱定天下. (『史記・殷本紀』) "예전에 훌륭하신 임금 성탕과 너의 선조가 함께 천하를 안정시켰다.
(4) 子爲元帥, 師不用命, 誰之罪也? (『左傳・宣公12年』) 그대가 원수가 되었는데 군대가 명령을 듣지 않는다면 누구의 잘못인가?
(5) 問, "驂馬, 誰馬也?" (『戰國策・宋衛策』) 물었다. "참마는 누구의 말인가?"

수사는 단음절인 경우와 다음절인 경우를 막론하고 수식어가 될 때에는 일반적으로

'之'를 더하지 않는다.

> (1) 八州, 州二百一十國. (『禮記 · 王制』) 8주가 있고, 주마다 210개의 나라가 있다.
>
> (2) 代四十六縣, 上黨七十縣. (『韓非子 · 初見秦』) 대는 46개의 현이 있고, 상당은 70개의 현이 있다.

3) 선진시기에는 상용되지 않았던 천연 양사가 수식어가 될 때에는 일반적으로 '之'를 더하지 않는다. 3장 6절의 양사를 참고하길 바란다.

2) '之'를 더하는 경우

수식어에 '之'를 더하는 것은 주로 일곱 가지 방면의 요인과 관련 있다. 이 일곱 가지 요인 중 앞의 세 가지는 수식어와, 뒤의 네 가지는 피수식어 및 문장의 구조와 관계있다.

1) 인명이 수식어가 될 때에는 일반적으로 '之'를 더해야 한다.

> (1) 禹之聲尙文王之聲. (『孟子 · 盡心下』) 우임금의 소리가 문왕의 소리보다 뛰어나다.
>
> (2) 宋義論武信君之軍[71]必敗. (『史記 · 項羽本紀』) 송의는 무신군의 군대가 반드시 패할 것에 대해 논했다.
>
> (3) 今孟嘗君之地方百里, 而因欲以難寡人猶可乎? (『呂氏春秋 · 不侵』) 지금 맹상군의 땅은 사방 백리인데 이로써 과인에게 난을 일으키려고 한들 가능하겠는가?

인명이 시간사를 수식해서 연대를 표시하는 것과 인명이 친속단어를 수식하는 경우는 예외가 된다.

> (1) 趙惠文王十六年, 廉頗爲趙將伐齊, 大破之. (『史記 · 廉頗藺相如列傳』) 조혜문왕 16년에 염파가 조나라의 장수가 되어 제나라를 쳤는데 크게 이겼다.
>
> (2) 四年, 迎婦於晉, 晉太子申生姉也. (『史記 · 秦本紀』) 4년에 진나라에서 아내를 맞이했는데 진나라 태자 신생의 누이였다.

---

71) [역주] 원서에서는 '師'로 되어 있다. 중화서국본에 의거하여 고친다.

예(1)의 수식구는 연대를 표시하며, 예(2)의 '姊'자는 친속단어이다.

2) 연합구, 술목구, 연용구, 관형어구는 보통 관형어로 사용되며 부사구가 관형어가 될 때도 있다. 이상의 각종 구가 수식어가 될 때에는 통상적으로 '之'를 더하는데, 문장의 구조가 복잡해질수록 '之'를 더하는 것이 일반적이다. 연합구가 수식어가 될 때 '之'를 더하는 경우가 가장 일반적이다.

(1) 取雞狗馬之血來. (『史記 · 平原君列傳』)   닭과 개, 말의 피를 가지고 왔다.

(2) 無城郭, 宮室, 宗廟, 祭祀之禮. (『孟子 · 盡心上』)   성곽, 궁실, 종묘, 제사의 예가 없다.

이상의 연합구는 수식어로 사용되었다.

다음은 술목구, 연용구가 수식어가 될 때 '之'를 더하는 경우이다.

(1) 子將賊吾君, 而我不言之, 是失爲人臣之道. (『呂氏春秋 · 序意』)   그대가 장차 우리 임금을 해치려하는데 내가 이를 말하지 않는다면 이는 신하된 도리를 잃는 것이다.

(2) 故王之不王, 非挾太山以超北海之類也. 王之不王, 是折枝之類也. (『孟子 · 梁惠王上』)   그러므로 왕께서 왕노릇하지 않으시는 것은 태산을 끼고 북해를 넘는 것과 같은 일이 아닙니다. 왕께서 왕노릇 하지 않는 것은 가지를 꺾는 것과 같은 일입니다.

다음은 수식구가 수식어로 사용될 때 '之'를 더한 것이다.

(1) 善攻者, 動于九天之上. (『孫子 · 形篇』)   정치를 잘하는 사람은 높은 곳에서 움직인다.

(2) 孔子之衛, 遇舊館人之喪, 入而哭之哀. (『禮記 · 檀弓上』)   공자가 위나라에 갔을 때, 예전의 관인이 죽은 일을 당하자 들어가 슬프게 곡했다.

다음은 부사구가 수식어가 될 때 '之'를 더한 경우이다.

(1) 兵者不祥之器. (『老子 · 31章』)   무기는 상서롭지 못한 기구이다.

(2) 子且爲大事, 而我言之, 是失相與友之道. (『呂氏春秋 · 序意』)   그대가 장차 큰일을 하려는데 내가 그것을 말한다면 이는 붕우의 도리를 잃는 것이다.

3) 다음절어가 수식어가 될 때에는 '之'를 더하는 경우가 많다. 의미가 혼동되지 않을 경우에는 '之'를 사용하지 않을 수도 있다.

(1) 繆公自往求之, 見野人方將食之於岐山之陽. (『呂氏春秋·愛』) 무공이 직접 그것을 얻으러 갔는데 야인이 기산의 남쪽에서 그것을 먹으려 하는 것을 보았다.

(2) 凡爲天下之民長也, 慮莫如長有道而息無道. (『呂氏春秋·振亂』) 천하백성의 우두머리가 되어 생각할 것은 도가 있는 것을 기르고 도가 없는 것을 없애는 것이 가장 중요하다.

(3) 上大夫董仲舒, 推春秋義, 頗著文焉. (『史記·十二諸侯年表序』) 상대부 동중서는 춘추의 뜻을 미루어 글을 잘 지었다.

앞의 두 가지 예는 다음절어가 수식어가 될 때인데 모두 '之'를 더하였고, 예(3)은 더하지 않았다. 이상에서 살펴본 세 가지 '之'를 더한 상황은 모두 수식어에 의해 구성되는 경우이고 다음에 설명하는 경우는 '之'를 더하는 상황이 주로 피수식어와 관련 있는 경우이다.

4) 수식어와 피수식어가 모두 구일 경우 특히 '之'의 뒤에 피수식어의 첫 글자가 술어일 경우 일반적으로 '之'를 더한다. 이런 구는 홀수 음절이 형성되기 가장 쉽다.

(1) 非官府之守器也, 寡君不知. (『左傳·昭公16年』) 관부에서 지키는 기구가 아니니 우리 임금은 알지 못합니다.

(2) 可使制梃以撻秦楚之堅甲利兵矣. (『孟子·梁惠王上』) 가히 몽둥이를 들고서 진나라나 초나라의 견고한 갑옷과 날카로운 무기에 대해 몽둥이질하게 할 수 있습니다.

(3) 上不能褒先帝之功業, 下不能抑天下之邪心. (『史記·汲鄭列傳』) 위로는 선제의 공업을 펴지 못하고, 아래로는 천하의 사악한 마음을 억누를 수 없습니다.

이상의 세 가지 예에서 수식어와 피수식어는 모두 구이다. 예(1)의 피수식어 '之'의 뒤는 동사이고, 예(2)의 피수식어 '之'의 뒤에는 형용사이며, 마지막 한 가지 예는 '之'의 뒤가 명사이다. 이들은 모두 홀수 음절이다.

5) 피수식어가 명사나 동사가 모두 될 수 있는 단어인데, '之'를 더하지 않는다면 명사

와 동사를 구분할 수가 없을 경우 '之'를 더하는 것이 일반적이다.

> (1) 楊朱, 墨翟之言盈天下. (『孟子・滕文公下』) 양주와 묵적의 말이 천하에 가득하다.
>
> (2) 齊因孤國之亂, 而襲破燕. (『戰國策・燕策1』) 제나라는 우리나라의 난을 틈타 연나라를 습격하여 물리쳤다.

이상의 예문중의 '言', '亂'은 모두 명사나 동사가 될 수 있다. 이상에서 살펴본 '之'를 더하는지의 여부는 피수식어와 관계있으며, 다음에서 살펴볼 두 종류의 상황은 모두 문법과 관련된다.

6) 수식구가 판단문의 서술어가 될 때 '之'를 더하지 않으면 판단문의 경계를 구분하기 어렵기 때문에 '之'를 더하는 것이 보통이다. 이런 상황도 홀수음절이 형성되기 쉽다.

> (1) 惻隱之心, 仁之端也, 羞惡之心, 義之端也. (『孟子・公孫丑上』) 측은지심은 인의 단서이고 수오지심은 의의 단서이다.
>
> (2) 齊秦合, 非楚之利也. (『戰國策・齊策6』) 제나라와 진나라가 합치는 것은 초나라의 이익이 아니다.
>
> (3) 此二者, 死生存亡之本也. (『呂氏春秋・情欲』) 이 두 가지는 생사존망의 근본이다.

이상의 세 가지 예에서 예(1), (2)는 모두 홀수 음절이고, 예(3)은 짝수 음절이다.

7) 수식구가 전치사의 목적어가 될 때 통상적으로 '之'를 더하여야 한다.

> (1) 以君之明, 子爲大政, 其何厲之有? (『左傳・昭公7年』) 그대의 밝음으로 크게 정치를 행한다면 무슨 근심이 있겠습니까?
>
> (2) 君必施於今之窮士. (『戰國策・東周策』) 임금께서는 반드시 지금의 궁한 선비들에게 베푸십시오.

예(1)에서 수식구는 '以'의 목적어가, 예(2)는 '於'의 목적어가 되었다.

이상에서 소개한 7가지 경우 이외에, 몇몇 단어는 '之'를 더한 것과 더하지 않은 것이 모두 비교적 자주 보인다. 예를 들면 단음절 시간사가 수식어가 될 때가 그렇다.

(1) 古之人修其天爵, 而人爵從之 (『孟子·告子上』) 옛 사람들은 하늘의 녹을 닦으면 사람이 주는 녹은 이를 따라왔다.

(2) 古人有言曰, "雖鞭之長, 不及馬腹." (『左傳·宣公15年』) 옛 사람이 말하길 "비록 채찍이 길어도 말 배에는 미치지 못한다."라고 했다.

어떤 단어는 '之'를 더한 것과 더하지 않은 경우에 의미가 완전히 동일하진 않다.

(1) 因人之力而敝之, 不仁. (『左傳·宣公15年』) 남의 힘을 빌어 그를 피폐하게 하는 것은 인자하지 못하다.

(2) 以萬乘之國伐萬乘之國, 五旬而擧之, 人力不至於此 (『孟子·梁惠王下』) 만승지국으로 만승지국을 벌하는데 50일만에 완전히 승리하였으니, 사람의 힘으론 이렇게 되지 못할 것입니다.

2. 동격

자주 보이는 동격은 다음의 세 종류이다. 1) 보통명사 + 고유명사, 2) 대체사 + 명사, 3) 고유명사 + 고유명사, 보통명사 + 보통명사

(1) 보통명사+고유명사

보통명사성 어휘에 고유명사를 더하여 동격을 구성하는 것은 비교적 자주보이는 형식이다. 이런 종류의 동격에서 보통명사는 왕왕 인물의 직위, 신분, 본적 등을 표시하며, 고유명사는 구체적인 인물을 나타낸다.

(1) 淮陰侯韓信者, 淮陰人也. (『史記·淮陰侯列傳』) 회음후 한신은 회음 사람이다.

(2) 陳良之徒陳相與其弟辛負耒耜而自宋之滕. (『孟子·滕文公上』) 진량의 무리 진상이 그 동생 신과 함께 쟁기와 보습을 메고 송나라에서 등나라로 갔다.

(3) 濮陽人呂不韋賈於邯鄲. (『戰國策·秦策5』) 복양사람 여불위는 한단에서 장사를 했다.

예(1)의 보통명사는 직위를 표시하며, 예(2)의 보통명사는 신분을, 예(3)의 보통명사는 본적을 표시한다. 동일한 직위와 신분의 사람이 하나에 그치지 않을 때에 보통명사성 단어의 뒤에 오는 고유명사도 하나 이상이 될 수 있다.

(1) 狐突之子毛及偃從重耳在秦. (『左傳·僖公23年』) 호돌의 아들 모와 언은 중이를 따라 진나라에 있었다.
(2) 顧楚有可亂者, 彼項王骨鯁之臣亞父, 鍾離昧, 龍且, 周殷之屬, 不過數人耳. (『史記·陳丞相世家』) 초나라를 어지럽게 할 만한 일을 생각해보건대 저 항왕의 강직한 신하인 아부, 종리, 용저, 주은의 무리들은 몇 사람에 지나지 않습니다.

이상에서 동격을 충당하는 고유명사는 모두 하나에 그치지 않는다. 어순이 바뀌어 고유명사가 앞에, 보통명사가 뒤에 사용되는 경우도 있다. 이때의 보통명사성 어휘는 수사가 수식어로 사용되는 경우가 많으며 앞의 고유명사에 대해 총괄하는 역할을 한다.

(1) 臧與穀二人相與牧羊. (『莊子·駢拇』) 장과 곡 두 사람은 함께 양을 쳤다.
(2) 洩氏, 孔氏, 子人氏三族, 實違君命. (『左傳·僖公7年』) 설씨, 공씨, 자인씨의 삼족은 진실로 임금의 명령을 어겼다.

어떤 동격은 세 개의 단어로 비교적 복잡하게 구성되기도 한다.

(1) 公叔文子之臣大夫僎與文子同升諸公. (『論語·憲問』) 공숙문자의 신하인 대부 선이 문자와 함께 공의 당에 올랐다.
(2) 莫如楚共王庶子圍弑其君兄之子員而代之立. (『史記·楚世家』) 초공왕의 서자위가 자신의 임금인 형의 아들 원을 시해하고 그를 대신해서 즉위한 것 만한 것이 없다.

이상의 예문 중 앞의 두 부분은 모두 신분을 표시하며 마지막이 고유명사이다.

(2) 대체사 + 명사

대체사에 명사성 어휘를 더해서 동격을 구성하는 것도 자주 보이는 형식이다. 통상적으로 대체사가 앞에, 명사성어휘가 뒤에 오지만 반대의 순서가 되는 경우도 있다.

(1) 楚子問之. 對曰, "吾一婦人, 而事二夫, 縱弗能死 其又奚言?" (『左傳・莊公14年』) 초자가 그 이유를 물었다. 대답하여 말했다. "저는 일개 부인인데 두 지아비를 섬기면서 죽지도 못했습니다. 무슨 말을 할 수 있겠습니까?"

(2) 天威不違顏咫尺, 小白余敢貪天子之命, 無下拜? (『左傳・僖公9年』) 하늘의 위엄은 조금도 어긋남이 없는데, 소백인 제가, 감히 천자의 명을 탐하여 내려와 절하지 않겠습니까?

예(1)은 대체사에 명사성 어휘를 더한 것이고, 예(2)는 고유명사에 대체사를 더한 것이다.

(3) 고유명사 + 고유명사, 보통명사 + 보통명사

고유명사에 고유명사를 더한 것과 보통명사성 어휘에 보통명사성 어휘를 더한 것도 역시 동위구를 구성할 수 있지만, 앞에서 설명한 두 종류의 동위구만큼 자주 보이진 않는다.

(1) 齊桓公小白霸心生於苢. (『荀子・宥坐』) 제환공 소백의 패자가 되려는 마음은 거땅에서 생겼다.

(2) 爾貢包茅不入, 王祭不共, 無以縮酒, 寡人是徵. (『左傳・僖公4年』) 당신의 나라에서 공물을 들여오지 않아, 천자가 드리는 제사에 제물을 바치지 못하고 제사용 술을 제대로 올리지 못하고 있으니, 과인이 이에 징벌한다.

예(1)은 고유명사에 고유명사를 더한 것이고, 예(2)는 보통명사성 어휘에 보통명사성 어휘를 더한 것이다.

제8절 연체구와 체언성 연합구

연체구와 체언성연합구는 모두 다중심구(多中心句)인데, 전자는 순서가 있고 후자는 순서가 없다. 순서의 유무는 여러 중심단어 사이에 차이가 존재하는지의 여부를 반영한다. 체언성 연합구는 연체구보다 훨씬 적게 보이며, 앞에서 소개한 용언성 연합구보다도 적게 보인다.

1. 연체구

연체구는 순서가 있는 체언성구이다. 이런 종류의 구는 보통 접속사를 사용하지 않는데, 접속사 '及'과 '與'를 사용할 수 있는 경우도 있다. 이 종류의 구에서 단어의 순서는 주로 존비, 중요도[主次], 시간, 서열 등의 네 종류의 의미관계를 나타낸다.
 1) 존비 관계는 주로 사람들의 지위나 항렬상의 선후관계를 반영한다.

> (1) 齊桓公, 管仲, 鮑叔, 甯戚相與飮酒酣. (『呂氏春秋 · 直諫』) 제환공, 관중, 포숙, 영척은 서로 얼큰해지도록 술을 먹었다.
> (2) 何謂六戚? 父母兄弟妻子. (『呂氏春秋 · 論人』) 무엇을 일러 육척이라 하는가? 부모형제처자를 말한다.

예(1)의 네 사람 중 제환공은 임금이고, 관중은 재상이며 포숙아는 제환공의 사부이고, 영척은 농사를 장관하는 대전(大田)인데, 그들은 지위의 높고 낮은 순서에 의해서 배열하고 있다. 예(2)는 주로 가정의 윤리 항렬 관계를 반영하여 기록했다.

 2) 중요도 관계는 주로 사람, 사물의 가장 중요한 것과 그 다음 중요한 것 사이의 관계를 반영한다.

> (1) 九月甲午, 晉侯, 秦伯圍鄭, 以其無禮於晉, 且貳於楚也. (『左傳 · 僖公30年』) 구월 갑오일에 진후와 진백은 정나라를 포위했으니 정나라가 진나라에 대해 무례했으며 또 초나라에 대해서 두 마음을 품었기 때문이다.
> (2) 四瀆者, 江, 河, 淮, 濟也. (『史記 · 封禪序』) 네 개의 강은 강, 하, 회, 제이다.

희공(僖公) 30년 정나라를 포위한 사건에서 진후는 주요 발기자이고 진백은 협조자였기 때문에 예(1)에서 진후는 앞에, 진백은 뒤에 놓였다. 예(2)의 강, 하, 회, 제는 지리상의 중요도 관계에 의해 배열했다.

3) 연체구는 시간의 선후관계를 반영하기도 한다.

> (1) 雖堯舜禹湯復生, 不能改已. (『戰國策·秦策3』) 비록 요순우탕이 다시 살아난다 하더라도 바꿀 수 없을 뿐이다.
> (2) 白起率數萬之師, 以與楚戰, 一戰擧鄢郢. (『戰國策·秦策3』) 백기는 수만의 군대를 이끌고 초나라와 싸웠는데, 한번의 싸움으로 언땅과 영땅을 완전히 점령했다.

이상의 두 가지 예에서 연체구는 시간의 선후관계를 표시한다. 예(1)의 요, 순, 우, 탕은 역사적 시간 순서에 의해 배열했다. 기원전 279년 진나라 장수 백기는 초나라의 별도(別都)인 언을 공격하여 승리했고 다음해에 영을 점령했다. 예(2)의 언, 영은 두 성을 점령한 시간의 선후를 반영한다.

4) 연체구는 서열 관계를 나타내기도 한다.

> (1) 一氣, 二體, 三類, 四物, 五聲, 六律, 七晉, 八風, 九歌, 以相成也. (『晏子春秋·外篇』 (소리역시 음악과 같아서) 첫째 기, 둘째 체, 셋째 류, 넷째 물, 다섯째 성, 여섯째 률, 일곱째 음, 여덟째 풍, 아홉째 가 등이 서로 만들어냅니다.
> (2) 伍, 閭, 連, 縣而隣. (『韓非子·八經』) 오, 려, 연, 현으로 이웃한다.

예(1)은 서수에 따라 배열한 것이고, 예(2)는 행정단위에 따라 배열했다.

2. 체언성 연합구

체언성 연합구는 접속사를 사용하는 것과 사용하지 않는 것의 두 종류가 있다.

1) 접속사를 사용하지 않을 때, 체언성 연합구는 앞에 소개했던 용언성 연합구와 비슷

한 점이 있으며 대부분 어휘화의 경향을 보인다. 이런 연합구는 대부분 순서가 없는데 두 개의 단어로 구성되어 위치를 바꿀 수 있는 경우가 보통이다.

(1) 今寡人息民以養士, 蓄積糧食. (『戰國策·中山策』) 지금 과인은 백성을 쉬게하고 선비를 기르면서 양식을 축적한다.

(2) 取其狗豕, 食糧, 衣裘. (『墨子·魯問』) 개와 돼지, 식량, 옷을 훔친다.

(3) 一天下, 財萬物, 長養人民, 兼利天下. (『荀子·非十二子』) 천하를 통일하고 만물을 재물로 삼고 길이 인민을 기르며 천하의 이익을 겸한다.

(4) 侯主社稷, 臨祭祀, 奉民人, 事鬼神. (『左傳·昭公7年』) 후는 사직을 주로 하고, 제사에 임하며, 백성들을 받들고, 귀신을 섬긴다.

이상에서 제시한 연합구 이외에 다른 체언성 연합구는 비교적 적게 보인다.

(1) 蒲反, 平陽相去百里. (『戰國策·楚策1』) 포반과 평양은 서로 떨어진 것이 백리이다.

(2) 齊, 秦相聚以臨三晉. (『戰國策·秦策3』) 제와 진은 서로 모아 삼진에 임했다.

이상의 두 예에서 명사의 지위는 서로 동등하며 모두 연합구로 간주할 수 있다.

2) 접속사를 사용한 연합구는 접속사 '與'를 사용한 것이 비교적 자주 보이며, '若(或)'을 사용한 경우도 있다.

(1) 孟子對曰, "殺人以梃與刃, 有以異乎?" (『孟子·梁惠王上』) 맹자가 대답했다. "사람을 죽이는데 몽둥이와 칼을 쓰는 것이 다른 점이 있습니까?"

(2) 子罕言利與命與仁. (『論語·子罕』) 선생님께서는 이익, 명, 인에 대해서 드물게 말씀하셨다.

(3) 大夫沒矣, 則稱謚若字. (『禮記·玉藻』) 대부가 죽으면 시호나 자를 칭한다.

예(1)은 '與'를 사용했고, 예(2)는 두 개의 '與'를 연용했으며, 마지막은 '若'을 사용했다.

제9절 조사구

자주 보이는 조사구는 네 종류로서, '者'자구, '所'자구, '之'자구, '其'자구이다. 이 중 '者'자구와 '所'자구는 비교적 많은 공통점을 지니고 있고, '之'자구와 '其'자구의 공통점은 이보다 더욱 많다. 다음에서 각각 소개하기로 한다.

1. '者'자구와 '所'자구

'者'자구와 '所'자구는 모두 체언성 구이다. 앞의 1장에서 우리는 이미 '者'자구와 '所'자구가 일반화 전환 지시를 표시한다고 제시한 바 있다. 이런 일반화 전환 지시가 지칭하는 내용은 일반명사성 어휘가 지칭하는 내용보다 추상적이고 개괄적이다. 그래서 '者'자구와 '所'자구는 일반 체언성 어휘와 마찬가지로 목적어와 주어로 사용되는 것 이외에 다른 명사성 어휘와 조합하여 수식구가 되어 이들이 표시하는 일반성 사물을 한정하기도 한다. 이들이 주어와 목적어가 되는 상황은 일반적인 명사성구와 분명히 차이가 나지 않기 때문에 여기에서 다시 논의하지 않는다. 주로 그들이 수식구를 구성하는 상황에 대해 설명하기로 한다.

1) '者'자구는 그 자신이 수식어가 되는 경우가 매우 드물지만, 그 앞에는 수식어가 붙는 것이 보통이다. 이 수식어는 보통 '者'자구가 지칭하는 사물이나 사건의 범위를 한정한다. 수식어 앞에 '之'를 쓸 수도 있고 쓰지 않을 수도 있다.

(1) 事其大夫之賢者, 友其士之仁者. (『論語・衛靈公』) 대부 중의 현명한 이를 섬기고 선비 중의 어진 사람을 벗한다.
(2) 國之不服者三十三. (『韓非子・十過』) 나라 중에 복종하지 않는 것이 33개이다.
(3) 太子及賓客知其事者皆白衣冠而送之. (『戰國策・燕策3』) 태자와 빈객들 중에 이 일을 아는 사람들 모두 흰옷과 관을 입고 그를 전송했다.
(4) 聖人爲法國者, 必逆於世, 而順于道德. (『韓非子・姦劫殺臣』) 성인이 나라를 다스리는 것은 반드시 세류에는 어긋나면서 도덕에는 순응한다.

이상에서 '之'를 붙이거나 붙이지 않는 수식구에서 수식어는 대부분 사물이나 사건의 전부를 표시하며 피수식어는 사물이나 사건의 부분을 표시하기 때문에 사람들은 이를 수식어 후치로 간주한다. 예컨대 예(1)의 '大夫之賢者'와 예(3)의 '賓客知其事者'는 '賢大夫'와 '知其事之賓客'으로 분석될 수 있다.

2) '所'자구의 앞에 있는 수식어는 통상적으로 '所' 뒤의 동사의 주체가 된다. (제4장 7절을 참고) 이런 수식어 이외에 그 앞에는 일반적으로 수식어를 더하지 않는데 이 때문에 '所'자구는 종종 수식어로 쓰인다. '所'자구의 뒤의 피수식어는 구체적으로 '所'자구가 지칭하는 사물이나 사건을 설명하는데, 이 사물이나 사건은 '所'자구가 지칭하는 것의 일부분이다. '所'자구와 피수식어간에는 대부분 '之'를 붙이지 않지만, 드물게 '之'를 붙이는 경우도 있다.

(1) 秦王謂軻曰, "起, 取武陽所持圖." (『戰國策·燕策3』) 진왕은 형가에게 말했다. "일어나라. 무양이 가지고 있는 지도를 가져 오라."
(2) 仲子所居之室, 伯夷之所築與? 抑亦盜跖之所築與? (『孟子·滕文公下』) 중자가 사는 집은 백이가 지은 것인가? 아니면 도척이 지은 것인가?

예(1)의 '圖'는 구체적으로 무양이 가지고 있는 사물을 설명하는데 '所'자구와 피수식어 사이에 '之'를 붙이지 않았다. 예(2)의 '室'은 중자가 살고 있는 사물을 설명하는데 사이에 '之'를 붙였다.

2. '之'자구와 '其'자구

'之'자구와 '其'자구는 모두 체언성 구이다. 그것들은 본래 문장과는 다르지만 일반적인 체언성 구와도 같지 않다. 어떠한 진술성 내용을 포함하는 체언성 구이다. '之'자구와 '其'자구의 성질과 작용은 대체로 비슷하기 때문에 그것들을 함께 합쳐 두 가지 방면에서 소개하기로 한다.

(1) '之'자구와 '其'자구 및 문장, 절, 주술구

1) '之'자구는 구이며 보통 단독으로 문장을 구성하지 않는다는 점에서 문장과 완전히 다르다. '之'자구는 단독으로 문장에 사용되기도 하지만 이런 경우는 비교적 흔하지 않아서 명사성어휘가 문장에 쓰이는 것과는 근본적으로 다르다.

> (1) 賈大夫曰, "才之不可以已. 我不能射, 女逐不言不笑夫!" (『左傳・昭公28年』) 가대부가 말했다. "재주가 어찌 할 수 없을 뿐입니다. 저는 쏠 수 없습니다. 그대는 끝내 말하지도 웃지도 마십시오."
>
> (2) (伍子胥)每食必祭之, 祝曰, "江上之丈人!" (『呂氏春秋・異室』) (오자서는) 매번 밥을 먹을 때마다 그에게 제사를 지내고 축원하여 말했다. "강가의 노인장이여!"

예(1)은 '之'자구로, 예(2)는 명사성구로 문장을 만든 것이다. 예(1)의 문장은 현대중국어로로 풀이하면 주술구조문과 매우 비슷하다. 하지만 우리는 풀이한 결과를 근거로 그것을 주술구조로 분석해서는 안 된다. 이는 체언성 '之'자구를 문장으로 이해한 것이다. 사실 예(2)도 역시 "강가의 노인이여 흠향하십시오."라는 주술구조로 해석할 수 있지만 (1)과 마찬가지로 번역에 근거해서 명사성구의 구조를 분석해서는 안 된다.

2) 일정한 조건하에서 '之'자구는 절이 될 수 있다. 이때의 '之'자구는 주로 어떤 상황을 표시하며 가정문 복문의 앞의 절을 구성하는데, 이런 복문은 어떤 상황의 가설 하에서 어떤 결과가 나타날 수 있음을 말한다. 이것은 명사성 어휘가 일정한 조건 하에서 절이 되는 것과 다를 바가 없다.

> (1) 皮之不存, 毛將安傅? (『左傳・僖公14年』) 가죽이 없다면 털은 어디에 붙어있을 것인가?
>
> (2) 微子之言, 吾不知也. (『左傳・襄公31年』) 그대의 말이 아니었다면 나는 몰랐을 것이다.

예(1)의 '皮之不存'은 일종의 상황을 가설한 것인데, 이런 상황 하에서 '毛將安傅?'의 결과가 도출된다. 예(2)의 '子之言' 역시 명사성 구인데 접속사 '微'의 뒤에 쓰여 가설을 나타내는 복문에서 앞의 절을 충당한다.[72]

3) 같은 구이지만 '之'자구는 주술구는 차이점이 있다. '之'자구와 주술구의 주요한 차이는 주술구가 가끔 술어가 되는 것에 비해 '之'자구와 '其'자구는 일반적으로 서술어가 될 수 없다는 점이다.[73]

(2) '之'자구와 '其'자구가 주어와 목적어로 쓰임

'之'자구는 체언성이기 때문에 그것은 일반적인 명사성어휘와 마찬가지로 주로 주어나 목적어로 쓰인다. 앞의 1장에서 말한대로, '之'자구는 보통 사건, 상황을 표시한다. 주어로 쓰일 때 사건을 사용해서 시간을 표시하거나 설명하는 대상이 된다.

> (1) 商之興也, 檮杌次於丕山, 其亡也, 夷羊在牧. (『國語·周語上』) 상나라가 흥한 것은 도올을 비산에 머물게 했기 때문이며, 그 망한 것은 이양에게 정치를 맡겼기 때문이다.
>
> (2) 媼之送燕后也, 持其踵爲之泣. (『戰國策·趙策4』) 노모가 연후를 전송할 때 발꿈치를 들고 그를 위해 눈물을 흘렸다.
>
> (3) 野火之氣也若雲霓. (『戰國策·楚策1』) 들불의 기운이 무지개와 같다.
>
> (4) 且夫水之積也不厚, 則其負大舟也無力. (『莊子·逍遙游』) 만약 물의 깊이가 깊지 않으면 큰 배를 띄울 수 없다.

예(1)은 흥망(興亡)과 같은 큰 사건을 말하고 있으며, 예(2)는 일반적인 사건을 말하는데 이런 사건들은 모두 시간을 표시한다. 예(3)은 들에 불이 난 상황을 말하고 있는데 여기에선 설명의 대상이 되며, 예(4)도 이와 같다. 일부 학자들은 주어로 쓰이는 '之'자구와 '其'자구를 절에 귀납시키기도 하는데 여기선 그런 방법을 택하지 않는다.

'之'자구와 '其'자구는 목적어가 될 때 보통 상황을 표시한다.

> (1) 王思子文之治楚國也, 曰, "子文無後, 何以勸善?" (『左傳·宣公4年』) 왕은 자문이 초나라를 다스리는 것을 생각하고는 말했다. "자문은 후손이 없는데 어찌 선을 권할 것인가?"
>
> (2) 及昭公卽位, 懼其殺己也[74], 辛卯, 弒昭公而立子亶也. (『韓非子·難四』) 소공이 즉위하자 자

---

72) '微'가 가설의 복문을 구성하는 것에 대해서는 8장 3절의 가정 복문을 참고할 수 있다.
73) 주술구가 술어로 쓰이는 상황에 대해서는 6장 5절의 배경문을 참고할 수 있다.
74) [역주] 원서에는 '也'가 없다. 한비자집해본에 의거하여 보충하였다.

신을 죽일까 두려워했는데, 신묘일에 소공을 시해하고 아들 단을 즉위시켰다.

예(1)은 王이 자문이 초나라를 다스릴 때의 상황에 대해 생각한 것이고, 예(2)는 생각 속의 상황인데 '其'자구로 목적어를 구성한다.

제6장 문형

이 장에서는 서사문, 설명문, 판단문, 유무문, 배경문, 분류문에 관해 소개하고 있다.

제1절 서사문

술어 내의 중심동사에 따라 서사문은 기본동사문, 사령동사문, 능원동사문으로 나눠진다.

1. 기본동사문

기본동사문은 술어의 중심어가 기본동사인 대표적인 서사문이다. 이러한 문장에서는 행위동사가 술어의 중심어로 가장 많이 쓰이며, 그 외에 상태동사, 형용사 등도 쓰인다. 술어의 중심어가 행위동사일 때, 대개 동작의 주체가 문장의 주어로 오는 주체주어문을 이룬다. 물론 대상이 주어로 오는 경우도 있는데, 이 때는 대상주어문이 되는 것이다. 한편, 술어가 상태동사 또는 형용사일 경우, 대개 당사자(當事者)가 주어로 와서 당사자주어문을 이룬다. 이 세 가지 문형의 사용 빈도를 살펴보면 주체주어문, 당사주어문, 대상주어문 순이며, 그 중 대상주어문은 드물게 사용되는 편이다. 이 세 가지 문형에 대해 소개하도록 한다.

(1) 주체주어문

주체란 주어가 나타내는 사람으로 술어의 행위를 직접 통제하고 조절한다. 주체주어로는 주로 유정명사(有情名詞)가 많이 쓰인다. 앞장에서 연용구와 전목구를 다룰 때, 단어의 배열순서는 시간성과 활동성이라는 두 가지 의미적 특성을 지닌다고 언급한 바 있다. 시간적으로나 활동적으로 주체는 모두 문장 제일 앞에 나와야 하므로, 서사문에서 주체가 문두에 주어로 쓰인다. 주어와 술어의 관계 구조에 따라 주체주어문을 자동문과 치동문으로 나눌 수 있다.

1) 자동문

주체주어문 가운데 주어가 직접 술어가 나타내는 행위를 실행하는 것을 자동문이라고 한다. 자동문의 술어자리에 대개 행위동사가 오며, 이런 문장의 술어는 개별 동사 또는 용언이 될 수 있다.

> (1) 寇退, 曾子反. (『孟子 · 離婁下』) 도둑이 물러나자, 증자가 돌아왔다.
>
> (2) 諸侯將出. (『禮記 · 王制』) 제후가 나가려 했다.
>
> (3) 齊桓公伐山戎. (『史記 · 秦本紀』) 제환공이 산융을 쳤다.
>
> (4) 齊, 魏戰於馬陵. (『戰國策 · 魏策2』) 제와 위는 마릉에서 싸웠다.

위 예문들은 모두 자동문이며, 이들의 술어는 각각 개별동사, 부사구, 술목구, 술보구이며, 술어는 모두 행위동사이다.

자동문에서 주체와 뒤에 따르는 동사가 나타내는 행위와의 관계가 항상 똑같은 것은 아니다. 어떤 주체는 완벽하게 그 행위를 통제하는가 하면, 또 어떤 주체는 완벽하게 통제하지는 못하고 조절하는 수준에만 그치는 경우도 있다. 대개 감각 동사나 상태동사와 같은 부류들이 후자에 속한다. 다음 예를 보자.

> (1) 狂屈曰, "唉! 予知之, 將語若. 中欲言而忘其所欲言."(『莊子 · 知北游』) 광굴이 말하였다. "내가 알고 있으면 너에게 말해주겠지만, 말하는 도중에 말하려는 것을 잊어버린다."
>
> (2) 秦聞公子在趙, 日夜出兵東伐魏. (『史記 · 魏公子列傳』) 진은 공자가 조나라에 있다는 것을 듣고, 밤낮으로 출병하여 동쪽으로 위를 쳤다.
>
> (3) 宜陽之役, 楚畔秦而合於韓. 秦王懼. (『戰國策 · 秦策2』) 의양의 싸움에서 초가 진을 배반하고 한에 협력하니, 진왕은 두려워하였다.
>
> (4) 今大王事秦, 秦王必喜. (『戰國策 · 燕策1』) 오늘 대왕이 진을 섬기면 진왕이 반드시 기뻐할 것이다.

예(1)과 (2)에서 '忘'과 '聞'은 감각동사이고, 예(3)과 (4)에서 '懼'와 '喜'는 정태동사이다. 이들이 나타내는 행위는 외부로부터 제약을 받기 때문에 주체가 행위를 완전히 통제할 수 없다. 예(1)~(4)에서의 주체와 행위의 관계와는 좀 다르다.

2) 치동문

치동문은 각종 실사가 치동목적어를 수반하는 형태의 문장으로, 치동문의 특징은 목적어를 수반한다는 점이다. 이미 알고 있듯이, 자동문에서 타동사가 문장의 술어로 와서 목적어를 수반하면 이 문장은 '주체＋행위＋대상'의 의미구조를 가지게 되는데, 이는 치동문에서도 마찬가지이다. 하지만 치동문과 자동문은 분명 차이가 있다. 치동문에서의 술어는 나타내는 변화, 상태 ,성질, 행위 등이 주체주어에 의해 직접 행해지지 않는다는 것이다. 주체주어는 단지 문장의 구조적 의미가 나타내는 일종의 잠재적 행위를 할 뿐이다. (자세한 사항은 제3장 1절을 참고하라.) 자주 쓰이는 치동문에는 사동문과 의동문이 있는데, 이 두 문형의 술어 자리에는 대개 사동목적어나 의동목적어를 수반한 구가 온다. 다음 예를 보자.

(1) 子相晉國以爲盟主, 於今七年矣, 再合諸侯, 三合大夫, 服齊狄, 寧東夏. (『左傳 · 昭公元年』)
그대가 진나라의 재상이 되어 맹주로 만든지 지금까지 7년입니다. 제후들과 대부를 여러번 규합하고 제적을 복종하게 만들고, 동하를 평안케 했습니다.

(2) 應侯欲伐趙, 武安君難之. (『戰國策 · 秦策5』) 응후가 조나라를 치려고 하였으나, 무안군이 (군사를 이끌고 칠 것을 거절하여) 일을 어렵게 만들었다.

(2) 당사주어문

주체나 대상이 아닌, 상태변화나 성질 등의 진술 대상이 되는 사람이나 사물을 당사(當事)라고 한다. 당사문의 주어는 당사이며, 당사주어문에는 상태동사문, 형용사문, '在'자문 등이 있다.

1) 상태동사문

상태동사문은 목적어를 수반하지 않는 상태동사를 술어로 하는 기본동사문이다. 상태동사는 보통 비자율적이기 때문에 주어가 곧 당사가 된다. 대개 사회 또는 자연 현상에서의 상태 ,변화 등을 기술할 경우 이런 문장을 쓴다. 주어자리의 유정명사, 무정명사는 모두 당사가 된다.

    (1) 曹桓公卒. (『左傳·桓公10年』)　조환공이 죽었다.

    (2) 齊大饑. (『禮記·檀弓下』)　제나라에 큰 기근이 들었다.

    (3) 天雨, 墻壞. (『韓非子·說難』)　하늘에서 비가 내려 담장이 무너졌다.

  예(1)과 (2)는 유정명사, 예(3)은 무정명사를 주어로 한 당사주어문이다.

  상태동사로 구성된 술보구가 술어자리에 올 때에도 당사주어문을 이루는 경우가 많다. 이 때 '于'가 보어의 전치사로 온다. 이때 보어는 처소나 범위, 시간, 원인 등을 나타내며, 보어가 무엇을 표현하는지는 대개 전치사의 목적어에 의해 결정된다. '于'의 목적어가 처소나 시간의 의미를 지니고 있는 체언이라면 보어는 처소와 시간을 나타내며, '于'의 목적어가 용언 또는 추상명사라면 보어는 범위나 원인을 나타낸다. 다음 예를 보자.

    (1) 穰侯卒於陶. (『史記·穰侯列傳』)　양후가 도에서 죽었다.

    (2) 名成于前, 德垂于後. (『韓非子·大體』)　명성은 앞서 이루고, 덕은 나중에 드리운다.

    (3) 臣免於死, 又有讒言, 謂臣將逃. (『左傳·文公10年』)　신이 죽음에서 사면하였는데도 참언하는 자가 있어 신이 도망가려한다고 말합니다.

    (4) 文倦于事. (『戰國策·齊策4』)　문은 일에 대해 게으르다.

  예(1)에서 '於'의 목적어는 처소를 가리키며, 예(2)에서는 시간을 가리키고, 예(3)에서 '于'자보어는 범위를 표시하며 이때 '于'의 목적어는 용언이다. 예(4)는 원인을 나타내며 이때 '于'의 목적어는 추상명사이다.

  일반적으로 상태동사는 목적어를 수반할 때 사동문이 되며, 이때 주어는 주체가 된다. 하지만 상태동사가 목적어를 수반한다고 해서 항상 사동문이 되는 것은 아니다. 주어와 목적어가 나타내는 사체 간에 종속 관계가 성립할 경우 당사주어문을 이룬다. 다음 예를 보자.

(1) 范雎斬肋於魏. (『韓非子 · 難言』) 범저는 위나라에 (범저의) 갈비뼈를 잘렸다.

(2) 宋師敗績, 公傷股. (『左傳 · 僖公28年』) 송나라 군대가 괴멸당하였고, (송공의) 넓적다리에 상처를 입었다.

이상 두 가지 예는 모두 상태동사가 목적어를 수반하였지만 당사주어문을 이룬 경우이다. '肋'과 '股'는 각각 '范雎'와 '公'에 종속되어 있는 것들이다.

2) 형용사문

형용사의 의미적 특징은 존재성과 주관성이 통일되어 있다는 것이다. (자세한 내용은 제3장 3절 형용사를 참고하라), 이런 의미상의 특성은 당사문 구성 시에 아래 세 가지 특징을 보인다.

1) 수식어가 붙는 경우가 많다. 형용사는 존재성을 지니며, 그것이 나타내는 성질이나 특성 등의 속성은 대개 사람, 사물과 함께한다. 그 앞에 수식어를 붙여서 일반적인 상황과는 다르거나 기존의 상태에서 변화가 나타남을 뜻한다. 다음 예를 보자.

(1) 夫六晉之時, 知氏最强. (『韓非子 · 難3』) 육진때에는 지씨가 가장 강했다.

(2) 故其受祿不誣, 其受罪益寡. (『禮記 · 表記』) 따라서 그 녹을 받음에 성실하지 않음이 없고(거짓됨이 없고), 그 죄를 받음이 더욱 적었다.

예(1)은 일반적 상황과 다름을 뜻하고, 예(2)의 경우는 변화를 뜻한다.

2) 대개 술보 형식을 많이 취한다. 형용사는 정도의 차이를 지니므로 사물을 비교하는 데 많이 쓰이며, 보어를 수반하여 비교 형식을 이룬다. 다음 예를 보자.

(1) 德之流行, 速於置郵而傳命. (『孟子 · 公孫丑上』) 덕이 흐르는 속도는 (파발마로) 정령을 전하는 것보다 빠르다.

(2) 郢異於他子. (『左傳 · 哀公2年』) (공자) 영은 다른 자식과는 다릅니다.

3) 예(1)~(2)의 문장형식에서 형용사가 단독 술어로 사용되지 않고 있다. 형용사가 단독으로 술어로 쓰인다면, 대개 복문에 나타난다. 이런 복문은 보통 사물을 비교하거나 배경적 원인을 설명할 때 사용된다. 다음 예를 보자.

> (1) 衛大, 魯小. (『左傳·昭公7年』)　위나라는 크고, 노나라는 작다.
>
> (2) 地來而民去, 累多而功少. (『荀子·王制』)　땅을 얻고 백성을 잃으면, 수고로움은 많고 공은 적다.
>
> (3) 啓賢, 能敬承繼禹之道. (『孟子·萬章上』)　계가 어질어 우의 도를 공경히 승계할 수 있다.

예(1)의 경우 복문에서 대비를 나타내고, 예(2)의 경우 압축문(긴축 복문)에서 대비를 나타내며, 예(3)에서는 배경 원인을 설명하고 있다.

3) '在'자문

동사를 분류할 때 '在'를 행위동사의 거지동사로 포함시키곤 하지만, 사실 '在'는 아주 특수한 동사다. '在'는 앞에 나오는 주어가 무정명사든 유정명사든 간에 대개 당사주어문을 이룬다. 다음 예를 보자.

> (1) 天下之本在國. (『孟子·離婁下』)　천하의 근본은 나라에 있다.
>
> (2) 楚子在城父, 將救陳. (『左傳·哀公6年』)　초나라 임금이 성보에 있으면서, 장차 진나라를 구하려 하였다.

예(1)의 주어는 무정명사, 예(2)의 주어는 유정명사로, 모두 당사주어문을 이룬다.

4) 기타 당사주어문

위에서 설명한 세 가지 당사주어문 이외에도, 수사, 수량구, 명사성어휘, 용언성대체사 역시도 당사주어문을 이룰 수 있다. 다음 예를 보자.

> (1) 人之竅九. (『呂氏春秋·圜道』)　사람의 구멍은 아홉 개다.
>
> (2) 夫子之墻數仞. (『論語·子張』)　선생님의 담장의 높이는 수 길이나 된다.

예(1)은 수사로 당사문을 이루며, 예(2)에서는 수량구가 당사문을 이룬다. 수식구가 술어로 쓰일 때 당사문을 만들기도 한다. 이런 문장의 주어는 체언 또는 주술구이다. 술어는 묘사성이 강하여 인물의 복장이나 외모 등을 설명한다. 이 외에도, 명사를 열거하며 당사문을 이루는 경우도 있다. 다음 예를 보자.

(1) 衛文公大布之衣, 大帛之冠. (『左傳·閔公2年』) 위문공은 큰 천의 옷을 입고, 큰 비단의 관을 썼다.

(2) 高祖爲人, 隆准而龍顔. (『史記·高祖本紀』) 고조의 생김은 코가 오똑하고 용의 얼굴이었다.

(3) 德行, 顔淵, 閔子騫, 冉伯牛, 仲弓. 言語, 宰我, 子貢. (『論語·先進』) 덕행(으로 유명한 자)은 안연, 민자건, 염백우, 중궁이다. 언어(말 잘하는 것으로 유명한 자)는 재아, 자공이다.

예(1)과 (2)는 모두 수식구가 술어를 이루고 있고, 주어는 각각 명사와 주술구이다. 예(3)은 명사를 열거하였다. 용언성대체사가 술어로 쓰일 때도 당사주어문으로 사용될 수 있다. 다음 예를 보자.

(1) 權, 然后知輕重, 度, 然后知長短. 物皆然, 心爲甚. (『孟子·梁惠王上』) (저울에) 달아본 연후에 경중을 알고, (자로) 재어본 연후에 장단을 안다. 사물이 모두 그러한데 마음은 (그 중) 심하다.

(2) 上具獄事, 有可却, 却之, 不可者, 不得已, 爲涕泣面對而封之. 其愛人如此. (『史記·萬石張叔列傳』) 옥사를 모아 올리니, 물리칠 만한 것이면, 물리치고 물리칠 수 없는 경우이면 어쩔 수 없이 눈물을 흘리며 마주대하고 그것을 봉했다. 그가 사람을 사랑함이 이와 같았다.

이상 두 예문은 용언성대체사 '然'과 '如此'로 당사주어문을 이룬 경우이다.

(3) 대상주어문

주어가 대상인 문장을 대상주어문 또는 피동문이라고 한다. 대상이란 동사가 기술하는 행위를 받는 쪽을 말한다. 일반적으로 타동사가 대상주어문을 이루고, 상태동사도 때로는 대상주어문을 이룬다. 비록 이 두 종류의 동사가 모두 피동문을 이룰 수는 있지만 많이 사용되지 않는다. 우선 동사의 수 자체가 적고, 그 가운데 피동문으로 사용될 수 있는 동

사는 거의 진타동 인사동사 중의 추축류(追逐類)와 정벌류(征伐類) 두 가지 밖에 없기 때문
이다. 그 외에 피동문 가운데, 대상과 주체가 하나의 문장 속에 동시에 출현하는 경우는
더욱 드물다. 이로 볼 때, 단어의 배열 순서에서 의미상으로 나타나는 활동성과 시간성의
규율이 고대중국어에서 큰 작용을 했음을 알 수 있다. 비교적 자주 쓰이는 피동문에는 네
가지 유형이 있는데, 이들은 각각 '見', '于', '爲', '被'를 사용한다.

1) '見'
'見'으로 구성된 피동문은 보통 주체가 나타나지 않는다.

> (1) 盆成括見殺. (『孟子·盡心下』) 분성괄이 살해당했다.
>
> (2) 於是宋君失刑而子罕用之, 故宋君見執. (『韓非子·二柄』) 이에 송나라의 임금은 형벌의 실권
>   을 잃고 자한이 그 권한을 행사했다. 그리하여 임금은 겁박을 당했다.

이상 두 가지 예의 주어는 모두 대상으로 동사 앞에 '見'을 쓰고 있다.

2) '于(於)'
'于(於)'가 피동문을 구성할 때, '于(於)'의 목적어는 주체를 나타내기도 하고 처소를 나
타내기도 하며, 때로는 추상적 범위까지도 나타낸다.

> (1) 懷王以不知忠臣之分, 故內惑於鄭袖, 而外欺於張儀. (『史記·屈原賈生列傳』) 회왕은 충신의
>   본모습을 알지 못하여 안으로는 정수에게 속았고, 밖으로는 장의에게 속임을 당했다.
>
> (2) 襄子圍於晉陽中. (『韓非子·難一』) 양자는 진양 안에 포위되었다.
>
> (3) 唐鞅蔽於欲權而逐載子. (『荀子·解蔽』) 당앙은 욕권에 가리어 재자를 축출하였다.

예(1)에서 '懷王'은 '欺'의 대상이며, '於' 뒤에 나오는 목적어는 '欺'의 주체이다. 예(2)
에서 '襄子' 역시 대상이지만, 뒤에 나오는 '於'의 목적어는 주체가 아닌 '양자(襄子)'가 포
위된 처소'를 말한다. 예(3)에서 '唐鞅'은 대상으로 '欲權'은 범위를 나타낸다.

'見'과 '于(於)'는 함께 조합하여 사용할 수 있다. '見'은 피동을 나타내고, '于(於)'는 주
체를 나타낸다. 다음 예를 보자.

(1) 吾嘗三仕, 三見逐於君. (『史記·管仲傳』)　내 일찍이 세 번 벼슬했는데, 세 번 임금에게 쫓
　　겨났다.

(2) 吾長見笑於大方之家. (『莊子·秋水』)　나는 자주 대가들의 비웃음을 받을 것이다.

예(1)에서 '吾'는 대상이며 '於'의 목적어인 '君'이 주체이다. 예(2)도 이와 유사하다.

3) '爲'

'爲'로 구성된 피동문에서는 뒤에 나올 수 있는 동사가 제한적이다. 자주 쓰이는 동사에
는 '戮', '禽'(擒), '虜', '沒', '辱', '笑' 등이 있으며, 대개 불행하거나 수치스러운 의미를
내포하고 있다. '爲' 뒤에 주체가 나올 수 있고, 나오지 않을 수도 있다.

(1) 父母宗族皆爲戮沒. (『戰國策·燕策3』)　부모종족 모두 살해당했다.

(2) 戰而不勝, 爲諸侯笑. (『左傳·襄公10年』)　전쟁을 하여 이기지 못하면 제후들에게 비웃음을
　　당한다.

이상 두 가지 예문을 보면, 예(1)에서는 주체가 나타나지 않은 반면에, 예(2)에서는 '諸
侯'라는 주체가 있다. '爲'의 뒤에 '于'를 써서 주체를 끌어들일 수 있다. 다음 예를 보자.

(1) 楚少出兵, 則晉楚不信, 多出兵則晉楚爲制於秦. (『戰國策·秦策2』)　초나라가 군사를 적게
　　내면, 진과 초는 신뢰가 없을 것이며, 많이 내면 진과 초는 진나라에게 제어를 당할 것입
　　니다.

(2) 胥之父兄爲戮於楚. (『史記·吳太伯世家』)　오자서의 부형은 초나라에 살해당했습니다.

이상 두 예문에서 '于' 뒤에 나오는 '秦', '楚'가 주체이다. '爲'는 '所'와 함께 쓰여 피동
을 나타낼 수 있으며, 주체는 '爲'와 '所' 사이에 쓰이는데 안 쓰일 때도 있다. 다음 예를
보자.

(1) 嬴聞如姬父爲人所殺. (『史記·魏公子列傳』)　제가 듣기로 여희의 아비는 어떤 이에게 피살
　　당했습니다.

(2) 不者, 若屬皆且爲所虜. (『史記·項羽本紀』) 그렇지 않으면, 너희 무리들은 모두 장차 포로가 될 것이다.

예(1)에서 '爲' 뒤에는 주체가 나오며, 예(2)에서는 주체인 '沛公'이 드러나지 않았다.

4) '被'

'被'는 피동을 나타내며, 전국말기에 쓰이기 시작하여 한나라 때부터 그 용례가 점차 많아졌다. 동사가 대개 대상을 불쾌하게 하는 뜻을 가지며, 주체는 거의 나타나지 않는다.

(1) 今兄弟被侵, 必攻者, 廉也. (『韓非子·五蠹』) 지금 형제가 공격 받음에 반드시 공격하는 것은 올바르다는 평판 때문이다.
(2) 信而見疑, 忠而被謗. (『史記·屈原賈生列傳』) 신의로우면서도 의심을 받고, 충성스러우면서도 비방을 받았다.

이상의 예문에서 '侵'과 같은 동사들은 모두 대상을 불쾌하게 하는 뜻을 지니고 있다.

2. 사령동사문

사령동사문(이하에서는 '사령문'으로 부른다.)은 사령동사로 구성된 문장으로, 자주 쓰이는 사령동사는 '使', '令'이 있다. '使', '令' 등의 단어는 이런 문장에서 구체적인 행위나 활동이 아닌 그 뒤에 일어나는 행위나 변화 등이 사동적이고 비자동적임을 나타낸다. 사령문과 동사의 사동용법은 모두 사동을 나타내는 것이지만, 조금의 차이가 있다. 사동용법은 대개 하나의 동사만을 사용하여 문장의 구조가 비교적 간단한 반면, 사령문의 용언은 대개 복잡하여 이로 이뤄진 사동문 또한 비교적 복잡하다. 사령동사문에 관해 1) 사령동사문의 구조 2) 의사(意使)와 치사(致使) 두 문제를 살펴보겠다.

(1) 사령동사문의 구조

1) 사령동사문의 구조를 설명하기 위해, 기본동사 '使', '令'과 사령동사 '使', '令'의 차

이에 대해 알아보자.

'使'와 '令'은 기본동사일 수 있다. 기본동사일 때에는 '使'는 '부려먹다', '임용하다', '파견하다' 등의 의미를 가지며, '令'은 '명령하다'를 나타낸다. 이들은 체언성 목적어를 수반하는 행위타동사이다. 다음 예를 보자.

(1) 操鞭使人, 則役萬夫. (『韓非子 · 外儲說右上』) 채찍을 잡고서 사람을 부리면, 만부를 부릴 수 있다.

(2) 尊賢使能, 俊傑在位. (『孟子 · 公孫丑上』) 어진 자를 존경하고 능한 자를 부리며 준걸이 자리에 있게 한다.

(3) 伯有强使之. (『左傳 · 襄公29年』) 백유가 억지로 그를 파견했다.

(4) 齊桓公將立管仲, 令群臣曰, "寡人將立管仲爲父." (『韓非子 · 外儲說左下』) 제환공이 관중을 장차 세우려하여, 군신들에게 명령하기를 "과인은 관중을 아버지로 삼고자 하오."하였다.

이외에 '使'는 행위 자동사일 수도 있는데, 이때는 '외교 사명을 받고 외국으로 가다'의 뜻으로 처소목적어와 처소보어를 수반할 수 있다. 다음 예를 보자.

(1) 蘇代爲齊使燕. (『韓非子 · 外儲說右上』) 소대가 제나라를 위해 연나라에 사신갔다.

(2) 蘇代爲齊使於燕. (『戰國策 · 燕策1』) 소대가 제나라를 위해 연나라에 사신갔다.

사령동사 '使'와 자동사 '使'는 확연히 다르기 때문에 혼동할 소지가 거의 없다. 사람들은 사령동사인 '使', '令'과 타동사인 '使', '令'을 혼동하곤 하는데 이들은 사실 엄연히 다른 것들이다.

사령동사인 '使', '令'은 체언을 목적어로 가질 수 없으며 주술성 목적어만을 수반하고, 어떤 구체적인 뜻을 지니지 않는다. 다시 말해, 구체적인 행위나 활동을 나타내지 않고 단지 그 뒤에 나오는 행위나 변화가 사동적이고 비자동적임을 나타낸다. 우선 '使'의 예를 보자.

(1) 吳起曰, "治四境之內, 成馴敎, 變習俗, 使君臣有義, 父子有序, 子與我孰賢?" (『呂氏春秋 · 執一』) 오기가 말하였다. "사경의 안을 다스리고 훈교를 이루고, 습속을 변화시켜, 군신유의

하고 부자유서하게 하는 일에 대해 그대와 나 중에 누가 더 뛰어난가?"

(2) 爲人君者, 數披其木, 毋使木枝扶疏. (『韓非子·揚權』) 인군이라는 자는 나뭇가지를 수시로 잘라내어 나무가 사방으로 퍼지지 않게 해줘야 한다.

예(1)에서 '使'는 '부리다' 등의 의미로 해석하면 안 되고, 앞에 나온 '成馴教, 變習俗'이 '君臣有義, 父子有序'라는 결과의 출현을 유발한 것으로 이해해야 한다. 여기서 '使'는 '君臣', '父子'를 목적어로 수반하지 않는다. 만약 반드시 이렇게 나눈다면, '使君臣'과 '使父子'은 이 문장에서 이해할 수 없는 구조가 돼 버릴 것이다. 여기서는 '使'가 복문형식의 주술구인 '君臣有義, 父子有序'를 목적어로 가진다고 볼 수 있다. 예(2) 역시 예(1)과 비슷하다. 이 점을 보충 설명하기 위해 아래 나오는 '使'의 4가지 예문들을 보자.

(1) 是會也, 晉侯召王, 以諸侯見, 且使王狩. (『左傳·僖公28年』) 이 모임은 진후가 왕을 불러 제후로서 알현하게 하여, 왕이 순수하는 형태가 되게 하였다.

(2) 夫人將使公田孟諸. (『左傳·文公16年』) 부인이 공으로 하여금 맹저에서 사냥하게 하다.

(3) 觀從使子干食. (『左傳·昭公2年』) 관종이 자간으로 하여금 먹게 하였다.

(4) 孔文子使疾出其妻. (『左傳·昭公13年』) 공문자가 질로 하여금 부인을 쫓아내게 하였다.

예(1), (2)에서 진후와 왕, 부인과 공 사이에는 '부리다'의 관계가 성립될 수가 없다. 예(3), (4)에서 '食', '出其妻' 역시 '부리다'의 방법으로 실현되지 않는다. 여기에서 어떤 방법을 동원했는지는 '使'가 나타내지 않고, 오직 청자에게 소주어가 그 뒤에 나오는 행위를 실현하는데 이는 완전히 주동적인 것이 아니라 대주어가 유발한 것임을 알려준다. 그래서 사령문을 이루는 '使', '令'은 기본동사인 '使', '令'과 다르며, 이들은 체언성 목적어를 수반하지 않고, 그 뒤에 나오는 주술구만을 목적어로 삼는다.

사령동사의 '令'과 기본동사의 '令'의 차이는 더욱 선명하다. 다음 예를 보자.

(1) 五音令人耳聾, 五味令人口爽. (『老子·12章』) 다섯 가지 음은 사람의 귀를 멀게 하고, 다섯 가지 맛은 사람의 입에 상처를 입힌다.

(2) 爲閨門兩扇, 令各可以自閉. (『墨子·備城門』) 성의 작은 두 문을 만들어 각각이 스스로 닫히도록 한다.

예(1)의 '五音'은 '人耳聾'에게 명령하는 것이 아니라, 단지 사람의 귀를 멀게 하는 결과에 이르는 것이다. 만약 이 '令'이 '사람으로 하여금'으로 분석된다면, 이 문장 역시 이해하기 힘들며, 반드시 주술성 목적어로 풀이해야 한다. 뒤에 나오는 '五味令人口爽'도 앞의 것과 유사하다. 예(2)의 '令' 뒤에 드러나지 않은 것은 '闔門'이고, 그 구조는 예(1)과 유사하다.

사령동사 '使', '令'은 모두 체언성 목적어를 수반하지 않기 때문에, 체계문(혹은 겸어문)으로 분석할 수 없다. 반면 기본동사 '令'은 체계문을 이룰 수 있는데, 이 문제에 관한 자세한 사항은 제8장 제4절 압축 복문을 참고하라.

2) 사령동사문에서 '使', '令' 뒤에는 주로 주술구가 목적어로 오고, 사령동사문의 소주어가 나타내는 인물이 앞의 문장에서 이미 나타났을 경우, '使', '令' 뒤에는 소주어가 다시 나타날 수 없어 무주어문 형식을 취하게 된다. 다음 예를 보자.

(1) 鄭人惡高克, 使率師次于河上. (『左傳·閔公2年』) 정인이 고극을 미워하여, 군사를 이끌고 하상에 주둔하게 하였다.

(2) 左師公曰, "老臣賤息舒祺, 最少, 不肖. 而臣衰, 竊愛憐之. 願令得輔黑衣之數, 以衛王宮." (『戰國策·趙策4』) 좌사공이 말하였다. "제 자식인 서기는 나이도 어리고 불초합니다. 그런데 신이 늙어갈수록 더욱 귀엽기만 합니다. 청컨대 천식으로 하여금 흑의(궁중의 호위병)의 수에 보탬이 되어 왕궁을 지킬 수 있게 해주십시오."

예(1)에서 '高克'은 이미 출현했던 것이기에 '使' 뒤에는 다시 나타나지 않는다. 예(2)에서 '舒祺' 역시 앞의 문장에서 이미 나타났기 때문에 '令' 뒤에서 중복 출현하지 않는다. 이런 문장은 '之'로써 소주어를 대신할 때도 있다. 우리가 사용한 6권의 책들 가운데 총 십여 개의 예문밖에 없을 정도로 이러한 예는 극히 드물다. 다음 예를 보자.

(1) 子謂薛居州, 善士也, 使之居於王所. (『孟子·騰文公下』) 그대는 설거주를 선한 선비라 하여 그로 하여금 왕의 처소에 거처하게 하였다.

(2) 用車兩輪, 以木束之, 塗其上維置突門內, 使度門廣狹, 令之入門中四五尺. (『墨子·備突』) 수레의 두 바퀴를 사용하여 나무를 묶고 흙으로 그 위를 발라 돌문 안에 매어 둔다. 문의 넓고 좁음을 헤아려 들어가는 문이 4~5척에 맞도록 하다.

만약 동작의 대상자가 명확하게 지시할 수 없거나 지시할 필요가 없는 사람일 경우, 주술구 역시도 이런 무주어문 형식을 자주 취한다.

> (1) 齊侯使請戰(『左傳·成公2年』) 제후가 전쟁을 청하게 했다.
>
> (2) 晉侯使以殺大子申生之故來告. (『左傳·僖公5年』) 진후는 태자 신생을 죽인 연고를 알리게 했다.

이상 두 예문에서 동작의 대상자는 모두 지시할 수 없거나 할 필요가 없는 사람이다. 때로 '人'으로써 소주어를 나타내기도 한다.

> (1) 王使人問疾. (『孟子·公孫丑下』) 왕은 누구를 시켜서 질병을 묻게 하였다.
>
> (2) 太子乃使人以千金奉莊子. (『莊子·說劍』) 태자는 이내 사람을 시켜 천금으로 장자를 받들게 하였다.

이 두 예문에서 '人' 역시 지시할 수 없거나 지시할 필요가 없는 사람이다.

(2) 의사와 치사

사령동사문은 의사(意使)와 치사(致使)로 나눌 수 있다.

1) 의사

사령동사를 포함하고 있는 문장 가운데, 사동주(主使者)의 뜻을 수사자(受使者)가 수행하게 됨으로써 '의사'를 이룬다. 의사는 대개 이하 두 가지 조건에 모두 부합해야 한다. 우선 주사자가 수사자에게 어떤 뜻을 내비치기 때문에, 사령문의 대주어와 소주어는 보통 유정명사이며, 무정명사나 용언성 어휘일 수는 없다. 다음으로 수사자가 주사자의 의도를 받아들여 행위를 수행하는 것이므로, 이런 행위는 대개 행위동사 혹은 목적어를 수반하는 상태동사이며, 수사자가 그 행위를 할 수 있고 또 수행하기를 동의한 경우이다. 의사문은 오직 '使'로만 구성된다. 다음 예를 보자.

(1) 宋人使門尹般如晉師告急. (『左傳·僖公28年』) 송인이 문윤반으로 하여금 진나라 군대에
가서 급함을 알리게 했다.

(2) 魏王使將軍晉鄙將十萬救趙. (『史記·魏公子列傳』) 위왕은 장군 진비로 하여금 십만 군을
이끌고 조나라를 구하게 했다.

예(1)의 대주어와 소주어는 각각 '宋人'과 '門尹般'이고, 이 모두 유정명사이다. '如'와
'告'는 모두 행위동사이다. 예(2)에서 대주어와 소주어 역시 모두 유정명사로, '將'은 행위
동사이다. 사령동사문을 이룰 때, '使'자로 구성된 의사문이 80% 이상을 차지하여 가장
많다.

2) 치사

사동주의 영향을 받아, 수사자로 하여금 어떤 상태에 이르게 함으로써 치사를 이루게
된다. 치사문은 '使' 또는 '令'이 사용된다. 치사는 대개 이하 조건들 가운데 하나를 만족
시켜야 한다. 1) 사동주는 사람이나 국가가 아닌 무정명사로서, 사물이나 행위, 변화 등으
로 충당된다. 다음 예를 보자.

(1) 五色令人目盲. (『老子·12章』) 다섯 가지 색은 사람으로 하여금 눈을 멀게 한다.

(2) 鄭莊公城櫟而寘子元焉, 使昭公不立. (『左傳·昭公11年』) 정장공이 악성을 짓고 자원을 성
의 방위로 두어서 소공을 서지 못하게 하였다.

예(1)의 주어 '五色'은 무정명사로 사물을 나타내며, 예(2)의 주어는 행위를 나타내는 주
술구이며, 이들은 오직 치사만을 이룰 수 있다. 2) 수사자는 사람이나 국가가 아닌 무정명
사로서, 사물을 나타낸다. 다음 예를 보자.

(1) 爲人君者, 數披其木, 毋使木枝扶疏. (『韓非子·揚權』) 인군이라는 자는 나뭇가지를 수시로
잘라내어 나무가 사방으로 퍼지지 않게 해줘야 한다.

(2) 滿爐而蓋之, 毋令氣出. (『墨子·備穴』) 솥을 채우고 그를 덮어 증기가 나오지 않도록 한다.

이상 예문들의 소주어인 '木枝'와 '氣'는 모두 무정명사인 사물로서, 치사를 이룬다. 3)

수사자가 개입된 변화나 행동은 모두 수사자가 스스로 완성할 수 없는 것이거나 수행하기를 거부한 경우이다. 다음 예를 보자.

　(1) 歲雖凶敗水旱, 使百姓無凍餒之患, 則是聖君賢相之事也. (『荀子·富國』)　해에 흉년이 들고 가뭄이 들어도 백성들로 하여금 얼고 배고픈 환난을 겪지 않게 하는 것은 성군현상의 일이다.

　(2) 必使而君棄而封守, 跋涉山川, 蒙犯朝露. (『左傳·襄公28年』)　너의 군주가 버리고 지키고, 이곳저곳 산천을 돌고, 아침이슬을 무릅쓰게 한다.

　예(1)에서 '無凍餒之患'은 백성들이 스스로 완수할 수 없는 것이며, 예(2)에서 '棄而封守, 跋涉山川, 蒙犯霜露'는 억지로 그 일을 하는 것으로 치사문이다.

3. 능원동사문

　능원동사는 일종의 특수 동사로, 그 중의 '可'와 '足'은 주로 설명문을 이룬다. 이는 앞서 제2절에서 소개하였다. 여기서 두 그룹으로 나누어 기타 서사문을 이루는 능원동사를 다루어보겠다.

(1) '願', '欲', '敢', '肯'

　이 네 가지 동사의 주어는 모두 행위의 주체이며, '願', '欲'은 주로 주관적인 의향을 나타내며 그 목적어로 용언이 쓰인다. 다음 예를 보자.

　(1) 季孫願與子從政. (『左傳·定公元年』)　계손은 자신의 아들이 정치를 하기를 원했다.

　(2) 晉獻公欲伐虢. (『穀梁傳·僖公2年』)　진헌공은 괵을 벌하고자 했다.

　이상 예문에서 주어는 모두 행위의 주체이며, 목적어는 용언이다.

　'敢'과 '肯'은 주로 주관적 대담성이나 희망을 나타내는 동사로서, 목적어로 용언이 많이 온다. 문장은 대개 부정문이나 반어문을 구성한다. 다음 예를 보자.

(1) 齊人欲伐魯, 忌卞莊子, 不敢過卞. (『荀子・大略』) 제나라 사람이 노나라를 벌하려 하였으나, 변장자를 꺼리어 변을 감히 못넘었다.

(2) 小人可以爲君子而不肯爲君子. (『荀子・性惡』) 소인은 군자가 될 수 있으나 되고 싶어 하지 않는다.

(3) 臣實不才, 又誰敢怨? (『左傳・成公3年』) 신은 실로 재주가 없으나 또한 누구를 감히 원망하겠습니까?

(4) 奸邪之臣安肯乘利而退其身?(『韓非子・孤憤』) 간사한 신하가 어찌 감히 이익을 타고서 물러나겠습니까?

예(1), (2)는 부정문이고, 예(3), (4)는 반어문이다.

이러한 공통점 이외에도 네 가지 동사는 각각 다음의 특징을 지닌다. '願'은 주로 주술성목적어를 수반하여 치사문을 이루는데, 이에 관한 내용은 제7장 제2절을 참고하라. '欲'은 주로 '之'를 목적어로 삼는데 이때 '之'는 '이렇게 하면'이란 의미를 지닌다. 다음 예를 보자.

(1) 公曰, "姜氏欲之, 焉辟害?" (『左傳・隱公元年』) 공이 말하였다. "강씨가 이렇게 하기를 원하는데 어찌 해를 막겠습니까?

(2) 冉有曰, "夫子欲之, 吾二臣者皆不欲也." (『論語・季氏』) 염유가 말하였다. "그 분께서 그렇게 하길 원했지만, 우리 두 신하는 모두 원치 않습니다."

이상 '欲'은 목적어'之'를 수반하고 있다. 하지만 때로는 '速'이나 '舊' 등의 형용사를 목적어로 수반하기도 한다. 다음 예를 보자.

(1) 野曰, "嘗私焉, 君欲速, 故以乘車逆子." (『左傳・哀公18年』) 황야가 말하였다. "한 번 몰래 해보겠습니다. 임금은 서두르고자 하여, 수레를 타고 그대를 맞이하였습니다."

(2) (子大叔曰, "楚子將死矣! 不修其政德, 而貪昧於諸侯, 以逞其願, 欲久, 得乎?!"(『左傳・襄公28年』) (자대숙이) 말하였다. "초자는 장차 죽을 것이다! 정치의 덕을 닦지 않고 제후들에 탐하고, 바람을 드러내면서도 오래가기를 바라니 가능한가?"

반어문에서 '敢'은 주로 '감히 할 수 없다' 또는 '어찌 감히'라는 뜻을 나타낸다. 이때 수반하는 목적어에는 부사 '不'이 많다. 다음 예를 보자.

> (1) 臧文仲對曰, "天子蒙塵于外, 敢不奔問官守?"(『左傳·僖公24年』) 장문중이 대답하였다. "임금이 난리를 만나 궁궐외에 피신하여있는데, 어찌 감히 관리에게 달려가 묻지 않을 수 있겠는가?"
>
> (2) 先軫曰, "匹夫逞志於君而無討, 敢不自討乎?"(『左傳·僖公33年』) 선진이 말하였다. "필부가 임금에게 멋대로 굴었는데 꾸짖음이 없었으니 어찌 감히 스스로 꾸짖지 않겠는가?"

목적어를 수반하지 않을 때, '肯'은 주로 부정문을 이룬다. 다음 예를 보자.

> (1) 四年春, 王正月,公及齊侯平莒及郯, 莒人不肯. (『左傳·宣公4年』) 4년봄 왕력정월에 공과 제후가 거와 담을 평정하였으나 거나라 사람은 응하지 않았다.
>
> (2) 公有疾, 使季文子會齊侯于陽穀. 請盟, 齊侯不肯. (『左傳·文公16年』) 공은 병이 들어 계문자로 하여금 양곡에서 제후와 회합하여 맹약을 청하게 했으나 제후가 응하지 않았다.

(2) '得', '獲', '能'

1) '得', '獲'은 주로 객관적인 가능성을 나타내며, 문장의 주어는 행위의 주체가 아니다. 이 두 가지 동사는 보통 동사성목적어만을 수반한다. 다음 예를 보자.

> (1) 若寡人得沒于地, 天其以禮悔禍于許, 無寧玆許公復奉其社稷. (『左傳·隱公11年』) 과인이 땅에 묻히고, 하늘이 예의로써 허나라에 입힌 화를 후회하게 한다면 정녕 사직에 복귀함을 받들지 못하겠는가.
>
> (2) 大叔曰, "吉賤, 不獲來, 畏大國, 尊夫人也."(『左傳·昭公3年』) 태숙이 말했다. "나는 천하여 갈 수 없으니, 대국을 경외하고 부인을 존경하는 것이다."

예(1)에서 '寡人'은 정장공의 자칭이며, '得沒于地'를 할 수 있는지 여부는 주관상으로 결정할 수 있는 것이 아니라 외부적 조건에 의한 것이기 때문에 이것은 행위의 주체가 아니다. 예(2)의 '吉'은 '大叔'의 자칭으로, 그는 오지 못하는 것은 그의 신분이 결정하는 것으로, 여기서 '吉' 또한 행위의 주체가 아니다. '得'은 때로 이치상으로 볼 때의 '가능, 응당'을 나타낸다. 이때의 주어 또한 행위의 주체가 아니다. 다음 예를 보자.

(1) 寰內諸侯, 非有天子之命, 不得出會諸侯. (『穀梁傳·隱公元年』)   환(봉건시대 천자가 직할
하던 땅) 안의 제후들은 천자의 명이 없이 나가서 제후와 회합할 수 없다.

(2) 衛在晉, 不得爲次國. (『左傳·成公3年』)   위가 진에 있어서 차국이 되어서는 안된다.

이 두 예문의 주어 '諸侯'와 '衛'는 모두 행위의 주체가 아니며, 이런 문장은 설명문에
가깝다고 할 수 있다.

2) '能'은 주관 능력상의 가능을 나타내며, 객관적, 이치상으로의 가능을 나타낼 때도
있다. 이런 두 가지 경우 모두 주어가 전형적인 행위의 주체가 아니다. 다음 예를 보자.

(1) (孟季子問公都子) 公都子不能答. (『孟子·告子上』)   (맹계자가 공도자에게 묻자) 공도자는
대답을 할 수가 없었다.

(2) 弓矢不調, 則羿不能以中微. (『荀子·議兵』)   활과 화살이 부조화하면 예라도 미세한 곳을 명
중시킬 수가 없다.

(3) 人生而有欲, 欲而不得, 則不能無求. (『荀子·禮論』)   사람은 태어나서 욕망이 있고, 욕망하는
데 얻지 못하면 구하지 않을 수 없다.

예(1)은 주관상의 불가능을 나타내고, 예(2)와 (3)은 각각 객관적인 불가능과 이치상의
불가능을 나타낸다.

제2절 설명문

설명문은 주로 자신의 생각을 설명하거나 상황 소개 또는 확인을 표현할 때 쓰인다. 보
통 문미에 판단사를 쓰지만, 문두에 판단사나 결단부사를 쓰기도 하며, 때로는 관련 허사
를 사용하지 않고 설명문을 이루는 경우도 있다. 문장의 기본 구조상 설명문과 서사문은
분명 차이가 있지만, 차이가 크지 않으므로 여기서는 재차 설명문의 구조에 대해서 언급
하지 않겠다. 설명문은 문미판단사로 구성되는 설명문과 기타 형식의 설명문, 두 방면을

살펴보도록 한다.

1. 문미판단사로 구성되는 설명문

문미판단사 가운데 주로 '也', '矣', '焉' 등이 설명문을 이루며, 그 외에 '而已', '爾', '耳'도 쓰인다.

(1) '也', '矣', '焉'으로 구성된 설명문

설명문의 첫 번째 기능인 '자기 생각 설명'을 '견해 설명'과 '가부를 논함' 두 부분으로 나눠 설명하겠다. 이제 '견해 설명', '가부를 논함', '상황 소개', '확인 표현' 4가지 방면에서 '也', '矣', '焉'으로 구성된 설명문을 설명해보겠다.

1) 견해 설명
1) 앞서 언급한 바와 같이 '也'는 판단을 나타내어 판단문을 이루는 경우가 많다. 판단문에서 논단의 전항(前項)을 주어로 표현한다. '也'가 쓰인 설명문 가운데 판단문의 변형체로 보이는 것들이 있다. 이런 설명문은 주어가 나타내는 전항에 대해 판단을 하는 것이 아니라, 관련 사실에 대해 판단을 내리는 것이다. 이런 논단은 일종의 주관적인 견해라고 할 수 있다. 다음 예를 보자.

(1) 子曰, "何傷乎? 亦各言其志也." (『論語・先進』) 공자가 말하였다. "무엇을 걱정하느냐? 또한 각자 자기의 생각을 말하는 것이다."
(2) 鄭袖曰, "其似惡聞君王之臭也." (『戰國策・楚策4』) 정수가 말하였다. "그가 군왕의 냄새를 싫어하는 듯합니다."

예(1)은 공자가 자로 외 세 사람의 말에 대해 자신의 견해를 피력한 것이다. 예(2)의 경우, 초왕이 새로 온 미인이 자기만 보면 손으로 코를 막는 것을 보고 정수에게 이유를 물었더니, 정수가 예(2)의 말을 하여 '코를 막는 것'에 대한 자신의 생각을 표현하고 있는 것이다.

이런 설명문은 화자가 자신의 심리상태를 나타내는데도 많이 쓰이는데, 이때의 심리상태 또한 일종의 견해라고 볼 수 있다. 다음 예를 보자.

(1) 弟子曰, "吾恐烏鳶之食夫子也." (『莊子·列御寇』) 제자가 말하였다. "새가 선생님을 먹을까 두렵습니다."

(2) 侯生笑曰, "臣固知公子之還也."(『史記·魏公子列傳』) 후생이 웃으면서 말하였다. "신은 원래 공자가 돌아오실 것을 알았습니다."

예(1)은 장자가 죽어가고 있는 상황에서 제자가 장례를 후하게 치르려고 하자, 장자가 하늘과 땅을 관으로 삼고자 한다고 밝혔으며, 이에 제자가 이런 말을 하여 그들의 심리상태를 말한 것이다. 예(2) 역시도 화자가 자신의 심리 상태를 말하고 있다.

'也'의 앞에 때로는 '宜'를 써서 견해를 설명한다. 다음 예를 보자.

(1) (頭須)曰, "沐則心覆, 心覆則圖反, 宜吾不得見也." (『左傳·僖公24年』) (두수가) 말하였다. "머리를 감으면 마음이 뒤집히고, 마음이 뒤집히면 생각하는 것이 반대가 되니, 내가 뵐 수 없었던 것이 분명하다."

(2) 江羋怒曰, "呼! 役夫, 宜君王之欲殺女而立職也." (『左傳·文公元年』) 강미가 노하여 말하였다. "아! 못된 놈. 임금께서 너를 죽이고 왕자 직(職)을 세우려고 하는 것도 마땅하다."

이상 두 가지 예문은 모두 '宜' 뒤에 '也'를 써서 견해를 설명하고 있다.

2) '矣'는 판단문보다 주로 설명문을 이룬다. 문미에 '矣'가 쓰인 설명문은 현실 속의 인물이나 사물, 일 등에 대해서 시간이나 기타 특정 기준을 삼아 자신의 견해를 내보이는 것이다. 이런 문장 속의 용언은 대개 형용사가 주로 쓰이며, 그 외 동사도 쓰인다.

(1) 子謂『韶』, "盡美矣, 又盡善也." (『論語·八佾』) 공자가 『소』에 대해 말하였다. "지극히 아름답고, 또 지극히 좋다."

(2) 天下之無道也久矣. (『論語·八佾』) 천하에 도가 없은 지 이미 오래되었다.

(3) 穆伯之喪, 敬姜晝哭, 文伯之喪, 晝夜哭. 孔子曰, "知禮矣." (『禮記·檀弓下』) 목백이 죽자, 경강이 낮에 울고, 문백이 죽자 주야로 울었다. 공자가 말하였다. "예를 아는구나."

예(1)은 소(韶)에 대해, 예(2)는 현실에 대해 평의를 하고, 예(3) 역시도 평의를 한 것이다. 앞의 두 예문에서는 형용사가 쓰였고, 마지막 문장은 용언이 쓰였다.

이런 설명문은 심리 상태를 설명하기도 한다. 다음 예문들을 보자.

> (1) 李斯曰, "固也, 吾欲言之久矣." (『史記 · 李斯列傳』) 이사가 말하였다. "그러합니다. 제가 말씀드리고자 했던 것이 오래 되었습니다."
>
> (2) 子畏于匡, 顔淵后. 子曰, "吾以女爲死矣." (『論語 · 先進』) 공자가 광에서 위협을 당함에 안연이 뒤처졌다. 공자가 말하였다. "나는 네가 죽은 줄 알았다."

이상 두 예문은 모두 심리 상태를 설명하고 있으며, 전자는 형용사, 후자는 동사를 쓰고 있다.

3) '焉' 역시 견해를 설명할 수 있으나, '焉'이 대신하여 가리키는 역할을 하여 전문과 상호 호응하기 때문에, 이로 이루어진 설명문은 주로 복문이다. 복문에서 '焉'과 '焉'이 상호 호응해서 쓰이는 경우가 있는가 하면, '焉' 하나만을 쓰는 경우도 있다. 다음 예를 보자.

> (1) 子貢曰, "大哉死乎! 君子息焉, 小人休焉." (『荀子 · 大略』) 자공이 말하였다. "대단합니다. 죽음이라는 것은! 군자도 그때 쉬고, 소인도 그때 쉽니다."
>
> (2) 平王之溫惠共儉, 有過成 莊, 無不及焉. (『左傳 · 昭公27年』) 평왕의 온화한 은혜와 함께 검소한 점이, 성왕과 장왕보다 뛰어나면서 미치지 않는 것이 없었다.

이상 두 예문은 모두 견해를 설명하고 있는 것으로, 전자는 '焉'이 상호 호응하고, 후자는 '焉'이 단독으로 쓰이고 있다. 이런 문장으로도 심리상태를 표현할 수 있으나, '也'나 '矣' 문장만큼 많이 쓰이지는 않는다.

> (1) 夫大國, 難測也, 懼有伏焉. (『左傳 · 莊公10年』) 대국은 예측하기 어렵다. 복병이 있을까 두렵다.
>
> (2) 田成子曰, "夫必與越戰可也, 戰必敗, 敗必死, 寡人疑焉." (『呂氏春秋 · 似順』) 전성자가 말하였다. "월나라와 꼭 전쟁하고자 한다면 괜찮긴 하지만, 싸우면 필히 패할 것이고, 패하면 필

히 죽을 것이니, 과인은 의심스럽다.”

이상 두 가지 문장은 모두 자기의 마음 상태를 나타내고 있다.

‘焉’이 사용된 문장이 단문이고 또 대신하여 가리키는 내용이 문장 중에 있지 않다면, 이때 ‘焉’은 대신 가리키는 기능을 잃게 되며 일반 설명문에서 오직 확정의 기능만 하게 된다. 다음 예를 보자.

> (1) 子曰, “君子疾沒世而名不稱焉.” (『論語 · 衛靈公』) 공자가 말하였다. “군자는 세상을 하직
>   할 때까지 이름이 알려지지 않음을 염려한다.”
> (2) 微子去之, 箕子爲之奴, 比干諫而死. 孔子曰, “殷有三仁焉!” (『論語 · 微子』) 미자는 떠나고,
>   기자는 종이 되고, 비간은 간쟁하다 죽었다. 공자가 말하였다. “은나라에는 세 분의 어진
>   사람이 있다.”

이상의 예문들에서 ‘焉’은 대신 가리키는 기능이 없으며, 단지 설명문을 이루어 견해를 밝히고 있다.

2) 가부를 논함

가부(可否)를 논함은 행위를 시행해도 되는지 여부 또는 실행할 때의 쉽고 어려움을 설명하는 것이다. 사실 이것 역시도 일종의 견해를 설명하는 것과 별 다를 바 없다. 단지 견해를 설명함에 있어, 능원동사 ‘可’, ‘足’과 형용사 ‘難’, ‘易’와 같은 비교적 특수한 단어를 주로 사용하기 때문에 따로 소개를 하는 것이다. 이 4가지 단어 가운데, ‘可’를 가장 많이 쓰며 그 용법 또한 풍부하다. ‘足’, ‘難’, ‘易’는 ‘可’만큼 많이 쓰이지 않고 용법도 단순하다. 아래에서는 ‘可’를 중점적으로 다루고, 동시에 관련 있는 부분은 ‘足’까지 다루고, 마지막에 ‘難’과 ‘易’를 소개하겠다.

‘可’와 ‘足’은 본래 글자 자체가 논하는 기능을 가졌기 때문에 가부를 논함에 있어 문미에 ‘也’와 ‘矣’를 많이 쓰며 굳이 쓰지 않아도 될 때가 있다. ‘可’로 구성된 이런 설명문에는 4가지 형식이 있는데, 앞의 두 형식은 모두 ‘可’가 단독으로 사용된 것이고, 뒤의 두 형식은 ‘可’ 뒤에 동사 또는 전치사 가 덧붙는다. 이하에서 차례로 설명하겠다.

1) ‘可’는 단독으로 판단사와 결합하여 설명문을 이룬다. 수긍을 나타낼 때 뒤에 대개 ‘矣’가 쓰인다. 이런 문장은 보통 원래 안 되던 것이 지금은 된다는 것을 말한다. 다음 예

를 보자.

(1) 子封曰, "可矣. 厚將得衆." (『左傳·隱公元年』) 자봉이 말하였다. "이제 (공숙단을 쳐도) 되겠습니다. 그가 세를 확장해나가면 민심을 얻게 될 것입니다."

(2) 公聞其期, 曰, "可矣." 命子封帥車二百乘以伐京. (『左傳·隱公元年』) 공이 그 약속을 듣고는 말하였다. "좋다. (이제 된다.)" 자봉에게 전차 200승을 몰고 경을 치게 했다.

이상 두 예문은 모두 원래 안 되던 것이 지금 가능함을 뜻한다. '可'를 단독으로 사용하여 완전히 가능함을 나타낼 수도 있다. 다음 보기를 보자.

(1) 王曰, "楚國多盜, 正可以圍盜乎?" 曰, "可." (『戰國策·韓策2』) 왕이 말하였다. "초나라에는 도적이 많은데, 정의를 내세워 도적을 금할 수 있겠소?" "가능합니다."

(2) 晏子曰, "燭鄒有罪三, 請數之以其罪而殺之." 公曰, "可." (『晏子春秋·外篇』) 안자가 말하였다. "촉추는 죄목 3가지가 있으니, 그 죄를 낱낱이 꾸짖고 그를 죽여주시오." 공이 말하였다. "좋다."

부정을 나타낼 때에는 '可' 앞에 '不'이나 '未'를 쓸 수 있다. '不' 앞에는 보통 판단사를 쓰지 않으며, 절대 안 됨을 나타낸다. '未'가 쓰일 때는 그 뒤에 '也'를 써도 무방하며, 이 때는 지금 현재 상황으로 봐서는 아직 안 됨을 나타낸다.

(1) 穆王將征犬戎, 祭公謀父諫曰, "不可! 先王耀德不觀兵." (『史記·周本紀』) 목왕이 견융을 정벌하려고 하자, 제공모보가 간하여 말하였다. "안됩니다! 선왕은 덕을 밝히시고 무력을 나타내 보이지 않았습니다."

(2) 子貢問曰, "鄕人皆好之, 何如?" 子曰, "未可也." (『論語·子路』) 자공이 물었다. "마을 사람들이 모두 좋아하면 어떻습니까?" 공자가 말하였다. "아직 안 된다."

(3) 公將鼓之 劌曰, "未可." (『左傳·莊公10年』) 장공이 (진격하고자) 북을 치려고 하니 조귀가 말하였다. "아직 아니 됩니다."

예(1)은 '不可'를 써서 절대 안 됨을, 예(2)와 (3)은 '未可'를 써서 현재 상황으로는 아직 안 됨을 나타낸다. 문미에는 예(2)는 '也'를 수반하고 있고, 예(3)은 수반하지 않고 있다.

2) '可' 앞에 주어가 나올 때, 그 주어는 체언, 용언, 또는 주술구가 된다.

'可' 앞의 주어가 체언일 때에는 주로 어떤 사람이 특정 일에 적합한지 여부를 따지는 등 사람에 대해 논하는데, 때로는 사물을 논하기도 한다. 문미에는 판단사를 거의 쓰지 않지만, 문장 가운데 혹은 문미에 '也'를 쓰는 경우가 있다. 다음 예를 보자.

(1) 文公問元帥於趙衰, 對曰, "郤縠可." (『國語 · 晉語4』) 문왕이 조최에게 원수를 묻자, 대답하였다. "극곡이 적임입니다."

(2) 於是羊舌職死矣, 晉侯曰, "孰可以代之?" 對曰, "赤也可." (『左傳 · 襄公3年』) 이때 양설직이 죽었다. 진후가 말하였다. "누가 그를 대신할 것인가?" 대답하였다. "양설적이 적임입니다."

(3) 王季歷困而死, 文王苦之, 有不忘羑里之丑, 時未可也. (『呂氏春秋 · 首時』) 왕계력이 곤란함을 겪다가 죽자, 그의 아들 문왕이 이를 괴로워하고 또한 유리의 치욕을 잊지 못하였지만, 당시는 아직 때가 되지 않았다.

예(1)에서 '也'가 쓰이지 않고, 예(2), (3)에서는 각각 문장 중간과 끝에 '也'가 쓰이고 있다. '可'의 주어가 주술구 또는 용언일 때, '可'는 앞선 행위가 시행가능한지 여부를 판가름하는 것을 나타낸다. 이와 같은 문장의 문미에 '也'를 써서 정태적으로 판가름함을 나타내거나, '矣'를 써서 동태적으로 판가름함을 나타낸다.

(1) 叔仲曰, "死君命可也." (『左傳 · 文公18年』) 숙중이 말하였다. "임금의 명을 위해 죽는 것은 가능하다."

(2) 苑羊牧之曰, "君過之! 烏存以力聞可矣, 何必以弑君成名?" (『左傳 · 昭公23年』) 원양목지가 말하였다. "임금은 보냅시다! 오존은 힘으로 명성을 올렸으면 됩니다. 하필 임금을 죽이는 것으로 이름을 세울 필요가 있겠습니까?"

예(1)은 '也'로써 정태적으로 판가름함을 나타내고 있고, 예(2)는 '矣'로써 동태적으로 판가름함을 나타내고 있다.

3) 앞선 두 가지 형식에서 모두 '可'가 단독으로 사용된 것과 달리, '可' 뒤에 동사성 목적어를 수반할 때, '可' 뒤의 동사가 영향을 미치는 대상은 대개 '可' 앞에 주어로 나온다. '可' 뒤의 동사가 영향을 미치는 대상이 앞으로 나오기 때문에, 이런 문장 속의 동사 뒤에

는 목적어가 없다. 이때, '可'는 주어가 나타내는 대상에 대해 어떤 행동을 취해도 되는지 여부를 나타낸다. 문미에 정태적인 '也' 또는 동태적인 '矣'를 쓸 수 있다. 다음 예를 보자.

> (1) 或謂子舟曰, "國君不可戮也." (『左傳·文公10年』) 혹자가 자주에게 말하였다. "임금은 죽이면 안 됩니다."
> (2) (老父)曰, "孺子可教矣." (『史記·留侯世家』) (노부가) 말하였다. "애송이를 가르칠 만하다."

예(1)은 '國君'에 대해 '戮'을 행하면 안 된다는 정태적 설명이며, '也'가 쓰이고 있다. 예(2)는 '可教'한 대상이 '孺子'이며 동태적 설명으로 '矣'가 쓰이고 있다.

'可' 뒤에 동사를 수반할 때, '可得' 형식을 자주 볼 수 있다. '可得' 뒤에 '也'가 바로 나오는 경우가 많으며, '可得+而+動' 형식 뒤에 '也'를 붙이는 경우도 있다.

> (1) 彌子謂子路曰, "孔子主我, 衛卿可得也." (『孟子·萬章上』) 미자가 자로에게 말하였다. "공자가 나를 주인으로 삼으시면, 위나라의 경을 얻을 수 있다."
> (2) 子貢曰, "夫子之文章, 可得而聞也." (『論語·公冶長』) 자공이 말하였다. "부자의 문장은 들을 수 있었다."

'足'은 주로 가치적 관점이나 수량의 많고 적음을 기준으로 실행 가능성을 설명한다. 문미에 '也'가 많이 쓰이며, 때로 '矣'도 쓰인다. 다음 예를 보자.

> (1) 鄭穆公曰, "晉不足與也." (『左傳·宣公元年』) 정목공이 말하였다. "진은 함께 할 만하지 못하다."
> (2) 古者丈夫不耕, 草木之實足食也. (『韓非子·五蠹』) 옛날에는 남자가 경작을 하지 않아도 초목의 과실로 충분히 먹을 수 있었다.
> (3) 孔子曰, "其禮與! 其辭足觀矣." (『公羊傳·昭公25年』) 공자가 말하였다. "아마도 예인가! 그 말은 살펴 볼 만하다."

예(1)은 가치적 관점에서 '與'의 실행가능성을 말하는 부정문이고, 예(2)는 수량적으로 행위의 실행가능성을 말하고 있다. 앞의 두 예문은 문미에 '也'를 쓴 반면에, 예(3)에서는 '矣'가 쓰이고 있으며, 가치적 관점에서 '觀'을 말하고 있다.

4) 이상 세 가지 형식에서는 '可'로 평의문을 이룰 때 대개 '也'나 '矣'를 문장 끝에 부가하였지만, '可' 뒤에 전치사 '以', '與' 또는 동사 '使', '謂' 등을 부가해서 설명문을 만들 때에는 문미에 '也', '矣'를 거의 사용하지 않는다. 간혹 '也', '矣'가 덧붙을 때에는 강조의 어감을 준다.

첫째, '可' 뒤에 '以'가 있을 경우, 이때 '可以'는 능원동사 '可'에 전치사 '以'를 덧붙인 어구일 수도 있고, '可以'라는 한 단어일 수도 있다. '可以'가 구이든 단어이든 간에, 뒤에 나오는 동사는 모두 목적어를 가질 수 있다. 다음 예를 보자.

(1) 十室之邑, 可以逃難. (『穀梁傳·莊公9年』) 열 가구의 마을이면, 이로써 어려움에서 도망 갈 수 있다.

(2) 人皆可以爲堯舜. (『孟子·告子下』) 사람은 다 요순이 될 수 있다.

(3) 惠子曰, "大者可以王, 其次可以霸也." (『呂氏春秋·愛類』) 혜자가 말하였다. "크게는 왕이 될 수 있고, 그 다음으로는 패자가 될 수 있다."

(4) 子曰, "溫故而知新, 可以爲師矣." (『論語·爲政』) 공자가 말하였다. "옛것을 복습하여 새것을 아니 스승으로 삼을 수 있는 것이다."

예(1)에서 '以'는 전치사이고, 예(2)에서 '可以'는 한 단어이다. 마지막 두 예문의 '可以'는 한 단어이면서 문미에 각각 '也'와 '矣'를 덧붙였다.

'足' 뒤에 '以'가 나올 경우, '足'이 가치적 혹은 수량적인 판단의 기능을 하는 것 외에, '可' 뒤에 '以'가 더한 경우와 용법상으로 큰 차이가 없다.

(1) 吾力足以擧百鈞, 而不足以擧一羽. (『孟子·梁惠王上』) 나의 힘이 충분히 백균을 들 수 있지만 깃털 하나를 들 수 없다.

(2) 祿足以代其耕也. (『孟子·萬章下』) 녹이 충분히 그 경작하는 수입을 대신할 만하였다.

(3) 百畝之田, 匹夫耕之, 八口之家足以無饑矣. (『孟子·盡心上』) 100무의 토지를 필부가 경작한다면 충분히 여덟 식구의 집안이 굶주림이 없을 수 있다.

예(1)의 문미에는 '也'나 '矣'가 나오지 않고, 마지막 두 문장은 각각 '也'와 '矣'가 쓰이고 있다.

'可', '足' 뒤에 전치사 '與'가 붙으면 대개 구를 이룬다. '可與', '足與'의 용법은 '可以', '足以'와 거의 비슷하다. 다음 예를 보자.

(1) 不知音者, 不可與言樂. (『禮記·樂記』) 음을 모르는 사람은, 악을 말할 수 없다.

(2) 庸人曰, "楚不足與戰矣." (『左傳·文公16年』) 어떤 사람이 말하였다. "초는 싸울 상대가 아니다."

위의 예문에서 '與'는 모두 전치사이며, 예(1)에서는 '也', '矣'가 쓰이지 않았지만, 예(2)에서는 '矣'가 쓰였다.

둘째, '可' 뒤에 '使', '謂'가 나오면, 그 뒤에 따르는 동사는 목적어를 가질 수 있다. '可' 뒤에 사령동사 '使'가 나온다면, 그 앞의 주어는 대개 '使' 뒤에 출현하지 않은 소주어일 때가 많다. 다음 예를 보자.

(1) 方寸之木, 可使高於岑樓 (『孟子·告子下』) 사방 한 치 되는 나무로도 잠루(높은 다락집)보다도 높게 할 수 있다.

(2) 子曰, "求也, 千室之邑, 百乘之家, 可使爲之宰也." (『論語·公冶長』) 공자가 말하였다. "염구는 천호(千戶)의 인구가 사는 고을이나 경대부의 벼슬을 하는 집에서 읍장 또는 가신 노릇을 하게 할 수 있다."

의미상으로 볼 때, 이상 두 예문에서 '使' 뒤에 나오는 용언의 소주어는 각각 '方寸之木'과 '求'이다.

'謂'는 쌍목적어를 수반하기 때문에, '可' 뒤에 '謂'가 올 때 '謂' 뒤에 목적어를 하나 더 가질 수 있다. '可謂' 뒤에는 보통 '也', '矣'는 쓰지 않는다. 간혹 '矣'는 쓰이나, '也'는 거의 안 쓴다. 그 예를 보자.

(1) 戰而取笑諸侯, 不可謂武. (『國語·晉語3』) 전쟁을 하였는데 제후에게 웃음거리가 되면, 무력을 떨쳤다고 할 수 없다.

(2) 兵未戰而先見敗徵, 此可謂知兵矣. (『史記·項羽本紀』) 군사가 싸우기도 전에 패할 징조를 본다면, 이는 군사를 안다고 할 수 있다.

(3) 韓之張去疾, 趙之奉陽, 齊之孟嘗, 可謂簒臣也. (『荀子·臣道』)　한나라의 장거질, 조나라의 봉양, 제나라의 맹상은 모두 임금의 권한을 빼앗은 신하라고 할 수 있다.

위의 예문들 모두 '謂' 뒤에 모두 목적어를 수반하고 있고, (1)의 문미에는 '也'나 '矣'가 없고, 마지막 두 문장은 각각 '矣', '也'가 문미에 나온다.

5) '難'과 '易' 역시 평의 기능을 지니며, 두 단어 가운데 '難'이 '易'보다 많이 쓰인다. 이 두 단어가 설명문을 이룰 때 주로 두 가지 용법으로 구현된다. 첫째, 용언의 술어로 쓰여 '難'과 '易'가 상호 대응을 이루는 경우가 많다. 이런 문장의 끝에는 보통 판단사를 쓰지 않는다. 다음 예를 보자.

(1) 爲君難, 爲臣不易. (『論語·子路』)　군주가 되는 것은 어렵고, 신이 되는 것은 쉽지 않다.

(2) 莊子曰, "知道易, 勿言難."(『莊子·列御寇』)　장자가 말하였다. "도를 아는 것은 쉽지만, 말을 하지 않는 것은 어렵다."

둘째, '難'과 '易'가 부사어로 올 때 뒤에 나오는 동사는 목적어를 수반하지 않으며, 동사의 대상은 주어로 나타낸다. 문미에 '也'가 쓰인 경우와 쓰이지 않은 경우를 두루 볼 수 있다. 다음 예를 보자.

(1) 大智之用, 固難逾也. (『呂氏春秋·樂成』)　큰 지혜를 쓰면, 진실로 어려움이 더해진다.

(2) 國家難治. (『呂氏春秋·上農』)　나라를 다스리기 힘들다.

(3) 君子學道則愛人, 小人學道則易使也. (『論語·陽貨』)　군자는 도를 배우면 사람을 사랑하게 되고, 소인이 도를 배우면 부리기 쉬워진다.

(4) 立十二年, 而成甲子之事. 時固不易得 (『呂氏春秋·首時』)　즉위한 지 12년이 되어서 갑자의 일을 이루었다. 때는 진실로 쉽게 얻지 못한다.

앞의 두 예문은 '難'이 부사어로 쓰이고 있으며, 예(1)의 문미에 '也'가 있는 반면 예(2)에는 없다. 예(3)과 (4)에서는 '易'가 부사어로 쓰이고 있으며, 하나는 문미에 '也'가 있고 나머지 하나는 없다.

'難'과 '以'가 결합된 '難以'라는 표현을 많이 쓰는데, 그 뒤에 나오는 동사는 목적어를 수반한다. 문미에 '矣'를 쓰는 경우와 쓰지 않는 경우 둘 다 많이 쓰인다.

> (1) 今海鳥至, 己不知而祀之, 以爲國典, 難以爲仁且智矣. (『國語·魯語上』) 지금 바다새가 이르자, 자기는 알지도 못하면서 그것을 제사지내어 나라의 법도로 삼으려고 하니, 어질고 착하다고 하기 어렵다.
>
> (2) 智巧不去, 難以爲常. (『韓非子·揚権』) 지모와 기교를 버리지 않으면, 상도를 세우기 어렵다.

위의 예문에서 예(1)의 문미에는 '矣'가 쓰였고, 예(2)에는 쓰이지 않았다.

3) 상황 소개

상황 소개는 주로 존현과 관련한 상황을 소개한다. 설명문은 대개 불변하는 지속적인 상황 또는 방금 막 변화를 겪은 상황을 소개한다. 이 두 상황을 소개함에 있어, '也'와 '矣'는 상보적 관계이다.

1) '也'는 주로 지속불변의 상황을 소개하며, 이런 상황은 대개 예외가 없음을 전제로 하나, 때로는 '未'와 같이 사용하여 미래에는 변수가 있을 수도 있음을 시사하기도 한다. 술어 안의 동사는 보통 '有'를 많이 쓰며, '聞', '見', '知' 등 존현과 관련 있는 동사도 쓰인다. 다음 예를 보자.

> (1) 此十聖人, 六賢者未有不尊師者也. (『呂氏春秋·尊師』) 이 열 명의 성인과 여섯 현자는 스승을 존경하지 않는 자가 없다.
>
> (2) 自古及今, 未嘗有兩而能精者也. (『荀子·解蔽』) 예부터 지금까지 두 가지 모두 정통하게 하는 자는 없었다.
>
> (3) 晉文公欲合諸侯, 咎犯曰, "不可, 天下未知君之義也." (『呂氏春秋·不廣』) 진문공이 제후들과 합종하고자 하니, 구범이 말하였다. "불가합니다. 천하는 아직 임금의 의로움을 모릅니다."

이상 세 예문은 모두 지속불변하는 상황을 소개한다. 앞의 두 예문은 예외적 요소가 없음을 뜻하고, 마지막 문장은 앞으로 변화가 있을 수 있음을 시사하고 있다.

동사의 목적어로 '之'가 올 때 목적어를 앞으로 전치하는 형식을 취한다. 여기서 '之'가 대신하여 가리키는 것은 '有'의 주어이다. 현대중국어에서는 이런 뜻을 표현할 때 '之'에 상응하는 대체사를 쓰지 않는다.

 (1) 驕而不亡者, 未之有也. (『左傳·定公13年』) 교만한데 망하지 않는 자는 한번도 있은 적이 없다.
 (2) 失其身而能事其親者, 吾未之聞也. (『孟子·離婁上』) 몸을 잃고서 그 어버이를 잘 섬긴 자는 들어보지 못하였다.

　예(1)에서 '有'의 전치된 목적어인 '之'는 '驕而不亡者'를 대신하여 가리키고, 예(2)에서 동사는 '聞'이며, 구조는 예(1)과 유사하다. 이상 두 예문 모두 예외적 변수가 없음을 뜻한다.

　2) '矣'로써 상황을 설명하는 문장은 주로 막 발생한 새로운 상황을 소개한다. 이런 새로운 상황은 화자 자신 쪽에 일어난 경우가 많으며, 이때 술어의 중심어로는 '知', '聞', '見' 등의 동사를 많이 쓴다. 다음 예를 보자.

 (1) (吳王)曰, "寡人已知將軍能用兵矣." (『史記·孫子吳起列傳』) (오왕이) 말하였다. "과인은 이미 장군께서 용병에 능한것을 압니다."
 (2) 秦伯使辭言, 曰, "寡人聞命矣." (『左傳·定公4年』) 진백이 사신을 보내 사양하면서 말하였다. "과인은 명을 듣겠습니다."
 (3) 子産喜, 以語子大叔, 且曰, "他日, 吾見蔑之面而已, 今吾見其心矣." (『左傳·襄公25年』) 자산이 기뻐하여 자대숙에게 말하고 또 말하였다. "예전에 나는 멸의 얼굴만을 보았는데, 지금 나는 그 마음을 본다."
 (4) 王曰, "寡人信之矣." (『戰國策·魏策2』) 왕이 말했다. "과인은 그것을 믿는다."

　이상 네 가지 예문 모두 자기 쪽에 발생한 새로운 상황을 설명하고 있으며, 각각 동사 '知', '聞', '見', '信'를 쓰고 있다. 이런 종류의 문장은 타인에게 일어난 상황도 설명가능하다. 이때 술어로 동사 '有'를 많이 쓴다. 다음 예를 보자.

(1) 齊高厚之詩不類. 苟偃怒, 且曰, "諸侯有異志矣." (『左傳·襄公16年』) 제나라의 고후의 시만 비슷하지 않았다. 순언이 노하면서 말하였다. "제후들이 다른 뜻을 가지고 있는 것 같습니다."

(2) 諜出曰, "原將降矣." (『左傳·僖公25年』) 간첩이 나와 말하였다. "원이 곧 항복할 것입니다."

(3) 臣誠恐見欺於王而負趙, 故令人持璧歸, 間至趙矣. (『史記·廉頗藺相如列傳』) 신은 진실로 왕에게 속임을 당해 조나라를 저버릴까 두려워 사람을 시켜 벽옥을 안고 돌아가게 했으니 그 사이에 조나라에 도착했을 것입니다.

이상 예문들의 술어에 각각 '有', '降', '至'가 쓰였으며, 모두 타인의 상황을 소개하고 있다. 때로는 앞으로 발생할 수 있는 상황에 대해 예견해 설명하는 경우가 있다. 다음 예를 보자.

(1) 此季世也, 吾弗知, 齊其爲陳氏矣. (『左傳·昭公12年』) 이런 말세는 나는 모르지만, 제나라는 아마 진씨가 정권을 잡을 것이다.

(2) 子産其將知政矣, 讓不失禮. (『左傳·襄公26年』) 자산은 아마도 집권하게 될 것이다. 사양하면서도 예를 잃지 않는다.

이런 예견적 소개는 견해를 설명하는 것과 성격이 비슷하여, 견해를 설명하는 유형으로 분류해도 무방하다.

3) '焉'은 앞 문장과 호응하는 특성을 지녀서 설명문을 이루어 상황을 소개할 때에는 대개 복문의 뒷절에 나온다. 일반적으로 앞절에서 상황이 발생하게 된 배경조건을 설명하고, 뒷절에 나오는 '焉'이 앞절와 호응을 이뤄 그와 관련된 상황을 소개한다. '焉'은 대개 '有', '無' 등 존현의미를 지닌 동사와 결합하여 쓰인다. 다음 예를 보자.

(1) 歲寒不已, 凍餒之者鄕有焉. (『晏子春秋·內篇諫下』) 한 겨울의 추위가 그치지 않자, 얼고 굶주린 자가 마을에 있다.

(2) 武有七德, 我無一焉. (『左傳·宣公12年』) 무(武)에는 일곱가지 덕이 있는데, 나는 하나도 없다.

이상 두 예문은 각각 '有'와 '無'가 쓰였고, 모두 상황을 소개하고 있다. 몇몇 복문의 경우, 앞절은 판단문을 이루고 뒷절은 '焉'으로 상황을 설명한다. 다음 예를 보자.

> (1) 孟獻子, 百乘之家也, 有友五人焉. (『孟子・萬章下』) 맹헌자는 백승을 운영하는 집안으로, 다섯 친구가 그에게 있었다.
>
> (2) 制, 嚴邑也, 虢叔死焉. (『左傳・隱公元年』) 제는 험한 고을이다. 괵숙이 그곳에서 죽었다.

'焉'의 대신하여 가리키는 기능이 약할 때에는 단문에 사용되어 상황을 소개한다. 다음 예를 보자.

> (1) 楚共王曰, "鄭成公孤有德焉." (『史記・鄭世家』) 초공왕이 말하였다. "정성공은 홀로 덕이 있다."
>
> (2) 齊王和其顔色曰, "嘻! 先君之廟在焉!" (『戰國策・齊策3』) 제왕이 화목한 얼굴로 말하였다. "아! 선군의 사당이 여기 있구나!"

이상의 '焉'은 모두 단문에서 상황을 소개하는 것으로 쓰이고 있다.

4) 확인 표현

확인의 표현은 강조하거나 상대방에게 주의를 주는 것을 뜻한다. 설명문 중에 이런 문장은 서사문에 가장 가까우며 용례가 가장 적다.

'也'는 한 개인이 보고 들은 사실을 강조할 때 쓰이며, 대개 '不'을 붙여 부정문으로 많이 쓴다.

> (1) 孟武伯問, "子路仁乎?" 子曰, "不知也." (『論語・公冶長』) 맹무백이 물었다. "자로는 인한가?" 공자가 말하였다. "모르겠다."
>
> (2) (觸龍)曰, "微獨趙, 諸侯有在者乎?" 曰, "老婦不聞也." (『戰國策・趙策4』) (촉룡이) 말하였다. "조나라 말고, 다른 제후 중에 있습니까?" 대답하였다. "노부는 아직 듣지 못했소"

위의 두 예문은 개인이 보고 들은 사실을 강조하는 부정문이다.

'矣'는 강조나 쌍방이 모두 알고 있는 사실을 일깨워줄 때 많이 쓰이며, 이런 사실은 대개 수량과 관련있다. 다음 예를 보자.

   (1) 君三泣臣矣. (『左傳·襄公22年』) 임금께서 저를 위해서 세 번 우셨습니다.

   (2) 晉侯在外十九年矣, 而果得晉國. (『左傳·僖公28年』) 진후는 외국에서 19년을 지내고서 결국
      은 진나라를 얻었다.

이상 두 예문이 강조하고 알려주는 것은 쌍방이 다 알고 있는 사실이며, 이는 수량과
관계되어 있다.

   ‘焉’은 상대방에게 주의를 주는 기능도 있다. 다음 예문을 보자.

   (1) 公曰, “不如殺之, 是不可鞭. 犖有力焉, 能投蓋于稷門.” (『左傳·莊公32年』) 공이 말하였다.
      “죽이느니만 못하다면, 이는 채찍질하는 것이 가하지 않다. (재인) 락이 힘이 있으니, 능히
      직문 밖에 던져서 묻어버리게나.”

   (2) 哭而送之曰, “晉人御師必於殽, 殽有二陵焉.” (『左傳·僖公32年』) 울면서 그를 보내고 말하였
      다. “진나라 사람이 효 땅에서 군대로 막을 것이다. 효 땅에는 구릉이 두 군데 있다.”

예(1), (2)의 ‘犖有力’, ‘殽有二陵’ 모두 상대방에게 이 사실을 주의주고 있다.

(2) ‘而已’, ‘爾’, ‘耳’로 구성된 설명문

‘而已’, ‘爾’, ‘耳’가 사용되는 횟수는 앞에 나왔던 판단사들에 훨씬 못 미치기 때문에,
이 단어들로 구성된 설명문은 앞서 나온 판단사로 이루어진 설명문에 비해 훨씬 적다. 이
세 가지 판단사로 구성된 설명문은 복문에 주로 출현하며 단문에도 가끔 나온다. ‘耳’ 앞
에 ‘僅’, ‘徒’, ‘直’, ‘特’ 등 부사를 쓸 수도 있다. 다음 예를 보자.

   (1) 夫耀蟬者, 務在明其火, 振其樹而已. (『荀子·致士』) 빛이 나는 매미는 그 불을 밝히고 나
      무를 흔드는 데에 힘쓸 뿐이다.

   (2) 狡兔有三窟, 僅得免其死耳. (『戰國策·齊策4』) 교활한 토끼는 굴이 세 개 있어야 겨우 죽음
      을 면할 수 있을 뿐이다.

   (3) 然而跛鱉致之, 六驥不致, 是無它故焉, 或爲之, 或不爲爾! (『荀子·修身』) 그렇지만 절뚝발이

자라는 도달하고, 육기(수레를 끄는 여섯 말)는 도착하지 않았으니, 다른 까닭이 있는 것이 아니다. 혹은 그것을 한 것이고, 혹은 그것을 하지 않은 것일 뿐이다.

이상 세 가지 예문은 모두 견해를 설명하고 있으며, 예(2)에서는 부사 '僅'이 쓰이고 있다. 이런 문장도 때로는 상대방에게 특정 사실을 강조하고 일깨워주는 데에 쓰일 때도 있다. 다음 예를 보자.

(1) 母曰, "父一而已, 人盡夫也." (『史記 · 鄭世家』) 어머니가 말하셨다. "아버지는 하나뿐이고, 타인 중에 극진한 사람이 남편이다."
(2) 從此道至吾軍, 不過二十里耳. (『史記 · 項羽本紀』) 이 길로 아군까지 불과 20리 밖에 안 된다.
(3) 秦王曰, "布衣之怒, 亦免冠徒跣, 以頭搶地爾." (『戰國策 · 魏策4』) 진왕이 말하였다. "선비의 노여움이라 봤자 기껏해야 갓을 벗고 맨발이 되어, 머리를 땅에 대는 것에 불과하지 않겠소"

2. 기타형식의 설명문

기타형식으로 구성된 설명문은 주로 문두의 판단사, 문중의 '也', 결단부사로 이뤄진 세 종류가 있다. 관련 허사를 사용하지 않고서도 때로는 설명문을 이룰 수 있다.

(1) 문두판단사와 설명문

문두판단사 '夫', '凡', '蓋', '惟'만을 사용하여 설명문을 만들 수 있고, 문미판단사와 같이 쓰일 수도 있다. 이런 설명문은 대개 견해를 밝히는데 쓰인다. 다음 예를 보자.

(1) 趙文子謂叔孫曰, "夫楚令尹有欲於楚, 少懦於諸侯."(『國語 · 晉語8』) 조문자가 숙손에게 말하였다. "초영윤은 초나라에 욕심이 있어 제후국에 약하다."
(2) 凡人臣者, 有罪固不欲誅, 無功者皆欲尊顯. (『韓非子 · 奸劫弑臣』) 무릇 신하는 죄가 있어도 벌을 받고자 하지 않으며, 공로가 없어도 모두 출세하고 싶어한다.
(3) 蓋均無貧, 和無寡, 安無傾. (『論語 · 季氏』) 균등하게 하면 가난함이 없고, 화목하면 인구가 적을 수 없고, 백성이 편안하면 나라가 기울 수 없다.

(4) 惟天爲大, 惟堯則之. (『孟子 · 騰文公上』)　하늘이 위대하시어 요가 그것을 본받았다.

　　이상은 문두판단사가 단독으로 사용되고 있는 예문들이며, 문미판단사와 함께 쓰이는 경우는 다음과 같다.

　　(1) 旦而里克見丕鄭, 曰, "夫史蘇之言將及矣!" (『國語 · 晉語2』)　다음날 아침 이극이 비정을 만나 말하였다. "태사 소가 한 말이 맞아들어가고 있소!"
　　(2) 凡治國, 令其民爭行義也. (『呂氏春秋 · 爲欲』)　나라를 다스리는 것은 백성들로 하여금 다투어 의로움을 행하게 하는 것이다.

(2) 문중에 사용되는 '也'와 설명문

　　문미, 문두에 판단사를 써서 설명문을 이루는 것 외에, 주어 뒤에 '也' 또는 '也者'를 써서도 설명문을 만들 수 있다. 주어 뒤에 '也' 또는 '也者'를 붙임으로써 주어가 설명의 대상임을 공고히 해준다. 이런 설명문에서 '之'자구가 주어로 가장 많이 쓰이고, 그 외 '其'자구, 인명, 보통 명사성 어휘, 용언 등이 주어로 쓰인다.

　　'之'자, '其'자구가 주어로 오면 보통 견해를 설명하는 경우가 많다. '之'자구가 주어로 올 때, '也' 뒤에 휴지(休止)가 있기 마련인데, 설명하는 내용이 비교적 간단할 때에는 휴지가 없어도 된다.

　　(1) 宮之奇之爲人也, 懦而不能强諫. (『左傳 · 僖公2年』)　궁지기의 사람됨은, 나약하여서 강하게 간할 수 없다
　　(2) 天道之與人道也, 相去遠矣. (『莊者 · 在宥』)　하늘의 도와 사람의 도는 서로 차이가 많이 난다.
　　(3) 君子之善善也長, 惡惡也短. (『公羊傳 · 昭公20年』)　군자가 선함을 선하다고 하는 것이 장점이고, 악함을 악하다고 하는 것은 단점이다.

　　이상 예문들은 모두 견해를 설명하고 있는 것이며, 예(3)은 중간에 휴지가 없다. '其'자구가 주어로 올 때, '也' 뒤에는 거의 휴지가 없는데, 설명 내용이 비교적 복잡할 때에는 휴지가 올 수 있다. 다음 예문을 보자.

(1) 其爲人也好善. (『孟子·告子下』) 그 사람 됨이 선함을 좋아한다.

(2) 其建生也長, 持祿也久. (『韓非子·解老』) 그 나이가 많고, 복록을 가진 것이 오래되었다.

(3) 其爲君也, 淫而不父. (『左傳·襄公28年』) 군주 됨에 음탕하고 아비답지 못하다.

예(1), (2)의 주어와 술어 사이에는 휴지가 없고, 예(3)의 경우는 술어가 비교적 복잡하여 휴지가 있다.

인명 뒤에 '也'가 붙어 설명문을 만들 때, '也' 앞의 인명은 자칭일 수도 있고, 타인을 부르는 것일 수도 있다. 이런 문장은 견해 설명이나 확인 표현에 많이 쓰인다. 견해를 설명하는 예문은 아래와 같다.

(1) 杜原款將死, 使小臣圉告于申生, 曰, "款也不才, 寡智不敏, 不能教導, 以至于死" (『國語·晉語2』) 두원관이 죽으려 하자, 신하를 시켜 신생에게 알리게 하며 말하였다. "나는 못 나고, 지혜도 없고 민첩하지 않아 가르쳐 인도할 수 없으니 죽을 지경에 이르게 되었다."

(2) 或曰, "雍也仁而不佞." (『論語·公冶長』) 혹자가 말하였다. "옹은 어질지만 말재주가 없습니다."

(3) (子貢)對曰, "賜也何敢望回? 回也聞一以知十, 賜也聞一而知二." (『論語·公冶長』) (자공이) 대답하여 말하였다. "제가 어찌 감히 회(回)의 경지를 바랄 수 있겠습니까? 회는 하나로써 열을 알지만, 저는 하나로 두 개밖에 알지 못합니다."

이상 세 예문은 모두 견해를 설명하고 있으며, 예(1)은 자칭이고, 예(2)는 타인을 칭하는 것이며, 예(3)은 전자는 타칭, 후자는 자칭이다. 확인을 표현하는 문장은 다음과 같다.

(1) 子路問, "聞斯行諸?" 子曰, "有父兄在, 如之何其聞斯行之?" 有問, "聞斯行諸?" 子曰, "聞斯行之." 公西華曰, "由也問聞斯行諸, 子曰, '有'父兄在', 求也問聞斯行諸, 子曰, '聞斯行之'. 赤也惑, 敢問." (『論語·先進』) 자로가 물었다. "(선한 말을 들으면) 듣고 바로 실행합니까?" 공자가 말하였다. "부형이 계신데 어찌 듣고 바로 실행하겠는가?" 염유가 물었다. "듣고 바로 실행합니까?" 공자가 말하였다. "듣고 실행하라." 공서화가 말하였다. "자로가 '듣고 바로 실행합니까?'라고 묻자, '부형이 계신데'라 하시고, 염유가 '듣고 바로 실행합니까?'라고 묻자 '듣고 실행하라.'하시니, 의문이 생겨 감히 그 까닭을 묻겠습니다."

(2) 行人子朱曰, "朱也當御." 三云, 叔向不應. (『左傳·襄公26年』) 행인 자주가 말하였다. "제가 일을 맡고자 합니다." 여러 차례 말했으나, 숙향은 응하지 않았다.

예(1)에서 앞 구절 '子路問……', '(冉)有問……'은 서사문이며 '也'를 쓰지 않고 있다. '公西華曰' 뒤에 나온 인용문에서는 모두 '也'를 덧붙임으로써 공서화가 강조하고 싶은 부분을 드러내고 있다. 즉 여기서 두 사람이 완전히 똑같은 질문을 하였는데도 불구하고 왜 그에 대한 대답은 정 반대인지를 묻고 있다. 마지막 구절에 나오는 '也'는 자신의 당혹감을 드러내고 있다. 예(2)는 상대방에게 특정 사실에 대해 주의를 주고 있다.

주어가 보통 명사성 어휘이거나 용언성 어휘일 때, 뒤에 '也'나 '也者'를 많이 붙인다. 다음 예를 보자.

> (1) 聖人也者, 本仁義, 當是非, 齊言行. (『荀子·儒效』)　성인이란 자는 인의를 근본으로 삼고, 시비를 마땅히 하고 언행을 가지런히 한다.
> (2) 過也, 人皆見之, 更也, 人皆仰之. (『論語·子張』)　군자의 허물은 사람들 모두 볼 수 있고, 그것을 고치면 사람들은 모두 우러러 본다.

이상 두 예문은 모두 견해를 설명하고 있으며, 예(1)의 주어는 명사성 어휘, 예(2)는 용언이다.

자기가 들은 바를 강조하고자 할 때, '聞之也'란 형식을 취한다.

> (1) 宋公曰, "不可. 吾聞之也, 君子不鼓不成列." (『公羊傳·僖公22年』)　송공이 말하였다. "안 됩니다. 내가 듣기로는 군자는 북을 치지 않으면 열이 이뤄지지 않는다고 했습니다."
> (2) 子路曰, "吾聞之也, 過墓則式, 過祀則下." (『禮記·檀弓下』)　자로가 말하였다. "내가 들으니 묘를 지날때는 경의를 표하고, 사를 지날때에는 수레에서 내린다고 하였다."

위의 예문은 모두 '聞之也' 뒤의 내용을 강조하고 있다.

(3) 결단부사와 설명문

설명문은 보통 판단사로 구성되어 있는데, 판단사가 쓰이지 않고 결단부사가 설명문을 구성할 수 있다. '必', '殆', '固', '實', '誠' 등의 결단부사는 설명문을 이룬다.

'必', '殆'는 추측을 나타내는데, 이런 추측은 일종의 견해로 볼 수 있다. '必'은 확신하고 있는 추측을 표현하거나 굳은 마음가짐을 나타낼 때 쓰이고, '殆'는 완전히 확신하지 못하는 추측을 나타낸다. 다음 예를 보자.

> (1) 沈尹戌曰, "子常必亡郢." (『左傳・昭公23年』) 심윤술이 말하였다. "자상은 필히 영을 망하
> 게 할 것입니다."
>
> (2) 君曰, "我必殺之." (『韓非子・說林上』) 군주가 말하였다. "나는 반드시 그를 죽일 것이다."
>
> (3) 知過入見知伯曰, "二主殆將有變." (『戰國策・趙策1』) 지과가 지백을 찾아가 말하였다. "두
> 임금이 일을 꾸미고 있는 듯합니다."

이상 세 예문은 모두 설명문이며, 예(2)는 자신의 마음가짐을, 예(1), (3)은 자신의 견해
를 말하고 있다.

'固', '實', '誠'은 확인을 나타내며, 보통 강조나 주의의 기능을 하지만, 때로는 견해를
설명하기도 한다. '固'는 본래 그러함을 확인하는 것이고, '實', '誠'은 사실의 진실성에 대
한 확인 또는 강조이다. 다음 예를 보자.

> (1) 奪其卮曰, "蛇固無足, 子安能爲之足." (『戰國策・齊策2』) 그 술잔을 빼앗으며 말하였다.
> "뱀은 본래 다리가 없는데, 당신은 어찌 없는 다리까지 그릴 수 있는가."
>
> (2) 施效叔曰, "子實吉." (『左傳・成公17年』) 시효숙이 말하였다. "당신은 진실로 길하다."
>
> (3) 於是入朝見威王曰, "臣誠知不如徐公美." (『戰國策・齊策1』) 이에 위왕을 알현하여 말하였
> 다. "신은 진실로 서공만큼 아름답지 않음을 압니다."

이상 세 가지 예문은 각각 '固', '實', '誠'을 써서 강조하거나 자신의 견해 또는 마음을
설명하고 있다.

'其', '庶', '庶幾' 또한 설명문을 이룬다. 다음 예를 보자.

> (1) 以德爲怨, 秦不其然. (『左傳・僖公15年』) 덕을 원망으로 삼는 것을, 진나라는 그렇게 하지
> 않습니다.
>
> (2) 懼而奔鄭, 引領南望, 曰, "庶幾赦余." (『左傳・襄公26年』) 겁을 먹고 정으로 도망가, 목을 내
> 빼고 남쪽을 바라보며 말하였다. "나를 사면시켜줬으면 좋겠다."
>
> (3) 君姑修政, 而親兄弟之國, 庶免於難. (『左傳・桓公6年』) 임금께서 잠시 정치를 닦고서 형제의

나라와 친하게 지내면, 아마도 어려움에서 벗어날 것입니다.

이상에서는 모두 견해를 설명하고 있다.

(4) 관련 허사를 사용하지 않은 설명문

관련 허사를 쓰지 않고 구성된 설명문은 이하 두 가지 상황을 나타낸다.

첫째, 대화상에 쓰이며 설명의 문장이면서 판단사와 결단부사를 쓰지 않는다. 이런 문장은 변형된 설명문으로 간주한다.

> (1) 是行也, 祭仲知之, 故稱疾不往. 人曰, "祭仲以知免." (『左傳·桓公18年』) (공자 미가 제나라 군주를) 만나러 감에 있어, 제중은 가면 죽을 것이라는 것을 알고 있었다. 그래서 그는 병이라 핑계를 대고 따라가지 않았던 것이다. 사람들이 말하였다. "제중은 지혜로써 면했다."
>
> (2) 史蘇占之曰, "不吉." (『左傳·僖公15年』) 태사소가 그것을 점하고 말하였다. "불길하다."

위와 같은 대화문은 대부분 견해를 설명하는 것으로, 설명문의 변형문으로 본다.

둘째, 위와 같은 설명문 외에, 동사 '有', '無' 또한 관련허사를 쓰지 않고 설명문을 만들 수 있다. 자세한 내용은 다음 절에 나올 유무문에서 다루겠다.

제3절 논단문

술어와 문미판단사에 따라 논단문을 판단문과 안단문(按斷文)으로 나눌 수 있다.

1. 판단문

판단문은 정태적인 논단관계를 기술하며, 문미에 '也'를 쓴다. 논단문 가운데 판단문이 가장 복잡하다. 우선 술어와 주어 두 가지 측면에서 판단문의 특징을 설명한 후에 판단문의 유형에 대해 소개하겠다.

(1) 판단문의 특징

1) 판단문의 술어

판단문의 술어를 논하기 위해서는 술어의 구성, 술어 안의 부사, 술어 안의 중복지시 대체사에 관해 살펴봐야 한다.

① 술어의 구성

판단문의 술어는 주어가 나타내는 사람, 사물, 사건에 대해 판단을 하는 것으로, 각종 실사성 명사나 전목구 또는 몇몇 부사에 '也'가 붙는다. 아래 예문을 보면, 체언에 '也'를 붙인 형식이 판단문의 술어이다.

> (1) 亞父者, 范增也. (『史記·項羽本紀』) 아부는 범증이었다.
>
> (2) 義與利者, 人之所兩有也. (『荀子·大略』) 의와 이는 사람이 가지고 있는 두 가지이다.
>
> (3) 明此以南鄕, 堯之爲君也, 明此以北面, 舜之爲臣也. (『莊子·天道』) 이것을 잘 알고 나서 남면한 것이 요가 임금이 되었을 때이고, 이것을 잘 알고 나서 북면한 것이 순이 신하가 되었을 때이다.

위의 예문들의 술어는 각각 명사, '所'자구, '之'자구에 '也'를 덧붙이고 있다. 명사성어휘가 술어로 올 때에는 판단문의 문미에 '也'를 쓰지 않는 경우도 있다.

> (1) 此人力士. (『史記·魏公子列傳』) 이 사람은 역사이다.
>
> (2) 天下者, 高祖天下. (『史記·魏其武安侯列傳』) 천하는 고조의 천하다.

이상 두 예문에는 '也'를 쓰지 않고 있다. 다음으로 용언 또는 주술구에 '也'를 붙여서 술어로 삼는 판단문을 살펴보자.

> (1) 不聞命而擅進退, 犯政也, 快意而喪君, 犯刑也. (『國語·晉語3』) 명을 듣지 않고 멋대로 나

아가고 물러나는 것은 정령을 범하는 것이고, 쾌의만을 생각해 임금을 잃는 것은 형을 범하는 것이다.

(2) 勍敵之人隘而不列, 天贊我也. (『左傳 · 僖公22年』) 강한 적들이 지세가 험해서 아직 정렬하지 못한 것은 하늘이 우리를 돕는 것입니다.

예(1)은 동사성 어휘에 '也'를, 예(2)는 주술구에 '也'를 붙이고 있다. 전치사구와 부사 '必'에 '也'를 붙인 술어가 쓰인 판단문을 살펴보자.

(1) 先王, 名士, 達士之所以過俗者, 以其知也. (『呂氏春秋 · 審己』) 선왕, 명사, 달사가 세속의 사람들보다 뛰어난 점은 그들의 지혜 때문이다.

(2) 三十二年, 春, 城小谷, 爲管仲也. (『左傳 · 莊公32年』) 32년 봄, 소곡에 성을 쌓은 것은 관중을 위함이다.

(3) 好惡在所見, 臣下之飾奸物以愚其君, 必也. (『韓非子 · 難三』) 군주가 좋아하고 싫어하는 것이 눈에 보이는 것에 의해 결정되기에, 신하들이 잘못한 일을 꾸며서 임금을 속이는 일은 반드시 일어나는 것이다.

예(1)은 '以'자전목구가, 예(2)는 '爲'자전목구가, 예(3)은 부사 '必'에 '也'를 붙인 것이 술어로 기능하는 경우이다.

② 술어 안의 부사

판단문의 술어 안에 대개 결단부사를 많이 쓰지만, 때로는 범위부사나 접속사 '則' 또는 판단사 '唯'(惟, 維), '蓋' 등을 쓰기도 한다.

첫째, 부정을 나타내는 결단부사 '非'는 주로 판단 전체의 부정으로 쓰인다. 다음 예를 보자.

(1) 叔瞻謂曹君曰, "臣觀晉公子, 非常人也." (『韓非子 · 十過』) 숙첨이 조군에게 말하였다. "신이 진공자를 보건데 범상한 사람이 아닙니다."

(2) 忽謝曰, "我小國, 非齊敵也."(『史記 · 鄭世家』) 홀이 사양하며 말하였다. "우리 작은 나라는 제나라의 짝이 되지 못한다."

이상 두 예문은 모두 '非'를 사용한 부정판단문이다.

둘째, 결단부사 '必', '固', '實', '卽', '誠', '乃', '殆', '其'는 사실을 인정을 하는 전제하에 판단문에 각기 다른 보조적 의미를 부가하고 있다. '必'은 판단에 의심의 여지가 없음을 나타내고, '固'는 본래부터 그러했음을 나타낸다. 다음 예를 보자.

> (1) 奪項王天下者, 必沛公也. (『史記·項羽本紀』) 항왕의 천하를 빼앗을 자는 반드시 패공이다.
>
> (2) 叔孫曰, "列國之卿當小國之君, 固周制也." (『左傳·昭公23年』) 숙손이 말하였다. "열국의 경이 소국의 군에 해당함은 본디 주나라의 제도이다."

'實'은 확인을 나타내고, '확실히', '분명히', '사실'의 의미를 지닌다. '卽'은 해석을 하는 것으로 '즉'이라는 뜻이다. 문중에 '卽', '實'이 있으면 문미에는 대개 '也'를 쓰지 않는다.

> (1) 君相楚二十餘年矣, 雖名相國, 實楚王也. (『史記·秦始皇本紀』) 그대가 초의 재상 노릇을 한지 20여년이 되었고, 비록 이름은 상국이지만 실은 초왕이다.
>
> (2) 懷與安, 實敗名. (『左傳·僖公23年』) 품어주고 편안히 해주는 것은 사실 명성을 그르치는 것이다.
>
> (3) 韋丞相玄成者, 卽前韋丞相子也. (『史記·張丞相列傳』) 위승상인 현성은 이전 위승상의 아들이다.
>
> (4) 梁父卽楚將項燕. (『史記·項羽本紀』) 항량의 아버지는 초나라 장수인 항연이다.

예(1), (3)의 문미에는 '也'를 썼고, 예(2), (4)에는 쓰지 않았다.

'誠'은 확신을 나타내고, '확실'의 의미를 지닌다. '乃'는 변별을 위주로 하고 '……은'이나 '그러나', '의외로'의 의미를 지닌다. '殆'는 불완전의 긍정을 나타내며, '其'는 추측을 나타내는데, 이상 두 부사는 모두 '대개', '어쩌면'이라는 뜻을 지닌다.

> (1) 尹士聞之曰, "士誠小人也." (『孟子·公孫丑下』) 윤사가 이를 듣고 말했다. "나는 정말 소인이다."
>
> (2) 是乃仁術也. (『孟子·梁惠王上』) 이것이 바로 인의 술이다.
>
> (3) 臣迺市井鼓刀屠者, 而公子親數存之 (『史記·魏公子列傳』) 저는 시정의 백정이나 공자께서

친히 여러 번 안부를 물으셨다.

(4) 諸將皆喜, 人人各自以爲得大將. 至拜大將, 乃韓信也. (『史記·淮陰侯列傳』) 장수들은 모두 기뻐하였는데, 사람들은 모두 자신이 대장군이 될 수 있다고 여겼다. 대장군을 임명함에 이르러보니 한신이었다.

(5) 吾嘗見一子于路, 殆君之子也. (『史記·趙世家』) 일찍이 길에서 어린 애 하나를 보았는데 아마 그대 아들인가보다.

(6) 夫執一術而百善至, 百邪去, 天下從者, 其惟孝也! (『呂氏春秋·孝行』) 무릇 한 가지 방법을 지켜서 백 가지 좋은 일이 이르고, 백 가지 나쁜 일이 물러나며, 천하의 사람들이 따르는 것은 아마도 효일 것이다.

셋째, 판단문에 결단부사 '又', '亦'과 접속사 '則'을 사용할 수 있다. '又'나 '亦'을 사용하여 전후 대응이나 유사함을 나타낸다. 다음 예를 보자.

(1) 夫使薛公留太子者蘇秦也, 奉王而代立楚太子者又蘇秦也. (『戰國策·齊策3』) 설공으로 하여금 태자를 만류한 것은 소진이며, 왕을 받들고 초태자를 대신해 세운 것도 소진이다.

(2) 曰, "不可, 直不百步耳, 是亦走也." (『孟子·梁惠王上』) 말하였다. "안 됩니다. 단지 백보가 안 된다는 것일뿐, 이것 또한 달아난 것입니다."

예(1)에서는 '又'를 사용해 뒷절과 앞절을 대응시키고 있고, 예(2)에서는 같은 부류임을 나타내고 있다.

접속사 '則'은 앞뒤 호응을 나타내거나, 판단과 사실 사이의 긴밀한 관계를 나타낸다. 판단문에서 '則'은 대개 주어와 술어 사이에 출현하고, 중복지시 주어 앞에 사용될 때도 있다. 다음 예를 보자.

(1) 夫所借衣車者, 非親友, 則兄弟也. (『戰國策·趙策1』) 무릇 옷이나 수레를 빌리고자 하면, 대개 친구 아니면 형제에게서 빌려야한다.

(2) 襄子如厠, 心動, 執問塗者, 則豫讓也. (『戰國策·趙策1』) 양자가 화장실에 갔는데 가슴이 뛰었다. 미장이를 잡아 물으니 예양이었다.

(3) 東道之不通, 則是康公絶我好也. (『左傳·成公13年』) 동쪽 길이 통하지 않는 것은 강공이 우리와의 우호를 끊은 것이다.

예(1)에서 '則'은 앞뒤 구절의 호응을 나타내고, 예(2)에서 '則'은 판단과 사실의 근접성을 나타내며, 예(3)에서 '則'은 '是' 앞에 사용되고 있다.

넷째, 범위부사 '皆'는 대개 판단문의 주어와 술어 사이에 쓰인다. '獨', '擧'의 용법도 '皆'와 유사하지만, '皆'만큼 많이 상용되지는 않는다. 이들은 관련 범위를 총괄하거나 한정을 한다. 다음 예를 보자.

> (1) 孔, 墨, 甯越, 皆布衣之士也. (『呂氏春秋 · 博志』) 공, 묵, 영월은 모두 일반 선비이다.
>
> (2) 言我者非獨我也, 齊亦欲之. (『公羊傳 · 隱公8年』) 나를 말한 것은 나 뿐만이 아니다. 제나라 역시도 그러고자 했다.
>
> (3) 故賞賢罰暴, 擧善之至者也, 賞暴罰賢, 擧惡之至者也. (『韓非子 · 八經』) 그러므로 어짐을 상주고 포악함을 벌하는 것은 선을 추천하는 지극한 것이다. 포악함을 상주고 어짐을 벌하는 것은 악을 장려하는 지극한 것이다.

예(1), (3)에서 '皆'와 '擧'는 전항의 내용에 대해 총괄을 하는 것이고, 예(2)에서 '獨'은 한정을 짓는 역할을 한다.

다섯째, 판단문의 술어 앞에 문두판단사 '唯(惟, 維)', '蓋'를 쓸 수 있다. 다음 예를 보자.

> (1) 志乎期費者, 唯賈人也. (『莊子 · 庚桑楚』) 시간과 비용에 뜻을 둔 사람은 오직 상인이다.
>
> (2) 寡人聞大國之君, 蓋回曲之君也. (『晏子春秋 · 內篇問下』) 제가 듣기로 대국의 군주는 어쩌면 사벽한 군왕일 수도 있다고 했습니다.

③ 술어 속의 중복지시 대체사

판단문의 주어가 나타내는 내용이 비교적 복잡하거나, 앞뒤 문장 간에 어떤 호응관계를 이루고 있을 때, 판단을 한 대상에 대해 대체사 중복지시의 형식을 취할 수 있다. 판단문의 주어가 대체사를 써 중복지시를 할 때, 주로 아래 두 가지 다른 형식으로 나타난다.

우선, 술어 안에서 주어의 형식으로 중복지시를 하는 경우이다. 이런 형식은 '是', '此'를 써서 전항을 중복지시하여 주어를 충당한다. 이런 판단문에서는 주술구가 술어를 충당한다. 대주어와 대술어 간에는 대개 휴지가 있지만, 소주어와 소술어 간에는 휴지가 나타나지 않는다. '是'를 써서 중복지시를 할 때, 소술어는 체언이거나 용언, 혹은 주술구이다.

다음 예를 보자.

(1) 吾不能早用子, 今急而求子, 是寡人之過也. (『左傳·僖公30年』) 내 일찍 그대를 등용치 못하고 지금 상황이 급하여 그대를 찾으니 이는 과인의 잘못이다.

(2) 天帝使我長百獸, 今子食我, 是逆天帝命也. (『戰國策·楚策1』) 천제께서는 나를 백수의 우두머리로 삼으셨는데, 지금 그대가 나를 잡아먹는다면, 이것은 천제의 명을 거역하는 것이다.

(3) 怒不過奪, 喜不過予, 是法勝私也. (『荀子·修身』) 노하여도 지나치게 뺏지 않고, 기뻐도 지나치게 주지 않다. 이는 법이 사사로움을 이기는 것이다.

이상 세 가지 예문에서 '是' 뒤에 나오는 소술어는 각각 체언, 용언, 주술구이다. '此'를 써서 중복지시를 할 때에는, 소술어는 대개 체언이다. 다음 예를 보자.

(1) 今公子有急, 此乃臣效命之秋也. (『史記·魏公子列傳』) 지금 공자께서 위급하시니, 이는 비로소 제가 명을 바칠 때입니다.

(2) 夫欲惡避就, 固不待師, 此人之性也. (『莊子·盜跖』) 바라는 것과 싫어하는 것을 피하고 나아가는 일은 굳이 스승에게 배우지 않아도 되니, 이러한 것은 사람의 본성입니다.

'是', '此' 뒤에 나오는 소술어의 이런 차이는 '是'가 후대에 판단사 '是'로 쓰이게 된 반면 '此'는 판단사로 발전하지 않은 이유 중의 하나일 것이다.

둘째, 판단문의 전항은 술어 안의 소술어의 형식으로 중복지시를 한다. 이런 술어는 대개 '是'를 사용하거나 때로는 '然'을 사용하기도 한다.

(1) 終而復始, 日月是也. 死而復生, 四時是也. (『孫子·勢篇』) 끝나고서 다시 시작하는 것으로는 해와 달이 이러한 것이다. 죽었다 다시 살아나는 것으로는 사계가 이러한 것이다.

(2) 孟子曰, "聖人, 百世之師也, 伯夷, 柳下惠是也." (『孟子·盡心下』) 맹자가 말했다. "성인은 대대로의 스승이니, 백이, 류하혜가 이러한 사람들이다.

(3) 染于蒼則蒼, 染于黃則黃, 非獨染絲然也. (『墨子·佚文』) 창에 물들이면 푸른색이 되고, 황에 물들이면 노란색이 든다. 다만 실을 물들이는 것만이 그런 것이 아니다.

예(1)에서 전항은 "終而復始"와 "死而復生"로, 술어에서 모두 '是'를 써서 중복지시를 하고 있다. 예(2)에서 '是'는 "聖人, 百世之師也"를 중복지시한다. 예(3)에서 '然'을 써서 "染于蒼則蒼, 染于黃則黃"을 중복지시한다.

2) 판단문의 주어

판단문의 주어에 대해서, 주술 간의 휴지, 주어의 구성, 무주어판단문 이렇게 세 가지 문제를 살펴본다.

① 주술 간의 휴지

대개 판단문의 주어와 술어 사이에는 휴지가 있다. 이러한 주술 간의 휴지는 두 가지 원인에서 생겨난다. 우선, 판단문 주어의 내용이 비교적 복잡할 때가 있는데, 이때 중간에 휴지를 둠으로써 청자로 하여금 판단의 전항을 이미 다 말했고 후항(後項)을 주시하라는 암시를 준다. 이는 판단문의 주어에 '是'나 '此'를 붙여 중복지시하는 것과 비슷한 역할을 한다. 앞서 판단문의 술어를 소개할 때, 이런 종류의 예문들이 많이 나왔으므로 여기서는 예문은 생략하겠다. 또 다른 이유는 주어가 비교적 간단한 상황에서 이런 휴지는 주어와 술어가 바로 붙어 조합됨으로써 문법구조상 일으킬 수 있는 오해의 소지를 방지하기 위해서이다. 다음 예를 보자.

> (1) 信, 婦德也. (『禮記·郊特牲』) 믿음은 여자가 지켜야할 떳떳한 도리이다.
>
> (2) 德, 義, 利之本也. (『左傳·僖公27年』) 덕과 의는 이익의 근본이다.

예(1)에서 만약 휴지가 없었다면 '婦德'을 '信'의 목적어로 착각하기 쉬우며, 예(2)에서 만약 휴지가 없었다면 원문을 "德義利之本也."(덕, 의, 이익의 근본이다.)로 오해했을 소지가 높다. 주어의 음절이 비교적 단순할 때 오해의 소지가 없으면 굳이 휴지를 쓰지 않아도 무방하다. 다음 예를 보자.

> (1) 仁者右也, 道者左也, 仁者人也, 道者義也. (『禮記·表記』) 인이라는 것은 우측에서 돕고, 도라는 것은 좌측에서 돕는 것이다. 인이라는 것은 사람다움이고, 도라는 것은 그렇게 해야만 하는 의리같은 것이다.
>
> (2) 許曰, "余舊國也." (『左傳·昭公18年』) 허나라에서 말할 것이다. "우리는 오래된 나라이다."

② 주어의 구성

판단문의 주어는 판단의 전항이며 행위의 주체나 당사(當事) 등이 아닌 해설, 인식의 대상이기 때문에 사람이나 사물뿐 아니라 하나의 사건이 올 수도 있다. 그러므로 판단문에서 주어를 충당하는 말로서, 각종 체언 형식의 구체적 주어가 오거나 용언, 주술구, '之'자구 등이 충당하는 추상적 주어가 올 수도 있다. 다음 예를 보자.

(1) 夫子, 君子也. (『左傳·昭公2年』) 저 사람은 군자로다.

(2) 彼, 良醫也. (『左傳·成公10年』) 그는 훌륭한 의사다.

(3) 奪項王天下者, 必沛公也. (『史記·項羽本紀』) 항왕의 천하를 빼앗을 자는 필히 패공일 것이다.

이상 세 예문의 주어는 모두 체언이다. 다음 예를 보자.

(1) 知死不辟, 勇也. (『左傳·昭公20年』) 죽을 것을 알면서 피하지 않는 것은 용감함이다.

(2) 舜相堯二十八載, 非人之所能爲也. (『孟子·萬章上』) 순은 요의 재상노릇을 28년 하였으니, 사람이 할 수 있는 바가 아니다.

(3) 桀紂之失天下也, 失其民也. (『孟子·離婁上』) 걸왕과 주왕이 천하를 잃은 것은 백성을 잃었기 때문이다.

이상 예문에서 (1)의 주어는 용언이고, (2)는 주술구, (3)은 '之'자구이다.

판단문의 주어 뒤에 조사 '者'를 붙이기도 하고, 때로는 '也者'를 붙이기도 한다. '者'는 주로 앞에 나온 단어나 구를 중복지시하는데, 이때 중복지시한 후의 전항은 처음 출현한 대상일 수도 있고 또는 강조하는 내용일 수도 있다. 다음 예를 보자.

(1) 廉頗者, 趙之良將也. (『史記·廉頗藺相如列傳』) 염파는 조나라의 훌륭한 장수다.

(2) 井蛙不可以語於海者, 拘於虛也. (『莊子·秋水』) 우물안 개구리가 바다에 대해 말할 수 없는 것은 공간에 구애되어 있기 때문이다.

(3) 陋也者, 天下之公患也. (『荀子·榮辱』) 누추하다는 것은 천하의 공통된 우환이다.

이상 세 예문 가운데 앞에 두 예문은 '者'를, 예(3)은 '也者'를 사용하고 있다. 예(1)은 방금 막 출현한 인물에 대해 소개하는 것이고, 뒤에 두 예문은 전항을 강조한다.

판단문의 주어 앞에 문두판단사 '夫', '凡'을 사용하기도 한다.75) 다음 예를 보자.

(1) 夫管子, 天下之才也 (『國語·齊語』)　관자는 천하의 재걸이다.

(2) 凡古今天下之所謂善者, 正理平治也. (『荀子·性惡』) 고금 천하가 말하는 선한 자는 이치를 바르게 한다.

③ 무주어판단문

판단문은 대개 주어와 술어 두 부분으로 구성되는데, 판단의 대상인 전항은 언어 속이 아닌 현실 속에 내재되어 있다. 이렇게 구성된 판단문은 주어가 없다. 이런 판단문을 무주어판단문이라 하고, 이런 문장은 판단의 대상이 현실이다. 다음 예를 보자.

(1) 師冕見, 及階, 子曰, "階也." (『論語·衛靈公』) 악사가 알현함에 계단에 이르르면, 공자가 말했다. "계단입니다."

(2) 公子欲辭, 子犯曰, "天命也, 君其饗之." (『國語·晉語4』) 공자가 사양하고자 하니, 자범이 말했다. "천명입니다. 그대는 그것을 누리십시오."

예(1)에서 판단의 전항은 현실중의 '階'이다. 예(2)는 중이가 초나라에 갔는데 초성왕(楚成王)이 주나라의 예로써 그를 대접했다는 이야기이다. 여기서 "天命也"란 논단의 전항으로 역시 현실 속에 있는 것이다. 무주어문은 주어 생략과는 다르다. 주어 생략과 관련된 내용은 2장 2절을 참조하기 바란다.

(2) 판단문의 분류

주어, 술어의 차이에 따라 판단문은 크게 귀류문(歸類文), 석인문(釋因文), 평의문(評議文) 이렇게 세 가지로 분류된다.

---

75) '夫'와 '凡'의 논단문에서의 역할은 제4장 문두판단사 편을 참조하라.

1) 귀류문

귀류문은 주로 귀류, 등가 등 측면에서 전항을 소개, 설명하는 것으로 비유, 열거, 단어 의미 해석 등도 이 부류에 속한다. 귀류나 동등을 나타낼 때 주어는 대개 체언으로 충당되며, 술어는 구체명사성 어휘로 충당된다. 다음 예를 보자.

> (1) 越棘, 大弓, 天下之戎器也. (『禮記·明堂位』) 월극, 대궁은 천하의 병기이다.
>
> (2) 四瀆者, 江, 河, 淮, 濟也. (『史記·河渠書』) 사독이란 장강, 황하, 회하, 제하이다.

예(1)은 귀류, 예(2)는 등동이다. 이상의 예문에서 주어와 술어는 모두 명사성 어휘이다. 몇몇 귀류문은 어떤 관계를 나타내며, 이를 논리적으로 쉽게 설명하기란 쉽지 않다. 다음 예를 보자.

> (1) 夫戰, 勇氣也. (『左傳·莊公10年』) 전쟁은 용기로 하는 것이다.
>
> (2) 『七月』之卒章, 藏氷之道也. (『左傳·昭公4年』) 『칠월』의 마지막 장은 얼음을 보관하는 방법이다.

이상 두 예문은 모두 귀류문이지만, 논리적으로 쉽게 설명하기란 쉽지 않다. 판단문이 비유, 열거, 석의(釋義)를 나타낼 때, 주어와 술어를 충당하는 단어는 다양한 실사성 어휘이다. 다음 예를 보자.

> (1) 趙衰, 冬日之日也. (『左傳·文公7年』) 조최는 겨울날의 태양이다.
>
> (2) 天地之道, 博也, 厚也, 高也, 明也, 悠也, 久也.(『禮記·中庸』) 천지의 도는 넓고, 두터우며, 높고, 밝으며, 아득하고 오랜 것이다.
>
> (3) 聘, 問也. 享, 獻也. 私覿, 私見也. (『荀子·大略』) 빙은 묻는 것이고, 향은 받드는 것이며, 사적은 사사로이 보는 것이다.

예(1)은 비유이고, 주어와 술어를 충당하는 단어는 모두 명사성어휘이다. 예(2)는 열거로, 술어는 형용사이다. 예(3)의 경우 주어와 술어 모두가 용언이다.

2) 석인문

석인문은 주로 원인이나 목적을 설명하는 것으로, 이 문장 속의 주어가 가리키는 전항은 기술의 대상이며, 대개 주술구, 용언성 어휘 혹은 '之'자구로 충당한다. 주어는 주로 사실, 변화, 사건을 나타낸다. 술어가 나타내는 후항은 평석(評釋)의 내용으로, 주로 추상명사성 어휘, 용언, 주술구 혹은 전목구 등으로 구성된다. 이하에서는 원인 기술, 목적 설명 이렇게 두 가지 측면에서 석인문을 설명한다.

① 원인 기술

석인문은 주로 원인을 설명하는데, 이 문장의 술어는 5가지 형식으로 구성되고 주어는 자주 사용되는 한 가지의 형식이 있다. 이하에서 각각 나누어 설명한다.

1) 술어는 추상명사 '故'가 중심어인 수식구로 충당된다. 다음 예를 보자.

(1) 秦人, 白狄伐晉, 諸侯貳故也. (『左傳·成公9年』) 진나라 사람과 백적이 진나라를 벌한 것은 제후가 두 마음을 품었기 때문이다.

(2) 馬不能行十里, 共故也. (『韓非子·外儲說右下』) 말이 십리를 못 간 것은 왕량과 조보가 함께 하나의 수레를 몰았기 때문이다.

이상 두 예문의 술어는 모두 '故'가 중심어인 수식구가 충당하고 있다.

2) 술어는 또한 '爲', '以'로 구성된 전목구로 충당되기도 한다. 전목구에서 목적어에는 '故'를 넣어도 되고 안 넣어도 된다. 다음 예를 보자.

(1) 秦所以尤追燕急者, 以太子丹故也. (『史記·刺客列傳』) 진이 특히 연을 급하게 추격하는 것은 태자단 때문이다.

(2) 秦皇帝大怒, 大索天下, 求賊甚急, 爲張良故也. (『史記·留侯世家』) 진시황제가 크게 노하여 천하를 뒤져 도적을 급하게 찾는 것은 장량 때문이다.

(3) 士不遠千里而至者, 以君能貴士而賤妾也. (『史記·平原君列傳』) 선비들이 천리를 멀다 않고 온 것은 군주가 사를 귀하게 여기고 첩을 천하게 여겼기 때문이다.

(4) 舜不告而娶, 爲無後也. (『孟子·離婁下』) 순이 말하지 않고 아내를 취한 것은 대를 이어갈 후손이 없을까 해서였다.

앞의 두 예문은 전목구 안에 '故'가 쓰였고, 뒤의 두 예문은 '故'가 쓰이지 않았다. '故'의 사용 여부에 상관없이 모두 원인을 기술하는 것이다.

3) 술어 앞에 조사 '蓋'를 붙여 원인 설명을 할 수도 있다. 다음 예를 보자.

(1) 孔子罕言命, 蓋難言之也. (『史記·外戚世家』) 공자가 천명을 드물게 말한 것은 그것을 말하기 어려웠기 때문이다.

(2) 非用於秦者必智, 用於燕者必愚也, 蓋治亂之資異也. (『韓非子·五蠹』) 진나라 사람에 쓰인다고 반드시 지혜롭고 연나라 사람에 쓰인다고 반드시 멍청함이 아닌 것은 난을 다스리는 바탕이 다르기 때문이다.

이상 두 예문은 모두 '蓋'로써 원인을 설명하고 있다.

4) 일반적으로 체언, 용언, 주술구는 원인을 나타내는 술어로 많이 쓰인다. 다음 예를 보자.

(1) 六鷁退飛過宋都, 風也. (『左傳·僖公16年』) 익새 여섯 마리가 앞으로 날지 못하고 뒤로 물러나 송도를 넘어선 것은 바람 때문이다.

(2) 古者言之不出, 恥躬之不逮也. (『論語·里仁』) 옛 사람들이 말을 내뱉지 못하는 것은 실천이 말한 것을 쫓아가지 못함을 부끄러워해서이다.

(3) 是以人之於讓也, 輕辭古之天子, 難去今之縣令者, 薄厚之實異也. (『韓非子·五蠹』) 사람들이 양보하는데 있어 옛날의 천자 자리는 쉽게 양보할 수 있지만, 요즘의 고을 장관 자리를 떠나는 것은 어렵게 여기니, 후하고 박한 실속이 다르기 때문이다.

이상 세 예문의 술어는 모두 원인을 나타내는 것으로 각각 명사, 용언, 주술구로 충당된다.

5) 술어 이외에도, 이런 문장의 주어 또한 '所以', '所爲'로 구성된 체언구로 충당될 수 있다. 다음 예를 보자.

> (1) 人主之所以身危國亡者, 大臣太貴, 左右太威也. (『韓非子·人主』) 백성의 군주가 몸이 위태롭고 나라를 망하게 하는 것은, 대신이 너무 귀하게 되고 측근의 위세가 심해졌기 때문이다.
> (2) 所爲見將軍者, 欲以助趙也. (『戰國策·趙策3』) 장군을 뵌 것은 조나라를 도와달라고 하기 위해서입니다.

예(1)은 '所以'를, 예(2)는 '所爲'를 쓰고 있다.

② 목적 설명

목적은 일종의 주관적인 원인이라 할 수도 있다. 그렇기 때문에, 이와 같은 문장의 술어와 주어는 원인설명문과 유사한 점이 많다. 이하에서는 우선 이런 문장의 두 가지 종류의 술어를 소개한 후, 주어를 설명한다.

1) 이런 문장의 술어는 대개 '爲', '以'로 구성된 전목구로 충당된다. 다음 예를 보자.

> (1) 叔仲曰, "子之來也, 非欲安身也, 爲國家之利也." (『國語·魯語下』) 숙중이 말하였다. "당신이 온 것은 몸을 편안하게 하기 위해서가 아니라 국가의 이익을 위한 것이다."
> (2) 夫立法令者, 以廢私也. (『韓非子·詭使』) 법령을 정립하는 것은 사사로움을 없애기 위함이다.

이상 두 예문은 모두 목적을 나타내는 것으로, 술어는 각각 '爲', '以'로 구성된 전목구로 충당된다.

2) 이런 문장의 술어는 일반적인 용언성 어휘일 수도 있다. 다음 예를 보자.

> (1) 令無入僖負羈之宮而免其族, 報施也. (『左傳·僖公28年』) 진나라 군주는 희부기의 집에는 침입하지 말라고 영을 내려, 그의 가족에 화를 면하게 하였으니, 은혜에 대한 보답이었다.

(2) 冬, 季文子如晉, 賀遷也. (『左傳·成公6年』) 겨울에 계문자가 진나라에 가서 진나라가 도읍을 옮긴 것을 축하했다.

이상 두 예문의 술어는 모두 목적을 나타내는 것이다.

3) 문장의 주어는 '所以', '所爲'로 구성된 구로 충당될 수도 있다. 다음 예를 보자.

(1) 臣所以不死者, 爲此事也. (『國語·越語下』) 신이 죽지 않는 것은 이 일을 위해서입니다.
(2) 所爲見將軍者, 欲以助趙也. (『戰國策·趙策3』) 장군을 뵌 것은 조나라를 도와달라고 하기 위해서입니다.

이상 두 예문의 주어는 각각 '所以', '所爲'로 구성된 구가 충당하고 있다.

3) 평의문

이런 판단문은 주로 후항으로써 전항을 평가, 해설한다. 이런 문장의 술어는 주로 아래와 같은 네 가지 형식을 갖춘다.

1) '禮', '仁', '忠', '知(智)', '道', '事', '德', '亂', '利', '罪', '恥', '福', '禍' 등의 평가의 의미를 지니는 추상명사성 어휘가 술어로 온다. 다음 예를 보자.

(1) 襄仲如齊納幣, 禮也. (『左傳·文公2年』) 양중이 제나라에 납폐하러 간 것은 예에 맞는 일이다.
(2) 殺無道而立有道, 仁也. (『國語·晉語3』) 무도한 자를 죽이고 유도한 자를 세운 것은 인한 것이다.
(3) 知者謀之, 武者遂之, 仁者居之, 古之道也. (『莊子·讓王』) 아는 자는 그것을 도모하고, 무력을 쓰는 사람은 그것을 따르고, 인한 자는 거기에 머무르는데 이는 옛 사람의 도이다.

이상의 세 가지 예는 모두 명사성어휘로 평가를 한 것이다.

2) 동사 '謂', '言', '可'가 쓰인 평의문도 있다.

첫째, '謂'가 쓰인 평의문은 주어가 평의의 대상일 수도, 평의의 내용일 수도 있다. 목적어는 전치 혹은 후치의 형식을 가지는데, 목적어 전치가 후치에 비해 자주 쓰인다.

주어가 평의의 대상일 경우, '謂'의 목적어는 평의의 내용이 된다. 이때 평의문은 해설적 성격을 지닌다. 다음 예를 보자.

(1) 明德, 務崇之之謂也, 愼罰, 務去之之謂也. (『左傳·成公2年』)　덕을 밝힌다는 것은 높이 받드는 것에 힘씀을 말하고, 벌을 신중하게 내린다는 것은 없애는 것에 힘씀을 말하는 것이다.

(2) 君子之所謂知者, 非能遍知人之所知之謂也. (『荀子·儒效』)　군자가 말하는 앎이란, 사람이 아는 것을 두루 다 알 수 있음을 말하는 것이 아니다.

(3) 仁者, 謂其中心欣然愛人也. (『韓非子·解老』)　인한 사람은 마음 속으로 사람을 기쁘게 사랑한다.

(4) 奉酒醴以告曰, "嘉栗旨酒", 謂其上下皆有嘉德而無違心也. (『左傳·桓公6年』)　단술을 바치고 "맛 좋은 밤과 술입니다"라고 고하는 것은, 상하에 아름다운 덕이 있고 마음을 거스르는 것이 없는 것을 이르는 것이다.

앞의 두 예시는 목적어전치에 속한다. 예(1)의 주어인 '明德'과 '愼罰'은 평의의 대상이며, 전치목적어인 '務崇之', '務去之'는 평의 내용이다. 예(2)도 마찬가지이다. 뒤의 두 예문은 목적어 후치에 속한다. 예(3)의 주어인 '仁者'는 평의의 대상이고, 목적어인 '其中心欣然愛人'은 평의의 내용이다. 예(4)도 이와 유사하다. 이상의 4가지 예시는 모두 해설의 성격을 지닌다.

주어가 평의의 내용일 경우, 시문이나 숙어를 인용하는 형식을 갖춘다. '謂'의 목적어는 평의의 대상이다. 다음 예를 보자.

(1) 諺所謂"輔車相依, 脣亡齒寒"者, 其虞, 虢之謂也. (『左傳·僖公5年』)　옛 속담에서 말하였다. "덧방나무와 바퀴가 서로 의지해야 하고, 입술을 잃으면 이가 시리다" 이는 우나라와 괵나라를 두고 하는 말이다.

(2) "輕則失臣, 躁則失君." 主父之謂也. (『韓非子·喩老』)　"경솔하면 신하를 잃고, 성급하면 군주를 잃는다." 이는 주보를 두고 한 말이다.

(3) 『易』曰, "君子愼始. 差若毫厘, 繆以千里." 此之謂也. (『禮記·經解』)　『주역』에 따르면 "군자는 애초에 신중해야 한다. 털끝만큼 차이가 나면 나중에 천리만큼 달라진다." 이것을 말한

것이다.

(4) 『詩』曰, "退食自公, 委蛇委蛇", 謂從者也. (『左傳·襄公7年』) 『시경』에 "밥 먹으러 가는 길 (퇴근하는 길), 의젓하고 의젓하다." 따라다니는 사람을 말한다.

(5) 傳曰, "天下有二, 非察是, 是察非", 謂合王制與不合王制也. (『荀子·解蔽』) 예부터 전하는 말에 "천하에 두 가지 중요한 것이 있다. 곧 그른 것에서 옳은 것을 살펴보고, 옳은 것에서 그른 것을 살펴보는 것이 그것이다."라고 하였는데, 이는 바로 성왕의 제도에 합하는 것과 합하지 않는 것을 말한다.

앞의 세 예문은 모두 목적어가 전치된 경우로, 예(1)에서 평의의 대상은 '虞', '虢'이고, 예(2)도 이와 유사하며, 예(3)은 '此'로써 평의의 대상을 중복지시하고 있다. 마지막 두 문장에서 후치된 목적어는 평의의 대상이다.

둘째, '言'은 시문 등에 평가의 성격을 띠는 해석을 내리는 역할을 한다. 대개 해석이 되는 쪽이 주어가 되고, 해석적 특성을 지니는 쪽이 '言'의 목적어가 된다. 다음 예를 보자.

(1) 書曰, "蔡殺其大夫公子變", 言不與民同欲也. (『左傳·襄公20年』) '채가 그 대부인 공자섭을 죽였다' 라고 기록한 것은 백성과 같은 목표를 갖지 않았음을 말하는 것이다.

(2) "上德不德", 言其神不淫於外也. (『韓非子·解老』) '최상의 덕은 덕이라 하지 않는다.'는 뜻은, 그 정신이 바깥의 사물에 의하여 어지러워지는 일이 없다는 것이다.

해석되는 내용이 비교적 길 경우 지시대체사로 중복지시를 한다. 다음 예를 보자.

(3) 於「仲虺之告」曰, "我聞于夏. 人矯天命. 布命于下[76]. 帝伐之惡, 龔喪厥師.[77]" 此言湯之所以非桀之執有命也. (『墨子·非命上』) 「중훼지고」에서 말하였다. "내가 듣건대 하나라 사람들은 하늘의 명을 속이고 백성들에게 운명이 있다는 이론을 널리 알렸다. 하나님은 그것을 나쁘다 여기시고, 그들의 백성들을 잃도록 하셨다." 이 말은 탕임금이 걸왕이 운명이 있다고 주장하는 것이 부당하다고 여겼음을 말해주는 것이다.

이 예문은 해석되는 내용이 비교적 복잡하여, 뒤에 '此'를 사용하여 중복지시하고 있다.

셋째, '可'는 행위의 가행성에 대해 평가를 내리는 것으로 '可'는 단독으로 사용될 수

---

76) [역주] 원서에서는 '于於'로 되어 있다. 묵자교주본에 근거하여 고친다.
77) [역주] 원서에서는 '我'로 되어 있다. 묵자교주본에 근거하여 고친다.

있지만, '可' 뒤에 동사성 목적어를 수반하는 경우가 더 많다. 다음 예를 보자.

(1) 子若免之, 以勸左右, 可也. (『左傳·昭公元年』) 그대가 그에게 벌을 면하게 해서 좌우의 다른 사람들에게 그같이 할 것을 권장한다면 좋은 일입니다.

(2) 其御屢顧, 不在馬, 可及也. (『左傳·成公16年』) (정나라 군주의 전차를) 조종하는 자가 자주 뒤를 돌아보아, (전차를 끄는) 말에 대해서는 소홀히 하고 있으니, 따라 잡을 수가 있습니다.

(3) 民不爲己用, 不爲己死, 而求兵之勁, 城之固, 不可得也. (『荀子·君道』) 백성들이 자기를 위하여 노력한다든가, 자기를 위하여 목숨을 바치려 하지 않는데, 나라의 군대가 강하고 성곽이 튼튼하기를 원한다는 것은 도저히 있을 수 없는 일이다.

예(1)은 '可'가 단독으로 사용된 경우이고, 예(2), (3)은 그 뒤에 동사성 목적어를 수반하고 있는 경우이다.

3) 평가의 의미를 지니는 형용사가 술어로 쓰일 때에도 이런 형식의 문장으로 표현될 수 있다. 다음 예를 보자.

(1) 今人有大功而擊之, 不義也. (『史記·項羽本紀』) 큰 공이 있는데도 공격하는 것은 의롭지 못한 것이다.

(2) 見賢不尊, 不仁也. (『莊子·漁父』) 현인을 보고 존경하지 않는 것은 인하지 않은 것이다.

이상 두 예문에서 '義'와 '仁'은 모두 형용사이다.

4) '所以'는 행위의 목적, 결과를 나타낼 수 있고, 이로써 관련 행위에 대해 평의한다. 다음 예를 보자.

(1) 善棺椁, 所以避螻蟻蛇蟲也. (『呂氏春秋·節喪』) 훌륭한 관곽은 땅강아지와 개미와 뱀과 벌레를 막기 위한 것이다.

(2) 故君子居必擇鄕, 游必就士, 所以防邪僻而近中正也. (『荀子·勸學』) 그러므로 군자는 사는 곳을 가리고, 노는 데는 어진 이를 따른다. 이는 사벽을 막고 올바른 것을 가까이하려는 것이다.

(3) 去順效逆, 所以速禍也. (『左傳·隱公3年』) 순종을 버리고 거역을 본받는 것은 재앙을 부르
는 것이다.

(4) 君不君, 臣不臣, 此天下所以傾也. (『公羊傳·宣公15年』) 군주가 군주답지 못하고 신하가 신
하답지 못하여 천하가 삐뚤어지는 것이다.

앞의 두 예문은 행위의 목적으로 행위에 대해 평의를 내리고 있다. 예(1)의 '避螻蟻蛇
蟲'은 '善棺椁'의 목적이며, 예(2)도 이와 마찬가지다. 마지막 두 예문은 행위의 결과로써
행위에 대해 평의한다.

2. 안단문

안단문(按斷文)은 동태, 비교, 존현, 한정 등에 관해 판단하는 문장으로, 문미에 대개
'矣', '焉', '而已', '耳', '爾' 등이 쓰인다.(이 부분의 몇몇 문장들은 복문과 별 차이가 없다. 단
문과 복문의 구별에 관한 내용은 제8장제1절을 참고하라.) 호칭의 편의를 위해, 문미판단사의
차이에 따라 안단문을 평단문(評斷文), 함단문(含斷文), 한단문(限斷文) 세 가지 유형으로 분
류한다.

(1) 평단문

문미에 '矣'를 사용한 안단문을 평단문이라 한다. 이 문장의 주어는 주로 사실을 진술하
는 것으로, 술어는 주어가 기술한 사실에 대해 동적인 평가성 결론을 내린다. 이러한 동태
적인 평가성 결론은 대개 화자가 본래 있는 지속적인 상황에 성질이나 수량적으로 모종의
변화가 일어난 것을 말한다.

1) 평단문의 주어

평단문은 주로 어떤 사실에 대해 동적인 평가를 내리는 것이기 때문에 문장의 주어는
대개 주술구이거나, 용언, 때로는 체언일 때도 있다. 다음 예를 보자.

(1) 名寶散出, 土地四削, 魏國從此衰矣. (『呂氏春秋·不屈』) 이름난 보물이 흩어져나가고, 토

지가 사방에서 깎이니 이로부터 위나라가 쇠퇴한 것이다.

(2) 失威而至于殺, 其過多矣. (『國語·魯語上』) 위엄을 잃어 살해당함에 이르니, 허물이 많은 것이다.

(3) 三牲之俎, 八簋之實, 美物備矣. (『禮記·祭統』) 세 희생물의 도마와, 여덟 가지 제기에 가득 채운 제물들은 좋은 물건을 모두 갖추었다.

예(1)의 "名寶散出, 土地四削"은 주술구로 사실을 서술한 것으로, 이런 사실이 있기 때문에 "魏國從此衰矣"와 같은 판단이 나올 수 있는 것이다. 이는 화자가 내린 동적인 평가이다. 예(2)에서 주어는 용언성 어휘로 술어 "其過多矣" 또한 주어에 대한 동적 평가를 내린 것이다. 예(3)의 주어는 체언이고, 술어는 역시 동적인 평가에 해당한다.

만약 판단의 전항이 비교적 복잡할 때에는 '是', '此' 등을 써서 중복지시할 수 있다. 다음 예를 보자.

(1) 舜旣爲天子矣, 又帥天下諸侯以爲堯三年喪, 是二天子矣. (『孟子·萬章上』) 순이 이미 천자가 되었는데, 또 천하 제후를 이끌고 요의 삼 년 상을 치른다면, 이는 천자가 둘인 것이다.

(2) 今荊人收亡國, 聚散民, 立社主, 置宗廟, 令帥天下西面以與秦爲難, 此固已無伯王之道一矣. (『戰國策·秦策1』) 이로써 초나라로 하여금 망해가는 나라를 부흥시켜 사방으로 흩어졌던 백성들을 다시 모으고, 사직과 종묘를 세우고, 천하 제후들의 군사를 끌어 모아 서쪽 진나라와 싸우게 하였습니다. 이것이 바로 패왕이 될 기회를 놓친 첫 번째 이유입니다.

이상 예문의 주어가 모두 길기 때문에 '是'와 '此'를 써서 중복지시하고 있다.
문장의 주어가 술어 속에서 대체사를 써서 중복지시할 때도 있다. 다음 예를 보자.

(1) 萬乘之主, 人之阿之亦甚矣. (『呂氏春秋·達鬱』) 만승지주에 대해 사람들이 그에게 아부하는 것은 역시 심한 것이다.

(2) 對曰, "僑如之情, 子必聞之矣." (『左傳·成公16年』) 대답하였다. "숙손교여가 못된 짓 하는 사정은 다 그대가 듣고 있을 것입니다."

예(1), (2)의 주어는 술어 안에서 '之'로 중복지시하여 목적어로 쓰이고 있다.

2) 평단문의 술어

평단문은 대개 동적인 판단을 나타내기 때문에 평단문의 술어는 주로 주술구로 충당된다. 다음 예를 보자.

(1) 韓獻子謂桓子曰, "龐子以偏師陷, 子罪大矣." (『左傳 · 宣公12年』) 한헌자가 환자에게 말하였다. "체자가 적은 군대를 거느리고 가, 적 중에 빠지게 되었으니, 그대의 죄가 크게 될 것입니다."

(2) 父爲子隱, 子爲父隱, 直在其中矣. (『論語 · 子路』) 아비는 자식을 위해 숨기고, 자식은 아비를 위해 숨기니, 정직은 그 안에 있는 것이다.

이상 두 예문에서의 술어는 주술구에 '矣'를 덧붙여 앞에 나온 사실에 대해 판단한다. 평단문의 술어가 용언일 때도 있다. 평단문의 술어가 용언일 때, 대개 동사 '謂' 혹은 몇몇 형용사를 사용한다. '謂'는 주로 평가를 나타내며, 이 때 주어는 시문을 자주 인용해 평가의 내용으로 삼고, 평가의 대상은 술어에서 전치목적어로 쓰인다. 다음 예를 보자.

(1) 商書曰, "無偏無黨, 王道蕩蕩", 其祁奚之謂矣. (『左傳 · 襄公3年』) 상서에서 말한 "편이 없고 당이 없어 왕도가 탕탕하다."하는 것은 기해를 말한 것이다.

(2) 『詩』曰, "自詒伊戚", 其子臧之謂矣. (『左傳 · 僖公24年』) 『시경』에서 말하였다. "저 자신이 이 걱정거리를 끼치었다."라 하여있는데, 그것은 장을 두고 말한 것이 된다.

형용사 가운데 자주 사용되는 것으로 '難'과 '易'가 있는데, 이 외에 평가적 의미를 지니는 형용사도 쓸 수 있다. 다음 예를 보자.

(1) 今王倍數險, 行千里而攻之, 難矣 (『戰國策 · 秦策2』) 지금 대왕이 숱한 위험을 무릅쓰고 천리나 되는 길을 가서 그곳을 치고자 하나 이는 어려운 일입니다.

(2) 不然, 以聖人之道告聖人之才, 亦易矣. (『莊子 · 大宗師』) 그렇게는 못되더라도, 성인의 도를 재능이 있는 자에게 가르치기는 그래도 쉬운 것이요.

(3) 昏暮叩人之門戶求水火, 無弗與者, 至足矣. (『孟子 · 盡心上』) 저녁에 동네사람의 문가에서 물과 불을 구함에 주지 않는 이가 없는 것은 매우 충분하기 때문이다.

이상 예문들의 술어는 각각 '難', '易', '足'으로, '足' 또한 형용사이다.

술어가 명사성 어휘일 때도 있다. 다음 예를 보자.

> (4) 壯者散而之四方者, 幾千人矣. (『孟子·梁惠王下』) 장성한 자는 흩어져서 사방으로 간 자
> 가 몇 천 명이나 된다.

(2) 함단문

함단문은 문미에는 '焉'을 사용하는데, 이런 문장에서 전항이 기술하는 내용은 서술어부의 술어 뒤에 포함된다. 이렇게 해서 주술술어문 형식의 판단문을 구성한다. 이런 문장은 대개 비교를 나타내기 때문에 술어 안에는 형용사가 주로 사용된다. 때로 존현 등에 관해 판단하기도 하는데, 이때 술어 속에 '有' 등의 동사를 쓸 수 있다.

술어 안에서 형용사를 쓸 때에는 주로 부정의 보편성 판단을 나타낸다. 문장 안에서의 술어는 주로 '莫+형용사+焉'의 형식을 취한다. 문장의 대주어는 주로 주술구, 용언이고 간혹 체언도 가능하다. 예를 들면 다음과 같다.

> (1) 小國無文德而有武功, 禍莫大焉. (『左傳·襄公8年』) 소국이 문덕이 없으면서 무공이 있는
> 것은 화가 이보다 클 수 없다.
> (2) 與人而不固, 取惡莫甚焉. (『左傳·襄公14年』) 남과 더불며 공고하지 않은 것은 악함을 취
> 함이 이보다 심할 수 없다.
> (3) 晉國, 天下莫强焉. (『孟子·梁惠王上』) 진나라는 천하에 막강하다.

예(1)에서 주어는 주술구인 "小國無文德而有武功"이고, 주술성술어인 "禍莫大焉"은 주어에 대한 판단이다. 예(2)의 주어는 용언인 "與人而不固"이고, 주술성술어 "取惡莫甚焉"는 판단이다. 예(3)의 주어는 '晉國'으로, 술어 "天下莫强焉"은 진국에 대해 내린 판단이다. 이상 세 예문 가운데 '焉'은 모두 전체 문장의 주어를 가리킨다.

존현에 관해 판단을 내린 문장은 비교를 나타내는 문장만큼 자주 보이지는 않는다. 이런 문장에서 술어 가운데 가장 자주 사용되는 동사는 '有', '無', '存' 등 존현의 의미를 지니는 동사들이다. 문장의 주어는 평가의 내용을 나타내고, 실제로 평가의 대상은 술어 속

의 소주어이다.

(1) 攻城野戰, 獲功歸報, 噲, 商有力焉. (『史記·太史公自序』) 성을 공격하고 들판에서 전쟁하여 공업을 쌓아 소식이 돌아오니, 쾌와 상이 힘을 쓴 것이다.

(2) 晏子曰, "駕御之事, 臣無職焉." (『呂氏春秋·內篇諫上』) 안자가 말하였다. "수레를 모는 일에 신하는 맡은 것이 없다."

(3) 飲食男女, 人之大欲存焉, 死亡貧苦, 人之大惡存焉. (『禮記·禮運』) 음식남녀는 사람의 큰 욕망이 거기에 존재하고, 죽음과 빈곤은 사람이 크게 싫어하는 것이 거기에 존재한다.

예(1), (2), (3)은 '有', '無', '存'을 사용하여 '噲', '商', '臣'과 '欲', '惡'을 평가하고 있다.

(3) 한단문

한단문은 한정의 의미를 나타내는 판단문으로, 경시의 의미를 지닐 때도 있다. 문미에 '而已', '耳', '爾'를 사용하는데, '爾'가 사용될 때, 그 앞에 대개 '唯'가 나온다. 이런 문장의 술어는 주로 체언, 주술구, 용언, 전목구로 충당된다.

(1) 子之佐十一人, 其不欲戰者, 三人而已. (『左傳·成公6年』) 그대의 보좌하는 사람은 11명인데, 그 중 전쟁을 하기 싫어하는 자가 3인뿐이다.

(2) 聖人之治民, 度於本, 不從其欲, 期於利民而已. (『韓非子·心度』) 성인이 백성을 다스리는데, 근본을 헤아리고, 그 욕심을 따르지 않으며, 백성이 이롭게 됨을 바랄 뿐이다.

(3) 天下匈匈數歲者, 徒以吾兩人耳. (『史記·項羽本紀』) 천하가 여러 해 동안 흉흉한 것은 우리 둘 때문일 뿐이다.

(4) 察己可以知人, 察今可以知古, 古今一也, 人與我同耳. (『呂氏春秋·察今』) 자기를 살펴보면 남을 알 수 있고, 지금을 살펴보면 옛것을 알 수 있다. 고금은 하나로 남과 나는 같을 뿐이다.

(5) 天下諸侯宜爲君者, 唯魯侯爾.(『公羊傳·莊公12年』) 천하의 제후 중에서 임금이 되실 수 있는 분은, 오로지 노후뿐이다.

이상 다섯 가지 예문에서 예(1), (5)의 술어는 명사성어휘이고, 예(2), (3), (4)의 술어는 각각 용언, 전목구, 주술구이다.

제4절 유무문

　서사문(敍事文)과 설명문은 모두 서설문(敍說文)에 속하며, 이 두 부류의 문장 사이에는 반드시 교차부분이 존재하는데, 경우에 따라서 명백하게 구분하기가 매우 어렵다. 서사문과 서설문의 이러한 교차는 '有'와 '無'가 술어로 쓰일 때 특히 두드러지게 나타난다. 유무문은 동사 '有' 혹은 '無'가 술어로 쓰여 구성된 서사문인데, 설명문의 문장도 이 두 동사가 술어로 쓰인다. 이렇게 이 두 부류의 문장은 의미 특징상으로 비교적 많은 공통성점이 있다. 여기에서 서사문과 설명문, 이 두 부류의 문장을 구분한다. 구분하는 주요 근거는 문미의 판단사로, 구체적으로 말하자면, 서술적인 유무문의 문미에는 일반적으로 '也', '矣'를 쓰지 않고, 어떤 문장에서는 '焉'을 쓸 수 있다. 앞 쪽에서 소개한 이 두 동사로 구성된 설명문은 상황을 설명하는 것에 중점을 두며 유무문은 사실을 서술하는 데에 중점을 두고, 존현, 영유, 기이 등과 관련된 사실을 서술한다.

　'有'(2999)와 '無'(2011)는 두 개의 매우 흔히 사용되는 동사로, '有'가 사용되는 횟수는 '無'보다 훨씬 더 많다. '無'는 '有'에 대한 부정이나, '有'의 부정은 '無'로 제한되어 있지 않다. '未有'(142), '無有'(32), '不有'(31)도 쓰일 수 있다. '未有', '不有'가 사용되는 상황에 관해서는 제4장 제1절의 부사 중 관련된 내용을 참조하길 바란다. 만약 단지 의미상으로만 본다면, '無有'는 대략 '無'와 가장 가깝고, 그 뜻은 '없다'이다. 이 외에, '無有'는 '있을 수 없다', '있은 적이 없다'라는 뜻도 나타낸다. 다음 예를 보자.

　　(1) 有國若此, 不若無有. (『呂氏春秋·士容』)　나라가 이와 같다면, 없는 것만 못하다.
　　(2) 絶巧弃利, 盜賊無有. (『老子·19章』)　교묘함을 끊고 이익을 버리면, 도적이 있을 수 없다.
　　(3) 自直之箭, 自圜之木, 百世無有一. (『韓非子·顯學』)　곧은 화살과, 저절로 둥근 나무는 백 세 동안 있은 적이 없다.

　'無'와 '無有', '不有', '未有'가 모두 '有'에 대한 부정이기는 하나, 어떤 경우에서는 '無'에 '有'와 상응되는 용법이 존재하지 않는다. 따라서 다음에서 유무문를 언급할 때, 어떠한 용법은 단지 '有'에만 있고, '無'에는 상응하는 용법이 없다.

　유무문은 존현문(存現文), 영유문(領有文), 기이문(記異文), 소개문(紹介文)의 네 종류로 분류할 수 있다. 영유문과 기이문 중, '有'와 '無'는 조사 등을 사용하지 않고도 설명문을 구성할 수 있다. 설명문과 관련된 이러한 내용은 여기서도 덧붙여서 소개할 것이다.

1. 존현문

존현을 나타낼 경우, '有'의 목적어는 존현하는 사물을 나타내고, 주어는 존현하는 환경을 나타낸다. 이 환경은 대개 방위단어, 장소단어, 시간단어로 나타내는데, 경우에 따라서 기타 단어일 수도 있다. 다음 예를 보자.

> (1) 內無怨女, 外無曠夫. (『孟子・梁惠王下』) 안으로는 원망하는 여인이 없고, 밖으로는 홀아비가 없다.
>
> (2) 野有餓莩. (『孟子・梁惠王上』) 들에 굶주려 죽은 송장이 있다.
>
> (3) 古者有四民, 有士民, 有商民, 有農民, 有工民. (『穀梁傳・成公元年』) 옛날에 네 종류의 백성이 있었다. 선비, 장사치, 농부, 장인바치가 있었다.
>
> (4) 師旅有制, 刑法有等. (『荀子・禮論』) 군사에는 제도가 있고, 형법에는 등급이 있다.

위의 네 문장의 주어는 차례대로 방위사, 장소사, 시간사와 기타 단어이다. (1)의 동사가 '無'인 것 외에, 다른 세 예문의 동사는 모두 '有'이다. 만약 주어가 없으면, 경우에 따라서 위아래 문장에 근거하여 존현하는 환경을 추측할 수 있다. 다음 예를 보자.

> (5) 綏曰, "自始合, 苟有險, 余必下推車." (『左傳・成公2年』) 정구완이 말하였다. "싸움이 시작되어서부터 만일 길이 험하면, 나는 반드시 전차에서 내려 전차를 밀었었다."

(5)의 '有險'은 아마도 차의 앞 쪽을 뜻할 것이다.

존현문은 일종의 포함관계도 나타낼 수 있으며, 목적어는 대개 '者'자구이다. 다음 예를 보자.

> (1) 衛懿公好鶴, 鶴有乘軒者. (『左傳・閔公2年』) 위의공이 학을 좋아하여, 학 가운데 (벼슬을 받고) 수레를 타는 것이 있었다.

(2) 仲尼之徒無道桓文之事者, 是以後世無傳焉. (『孟子·梁惠王上』)　공자의 제자들 중 제환공 과 진문공의 일을 말한 사람이 없습니다. 그러므로 후세에 전하지 않았습니다.

(1), (2)의 '수레를 타는 것'과 '제환공과 진문공의 일을 말한 자'는 '학'과 '공자의 제자 들' 중에 포함된다.

'有'는 분류를 나타낼 수도 있다. 이 때 '有'는 수사가 목적어로 쓰이는데, 경우에 따라 서 수사의 수식을 받는 단어가 목적어로 쓰인다. 다음 예를 보자.

(1) 名有五, 有信, 有義, 有象, 有假, 有類. (『左傳·桓公6年』)　이름을 짓는 방법에는 다섯 가지 가 있다. 신이 있고, 의가 있고, 상이 있고, 가가 있고, 유가 있다.

(2) 天有十日[78], 人有十等. (『左傳·昭公7年』)　하늘에는 천간(天干=十干)이 있고, 인간에게는 열 등급이 있다.

(1), (2)는 모두 분류를 나타내며, (2)의 수사 뒤에는 명사가 있다.

존현을 나타낼 경우, '有', '無'는 일반적으로 체언성 목적어를 수반하는데, 경우에 따라 서 용언성 목적어를 수반할 수도 있다. 용언성 목적어를 가질 때, '有', '無'의 목적어는 유의어, 반의어의 단어가 가장 자주 보인다. 다음 예를 보자.

(1) 時有終始, 世有變化. (『莊子·則陽』)　때에는 끝과 시작이 있고, 세상에는 변과 화가 있다.

(2) 仁之所在無貧窮, 仁之所亡無富貴. (『荀子·性惡』)　인이 있는 곳에 빈궁이 없고, 인이 없는 곳에는 부귀가 없다.

(1)의 '終', '始'는 반의어이며, (1), (2)의 '變', '化', '貧', '窮', '富', '貴'는 유의어이다.

2. 영유문

'有', '無'는 '가지고 있다', '점유하다', '발표하다', '발생하다', '얻다' 및 주요한 일원 으로 참여하고, 행동한 것 등 일종의 넓은 뜻의 영유를 나타낼 수 있다. 영유를 나타낼 때

---

78) [역주] '十日'은 '十干'(천간)이 나타내는 날에서 천간의 뜻이 있다.

주어는 유생명사로 충당이 된다. 다음 예를 보자.

(1) 臣有臣之威儀, 其下畏而愛之. (『左傳・襄公31年』) 신하가 신하로서 위엄이 있으면, 그들
    밑의 사람들이 두려워하고 그를 아낍니다.

(2) 湯有天下, 選于衆, 擧伊尹. (『論語・顔淵』) 탕임금이 천하를 장악하여, 많은 사람 중에서 골
    라 이윤을 등용하였다.

(3) (魏獻子)使伯音對曰, "天子有命, 敢不奉承." (『左傳・昭公32年』) (위헌자가) 백음으로 하여금
    답변하게 했다. "천자께서 명을 내리셨는데, 어찌 감히 그 명을 받들지 않겠습니까?"

(4) 桓子不知所爲, 鼓於軍中曰, "先濟者有賞." (『左傳・宣公12年』) 환자는 어찌할 바를 몰라, 군
    중에서 북을 치면서 말하였다. "먼저 (황하를) 건너가는 자는 상을 얻을 것이다."

(5) 晉文有踐土之盟. (『左傳・昭公4年』) 진나라의 문공은 천토에서 제후들과 맹약을 맺은 일이
    있었다.

(6) 楚於是乎有蜀之役 (『左傳・宣公18年』) 초나라는 이에 촉에서의 싸움이 있게 되었다.

이상은 '有'이고 다음은 '無'이다.

(7) 君曰, "彼其道遠而險, 又有江山, 我無舟車, 奈何? (『莊子・山木』) 임금이 말하였다. "그렇다면
    그 길이 멀고 험하고 또한 강과 산이 있으나, 나는 배와 수레를 가지고 있지 않으니, 어찌합
    니까?"

(8) 成王鄕無天下, 今有天下, 非奪效. (『荀子・有效』) 성왕이 종전에는 천하를 소유하지 않았고
    지금 천하를 장악하였는데, 빼앗는 것을 본받은 것이 아니다.

영유를 나타내는 '有', '無'는 대부분 체언성 목적어를 수반하고, 경우에 따라서 용언 목
적어도 수반할 수 있다. '有', '無'가 목적어를 수반할 때, 일반적으로 서사문이 아니라 설
명문으로 주로 행위의 필요성과 필수성을 나타낸다. 다음 예를 보자.

(1) 故君子有不戰, 戰必勝矣. (『孟子・公孫丑下』) 그러므로 군자는 자발적으로 전쟁을 일으키
    지는 않지만, 싸우면 반드시 이긴다.

(2) 自古皆有死, 民無信不立. (『論語・顔淵』) 자고로 모두가 죽기 마련이지만, 백성의 신뢰가 없
    으면 존립할 수 없다.

(3) 志士仁人, 無求生以害人, 有殺身以成仁. (『論語·衛靈公』) 뜻있는 선비와 어진 사람은 남을 해함으로서 삶을 구하지 말아야 하며, (필요할 경우) 몸을 죽여서 인을 이루어야 한다.

(4) 十八年春, 公將有行. (『左傳·桓公18年』) 18년 봄에, 공이 출타하려 하였다.

이상의 '有', '無'를 포함하는 문장은 모두 설명문으로, 앞의 세 예문은 주관적인 인식을 나타내고, (4)는 상황을 소개한 것이다.

존현과 영유를 나타낼 때, '有'는 연쇄문을 구성할 수도 있다.(제8장 제4절의 긴축 복문을 참조하라.)

3. 기이문

일반적으로 존현을 나타내는 것 외에도, '有'는 통상적으로 출현하지 않는 사물 혹은 사실의 출현이나, 또는 단시간의 출현을 나타낸다. 이러한 용법은 흔히 『춘추』에서 보이고, 그 외 다른 책에서도 볼 수 있다. 다음 예를 보자.

(1) 秋, 有蜮. (『春秋·莊公18年』) 가을에, 역충 떼가 나타났다.

(2) 有鸜鵒來巢. (『春秋·昭公25年』) '구욕'이라는 새가 (노나라로) 와서 둥지를 만들어 살았다.

(3) 一心以爲有鴻鵠將至, 思援弓繳而射之. (『孟子·告子上』) 마음 한 구석으로는 고니가 장차 날아오면 주살을 당겨서 쏘아 잡을 생각을 한다.

(4) 方舟而濟於河, 有虛船來觸舟. (『莊子·山木』) 두 배를 이어붙인 배가 강을 건너는데, 빈 배가 와서 배에 부딪쳤다.

(1), (2)의 '蜮'과 '鸜鵒來巢'는 흔히 보이는 사물과 일이 아니므로 앞에 '有'가 사용되었다. (3)의 "鴻鵠將至"는 사람의 기상천외한 생각이며, (4)에서 강을 건널 때 배가 와서 부딪치는 일 또한 흔한 일이 아니다.

이러한 기이의 용법에서 파생되어, '有'는 앞 문장에서 출현한 적이 없는 사람이나 사물을 끌어들이며, 이 사람이나 사물은 이따금 확정적이지 않다. 이 때의 '有'는 통상 주술성 목적어를 가진다. 다음 예를 보자.

(1) 予適有瞀病, 有長者教予曰, "若乘日之車, 而游於襄城之野." (『莊子·徐無鬼』) 제가 마침 눈 병이 생겼는데, 한 어른이 저를 가르쳐 주면서 말하였다. "해 수레를 타고 양성 들판에서 놀라."

(2) 過菑水, 有老人涉菑而寒, 出不能行, 坐於沙中. (『戰國策·齊策6』) 치수를 지나는데, 어떤 노 인이 치수를 건너다 추워서 나가 거닐지 못하여 모래 위에 앉아 있었다.

(1)의 '長者'는 앞 문장에서 출현한 적이 없어, 그가 도대체 누구인지도 확실하지 않다. (2)는 이와 유사하다.

만약에 언급하는 사람이나, 사물이 확실하지 않아서 말할 수 없거나 말할 필요가 없다 면, '有'의 뒤에 바로 동사성어휘의 목적어가 온다. 다음 예를 보자.

(1) 日有食之 (『春秋·隱公3年』) 일식이 있었다.

(2) 有夜登丘而呼曰, "齊有亂." (『左傳·僖公16年』) 밤에 누군가가 언덕에 올라 소리쳐 말했다. "제나라에 난리가 났다!"

(1)에서 무엇이 태양을 먹는지, 옛 사람은 말할 수 없다. (2)의 언덕에 올라 소리를 치는 사람은 꼭 언급할 필요가 없다.

이러한 말할 필요가 없는 사람이나 사물의 범위를 제한한다면, '有' 앞에 명사로 그것을 나타낸다. 다음 예를 보자.

(1) 小臣有晨夢負公以登天. (『左傳·成公10年』) 어떤 지체 낮은 신하가 새벽에 군주를 업고 하늘로 올라가는 꿈을 꾸었다.

(2) 翟人有獻豐狐玄豹之皮於晉文公. (『韓非子·喩老』) 어떤 적인이 살찐 여우와 검은 표범의 가 죽을 진문공에게 바쳤다.

'有' 뒤에 포함하는 불확실한 사람이나 사물은 그 뒤에 오는 동사의 행위자일 뿐만 아 니라 경우에 따라서 그 뒤의 동사가 지배하는 사물일 수도 있다. 다음 예를 보자.

(1) (潁考叔聞之, 有獻於公. (『左傳·隱公元年』) (영고숙이) 그 일을 듣고는, 예물을 가지고 가 서 장공에게 바쳤다.

(2) 大夫有賜於士, 不得受於其家. (『孟子·滕文公下』)　대부가 선비에게 어떤 물건을 내리었는데, 그의 집에서 직접 받지 못하였다.

(1)에서 '有' 뒤의 불확실한 사물인 예물은 '獻'이 지배하는 사물이고, (2)는 이와 유사하다.

이러한 기이의 '有'는 경우에 따라서 기이가 아니라 강조이거나 상대방에게 어떠한 사실의 존재를 주의할 것을 일깨워주는데, 이처럼 '有'로 구성되는 것은 설명문이다. 다음 예를 보자.

(1) 子路問, "聞斯行諸?" 子曰, "有父兄在, 如之何聞斯行之?" (『論語·先進』)　자로가 물었다. "들으면 곧 이것을 행해야 합니까?" 공자가 대답하였다. "부모와 형이 살아계시니, 어떻게 듣는 대로 곧 이를 행할 수 있겠는가?"

(2) 奪人車馬衣裘以自利者, 有鬼神見之. (『墨子·明鬼下』)　사람의 거마나 가죽옷을 훔쳐 자기를 이롭게 하는 자에게는, 그를 보고 있는 귀신이 있다.

(1)의 "有父兄在"는 공자가 자로에게 "듣는 대로 행할 수 없는" 원인을 강조한 것이다. (2)는 사람들이 나쁜 일을 할 때 귀신이 존재하는 사실을 주의할 것을 일깨워 주는 것이다.

'無'는 또한 '有'와 비슷한 기이용법이 있으나, 기이한 존재를 부정할 경우, 이따금 사실을 말하지 않고 인식을 말한다. 따라서 '無'로 구성된 이러한 기이문은 일반적으로 설명문이다. 다음 예를 보자.

(1) 蕩蕩乎, 民無能名焉. (『論語·泰伯』)　높고 위대하도다! 백성들 중에 뭐라고 이름 할 수 있는 사람이 없도다.

(2) (孩提之童)無不知敬其兄也. (『孟子·盡心上』)　(아이 중) 자기의 형을 존경할 줄 모르는 자는 한 명도 없다.

이상 두 예문은 모두 '無'를 사용하였다. (1)은 문미에 '焉'이 쓰였고, (2)는 문미에 '也'를 사용하여 모두 설명문을 구성하였다.

4. 소개문

'有'의 마지막 기능은 소개하는 것으로, 앞 문장에서 출현한 적이 없는 사람을 소개하며, 경우에 따라서 사물도 소개할 수 있다. 이렇게 사용되는 '有'는 '者', '焉'과 호응되어 쓰인다.

'有' 뒤의 '者'는 용언과 조합할 수 있으며, '者'자구를 구성한다. '者'가 나타내는 것은 일반화의 전환 지시이므로, '者'자구가 나타내는 것은 매우 구체적인 사람은 아니다. 경우에 따라서 이 사람은 어떤 한 사람일 수 있고, 때로는 모든 사람을 총괄하여 가리키기도 한다. 해당하는 사람을 확정시키기 위해, 그 뒤에 동위어를 사용할 수도 있다. 다음 예를 보자.

> (1) 有獻不死之藥於荊王者, 謁者操之以入. (『韓非子‧說林上』) 형왕에게 불사약을 바친 자가 있었다. 아뢰는 자가 받들어 들어갔다.
>
> (2) 有敢偶語『詩』『書』者棄市. (『史記‧泰始皇本紀』) 감히 『시경』과 『서경』을 모여서 논한 자는 시체를 길거리에 버리는 형에 처했다.
>
> (3) 有爲神農之言者許行, 自楚之滕. (『孟子‧滕文公上』) 신농의 말을 하는 자 허행이 초나라에서 등나라로 갔다.

(1)의 '者'자구는 어떤 한 사람을 가리키고, (2)는 모든 사람을 총괄하여 가리키며, (3)의 '者' 뒤에는 동위어가 쓰였다.

'有' 앞에는 범위를 한정하는 주어가 있을 수 있다. 다음 예를 보자.

> (1) 齊人有請見者曰, "臣請三言而已." (『韓非子‧說林下』) 제 나라 사람 중 만나기를 청하는 자가 말하였다. "신은 세 마디 할 것을 청할 뿐입니다."
>
> (2) 客有遺相魚者, 相不受. (『史記‧循吏列傳』) 객 중에 상에게 생선을 주는 자가 있었는데, 상은 받지 않았다.

'有' 뒤의 '者'는 명사성 어휘와 조합할 수 있어, 그 앞의 명사성 어휘를 중복 지시한다. 다음 예를 보자.

(1) 窮髮之北有冥海者, 天池也. (『莊子·逍遙遊』) 풀도 나지 않는 북쪽에 명해라는 바다가 있었다. 그 바다가 바로 천지이다.

(2) 門下有毛遂者, 前, 自贊於平原君. (『史記·平原君虞卿列傳』) 식객 중에 모수라는 사람이 있었는데 앞으로 나서서 스스로 평원군에게 추천하였다.

이상의 '者'는 모두 그 앞의 명사를 중복 지시한다.

'有'와 '焉'이 같이 조합되어 사용될 때, 그 앞의 주어는 장소를 나타낸다. 이 주어는 직접 '有'가 주어로 쓰이게 할 수 있고, 또한 이 주어 뒤와 '有' 앞에 별개의 소주어가 오게 할 수도 있다. 이 소주어 중에서는 대주어를 대신 지시하는 '其'가 사용된다. 이 두 종류의 문장형식 중, '焉'은 일반적으로 대신 가리키는 기능이 없다. 다음 예를 보자.

(1) 中容之國, 有赤木玄木之葉焉. (『呂氏春秋·本味』) 중용 나라에는, 적목과 현목의 잎이 있다.

(2) 高泉之山, 其上有涌泉焉. (『呂氏春秋·本味』) 고천 산, 그 위에는 샘이 있었다.

(1)의 '有' 앞에는 소주어가 없고, (2)의 '有' 앞의 소주어에는 '其'가 있다. 이 '其'는 '고천 산'을 대신 가리킨다. 이 두 문장에서 문미의 '焉'은 대신하여 가리키는 기능이 없다.

경우에 따라서 '焉'은 문장 안에서도 사용될 수 있으며, 이 '焉' 또한 대신해서 가리키는 기능이 없다. 다음 예를 보자.

(1) 東海有鳥焉, 其名曰意怠. (『莊子·山木』) 동해에 새가 있었는데, 그 이름을 의태라 하였다.

(2) 東方有士焉, 曰爰旌目, 將有適也, 而餓於道. (『呂氏春秋·介立』) 동방에 선비가 있다. 이름은 원정목이다. 길을 가던 도중 굶게 되었다.

이러한 '有'와 '焉'이 같이 조합되어 사용되는 소개문은 제3절에서 '焉'으로 구성되어 상황을 소개하는 설명문과 명확한 차이가 없다. 일반적으로 '有' 앞의 주어가 장소를 나타내는데 중점을 두면 우리는 그것을 여기에 포함시키고, 만약에 장소를 나타내는데 중점을 두지 않는 경우는 앞의 설명문에 포함시킨다. 서사문과 설명문 사이에 존재하는 교차는 여기에서 뚜렷하게 나타난다.

제5절 배경문

배경문은 주술구가 술어로 쓰여 구성된 서술문이다. 판단문에서 주술구도 술어로 쓰이는데, 그것은 판단을 하는 것이다. 여기에서의 배경문은 단지 사실을 서술하는 데에만 국한 되어있고, 판단문의 주술구가 술어로 쓰이는 것과는 사뭇 다르다. 배경문과 서술문의 공통점은 일반적으로 모두 사실을 서술하는 데에 쓰이고, 주어가 경우에 따라서 당사자나 대상일 수도 있다. 배경문과 서술문의 가장 큰 차이점은 주어가 일반적으로 행위자가 아니라 시간, 장소이고, 이 때 그것의 주어가 나타내는 의미는 유무문과 비교적 유사하다. 문장 구조에서 보면, 다수의 배경문은 주어와 술어 사이에 휴지도 있다. 배경문에는 시간장소주어문, 종속주어문, 중복지시주어문의 세 종류가 있다.

1. 시간장소주어문

시간과 장소를 나타내는 단어는 문두에서 주어로 기능하고, 그 뒤의 술어는 주술구인, 문장이 시간장소주어문이다. 문두에 위치한 시간사, 장소사를 어떤 학자들은 부사어, 어떤 학자들은 문장 외의 성분으로 간주한다. 우리는 여기서 자오위안런(趙元任)의 학설을 채택하여 주어에 귀속시킨다.[79]

시간장소주어문은 일반적으로 두 가지 특징이 있다. 1) 주어와 술어 사이에는 일반적으로 휴지가 있다. 2) 주어 뒤의 주술구는 단문형식의 주술구일 수 있고, 또한 복문형식이거나 무주어문 형식의 주술구이다. 자주 보이는 시간장소주어문에는 두 종류가 있는데, 첫째, 시간주어문으로 비교적 자주 보인다. 둘째, 장소주어문으로 비교적 적게 보인다.

(1) 시간주어문

시간주어문의 주어는 일반적으로 시점을 나타낸다. 이 장의 서두에서 이미 지적하였듯이 활동성의 의미적 특징으로 행위자는 주로 문두에 쓰인다. 그러나 시점은 일종의 부단한 변화에 속하는 특수 요소로 시점을 나타내는 단어는 행위자보다도 더 앞쪽에 쓰이기도

---

79) 『한어구어어법(漢語口語語法)』(뤼수상(呂叔湘) 저. 상무인서관. 1979) 52쪽을 참고하기 바람.

한다. 이러한 시점을 나타내는 단어에는 두 종류가 있다. 한 종류는 시간단어 위주의 시간사이고, 다른 한 종류는 다른 단어로 구성되어 시간을 나타내는 구이다. 다음은 각각 이 두 종류의 문장을 설명한다.

1) 시간사가 주어로 쓰인다.

하나의 시간사와 시간사가 중심 단어로 구성된 구는, 모두 이러한 문장에서 주어로 쓰일 수 있다. 이러한 주어 뒤에는 경우에 따라서 '也'를 더할 수 있다. 다음 예를 보자.

(1) 冬, 晉文公卒. (『左傳·僖公32年』) 겨울에 진문공이 죽었다.

(2) 初, 獻公使苟息傅奚齊. (『左傳·僖公9年』) 전에, 헌공이 순식으로 하여금 해제의 스승이 되게 하였다.

(3) 秦二世元年七月, 陣涉等起大澤中. (『史記·項羽本紀』) 진 이세 원년 칠월, 진섭 등이 대택에서 군대를 일으켰다.

(4) 是月也, 天氣下降, 地氣上騰, 天地和同, 草木萌動. (『禮記·月令』) 이 달에 하늘의 기운은 아래로 내려가고 땅의 기운은 위로 올라가니, 천지가 화합하고 초목에서 싹이 튼다.

(1)과 (2)는 하나의 시간사가 주어로 쓰인 것이고, (3)은 시간사가 중심어로 구성된 구가 주어로 쓰인 것이다. (4)는 시간을 나타내는 단어 뒤에 '也'를 더한 것이다. 무주어 형식의 주술구 또한 이러한 문장 중에서 술어로 쓰일 수 있다. 다음 예를 보자.

(1) 三年春, 不雨. (『左傳·僖公3年』) 3년 봄, 비가 내리지 않았다.

(2) 十六年春, 隕石于宋五. (『左傳·僖公16年』) 16년 봄, 송나라에 운석 다섯 개가 떨어졌다.

2) 시간을 나타내는 구가 주어로 쓰인다.

시간을 나타내는 구에는 '之'자구와 전목구의 두 종류가 있다. 이 외에 시간을 나타내는 방위구나 부사어구 등도 시간 주어로 쓰일 수 있다.

① '之'자구가 주어로 쓰이는 경우

'之'자구는 사건을 나타낼 수 있는데, 사람들은 흔히 이러한 사건으로 어떠한 시간을 대체하기 때문에 '之'자구는 주로 시간주어로 쓰인다. '之'자구 뒤의 술어는 일반적인 주술구일 수 있다. 다음 예를 보자.

  (1) 鄭之入滑也, 滑人聽命. (『左傳·僖公24年』) 정나라가 활 나라로 쳐들어 갔을 때, 활 나라 사람이 순종하였다.
  (2) 丈夫之冠也, 父命之. (『孟子·滕文公下』) 장부가 관례할 때는 아버지가 명한다.

'之'자구 중의 관형어는 뒤의 술어의 의미상 주어일 수가 있으며 이 때 그 뒤는 무주어 형식의 주술구이다. 다음 예를 보자.

  (1) 林父之事君也, 進思盡忠, 退思補過. (『左傳·宣公12年』) 임보는 군주를 섬길 때에는, 조정에 나와서는 충성을 다할 것만을 생각하고, 물러나서는 자신의 잘못된 점을 바로 잡고 고치기에 마음을 썼다.
  (2) 公孫鞅之治秦也, 設告相坐而責其實. (『韓非子·定法』) 공손앙은 진나라를 다스리는데 있어 서로 고발하는 제도를 세워서 그 실제를 책하였다.

  (1)의 술어 "進思盡忠, 退思補過"의 의미상 주어는 '之'자구 중의 목적어 '林父'이다. (2)도 이와 비슷하다.

  ② 전목구가 주어로 쓰인다.
  전목구가 시간을 나타낼 경우, 가장 흔히 사용되는 전치사는 '及'이고, 그 다음으로 '于', '自', '當', '比' 등이 더 있다.[80] '及' 뒤에는 여러 종류의 실사성 어휘가 목적어로 쓰여 시간을 나타낸다. 다음 예를 보자.

  (1) 及孝公, 商君死, 惠王卽位 (『韓非子·定法』) 효공 때에 이르러, 상군이 죽고, 혜왕이 왕위에 올랐다.

---

80) 전목구가 주어로 쓰이는 것에 관해서는 다른 설도 있다. 어떤 학자는 이러한 전목구는 부사어로 쓰인다고 여기며, 어떤 학자들은 이러한 구는 문장 외의 성분으로 쓰인다고 여긴다. 우리는 역시 자오위안런(趙元任)의 주장에 근거하여 주어에 포함시켰다. 『한어구어어법(漢語口語語法)』(뤼수샹(呂叔湘) 저. 상무인서관. 1979)의 52쪽을 참조하기 바란다.

(2) 及反, 市罷, 遂不得履. (『韓非子·外儲說左上』) 돌아오자 시장이 파하여 신을 사지 못했다.

(3) 及陳之初亡也, 陳桓子始大於齊. (『左傳·莊公22年』) 진나라가 처음 망했을 때에 진환자가 비로소 제나라에서 강대해졌다.

(4) 及悼王死, 宗室大臣作亂而攻吳起. (『史記·孫子吳起列傳』) 도왕이 죽자, 왕족과 대신들이 난을 일으켜 오기를 공격하였다.

이상의 모든 예에서 '及'의 목적어는 각각 명사, 동사, '之'자구, 주술구이다. 경우에 따라서 '及'의 목적구가 나타내는 시점은 일종의 시기로 볼 수가 있는데, 이 때의 '及'은 '……의 기회를 빌어서', '……을 틈타'의 뜻이 있다. 다음 예를 보자.

(1) 彼衆我寡, 及其未旣濟也, 請擊之. (『左傳·僖公22年』) 저들은 수가 많고 우리 편은 수가 적으니, 저들이 강물을 다 건너지 못한 틈을 이용해서 공격할 것을 청합니다.

(2) 不亟治, 病卽入濡腎. 及其未舍五藏, 急治之. (『史記·商君列傳』) 조속히 치료하지 않으면, 병은 신장에 머물게 되니, 아직 오장이 상하지 않았을 때에 그것을 빨리 치료하십시오.

그 외의 네 가지 전치사 '于', '自', '當', '比'는 명사성 어휘, '之'자구, 주술구 등을 목적어로 가지며, 또한 시간을 나타내어 주어로 쓰일 수 있다. 그러나 '及'처럼 상용되지는 않는다. 다음 예를 보자.

(1) 於威宣之際, 孟子荀卿之列咸遵夫子之業而潤色之, 以學顯於當世. (『史記·儒林列傳』) 위왕과 선왕의 사이에서 맹자와 순자의 무리가 차례로 모두 공자의 업을 존중하여서 그것을 꾸미며, 학문으로서 당세에 드러냈다.

(2) 當其貧困時, 人莫省視. (『史記·滑稽列傳』) 그가 빈곤할 때는 사람들이 살펴보지 않았다.

(3) 自子之居卽墨也, 毁言日至. (『史記·田敬仲完世家』) 그대가 즉묵에 머물렀을 때부터, 비방하는 말이 날마다 이르렀다.

(4) 比及宋, 手足皆見. (『左傳·莊公12年』) 송나라에 당도했을 때에는, 손과 발이 다 드러났다.

③ 그 밖에 시간을 나타내는 구가 주어로 쓰인다.

이상의 두 종류의 구가 시간을 나타내는 것 이외에 방위구, 개별 동사성 어휘도 경우에 따라서 주어로 쓰일 수 있다. 다음 예를 보자.

(1) 三年之內, 齊吳破國之難. (『墨子·非儒下』) 삼년 안에 제나라와 오나라가 망하는 난이 있을 것이다.

(2) 自是之後, 爲孝成王從事於外者, 無自疑於中者. (『戰國策·趙策3』) 이 일이 있은 후로 조나라 효성왕을 위하여 밖에서 섬긴 자에 대해서, 안(조정)에서 스스로 의심하는 자는 없었다.

(3) 終子之身, 國治兵强, 無侵韓者. (『史記·申韓列傳』) 그대의 몸이 다하면, 나라가 다스려지고 병력이 강해지고, 한나라를 침략하는 자가 없을 것이다.

(4) 在晉先君悼公九年, 我寡君於是卽位 (『左傳·襄公22年』) 진나라 선대 군주인 도공9년에, 우리의 군주께서 즉위하셨다.

예(1), (2)는 방위구가 주어로 쓰인 것이고, 예(3), (4)는 동사성 단어가 주어로 쓰인 것이다. '自'와 '以來'가 같이 조합이 되어도 시간을 나타내는 주어가 될 수 있다. 다음 예를 보자.

(1) 自今以來, 秦之所欲爲, 趙助之 (『呂氏春秋·淫辭』) 지금부터는, 진나라가 하고자 하는 것을 조나라가 도울 것이다.

(2) 自顓頊以來, 不能紀遠, 乃紀於近. (『左傳·昭公17年』) 전욱부터는 우리 인간 사회에서 멀리 떨어져 있는 것을 규범으로 삼지 못하고 인간 신변에 가까운 것을 규범으로 삼았다.

(2) 장소주어문

주어가 장소, 범위 등을 나타내는 문장을 장소주어문이라한다. 이러한 문장의 주어는 방위구, 술목구 등으로 충당된다. 다음 예를 보자.

(1) 閨門之內, 父子兄弟同聽之, 則莫不和親. (『荀子·樂論』) 규문 안에서, 부자와 형제가 같이 들으면, 화친하지 않을 수 없다.

(2) 於崇, 吾得見王. (『孟子·公孫丑下』) 숭 땅에서 내가 왕을 만나 뵐 수 있었다.

이상의 두 예는 각각 방위구, 술목구가 주어로 쓰인 것이다.

2. 종속주어문

종속주어문 중 소주어가 나타내는 일은 대주어가 가리키는 일에 종속된다. 대주어 또한 소주어의 한 배경으로 볼 수 있으며, 이것은 일종의 종속 관계의 배경이지, 시간이나 장소가 아니다. 종속 주술문은 세 종류가 있는데, 첫 번째 종류는 명사성 어휘가 소주어로 쓰인 것이고, 다른 한 종류는 형용사가 소주어로 쓰인 것이며, 세 번째 종류는 대체사가 소주어로 쓰인 것이다.

1. 명사성 어휘가 소주어로 사용될 경우, 만약 주어와 술어가 비교적 간단하면, 대, 소주어 사이에는 일반적으로 휴지가 없다. 만약 대주어가 비교적 복잡하거나, 술어가 비교적 복잡하면, 대, 소주어 사이에는 일반적으로 휴지가 있다. 다음 예를 보자.

 (1) 入告夫人鄧曼曰, "余心蕩." (『左傳·莊公4年』) 안으로 들어가 부인인 등만에게 말하였다. "나는 마음이 울렁거린다."
 (2) 李廣軍極簡易. (『史記·李將軍列傳』) 이광의 군대는 지극히 간략하다.
 (3) 周之宗盟, 異姓爲後. (『左傳·隱公11年』) 주나라 왕실이 제후들과 동맹을 맺음에는, 다른 성의 제후를 뒤편으로 미루는 것이다.
 (4) 伯夷, 目不視惡色, 耳不聽惡聲. (『孟子·萬章下』) 백이는 눈으로는 나쁜 색을 보지 않으며, 귀로는 나쁜 소리를 듣지 않았다.

앞의 두 예의 주어와 술어는 모두 비교적 간단하고, 주어와 술어 사이에 휴지가 없다. 뒤의 두 예의 주어나 술어는 비교적 복잡하고, 주어와 술어 사이에 휴지가 있다.

2. 형용사가 소주어로 사용되는 종속문은, 소술어가 일반적으로 수량사이며, 주어와 술어 사이에 휴지가 없다. 다음 예를 보자.

 (1) 陛高二尺五. (『墨子·備城門』) 층계는 높이가 이척 오촌이다.
 (2) 箭長八尺. (『韓非子·外儲說左上』) 화살은 길이가 팔 척이다.

3. 대체사 '莫', '或', '誰' 등이 소주어로 쓰일 경우에도 이 부류의 중복 지시문에 포함시킬 수 있다. '莫'은 대주어가 나타내는 일 중의 임의적인 부분을 가리키며, '或'은 대주어가 나타내는 일 중의 어느 한 가지 또는 몇몇을 가리킨다. '誰'가 소주어로 사용될 경우에는 반어문을 구성하여, 대주어의 모든 부분을 가리킨다. 다음 예를 보자.

(1) 禍莫大於不知足. (『韓非子‧解老』) 모든 화는 만족함을 알지 못하는 것 만한 것이 없다.

(2) 宋人或得玉, 獻諸子罕. (『左傳‧襄公15年』) 어떤 송나라 사람이 옥을 얻자, 그것을 자한에게 바쳤다.

(3) 太子曰, "彼此惡名以出, 人誰內我?" (『史記‧晉世家』) 태자가 말하였다. "피차간의 악명이 났으니, 누가 나를 받아주려고 하겠는가?"

(1)의 '莫'은 모든 종류 또는 모든 화를 가리키고, (2)의 '或'은 어떤 송나라 사람을 가리키며, 예(3)은 반어문이다.

3. 중복지시주어문

대주어가 나타내는 일을 술어에서 대체사로 중복 지시하여, 중복지시주어문을 구성한다. 이러한 중복지시주어문은 주로 주술성 술어 중 '之'를 사용하여 중복 지시된다.

대주어가 대상이 될 경우에는 '之'를 사용하여 중복지시한다. 다음 예를 보자.

(1) 夏禮, 吾能言之. (『論語‧八佾』) 하 나라의 예는, 내가 말할 수 있다.

(2) 蝗螟, 農夫得而殺之. (『呂氏春秋‧不屈』) 황명(누리와 마디충)은, 농부가 그것을 죽일 수 있다.

이상의 예문 중의 대주어는 술어에서 모두 '之'를 사용하여 중복지시한다. 주술성 술어도 무주어 형식의 주술구를 사용할 수 있다. 다음 예를 보자.

(1) 懷王與諸將約曰, "先破秦入咸陽者, 王之." (『史記‧項羽本紀』) 회왕은 여러 장수들에게 약조하였다. "먼저 진나라를 무찌르고 함양에 들어가는 자를 왕으로 세우리라."

(2) 其賢者, 使使賢王, 不肖者, 使使不肖王. (『晏子春秋·內篇雜下』) 현명한 자는 사신 가서 왕을 현명하게 하고, 못난 자는 사신 가서 왕을 못나게 한다.

(1)과 (2)의 '王之', '使使賢王', '使使不肖王'은 모두 무주어 형식의 주술구이다.

'謂'(부르다, ……을 ……라고 한다.)는 이중목적어를 수반할 수 있어, 중복 지시문을 구성할 경우, 그 뒤의 간접목적어는 대주어를 대신 가리킨다. 이러한 중복지시문은 일반적인 주술성 술어의 형식을 취할 수 있다. 더 자주 쓰는 형식은 술어가 무주어의 형식을 취하는 형식이다. 이러한 무주어 형식의 주술구 중, 출현하지 않은 주어는 보통 일반적인 사람을 모두 가리킨다. 대주어와 술어 사이에는 일반적으로 휴지가 있다. 다음 예를 보자.

(1) 齊, 聖, 廣, 淵, 明, 允, 篤, 誠, 天下之民謂之八愷. (『左傳·文公18年』) 제, 성, 광, 연, 명, 윤, 독, 성은 천하의 백성들이 그것을 일러 팔개(여덟 가지 승리의 음악)라 부른다.

(2) 麟鳳龜龍, 謂之四靈. (『禮記·禮運』) 기린과 봉황과 거북과 용, 그것을 일러 사령이라 부른다.

(3) 正德, 利用, 厚生, 謂之三事. (『左傳·文公7年』) 정덕과 이용과 후생, 그것을 일러 삼사라 부른다.

이상의 예문 중, '謂' 뒤의 '之'는 모두 대주어를 대신하는 것을 가리킨다. 예(1)은 일반적인 주술구가 술어로 사용되는 경우이고, 다음의 두 예는 무주어형식의 주술구가 술어로 되는 경우이다. 만약 술어 중에 대주어와 '謂'의 직접목적어가 모두 비교적 간단하면, 대주어와 술어 사이에도 휴지가 없어도 된다. 다음 예를 보자.

(1) 小閨謂之閣. (『爾雅·釋宮』) 작은 규방을 일컬어 각이라 한다.

(2) 五穀不升謂之饉. (『穀梁傳·襄公24年』) 오곡이 자라지 않음을 일러 흉년이라 한다.

제6절 분류문

분류문은 분류동사로 구성되며, 분류문에는 귀속문(歸屬文), 유비문(類比文), 명칭문 이 세 종류가 있다.

1. 귀속문

귀속문은 주로 '爲'와 '是'로 구성된다.

(1) '爲'

'爲'는 주로 분류, 동일과 평가를 나타내며, '爲'가 술어로 쓰이는 문장의 주요 특징은 다음에 서술하는 다섯 가지 방면에서 나타난다.

1) 분류를 나타낼 때, '爲'의 목적어는 보통 명사성어휘로, 문미에 일반적으로는 '也'가 사용되지 않으나, 가끔 쓰인다. 다음 예를 보자.

> (1) 楚爲荊蠻. (『國語·晉語8』) 초나라를 형만이라고 한다.
>
> (2) 周公旦爲天下之聖人. (『墨子·公孟』) 주공단은 천하의 성인이다.
>
> (3) 吾爲汝父也. (『呂氏春秋·疑似』) 내가 너의 아버지이다.

(1), (2)의 문미에는 모두 '也'를 쓰지 않았고, (3)은 '爲', '也'를 겸용하였다. 이러한 분류관계도 일종의 변화의 결과이다. 다음 예를 보자.

> (1) 雉入大水爲蜃. (『呂氏春秋·孟冬』) 꿩이 큰물에 들어가 대합이 된다.
>
> (2) 莊周夢爲胡蝶. (『莊子·齊物論』) 장주가 꿈속에서 나비가 되었다.

(1)의 '雉'는 본래 '蜃'이 아니었는데, 물 속을 뚫고 들어간 후에 '蜃'이 되었다. 이것은 변화의 결과이며, (2)는 이와 비슷하다.

2) 동일함을 나타낼 경우, '爲'의 목적어는 보통 명사성 어휘일 수 있고, 고유명사일 수도 있다. 다음 예를 보자.

(1) 克己復禮爲仁. (『論語·顏淵』)　나를 극복하고 예로 돌아가는 것이 인이다.

(2) 余爲伯儵. (『左傳·宣公3年』)　나는 백조이다.

(1)에서 '爲'의 목적어는 보통명사이고, (2)는 고유명사이다.

3) 평가는 실제로 일종의 분류이며 어떠한 표준에 근거한 인식의 분류이다. 이러한 용법에서 '爲'의 목적어는 대부분은 형용사성 단어이고, 소수가 동사성 단어이다. 경우에 따라서는 문미에 '矣'를 더하여 동태의 평가를 나타내기도 한다. 다음 예를 보자.

(1) 五覇, 桓公爲盛. (『孟子·告子下』)　오패 가운데서는 제나라의 환공이 가장 강성하다 할 수 있다.

(2) 子是之學亦爲不善變矣. (『孟子·滕文公上』)　그대는 이것을 배우니 또한 잘 변화하지 못하는 것이다.

(1)에서 '爲'의 목적어는 형용사이고, (2)는 동사성 단어이다. 평가를 나타낼 경우, 간혹 명사가 목적어로 기능하며 이때는 의미상 항상 무언가가 생략된 것이다. 다음 예를 보자.

(3) 觀於海者難爲水. (『孟子·盡心上』)　큰 바다를 본 적이 있는 사람은 (큰 바다 이외의 물은) 좀처럼 물로 보지 아니한다.

4) '爲'가 동일, 평가를 나타낼 경우, 주어와 목적어는 같은 형태일 수 있다. 다음 예를 보자.

(1) 絜哉, 民性有恒, 曲爲曲, 直爲直. (『韓非子·說林下』)　헤아리시오! 백성들에게는 일정한 것이 있어, 굽은 것을 굽었다 하고, 곧은 것을 곧다고 하는 것이다.

(2) 知之爲知之, 不知爲不知, 是知也. (『論語·爲政』)　아는 것을 안다고 하고, 모르는 것을 모른다고 하는 것, 이것이 아는 것이다.

5) '爲'는 어떠한 현상, 행위의 명칭을 확정짓는 용법이 있다. 이러한 용법은 다음에

설명할 '曰'의 용법과 유사하다. 다음 예를 보자.

> (1) 五穀不升爲大饑. (『穀梁傳·襄公24年』)　오곡이 익지 않음을 큰 흉년이라 한다.
>
> (2) 外內倡和爲忠, 率事以信爲共, 供養三德爲善. (『左傳·昭公12年』)　안팎으로 화평한 것을 충이라 하고, 신의로 일을 이끄는 것을 공이라 하고, 세 가지 덕을 기르는 것을 선이라 한다.

(2) '是'

선진 때의 판단문에는 주로 '也'가 쓰였다. '是'가 판단을 나타내는 용법은 이미 출현하기 시작했지만, 결코 자주 보이지 않을 뿐만 아니라 문장 끝에 '也'를 함께 사용해야 한다. 다음 예를 보자.

> (1) 謂我諸戎是四岳之裔胄也. (『左傳·襄公14年』)　우리 여러 융족은 옛날의 사악의 후손이라 여긴다.
>
> (2) 此是何種也. (『韓非子·外儲說左上』)　이것은 무슨 종류인가?

한나라 때에 이르러, 이러한 용법은 점점 많아지고 독립된 경향을 띠게 되어, 말미의 '也'는 점차 사용하지 않게 되었다. 다음 예를 보자.

> (1) 此必是豫讓也. (『史記·刺客列傳』)　이 사람은 반드시 예양일 것이다.
>
> (2) 我多陰謀, 是道家之所忌. (『史記·陳丞相世家』)　내가 음모가 많은데, 이는 도가에서 싫어하는 것이다.

(1)은 '是' 뒤에 여전히 '也'를 사용하였고, (2)는 '也'를 사용하지 않았다.

2. 유비문

유비문은 주로 '似', '猶', '如', '若', '譬' 등의 동사로 구성된다. 이 다섯 가지 동사 중, '似'(31), '譬'(24)가 출현하는 횟수는 비교적 적고, '猶'(123), '如'(356), '若'(162)은 비교적

자주 사용된다. 다음으로 이 몇 가지 동사로 구성된 유비문을 각각 소개하고자 한다.

(1) '似'

1) '似'의 주어는 사람, 사물, 상태를 나타낸다. 주어와 목적어가 나타내는 두 일 사이의 관계는 사체의 본체 자체가 직접적으로 비슷할 수도 있고, 일의 속성상의 연상이 비슷할 수도 있다. 다음 예를 보자.

> (1) 子期似王, 逃王而已爲王. (『左傳·定公4年』) 자기는 (모습이) 국왕과 비슷해서, 국왕을 도망치게 하고서, 자신이 국왕인 체 하였다.
>
> (2) 聲樂之象, 鼓大麗, 鍾統實 …… 故鼓似天, 鍾似地. (『荀子·樂論』) 음악 소리의 모습은, 북소리는 큰 것이 아름답고, 종소리는 모여나는 것이 실하다. …… 그러므로 북은 하늘과 같고, 종은 땅과 같다.
>
> (3) (眞人)凄然似秋, 煖然似春. (『莊子·大宗師』) (진인은) 냉철하기가 가을과 같고, 따사롭기가 봄과 같다.

이상의 세 예문 중, '似'의 주어는 각각 사람, 사물, 상태를 나타낸다. (1)은 자기(子期)의 외모가 초나라 소왕(昭王)과 비슷함을 말하는데, 이것은 사체의 본체가 비슷한 것이다. (2), (3)의 북소리와 하늘, 사람의 싸늘함과 가을은 본체는 유사하지 않지만 북소리가 크게 멀리 울리는 것은 푸른 하늘과 비슷하고, 싸늘함의 차가움, 처량함은 가을과 비슷하다. 이는 모두 속성상의 연상과 비슷한 것이다. '似'의 주어는 이따금 행위와도 관련이 있으나 자주 쓰이지는 않는다. 다음 예를 보자.

> (4) 屛氣似不息者. (『論語·鄕黨』) 숨을 죽여 마치 숨을 쉬지 않는 사람같다.

'屛氣'는 행위이다.
'似'는 '不'로 부정할 수가 있다. 다음 예를 보자.

> (1) 望之不似人君. (『孟子·梁惠王上』) 바라보아도 임금 같지 않다.
>
> (2) 計中國之在海內, 不似稊米之在太倉乎? (『莊子·秋水』) 중국이 이 세상에서 차지하는 크기를

헤아려 본다면, 큰 창고의 돌피와 같지 않은가?

2) '似'의 앞에 '相'을 사용하는데, 이는 주어가 나타내는 사체가 내부에 존재하는 것과 유사하다. 다음 예를 보자.

(1) 是天下之口相似也. (『孟子·告子上』) 이것은 천하 사람들의 입맛이 서로 비슷하기 때문이다.
(2) (逢丑父)面目與頃公相似. (『公羊傳·成公2年』) (봉축보의) 얼굴이 경공과 비슷하다.

(1)은 많은 입에 비슷함이 있음을 말하는 것이고, (2)는 주어 중 봉축부와 경공 두 사람의 얼굴이 비슷함을 말하는 것이다.

(2) '猶'

1) '猶'의 주어는 사실, 행위 또는 어떤 관계를 나타내고, 일반적으로 속성상의 연상이 비슷함을 나타낸다. 속성상의 이러한 유사함을 연상하는 것은 일종의 주관상의 인식이 대부분이며 '猶'의 동사성이 비교적 약하여, 말미에는 일반적으로 '也'가 사용된다. 다음 예를 보자.

(1) 武丁朝諸侯, 有天下, 猶運之掌上也. (『孟子·公孫丑上』) 무정이 제후들에게 조회 받고 천하를 움직이시는 것이 손바닥 위에서 하는 것과 같았다.
(2) 以若所爲, 求若所欲, 猶緣木而求魚也. (『孟子·梁惠王上』) 이와 같은 소행으로 이와 같은 소원을 구한다면 나무에 올라가 물고기를 구하는 것과 같다.
(3) 人之於文學也, 猶玉之於琢磨也. (『荀子·大略』) 사람에게 있어서 글과 배움은 옥을 갈고 다듬는 것과 같다.

이상의 세 예문 중, (1), (2)의 주어는 사실과 행위를 나타내고, (3)의 주어는 관계를 나타내는데, 모두 비슷함을 연상하는 것이다.

'猶'의 주어는 경우에 따라서 사체일 수도 있다. 이러한 본체가 내포하는 뜻은 대부분 모두 '似'의 주어가 나타내는 사물보다 추상적이다. 다음 예를 보자.

(1) 性猶湍水也. (『孟子·告子上』) 성은 맴도는 여울물과 같다.

(2) 天之道, 其猶張弓與? (『老子·77章』) 하늘의 도는, 활을 당기는 것과 같다.

'性', '道' 역시 사물이나, '似'의 주어 '子期', '鼓' 등 보다는 훨씬 추상적이다.

'猶'는 이따금 사물의 본체가 비슷함을 나타내기도 하지만, 그 수량은 매우 적다. 다음 예를 보자.

(1) 白羽之白也, 猶白雪之白 白雪之白, 猶白玉之白與? (『孟子·告子上』) 흰 깃털의 흰색이 마치 흰 눈의 흰색과 같고, 흰 눈의 흰색은 흰 옥의 흰색과 같은가?

이 예문 중의 '白'은 본체가 비슷한 것이다. 판단문의 말미에 '也'를 사용하지 않아도 되는 것과 같이, '猶'를 사용하는 문장도 문미에 '也'를 사용하지 않아도 된다. 다음 예를 보자.

(2) 過猶不及. (『論語·先進』) 지나친 것은 미치지 못한 것과 같다.

2) '猶' 앞에는 일반적으로 '不', '相'을 사용하지 않는다.

(3) '如', '若'

1) '如', '若'의 주어가 사람, 사물 및 행위변화 등을 나타내는 경우는 모두 비교적 많다. 주어가 사람, 사물을 나타낼 경우, 본체가 비슷한 것과 연상이 비슷한 것은 모두 비교적 많다. 다음 예를 보자.

(1) 館如公寢. (『左傳·襄公31年』) 본관은 제후들의 거처소와 같다.

(2) 心若死灰. (『莊子·庚桑楚』) 마음이 죽은 재와 같다.

(1)은 본체의 비슷함이고, (2)는 연상의 비슷함이다. '如', '若'의 주어가 행위나 동작을 나타낼 경우, '如', '若'은 주로 본체의 비슷함을 나타낸다. 경우에 따라서 나타내는 실제

와 같기도 하는데, '似'나 '猶'는 이러한 용법이 극히 드물다. 다음 예를 보자.

(1) 若使天下兼相愛, 愛人若愛其身, 猶有不孝者乎? (『墨子 · 兼愛上』) 만약 천하로 하여금 서로 경애하게 하여 네 이웃을 네 몸과 같이 사랑한다면, 어찌 불효자가 있을 수 있겠는가?

(2) 巫言如夢. (『左傳 · 成公10年』) 무당의 말이 꿈과 같다.

(1)은 위나라 임금을 섬기듯이 노나라 임금을 섬기는 것을 말하고, 행위의 본체가 비슷한 것이다. (2)는 무당이 말한 것과 자기가 꿈꾼 것이 같음을 말한다.

2) '如', '若'이 술어로 사용되는 문장은, 그 뒤에 '焉'이 사용될 수 있는데, 이러한 문장 중의 '焉'은 이미 대신 지시하는 작용이 없다. 다음 예를 보자.

(1) 子貢曰, "君子之過也, 如日月之食焉." (『論語 · 子張』) 자공이 말하였다. "군자의 허물은 일식이나 월식과 같다."

(2) 小國之仰大國也, 如百穀之仰膏雨焉. (『左傳 · 襄公19年』) 소국이 대국을 우러러 보는 것은, 마치 모든 곡물이 잘 자라게 하는 비를 우러러 보는 것과 같다.

3) '如', '若'의 앞에는 '不'이 사용될 수 있는데, 이 점은 '似'와 같다. '似'와 다른 점은, '不如', '不若'은 일반적으로 '如', '若'의 부정이 아니라, '미치지 못함', '따라가지 못함'을 나타낸다. 다음 예를 보자.

(1) 有之不如無之. (『荀子 · 王霸』) 그것이 있는 것은 그것이 없는 것만 못하다.

(2) 歸國寶不若獻賢而進士. (『墨子 · 親士』) 나라에 보배들을 모아놓는 것은 현명한 자에게 바치고 벼슬길로 나아가게 하는 것만 못하다.

4) '若'은 앞에 '相'을 사용하여 '相若'을 구성하는데, '相若'은 술어로 사용될 수 있다. '如'의 이와 같은 용법은 아직 못 봤다. 다음 예를 보자.

(1) 布帛長短同則價相若. (『孟子 · 滕文公上』) 베와 비단의 길이가 같으면 값이 같다.

(2) 斷指與斷腕, 利天下相若. (『墨子 · 大取』) 손가락을 자르는 일과 팔을 자르는 일은 천하에

이득됨이 같다.

'如'는 때로는 '어떠한가[何如]' 또는 '……만 못하다[不如]'를 나타내는데, '若'은 이러한 용법을 아직 보지 못하였다. 다음 예를 보자.

(1) 若愛重傷, 則如勿傷, 愛其二毛, 則如服焉. (『左傳·僖公22年』)　만약 부상한 자를 다시 무찌르기 싫어한다면, 애당초 부상을 입히지 않은 것과 같은가? 반백의 나이 많은 자를 아낀다면, 적에게 항복하는 것만 못하다.

(2) 若知不能, 則如無出, 今旣遇矣, 不如戰也. (『左傳·成公2年』)　만약 상대와 싸울 수가 없다는 걸 알았더라면, 애당초 싸우려 나오지 않은 것만 못하다. 지금 이미 적을 만났으니, 싸우느니만 못하다.

(4) '譬'

'譬'는 주로 비유를 하는 데에 쓰이므로, 일반적으로 연상의 비슷함을 나타낸다. 이 동사로 구성된 문장으로 사용되는 것은 두 종류가 있다.

1) '譬' 뒤에는 흔히 '之', '諸'가 사용된다. '之'는 목적어로 쓰여, 앞 문장에서 나온 적이 있는 사람, 사물, 일을 대신 가리킨다. '諸'는 '之于'와 같아, 경우에 따라서는 '于'로만 사용될 수도 있다. 다음 예를 보자.

(1) 樂之有情, 譬之若肌膚形體之有情性也. (『呂氏春秋·侈樂』)　음악에는 정이 있는데, 그것은 마치 피부 형체에 정과 성이 있음과 같다.

(2) 道, 譬諸若水, 溺者多飮之卽死, 渴者適飮之卽生. (『韓非子·解老』)　도는 마치 물과 같아서, 물에 빠진 사람은 물을 너무 많이 마셔서 죽게 되지만, 목마른 사람이 적당한 양의 물을 마시면 도리어 살아나게 된다.

(3) 對曰, "臣爲隷新, 然二子者, 譬於禽獸" (『左傳·襄公21年』)　대답하여 말하였다. "군주를 모시는 사람으로서 저는 오래되지 않았습니다. 그러나 이 두 사람은 짐승에 비유하겠습니다."

(1)의 '之'는 '樂之有情'을 대신 가리키고, (2)에서 '諸' 중의 '之'는 '道'를 대신 나타내며, (3)은 '于'만 사용한다.

2) '譬'는 '如', '若', '猶'와 같이 조합하여 사용될 수 있다. 이 몇 가지 동사가 조합될 경우, 직접 같이 조합될 수 있고, '譬' 뒤에 '之'가 오고 다시 이들과 조합될 수도 있다. 다음 예를 보자.

(1) 子曰, "爲政以德, 譬如北辰, 居其所而衆星共之." (『論語・爲政』) 공자가 말하였다. "도덕으로 정치를 하면 마치 그것은 북극성과 같아 그 자리에 있고 여러 별들이 그것을 같이한다."

(2) 夫以地事秦, 譬猶抱薪求火, 薪不盡, 火不滅. (『史記・魏世家』) 땅을 바치면서 진나라를 섬긴다면, 이는 마치 장작을 안고서 불을 끄려는 것과 같으니, 장작이 다 타버리지 않으면 불은 꺼지지 않을 것이다.

(3) 世易時移, 變法宜矣. 譬之若良醫, 病萬變, 藥亦萬變. (『呂氏春秋・察今』) 때가 바뀌면 법이 바뀌는 것은 마땅하다. 비유하자면 좋은 의사와 같아 병이 만 번 변하면, 약도 만 번 변한다.

(4) 人之生乎地上之無幾何也, 譬之猶駟馳而過隙也. (『墨子・兼愛下』) 사람이 지상에 살아가는 것이 얼마 되지 않음은 비유하자면 마치 네 마리 말이 끄는 수레가 지나가는 것을 문틈으로 보는 것과 같다.

3. 명칭문

명칭문은 주로 이름[名]과 실상[實] 사이의 일치관계를 반영하고, 주로 사물의 명칭을 설명하거나 개념을 해설하는 데에 쓰인다. 이 부류의 문장은 주로 '曰', '謂'로 구성된다.

(1) '曰'

'曰'로 구성된 명칭문은 다음의 세 가지 특징이 있다.

1) '曰'이 사물의 명칭이나 어떤 개념에 대해 설명하는 경우, 목적어는 명칭이나 개념을 나타내고, 주어는 상응되는 일 또는 행위 등을 나타낸다. '曰'의 목적어는 보통명사나 고유명사이거나, 용언이다. 다음 예를 보자.

(1) 堯之師曰許由. (『莊子・天地』) 요 임금의 스승을 허유라 한다.

(2) 高下有水災曰大水. (『穀梁傳・莊公11年』) 하늘에서 물재앙이 내리는 것을 홍수라 한다.

(3) 君死於位曰滅. (『公羊傳·莊公26年』)　임금이 재위에 있을 때 죽는 것을 멸이라 한다.

(4) 覆而敗之曰取某師. (『左傳·莊公11年』)　매복하였다가 습격하여 패하게 하는 것을 어떤 군대를 취하였다라고 한다.

이 상의 네 가지 예문에서, 예(1), (2)의 목적어는 고유명사, 보통명사이고, 예(3), (4)는 용언성 어휘이다.

2) ‘曰’은 일종의 열거식 설명에 사용될 수 있다. 이 경우, ‘曰’의 앞 쪽은 대부분 서수사를 사용하고, 경우에 따라서 서수사를 사용하지 않아도 된다. 다음 예를 보자.

(1) 天下有信數三, 一曰智有所不能立, 二曰力有所不能擧, 三曰强有所不能勝. (『韓非子·觀行』)
천하에 믿을 수 있는 세 가지의 도리가 있다. 첫 번째는 지혜가 있어도 공적을 세우지 못하는 경우를 말하고, 두 번째는 힘이 있어도 들어 올릴 수 없는 경우를 말하고, 세 번째는 아무리 강해도 남을 이기지 못하는 경우가 있음을 말한다.

(2) 六氣曰陰, 陽, 風, 雨, 晦, 明也. (『左傳·昭公元年』)　육기는 음, 양, 풍, 우, 회, 명을 말한다.

(1)의 열거는 그 앞에 서수사를 사용한 것이고, (2)의 ‘陰’ 등을 열거하는 데에는 그 앞에 서수사를 사용하지 않은 것이다.

3) ‘曰’이 나타내는 것은 사물과 명칭의 관계이므로, ‘曰’의 주어와 목적어는 일반적으로 문자가 표면상으로 같은 뜻을 나타내는 단어가 아니다. 이상에서 열거한 모든 예를 참조할 수 있겠다.

(2) ‘謂’

‘謂’는 명칭을 설명하거나 개념을 해설하며 일반적으로 평가의 의미를 지닌다. 주로 두 종류의 형식이 사용된다. 한 종류는 ‘是謂 + 목적어’이고, 다른 한 종류는 ‘此之謂 + 목적어’이다.

‘是謂 + 목적어’ 중 ‘是’가 대신 가리키는 것은 실제 상황이고, ‘謂’의 목적어는 개괄적인 명칭으로, 문미에는 통상 판단사를 사용하지 않는다. 다음 예를 보자.

(1) 君之卿佐, 是謂股肱. (『左傳·昭公9年』) 임금의 경이나 보좌역을 고굉(팔, 다리)이라 한다.

(2) 子曰, "以不敎民戰, 是謂棄之." (『論語·子路』) 공자가 말하였다. "백성들을 가르치지 않고 전쟁터에 내보내는 것은 그들을 버리는 것이라고 부른다."

(1)은 명칭을 설명하며 평가의 의미가 있다. (2)는 주로 평가를 나타내어, 명칭을 설명하는 기능은 적다.

'此之謂 + 목적어'의 말미에는 대체로 판단사가 오지 않고 경우에 따라서 판단사 '也'가 사용된다. '也'가 출현한 경우 '也'가 없는 문장보다 강조의 뜻이 강하다. 다음 예를 보자.

(1) 富貴不能淫, 貧賤不能移, 威武不能屈, 此之謂大丈夫. (『孟子·滕文公下』) 부귀도 그 마음을 흩뜨리지 못하고, 빈천도 그 마음을 변화시키지 못하며, 위력이나 무력도 그를 굽히게 하지 못하니, 이런 사람을 일러 대장부라고 하는 것이다.

(2) 指不若人, 則知惡之, 心不若人, 則不之惡, 此之謂不知類也. (『孟子·告子上』) 손가락이 남과 같지 않으면 그것을 미워할 줄 알되 마음이 남과 같지 않음은 미워할 줄 모르니, 이것이야 말로 일의 가볍고 무거움을 구별할 줄 모르는 처사이다.

(1)의 말미에는 '也'를 사용하지 않았고, 명칭을 설명하는 동시에 평가의 의미가 있다. (2)는 주로 평가에 중점이 있고, 명칭을 설명하는 기능도 있다.

제7장 문장의 종류

이 장에서는 의문문, 명령문, 감탄문, 마지막으로 조사 연용에 대하여 다룰 것이다.

제1절 의문문

의문문에는 일반 의문문, 반어문, 추측 의문문 세 가지가 있다. 일반 의문문은 또한 시비 의문문, 선택 의문문, 특수 지시 의문문, 세 가지로 나뉜다. 일반 의문문의 세 가지 중에서 시비문과 선택문에 공통점이 많다. 두 가지 의문문은 모두 회답자에게 답안과 관련한 내용을 제시하며 이에 대하여 확정 혹은 선택을 하게 한다. 특별 지시 의문문은 시비 의문문이나 선택 의문문과 다르다. 이러한 의문문에는 답안의 내용이 제시되지 않고, 완전히 상대방이 답을 해야 한다.

1. 시비 의문문

시비 의문문의 특징은 한 가지 사건을 전부 다 말해주고, 상대방에게 모든 의문문에 대하여 긍정 혹은 부정의 답을 요구한다. 시비 의문문의 술어는 두 가지이다. 하나는 용언성이고, 하나는 체언성이다. 용언성 시비 의문문은 기본적으로 서사문에 하나의 의문 어기사를 더한 것과 같다. 이런 의문문은 만약 어기사를 더하지 않으면, 일반적인 서사문과 비슷하므로, 일반적으로 의문어기사를 사용해야 한다. 시비 의문문의 문장 끝에서 '乎'를 가장 자주 사용하며, 어느 때는 '與', '歟', '邪', '耶' 등도 사용한다. 다음 예를 보자.

(1) 子路問曰, "子見夫子乎?" (『論語 · 微子』) 자로가 물었다. "그대 선생님을 뵈었는가?"

(2) 曹子曰, "城壞壓竟, 君不圖與?" (『公羊傳·莊公13年』) 조자가 말하였다. "성곽이 무너지고 국경에서도 압박을 받고 있는데 군주께서는 방도를 생각치 않으십니까?"

(3) 公子畏死邪? (『史記·魏公子列傳』) 공자께서는 죽는 게 두려우신가요?

예(1)은 만약에 '乎'가 없으면, "子見夫子"가 되며, 대체로 서사문으로 볼 수 있다. '乎'를 더한 후에 의문문이 된다. 아래 두 가지 예도 서로 비슷하다.

체언성 시비 의문문은 명제문에 가깝다. 이런 의문문 중의 어기사는 '與'를 자주 사용하며, 때로는 '乎'도 사용한다. 다음 예를 보자.

(1) 淳于髡曰, "男女授受不親, 禮與?" 孟子曰, "禮也." (『孟子·離婁上』) 순우곤이 말하였다. "남녀가 주고 받는 행위를 직접 하지 않는 것은 예입니까?" 맹자가 말하였다. "예입니다."

(2) 治亂天邪? (『荀子·天論』) 혼란을 다스리는 것은 하늘로부터 비롯됨인가?

(3) 公孫丑問曰, "仕而不受祿, 古之道乎?" (『孟子·公孫丑下』) 공손추가 물었다. "벼슬하면서 녹을 받지 않는 것이 옛날의 도인가?"

이상 세 가지 예는 명사성 어휘에 '與', '邪', '乎'를 더했다. 동사에 '否'를 더하면 또한 시비 의문문이 될 수 있다. '否' 뒤에는 보통 어기사를 쓰지 않으나, 간혹 어기사 '乎'를 쓸 수 있다. 다음 예를 보자.

(1) 視吾舌尙在否? (『史記·張儀列傳』) (당신이) 보기에 내 혀가 아직 있습니까? 없습니까?

(2) 今病少愈, 趨造於朝, 我不識能至否乎? (『孟子·公孫丑下』) 오늘은 병이 좀 나아서 급히 조정에 갔으나, 가셨는지 안 가셨는지 모르겠습니다.

예(1)에서는 어기사를 더하지 않았고, 예(2)에서는 '乎'를 더했다.

2. 선택 의문문

흔히 볼 수 있는 선택 의문문은 두 가지가 있다. 하나는 의문대체사가 없는 선택 의문문이고, 다른 하나는 의문대체사가 있는 선택 의문문이다.

(1) 의문대체사가 없는 선택 의문문

의문대체사가 없는 선택 의문문은 물어보려는 내용을 앞, 뒤에서 말한다. 용언으로 구성된 선택 의문문은 문장 끝에 '乎'를 많이 쓰고 체언으로 구성된 선택 의문문에는 '與', '邪', '乎' 등이 많이 쓰인다. 다음 예를 보자.

(1) 孟子曰, "敬叔父乎? 敬弟子乎?" (『孟子・告子上』)　맹자가 말하였다. "숙부를 공경하는가? 동생을 공경하는가?"

(2) 此天下之害與? 天下之利與? (『墨子・兼愛下』)　이는 천하의 해로움인가? 천하의 이로움인가?

(3) 歌之曰, "松耶? 柏耶?" (『史記・田敬仲完世家』)　노래하였다. "소나무인가? 잣나무인가?"

(4) 不識今之言者, 其覺者乎, 其夢者乎? (『莊子・大宗師』)　지금 말하는 것이 깨어 있는 것인지, 꿈인 것인지 알지 못하겠구나.

예(1)은 용언으로 구성된 선택 의문문이므로, 문장 끝에 '乎'를 사용 한다. 예(2)~(4)는 체언으로 구성된 의문문이므로, 문장 끝에 '與', '邪', '乎' 등을 사용한다.

선택 의문문 중에는 접속사 '抑'을 자주 사용하고, 종종 '且', '寧……寧……' 등의 접속사를 사용하기도 한다. 이러한 접속사를 사용하는 상황에서는 문장 끝에 여러 가지 어기사를 사용할 수 있다. 다음 예를 보자.

(1) 夫子至於是邦也, 必聞其政, 求之與? 抑與之與? (『論語・學而』)　선생님께서 이 나라에 오실 때마다 반드시 정사를 들으시는 것은 스스로 구하시는 것인가? 아니면 주어지는 것인가?

(2) 不知天之棄魯邪, 抑魯君有罪於鬼神故及此也? (『左傳・昭公26年』)　하늘이 노나라를 버린 것인지, 아니면 노군이 귀신에게 죄를 지은 이유로 여기에 이른 것인지 모르겠구나?

(3) 丞相豈少我哉? 且固我哉? (『史記・李斯列傳』)　승상은 어찌 나를 무시하는가? 또한 나를 고루하다고 하는가?

(4) 此龜者, 寧其死爲留骨而貴乎? 寧其生而曳尾於塗中乎? (『莊子・秋水』)　이 거북은 죽어서 뼈를 남겨 귀하게 될 것인가? 살아서 진흙 속에서 꼬리를 끌고 다닐 것인가?

예(1), (2)에서 '抑'을 사용하고 뒤의 두 가지 예문에서 각각 '且'와 '寧……寧……'을 사용한다. 문장 끝에 '與', '邪', '也', '哉', '乎' 등 여러 가지 어기사가 쓰인다.

(2) 의문대체사가 있는 선택 의문문

'孰', '孰與'는 선택 의문문을 구성한다. 대체사 '孰'은 회답자에게 비교, 선정한 후에 택하도록 한다. 비교하고 선정하는 대상은 보통 하나하나 나열하고, '孰'자 앞에 선행사가된다. 비교하고 선정하는 표준은 형용사를 사용하여 표시한다. '孰'의 선행사는 체언이 될수 있고, 용언, 주술구가 될 수 있다. 문장 끝에 대다수는 어기사를 쓰지 않는다. 다음 예를 보자.

(1) 吾與徐公孰美? (『戰國策·齊策1』)　나와 서공 중에 누가 아름다운가?

(2) 立孤與死孰難? (『史記·趙世家』)　고아를 키우는 것과 죽이는 것 중 어느 것이 어려울까요?

(3) 我有是人也, 與無是人也, 孰愈? (『墨子·節葬下』)　나에겐 이런 사람이 있고, 이런 사람이 없는 것 중에 무엇이 나을까?

예(1)의 선행사는 대체사와 명사이고, 예(2)의 선행사는 용언이며, 예(3)의 선행사는 주술구이다.

"吾與徐公孰美?"의 형식 중에서 '孰'은 본래 '與徐公'의 뒤에 있었는데, '孰'이 전치되어야 하는 까닭에, '孰'이 전치사 '與'의 앞으로 전이되어 '孰與'와 같은 형식이 출현하게 된다. '孰與'가 연결하는 것은 상대방에게 비교 후에 선택하게끔 하는 두 항목이다. 비교를할 때 비교 내용은 형용사에 국한되지 않고 비교적 복잡한 용언구도 가능하다. 비교하는내용을 표시하는 어휘가 간단한 구조이면 보통 '孰與' 뒤에서 쓰고, 비교적 복잡한 구조이면, 보통 '孰與' 앞에서 쓴다. 다음 예를 보자.

(1) 我孰與城北徐公美? (『戰國策·齊策1』)　나와 성 북쪽의 서공 중에서 누가 아름다운가?

(2) 孰與君少長? (『史記·項羽本紀』)　누가 그대에 비해서 나이가 적고 많은가?

(3) 起曰, "將三軍, 使士卒樂死, 敵國不敢謀, 子孰與起?" (『史記·孫子吳起列傳』)　오기가 말하였다. "삼군을 거느리고 사졸로 하여금 기꺼이 죽게 한다면 적국이 감히 도모하지 못하는 것

에 대해 그대와 나 중에서 누가 나은가?”

(4) 起曰, “治百官, 親萬民, 實府庫, 子孰與起?” (『史記·孫子·吳起列傳』) 오기가 말하였다. “백관
을 다스리고, 만민을 사랑하며, 창고를 채우는 것에 대해 그대와 나중에 누가 나은가?”

예(1) 중에서 선택해야 하는 것은 ‘我’와 ‘城北徐公’이며, 각각 ‘孰與’의 앞뒤에 있다. 예
(2)중 선택 항목의 전항은 대화에서 생략되었다. 이상 두 가지 예문 중에서 비교 표준 ‘美’
등은 ‘孰與’의 뒤에서 쓰인다. 남은 두 가지 예의 평가 기준이 비교적 복잡하면 ‘孰與’의
앞에 쓴다. 대화 중에서 선택 기준이 말하지 않아도 알 수 있는 것이라면 쓰지 않아도 된
다. 다음 예를 보자.

(1) 邯鄲之難, 趙求救於齊. 田侯召大臣而謀, 曰, “救趙孰與勿救?” (『戰國策·齊策1』) 한단의 싸
움에서 조나라가 제나라에 구원을 청하니, 전후가 대신을 불러 일을 도모하며 말하였다.
“조를 돕는 것과 돕지 않는 것 중 어느 것이 나을까?”

(2) 藺相如固止之, 曰, “公之視廉將軍, 孰與秦王?” (『史記·廉頗藺相如列傳』) 인상여가 가로막으
며 말하였다. “공께서 보시기에 염장군과 진왕 중에 누가 더 두렵습니까?”

예(1)은 서로 비교하는 표준은 ‘이득 있음’이고, 예(2)의 비교 표준은 ‘더욱 사람을 두렵
게 하는 것’이다.

‘孰與’는 간혹 경향성 있는(특별한 의도가 있는) 선택문을 구성할 수 있으며, 이러한 경향
성 있는 선택문은 ‘孰與’를 사용하는 것 외에도, ‘孰若’, ‘豈若’, ‘何如’ 등도 쓸 수가 있다.
이와 같은 선택문의 형식에서 질문하는 사람은 ‘孰與’의 뒤 내용에 대하여 긍정을 나타낸
다. 이러한 선택문은 반어문에 가깝다. 다음 예를 보자.

(1) 大天而思之, 孰與物畜而制之! (『荀子·天論』) 하늘을 위대하다고 하여 그 풍족함을 사모하
기보다는 사물을 길러내어 만들어 내는 쪽이 낫지 않겠는가?

(2) 夫勝一臣之嚴焉, 孰若勝天下之威大耶? (『戰國策·中山策』) 한 신하를 제압하는 위엄과 천하
를 제압하는 위세 중에 어느 것이 크겠는가?

(3) 且而與其從辟人之士也, 豈若從辟世之士哉? (『論語·微子』) 사람을 피하는 선비를 따르는 것
보다 세상을 피하는 선비를 따르는 것이 낫지 않을까?

(4) 大王萬歲千秋之後, 願得以身試黃泉, 蓐螻蟻. 又何如得此樂而樂之.” (『戰國策·楚策1』) 대왕께

서 만세천추 후에 저는 스스로 황천길을 경험하여 개미나 땅강아지를 돗자리가 되어 막고
자 합니다. 어찌 지금의 즐거움을 얻어 즐기는 것과 같겠습니까?

이상 예문은 모두 '孰與', '孰若', '豈若', '何如' 뒤의 내용에 긍정을 하게 된다.

3. 특수 지시 의문문

특수 지시 의문문은 상대방에게 문제에 답할 때 사용할 답안 내용을 제시하지 않는 것이
다. 이러한 문장에서는 의문대체사를 사용해야 하며 상대방이 답을 할 때에 의문대체사
와 관련한 사람, 사물, 원인, 처소, 사실 등을 요구한다. 특수 지시 의문문에는 두 가지가
있다. 하나는 용언성 의문대체사를 사용하는 용언성 특수 지시문이고, 다른 한 가지는 체
언성 의문대체사를 사용하는 체언성 특수 지시문이다. 전자는 서사문과 비슷한데, 주로
대답하는 쪽이 사실을 서술할 것을 요구하며, 어기사는 사용하지 않는다. 후자는 명제문
과 가까운데, 주로 답하는 쪽에서 판단을 하도록 하며 어기사가 사용된다. 주로 '也'를 쓰
고, '焉', '矣'를 쓰기도 한다. 때로 '哉', '乎', '與', '歟', '邪', '耶' 등을 쓴다.

(1) 용언성 특수 지시 의문문

용언성 특수 지시 의문문은 주로 아래 네 그룹의 용언성 의문대체사로 구성된다. 1) '奈
何', '若何', '如何', 2) '若之何', '如之何', '奈之何', 3) '如何', '何若', 4) '幾何'.

1) '奈何', '若何', '如何'
이 그룹의 대체사는 특수 지시문을 구성할 때, 주로 술어로 쓰인다. 방법에 대해 질문할
때 자주 쓰이고 어느 때는 정황이나 상태를 묻는다. 다음 예를 보자.

  (1) 取吾璧, 不予我城. 奈何? (『史記·廉頗藺相如列傳』) 나의 옥을 가져가면서 우리에게 성읍
    을 주지 않으면, 어떻게 하란 말인가?
  (2) 子曰, "由！知者若何? 仁者若何?" (『荀子·子道』) 선생님이 말씀하셨다. "유야！지혜로운 자
    는 어떠하냐? 인자는 어떠하냐?"

(3) 驪姬問焉, 曰, "吾欲作大事, 而難三公子之徒如何?"(『國語·晉語1』) 여희가 물으니, 말하였다. "내 큰 일을 하고자 하는데, 세 공자의 무리가 어렵게 여겨지니 어찌할 것인가?

예(1), (3)은 방법을 묻는 것이고, 예(2)는 정황을 묻는 것이다.

2) '若之何', '如之何', '奈之何'

이 몇 가지 단어의 용법은 대체로 '奈何', '若何', '如何'와 같다. 특수 지시 의문문을 구성할 때, 주로 술어가 되고, 방법을 질문하는 것으로 쓰이며, "어떻게 하나"를 표시한다.

(1) 晉侯謂慶鄭曰, "寇深矣, 若之何?" 對曰, "君實深之, 可若何? (『左傳·僖公15年』) 진후가 경정에게 말하였다. "적들이 깊숙이 들어왔습니다. 어찌된 일입니까?" 대답하였다. "군주께서 실로 그들을 깊숙이 들어오게 하셨으니, 어쩔 수 있겠습니까?"

(2) 哀公問於有若曰, "年饑, 用不足, 如之何?"(『論語·顏淵』) 애공이 유약에게 물었다. "한 해에 기근이 들어 쓸 물품이 부족하니 어떻게 하면 좋은가?"

(3) 西門豹顧曰, "巫嫗, 三老不來還, 奈之何?"(『史記·滑稽列傳』) 서문표 돌아보며 말하였다. "무구, 삼로가 돌아오지 않으니 어떻게 하면 좋을까?"

이상 예문 중에서 '若之何', '如之何', '奈之何'는 모두 용언으로 방법을 질문한다.

3) '何如', '何若'

'何如', '何若'은 술어가 되고, 간혹 관형어가 되며 가끔 부사어, 목적어가 된다. 주로 행위 방식이나 사물 정황을 묻거나 가부를 상의하는 내용이다. 다음 예를 보자.

(1) 吾欲南之江上, 何如? (『史記·鄭世家』) 나는 남쪽 강으로 가려고 하는데, 어떠한가?

(2) 范武子之德何如? (『左傳·襄公27年』) 범무자의 덕은 어떠한가?

(3) 貧而無諂, 富而無驕, 何如? (『論語·學而』) 가난해도 아첨하지 않고 부유해도 교만함이 없으면 어떻습니까?

(4) 曰, 順天之意何若? 曰兼愛天下之人. (『墨子·天志下』) 가로되, 하늘의 뜻을 따르는 것은 무엇인가? 가로되 천하의 사람들을 더불어 사랑하는 것이다.

앞의 세 가지 예는 각각 '何如'를 사용하여 행위 방식이나 사물 정황과 가부에 대해서 상의하는 것을 묻고 있으며 예(4)는 '何若'을 사용하여 정황, 상태를 물어보고 있다. '何如' 등이 관형어가 될 때, 주로 정태, 상황을 묻는다. 다음 예를 보자.

    (1) 虞卿何如人也? (『史記‧范雎蔡澤列傳』) 우경은 어떤 사람입니까?

    (2) 此爲何若人? (『墨子‧公輸』) 이는 누구인가?

'何如'가 부사어, 목적어가 될 때, 주로 방법을 질문한다. 다음 예를 보자.

    (1) 魯哀公問於孔子曰, "吾欲論吾國之士, 與之治國, 敢問何如取之邪?"(『荀子‧哀公問』) 노 애공이 공자에게 물었다. "나는 우리 나라 선비들을 선발하여 그들과 더불어 나라를 다스리고 싶다, 감히 묻건대 어떻게 취하면 될까?

    (2) 寡人興師, 未知何如? (『呂氏春秋‧悔過』) 과인이 군대를 일으키려 하는데 어떻게 될지 알지 못한다.

예(1)은 부사어가 되고, 예(2)는 목적어가 되어, 모두 방법을 물어보고 있다.

4) '幾何'

'幾何'는 주로 술어가 되고, 수량을 묻는다. 한나라 때에 '幾何'는 또한 관형어가 될 수 있었다. 다음 예를 보자.

    (1) 昭王曰, "薛公之地, 大小幾何?" (『戰國策‧齊策4』) 소왕이 말하였다. "설공의 땅은 크기가 얼마인가?"

    (2) 於是王乃使人馳而往問泉陽令曰, "漁者幾何家?" (『史記‧龜策列傳』) 이에 왕은 사람을 시켜 달려가게 하여 천양령에게 가서 물었다. "고기 잡는 사람들은 몇 가구쯤 되는가?"

(2) 체언성 특수 지시 의문문

이와 같은 의문문은 '何', '誰', '孰' 등으로 구성된다.

1) '何'와 특수 지시 의문문

특수 지시 의문문 중에, '何'는 가장 자주 쓰이고 각종 문장성분이 될 수 있다. 주어와 술어가 되어 질문을 표시하는 것 외에도 질문을 표시하거나 반문을 표시하는 기타 각종 용법이 있다. 여기서는 특수 지시 의문문을 구성하는 상황에 대해서만 다루고, 반어문을 구성하는 것에 관해서는 반어문에서 다시 소개하도록 한다.

① '何'가 술어, 주어로 쓰임

'何'는 술어로 쓰이고, 그 뒤에 가장 상용되는 어기사는 '也'로, 주어와 술어 사이에 대부분 휴지가 있다. 이는 명제문과 상응하는 의문문으로, 원인을 물어 보는데 자주 쓰이고, 무엇인지를 물을 때에도 쓰인다. 다음 예를 보자.

> (1) 其妻問之曰, "公從外來而有不樂之色, 何也?"(『韓非子·十過』) 아내가 물었다. "공께서 밖에서 오시는데 즐겁지 않은 기색이 있으니, 어째서입니까?"
>
> (2) 人之所好者何也? 曰, 禮義, 辭讓, 忠信是也. (『荀子·強國』) 사람들이 좋아하는 것은 무엇인가? 말하였다. 예의, 사양, 충신입니다.

이상 두 가지 예문의 끝에 '也'를 쓰는데, 예(1)은 원인을 물어 보는 것이고, 예(2)는 무엇인지 묻는 것이다. '何'가 주어가 되는 경우는 술어가 되는 것보다 적게 보인다. 문장끝에 일반적으로 어기사를 쓰지 않는다. 다음 예를 보자.

> (1) 公曰, "何謂忠貞?" (『左傳·僖公9年』) 공이 말하였다. "무엇을 일러 충정이라고 하는가?"
>
> (2) 公曰, "何貴? 何賤?"(『左傳·昭公3年』) 공이 말하였다. "무엇이 귀한 것인가? 무엇이 천한 것인가?"

이러한 문장형식에 대해 어느 학자는 '何'를 부사어로 분석한다.

② '何'가 관형어, 부사어로 쓰임

'何'가 관형어, 부사어일 때, 또한 특수 지시 의문문으로 구성된다. 어기사 '也' 등이 상용되지만 또한 어기사를 쓰지 않아도 된다. 다음 예를 보자.

(1) 是何人也? (『韓非子‧內儲說下』)　이 사람 누구인가?

(2) 王曰, "有何面目復見寡人?" (『戰國策‧秦策5』)　왕이 말하였다. "무슨 면목이 있어 과인을 다시 보려하는가?"

(3) 晉人曰, "何故侵小?" (『左傳‧襄公25年』)　진나라 사람이 말하였다. "무슨 이유로 작은 나라를 침범하려 하는가?"

(4) 夫子何哂由也? (『論語‧先進』)　선생님은 어찌하여 유를 비웃었습니까?

앞의 세 가지 예문에서 '何'는 모두 관형어로, 관형구를 구성하여 각각 술어, 목적어와 부사어가 된다. 예(4)의 '何'는 부사어이다.

③ '何'가 목적어로 쓰임

특수 지시 의문문을 구성할 때, '何'는 동사 혹은 전치사의 목적어로 기능하는 경우, 일반적으로 전치한다. 문장 끝에 대부분 어기사를 더하지 않지만 때로는 어기사를 사용한다. 다음 예를 보자.

(1) 盾曰, "棄人用大, 雖猛何爲!" (『左傳‧宣公2年』)　조돈이 말하였다. "사람을 버리고 개를 썼으니, 비록 사나워도 무슨 소용이 있을까?"

(2) 孟嘗君曰, "客何好?" (『史記‧孟嘗君列傳』)　맹상군이 말하였다. "객은 무엇을 잘하는가?"

(3) 哀公曰, "寡人間舜冠於子, 何以不言也?" (『荀子‧哀公』)　애공이 말하였다. "과인이 그대에게 순임금의 모자에 대해 물어보았는데, 어째서 말을 하지 않습니까?"

(4) 何爲斬壯士? (『史記‧淮陰侯列傳』)　어찌하여 장사를 참하려 하는가?

앞의 두 예문에서 '何'는 동사의 목적어가 되고, 뒤 두 예문은 전치사의 목적어가 된다. '何'가 동사의 전치 목적어가 될 때, 문장 끝에 '焉'이 자주 사용된다. '焉'의 기능은 질문과 관련 있는 내용을 중복 지시하는 것이다. 다음 예를 보자.

(1) 吳師來, 斯與之戰, 何患焉? (『左傳‧哀公8年』)　오나라 군대가 와서 이에 그들과 싸우니, 무슨 걱정인가?

(2) 旣富矣, 又何加焉? (『論語‧子路』)　부유해진 다음에는 또 무엇을 더합니까?

예(1), (2)의 '焉'은 각각 '吳師來'와 '旣富'를 가리킨다.

2) '誰', '孰'과 특수 지시 의문문

① '誰'
특수 지시 의문문을 구성할 때, '誰'는 주어, 술어, 목적어와 관형어가 될 수 있다.

1) 주어가 될 때, '誰' 뒤에는 어기사를 쓰지 않는다. 만약에 사용한다면 비교적 흔히 보이는 것이 '也'이며, 때로는 기타 어기사를 쓰기도 한다. 다음 예를 보자.

> (1) 子爲善, 誰敢不勉? (『左傳・襄公21年』) 그대가 좋은 일을 하는데, 누가 감히 격려치 않겠는가?
>
> (2) 王曰, "言出於余口, 入於爾耳, 誰告建也?" (『左傳・昭公20年』) 왕이 말하였다. "말이 내 입에서 나와 그대의 귀에 들어갔는데, 누가 건(建)에게 고했는가?"
>
> (3) 夫隨其成心而師之, 誰獨且無師乎? (『莊子・齊物論』) 편견을 따라서 스승으로 삼는다면 누가 스승이 없겠는가?

예(1)은 어기사를 쓰지 않고, 예(2), (3)은 '也', '乎'를 사용했다.

2) '誰'가 용언이 되려면 일반적으로 어기사를 써야 한다. 자주 쓰이는 것이 '也'이며, 기타 어기사를 써도 된다. 다음 예를 보자.

> (1) 追我者誰也? (『孟子・離婁下』) 나를 쫓는 자 누구냐?
>
> (2) 夫今之歌者誰乎? (『莊子・山木』) 지금 노래하는 자 누구인가?

3) '誰'는 동사, 전치사의 목적어가 될 수 있다. 동사의 목적어가 될 때는 일반적으로 전치되나, 동사 '爲'의 목적어가 될 때는 보통 전치되지 않는다. 이런 문장의 끝에 일반적으로 어기사를 쓰지 않는다. 다음 예를 보자.

(1) 擇可勞而勞之, 又誰怨? (『論語·堯曰』) 부릴 수 있는 때를 택하여 부린다면, 누구를 원망하

겠는가?

(2) 夫執輿者爲誰? (『論語·微子』) 고삐를 잡고 있는 사람 누구인지요?

예(2)는 '爲'의 목적어가 될 때 전치되지 않는다. 전치사의 목적어가 될 때, 목적어는 전
치하며 가장 자주 쓰이는 것이 '與'이다. 문장 끝에서 어기사를 사용할 수 있으며 또한 쓰
지 않아도 된다. 다음 예를 보자.

(1) 寡人萬歲千秋之後, 誰與樂此矣? (『戰國策·楚策1』) 과인은 만세천추 후에 누구와 이 즐거

음을 함께 할 것인가?

(2) 從者曰, "子慟矣!" 曰, "有慟乎? 非夫人之爲慟 而誰爲?"(『論語·先進』) 따르는 자가 말하였다.

"선생님께서 심히 슬프게 통곡하셨습니다!" 말하였다. "슬프게 울었다고? 그를 위해서 슬프
게 울지 않으면 누굴 위해 그렇게 할 것인가?"

예(1) '誰'는 '與'에 목적어가 되며, 예(2)는 전치사 '爲'에 목적어가 된다. 예(1)은 어기
사를 쓰고, 예(2)는 쓰지 않는다.

4) '誰'는 관형어가 될 때, 문장 끝에 '也'가 많이 쓰인다. 다음 예를 보자.

(1) 師不用命, 誰之罪也? (『左傳·宣公12年』) 군대가 명령을 따르지 않으니, 누구의 죄인가?

(2) 子爲元帥, 師不用命, 誰之罪也? (『左傳·宣公12年』) 그대가 원수가 되고, 군대가 명령에 따르

지 않으니 누구의 죄인가?

② '孰'

앞에 소개했던 선택 의문문 중에서, '孰'의 앞에는 선택된 대상을 모두 열거해야 하는데
만약에 선택 대상을 열거하지 않으면, 특수 지시 의문문으로 구성된다. '孰'의 앞에 명사
성 어휘가 질문의 범위를 총괄 지칭하여, 특수 지시 의문문을 구성할 수 있다. 다음 예를
보자.

(1) 弟子孰爲好學(『論語‧雍也』)   제자 중에서 누가 배움을 좋아하는가?

(2) 天下之害孰爲大? (『墨子‧兼愛下』)   천하의 해로움은 어느 것이 큰가?

때로는 두 개의 '孰'를 연속해서 사용하여, 양 쪽의 비교 선택을 표시하여, 또한 특수 지시 의문문으로 여겨질 수도 있다. 다음 예를 보자.

(1) 問於若國之士. 孰喜孰懼? (『墨子‧尙賢下』)   그대는 나라의 대부들에게 어떤 것이 좋고, 어떤 것이 두려운가를 물어보라.

(2) 萬物一齊, 孰短孰長? (『莊子‧秋水』)   만물이 다 같은데 무엇이 짧고 무엇이 길겠는가?

'孰'의 앞에는 또한 선행사가 없어도 되며, 이 때 '孰'과 '誰'의 뜻이 비슷하다. 다음 예를 보자.

(1) 公曰, "諾. 孰可使也?"(『左傳‧襄公26年』)   공이 말하였다. "좋다. 누가 사신으로 갈 수 있겠는가?"

(2) 漢王曰, "孰能爲我使淮南, 令之發兵倍楚?" (『史記‧黥布列傳』)   한왕이 말하였다. "누가 나를 위해 회남으로 사신을 가서 그들로 하여금 군사를 일으켜 초를 배반할 수 있겠는가?"

'孰'은 동사, 전치사의 목적어가 될 수 있으나 드물게 보인다. 다음 예를 보자.

(1) 賢者孰謂, 謂叔術也. (『公羊傳‧昭公31年』)   현명한 자 누구를 가리키는 것인가, 숙술을 가리키는 것이다.

(2) 百姓足, 君孰與不足? 百姓不足, 君孰與足? (『論語‧顏淵』)   백성이 풍족한데, 군주가 누구와 더불어 부족할까? 백성이 부족한데 군주가 풍족한가?

예(1), (2)는 각각 동사와 전치사의 전치 목적어가 된다.

3) '惡', '安', '焉', '奚', '胡', '曷'과 특수 지시 의문문

몇 가지 의문대체사는 아래 소개하려는 반어문을 구성하며, 때로는 특수 지시 의문문을 구성할 수도 있다. 특수 지시 의문문을 구성할 때, 동사 혹은 전치사의 전치 목적어가 된다. 다음 예를 보자.

(1) 學惡乎始? 惡乎終? (『荀子 · 勸學』)　배움은 어디서부터 시작하여 어디서 끝나는가?

(2) 沛公安在? (『史記 · 項羽本紀』)　패공은 어디에 있는가?

(3) 北郭騷沐浴而出見晏子曰, "夫子將焉適?" (『呂氏春秋 · 士節』)　북곽소가 목욕을 하고 나와 안 자를 만나며 말하였다. "선생님께서는 장차 어디로 가시려는 겁니까?"

(4) 許子奚爲不自織? (『孟子 · 騰文公上』)　허자는 어찌하여 스스로 관(冠)을 짜지 않는가?

(5) 客胡爲若此? (『戰國策 · 齊策4』)　객은 어찌 이와 같은가?

(6) 力術止, 義術行. 曷謂也? 曰, 秦之謂也. (『荀子 · 强國』)　힘으로 하는 술책을 그치고 의로 하 는 술책을 행한 것은 누구를 가리키는 것인가? 말하였다. 진을 가리키는 것이라.

4. 반어문

반어문은 대체로 두 가지로 나뉠 수 있다. 하나는 의문대체사를 사용하고, 다른 한 가지 는 의문대체사를 사용하지 않는다.

(1) 의문대체사를 사용하는 반어문

앞에 소개했던 특수 지시 의문문은 의문대체사를 사용해야 하고, 의문대체사로 구성된 반어문도 기본적으로 위의 의문대체사들을 사용한다. 따라서 의문대체사를 사용한다는 점 에서 반어문과 특수 지시 의문문 사이에는 교차되는 부분이 많이 있다. 아래에 의문대체 사 순서에 따라 반어문을 소개한다.

1) '奈何', '若何', '如何'

'奈何', '若何', '如何'가 부사어가 될 때 반어문을 구성하고, 뜻은 '어째서', '왜', '어떻 게'이다. 다음 예를 보자.

(1) 民不畏死, 奈何以死懼之? (『老子 · 74章』)　백성들이 죽음을 두려워하지 않는데, 어찌하여

죽음으로 그들을 겁나게 할 수 있을까?

(2) 晏子出, 梁丘據曰, "自昔及今, 未嘗聞求葬公宮者也, 若何許之?" (『晏子春秋・內篇諫下』) 안자가 나가고, 양구거가 말하였다. "예로부터 지금까지 궁궐에서 장사를 지내려고 한 경우를 듣지 못했는데, 어찌하여 허락하셨습니까?"

(3) 明恥敎戰, 求殺敵也. 傷未及死, 如何勿重? (『左傳・僖公22年』) 부끄러운 점을 밝히고 전쟁하는 법을 가르치는 것은 적을 죽이려는 것입니다, 상처를 입혔는데도 죽이지 못했는데, 어찌 다시 하지 않는 것인가?

2) '若之何', '如之何'

'若之何', '如之何'가 부사어가 될 때, 모종의 방식에 동의하지 않음을 표시하며, 때로는 질책의 의미를 포함하고 있다. 뜻은 '어째서', '어떻게'이다. 이 두 가지 대체사의 뒤에는 '其'를 상용한다. 문장 끝에는 보통 어기사를 사용하지 않으며, 때로는 어기사 '也'를 사용해도 된다. 다음 예를 보자.

(1) 若之何毁之? (『左傳・襄公31年』) 어찌하여 그것을 헐겠는가?

(2) 此車一人殿之, 可以集事. 若之何其以病敗君之大事也? (『左傳・成公2年』) 이 수레를 한 사람이 막아 성공시킬 수 있었는데, 어찌하여 다치게 하여 군주의 대사를 그르치는 것인가?

(3) 有父兄在, 如之何其聞斯行之! (『史記・仲尼弟子列傳』) 아버지와 형이 계신데, 어찌 들은 것을 바로 행하겠는가!

예(1)은 어느 사람이 자산(子産)에게 '향교를 헐 것'을 권했는데, 자산은 동의하지 않아 반어문으로 말한 것이다. 문장 중에 '其'를 쓰지 않았으며 아래 두 예문 모두 '其'를 쓴다. 예(2) 문장 끝에는 '也'를 썼다.

3) '何'

'何'는 목적어, 관형어, 부사어가 될 때 모두 반어문을 구성하고, 이 외에도 일부 고정된 형식에서 반문을 표시한다.

① '何'가 목적어로 쓰임
'何'가 목적어가 될 때, 여러 가지 반어문을 구성할 수 있다.

1) '何'가 동사의 전치 목적어가 된 후에는 반문을 표시할 수 있다. 다음 예를 보자.

　　(1) 對曰, "君子有遠慮, 小人何知?" (『左傳·哀公11年』) 대답하였다. "군자는 심오한 사상이 있
　　　　으니, 소인이 어찌 알까?"

　　(2) "實落材亡, 不敗何待?" (『左傳·僖公15年』) "열매가 떨어지고 목재가 다 되니, 패할 것이 없
　　　　는데 무엇을 기다리나?"

'何'가 동사의 전치 목적어가 되면 그 앞 혹은 뒤 '于'자전목구를 삽입하여, "'于'목적어
+ 何 동사' 혹은 '何 동사 +'于'목적어'의 형식을 구성하며, 반문을 표시하기도 한다. 이
러한 형식 중에 가장 많이 쓰이는 동사는 '有'이다. 다음 예를 보자.

　　(1) 王如好貨, 與百姓同之, 於王何有? (『孟子·梁惠王下』) 왕께서 만약 재화를 좋아하셔서서 백
　　　　성과 더불어 같이 한다면 왕께서 어찌 어려움이 있겠습니까?

　　(2) 雖及胡耇, 獲則取之, 何有於二毛? (『左傳·僖公22年』) 비록 늙은이라도 포로로 삼아 잡아오
　　　　면 반백의 머리카락이든 무슨 상관이 있겠습니까?

　　(3) 子何疑於余哉! (『史記·滑稽列傳』) 그대는 나에 대해 어찌 의심하는가?

같은 식으로 '何'가 동사의 전치 목적어가 되면 그 뒤에 '焉'을 사용하여 '何 + 動 +
焉' 형식을 구성하며 또한 반어문을 구성한다. 문장 중의 '焉'은 앞의 관련 내용을 중복지
시한다. 다음 예를 보자.

　　(1) 國之存亡, 天也, 童子何知焉? (『左傳·成公16年』) 국가의 존망은 하늘에 달렸으니, 동자가
　　　　어찌 알겠는가?

　　(2) 人情甚不美, 又何問焉? (『荀子·性惡』) 사람의 본성은 심히 좋지 않으니, 또 물을 게 있나?

예(1)의 '焉'은 앞에 ●를 표기한 부분을 지칭하여 반어문을 구성하고, 예(2)가 이와
비슷하다. 어느 학자는 이런 문장형식 중의 '何'를 부사어로 분석하였고, 의미는 '굳이'
이다.

2) '何'의 앞에서도 동사 '奈', '若', '如'를 사용하며, '奈……何', '若……何', '如……何'의 형식을 구성한다. 이런 형식도 반문을 표시하며, 의미는 '……에 대하여(를) 어떻게 할 것인가(어떤가)' 등이다. 다음 예를 보자.

    (1) 虞兮, 虞兮, 奈若何! (『史記·項羽本紀』)   우야, 우야, 어쩌면 좋단 말이냐!

    (2) 置而不遂, 擊而不勝, 其若爲諸侯笑何? (『國語·晉語3』) (심복을) 심어 놓았다가 따르지 않고, 공격했다가 이기지 못하여, 제후들의 웃음 거리가 되면 어떻게 할 것인가?

    (3) 言人之不善 當如後患何? (『孟子·離婁下』) 남의 좋지 않음을 말하다가, 마땅히 있을 후환을 어떻게 할 것인가?

3) '何'와 전치사 '以', '爲'의 조합 역시 반문을 구성한다. 다음 예를 보자.

    (1) 苟無歲, 何以有民? (『戰國策·齊策4』)   진실로 수확이 없는데, 어찌 백성이 있을까?

    (2) 今戰而勝之, 齊之半可得, 何爲止? (『史記·淮陰侯列傳』) 오늘 싸움에서 이기면, 제나라의 반을 얻을 수 있는데, 어찌 멈추려 하는가?

② '何'가 관형어, 부사어가 될 때

'何'가 관형어와 부사어가 될 때, 반어문이 된다.

1) '何'가 관형어가 되어 수식구를 구성할 때, 술어, 부사어, 주어가 될 수 있다. 다음 예를 보자.

    (1) 文王曰, "此不穀之過也. 葆申何罪?" (『呂氏春秋·直諫』) 문왕이 말하였다. "이 사람의 잘못이다. 보신에게 무슨 죄가 있겠나?"

    (2) 縱江東父兄怜而王我, 我何面目見之? (『史記·項羽本紀』[81]) 강동의 어르신들이 나를 불쌍히 여겨 왕으로 삼으려 하지만, 내 무슨 면목으로 그들을 볼까?

    (3) 封疆之削, 何國蔑有? (『左傳·昭公元年』) 변방 지역에 침탈 행위 어느 나라엔들 없겠는가?

---

81) [역주] 원문에는 田敬仲完世家로 되어 있다. 중화서국본 등을 참조하여 고쳤다.

‘何’에 명사를 더한 수식구는 예(1)에서는 술어 되고, 예(2)에서는 부사어가 되고 예(3)에서는 주어가 된다.

‘何’를 관형어로 쓰는 수식구는 다시 동사의 전치 목적어가 되어 ‘何 …… 之 + 동사’의 형식을 구성하며, 또한 반어문을 구성한다. 이런 의문문의 동사로 ‘有’가 가장 많이 사용되며, 또한 기타 동사도 사용된다. 다음 예를 보자.

> (1) 墨子曰, “聞公爲雲梯, 將以攻宋. 宋何罪之有?” (『戰國策・宋衛策』) 묵자가 말하였다. “공께서 구름 사다리를 만들어 장차 송을 공격한다고 들었는데, 송이 무슨 죄가 있습니까?”
>
> (2) 趙擧而秦彊, 何敝之承? (『史記・項羽本紀』) 조나라를 차지하면 진이 강해질 것인데, 어찌 약해진 틈을 탈 수 있을까?

예(1)은 동사 ‘有’를 사용하고, 예(2)는 동사 ‘承’을 사용했다.

2) ‘何’는 부사어가 되어 반어문을 구성한다. 다음 예를 보자.

> (1) 子在, 回何敢死! (『論語・先進』) 선생님이 계신데, 제가 어찌 감히 죽겠습니까!
>
> (2) 曰, “吾君孰爲介? 子之乘矣, 何問吾名?” (『公羊傳・宣公7年』) 말하였다. “우리 임금께서 누구를 위해 갑병을 일으켰겠습니까? 그대는 수레에 타십시오. 제 이름은 물어서 무엇하시겠습니까?”

(3) ‘何’와 기타 형식의 반어문

이상 소개된 반어문 외에, ‘何’는 아래 서술된 세 가지 형식 중에서도 반어문을 구성할 수도 있다.

1) ‘何’ 뒤에서 부사를 사용하여 ‘何必’, ‘何不’ 등을 구성해서 반문을 표시한다. 다음 예를 보자.

> (1) 王亦曰仁義而已矣, 何必曰利? (『孟子・梁惠王上』) 왕 또한 인의만을 말하셔야 합니다. 어찌 이익을 말하십니까?
>
> (2) 王曰, “有所不安乎? 如是, 何不相告也?” (『戰國策・魏策4』) 왕이 말하였다. “불안하신 게 있습니까? 이와 같거늘, 어찌 알려주지 않는지요?

2) '何'와 어기사 '爲'가 '何……爲'를 구성하여 반문을 표시할 수 있다. 의미는 '어째서 ……한가', '하필 ……해야 하는가'이다. 다음 예를 보자.

(1) 生不布施, 死何含珠爲? (『莊子・外物』) 살아서 베풀지 않으면서, 죽어서 어찌 구슬을 물으려 하는가?

(2) 君子質而已矣, 何以文爲? (『論語・顔淵』) 군자는 바탕이 있을 뿐이다. 어찌하여 꾸미려 들겠는가?

(3) 吳王慍曰, "天下同宗, 死長安卽葬長安, 何必來葬爲?" (『史記・吳王濞列傳』) 오왕이 성내며 말하였다. "천하가 같은 성씨인데, 장안에서 죽으면 장안에서 장사 지내지, 어찌하여 장사 지내러 왔는가?

3) '何'는 '所'자구 앞에 쓰여, 반어문을 구성한다. 다음 예를 보자.

(1) 我之大賢與? 於人何所不容? (『論語・子張』) 내가 큰 현인이라면 남들이 어찌 안 받아들이겠는가?

(2) 以天下城邑封功臣, 何所不服? (『史記・淮陰侯列傳』) 천하의 성읍으로 공신을 봉하려 한다면, 어찌 따르지 않겠는가?

이상 두 예문은 모두 반어문이다.

4) '誰', '孰'

1) '誰'가 반어문을 구성할 때, 자주 주어가 되고, 보편타당한 긍정적 내용(확신, 확정)을 나타낸다.

(1) 天將興之, 誰能廢之? (『左傳・僖公23年』) 하늘이 장차 그를 흥하게 하려는데, 누가 그를 폐위시킬 수 있겠는가?

(2) 芋尹無宇斷之, 曰, "一國兩君, 其誰堪之?" (『左傳・昭公7年』) 우윤(관직명) 무우가 그것을 잘라버리며 말하였다. "한 나라에 두 군주가 있으면, 누가 받아들일 수 있겠는가?

예(1)중에서 '誰'의 의미는 '어떤 사람도 없다'이며, 보편성을 나타내며, 예(2)도 이것과 유사하다. 이러한 보편적인 반어문이 범위를 지칭하려 한다면, '誰' 앞에 다른 대주어를 더하고 '誰'는 소주어가 되어, 주술구를 술어로 하는 문장형식을 구성한다. 다음 예를 보자.

  (3) 人誰納我? (『左傳·僖公4年』) 누가 나를 받아들일까?

본 예문 앞에는 대주어 '人'이 있다.

'誰'가 전치사 '與'에 전치 목적어가 되거나, 혹은 술어가 되면 반어문을 구성할 수 있다. 다음 예를 보자.

  (1) 在於王所者, 長幼卑尊皆薛居州也, 王誰與爲不善? (『孟子·滕文公下』) 왕 계신 곳에 있는 자들이 어른, 아이, 비천하고 존귀한 자 모두 설거주와 같다면, 왕은 누구와 선하지 않은 일을 할 것인가?
  (2) 天未喪晉, 無異公子, 有晉國者, 非子而誰? (『國語·晉語4』) 하늘이 아직 진을 망하게 하지 않으려 하니, 구할 수 있는 사람은 당신밖에 없습니다. 진나라를 소유할 자 당신 아니면 누구겠습니까?

예(1)은 '與'에 전치 목적어가 되고, 예(2)는 단독으로 술어가 되었다.

  2) '孰'이 반어문을 구성할 때 보통 주어가 되고, 뜻은 '誰'와 기본적으로 같다. 다음 예를 보자.

  (1) 此豈非天邪? 非天命孰能當之? (『史記·外戚世家』) 이 어찌 천명이 아닌가? 천명이 아니면 누가 감당할 수 있으랴?
  (2) 父死在堂而求利, 人孰仁我? (『國語·晉語2』) 아버지가 돌아가셔서 (아직) 조당에 계신데 이익을 구하려 한다면 누가 나를 어질다 하겠는가?

'孰'은 '焉'과 호응하며, '孰……焉'의 형식으로 반문을 표시한다. '孰……焉' 중에 '焉' 앞에는 형용사가 쓰인다. 다음 예를 보자.

(1) 今君至於淫以生疾, 將不能圖恤社稷, 禍孰大焉? (『左傳 · 昭公元年』) 지금 군주께서는 무절제함으로 인해 병이 생겨, 장차 사직을 도모할 수 없으니, 더 큰 화가 있는가?

(2) 七年之中, 一與一奪, 二三孰甚焉?(『左傳 · 成公8年』) 7년의 시간동안 주기도 하고 빼앗기도 했는데, 이런 행위보다 어느 것이 더 심하겠는가?

이상 두 예에서 '焉' 앞은 모두 형용사이다.

5) '焉', '惡', '安', '奚', '胡', '曷'

이 여섯 가지 의문대체사는 반어문을 구성하는 경우가 특수 의문문을 구성하는 것보다 더 많이 보인다. '焉', '惡', '安'은 목적어와 부사어가 되어 모두 반어문을 구성할 수 있다. 다음 예를 보자.

(1) 天下之父歸之也, 其子焉往? (『孟子 · 離婁上』) 천하의 아비들이 돌아오는데, 그 아들이 어디로 가겠는가?

(2) 曰, "歸乎?" 曰, "君死安歸? (『左傳 · 襄公25年』) 말하였다. "돌아왔는가?" 말하였다. "임금이 죽었는데 어디로 돌아갈까?

(3) 子不能治子之身. 惡能治國家? (『墨子 · 公孟』) 그대는 그대의 몸도 다스리지 못하는데, 어찌 국가를 다스리겠나?

(4) 囚安得上書? (『史記 · 李斯列傳』) 죄수가 어찌 글을 올릴 수 있는가?

앞의 두 예문과 뒤의 두 예문은 각각 의문대체사가 목적어와 부사어가 된다.

'曷', '胡', '奚'는 항상 부사어가 될 때, 반문을 구성한다. 다음 예를 보자.

(1) 三者在身曷怨人? (『荀子 · 法行』) 세 가지가 나에게 있는데 어찌 다른 이를 원망할까?

(2) 嚴遂曰, "吾得爲役之日淺, 事今薄, 奚敢有請?" (『戰國策 · 韓策2』) 엄수가 말하였다. "내가 일하게 된지 얼마 안 되니, 일이 지금 급박해도 어찌 감히 청할 수 있겠습니까?

(3) "人盡夫也, 父一而已, 胡可比也." (『左傳 · 桓公15年』) "다른 사람 중에 지극한 사람이 남편이다. 아버지는 한 명뿐인데, 어찌 비교할 수 있을까?"

(2) 의문대체사를 사용하지 않고 구성되는 반어문

반어문에서 의문대체사를 쓰지 않을 때, 주로 부사를 사용하여 구성한다. 자주 쓰이는 어기부사는 '豈', '其', '不亦'이고, 또한 '寧', '庸', '獨' 등이 있으며, 이 외에도 '不', '勿' 또한 반어문을 구성한다. 이러한 반어문 끝에 상용되는 어기사는 '哉'이고, 이 외에 '乎', '也', '與', '邪' 등도 쓰일 수 있다.

'豈'는 가장 많이 반어문을 구성하며, '其' 또한 흔히 보인다. '不亦(……乎)'로 구성되는 반어문은 긍정적인 태도를 나타낸다. 다음 예를 보자.

> (1) 巨屨與小屨同賈, 人豈爲之哉? (『孟子・騰文公上』) 큰 신발과 작은 신발이 동일하게 판매된 다면, 사람들이 어찌 그것을 (구별하여) 만들겠는가?
>
> (2) 不有廢也, 君何以興? 欲加之罪, 其無辭乎? (『左傳・僖公10年』) 폐위시킨 일도 없는데 임금을 어찌 세우겠는가? 죄를 더하려 하면 어찌 구실이 없을까?
>
> (3) 子曰, "學而時習之, 不亦說乎?" (『論語・學而』) 공자가 말하였다. "배워서 때때로 익히면 즐겁지 않겠는가?"

예(1), (2)는 '豈', '其'를 쓰고, 마지막 예문에는 '不亦'을 사용하였다.

'寧', '庸', '獨'은 반어문을 구성할 수 있으나, 위의 반어문만큼 흔히 보이지는 않는다. 다음 예를 보자.

> (1) 王侯將相寧有種乎? (『史記・陳涉世家』) 왕후장상이 어찌 씨가 있겠는가?
>
> (2) 此天所置, 庸可殺乎? (『史記・晉世家』) 이는 하늘이 정해준 바이니, 어찌 죽일 수 있을까?
>
> (3) 大王獨無意邪? (『呂氏春秋・順說』) 대왕께서 유독 의도가 없으신 겁니까?

부사 '不', '勿'은 반어문을 구성할 때, 그 앞에 능원동사를 사용한다. 다음 예를 보자.

> (1) 貢之不入, 寡君之罪也, 敢不共給? (『左傳・僖公4年』) 공물이 들어오지 않는 것은 우리 임금의 죄이다. 감히 공급하지 않으려는가?
>
> (2) 愛之, 能勿勞乎? (『論語・憲問』) 아낀다고 해서 수고롭게 하지 않을 수 있을까?

예(1)은 '敢'을 사용했고, 예(2)는 '能'을 사용했다.

'得'은 때로 '欲'과 호응하여 사용되며, 반어문을 구성할 수도 있으며 주관적으로 모종의 목적에 도달하고 싶으나, 객관적으로는 실현할 수 없는 것을 나타낸다. 다음 예를 보자.

(1) 禹八年於外 三過其門而不入 雖欲耕, 得乎? (『孟子·騰文公上』) 우가 8년 동안 밖에 있는데 세 번 그 문을 지나가도 들어오지 않았다. 농사짓고 싶어도 할 수 있었을까?

(2) 今立人之所病, 聚人之所爭, 窮困人之身使無休時, 欲無至此, 得乎? (『莊子·則陽』) 지금 사람들이 싫어하는 것을 내세우고 사람들이 다투는 바를 모아 사람들을 곤궁하게 하면서 쉴 때가 없게 하니 이런 지경에 이르지 않게 하려해도 할 수 있을까?

5. 추측 의문문

추측 의문문은 주로 상대방이 자신의 추측이나 생각을 증명해주길 요구하는 것으로, 어느 때는 뻔히 알면서 일부러 물어보며, 어느 때는 상의하는 것을 나타내기도 한다. 자주 쓰이는 어기사로 '與(歟)', '邪(耶)', '乎'가 있다. 다음 예를 보자.

(1) 孝悌也者, 其爲仁之本與! (『論語·學而』) 효제는 인의 근본이라!

(2) 今子欲以子之梁國而嚇我邪? (『莊子·秋水』) 지금 그대는 그대의 양나라 봉읍 때문에 나에게 버럭 소리내듯 하는가?

(3) 今亡亦死, 擧大計亦死, 等死, 死國可乎? (『史記·陳涉世家』) 지금 도망가도 죽고, 큰 계략를 일으켜도 죽으니, 죽는 것을 같게 본다면, 나라를 위해 죽는 것은 어떻겠습니까?

위의 세 가지 예문은 모두 추측 의문문이다.

문장에서 사용된 '其', '殆', '或者', '無乃'(毋乃), '得無', '庶', '庶幾' 등의 어휘는 추측 의문문을 구성할 수도 있는데, 이런 어휘는 '乎'와 호응하며 어느 때는 단독으로 사용되거나 혹은 기타 어기사와 어울려 사용된다. 아래는 '其', '殆', '或者' 의 예문이다.

(1) 王室其將卑乎? (『國語·周語』) 왕실이 장차 쇠약해질 것인가?

(2) 勝好勇而陰求死士, 殆有私乎? (『史記·伍子胥列傳』) 승은 용맹스러우나 몰래 죽음을 무릅쓰

는 선비를 구하니 아마 사사로움이 있는 것일까?

(3) 公孫丑曰, "昔者辭以病, 今日吊, 或者不可乎?" (『孟子·公孫丑下』) 공손추가 말하였다. "전에 병 때문에 사양하셨는데, 오늘은 조문을 하시니, 혹시 불가한 것은 아닌지요?"

이상 세 예문의 문장 끝에 모두 '乎'를 사용했다. '無乃'(毋乃), '得無'가 추측 의문문을 구성할 때 확정적 느낌이 더해지며, 어떤 것은 어기가 완곡한 반어문과 같기도 하다. 문장 끝에는 '乎'를 사용하고, 또한 '與', '耶' 등도 쓸 수 있다. 다음 예를 보자.

(1) 夫太子, 君之貳也, 而帥下軍, 無乃不可乎? (『國語·晉語1』) 무릇 태자는 임금에 다음 가는 사람입니다. 하군을 통솔케 했습니다. 이는 안 되지 않습니까?

(2) 天久不雨, 而暴人之疾子, 虐, 毋乃不可與? (『禮記·檀弓下』) 하늘에서 오랫동안 비를 내리지 않는다고 고통 받는 사람을 포악하게 대하는 것은 학대하는 것이니 불가한 게 아닐까?

(3) 夫少正卯, 魯之聞人也, 夫子爲政而始誅之, 得無失乎? (『荀子·宥坐』) 소정묘는 노나라의 유명한 인물인데, 선생님이 정치를 하며 그를 주살한다면 잘못이 없을 수 있는가?

(4) 今民生長於齊不盜, 入楚則盜, 得無楚之水土, 使民善盜耶? (『晏子春秋·內篇雜下』) 지금 백성이 제나라에서 생장하는 한 도적이 아니지만, 초에만 들어가면 도적이 된다. 초의 풍토가 백성을 도적질 잘하게 만드는 것이 아닌가?

예(1), (2)에서 '無乃'(毋乃), 예(3), (4)에서는 '得無'를 사용했고, 문장 끝에는 각각 '乎' 등의 어기사를 사용했다. '庶', '庶幾'를 쓸 때, 문장 끝에는 의문어기사가 상용되며, 문장에 대개 감탄의 어기가 있다. 다음 예를 보자.

(1) 群臣輯睦, 兵甲益多, 好我者勸, 惡我者懼, 庶有益乎? (『國語·晉語3』) 군신들이 화목해지고, 무기가 더욱 많아지며, 우리에 우호적인 사람들을 격려해주고, 우리와 적대적인 사람들은 두렵게 할 것이니 이롭지 않을까?

(2) 今行父雖未獲一吉人, 去一凶矣. 二十之一也. 庶幾免於戾乎! (『左傳·文公18年』) 지금 행보가 비록 좋은 사람을 하나도 얻지 못했지만 나쁜 사람을 쫓아냈으니 (舜의 공적에) 20분의 1인 셈이다. 죄는 면했구나!

문장에서 부정사와 어기사를 함께 사용하며 추측 의문문도 구성할 수 있다. 이런 문장은 상대방이 당연히 답안을 알고 있을 거라 긍정하는 뜻을 포함하고 있다.

(1) 君不聞大魚乎? (『戰國策・齊策1』)　군주께서는 큰 물고기에 대해 들어보지 못했습니까?

(2) 子未學禮乎? (『孟子・騰文公下』)　그대는 예를 배우지 않았는가?

예(1)은 추측 의문문 중에는 "당신은 당연히 큰 물고기에 대해 들어본 적이 있다."의 뜻이 있고, 예(2)는 이와 유사하다.

제2절 명령문

흔히 볼 수 있는 명령문은 두 종류로 나눌 수 있다. 하나는 긍정성인데, 주로 요청, 명령 등을 표시하고, 다른 한 종류는 부정성으로 주로 권유, 금지를 나타낸다.

1. 긍정성 명령문

긍정성 명령문의 구성 방식은 4가지가 있다: 1) 동사를 사용, 2) 부사, 어기사를 사용, 3) 상대방을 부르는 어휘 사용, 4) 비주술문 사용.

(1) 동사를 사용

긍정성 명령문 중에 자주 사용되는 동사는 '願', '勉', '請' 등이 있다.
'願'은 주로 상대방이 무엇을 하기를 바라는 것을 나타내고, '勉'은 상대방이 어떤 일을 위해 힘을 다하여야 하는지 격려하는 것이다.

(1) 燕趙不兩立, 願先生留意也! (『史記・刺客列傳』)　연과 조는 양립하지 않으니, 원하건대 선생께서는 유의하십시오!

(2) 范蠡辭於王曰, "君王勉之, 臣不復入越國矣." (『國語・越語上』)　범려가 왕에게 사의를 표하며 말하였다. "왕께서는 힘을 내시기 바랍니다. 신은 다시는 월나라에 들어오지 않겠습니다."

'請'은 상대방이 무엇을 하기를 바라는 것을 표시하고, 또는 상대방이 자신 혹은 어느 사람이건 간에 무엇을 할 수 있게 허락하는 것을 표시하기도 한다. 다음 예를 보자.

   (1) 邾人告於鄭曰, "請君釋憾於宋, 敝邑爲道." (『左傳・隱公5年』) 주나라 사람이 정에게 고하여 말하였다. "군주께서는 송에 대한 원한을 푸는데 우리 나라를 인도자로 삼기를 바랍니다."

   (2) 顔率曰, "大王勿憂, 臣請東借救於齊."(『戰國策・東周策』) 안솔이 말하였다. "대왕께서는 근심하지 마십시오, 신이 동쪽 제나라에 구원을 청할 수 있도록 해주십시오."

   (3) 欲與大叔, 臣請事之, 若弗與, 則請除之, 無生民心. (『左傳・隱公元年』) 태숙에게 (임금의 자리를) 주시려 한다면 신은 그를 섬길 것입니다. 만약 주지 않는다면 그를 제거해주십시오. 민심이 생겨나지 않게 하십시오.

예(1)은 상대방 '君'이 무엇을 하기를 바라고 있으며, 예(2)는 자신이 무엇을 하기를 허락해 주기를 바라는 것이며, 예(3)는 상대방에게 어떤 사람이든 태숙을 제거해주기를 허락해달라고 바라는 것이다.

(2) 부사, 어기사 사용

부사 중에서 가장 상용되는 것은 명령 어기부사 '其', '必', '弟'(第), '姑', '庶幾', '庶', '幸' 등이며 이외에도 겸경부사 '請'과 문두 어기사 '唯'(惟, 維) 등이 사용되기도 한다. 다음 예를 보자.

   (1) 吾子其無廢先君之功! (『左傳・隱公3年』) 그대는 선군의 공을 저버리지 말라

   (2) 宋公疾, 大子玆父固請曰, "目夷長且仁, 君其立之!" (『左傳・僖公8年』) 송공이 병이 나니 태자 자부가 청하여 말하였다. "목이가 나이가 많고 인자하니 군주께서 그를 왕으로 삼으시오!"

   (3) 昭王之不復, 君其問諸水濱. (『左傳・僖公4年』) 소왕이 돌아가지 않는 것은, 군주께서 물가에 사는 사람에게 물어보십시오.

   (4) 吾其還也. (『左傳・襄公30年』) 난 돌아가겠다.

이상 네 가지 예문은 차례대로 요구, 건의, 부탁, 태도를 나타낸다.
'必'은 '반드시', '꼭'을 표시하고, 어느 정도 강제성을 띠며, '弟'(第)는 상대방으로 하여

금 반드시 억지로 어떤 일을 해야 하는 건 아님을 나타내는데, '姑'는 잠시의 의미가 있다.
다음 예를 보자.

> (1) 他日, 公謂樂祁曰, "唯寡人說子之言, 子必往!" (『左傳·定公6年』) 며칠 후에, 공이 악기에게
>   일러 말하였다. "과인은 그대의 말을 좋아할 따름이니, 그대가 필히 가야겠다!"
> (2) 司馬曰, "君弟去, 臣亦且亡." (『史記·袁盎列傳』) 사마가 말하였다. "임금께서 그래도 가신다
>   면 신 또한 달아나겠습니다."
> (3) 公曰, "多行不義, 必自斃, 子姑待之." (『左傳·隱公元年』) 공이 말하였다. "의롭지 못한 것을
>   많이 행하면, 반드시 스스로 죽는 것이니, 그대는 잠시 기다려 보라."

'庶', '庶幾', '唯'(惟, 維)는 희망을 표시하며, 비교적 완곡한 명령이다. 세 가지 어휘 중
에서 '唯'는 비교적 자주 사용되고, '庶'는 가장 적게 사용된다. 다음 예를 보자.

> (1) 寡君將帥諸侯以見于城下. 唯君圖之! (『左傳·襄公8年』) 우리 임금은 장차 제후들을 이끌고
>   성 아래에서 만날 것이니, 군께서는 헤아리십시오!
> (2) 王庶幾改之, 予日望之 (『孟子·公孫丑下』) 왕께서 고치시기를 저는 매일 바라고 있습니다.
> (3) 及君之嗣也, 我君景公引領西望曰, "庶撫我乎!" (『左傳·成公13年』) 후대에 이르러, 경공께서
>   목을 뻗고 서쪽을 바라보며 말하였다. "우리를 보살펴 주실 것입니다!"

'幸', '請' 모두 존경의 의미를 지닌 명령들을 표시한다. 다음 예를 보자.

> (1) 君請待之. (『左傳·昭公21年』) 그대 잠시 기다리시오.
> (2) 韓信曰, "夫人深親信我, 我倍之不祥, 雖死不易. 幸爲信謝項王!" (『史記·淮陰侯列傳』) 한신이
>   말하였다. "그 분(유방(劉邦))이 나를 믿고 친근하게 여기시니, 내가 그를 배신하면 길하
>   지 않고, 비록 죽더라도 변절하지 않을 것입니다. 나를 대신해서 항왕을 물러나게 해주
>   십시오."

(3) 상대방을 부르는 어휘 사용

문장에서 상대방을 부르는 어휘를 사용하면서 명령문을 구성할 수 있다. 상대방을 부를

때, 가장 상용되는 것은 명사이고 또한 이인칭대체사를 사용하기도 한다. 만약에 이름을 직접 부르면, 명령의 의미가 있는 것이다. 다음 예를 보자.

(1) 左右乃曰, "王負劍!" (『史記・刺客列傳』) 좌우에서 이내 말하였다. "왕께서 검을 등에 지십시오!"

(2) 舜之將死, 乃命禹曰, "汝戒之哉!" (『莊子・山木』) 순이 장차 죽으려 하자, 이내 우에게 말하였다. "너는 그것을 삼가하도록 하라!"

(3) 曰, "丘來前!" (『莊子・盜跖』) 말하였다. "구는 앞으로 오라!"

예(1)은 명사를 사용하여 상대방을 부르는 것이고, 예(2)는 대체사를 사용했고, 예(3)은 이름을 직접 불렀다.

(4) 비주술문 사용

비주술문 형식의 명령문은 대개 강제성을 띈 명령이다. 그 뒤에 일반적으로 어기사를 사용하지 않는다. 다음 예를 보자.

(1) 謂孔子曰, "來! 予與爾言." (『論語・陽貨』) 공자에게 일러 말하였다. "오시오, 내 그대와 얘기하고 싶습니다.

(2) 廣令諸騎曰, "前!" (『史記・李廣列傳』) 광이 모든 기병에게 명령하였다. "앞으로!"

2. 부정성 명령문

부정성 명령문은 주로 어기부사 '無', '毋', '勿'를 사용하며, 대략적으로 금지의 어조는 촉박하기 때문에, 일반적으로 어기사를 사용하지 않는다. 때로는 '也'를 사용한다. 다음 예를 보자.

(1) 無從晉師. (『左傳・僖公28年』) 진나라 군대를 따르지 말라.

(2) 毋從俱死也! (『史記・項羽本紀』) 같이 따라서 죽지 마라!

예(1)은 어기사를 사용하지 않았고, 예(2)는 '也'를 사용했다.

제3절 감탄문

감탄문은 주로 말하는 사람의 감정을 나타내고, 상용되는 어기사로 '哉', '夫'가 있다. 결단을 나타내는 '也', '矣', '焉'과 의문을 표시하는 '乎' 및 '與'(歟), '邪'(耶) 등으로 구성되는 문장이, 동시에 비교적 강렬한 감정을 나타낸다면, 모두 감탄문을 구성할 수 있다. 감탄문에 관하여 두 가지 문제 1) 일반 감탄문, 2) 기타 형식의 감탄문을 살펴본다.

1. 일반 감탄문

일반 감탄문은 주로 각종 조사를 사용하여 구성하는 감탄문으로 자주 볼 수 있는 것에는 아래 네 가지 유형이 있다.

1) 감탄문 중에 '哉'를 사용할 때, '哉' 앞에는 형용사, 동사가 사용되며 몇몇 평가 의미를 가지고 있는 명사도 쓸 수 있다. 예를 들어 '君子', '小人' 등이다. 다음 예를 보자.

(1) 孔子聞之曰, "善哉!" (『呂氏春秋·去私』) 공자가 그것을 듣고 말하였다. "훌륭하도다!"

(2) 舍其路而不由, 放其心而不知求, 哀哉! (『孟子·告子上』) 길을 버리고 따르지 않으며, 마음을 잃어버리고도 구할 줄 모르니, 슬프구나!

(3) 宋華元出告以情. 莊王曰, "君子哉!" 遂罷兵去. (『史記·楚世家』) 송나라 화원이 나와서 사정을 고하니 장왕이 말하였다. "군자로다!" 이에 군사를 물리쳤다.

예(1)에서는 '哉' 앞에 형용사가 쓰였고, 예(2)에서는 동사가 사용되었으며, 예(3)에서는 평가 의미를 가지고 있는 명사가 사용되었다.

2) 감탄문에서 '夫'를 사용할 때, 그 앞에 형용사가 사용되는 경우는 적고, 동사가 자주

사용된다. 동사 중에는 '悲'가 제일 자주 쓰인다. '夫' 앞에는 때로 명사가 쓰이기도 하지만, 이 명사는 대부분 평가 의미가 없다. 다음 예를 보자.

(1) 不明於道者, 悲夫! (『莊子‧在宥』) 도에 밝지 못한 자라 슬프도다!

(2) 靈王爲章華之臺, 與伍擧升焉, 曰, "臺美夫!" (『國語‧楚語上』) 영왕이 장화대를 만들고, 오거와 함께 올라 말하였다. "장화대가 아름답구나!"

(3) 叔向曰, "賢不肖, 性夫!" (『晏子春秋‧內篇問下』) 숙향이 말하였다. "어질고 불초한 것은 천성이라!"

이상 세 가지 예문 중에서, 예(1) '夫' 앞에는 동사이고, 예(2)는 형용사이고, 예(3)은 평가 의미가 없는 명사이다.

3) 문장 끝에 사용되는 '也', '矣', '焉'일 때, 논단, 설명의 감탄문을 구성한다. 다음 예를 보자.

(1) 公孫接仰天而嘆曰, "國, 誰之國也!" (『國語‧晉語3』) 공손접이 하늘을 우러러 탄식하며 말하였다. "나라는 누구의 나라인가!"

(2) 西狩獲麟, 孔子曰, "吾道窮矣." (『公羊傳‧哀公14年』) 서쪽에서 기린을 잡았다. 공자가 말하였다. "나의 도가 다했구나."

(3) 蕩蕩乎, 民無能名焉! (『論語‧太伯』) 넓고 넓구나, 백성들이 이름 짓지 못할 만큼!

예(1)은 '也'를 사용하여 구성하는 논단성 감탄문이며, 예(2), (3)은 '矣', '焉'을 사용하여 구성하는 설명성 감탄문이다.

4) 의문어기사를 사용하여 구성하는 감탄문에는 '乎'가 자주 쓰이고, '與'(歟), '邪'(耶) 등은 비교적 적게 쓰인다. 이런 문장에 어느 정도 의문 성분이 포함되어 있기 때문에, 반어문과 차이가 크지 않다. 문장 끝에 '乎'를 사용할 때, 앞에서 자주 쓰이는 것이 '其', '庶', '庶幾'이다. 다음 예를 보자.

(1) 子胥言曰, "王不聽諫, 後三年吳其墟乎!" (『史記‧越王句踐世家』) 자서가 말하였다. "왕이 간언을 듣지 않으니 3년 후엔 오나라가 폐허가 되겠구나!"

(2) 少君不可以訪, 是以求長君, 庶亦能容羣臣乎! (『左傳·哀公6年』)　어린 군주에게는 배울 수 없으니, 나이 든 군주를 찾아야 합니다. 또한 신하들을 받아들일 수 있을 것입니다.

(3) 鼓琴曰, "父邪! 母邪!" (『莊子·大宗師』)　금을 연주하며 말하였다. "아버지! 어머니!"

(4) 曾子曰, "是何言與! 是何言與!" (『禮記·祭義』)　증자가 말하였다. "이게 무슨 말인가! 이게 무슨 말인가!"

(5) 審分當此道者, 其晏子是耶! (『晏子春秋·內篇諫下』)　살펴본즉 이 도에 합당한 이는 안자 이 사람이로다!

예(1), (2)는 모두 '乎'를 쓰고, '其', '庶'도 쓴다. 예(3)은 '邪'를 쓰며, 예(4), (5)는 '與', '耶'를 쓴다. 이런 감탄문은 본래 어기사가 표시하는 의문 성분을 가지고 있다.

2. 기타 형식의 감탄문

이상 소개한 것은 조사로 구성된 일반적인 감탄문이며, 이 외에도 감탄문은 또한 아래 다섯 가지 다른 형식이 있다. 이 다섯 가지 형식에는 대다수는 사실 조사도 사용하는데, 앞에 소개했던 일반 감탄문과는 어느 측면에서 다소 다르므로, 따로 소개한다.

(1) 용언 전치

문장 유형에서 보면, 감탄문의 두드러진 차이점은 주어와 술어가 위치를 바꿀 수 있다는 점이다. 감탄문에서는 때로 술어가 나타내는 감탄의 내용을 두드러지게 하기 위해서, 술어를 주어 앞으로 배치한다. 이런 문장의 술어 뒤에는 '哉', '夫', '矣'를 쓰고, 문장 끝에 '也'를 쓰거나, 조사를 쓰지 않는다. 다음 예를 보자.

(1) 子曰, "小人哉, 樊須也!" (『論語·子路』)　공자가 말하였다. "번수는 소인이구나!

(2) 穆公曰, "仁夫, 公子重耳!" (『禮記·檀弓下』)　목공이 말하였다. "어질구나. 공자중이야말로!"

(3) 久矣, 吾不復夢見周公! (『論語·述而』)　오래되었구나, 내가 주공을 꿈에서 다시 보지 못한지가!

이상 세 가지 예문의 술어 뒤에는 각각 '哉', '夫', '矣'를 쓰고, 문장 끝에서 '也'를 쓰거나 쓰지 않는다.

(2) 문장 중첩

강렬한 감정을 두드러지게 하기 위해서 감탄문은 문장 중첩 형식을 사용한다. 다음 예를 보자.

(1) 子夏投其杖而拜, 曰, "吾過矣! 吾過矣!' (『禮記・檀弓下』) 자하가 지팡이를 던지고 절하며 말하였다. "내 잘못이라! 내 잘못이라!"

(2) 得其所哉! 得其所哉! (『孟子・萬章上』) 있어야 할 장소를 얻었구나! 있어야 할 장소를 얻었구나!

(3) '何', '何其'

'何', '何其' 또한 감탄문을 구성할 수 있다. 이런 문장의 끝에는 '也'가 상용되며, 어기사를 쓰지 않아도 된다. 이 형식의 감탄문은 선진 시기에는 많이 보이지 않다가 한나라 이후에 증가했다. 다음 예를 보자.

(1) 晏子遂鞭馬而返. 其僕曰, "向之去何速, 今之返又何速." (『晏子春秋・內篇諫上』) 안자가 마침내 말에 채찍을 휘두르며 돌아오자 그 하인이 말하였다. "전에 가실 때 그렇게 서두르더니, 지금 돌아갈 때도 그렇게 서두르십니까!"

(2) 始陛下與臣等起豊沛, 定天下, 何其壯也! (『史記・樊酈滕灌列傳』) 비로소 폐하와 신하가 풍(豊)과 패(沛)에서 일어나 천하를 정하니, 이 어찌 장엄한 거사가 아닌가?

(4) 감탄사 사용

감탄사만을 사용한 비주술문도 감탄문을 구성며 자주 쓰이는 감탄사에는 '嗚呼'(於戲), '嗟', '嗟乎', '噫', '嘻', '惡' 등이 있다. 다음 예를 보자.

(1) 孔甲曰, "嗚呼! 有疾, 命矣夫!" (『呂氏春秋·音初』)　공갑이 말하였다. "아! 병이 생겼구나, 운명이라!"

(2) 孔子曰, "惡! 是何言也!" (『荀子·法行』)　공자가 말하였다. "아! 이게 무슨 말인가!"

(5) 보통 문장

비교적 간단한 보통 문장은 어조만으로 감탄문을 구성할 수 있다. 다음 예를 보자.

(1) 景公飮酒, 夜移於晏子. 前驅款門曰, "君至!" (『晏子春秋·內篇雜上』)　경공이 술을 마시고, 밤에 안자에게 갔다. 앞에서 말을 몰던 하인이 문을 두드리며 말하였다. "임금이 오셨다!"

(2) 子游曰, "知禮!" (『禮記·檀弓上』)　자유가 말하였다. "예를 아는구나!"

제4절 조사 연용

어기사, 판단사는 단독으로 사용되는 것 외에, 같이 조합해서 사용될 수 있다. 어기사가 표시하는 것은 전체 문장의 어기이다. 판단사는 문장의 유형을 표시한다. 따라서 어기사는 보통 전체 문장 끝에 위치하지만 판단사는 그 앞에 있으며, 일반적으로 어기사 뒤에는 출현할 수 없다. 조사가 연용된 후에는 전 문장의 어기는 보통 문장 끝의 어기사가 결정하고, 문장의 형식은 판단사가 결정한다. 조사 연용은 주로 1) 판단사 + 어기사, 2) 어기사 + 어기사, 3) 판단사 + 어기사 + 어기사, 4) 판단사 + 판단사 등 네 가지 형식이 있다.

이 네 가지 형식 중에서, 두 조사가 같이 조합되는 형식이 비교적 자주 사용된다. 세 조사가 같이 조합되는 것은 적게 보인다. 아래 각각 소개하도록 한다.

1. 판단사 + 어기사

조사 연용 중에서 '판단사 + 어기사'는 가장 흔히 보이는 형식이고, 그 중에 판단사는 감탄사와 제일 많이 연용된다. 어기사 '哉', '夫', '乎'는 문장 끝에 자주 쓰이고, 때로는 '與' 등도 문장 끝에서 쓰일 수도 있다.

(1) '哉'류

'哉'는 흔히 '也哉', '矣哉'로 구성되고, 또한 수량이 많지 않지만 '焉哉'도 있다. 이 조사를 사용하는 문장은 논단, 설명문에 속하고 문장 전체가 감탄 혹은 반문을 표시한다. 다음 예를 보자.

> (1) 文子謂其御曰, "曾子, 愚人也哉！" (『韓非子 · 說林下』) 문자가 말몰이에게 말하였다. "증자는 어리석은 사람이라!"
>
> (2) 爲之歌「頌」, 曰, "至矣哉!" (『左傳 · 襄公29年』) 그를 위해 「송(頌)」을 부르니, 말하였다. "지극하구나!"
>
> (3) 然則父有賢子, 君有賢臣, 適足以爲害耳, 豈得利焉哉? (『韓非子 · 忠孝』) 그런즉 아비에게는 현명한 아들이 있고 임금에게는 현명한 신하가 있더라도, 다만 족히 해가 될 뿐이니 어찌 이득을 얻겠는가?

예(1)은 명제성 감탄문이고, 예(2)는 설명성 감탄문이다. 예(3)은 반어문이다.

(2) '夫'류

문장 끝에서 '也夫', '矣(已)夫'가 사용될 때, 주로 명제, 설명문이다. 문장 유형상으로 볼 때, 주로 감탄문이다. 다음 예를 보자.

> (1) 不以己之是, 駁人之非. 遜辭以避咎, 義也夫! (『晏子春秋 · 內篇雜上』) 자신의 올바름으로 남의 잘못을 반박치 않고, 겸손한 말로 죄를 피하였으니, 의롭다 할 수 있다!
>
> (2) 子曰, "苗而不秀者有矣夫! 秀而不實者有矣夫!" (『論語 · 子罕』) 공자가 말하였다. "싹 트는데

꽃이 피지 않는 것도 있구나! 꽃이 폈는데 열매를 맺지 않는 것도 있구나!"

(3) 君之所讀者, 古人之糟魄已夫! (『莊子・天道』) 임금께서 공부하신 것은 옛 사람들의 지게미
로다!

예(1), (3)은 명제문이고, 예(2)는 설명문이다. 이 세 예문은 모두 감탄문이다.

(3) '乎'류

'乎'는 주로 의문을 표시하므로, '也', '矣'가 같이 조합될 때, 흔히 질문을 표시하며, 반
문도 표시한다. 다음 예를 보자.

(1) 唯吾子戎車是利, 無顧土宜, 其無乃非先王之命也乎? (『左傳・成公2年』) 그대가 전차의 이로
움만을 생각하고, 각 지방의 조건을 고려치 않는 것은 아마도 선왕의 명이 아닌 듯하다!
(2) 由也, 女聞六言六蔽矣乎? (『論語・陽貨』) 유야, 넌 육언육폐에 대해 들어보았느냐?

예(1)은 반문을 표시하고, 예(2)는 질문을 표시한다. '乎'는 감탄을 표시할 때, 설명성 감
탄문을 구성할 수도 있다. 다음 예를 보자.

(1) 君子曰, "位其不可不愼也乎!" (『左傳・成公2年』) 군자가 말하였다. "벼슬 자리는 신중하지
않으면 안 된다!"
(2) 子曰, "中庸之爲德也, 其至矣乎!" (『論語・雍也』) 공자가 말하였다. "중용의 덕은 지극함이라!"

이상 두 예는 모두 설명성 감탄문이다.

(4) '與'류

'與'는 보통 '也'와 같이 조합하여, '也與'로 구성된다. '也與'는 대부분 추측 의문, 반문
을 표시하고, 추측 의미를 포함한 감탄을 나타낸다. 다음 예를 보자.

(1) 仲由可使從政也與? (『論語 · 雍也』) 자로는 정치를 시킬만한가?

(2) 唯赤則非邦也與? (『論語 · 先進』) 공서적의 경우도 나라의 일이 아니겠습니까?

(3) 子曰, "語之而不惰者, 其回也與!" (『論語 · 子罕』) 공자가 말하였다. "말한 것을 게을리 하지 않는 자는 회이리라!"

2. 어기사 + 어기사

두 어기사 연용에서 흔히 보이는 것이 '乎哉'(어느 때는 '哉乎'로도 된다.), 주로 반문과 감탄을 표시하며, 때로는 질문 혹은 자문자답을 나타낸다.

(1) 以族論罪, 以世擧賢, 雖欲無亂, 得乎哉! (『荀子 · 君子』) 종족으로서 죄를 논하고, 대대로 현명함을 든다면 비록 혼란이 없고자 해도 그렇게 될 것이라!

(2) 公喟然太息曰, "悲乎哉! 子勿復言." (『晏子春秋 · 外篇』) 공이 놀라 탄식하며 말하였다. "슬프구나! 그대는 다시 말하지 말라."

(3) 曰, "若寡人者, 可以保民乎哉?" 曰, "可." (『孟子 · 梁惠王上』) 말하였다. "과인이라면, 백성을 편안케 할 수 있겠습니까?" 말하였다. "그렇습니다."

(4) 君子多乎哉? 不多也. (『論語 · 子罕』) 군자는 재능이 많은가? 많지 않다.

예(1)은 반문, 예(2)는 감탄, 예(3), (4)는 질문과 자문자답이다.

3. 판단사 + 어기사 + 어기사

판단사 + 어기사 + 어기사의 형식은 '也乎哉', '也與哉'가 있고, 두 가지 조사 연용의 형식은 모두 아주 적게 보이며, 주로 반문을 표시한다.

(1) 晏子曰, "獨吾君也乎哉! 吾死也!" (『晏子春秋 · 內篇雜上』) 안자가 말하였다. "어찌 나 혼자만의 군주이겠습니까. 내가 죽겠습니다!"

(2) 鄙夫可與事君也與哉? (『論語 · 陽貨』) 비천한 사람이 군주를 섬길 수 있을까?

4. 판단사 + 판단사

판단사 + 판단사에서 흔히 보이는 형식은 두 가지이다. 첫 번째는 문장 끝에서 '矣'를 쓰는 것인데, '已矣', '也已矣', '也已', '而已矣', '耳矣' 등이 있다. 이런 문장에서 문장 전체 형식은 주로 '矣'로부터 결정된다.

'已矣'는 '可'와 어울려 설명문을 구성하여 가부를 평가하고, 때로는 '矣'와 같이 기타 설명문을 구성할 수도 있다. 다음 예를 보자.

> (1) 子曰, "起予者商也! 始可與言『詩』已矣." (『論語・八佾』) 공자가 말하였다. "나를 깨우쳐주는 사람 상이로구나! 비로소 더불어 『시』를 말할 수 있겠다.
> (2) 喜曰, "吳楚擧大事而不求孟, 吾知其無能爲已矣." (『史記・游俠列傳』) 기뻐하며 말하였다. "오와 초가 대사를 일으키는데도 맹에게 (도움을) 구하지 않으니, 할 수 있는 것이 없음을 알겠다."

예(1)은 '可'와 같이 사용되며, 가부의 평가를 나타낸다. 예(2)의 '已矣'는 상황을 소개하는 설명문을 구성한다.

'也已矣'는 '也 + 已矣'이며, 주로 『논어』(8번)에서 사용되었고, 기타 서적에서는 드물게 보인다. 주로 가부를 평가하는데 쓰이며, '可謂'와 함께 사용된다. 기타 설명문을 구성할 수도 있다. 다음 예를 보자.

> (1) 子夏曰, "日知其所亡, 月無忘其所能, 可謂好學也已矣." (『論語・子張』) 자하가 말하였다. "날마다 모르는 바를 알고, 달마다 할 수 있는 바를 잃지 않으면 가히 배움을 좋아한다고 할 수 있다."
> (2) 子曰, "亦各言其志也已矣." (『論語・先進』) 공자가 말하였다. "각자 제 뜻을 말하는 것이다."

예(1)은 '可謂'를 사용하여 가부를 의논하고, 예(2)는 견해를 설명한다.

'也已'는 주로 명제 혹은 설명을 나타내고, 대략 단독으로 쓰이는 '也' 혹은 '已'보다 더 긍정적이다. 다음 예를 보자.

> (1) 祭者, 敎之本也已. (『禮記・祭統』) 제사는 가르침의 근본이다.

(2) 晉侯聞之而後喜可知也, 曰, "莫余毒也已. (『左傳・僖公28年』) 진후가 그것을 듣고 후에 알게
됨을 기뻐하며 말하였다. "나에게 해가 되지 않겠구나."

이상 두 예문은 각각 명제, 설명문이다.

'而已矣'는 '而已 + 矣'이며, 기능은 '而已'와 대체로 같다. 주로 한정, 확인성의 논설을
표시하며, 혹은 복문 안에서 사용된다. 다음 예를 보자.

(1) 明主之所導制其臣者, 二柄而已矣. (『韓非子・二柄』) 밝은 군주가 신하를 거느릴 수 있는
근거는 상과 벌뿐이다.
(2) 師曠曰, "君必惠民而已矣." (『韓非子・外諸說右上』) 사광이 말하였다. "군주는 반드시 백성
에게 은혜를 베풀 따름이다."
(3) 古之所謂得志者, 非軒冕之謂也, 謂其無以益其樂而已矣. (『莊子・繕性』) 옛날에 이른 바 뜻을
얻는다는 것은, 벼슬을 이르는 것이 아니고, 즐거움을 보탤 것이 없는 경지를 이른다.

예(1), (2)는 각각 명제, 설명문이며, 예(3)은 복문에서 사용된다.

'耳矣'는 적게 보이고, 주로 한정, 확인성 명제를 표시한다. 다음 예를 보자.

(1) 孟子曰, "人之易其言也, 無責耳矣." (『孟子・離婁上』) 맹자가 말하였다. "사람들이 말을 쉽
게 하는 건 책임을 지지 않으려 할 뿐이다."
(2) 代翕代張, 代存代亡, 相爲雌雄耳矣. (『荀子・議兵』) 오그라들기도 하고, 커지기도 하며, 살아
남기도 하고 죽기도 하면서 서로 자웅이 될 따름이다.

이상 두 예문 모두 한정성의 명제를 표시한다.

두 번째로 상용되는 '焉爾', '焉耳' 이외에도 '焉爾也', '焉耳矣'의 형식도 있으며 이는
상용되지 않는다.

'焉爾', '焉耳'의 용법은 대체로 같으며, 전자는 후자에 비해서 더 자주 사용된다. '爾',
'耳'는 주로 한정, 확인을 나타낸다. '焉'은 앞의 문장과 호응한다. 문제를 답하는데 쓰이
고, 때로는 문제를 제기하는데도 쓰일 수 있다. 만약에 답을 하거나 문제를 물어보는 것이
아니면 원인을 설명하는데 쓰이며, 복문 안에서도 쓰일 수 있다. 다음 예를 보자.

(1) 曷爲國之? 君存焉爾. (『公羊傳·桓公7年』) 어째서 나라가 될 수 있는가? 군주가 있어서이다.

(2) 曷爲託始焉爾?『春秋』之始也. (『公羊傳·隱公2年』) 어째서 시작을 여기서부터 두는가?『춘추』의 시작이기 때문이다.

(3) 母歿而杯圈不能飮焉, 口澤之氣存焉爾. (『禮記·玉藻』) 어머니가 돌아가신 후 배권(나무를 휘어 만든 잔)으로 술을 마시지 못하는 것은 입에 대었던 기운이 남아 있어서이다.

(4) 愛之, 斯錄之矣, 敬之, 斯盡其道焉爾. (『禮記·檀弓下』) 사랑하면 이에 이름을 기록하고, 공경하면 그 도를 다할 뿐이다.

예(1), (2)는 각각 문제를 제기하고 답하는 것이며, 예(3)은 원인을 설명하는 것이고, 예(4)는 복문에서 사용되었다.

'焉耳矣', '焉爾也', '焉耳乎' 모두 상당히 드물게 보인다. 주로 확인 혹은 의문을 표시한다. 다음 예를 보자.

(1) 寡人之於國也. 盡心焉耳矣. (『孟子·梁惠王上』) 과인은 나라에 대해서는 온 마음을 다해 일할 따름입니다.

(2) 宦於大夫者之爲之服也, 自管仲始也, 有君命焉爾也. (『禮記·雜記下』) 대부로서 관직에 있었던 사람 중에서 그를 위해 복상을 하는 것은 관중으로부터 시작하였으며, 군명이 있어서 그런 것이다.

(3) 子游爲武城宰. 子曰, "女得人焉耳乎?"(『論語·雍也』) 자유가 무성의 재상이 되었다. 공자가 말하였다. "너는 사람을 얻었는가?"

예(1), (2)는 모두 강조에 쓰이고, 확인을 나타낸다. 예(3)은 의문을 나타낸다.

제8장 복문

제1절 복문 개설

이 절에서는 1. 복문의 기초 유형, 2. 복문과 단문, 3. 복문과 접속사 등 세 가지 문제에 대해서 논할 것이다.

1. 복문의 기초 유형

절 사이의 관계에 근거해서, 복문은 크게 연합 복문과 주종 복문 등 두 유형으로 나눈다. 연합 복문의 절 사이의 관계는 평등하여, 주절과 종속절의 구분이 없고, 앞 절과 뒷 절 사이에 화제나 진술의 의미관계가 없다. 다음 예를 보자.

> (1) 獲神, 一也. ┃ 有民, 二也. ┃ 令德, 三也. ┃ 寵貴, 四也. (『左傳·昭公13年』) 신을 잡는 것이 하나입니다. ┃ 백성을 갖는 것이 둘입니다. ┃ 덕을 펼치는 것이 셋입니다. ┃ 귀한 것을 아끼는 것이 넷입니다.
> (2) 樊噲覆其盾於地, ┃ 加彘肩上, ┃ 拔劍切而啖之. (『史記·項羽本紀』) 번쾌가 땅에 그 방패를 덮고, ┃ 돼지 어깨를 그 위에 올려놓고, ┃ 칼을 휘둘러서 잘라서 먹었다.

이상의 두 예는 모두 연합 복문으로, 예(1)은 병렬 관계의 복문으로 네 부분으로 나눌 수 있으며 각 절의 화제, 진술은 관계가 없다. 예(2)는 연접 관계의 복문으로 세 절의 화제와 진술의 상호 연관성이 없다.

주종 복문의 절 사이의 관계는 상대적으로 평등하지 않고, 주절과 종속절의 구분이 있다. 전형적인 주종 복문은 동일한 층차에서 일반적으로 앞, 뒤 두 부분으로 나눌 수 있고, 이 두 가지 부분은 항상 화제와 진술의 관계를 구성한다.[82] 다음 예를 보자.

(1) 五帝先道而後德, | 故德莫盛焉. (『呂氏春秋·先己』) 오제는 도를 앞세우고 덕을 뒤로 세웠으니, | 따라서 덕이 이보다 성대하지 않았다.

(2) 君若欲速得志於天下諸侯, | 則事可以隱令, 可以寄政. (『國語·齊語』) 임금께서 만약 빠르게 천하의 제후에게서 뜻을 얻고자 한다면, | 즉 일은 명령을 은근히 할 수 있고, 정치에 기탁할 수 있을 것입니다.

이상의 두 예는 모두 주종 복문이다. 예(1)이 표시하는 것은 인과 관계로, 이러한 종류의 인과 관계는 앞 절과 뒷 절 사이에 화제와 진술의 관계가 있다. 예(2)의 앞, 뒤 두 절은 가정 관계로, 이 복문의 앞 절인 "君若欲速得志於天下諸侯"는 화제로 분석될 수 있고, 이후 절인 "則事可以隱令, 可以寄政"도 앞에서 이야기한 화제의 진술로 볼 수 있다. 앞 절과 뒷 절은 화제와 진술의 관계가 있다.[83]

2. 복문과 단문

문장의 구성에서 보면, 복문과 단문은 두 종류의 다른 문장이다. 전형적인 복문과 전형적인 단문 사이의 구별은 명확한 것이지만, 그러나 복문과 단문 사이에는 확실한 경계가 없고, 복문과 단문 사이에는 과도적인 것이 존재한다. 이하에서는 연합 복문과 주종 복문 두 가지 방면에서 복문과 단문 사이의 관계에 대해서 소개할 것이다.

1) 연합 복문의 몇 가지 절 사이에는 화제나 진술의 관계가 존재하지 않는다. 따라서 연합 복문과 단문 사이의 구분은 일반적으로 비교적 명료하다. 다음 예를 보자.

(1) 孟施舍似曾子, | 北宮黝似子夏. (『孟子·公孫丑上』) 맹시사는 증자를 닮았고, | 북궁유는 자하를 닮았다.

---

82) 자오위안런이 말하길 "요컨대, 양보, 원인, 조건, 시간, 처소를 표시하는 모든 문장은 말을 주고 받는 와중에서 주어를 벗어나지 않는다."라 하였다. <한어구어어법(漢語口語語法)>(뤼수샹 역, 상무인서관, 1979年) 69쪽을 볼 것.

83) 화용론에서는 사람들이 통상 주종 복문의 앞 뒤 절을 화제와 진술의 관계로 분석한다. 화용론의 관련 저작들을 참조할 수 있다.

(2) 夫子式而聽之, | 使子貢問之 (『禮記·檀弓下』) 선생께서는 수레에 기대어서 그것을 듣고서
　　는, | 자공으로 하여금 그것을 묻게 하였다.

(3) 齊王使使者問趙威后. (『戰國策·齊策4』) 제왕은 사자로 하여금 조위후에 대해서 묻게 하
　　였다.

(4) 夫湯遇桀, 武遇紂, 天也. (『呂氏春秋·愼人』) 탕이 걸을 만나고, 무가 주를 만난 것은, 하늘
　　(의 뜻)이다.

　　예(1), (2)는 모두 복문이고, 예(3), (4)는 모두 단문이다. 비록 예(3)에서 "使者問趙威后"
가 있지만, 이는 주술구로 문장 속에 포함된 것이다. 예(4)에는 휴지가 있지만, "湯遇桀, 武
遇紂"는 이 속에서 판단의 대상이고 "天也"라는 술어의 주어로, 마찬가지로 문장 속에 포
함되는 것이다. 이 점에서 연합 복문과 단문의 구분은 비교적 분명하다.

　　2) 복문과 단문의 과도는 주로 주종 복문과 판단문의 사이에서 표현된다. 앞부분에서
주종 복문에 대해서 소개하면서 주종 복문의 앞 절과 뒷 절은 대체로 의미상 화제와 진술
의 관계가 있음을 볼 수 있고, 이러한 종류의 의미 관계는 바로 주어와 술어의 의미 관계
와 같음을 이미 확인하였다. (제1장제4절을 참조할 것.) 실제로 복문 간의 이와 같은 화제와
진술의 관계는 대부분 일종의 판단 관계이다. 따라서 주종 복문은 판단문과 동일한 부분
이 있다. 그리고 주종 복문의 구법형식도 판단문과 같은 부분이 있다. 두 절 사이에는 일
반적으로 모두 휴지가 있고, 문말에는 항상 '也', '矣', '焉'과 같은 판단사가 사용된다. 다
음 예를 보자.

(1) 顏率謂公仲之謁者曰, "公仲必以率爲陽也, | 故不見率也."(『戰國策·韓策1』)　안솔이 공중의
　　고하는 사람에게 말하였다. "공중은 반드시 나(안솔)를 거짓말쟁이로 여기는 것이니, 따라
　　서 나를 보려고 하지 않는 것이다."

(2) 如智者亦行其所無事, | 則智亦大矣. (『孟子·離婁下』) 만일 지혜로운 자 또한 (막히는) 일이
　　없는 데로 행한다면, 즉 지혜로움 또한 대단한 것이다.

(3) 桓公知天下諸侯多與己也, 故又大施忠焉. (『國語·齊語』) 환공이 천하의 제후가 나와 함께 할
　　이가 많다는 것을 알고서는, 따라서 또한 크게 충성을 베풀었다.

　　이상의 세 예문 모두 주종 복문으로, 문장 중에 모두 휴지가 있고, 예(1)의 문말에는
'也', 뒤의 두 예문에서는 문말에 '矣', '焉'이 쓰였다.

　　의미와 구법 형식에서 주종 복문과 판단문 사이에는 이러한 공통점이 있어서, 주종 복

문과 판단문을 결정하는데 교차점이 있다. 만일 주종 복문을 판단문으로 본다면, 앞 절은 주어로 보고, 뒷 절은 술어로 보는 것 또한 불가능하진 않다. 바로 이와 같기 때문에, 자오위안런 선생이 대부분의 주종 복문의 앞부분을 주어라 하고, 뒷부분을 술어라고 한 것이다.

3. 복문과 접속사

비록 주종 복문과 판단문의 사이에는 이와 같은 공통점이 있지만, 이 책에서는 주종 복문과 판단문을 구분할 것이다. 이를 구분하는 주요 기준은 두 가지인데, 하나는 기본 기준이고, 또 하나는 주종 기준이다.

기본 기준은 접속사를 사용하는지 아닌지로 근거한다. 접속사는 주로 접속사 혹은 몇몇 부사로 충당되는데, 일반적으로 접속사를 사용하는 문장이 복문이다. 다음 예를 보자.

(1) 王如用臣之道, | 地不虧而兵不用, 中山可廢也. (『戰國策·中山策』) 왕께서 만일 신의 방법을 쓰신다면, 땅을 어지럽히지도 않고 병사를 쓰지 않고서도, 중산이 망할 수 있습니다.

(2) 楚雖蠻夷, | 不能寶也. (『國語·楚語下』) 초나라가 비록 이민족의 나라지만, 보물로 여기지는 않습니다.

(3) 助之長者, 揠苗者也, 非徒無益, 而又害之. (『孟子·公孫丑上』) 그것을 자라도록 돕는다는 것이 싹을 뽑게 된 것이니, 이익이 없을 뿐만 아니라 또한 해를 끼쳤다.

이상의 세 예문 모두 주종 복문으로, 이 문장들 속에서, 모두 접속사를 사용하였다. 앞 두 예문의 '如', '雖'는 접속사이고, 예(3)의 '非', '徒', '又'는 부사이다.

어떠한 접속사를 포함하고 있는 주종 복문은 복문의 전형적인 예이다. 기타 접속사가 없는 주종 복문은 주로 일반적인 복문의 관계가 확정적인 것에 근거한다. 의미 관계는 주종 복문의 주종 기준을 확정한다. 만일 앞뒤 절 사이에 주종 복문과 같은 의미 관계가 있다면, 이는 접속사를 사용하지 않아도 복문이 된다. 다음 예를 보자.

(1) 心好之, | 身必安之 (『禮記·緇衣』) 마음이 그것을 좋아하면, | 몸은 반드시 그것에 편안하게 된다.

(2) 周君不入秦, | 秦必不敢越河而攻南陽. (『戰國策 · 西周策』) 주나라 임금께서 진나라에 들어가
지 않으신다면, | 진나라는 반드시 감히 황하를 건너서 남양을 공격하지 못할 것입니다.

이상 두 복문 모두 접속사를 쓰지 않고서 앞뒤의 절 사이에서 모두 가정 관계를 가지고
있다. 이와 같은 문장은 접속사가 있는 복문과 마찬가지로, 모두 가정 복문에 넣을 수 있
다. 주의할 점은 복문 사이의 관계가 복잡하여, 접속사가 있는 상황에서는 복문의 유형이
비교적 판별하기 쉽지만, 접속사가 없는 상황에서는 복문의 유형은 일정한 주관성을 띠며
이에 대한 관점이 일치할 수 없다. 예를 들어 위에서 예(1) 속의 두 복문은 때때로는 인과
복문으로 볼 수 있다.
주종 복문 중에서 판단문과의 관계가 비교적 밀접한 것이 인과 복문이다. 의미상 앞이
원인이고 뒤가 결과이므로 일반적으로 복문에 포함시킨다. 반대로 만일 앞이 결과이고 뒤
가 원인이면 일종의 해석의 문제로, 일반적으로 판단문에 포함시킨다. 다음 예를 보자.

(1) 蘇秦恐君之知之, | 故多割楚而滅迹也. (『戰國策 · 齊策3』) 소진은 임금이 그것을 알까봐 두
려워하여, | 따라서 대부분을 초나라에게 떼어주고 흔적을 없앤 것이다.
(2) 士不遠千里而至者, 以君能貴士而賤妾也. (『史記 · 平原君列傳』) 선비가 천리길도 멀다 하
지 않고 오는 것은, (평원)군이 능히 선비를 귀하게 여기고서 천첩들을 천하게 여기기 때문
이다.

예(1)은 접속사인 '故'를 사용하였는데, 앞 절이 원인이고 뒷 절이 결과이고 복문에 속
한다. 예(2)는 문장의 뒷부분에 다시 원인을 설명하고 있는 것으로 이러한 문장은 판단문
으로 포함시킬 것이다.
앞 절이 사실을 설명하고, 뒷 절이 목적을 표시하는 이와 같은 문장을 대부분 인과 복
문으로 포함시킨다. 이와 같은 인과 복문은 설명 목적의 판단문과 구별되는 점이 가장 적
은데, 목적을 설명하는 판단문의 술어 또한 목적을 설명하기 때문이다. 다음 예를 보자.

(1) 晉人伐鄭, | 以報北林之役 (『左傳 · 宣公元年』) 진나라 사람이 정을 쳐서,| 북림의 싸움을
보복하였다.
(2) 夏, 諸侯之大夫從晉侯伐秦, 以報棟之役也. (『左傳 · 襄公14年』) 여름에 여러 나라의 대부
들이 진후를 따라서 진나라를 친 것은, 동의 싸움을 보복하는 것이다.

예(1)은 목적을 표시하는 인과 복문이고, 예(2)는 목적을 설명하는 판단문이다. 실제로 예(2)와 예(1)의 차이점이 매우 적다. 이처럼 문장 속에 휴지가 있고 목적을 설명하는 문장을 다음과 같이 규정한다. 문말에 '也'를 쓰는 것은 일반적으로 판단문에 넣고, 문말에 '也' 등을 쓰지 않는 것은 복문으로 넣는다. 이와 같은 규정에 근거하면, 예(1), (2)는 각각 복문과 판단문에 속한다.

이하 세 절로 나누어서 각종 복문에 대해서 구체적으로 설명할 것인데, 연합 복문, 주종 복문, 압축 복문이다.

제2절 연합 복문

상용의 연합 복문은 연접 복문, 병렬 복문, 선택 복문과 점층 복문 등 네 종류로 나눌 수 있다.

1. 연접 복문

연접 복문은 각 절 사이의 의미가 앞뒤로 연결이 되어, 서로 잇고 이어져서 관통한다. 이 종류의 이어짐과 연속됨은 주로 시간상의 연접, 즉 앞, 뒤로 발생한 몇 가지 사건을 설명한다. 이 종류의 시간적 연접은 때때로 이치상의 연접 관계를 포함하기도 한다. 이 종류의 복문은 접속사를 쓰지 않고, 시간 순서에 의해 각 문장을 진술한다. 주로 서사이기 때문에, 문말에 통상적으로 판단사를 쓰지 않는다. 다음 예를 보자.

(1) 蹇叔之子與師, 哭而送之. (『左傳·僖公32年』) 건숙의 아들이 군대에 참여하려 하자, 울면서 전송보냈다.

(2) 楚人坐其北門而覆諸山下, 大敗之, 爲城下之盟而還. (『左傳·桓公12年』) 초나라 사람이 북문에 앉아서 산 아래에 덮이게 하여서, 그것을 크게 패하게 하고서, 성 아래에서의 맹세 때문에 돌아왔다.

예(1)은 두 개의 절이 연접관계이고, 예(2)는 세 개의 절로 구성된다. 이상의 절들은 모두 접속사를 사용하지 않고 연접 관계를 구성한다.

연접 복문은 또한 접속사를 사용하는데, 자주 쓰이는 접속사는 '而', '而後', '然後', '遂', '乃', '于是', '于是乎(焉)', '旣而', '而耳', '則'(斯), '卽', '適', '卒' 등이 있고 그 외에도 '焉', '安', '爰' 등이 있다. 이와 같이 접속사를 사용하는 복문은 문말에 일반적으로 판단사를 사용하지 않는다.

1) '而', '而後', '然後'는 모두 앞뒤 두 일 사이의 연접 관계를 표시할 수 있다. 다음 예를 보자.

> (1) 堯, 舜率天下以仁, 而民從之. (『禮記·大學』) 요와 순이 천하를 인으로 이끌자, 백성들이 그를 따랐다.
>
> (2) 己巳, 王入于王城, 館于公族黨氏, 而後朝于莊官. (『左傳·定公7年』) 기사일에 왕이 왕성에 들어가서 공족 당씨의 집에서 머무르고, 이후에 장관에서 조회를 하였다.
>
> (3) 國人皆曰不可, 然後察之, 見不可焉, 然後去之. (『孟子·梁惠王下』) 나라 안의 사람들이 모두 안 된다고 말하면 이후에 그것을 살피고, 그 안에서 안 되는 것이 보이면 이후에 그것을 없앤다.

2) '遂', '乃'가 연접을 표시할 때에는, 일반적으로 '그래서', '바로'의 의미가 있다. '遂'는 가끔 '끝내', '그렇지만'의 의미를 가질 때도 있고, '乃'가 '이제야 비로소', '때문에'의 의미를 가질 때도 있다. 다음 예를 보자.

> (1) 四年春, 齊侯以諸侯之師侵蔡. 蔡潰, 遂伐楚. (『左傳·僖公4年』) 사년 봄에, 제후가 여러 제후의 군사를 거느리고서 채나라를 쳐서, 채나라가 망하였고, 이에 초나라를 쳤다.
>
> (2) 士季曰, "吾與之同罪, 非義之也, 將何見焉?" 及歸, 遂不見. (『左傳·文公7年』) 사계가 말하였다. "내가 그와 같은 죄를 지었는데, 일부러 그러한 것은 아니었지만, 장차 어찌 볼 것인가?" 그러고서는 돌아와서, 끝내 보지 못하였다.
>
> (3) 及高祖貴, 遂不知老父處. (『史記·高祖本紀』) 고조가 귀하게 되었음에도, 그럼에도 불구하고 끝내 노인이 있는 곳을 알지 못하였다.
>
> (4) 秋, 楚子圍許以救鄭, 諸侯救許, 乃還. (『左傳·僖公6年』) 가을에 초나라 왕이 정나라를 구하기 위해서 허나라를 포위하였다. 여러 임금들이 허나라를 구하려고 하자, 이에 (초나라 왕이) 돌아갔다.

(5) 侯生視公子色終不變, 乃謝客就車. (『史記·信陵君列傳』) 후생이 공자의 안색이 끝내 변하지 않는 것을 보고, 비로소 객에게 감사를 표하고서 수레로 나아갔다.

(6) 管仲曰, "老馬之智可用也." 乃放老馬而隨之, 遂得道. (『韓非子·說林上』) 관중이 말하였다. "늙은 말의 지혜가 쓸 만하다." 그래서 늙은 말을 놓아 주고서 그 뒤를 따르니, 마침내 길을 찾게 되었다.

3) '于是', '于是乎(焉)'는 전목구가 허사처럼 변한 것으로, 이로 구성된 뒷절은 결과의 의미를 나타내며 앞 절은 조건이다. 다음 예를 보자.

(1) 孟嘗君使人給其食用, 無使乏, 于是馮諼不復歌. (『戰國策·齊策4』) 맹상군이 사람들로 하여금 그 먹을 것과 쓸 것을 공급하게 하여서, 궁핍하게 하지 않았으니, 이때에 풍훤이 다시는 노래를 부르지 않았다.

(2) 公說, 故使魏絳撫諸戎. 于是乎遂伯. (『國語·晉語7』) 공이 기뻐하여, 따라서 위강으로 하여금 그것을 계로 가다듬어, 이때에 마침내 백이 되었다.

(3) 秋水時至, 百川灌河, 涇流之大, 兩涘渚崖之間, 不辯牛馬. 于是焉河伯欣然自喜, 以天下之美爲盡在己. (『莊子·秋水』) 가을 물 때가 이르러 여러 하천들이 하수로 흘러들고, 흐름이 통하는 것이 커서 양쪽 물가와 언덕 사이에서 소인지 말인지 구분할 수 없었다. 이때에 그곳에서 하백이 흔쾌한 듯 스스로 기뻐하면서, 천하의 아름다움을 나에게서 다하였다고 여겼다.

이상 세 예문 중에서 '于是', '于是乎', '于是焉'이 있는 뒷 절은 모두 결과의 의미가 있다.

4) '旣而', '已而'는 오래되지 않은 뒤를 표시한다. 다음 예를 보자.

(1) 楚成王以商臣爲太子, 旣而又欲置公子職. (『韓非子·內儲說下』) 초성왕은 상신으로 태자를 삼고 나서, 또 공자직을 태자로 두고자 하였다.

(2) 禹愛益而任天下於益, 已而以啓人爲吏. (『韓非子·外儲說右下』) 우는 익을 아껴서 천하를 익에게 맡기고 나서, 계인으로 하여금 관리로 삼았다.

5) '則'은 앞뒤가 긴박하게 이어짐을 표시하고, '卽'은 '즉시', '곧'을 표시하고, '適'은 '때마침'을 표시하고, '卒'은 '최종', '끝내'를 표시한다. 다음 예를 보자.

(1) 樂射之, 不中, 又注, 則乘槐本而覆. (『左傳·襄公23年』) 난악이 그를 쏘았지만 맞지 않았

또 활을 쟀는데, 그 때 바로 홰나무 뿌리에 걸려서 뒤집혀졌다.

(2) 長子至, 卽立爲皇帝. (『史記·李斯列傳』) 장자가 도착하면, 곧 황제로 세울 것이다.

(3) 夫身中大創十餘, 適有萬金良藥, 故得無死. (『史記·魏其武安侯列傳』) 무릇 몸에 큰 상처가 열 군데가 넘었지만, 때마침 귀한 좋은 약이 있어서, 따라서 죽지 않을 수 있었다.

(4) 王遷立乃用郭開讒, 卒誅李牧. (『史記·張釋之列傳』) 왕이 도읍지를 옮기고서는 바로 곽개의 참언을 써서, 끝내 이목을 죽였다.

6) '焉', '安', '爰'은 '그래서, 그리하여'의 의미가 있다. 다음 예를 보자.

(1) 盡逐群公子, 乃立奚齊, 焉始爲令, 國無公族焉. (『國語·晉語2』) 끝내 여러 공자를 쫓아내고 바로 해제를 세웠다. 그래서 비로소 명령을 하니 나라에는 공족이 없었다.

(2) 犀首得見齊王, 因久坐, 安從容談. (『戰國策·魏策1』) 서수가 제왕을 뵙게 되어서, 그로 인해서 오래 앉아 있다가, 그리하여 조용히 이야기하였다.

(3) 商王大亂, 沈於酒德, 辟遠箕子, 爰近姑與息.. (『呂氏春秋·先識』) 상나라의 왕이 매우 어지러워서, 술기운에 빠지고, 기자를 피하고, 그리하여 여색과 남색을 가까이 하였다.

이상의 세 예문에서 '焉', '安', '爰'은 모두 '그래서, 그리하여'의 의미가 있다.

2. 병렬 복문

병렬 복문은 주로 대등, 대비 등의 관계를 표시한다. 서로 병렬하는 절은 서사문 또는 판단, 설명문일 수 있다. 병렬의 서사문 문미에는 대개 판단사를 사용하지 않고, 병렬의 판단, 설명문 문미에는 판단사를 사용한다. 상용의 병렬 복문은 접속사를 사용하거나 접속사를 사용하지 않는 두 가지 형식이 있다.

(1) 접속사를 사용하는 병렬 복문

병렬 복문 중에서 가장 많이 쓰이는 접속사는 '而', '又', '又……又……', '亦', '亦……亦……', '旣(已)……又……', '則……則……' 등 이 있다.

1) '而', '又', '又……又……', '亦', '亦……亦……'은 모두 이미 서사성 복문을 구성하고, 또한 판단, 설명성의 복문을 구성할 수 있다. 이하는 병렬의 서사문이다.

(1) 近者說服, 而遠者懷之. (『禮記·學記』) 가까운 자를 기쁘게 복종하게 하고, 멀리 있는 자를 품었다.

(2) 是嘗矯駕吾車, 又嘗食我以其餘桃. (『史記·韓非列傳』) 이 자는 일찍이 멋대로 내 수레에 탔고, 또한 일찍이 나에게 그가 먹다 남긴 복숭아를 주었다.

(3) 越之左軍, 右軍乃遂涉而從之, 又大敗之於沒, 又郊敗之. (『國語·吳語』) 월나라의 좌군, 우군은 이에 끝내 건너서 그것을 따라서, 또한 몰 지방에서 크게 패퇴시키고 또한 성 밖에서 그들을 크게 패퇴시켰다.

(4) 楚子使申舟聘於齊, 亦使公子馮聘於晉. (『左傳·宣公14年』) 초나라 임금은 신주로 하여금 제나라에서 인사하게 하였고, 또한 공자풍으로 하여금 진나라에서 인사하게 하였다.

(5) 秦亦不以城予趙, 趙亦終不予秦璧. (『史記·廉頗藺相如列傳』) 진나라 또한 성을 조나라에게 주고자 하지 않았고, 조나라 또한 끝내 진나라에게 벽옥을 주려고 하지 않았다.

이상의 절 끝에 판단사가 쓰이지 않았다. 주로 서사이다. 이하 문말에는 판단사를 사용하였다. 주로 판단문을 구성하는 병렬 복문이다. 다음 예를 보자.

(1) 魏公子無忌者, 魏昭王少子, 而魏安釐王異母弟也. (『史記·魏公子列傳』) 위나라의 공자 무기는, 위소왕의 막내 아들이고 그리고 위안리왕의 이복 동생이다.

(2) 夫越非實忠心好吳也, 又非憚畏吳兵甲之强也. (『國語·吳語』) 대저 월나라는 진실로 오나라를 좋아하는 것이 아니고, 또한 우리의 병갑의 강함을 두려워하는 것이 아닙니다.

(3) 凡說之難, 非吾知之有以說之之難也, 又非吾辯之能明吾意之難也, 又非吾敢橫失而能盡之難也. (『韓非子·說難』) 무릇 유세의 어려움이라는 것은, 내가 아는 것이 있어서 그것을 설명하는 어려움이 아니고, 또한 내 말이 능히 내 뜻을 밝힐 수 있는 어려움이 아니고, 또한 내가 감히 엇나가서 실수하지만 능히 그것을 다할 수 있는 어려움이 아니다.

(4) 生, 我所欲也. 義, 亦我所欲也. (『孟子·告子上』) 사는 것은 내가 하고자 하는 것이다. 의 또한 내가 하고자 하는 것이다.

(5) 是亦彼也, 彼亦是也. (『莊子·齊物論』) 이것 또한 그것이고, 그것 또한 이것이다.

이상의 복문 속의 절은 모두 판단문이다.

2) '旣(已)……又84)……'는 두 종류의 정황이 동시에 있음을 표시하면서, 항상 점층의 의미가 있다. 일반적으로 동사성 단어나 구를 연결하여, 항상 서사성 복문을 구성한다. 다음 예를 보자.

(1) 旣東封鄭, 又欲肆其西封. (『左傳·僖公30年』) 이미 동쪽으로는 정나라를 봉하고서, 또한 멋대로 그 서쪽으로 봉하려고 합니다.

(2) 已賴其地, 而又愛其實, 忘善而背德, 雖我必擊之 (『國語·晉語3』) 이미 그 땅을 맡겼는데, 그러고 또한 그 이익을 탐내서, 선함을 잊고서 덕을 배반하니, 비록 나라도 반드시 그를 칠 것이다.

이상의 두 예문은 병렬을 표시하는 동시에 모두 점층의 뜻이 있다.

3) '則……則……'은 항상 대비의 기능이 있다. '則'은 항상 가정을 표시하는 작용이 있고, 이러한 종류의 가정 관계 또한 일종의 판단으로, 따라서 '則……則……'은 항상 서사성 복문을 구성하고, 또한 설명성 복문도 구성한다. 다음 예를 보자.

(1) 內則百姓疾之, 外則諸侯叛之 (『荀子·正論』) 안에서는 백성들이 그것을 괴로워하고, 밖에서는 제후들이 그것을 반대한다.

(2) 事智者衆則國富, 用力者寡則國貧. (『韓非子·五蠹』) 지혜로운 자를 섬기는 사람이 많으면 나라는 부유해지고, 힘을 쓰는 이가 적으면 나라가 가난해진다.

예(1)은 주로 서사에 쓰인 것이고, 예(2)는 중점이 설명에 있다.

(2) 접속사가 없는 병렬 복문

접속사가 없는 병렬 복문은 일반적으로 두 종류의 형식으로 구성되었는데, 한 종류는 판단사를 써서 서로 호응하여 구성하고, 다른 하나는 유사한 문형이나 몇몇 단어나 구를 사용해서 호응하여 구성한다.

---

84) [역쥐] '又' 대신 '且'를 쓰기도 한다.

1) 판단사 호응 구조

판단사의 상호 호응을 통해 병렬 복문을 구성하는 것은 자주 보이는 형식으로, 이와 같은 복문은 모두 판단, 설명을 나타낸다.

1) 앞, 뒤 절 모두 '也', '矣, '焉'을 사용하여 병렬 복문을 구성할 수 있다. 다음 예를 보자.

> (1) 吾妻之美我者, 私我也, 妾之美我者, 畏我也, 客之美我者, 欲有求於我也. (『戰國策・齊策1』)
>   내 부인이 나를 아름답다고 하는 것은, 나와 사사롭기 때문이다. 첩이 나를 아름답다고 하는 것은, 나를 두려워하기 때문이다. 손님이 나를 아름답다고 하는 것은, 나에게서 구하는 것이 있기 때문이다.
>
> (2) 齊國之政敗矣, 晉之無道久矣. (『國語・晉語4』) 제나라의 정치가 망하였고, 진나라에 도가 없어진지가 오래 되었습니다.
>
> (3) 天下有道, 聖人成焉, 天下無道, 聖人生焉. (『莊子・人間世』) 천하에 도가 있을 때에는, 성인이 도를 완성하고, 천하에 도가 없을 때에는 성인이 도를 만들어 낸다.

이상의 예에서 각각 '也', '矣, '焉'를 서로 호응해서 써서, 판단, 설명성 복문을 구성하였다.

2) 다른 판단사도 병렬 복문을 구성할 수 있으며 다른 판단사를 사용할 때, '也', '矣가 자주 서로 호응된다. '也'가 앞이고, '矣'가 뒤에 있어서 '也……矣……'를 구성하는데, 이러한 종류의 형식은 일반적으로 앞부분은 판단, 뒷부분은 설명이 된다. 반대로 '……矣……也' 형식은 가장 자주 볼 수 있는 것은 앞부분은 동태의 긍정을 표시하는 것이고, 뒷부분은 지속적인 정황의 부정성 설명에 대한 것이다. 부정일 때에는 자주 '未'를 사용한다. 다음 예를 보자.

> (1) 臣之所好者道也, 進乎技矣. (『莊子・養生主』) 신이 좋아하는 것은 도로 기술보다 앞섭니다.
>
> (2) 秋, 季孫命修守備, 曰, "小勝大, 禍也, 齊至無日矣."(『左傳・哀公11年』) 가을에 계손이 수비할 곳을 보수할 것을 명령 받았는데 말하였다. "작은 것이 큰 것을 이기는 것은 화가 되는 것이니, 제나라가 도착하는데 하루도 걸리지 않을 것입니다."
>
> (3) 子曰, "由也升堂矣, 未入于室也."(『論語・先進』) 선생님께서 말씀하셨다. "자로는 당에 올라온 것이고, 아직 방에 들어온 것은 아니다."
>
> (4) 水火吾見蹈而死者矣, 未見蹈仁而死者也. (『論語・衛靈公』) 물과 불은 내가 밟고 죽는 것을

보았지만, 아직 인을 밟고 죽는 것을 보지는 못하였다.

앞의 두 예는 '也'가 앞이고, '矣'가 뒤에 있어, 앞부분은 판단, 뒷부분은 설명이다. 예(3)의 앞 절은 자로에 대한 일종의 동태적 긍정을 이야기한 것이고, 뒷 절은 지속 정황에 대해서 일종의 부정성의 설명을 한 것이다. 예(2)는 이러한 종류와 비슷하다.

'也'는 '焉'과 호응할 수 있으며 '……也……焉'은 일반적으로 앞 절은 판단, 뒷 절은 설명이다. 다음 예를 보자.

> (1) 王笑曰, "聖人非所與嬉也, 寡人反取病焉."(『晏子春秋·內篇雜下』) 왕이 웃으면서 말하였다.
>   "성인은 함께 즐길 바가 아니라서, 과인이 오히려 병을 얻었소이다."
>
> (2) 欲與惡, 所受於天也, 人不得與焉. (『呂氏春秋·大樂』) 욕망과 악은 하늘에서 받은 바이지, 사
>   람이 그것을 줄 수 없다.

예(1), (2)는 모두 앞 절은 판단을 표시하고, 뒷 절은 설명이다.

2) 기타 형식의 병렬 복문

접속사 또는 판단사를 쓰지 않고서 형식이 같거나 유사한 문장이나 관련있는 단어로 병렬의 복문을 구성할 수 있다.

1) 대체사 '或……或……'을 사용하는 것은 비교적 자주 보이는 병렬 복문이다. 다음 예를 보자.

> (1) 齊人伐燕, 勝之. 宣王問曰, "或謂寡人勿取, 或謂寡人取之."(『孟子·梁惠王下』) 제나라 사람
>   이 연을 쳐서 이겼다. 선왕이 말하였다. "혹자는 연나라를 갖지 말라고 하고, 혹자는 그것
>   을 가지라고 합니다."
>
> (2) 或以爲死, 或以爲亡. (『史記·陳涉世家』) 혹자는 죽은 것으로 여기고, 혹자는 도망간 것으로
>   여겼다.

2) 주로 동일한 동사 혹은 의미적 연관성이 있는 동사성 단어나 구를 사용하여 병렬 복문을 만들며, 의미적 연관성이 있는 체언성 어휘나 구를 사용하여 또한 복문을 구성할 수 있다. 다음 예를 보자.

(1) 庖有肥肉, 廐有肥馬, 民有飢色, 野有餓莩. (『孟子·梁惠王上』) 푸줏간에는 살진 고기가 있고, 마구간에는 살진 말이 있지만, 백성들은 굶은 기색이 역력하고 들판에는 마른 갈대만이 있다.

(2) 固國不以山溪之險, 威天下不以兵革之利. (『孟子·公孫丑下』) 나라를 굳건히 하는 것에 산과 계곡의 험함으로 하지 말고, 천하에 위엄을 떨치는 것에 병사와 무기의 날카로움으로 하지 말라.

(3) 樂歲終身苦, 凶年不免於死亡. (『孟子·梁惠王上』) 좋은 때에도 끝내 몸이 고통스럽고, 흉년에는 죽음에서 벗어날 수 없다.

(4) 愛人者必見愛也, 而惡人者必見惡也. (『墨子·兼愛下』) 사람을 사랑하는 자는 반드시 사랑을 받을 것이고, 사람을 미워하는 자는 반드시 미움을 받을 것이다.

예(1)은 같은 동사를 사용하였고, 예(2)는 의미가 상관있는 동사성 단어나 구를 사용하였으니, 이상은 모두 동사성 단어나 구를 사용해서 병렬 복문을 구성하였다. (3), (4)는 의미적 연관성이 있는 체언성 어휘나 구를 사용하여서 병렬 복문을 구성하였다.

3) 부사 '非', '不'은 대비를 표시하는 병렬 복문을 구성한다. '非'는 판단성 복문을 구성하고, 문말에는 '也'를 쓴다. '不'은 설명성의 복문을 구성하고, 문말에는 통상 판단사를 쓰지 않는다. 다음 예를 보자.

(1) 我非生而知之者, 好古敏以求之者也. (『論語·述而』[85]) 나는 태어나면서부터 아는 사람이 아니고, 옛 것을 좋아하는 것에 민첩하고 그것을 구하는 자이다.

(2) 此天之亡我, 非戰之罪也. (『史記·項羽本紀』) 이는 하늘이 나를 버린 것이지, 전쟁의 죄는 아니다.

(3) 吾力足以擧百鈞, 而不足以擧一羽. (『孟子·梁惠王上』) 내 힘은 백균을 들 수 있기도 하지만, 또한 깃털 하나 들기에도 부족하기도 합니다.

(4) 子曰, "晉文公譎而不正, 齊桓公正而不譎."(『論語·憲問』) 공자가 말하였다. "진문공은 편법을 쓰고 정법을 하지 못했고, 제환공은 정법을 쓰고 편법을 쓰지 못하였다."

앞의 두 예는 모두 '非'를 사용하여 판단성의 복문을 구성하였는데, 예(1)은 앞 절에 쓰고, 예(2)는 뒷 절에 썼다. (3), (4)는 '不'을 사용해서 설명성의 복문을 구성하였는데, 앞의

---

85) [역주] 원문에서는 『荀子·勸學』이라 하였다. 십삼경주소본에 의거하여 고쳤다.

예는 '不'을 뒷 절에 쓰고, 뒤의 예는 앞뒤에 모두 '不'을 사용하였다.

4) 격언의 경우 일반적으로 병렬문을 구성하며 접속사를 사용하지 않는다. 이런 종류의 복문은 대개 설명문이지만, 통상적으로 판단사를 사용하지 않는다. 다음 예를 보자.

> (1) 滿招損, 謙受益. (『尙書・大禹謨』) 가득참은 손해를 부르고, 덜함은 이익됨을 받는다.
>
> (2) 得道者多助, 失道者寡助. (『孟子・公孫丑下』) 도를 얻은 이는 많은 이가 돕고, 도를 잃은 이는 적은 이가 돕는다.

이상의 두 문장은 격언의 형식이다.

3. 선택 복문

선택 복문은 두 가지 혹은 여러 가지 일 중에서 하나를 선택하는 것을 나타낸다. 자주 보이는 선택 복문에는 두 가지 종류가 있는데, 하나는 선택에 있어서 화자가 선호하는 경향이 나타나는 것이고, 또 하나는 나타나지 않는 것이다.

(1) 선호의 경향이 나타나는 선택 복문

이 종류의 복문에서 자주 쓰는 접속사는 '與(其)……寧(不如, 不若)……', '寧……無(毋, 不)……' 등이 있다.

'與(其)……寧(不如, 不若)……'은 주로 앞부분을 버리고, 뒷부분을 선택함을 표시하고, '寧……無(毋, 不)……'은 앞부분을 선택하고, 뒷부분을 버리는 것을 표시한다. 다음 예를 보자.

> (1) 與其有聚斂之臣, 寧有盜臣. (『禮記・大學』) 가혹하게 거두는 신하를 두느니, 차라리 도둑질하는 신하를 두겠다.
>
> (2) 范獻子謂魏獻子曰, "與其戍周, 不如城之."(『左傳・昭公32年』) 범헌자가 위헌자에게 일러 말하였다. "두루 지킬 바에야, 차라리 그 곳에 성을 쌓겠소이다."
>
> (3) 寧爲鷄口, 無謂牛後. (『戰國策・韓策1』) 닭의 머리가 될지언정, 소의 꼬리가 되지 말라.

(4) 臣寧伏受重誅而死, 不忍爲辱軍之將. (『戰國策·中山策』) 신은 차라리 엎드려서 사형을 받아
　　서 죽을지언정, 차마 욕본 군대의 장수가 될 수 없습니다.

(2) 선호의 경향이 나타나지 않는 선택 복문

이 종류의 복문에서 자주 쓰는 접속사는 '非……則(卽, 必)……', '或……或……', '若',
'如' 등이다.

1) '非……則(卽, 必)……'은 선택할 것이 양쪽에 있을 때, 이것이 아니면 저것으로, 두
가지중 반드시 한 가지를 선택한다. 다음 예를 보자.

(1) 齊國之諸公子, 其可輔子, 非公子糾, 則小白也. (『韓非子·說林下』) 제나라의 여러 공자 중
　　에서 아마도 보필할 만한 이는 공자규가 아니면 소백일 것입니다.
(2) 民死亡者, 非其父母, 卽其子弟. (『左傳·襄公8年』) 백성들 중 죽은 이가 그 부모가 아니면
　　그 자식이나 동생이었다.
(3) 夫秦, 强國也, 而韓, 魏壤秦. 不出攻則已, 若出攻, 非於韓, 必於魏也. (『戰國策·魏策四』) 대저
　　진나라는 강국이고, 한나라와 위나라는 진나라와 국경을 마주하고 있습니다. 공격하러 나
　　오지 않는다면 그만이지만, 만약 공격하러 나온다면 한나라 아니면 위나라가 될 것입니다.

2) '或……或……'은 사실을 서술하는데 자주 쓰이고, 가끔 두 사실이 자주 변함을 표
시하여, 의미는 '때로는, 가끔'이라는 뜻이다. 또 가끔 두 다른 부분을 표시하는데, 의미는
'아마, 혹시', '어떤'이다. 다음 예를 보자.

(1) 爲醫或在齊, 或在趙. (『史記·扁鵲倉公列傳』) 의사를 한 것이 혹은 제나라이기도 하고, 혹
　　은 조나라이기도 하다.
(2) 二者, 或有餘於數, 或不足於數, 其於憂一也. (『莊子·騈拇』) 두 가지는 혹은 수에서 남고 혹
　　은 수에서 부족하지만 아마도 근심하는 바는 한 가지일 것이다.

예(1)은 자주 변함을 표시하였고, 예(2)는 다른 부분을 표시한 것이다.

4. 점층 복문

점층 복문은 구 사이에 한 단계 더 나아가는 관계가 있음을 표시한다. 자주 쓰이는 접속사는 '非徒(獨, 特, 但, 直)……(又, 且, 亦)', '不唯……亦……', '猶(尙, 且, 而)……', '況……', '且……' 등이 있다.

1) '非徒(獨, 特, 但, 直)……(又, 且, 亦)', '不唯……亦……'은 이미 이야기한 내용을 기초로 하여 다시 한 층을 더함을 표시한다. 다음 예를 보자.

(1) 助之長者, 揠苗者也, 非徒無益, 而又害之. (『孟子‧公孫丑上』) 싹을 자라도록 돕는다는 것이 싹을 뽑은 것이니, 단지 이로움이 없을 뿐만 아니라 또한 그것에 해를 입혔다.

(2) 非獨治羊, 治民亦猶是也. (『史記‧平準書』) 단지 양을 다스리는 것뿐만 아니라, 백성을 다스리는 것 또한 이와 같습니다.

(3) 故仁人之用國, 非特將持其有而已也, 又將兼人. (『荀子‧富國』) 따라서 인자한 사람이 나라를 다스리면, 단지 자신이 가지고 있는 것만 보존할 뿐만 아니라, 또한 남들과 함께 한다.

(4) 故三月之葬, 其貌以生設飾死者也, 殆非直留死者以安生也, 是致隆思慕之義也. (『荀子‧禮論』) 따라서 삼월에 치루는 장례는 그 모습이 살아 있는 것으로 죽은 이를 꾸미는 것이니, 아마도 단지 죽은 자를 편안하게 놓아서 살아있는 자들을 편안하게 할 뿐만 아니라, 이는 사모의 뜻을 매우 융성하게 하는 것이다.

(5) 寡人之使吾子處此, 不唯許國之爲, 亦聊以固吾圉也. (『左傳‧隱公11年』) 과인이 그대로 하여금 이곳에 두는 것은 단지 허나라만을 위하는 것이 아니고, 또한 우리의 변방을 굳건히 하고자 하는 것이다.

(1)~(3)은 각각 '非徒' 등과 '又' 등이 조합되어서 복문을 구성하였고, (4)는 '非直'만을 쓰고, 뒤에 '又' 등이 없다. (5)는 '不唯……亦'이 쓰였다.

2) 앞 절에는 '猶', '尙', '且', '而' 등을 쓰고, 뒷 절에는 '況'을 써서, 점층 복문을 구성한다. 이러한 종류의 복문 문말에는 '乎'를 써서 반어문을 만든다. 다음 예를 보자.

(1) 蔓草猶不可除, 況君之寵弟乎?(『左傳‧隱公元年』) 덩굴풀도 제거할 수 없는데, 하물며 임금께서 총애하시는 동생은 어떻겠습니까?

(2) 臣以爲布衣之交尙不相欺, 況大國乎?(『史記‧廉頗藺相如列傳』) 신이 생각하기에 일반 백성

들의 사귐도 서로 기만하지 않는데, 하물며 큰 나라와는 어떻겠습니까?

(3) 中材已上且羞其行, 況王者乎?(『史記 · 魏豹彭越列傳』) 중간 정도의 재주를 가진 자 이상은 또한 그 행동을 부끄러워하는데, 하물며 왕은 어떠합니까?

(4) 夫天地至神, 而有尊卑先後之序, 而況人道乎?(『莊子 · 天道』) 대저 천지가 지극히 신령스럽고, 존귀함과 비천함, 앞뒤의 순서가 있게 되었는데, 하물며 사람의 도는 어떠하겠는가?

앞 절 속에는 '尙', '且'(尙且), '猶'를 쓰고, 혹은 뒷 절 속에는 '況', '且'(幷且)를 써서, 또한 자주 점층 복문을 구성한다. 다음 예를 보자.

(1) 今將軍尙不得夜行, 何乃故也!(『史記 · 李將軍列傳』) 이제 장군께서도 밤에 나돌아 다닐 수 없으니, 어떤 까닭 때문이겠습니까!

(2) 臣死且不避, 卮酒安足辭?(『史記 · 項羽本紀』) 신은 죽음 또한 피하지 않았는데, 한 잔 술을 어찌 사양하겠습니까?

(3) 臣之壯也, 猶不如人, 今老矣, 無能爲也矣. (『左傳 · 僖公30年』) 신은 젊을 때에도 다른 사람만 못했고, 지금은 늙어서 할 수 없는 것입니다.

(4) 一夫不可狃, 況國乎?(『左傳 · 僖公15年』) 한 사람도 탐낼 수 없는데, 하물며 국가는 어떻겠습니까?

(5) 公語之故, 且告之悔. (『左傳 · 隱公元年』) 공이 그 까닭을 말하고, 또한 후회됨을 알렸다.

제3절 주종 복문

자주 보이는 주종 복문은 인과 복문, 전환 복문, 가정 복문, 양보 복문 등 네 가지가 있다.

1. 인과 복문

인과 복문에서 앞 절은 원인을 표시하고, 뒷 절은 결과를 표시하는데, 자주 보이는 인과 복문은 아래 네 종류이다.

1) 뒷 절에 접속사 '故', '是故', '是以' 등을 사용한다. 이 외에 '以故'와 '以是', '以此',

'以斯' 등을 쓸 수 있다. 다음 예를 보자.

    (1) 古之人與民同樂, 故能樂也. (『孟子·梁惠王上』) 옛 사람들은 백성들과 함께 즐겼기 때문에,
따라서 즐거울 수 있었다.

    (2) 誠者, 物之始終, 不誠無物, 是故君子誠之爲貴. (『禮記·中庸』) 성실함이라는 것은 사물의 시
작과 끝으로, 성실하지 않으면 사물이 될 수 없으니, 따라서 군자는 그것을 성실하게 하는
것을 귀하게 여긴다.

    (3) 仲尼之徒, 無道桓文之事者, 是以後世無傳焉. (『孟子·梁惠王上』) 중니의 무리들은 환공과 문
공의 일을 말하지 않아, 따라서 후세에 그것에 대해서 전해지지 않았습니다.

    (4) 方急時, 不及召天下兵, 以故荊軻乃逐秦王. (『史記·刺客列傳』) 바야흐로 급한 때에, 천하의
병사를 부름에 미치지 못하여서, 따라서 형가가 이에 진왕을 쫓았다.

    (5) 然公子遇臣厚, 公子往, 而臣不送, 以是知公子恨之復返也. (『史記·魏公子列傳』) 그렇지만 공
자께서는 신을 두터이 대하였는데, 공자께서 가시는데 제가 배웅나가지 못하여서, 따라서
공자께서 그것을 원망하여서 다시 돌아오실 것을 알았습니다.

    (6) 前時某喪, 使公主某事, 不能辦, 以此不任用公. (『史記·項羽本紀』) 전에 누가 죽었을 때 그대
로 하여금 그 사람의 일을 주관하게 하였으나 잘 처리하지 못하였습니다. 그 때문에 그대
를 임용하지 않은 것입니다.

    (7) 夫子制於中都, 四寸之棺, 五寸之椁, 以斯知不欲速朽也. (『禮記·檀弓上』) 선생님께서 중도에
서 만드신 것이 네 촌의 관과 다섯 촌의 덧관으로, 이 때문에 빨리 썩을 것을 원하지 않았
음을 알았습니다.

  예(1)~(3)은 각각 '故', '是故', '是以'를 사용하였고, 예(4)~(7)은 각각 '以故'와 '以是',
'以此', '以斯' 등을 사용하였다.
  2) 앞 절에 '以', '爲' 등을 사용하여 인과 복문을 구성할 수 있다. 다음 예를 보자.

    (1) 左右以君賤之也, 食以草具. (『戰國策·齊策4』) 좌우가 그대를 천하게 여긴다고 생각해서,
좋지 못한 음식으로 먹인다.

    (2) 公孫蠆爲少姜之有寵也, 以其子更公女, 而嫁公子. (『左傳·昭公3年』) 공손채가 소강이 총애가
있다고 생각해서, 그의 자식으로 공의 딸과 바꾸어서, 공의 아들에게 시집을 보냈다.

  3) 어떤 복문은 위에서 언급한 두 종류의 접속사를 함께 사용해서, '以……, 故……',

‘爲……, 故……’의 형식을 구성한다. 다음 예를 보자.

(1) 以不用足下, 故信得待耳. (『史記·淮陰侯列傳』)　족하(성안군)를 쓰지 않아서, 따라서 한신이 모실 수 있었을 뿐이다.
(2) 今爲赤帝子斬之, 故哭. (『史記·高祖本紀』)　지금 적제의 아들이 그것을 베었기 때문에, 따라서 우는 것이오.

4) 앞 절은 사실을 서술하고, 뒷 절은 목적을 설명하는 것 또한 인과 복문에 넣을 수 있다. 이와 같은 복문은 뒷 절의 문두에 항상 ‘以’를 사용해서 연결한다. 다음 예를 보자.

(1) 秋, 宣伯聘于齊, 以修前好. (『左傳·成公11年』)　가을에 선백이 제나라에 인사를 가서, 이전의 좋은 관계를 수복하였다.
(2) 晉侯使詹嘉處瑕, 以守桃林之塞. (『左傳·文公13年』)　진나라 임금이 첨하로 하여금 하 땅에 거처하게 해서, 도림의 요새를 지키게 하였다.

이상의 예문의 뒷 절은 모두 목적을 표시하고, 문두에 접속사 ‘以’를 사용해서 연접하였다. 제1절 중에 이미 언급하였는데, 이러한 인과 복문은 판단문에 가장 가깝다.

2. 전환 복문

전환 복문에서 앞 절은 우선 한 가지 의미를 나타내고, 뒷 절은 아까 말했던 의미에 따르는 것이 아니고, 전환하는 것이 있어서 앞 절의 의미와 상대하거나 상반된 의미로 전환한다. 이러한 종류의 전환문은 무거운 전환 또는 가벼운 전환이 있다. 무거운 전환은 앞뒤 복문의 의미가 완전히 대립되어서, 전환의 의미가 비교적 무겁다. 가벼운 전환은 앞뒤 두 절의 의미가 완전히 대립적이지는 않아서, 전환의 의미가 비교적 가볍다. 전환 복문의 앞 절에 자주 쓰이는 접속사는 ‘雖’이고, ‘雖然’도 쓴다. 뒷 절에서 무거운 전환을 표시하는 접속사로 ‘然’, ‘而’, ‘然而’, ‘反’ 등이 자주 사용되고 가벼운 전환을 표시하는 것으로는 ‘抑’, ‘則’, ‘亦’, ‘猶’, ‘顧’(선진 시대에 조금 쓰였다) 등이 있다. 뒷 절이 긍정문이면, 문말에 ‘也’, ‘矣’ 등의 조사가 사용되고, 뒷 절이 의문문이면, ‘乎’, ‘哉’ 등의 조사가 사용된다.

1) 앞 절에 '雖', '雖然'만 쓰여도 바로 전환 복문을 구성할 수 있다. 다음 예를 보자.

(1) 雖與之具學, 不若之矣. (『孟子・告子上』) 비록 그와 함께 배우지만 그만 못할 것이다.

(2) 相如雖駑, 獨畏廉將軍哉?(『史記・廉頗藺相如列傳』) 상여가 비록 둔하지만 유독 염장군만을 두려워하겠는가?

(3) 微子, 則不及此 雖然, 子殺二君與一大夫, 爲子君者, 不亦難乎?(『左傳・僖公10年』) 만약 그대가 아니라면, 이에 미치지는 못합니다. 그렇지만 그대는 두 임금과 한 대부를 죽였으니, 그대의 임금을 위한다는 것이 또한 어렵지 않겠습니까?

(4) 滕君則誠賢君也, 雖然, 未聞道也. (『孟子・滕文公上』) 등나라 임금은 진실로 현명한 군주입니다. 그렇지만 아직 도를 듣지는 못하였습니다.

예(1), (2)는 모두 '雖'를 사용하였고, 예(3), (4)는 모두 '雖然'을 사용하였으며, 문말에는 각각 '矣, 哉', '乎', '也'를 사용하였다.

2) 뒷 절에 '而', '然', '然而', '反' 등만 쓰여도, 무거운 전환 관계의 전환 복문을 구성할 수 있다. 다음 예를 보자.

(1) 其妻問所與飮食者, 則盡富貴也,(……)而未嘗有顯者來. (『孟子・離婁下』) 그 처가 함께 먹고 마신 사람에 대해서 물으면, 모두가 부유하고 귀한 사람이었으나, (……) 일찍이 그러한 사람이 온 적이 없었다.

(2) 陳平智有餘, 然難以獨任. (『史記・高祖本紀』) 진평의 지혜로움은 남음이 있지만, 그렇지만 혼자서 감당하기에는 어렵다.

(3) 夫垂泣不欲刑者, 仁也, 然而不可不刑者, 法也. (『韓非子・五蠹』) 대저 눈물을 드리우면서 형벌을 주고자 하지 않는 것은 인자함이다. 그렇지만 형벌을 주지 않을 수 없는 것이 법이다.

(4) 將軍將數萬衆, 歲餘乃下趙五十餘(城), 爲將數歲, 反不如一竪儒之功乎!(『史記・淮陰侯列傳』) 장군은 수 만 병사를 거느리고서, 일 년 넘게 전쟁하여서 조나라의 오십 성을 함락하였는데, 수년간 병사를 거느렸던 것이, 도리어 한 명의 비루한 유생의 공보다 못한 것인가!

이상 예문은 모두 무거운 전환 관계의 전환 복문이다.

3) 뒷 절에 '抑', '則', '顧' 등만을 써서 가벼운 전환을 구성할 수 있다. 다음 예를 보자.

(1) 子晳信美矣, 抑子南, 夫也. (『左傳·昭公元年』) 자석이 진실로 아름답습니다만, 그렇지만 자남이 남편입니다.

(2) 滕, 小國也. 竭力而事大國, 則不得免焉. (『孟子·梁惠王下』) 등나라는 작은 나라입니다. 힘을 다하여서 큰 나라를 섬기지만, 도리어 (그러한 상황에서) 면할 수 없습니다.

(3) 此在兵法, 顧諸君不察耳. (『史記·淮陰侯列傳』) 여기에 병법이 있지만, 다만86) 여러 임금들이 살피지 못하였을 뿐입니다.

이상은 모두 가벼운 전환이다. 앞 절은 '雖'를 쓰고, 뒷 절은 '則', '亦', '猶' 등을 쓰는 것도 또한 가벼운 전환을 표시한다. 다음 예를 보자.

(1) 名實不得, 國雖强大, 則無爲攻矣. (『呂氏春秋·召類』) 명분과 실제를 얻지 못하면, 나라가 비록 강대하지만, 또한 공격할 수 없을 것이다.

(2) 觀從謂子干曰, "不殺棄疾, 雖得國, 猶受禍也."(『左傳·昭公13年』) 관종이 자간에게 일러 말하였다. "기질을 죽이지 않으면, 비록 나라를 얻더라도 오히려 화를 입을 것입니다."

(3) 僕(……)雖罷駑, 亦嘗側聞長者(之)遺風矣. (『漢書·司馬遷列傳』) 신이 비록 재주가 불민합니다만, 또한 일찍이 장자의 유풍을 전해 들었습니다.

4) 앞 절에서 '則……矣'를 써서 먼저 인정하고, 뒷 절에서 '然', '然而' 등을 써서 전환하거나, 접속사를 쓰지 않는 경우가 자주 보이는 전환 복문이다. 다음 예를 보자.

(1) 哀則哀矣, 而難爲繼也. (『禮記·檀弓上』) 슬프다면 슬픈 것이지만, 그렇지만 (그 슬픈 마음을) 잇는 것은 어려운 것이다.

(2) 難則難矣, 然而未仁也. (『墨子·魯問』) 어렵다면 어렵겠지만, 그렇지만 아직 인자한 것은 아니다.

(3) 善則善矣, 未可以戰也. (『國語·吳語』) 좋다면 좋은 것이겠지만, 아직 싸울 수는 없습니다.

예(1), (2)는 뒷 절에서 '而', '然而'를 쓰고, 예(3)은 뒷 절 접속사를 쓰지 않았다.

---

86) [역주] 이와 같은 경우라면 '다만'의 의미를 갖는 부사어(예를 들면 '直', '只' 등)는 모두 포함된다는 이야기가 될 수 있다.

3. 가정 복문

가정 복문 중에서, 앞 절에서 먼저 가정을 제기하고, 뒷 절에서 결과를 설명한다. 이 종류의 복문은 접속사가 가장 많이 쓰이고, 부사 등의 기타 단어나 구도 사용될 수 있다. 전체 문장의 문말에는 조사 '也', '矣'가 쓰일 수도 있고 안 쓰일 수도 있다. 자주 보이는 가정 복문은 아래에서 이야기하는 세 종류의 유형이 있다.

(1) 접속사를 사용

접속사를 사용할 때, 앞 절에 사용하는 접속사는 '若', '如', '苟', '使', '令', '假設', '假令', '微', '卽', '則', '今', '爲', ('非') 등이 있고, 뒷 절에 자주 사용하는 접속사는 '則'이고 가끔 '卽'을 사용한다.

　1) '若', '如', '苟'는 앞 절에 자주 쓰이는 접속사이다. 다음 예를 보자.

> (1) 公子若反晉國, 則何以報不穀?(『左傳·僖公23年』)　공자가 만일 진나라로 돌아간다면, 무엇으로 나에게 보답하시렵니까?
>
> (2) 王如不與, 卽社稷危矣. (『戰國策·中山』)　왕께서 만일 참석하지 않으신다면, 사직이 위태로울 것입니다.
>
> (3) 苟君說之, 則士衆能爲之. (『墨子·兼愛中』)　만일 임금께서 기뻐하신다면, 여러 선비들이 능히 그것을 할 것입니다.

이상 세 예문은 각각 '若', '如', '苟'가 쓰였다.

　2) 앞 절에서는 '使', '令' 등 또한 비교적 자주 나오고, '假令', '假設' 등도 한나라 때에 주로 쓰였다. 다음 예를 보자.

> (1) 使武安侯在者, 族矣. (『史記·魏其武安侯列傳』)　무안후로 하여금 있게 한다면, 족형에 처할 것이다.
>
> (2) 今我在也, 而人皆藉吾弟, 令我百歲後, 皆魚肉之矣. (『史記·魏其武安侯列傳』)　지금 내가 있기에, 사람들이 모두 내 동생을 이용하고 있지만, 만일 내가 백 살이 넘은 후에는, 모두 그를 물고기나 육고기로 삼을 것이다.

(3) 假令僕伏法受誅, 若九牛亡一毛, 與螻蟻何以異乎?(『漢書·司馬遷列傳』) 가령 신이 법에 따라서 죽음을 받는다면, 아홉 마리 소 중에서 털 하나를 잃는 것과 같은데, 땅강아지나 개미와 무엇이 다르겠습니까?

(4) 假設陛下居齊桓之處, 將不合諸侯而匡天下乎?(『漢書·賈宜列傳』) 만약 폐하께서 제환공의 처지에 있으셨다면, 장차 제후를 모아서 천하를 평정하지 않으셨겠습니까?

3) '微' 또한 앞 절에서 자주 쓰이고, 일반적인 접속사와 달리 그 뒤에는 일반적으로 체언성 어휘나 구를 사용하고, 용언성 어휘나 구를 사용하지 않는다. 이러한 종류의 복문의 뒷 절에는 항상 부정을 나타내는 단어나 구가 있다. 다음 예를 보자.

(1) 微子之言, 吾不知也. (『左傳·襄公31年』) 그대의 말이 아니라면, 나는 알지 못한다.

(2) 簡者曰, "微子之言, 寡人幾過."(『呂氏春秋·似順』) 조간자가 말하였다. "그대의 말이 아니라면, 과인은 하마터면 실수할 뻔했습니다."

이상 두 복문에서, '微' 뒤는 모두 체언성 관형구이고, 예(1)의 뒷 절에는 부정을 표시하는 '不'이 있고, 예(2)에는 부정을 표시하는 단어나 구가 쓰이지 않았다.

4) 가끔 앞 절에서도 '卽', '則', '今', '爲' 등을 쓸 수 있는데, 이 몇 가지 단어는 가정 복문에서 모두 '만일', '만약'의 의미가 있다. 다음 예를 보자.

(1) 舍人曰, "君卽不能, 願君堅塞兩耳, 無聽其談也."(『戰國策·趙策1』) 사인이 말하였다. "그대가 할 수 없다면, 원하건대 그대는 두 귀를 꼭 막고 그 말을 듣지 마십시오."

(2) 謹守成皐, 則漢欲挑戰, 愼勿與戰. (『史記·項羽本紀』) 성고를 굳건히 지킨다면 한에서 싸우고자 도발할 것인데, 신중하게 함께 싸우지 마십시오.

(3) 今不急下, 吾烹太公. (『史記·項羽本紀』) 이제 급히 항복하지 않으면, 나는 태공을 삶아 버리겠소.

(4) 是楚與三國謀出秦兵矣, 秦爲知之, 必不救也. (『戰國策·秦策4』) 이는 초나라가 세 나라와 모의해서 진나라의 군대를 출동하게 하려는 것이니, 진나라가 그것을 알게 된다면, 반드시 구하지 않을 것입니다.

5) 뒷 절에서 단독으로 '則', '卽'을 써도 가정 복문을 구성할 수 있다. 다음 예를 보자.

(1) 宗邑無主, 則民不威. (『左傳·莊公28年』) 종묘가 있는 곳에 주인이 없다면, 즉 백성들이 두
려워하지 않습니다.

(2) 公徐行, 卽免死. (『史記·項羽本紀』) 공께서 천천히 가신다면, 죽음을 면할 것입니다.

(2) 부사를 사용

앞 절에서 결단 부사 '非', '誠', '必' 등을 써도 가정 복문을 구성할 수 있다. 다음 예를 보자.

(1) 君非姬氏, 居不安, 食不飽. (『左傳·僖公4年』) 그대가 희씨가 아니라면, 머무는 것이 편안
하지 않고, 먹는 것이 배부르지 않았을 것이다.

(2) 誠聽臣之計, 可不攻而降城. (『史記·張耳陳餘列傳』) 진실로 신의 계책을 들으신다면, 공격하
지 않고서도 성을 항복시킬 수 있을 것입니다.

(3) 王必無人, 臣願奉璧往. (『史記·廉頗藺相如列傳』) 왕께서는 반드시 사람이 없다고 하시는데,
신이 원하건대 화벽(和璧)을 받들고서 가도록 하겠습니다.

(3) '之', '而', '者'를 사용

주술 사이에 '之' 또는 '而'를 사용하고, 앞 절의 뒤에 '者'를 써도 가정 복문을 구성할
수 있다. 다음 예를 보자.

(1) 皮之不存, 毛將安傅?(『左傳·僖公14年』) 가죽이 없다면, 털은 장차 어찌 의존할 것인가?

(2) 子産而死, 誰其嗣之?(『左傳·襄公30年』) 자산이 죽으면, 누가 과연 그를 이을 것인가?

(3) 魯無君子者, 斯焉取斯?(『論語·公冶長』) 노나라에 군자가 없었다면, 이 사람(자천(子賤))이
어떻게 이러한 인격을 갖게 되었겠는가?

가끔 각종 접속사를 쓰지 않아도 가정 복문을 구성할 수 있다. 다음 예를 보자.

(4) 城不入, 臣請完璧歸趙. (『史記·廉頗藺相如列傳』) 성이 들어오지 않는다면, 신이 청하건대
화벽을 완전하게 지키고서 조나라로 돌아오겠습니다.

4. 양보 복문

양보 복문은 가정과 전환 두 종류의 관계를 종합한 복문이다. 양보 복문에서, 앞 절은 어떠한 종류의 조건을 가정하고, 뒷 절과 앞 절 사이에는 전환관계가 있다. 이러한 종류의 복문의 앞 절에는 접속사 '雖'가 자주 쓰이고, 뒷 절에는 '不', '弗', '亦', '猶' 등이 쓰여서 '雖'와 호응한다. 다음 예를 보자.

(1) 雖有十黃帝, 不能治也. (『韓非子·五蠹』) 비록 열 명의 황제가 있어도, 다스릴 수 없다.

(2) 許旣服其罪矣, 雖君有命, 寡人弗敢與聞. (『左傳·隱公11年』) 허나라에서 이미 그 죄를 인정하였으니, 비록 임금께서 명령하셨지만, 과인은 감히 들을 수 없습니다.

(3) 寡人雖死, 亦無悔焉. (『左傳·隱公3年』) 과인은 비록 죽지만, 또한 후회가 없도다.

(4) 不殺棄疾, 雖得國, 猶受禍也. (『左傳·昭公13年』) 기질을 죽이지 않으면, 비록 나라를 얻더라도, 오히려 화를 입을 것입니다.

앞 절에서 '縱', '卽' 등을 써도 양보 복문을 구성할 수 있다. 다음 예를 보자.

(1) 縱江東父兄憐而王我, 我何面目見之?(『史記·項羽本紀』) 강동의 아비와 형들이 나를 불쌍하게 여겨서 왕으로 삼더라도, 내 어찌 그들을 볼 면목이 있겠는가?

(2) 公子卽合符, 而晉鄙不授公子兵, 而復請之, 事必危矣. (『史記·魏公子列傳』) 공자가 부절을 맞추더라도, 진비가 공자에게 군사를 주지 않아서 다시 들어달라고 하면, 일은 반드시 위태로울 것입니다.

제4절 압축 복문

압축 복문은 단문과 비슷한 형식을 사용하여 복문의 내용을 표시할 수 있는 것으로, 복문의 문장 속에 일반적으로 모두 휴지가 있는데 휴지가 나타나지 않는 것이다. 상용의 압축 복문은 두 종류가 있다. 한 종류는 목적어와 주어가 함께 압축된 것으로, 이 종류의 압축문은 통상 접속사를 사용하지 않으며 이는 연쇄문이다. 또 하나의 종류는 술어가 압축된 것으로, 가끔은 두 주어와 술어가 모두 갖추어진 문장에서 압축되어서 한꺼번에 나타나는 것으로, 이러한 문장은 일반적으로 접속사를 필요로 하는데, 이를 압축문이라고 한다.

1. 연쇄문

자주 볼 수 있는 연쇄문은 두 가지 종류가 있는데, 하나는 동사 '有'로 구성된 것이고, 또 하나는 '命', '令' 등의 동사로 구성된 것이다.

(1) '有'류의 연쇄문

'有'가 '존현, 영유' 등을 표시할 때에는 연쇄문을 구성할 수 있다. 이와 같은 종류의 문장에서, 뒷 절의 주어는 앞 절의 목적어를 이어 받아서 생략하고, 또한 앞 절과 압축된다. 이와 같은 문장에서 뒷 절은 보통 일부 분류동사, 인용동사, '在' 등으로 충당된다. 다음 예를 보자.

> (1) 鄭有神巫曰季咸. (『莊子 · 應帝王』) 정나라에는 신령한 무당이 있었는데, 이름을 계함이라고 하였다.
> (2) 先人有言曰, "脣竭而齒寒."(『呂氏春秋 · 權勛』) 옛 사람에게서 다음과 같은 말이 있다. "입술이 다하면 이가 시리다."
> (3) 連稱有從妹在公宮, 無寵, 使間公. (『左傳 · 莊公8年』) 연칭이 동생을 따라서 공의 궁에 있었을 때, 총애를 받지 못하자 공과 이간질시켰다.

예(1) 중에서, 뒷 절의 동사는 분류 동사 '曰'(……이다, ……라고 부르다), 예(2)에서의 '曰'은 인용동사이고, 예(3)에서는 동사 '在'이다. 예(1)에서 '神巫'는 앞 절의 목적어이고, 동시에 뒷 절의 주어로, 목적어와 주어가 압축되었다. 나머지 두 예도 이와 비슷하다.

형식상 이러한 연쇄문은 제6장 유무문에서 소개했던 기이문과 동일해 보이지만, 실제로는 전혀 같지 않다. 차이점은 주로 두 가지이다. 첫째 기이함을 표시할 때, '有'는 주술성 목적어를 이끌고, 그 앞에는 주어가 없다. 만일 주어가 있다면, 주어와 '有' 사이에 휴지가 있을 수 있다. 예를 들어서 기이문인 "一心以爲有鴻鵠將至[87]"에서의 '有' 앞에는 주어가 없다. 그리고 기이문인 "秋七月, 有神降于莘[88]"에서는 주어와 술어 사이에 휴지가 있다. 연쇄문을 구성할 때, '有' 앞에 일반적으로 주어가 있어야 하지만, 또한 주어와 '有'의 사이에는 휴지가 있을 수 없다. 예는 위에서 들었던 "鄭有神巫曰季咸" 등의 세 구절과 같다. 둘째, 기이, 강조는 일종의 부가적인 의미일 뿐이라서, '有'를 없애도 원래 문장의 기본 의미는 변하지 않는다. 앞에서 든 두 기이문에서 '有'를 없애면 "一心以爲鴻鵠將至", "秋七月, 神降于莘"처럼 변한다. 변화 후의 두 문장과 원래 문장의 기본 의미는 크게 다르지 않다. 그렇지만 연쇄문에서라면 그 상황이 바뀐다. 연쇄문에서 '有'가 표현하는 영유, 존현 등이 기초 의미이기 때문에, 일반적으로 기이문과 같은 형태로 없앨 수 없다. 만약 없앤다면 원래 문장의 의미가 변한다. 앞에서 들었던 예(1)에서 만일 '有'를 없앤다면, "鄭神巫曰季咸"으로 이 문장의 의미는 "정나라의 (모든) 신령한 무당의 이름은 계함이다"로, 원래 문장의 의미와 명확하게 다르다. 뒤의 두 문장도 '有'를 제거하면 의미가 변한다.

(2) '命', '令'류의 연쇄문

이와 같은 연쇄문을 구성하는 상용 동사는 명령 동사 중의 '命', '令' 등이고, 또한 몇 가지 기타 부류의 타동사와 자동사로 '封', '拜', '遣', '助'와 '立', '止' 등이 있다. 명령 동사 중의 '命', '令'은 그 뒤에 나오는 대상에 대해서 강제하는 의미를 가지고, 항상 연쇄문을 구성할 수 있다. 다음 예를 보자.

(1) (公)命子封帥車二百乘以伐京. (『左傳·隱公元年』) (공이) 자봉에게 수레 이백승을 거느리고서 경을 치라고 명하였다.

(2) 周王亡玉簪, 令吏求之, 三日不能得也. (『韓非子·內儲說上』) 주왕이 옥비녀를 잃어버리자, 관리에게 그것을 구하라고 명하였으나, 삼일 동안 얻지 못하였다.

예(1)의 '命'은 연쇄문을 구성하여, '子封'이 목적어이며 주어가 되어 압축되었다. (2)의 '令'도 연쇄문을 구성하였다.

명령의 뜻을 포함하는 타동사 '封', '拜', '遣', '助' 등도 연쇄문을 구성할 수 있다. 다음 예를 보자.

---

87) [역주] 『孟子·告子上』에 나오는 글로 뜻은 "한 쪽 마음은 기러기가 장차 도착하면, (……)"이다.
88) [역주] 『左傳·莊公三十一年』에 나오는 글로 뜻은 "가을 칠월에, 신이 신 지방에 내려왔다."이다.

　(1) 趙受之, 因封馮亭爲華陽君. (『史記·白起王翦列傳』)　조나라가 그것을 받아서, 풍정을 봉하여서 화양군이 되었다.

　(2) 相如旣歸, 趙王以爲賢大夫, 使不辱於諸侯, 拜相如爲上大夫. (『史記·廉頗藺相如列傳』)　상여가 돌아오자, 조왕이 현명한 대부라고 여겨서, 여러 왕들에게 업신여김을 당하지 않게, 상여를 상대부 벼슬로 올려 주었다.

　(3) 王遣夏姬歸. (『左傳·成公2年』)　왕은 하희가 돌아가도록 하였다.

　(4) 予助苗長矣. (『孟子·公孫丑上』)　내가 벼가 자라도록 도왔다.

예(1)의 '馮亭'은 목적어와 주어가 압축된 것이고, 예(2)~(4)도 이와 비슷하다.
'立', '止' 등이 사동문을 구성할 때, 또한 연쇄문을 구성할 수 있다. 다음 예를 보자.

　(1) 三十日不還, 則請立太子爲王. (『史記·廉頗藺相如列傳』)　삼십 일이 되어서도 돌아오지 않으면, 청하건대 태자를 왕으로 세우겠습니다.

　(2) (丈人)止子路宿. (『論語·微子』)　(지팡이 짚은 노인이) 자로를 멈추어서 머물게 하였다.

　형식상 명령류의 연쇄문은 제6장에서 소개한 사동문과 비슷하지만, 실제로는 전혀 같지 않다. 이는 연쇄문을 구성하는 동사와 사동문을 구성하는 동사가 완전히 다른 동사로 분류되기 때문이다. 명령 연쇄문의 동사는 모두 체언성 목적어를 가질 수 있지만, 사동문에서의 '使', '令'은 근본적으로 체언성 목적어를 가질 수 없다. 체언성 목적를 갖는 동사만이 그 뒤의 체언을 목적어로 삼고 그 목적어가 뒤의 주어와 하나로 압축되어서 연쇄문을 구성한다. 예로 "王命相者趨射之.[89]"에서 '相者'는 이미 '命'의 목적어이고, 또한 '趨射之'의 주어이다. 사동문의 '使', '令'은 근본적으로 체언성 목적어를 가질 수 없고, 그 뒤의 체언성 어휘나 구를 목적어로 분석할 수 없기에, 또한 바로 연쇄문으로 될 수 없다.

2. 압축문

압축문은 주로 접속사를 사용한다. 압축문 내에서 쓰이는 접속사는 두 종류의 유형이

---

89) [역주] 『莊子·徐無鬼』에 나오는 것으로 뜻은 "왕이 신하들로 하여금 쫓아서 쏘라고 하였다."이다.

있는데, 한 종류는 두 가지 접속사가 호응하여 사용하고, 또 한 종류는 한 가지 접속사만 사용하는 것이다.

(1) 호응하여 사용되는 접속사

압축문에서 일반적으로 호응하여 사용되는 접속사는 항상 부정 의미의 부사로, 자주 사용하는 것은 '非……不……', '非……則……', '非……而……', '不……不……' 등이 있다. '非……不……'은 주로 가정 관계를 구성하는데, 앞 절은 필수적인 유일한 조건을 표시한다. '非……則……'은 가정 관계뿐만 아니라, 선택 관계도 표시할 수 있다. 다음 예를 보자.

> (1) 民非水火不能生活. (『孟子・盡心上』) 백성들은 물과 불이 아니고서는 살 수 없다.
>
> (2) 吾非至於子之門則殆矣. (『莊子・秋水』) 내가 그대의 문에 이르지 않는다면 위태로울 것이다.
>
> (3) 先死者, 非父則母. (『墨子・明鬼』) 먼저 죽는 이는 아버지가 아니면 어머니이다.

예(1)에서 '非……不……'은 만일 앞부분의 조건이 없으면 뒷부분의 행위를 가질 수 없다는 것을 표시한다. 예(2), (3)에서 '非……則……'은 각각 가정과 선택 관계를 표시한다. '非……而……'는 전환 관계, 가정 관계를 표시할 뿐만 아니라, 가끔 병렬 관계, 선택 관계를 표시할 수도 있다. 다음 예를 보자.

> (1) 非假而曰假, 諱易地也. (『穀梁傳・桓公元年』) 빌리지 않았는데도 빌렸다고 한 것은, 땅을 바꾼 것을 꺼린 것이다.
>
> (2) 子爲正卿, 亡不越竟, 反不討賊, 非子而誰?(『左傳・宣公2年』) 그대가 정경이 되어서, (왕이) 죽었는데 국경을 넘어서 망명하지도 않고, 반대로 적을 토벌하지도 않았으니, 그대가 아니라면 누구겠는가?
>
> (3) 跖之狗吠堯, 非貴跖而賤堯也, 狗固吠非其主也. (『戰國策・齊策6』) 도척의 개가 요에 대해서 짖는 것은, 도척을 귀하게 여기고 요를 천하게 여겨서가 아니라, 개는 진정으로 그 주인이 아닌 것에 짖은 것일 뿐이다.
>
> (4) 凡天下之强國, 非楚而秦, 非秦則楚. (『史記・張儀列傳』) 대저 천하의 강한 나라는 초나라가 아니면 진나라이고, 진나라가 아니면 초나라이다.

이상 네 가지 예는, 차례로 전환, 가정, 병렬과 선택 관계를 표시한다.

'不……不……'는 주로 가정 관계와 병렬 관계를 표시한다. 다음 예를 보자.

> (1) 道雖邇, 不行不至, 事雖小, 不爲不成. (『荀子·修身』)　길이 비록 가까이 있지만, 가지 않으면 이르지 못한다. 일이 비록 작지만, 행하지 않으면 이루지 못한다.
>
> (2) 司馬牛問君子. 子曰, "君子不憂不懼."(『論語·顔淵』)　사마우가 군자에 대해서 물었다. 선생님께서 말씀하셨다. "군자는 근심하지도 두려워하지도 않는다."

예(1)은 가정 관계, 예(2)는 병렬 관계이다.

(2) 한 가지 접속사만을 사용

한 가지 접속사만을 사용할 때에는, 압축 복문 속에 자주 쓰이는 접속사는 '而', '則', '卽' 등 이다.

'而'는 주로 병렬 관계, 연접 관계와 전환 관계를 표시한다. 다음 예를 보자.

> (1) 地廣而兵强. (『戰國策·秦策1』)　땅이 넓고 병사가 강하다.
>
> (2) 師興而雨. (『左傳·僖公19年』) 군대가 일어서자 비가 내렸다.
>
> (3) 刺骨, 故小痛在體而長利在身, 拂耳, 故小逆在心而久福在國. (『韓非子·安危』)　뼈를 자극하면 조금은 몸에 통증이 있겠지만 길게는 몸에 이로움이 있을 것이다. 귀를 씻으면 조금은 마음에 거스름이 있겠지만 오랫동안은 나라에 복이 있을 것이다.

예(1)은 병렬 관계이고, 예(2)는 연접 관계, 예(3)은 전환 관계이다.

'則', '卽'은 주로 가정 관계, 연접 관계를 표시한다. 다음 예를 보자.

> (1) 饑卽食之, 寒卽衣之. (『墨子·兼愛下』)　굶주리면 먹이고, 추위에 떨면 입힌다.
>
> (2) 生則天下歌, 死則天下哭. (『荀子·解蔽』)　살아 있을 때에는 천하가 노래를 할 것이고, 죽을 때라면 천하가 울 것이다.

예(1)은 가정 관계이고, 예(2)는 연접 관계이다.

병렬 관계의 압축문은 때때로 접속사를 사용하지 않는다. 다음 예를 보자.

(1) 我曲楚直. (『左傳·僖公28年』) 우리나라는 잘못 되었지만, 초나라는 곧다.

(2) 彼竭我盈. (『左傳·莊公10年』) 그는 다하였지만, 나는 가득 찼다.

이상 두 예문은 모두 병렬 관계의 압축 복문으로, 접속사를 사용하지 않았다.

제9장 연구 간략사[90]

중국 고대의 학자들은 일찍부터 어법 현상을 관찰하고 사고하는 것에 주의를 기울였다. 이 방면에 있어 후대에게 많은 귀한 의견을 남겼다. 그렇지만 어법론이 하나의 독립적인 과학이 된 것은 근대의 일이라고 할 수 있을 것이다. 이는 마건충(馬建忠)이 1898년에 지은 『마씨문통(馬氏文通)』이 가장 먼저 어법 체계를 만들어낸 것에서 시작한다. 『마씨문통』을 경계로, 전기에는 어법에 대한 생각이 주로 옛 책을 읽는다는 목표에 충실하였던 것으로, 이 시기의 어법 연구를 어문학시기라고 하고자 한다. 후기에는 시스템의 연구가 되었기에, 이 시기의 어법 연구는 언어학시기라고 하고자 한다. 이하는 각각 이 두 시기의 어법 연구에 대해 소개할 것이고, 언어학 시기의 어법 연구에 중점을 둘 것이다. 이 장의 끝에서는 어법 연구 작업에 대한 몇몇 전망을 제시하고, 어법 연구의 발전에 관해 이야기하고자 한다.

제1절 어문학시기

이 시기는 어법의 사고와 연구에 대해 전후 두 시기로 나눌 수 있을 것이다. 전기는 선진 시기부터 당송 시기까지, 후기는 원대부터 청말까지이다.

1. 전기

전기에서 어법 현상에 대한 사고는 제한적이고 집중적으로 이루어지지 못했지만, 동시에 정확하면서도 간결하였다. 이 시기에 몇 가지 어법 현상에 대한 해설은 지금 관점에서

---

90) 이 부분의 내용은 원칙적으로 중국 내의 연구를 다룬다.

보면 어떠한 것은 여전히 이해하기 쉽지만, 어떠한 것은 이해하기 어렵다. 전기 또한 선진(先秦) 시기, 진한위진(秦漢魏晉) 시기, 그리고 당송(唐宋) 시기로 크게 세 단계로 나누고자 한다.

(1) 선진 시기

선진 시기 어법에 대한 고찰은 비교적 전면적으로 활발히 이루어졌다. 실사(實詞)와 허사(虛詞) 그리고 어순에 대해 정확한 인식이 있었다.

1. 실사에 대해 전면적으로 생각했던 사람은 묵자이다. 예를 들어 그는 '명(名)'(대체로 후대의 명사에 상당함)에는 '達', '類', '私' 세 가지 종류가 있음을 제시하였다. 그리고 이 세 가지 종류의 명사에 대해 설명하였다. "名, '物', 達也. 有實必待文多也命之. '馬', 類也. 若實也者, 必以是名也命之. '臧', 私也. 是名也, 止於是實也."(명사 중에 '物'은 達에 해당한다. 각각의 종류의 사물은 실제의 사물로, 반드시 다양한 종류의 어휘로 이러한 실제의 사물에 대해 명명(命名)해야 한다. '馬'는 類에 해당한다. 말과 같은 것이 있다면 반드시 이 '馬'(말)이라는 이름으로 그것을 명명(命名)해야 한다. '臧'은 私에 해당한다. 이러한 명칭은 해당 사물에만 제한된다.)(『墨子·經說上』)

순자(荀子) 또한 '명(名)'의 분류와 관련이 있는 문제를 논의하였다. 그가 말하였다. "'物'也者, 大共名也······'鳥''獸'也者, 大別名也."('物'(사물)이라는 것은 크게 함께 공유하는 명칭이다. ······ '鳥'(새)'獸'(짐승)은 크게 각각을 구분하는 명칭이다.)(『荀子·正名』)

『곡량전(穀梁傳)』과 『공양전(公羊傳)』은 모두 동사에 대해 이후 계발을 일으킬 만한 해석을 내 놓았다. 예를 들어 『춘추(春秋)·소공(昭公)17년』에서 "冬, 有星孛于大辰."(겨울에 伐星과 北辰 쪽에서 혜성이 있었다.)에 대해, 『공양전』에서는 이 문장의 '有'에 대해 다음과 같은 해석을 하였다. "一有一亡曰有."(때에 따라 있기도 하고 없기도 하는 것을 '有'라 한다.) 또한 『춘추·희공(僖公) 원년』에서 "夏六月, 邢遷於夷儀."(여름 6월, 형(邢) 나라가 이의(夷儀)로 옮겼다.)에 대해, 『공양전』에서는 이 문장의 '遷'에 대해 다음과 같은 해석을 하였다. "遷者何? 其意也. 遷之者何? 非其意也."('遷'이란 무슨 뜻인가? 그가 의지를 가지고 한 것이다. '遷之'란 무슨 뜻인가? 자신의 의지가 아닌 것이다.)[91]

---

91) [역주] '遷'과 '遷之'의 문법적 차이를 묻는 것으로 볼 수 있다. 여기에서는 옮겨가는 당사자가 의지를 가지고 옮겨가는지, 누구에게 당하는 것인지를 나타낼 때 표현이 달라지는 것에서 착안하여 설명한 것이다.

2. 이 시기에 허사에 대해서도 귀중한 견해를 제시하였다.

『춘추·선공(宣公)8년』에 "庚寅, 日中而克葬."(경인일에 해가 한낮이 되어 장례를 치룰 수 있었다.)에 대해 『공양전』에서 말하였다. "曷爲或言'而', 或言'乃'? '乃'難乎'而'也."(어째서 '而'라고 말하기도 하고, '乃'라고 말하기도 하는가? '乃'가 '而'보다 어려운 것이다.) 여기서의 뜻은 다음과 같다. 만약 '而'를 써야 할 곳에 '乃'를 쓴다면, 이는 '克葬'이라는 일이 실현되는 점에서 '而'보다 좀 더 어려움을 나타낸다고 한 것이다. 만약 이 문장에 대해 곡해하지 않았다고 한다면 여기에서 '而'와 '乃' 이 두 접속사의 구분을 매우 세밀하게 하고 있음을 알 수 있다.

『춘추·환공(桓公) 14년』에 "宋人以齊人, 蔡人, 衛人, 陳人伐鄭."(송나라 사람이 제나라 사람, 채나라 사람, 위나라 사람, 진나라 사람들을 이용하여 정나라를 공격하였다.) 이 경문의 뒷 부분에서 『곡량전』에서는 다음과 같이 해석하였다. "以者, 不以者也. 民者君之本也, 使人以其死, 非正也."(이는 不以[92]의 의미이다. 백성은 임금의 근본인데, 그들의 죽음을 가지고서 그 사람들을 부린다면, 옳은 것이 아니다.) 『공양전』에서는 다음과 같이 말하였다. "以者何? 行其意也."('以'라는 것은 무슨 말인가? 그(송나라)의 의지를 따라간 것이다.[93]) 여기에서 '以'에 대한 해석은 이후 사람들이 이 전치사의 용법을 이해하는 데에 있어 많은 도움이 되었는데, 『곡량전』과 『공양전』에서 '以'는 본래 상대방을 사용하거나 지배할 수 없는 상황에서 상대방을 사용하거나 지배한다는 의미를 자주 나타낸다. 또한 『춘추·소공 25년』에 "秋七月, 上辛大雩, 季辛又雩."(가을 7월 상순의 신(辛)일에 기우제를 지냈고, 하순의 신(辛)일에 또 기우제를 지냈다.) 이에 대해 『곡량전』에서 말하였다. "又, 有繼之辭也."(又는 이어짐이 있다는 것을 나타내는 허사이다.) 이는 또한 '又'를 이해하는 데에 있어 도움이 된다.

3. 선진 시기에 후대에 깨우침을 준 부분은 어순에 대한 토론이다.

『춘추·희공 6년』에 "春王正月, 戊申, 朔, 隕石於宋五. 是月, 六鷁退飛過宋都."(봄 주나라의 정월 무신일 첫째날 송나라 다섯 군데에 돌이 떨어졌다. 이 달에는 여섯 마리 물새의 종류인 익조가 날다가 바람에 밀려서 송나라 도읍을 지나쳤다.) 『공양전』에서는 이 문장에 대해 선진 시기 어순을 인식하는 데에 도움을 줄 만한 이야기를 하였다. "曷爲先言隕而後言石? 隕石, 記聞. 聞其磌然, 視之則石, 察之則五.……曷爲先言六而後言鷁? 六鷁退飛, 記見也. 視之則六,

---

92) [역주] 여기서는 쓸 수 없음을 가리킨다.
93) [역주] 하휴주(何休注)에서 다음과 같이 말하였다. "以己從人曰行."(자신을 써서 다른 사람을 따르는 것을 '行'이라고 한다.)

察之則鷁, 徐而察之, 則退飛."(어째서 먼저 '隕'이라 말하고 그 후에 '石'이라 말하였는가? 운석은 들은 내용을 기록한 것이다. 그 떨어지는 소리를 듣고서 가서 보았더니 돌이었고, 자세히 살펴보니 다섯 개였다. …… 어째서 먼저 '六'이라 말하고 그 후에 '鷁'이라 말하였는가? '六鷁退飛'(여섯 마리 익조가 뒤로 밀려 날았다.)는 본 내용을 기록한 것이다. 보았을 때에 여섯 마리였고, 자세히 살펴보니 익조였다. 천천히 살펴보니 뒤로 밀려 날았다.) 여기에서 이 문장의 어순 속에 사실이 진행되는 과정 중 나타나는 시간성을 반영하고 있음을 알려주고 있다. 『곡량전』에서 이 경문의 해설은 비교적 간단하지만, 대체로 일치하는 의미를 나타낸다. "先隕而後石, 何也? 隕而後石也."(먼저 '隕'이라 하고 그 뒤에 '石'이라고 한 것은 어째서인가? 떨어지고 나서 확인해보니 돌이라서 그러한 것이다.) 이상 어순이 시간 순서를 반영한다는 내용에 대한 논의는 이후 중국어의 어순을 생각할 때에 계발해주는 부분이 있다.

(2) 진한위진(秦漢魏晉) 시기

한나라 때의 고거훈고학(考據訓詁學)은 큰 성취가 있었다. 이 시기 학자들의 허사에 대한 인식은 선진 시기보다 심화한 부분이 있다. 그 성과는 주로 주석과 사전 등의 허사에 대한 훈석(訓釋)에 주로 나타나 있다. 이러한 훈석은 간략하고 정확하지만, 시기가 매우 오래되었기에 완전히 이해하기 쉽지 않다. 이 시기에 허사에 대한 인식은 아래의 세 방면에서 명확한 진전이 있었다.

우선 '辭'(또는 '詞')라는 술어를 사용하여 허사를 설명한 것이 바로 이 시기이다. 이 술어의 사용은 당시 사람들이 허사에 대해 더욱 추상적이고 개괄적인 인식이 있었음을 설명한다. 비교적 이른 시기에 '辭'라는 개념을 사용했던 것은 『모시고훈전(毛詩故訓傳)』(줄여서 『모전(毛傳)』이라 한다.)이다. 혹자는 『모전』의 지은이는 전국시대 말기와 진나라 초기의 노(魯)나라 사람 모형(毛亨)이라고도 하고, 어떤 사람들은 서한(西漢) 때의 모장(毛長, 毛萇으로 쓰기도 한다.)이라고도 한다. 예를 들어 『모전』에서 『대아(大雅)·문왕(文王)』의 "思皇多士"(황제의 많은 선비)를 풀이할 때에 '辭'를 사용하였다. "思, 辭也."(思는 辭, 즉 허사이다.) 허신(許愼, 약 58-약 147년)이 『설문해자(說文解字)』에서 허사를 해석할 때에 사용한 것은 '詞'이다.[94] 그는 허사를 정확하고 주도면밀하게 해석하여 후세에게 깨우쳐 주는 부분이 있다. 예를 들어 그는 말하였다. "矣, 語已詞也."(矣는 말을 끝내는 허사이다.), "者, 別事詞也."(者는

---

94) [역주] 정확히는 '詞'이다.

사물을 구분해주는 허사이다.), "皆, 俱詞也."(皆는 모두를 나타내는 허사이다.) 이후 세대에게 '矣', '也', '焉' 등에 대한 인식은 바로 허신의 이러한 해석을 기반으로 전개한 것이다. 이후 동한(東漢)의 정현(鄭玄, 127-200)은 『모시전전(毛詩傳箋)』(줄여서 『정전(鄭箋)』이라 한다.)에서 '辭'라는 술어를 이어 사용하였다. 예를 들어 『대아·억(抑)』에서 "於乎小子, 告爾舊止."(아아, 어리석은 그대여. 그대에게 옛 일을 알려주노라.)에서 다음과 같이 말하였다. "止, 辭也."(止는 허사이다.)

　　다음으로 허사의 분류에 대한 설명도 대략 처음으로 이 시기에 하였다. 남조(南朝) 양(梁)나라 유협(劉勰, 약 465-약 532)의 『문심조룡(文心雕龍)·장구편(章句篇)』에서 다음과 같이 말하였다. "至於'夫', '惟', '蓋', '故'者, 發端之首唱, '之', '而', '於', '以'者, 乃札句之舊體, '乎', '哉', '矣', '也'亦送末之常科. 據事似閑, 在用實切."('夫', '惟', '蓋', '故' 등은 시작을 나타낼 때 맨 앞에서 처음 발화하는 것이고, '之', '而', '於', '以' 등은 구절을 묶어낼 때에 쓰는 옛날 방식의 형태이고, '乎', '哉', '矣', '也'는 또한 문장을 맺는 일반적인 방식이다. 일을 열거할 때에는 쉬는 듯이 잘 안 쓰지만, 쓰는 상황은 실제적이고 절실하게 느낄 수 있다.) 양나라의 주흥사(周興嗣, ?-521)는 『차운천자문(次韻千字文)』에서 또한 말하였다. "語助者, 焉, 哉, 乎, 也."(어조사로는 '焉', '哉', '乎', '也'가 있다.)

　　세번째로, 가장 주의할 만한 것으로는 위진(魏晉) 시대 학자들의 '也'에 대한 해석이다. 중국어의 발전에서 보면, 이 시기 '也'의 판단작용은 점점 동사 '是' 등에 의해 대체되었다. 아마도 일반인의 '也'에 대한 이해는 이미 차이가 있었기 때문에 학자들은 '也'에 대해 설명을 했는데, 선진(先秦) 시기에는 '也'를 전문적으로 해석한 것을 보기 힘들다. 남조 양진(梁陳) 사이에 고야왕(顧野王, 519-581)의 『옥편(玉篇)』(543년 성서(成書))에서 다음과 같이 말하였다. "'也', 所以窮上成文也."('也'는 앞 부분을 끝내어 문장을 이루는 방식이다.) 안지추(顔之推, 531-약 590 이후)의 『안씨가훈(顔氏家訓)·서증(書證)』에서 다음과 같이 말하였다. "'也'是語已及助句之辭, 文籍備有之矣."('也'는 말을 끝내거나 문장을 돕는 허사로, 문장이 갖추어지게 된다.) "語已及助句之辭"라는 것은 문장이 이 허사에 이르면 거기에서 끝나고, 이 허사는 또한 문장을 이루는 데에 도움을 주는 것으로 이 허사가 없으면 문장이 이루어지지 않음을 말한다.

　　이 외에도 이 시기에 하휴(何休, 129-182)의 『춘추공양전해고(春秋公羊傳解詁)』와 동진(東晉) 범녕(范寧)의 『춘추곡량전집해(春秋穀梁傳集解)』는 허사와 실사에 대해 가치 있는 훈석(訓釋)이다. 예를 들어 『춘추공양전해고』에서 장공(莊公) 28년의 "伐者爲客, 伐者爲主."(伐은

客의 경우이고, 伐은 主의 경우이다.)95)에 대해 다음과 같이 해석하였다. "伐人者爲客, 讀伐, 長言之, 齊人語也. 見伐者爲主, 讀伐, 短言之, 齊人語也."('伐人者爲客'일 때의 '伐'은 길게 읽는다. 제 지방 사람들이 사용하는 말이다. '見伐者爲主'일 때의 '伐'은 짧게 읽는다. 제 지방 사람들이 사용하는 말이다.) 또한 말하였다. "弗者, 不之深也."('弗'은 부정사 '不'이 심한 것이다.) (환공(桓公) 2년)『춘추곡량전집해』는 은공(隱公) 5년에서 "初獻六羽"(처음으로 육익(六羽=六佾, 여섯줄 춤)을 바쳤다.)을 해석할 때 다음과 같이 말하였다. "獻者, 下奉上之辭."(獻은 아랫사람이 윗사람을 받들 때 쓰는 단어이다.) 희공(僖公) 28년에서 "畀, 與也."('畀'는 '주다(與)'의 뜻이다.)96)을 해석할 때 다음과 같이 말하였다. "畀者, 上與下之辭."('畀'는 윗사람이 아랫사람에게 줄 때 쓰는 단어이다.) 환공 14년에서 "以者, 不以者也."(以는 실상은 '不以'(거느리지 못함)을 나타내는 것이다.)97)를 해석할 때에 다음과 같이 말하였다. "不以者, 謂本非所得制, 今得以之也."('不'以라는 것은 본래 통제할 수 없는 것인데, 지금은 그들을 거느릴 수 있게 된 것을 가리킨다.)

(3) 당송(唐宋) 시기

이 시기에는 허사에 대한 인식이 계속 심화하면서 동시에 실사의 체계에 대해 생각하는 것에 주의를 기울였다.

허사에 대한 인식에서 가장 제시할 만한 것으로는 유종원(柳宗元, 773-819)의 「두온부에게 답하여 쓴 편지[答杜溫夫書]」에서 허사를 유형별로 나누어 설명하였는데, 견해가 정확하면서도 그 영향이 심원하다. 그는 말하였다. "但見生用助字, 不當律令, 唯以此奉答, 所謂乎歟耶哉夫者, 疑辭也. 矣耳焉也者, 決辭也."(다만 자네가 조사를 쓰는 것을 보니 규율에 맞지 않는 점이 있어서, 그저 이에 대해 답하려 하네. 호(乎), 여(歟), 야(耶), 재(哉), 부(夫)는 의문조사이고, 의(矣), 이(耳), 언(焉), 야(也)는 서술조사일세.) 원(元), 명(明), 청(淸)나라 때까지도 학자들의 허사에 대한 인식은 말하자면 모두가 그의 생각을 계승한 것이다.

---

95) [역주] 이는 『춘추』 "二十有八年, 春, 王三月, 甲寅, 齊人伐衛, 衛人及齊人戰, 衛人敗績, 伐不日."(28년 봄, 주왕의 3월 갑인일에 제나라 사람이 위를 정벌하였다. 위나라 사람과 제나라 사람이 싸우다가 위나라 사람이 져서 하루가 되지 않는 사이에 정벌 당했다.)에 대한 『공양전』에서의 설명이다. 앞의 '伐'은 '齊人伐衛'에 해당하고 뒤의 '伐'은 '伐不日'에 해당한다.

96) [역주] "三月丙午, 晉侯入曹, 執曹伯, 畀宋人."(3월 병오일에 진후가 조나라에 들어가서, 조나라 임금을 잡고서, 송나라 사람에게 주었다.)에서의 '畀'에 대한 『곡량전』의 설명이다.

97) [역주] "宋人以齊人蔡人衛人陳人伐鄭."(송나라 사람이 제나라 사람, 채나라 사람, 위나라 사람, 진나라 사람을 거느리고 정나라를 정벌하였다.)에서의 '以'에 대한 『곡량전』의 설명이다.

실사에 대한 사고는 주로 송나라 때에 이루어졌다. 시가창작의 수요 때문에 송나라 사람들은 이미 실사와 허사의 개념을 제시하였다. 송나라 사람들이 말한 실사는 대략 오늘날 말하는 구체명사와 일부 추상명사와 유사하고, 허사는 오늘날 말하는 허사, 동사, 형용사와 일부 의미상 비교적 추상적인 명사 등이다. 송나라 때에 손혁(孫奕)이 두보(杜甫)의 시 "往還時屢改, 川水日悠哉."(오고 갈 때 시절 여러 차례 바뀌었지만, 이수(伊水)의 냇물 날마다 아득하네.)를 인용하여, 여기는 "실사로 허사를 대(對)하였다."(以實對虛也.)고 하였다. 여기서의 '실(實)'사는 '川', '水', '日'를 가리키는 것으로 보이고, '허(虛)'사는 '往', '還', '時'를 가리키는 것으로 보인다.98) 송나라 때의 장염(張炎)은『사원(詞源)』에서 다음과 같이 말하였다. 허사 중에서 단음절인 것은 '但, 甚, 任' 등의 종류이고, 두음절인 것은 '莫是, 還又, 那堪' 등의 종류이다. 그 외에도 송나라 때에는 '사자(死字)'와 '활자(活字)'의 개념을 제시하여 주로 실사를 분석하였다.99)

이 시기에 주목할 것으로는 또한 사람들이 문법에 대한 사고가 있다는 점이다. 북송(北宋)의 손석(『孫奭, 962-1033)이『맹자(孟子)·양혜왕장구(梁惠王章句)』에서 마침표에 대해 정의식 해석을 하였다. 그는 다음과 같이 말하였다. "句者, 辭之絶也."(마침표[句]는 허사 중에서 마치는 내용을 이야기하는 것이다.)100) 또한 같은 곳에서 다음과 같이 말하였다. "句必聯字, 而言句者, 局也. 聯字分疆, 所以局言者也."('句'는 반드시 글자와 이어서 쓰는데, '句'라고 하는 것은 '局'(여기서는 국한하다, 제하다)의 의미이다. 글자와 이어서 써서 경계를 나누는 것은 말을 제한하기 위한 방식이다.) 당나라 때 공영달(孔穎達)의『모시정의(毛氏正義)』에서는 '語倒'(목적어 도치와 비슷함)라는 개념을 제시하였다. 그는『시경(詩詩經)』·주남(周南)·여분(汝墳)』"不我遐棄"(나를 멀리 버려두지 마시길.)이라는 구절 뒤에 말하였다. "不我遐棄, 猶云不遐棄我, 古之人語多倒, 詩之此類衆矣."('不我遐棄'는 '不遐棄我'(나를 멀리 버려두지 말라.)라고 말하는 것과 같다. 옛날 사람들의 말은 자주 뒤집혀 있으니, 시 중에서도 이러한 종류는 많다.)

---

98) [역주] 이 외에도 '屢'와 '悠', '改'와 '哉'도 모두 실사와 허사의 대로 볼 수 있다. 구체적으로는 '悠'와 '改'는 실사이고, '屢'와 '哉'는 허사이다.

99) [역주] 사자(死字)는 "自然而然"(본래 그러한 뜻을 가지고 있어서 그러한 것), 활자(活字)는 "使然而然"(그렇게 여겨서 그러한 의미를 가지는 것)으로 설명하고 있다. 지용싱(李永興)(2001), "古漢語死字活字考察", 桂林市教育學院學報 第15卷 참조.

100) [역주] 이는『맹자주소(孟子注疏)』의 "梁惠王章句"에서 '章句'에 대한 소(疏)로서 제시된 것이다.

2. 후기

어문학 후기의 주요 특징은 허사에 대한 체계적인 연구로, 허사와 관련 있는 저작은 주로 네 가지가 있다. 이 네 가지 저작은 크게 두 종류의 다른 유형으로 나눌 수 있다. 『어조(語助)』와 『허자설(虛字說)』이 하나의 유형이고, 『조자변략(助字辯略)』과 『경전석사(經傳釋詞)』가 또 하나의 유형이다. 이외에 유월(兪樾)의 『고서의의거례(古書疑義擧例)』는 어법과 관련 있는 문제에 대해 종합적 사고를 하였다.

(1) 『어조』

원(元)나라 때 노이위(盧以緯)의 『어조』(또는 『조어사(助語辭)』라고도 함) 1권은 현재 볼 수 있는 중국의 가장 이른 시기에 허사를 설명하고 있는 전문 서적이다. 노이위는 자는 윤무(允武)로, 원나라 영가(永嘉, 지금 절강(浙江) 지방에 속한다.) 사람이다. 『어조』는 학생들이 문장을 작성하기 위해 사용한 것으로, 태정(泰定) 원년(1324) 전후에 작성되었다. 전체 책은 66 종류의 허사를 130개의 표제자로 수록하였고, 허사의 의미에 따라 각각 해석하였다. 몇몇 개는 조(組)로 나눈 후에 각각의 항목에서 새로운 의견을 제시하였다. 책 중에서는 원나라 때의 속어(俗語) 자료를 남겨 두어, 근대 중국어를 연구하는 데에 있어 중요한 자료를 제공하고 있다. 청나라 때 『조자변략』이나 『경전석사』 등의 책이 출판된 후, 이 책은 점차 사람들에게서 잊혔다. 이 책의 성과는 주로 아래의 네 가지 방면으로 나타난다.

우선 책에서는 단음절 허사와 복음절 허사를 함께 수록하였다. 책 속에 수록된 것으로는 '是故', '所以', '若夫', '於是', '旣而' 등 복음절 허사 68개이다. 책 속에 수록된 복음절 허사는 지금의 관점에서 보면 어떠한 것은 허사가 아니라 각종 구로, 예를 들어 '嘗謂'(종종 가리킨다), '或曰'(누군가 말하길), '至於'(……까지) 등이 있다. 그 다음으로는 몇몇 허사에 대해서는 그들의 기능에 따라 조를 나누었다. 예를 들어 ① '也', '矣', '焉' ② '乎', '歟', '邪' ③ '然則', '然而', '不然' 등이 그렇다. 세번째로 어법 작용의 총설과 유추에 주목하였다. 예를 들어 하나의 분류로 묶은 '然則', '然而', '不然' 등을 해석할 때에 다음과 같이 말하였다. "此皆是承上文. '然則'者, 其事理如此, 轉引下文正是如此如此. '然而'者, 其事理如此, 却又轉別有說. '不然'者, 反前意, 言若不如此."(이는 모두 위의 문장을 이어받는다. '然則'이라는 것은 그 일의 이치가 이와 같아서, 뒷문장도 바로 이러이러하다는 것을 인용한 것이다. '然而'

이라는 것은 그 일의 이치가 이와 같은데, 또 별도의 다른 말이 있다는 것을 전환시키는 것이다. '不然'이라는 것은 앞의 뜻을 돌려서 만약 그러하지 않다면을 말한 것이다.) 네번째로 뜻을 풀이할 때 어법 작용의 설명에 신경썼다. '也', '矣', '焉'은 "是句意結絶處."(문장의 의미가 끝나서 멈추는 곳이다.) 이러한 해석은 '語已辭'(종결사)라는 풀이의 통속화라 할 수 있다. 또한 예를 들어 '或'에 대해서 비교적 전면적인 설명을 하였다. "有帶疑辭者; 有帶未定之意者; 有不指名其人其事, 但以'或'字代之者; 有未有此事, 予度其事物設若如此者; 有言其事之多端, 連稱幾'或'字以指陳之者."(의문사의 의미를 가지고 있는 경우도 있고, 아직 결정하지 못한 의미도 가지고 있을 경우도 있다. 특정 사람이나 사실을 지적하여 이름짓지 않고서 단지 '或'자로 대치하는 경우도 있고, 이 일이 있지 않지만 그 일과 사물이 가정하자면 이러할 것이다라는 점을 예측하는 경우도 있고, 그 일이 여러 갈래가 있을 때에 '或'을 연달아 이야기하여 하나하나 지적하여 진술하는 경우도 있다.)

　『어조』의 본문 외에도, 만력년간(1573-1620)의 호문환(胡文煥)의 서(序)에서 옛 속담을 인용하였다. "之乎者也矣焉哉, 用的來的好秀才."(之乎者也矣焉哉 등의 어조사를 잘 쓸 수 있다면 훌륭한 수재이다.) 이 속담은 확실하게 고대중국어의 매우 중요한 7가지 허사를 제시한 것이다. 이 속담에서 제시한 허사를 정리하고 보충하자면, 그들은 고대중국어 연구에서 가장 많이 사용하지만 파악하기 힘든 허사를 모두 가리킨 것이다. 이러한 허사는 모두 조사이다. 구조조사 '之', '其', '者', '所', 어기사 '乎', '哉'와 판단사 '也', '矣', '焉'이다. 이러한 허사 중 '哉'가 상대적으로 간단하다는 점 이외에 나머지 허사는 모두 고대중국어 어법 중에서 중요하지만 파악하기 힘든 핵심 허사라 할 수 있다. 후세의 고대중국어 어법 연구는 본 속담에서 열거한 이러한 허사의 중요성을 증명하고 있다.

　청나라 때에 이르러, 이 책 이후 또한 이하의 몇 가지 내용이 추가되었다. 진뢰(陳雷)와 위유신(魏維新)의 『조어사보의(助語辭補義)』(1687), 위유신과 진뢰의 『조어사보(助語辭補)』(1694), 왕명창(王鳴昌)과 위유신의 『조어사보의부록(助語辭補義附錄)』(1694)은 이 책의 내용에 보충해주는 것이 있다.

(2) 『허자설』

　청나라 때 원인림(袁仁林)의 『허자설』은 청 강희(康熙) 49년(1710)에 책이 이루어졌다. 체제는 대체로 『어조』를 이어받았으며, 모두 143개의 어휘를 51개조 항목으로 나누어 수록하였다.

『어조』와 비교하여 보면, 이 책의 특정은 이론상의 탐색을 중시하였다는 것인데, "허자 총설(虛字總說)"이라는 항목이 있다. 이 '총설'에서 저자는 적지 않은 가치 있는 견해를 제 시하였다. 예를 들어 저자는 허사가 문장 속에서의 위치를 중시하였는데, 다음과 같이 하 였다. "要之不出頭, 頂, 腰, 脚四處, 參差錯出."(요컨대 머리(맨 앞), 이마(앞부분), 허리(중간), 다리 (끝) 등 네 군데에 나오지 않는다면, 들쭉날쭉 잘못 나온 것이다.) 허사의 작용을 개괄하여 말하였다. "托精神而傳語氣."(정신을 의탁하고 어기를 전한다.) 저자는 허자(虛字)와 실자(實字), 그리고 동자(動字)와 정자(靜字) 등의 대립을 중시하였다. 저자가 말하는 동, 정자는 지금의 술어와 명사에 해당한다. "實字虛用"(실사가 허사의 용법으로 쓰이는 것)과 "死字活用"(고정된 의미의 글자를 파생하여 사용함)의 핵심을 다음과 같이 정확하게 지적하였다. "必亦由上下文 知之; 若單字獨出, 則無從見矣."(반드시 문맥에 근거하여 알 수 있다. 만약 하나의 글자가 홀로 나온다면 따라서 드러나는 것이 없게 된다.) 이상 이러한 사상은 모두 귀중한 것이지만, 이러 한 사상이 그 이후의 100여 년 동안 발전하여 나타나지 않았다는 것은 아쉬운 일이다.

『조자변략』과 『경전석사』는 허사의 연구에 있어서 깊이라는 측면은 물론이고 넓이라는 측면에서 모두 앞에서 서술한 두 가지의 책보다 매우 뛰어나다. 이후 두 책은 허사의 훈 석(訓釋)에 있어 두 가지 두드러진 특징이 있다. 하나는 상고(上古) 이래 허사의 훈석을 계 승하는 것을 중시하였고, 또 하나는 허사의 해석과 고적을 읽는 것의 결합을 중시하였다. 이 두 가지의 특징은 후세에 허사를 이해하는 데에 있어 매우 큰 편리한 조건을 제공하고 있다.

(3) 『조자변략』

유기(劉淇)의 5권으로 구성된 『조자변략』은 강희 51년(1711) 처음 판각되었다. 유기는 자는 무중(武仲)이고, 호는 남천(南泉), 확산(確山, 지금의 허난성(河南省) 남부에 있는 현이다.) 사람으로, 제녕(濟寧)에 기거하였다. 『조자변략』의 성취는 주로 아래의 네 가지 방면으로 표현 된다.

우선 고대의 허사 전문서적 중에서 『조자변략』은 수록하고 있는 허사가 가장 많은 책으로, 모두 476자를 평수운(平水韻)에 따라 배열하였다. 그 다음으로 저자는 허사를 분류하고자 힘썼다. 해당 책의 '自序'에서 저자는 몇 가지 다른 기준으로 허사를 서로 교차하는 30가지 종류로 분류해냈다. 예를 들어 '斷辭', '疑辭', '咏嘆辭', '急辭', '緩辭', '發語辭',

'語已辭', '設辭', '別異之辭', '繼事之辭', '或然之辭', '原起之辭', '終竟之辭', '頓挫之辭' 등등이다. 이러한 분류는 사람들이 허사를 인식하는 작용에 있어 매우 계발적이다. 예를 들어 '信', '必', '也', '矣'는 '斷辭'이고, '乎', '哉', '邪', '與' 는 '疑辭', '咏嘆辭'이다. 세 번째로 이 책에서는 다루고 있는 내용이 풍부하고, 수록하고 있는 허사가 범위가 매우 넓어서, 선진(先秦)시기부터 원대까지 경전자사(經傳子史)에서 시(詩), 사(詞), 소설(小說) 등 수집하지 않은 것이 없으며, 방언과 속어에도 유의하였다. 끝으로 이 책에서는 허사의 해석에 대해 전면적으로 심화하였고, 정확하면서도 엄격하게 허사에 대한 전면적인 연구의 기초를 세웠다.

(4) 『경전석사』

왕인지(王引之)의 『경전석사』 10권은 가경(嘉慶) 3년(1798)년에 완성하였다. 왕인지(1766-1834)는 자는 백신(伯申), 호는 만경(曼卿)으로 강소(江蘇) 고우(高郵) 사람이다. 이 책은 160항목, 264자[101]를 수온(守溫)의 36자모를 순서로 삼아 배치하였다. 이 책의 주요 성과는 아래의 네 가지이다.

첫째 저자는 허사를 골라서 취한 범위를 상고 중국어 시기 내로 정하였다. '구경(九經)과 삼전(三傳) 및 주진(周秦), 서한(西漢)의 책'에서 두루 수집하여 토론하였다. 이는 저자의 언어에 대한 인식 중 일정한 역사 관념이 포함되어 있다는 점을 실제로 반영한 것이다. 둘째 '인성구의(因聲求義)'의 방식을 성공적으로 운영하여, 허사 훈석(訓釋)에 있어 새로운 견해를 많이 제시하였다. 셋째 허사를 해석하는 다양한 방법을 운용하였다. 예를 들어 동문호증(同文互證, 다른 경전에 쓰여 있는 동일한 내용을 들어 서로 증명함)과 두 문장을 들어 비교하거나, 호문에 근거하여 같은 뜻으로 유추하는 것, 다른 판본을 근거하여 예를 제시하거나, 고주(古注)를 근거로 서로 추리하는 것, 이후 사람들이 책을 인용하여 서로 증명하는 것 등이 있다. 마지막으로 저자는 뜻풀이할 때에 그 근원과 변화해 나오는 것을 추론하는 것에 주목하였다. 그리고 역대와 당대의 연구 성과를 중시하면서 또한 이전의 저명한 학자, 예를 들어 정현(鄭玄), 고염무(顧炎武) 등의 오류를 바로 잡았다. 학자의 실사구시(實事求是) 정신을 반영하여 허사 연구의 새로운 국면을 개척하였다. 종합하여 말하자면 연구 방법 뿐만 아니라 연구 성과와 학풍(學風)까지 이 책은 모두 허사 연구 중 영

---

101) [역주] 신원철(2014:85)에 의하면 258개로, 동일 항목에서 제시되고 있는 중문(重文)을 포함한 수치이다.

향이 매우 크고 깊은 저작이다. 이 책 이후에 청나라 때 손경세(孫經世)의 『경전석사보(經傳釋詞補)』와 『경전석사재보(經傳釋詞再補)』가 있고, 또한 오창형(吳昌瑩)의 『경사연석(經詞衍釋)』이 있다.

(5) 『고서의의거례』

유월(兪樾)의 『고서의의거례』 7권은 동치(同治) 6년(1868)에 완성하였다. 유월(1821-1907)은 자는 음보(蔭甫), 호는 곡원(曲園)으로 절강(浙江) 덕청(德淸) 사람이다. 이 책의 앞 4권은 진한(秦漢) 전적 중에서 다방면의 어법 문제를 다루고 있다. 문장과 관련하여서는 다음과 같다. '倒序例'(순서가 뒤집힌 예), '倒句例'(문장이 뒤집힌 예), '蒙上文而省例'(윗문장과 이어지는 것인데 생략된 예), '探下文而省例'(아랫문장이 연결되어야 함에도 생략된 예), '古書發端之詞例'(옛 책 중에서 시작을 나타내는 단어의 예) 등이 있고, 품사와 관련한 것으로는 '句子用虛字例'(문장에서 허사를 사용한 예), '實字活用例'(실사를 활용한 예), '助詞用不字例'(조사로서 '不'자를 사용한 예), '也邪通用例'(也와 邪가 통용한 예), '雖唯通用例'('雖'와 '唯'가 통용한 예), '句首用焉字例'(문장 앞에서 '焉'자를 사용한 예) 등이 있다. 이 책에서 어법에 대한 사고는 비교적 체계적으로, 후대에 영향을 많이 끼쳤다. 이후에 유사배(劉師培)의 『고서의의거례보(古書疑義擧例補)』, 양수달(楊樹達)의 『고서의의거례속보(古書疑義擧例續補)』, 마서륜(馬叙倫)의 『고서의의거례교록(古書疑義擧例校錄)』, 요유예(姚維銳)의 『고서의의거례증보(古書疑義擧例增補)』 등이 있다.

제2절 언어학시기

『경전석사』 출간 100년 후, 마건충(馬建忠)은 『마씨문통』을 출판하였다. 이때부터 중국의 고대중국어 어법 연구가 언어학에 귀속된다. 『마씨문통』 출간이후 지금까지 100여 년이 지났으며 이 백 년 동안 고대중국어 어법 연구는 장족의 발전을 이루었다. 어법이라는 학문에 대한 인식이 깊어지면서 고대중국어 어법의 민족성, 역사성, 체계성에 대한 인식도 강해졌다. 이러한 발전은 연구 방법상의 변화를 야기했으며 결과적으로 다량의 연구를 통해서 고대중국어 어법 규칙을 계속해서 밝혔다. 이 기간 동안 연구 방법상의 변화는 세 가지이다. 연구 기준, 연구 순서, 연구 자료의 변화이다. 연구 기준의 변화는 전반적인 변화를 야기한다.

연구 방법에 의거하여 고대중국어 어법 연구는 세 시기로 나뉜다. 발아기(19세기말~1930년대 후기), 발전기(1930년대 후기~1970년대 말), 흥성기(1970년대 말~현재(1997))이다.

1. 발아기(19세기 말~1930년대 후기)

발아기는 고대중국어 어법연구를 시작한 초창기이다. 이 시기에 고대중국어 어법연구의 체계를 세웠으며 고대중국어 어법의 중요한 특징을 전면적으로 연구하게 되었다. 이로부터 고대중국어 어법연구는 발전의 기초를 마련하였다. 이 시기는 두 단계로 나눌 수 있다. 초창기와 비교기로 각각에 대해서 설명하도록 하겠다.

(1) 초창기(19세기 말~1930년대 초)

중국에서 어법론이 독립한 것은 중서문화의 교류에서 시작된다. 이 시기의 고대중국어 어법은 인구어(印歐語) 어법을 모방한 것이다.

인구어에서 어법규칙은 형태, 즉 어법 형식으로 나타난다. 고대중국어에는 인구어와 같은 형태적 특징이 없으므로 이 시기 학자들은 고대중국어의 어법 형식은 무엇인가에 대해서 분명히 인식하지 못했다. 따라서 중국어 어법 체계를 세울 때에 주로 인구어의 어법의 품사적 의미, 문법적 의미를 참고했다. 이렇게 고대중국어의 어법체계를 갖추게 되었다. 이 연구 방법은 고대중국어 고유의 어법적 형식에서 출발한 것이 아니며 우선적으로 대입시킬 수 있는 어법틀을 갖추어야 했고 그 틀은 당시 인구어의 것이다. 실상 다른 민족, 다른 시대의 언어의 어법은 보편성과 특수성을 갖는다. 어법의 보편성에 근거해서 기타 언어의 어법을 참조해서 특정 어법의 연구를 할 수 있다. 한편 특수성은 기타 언어의 어법을 참고하는 것을 불가능하게 한다. 이 시기 학자들은 이와 같은 연구 방법을 통해 서양의 어법체계는 고대중국어의 어법 규칙과 일치하는 요소와 고대중국어에는 적용할 수 없는 요소를 모두 가지고 있다는 점을 알 수 있었다. 고대중국어의 어법과 인구어 어법의 보편성에 대해 다소 연구가 되었지만 이들의 차이점에 관한 연구는 깊이 있게 진행되지 못했다. 이러한 상태에서 이 시기의 연구는 다음과 같은 특징을 보인다.

첫째, 당시 학자들은 선진양한의 고문을 가장 모범적인 문장으로 간주하였다. 따라서 연구 자료는 대개 선진 양한시기를 위주로 하고 후세의 문어자료를 보충하여 공시적 연구를 하였다. 둘째, 어휘법에서 품사 분류의 기본적인 기준은 품사의미이다. 품사의미의 분류는 대개 서양 어법의 품사의미에 근거한다. 셋째, 문장 성분을 나누는 기준은 인구어 어법의 문법의미이며 문장 성분 이외에 '次', '位'와 같은 부류의 술어도 만들었다. 넷째, 품사와 문장성분 사이에 간단한 대응관계가 있다. 다섯 째, 연구 순서는 어휘에서 시작하거나 어휘법을 위주로 하는 사본위(詞本位)이다.

이 시기는 고대중국어 어법의 초창기이며 기초를 마련한 시기이다. 후대에 큰 영향을 미친 고대중국어 어법 저서들이 주로 이 시기에 출현하였다. 이 시기 고대중국어 어법의 연구 업적은 대략 다섯 가지이다. 1) 고대중국어 어법론을 세웠다. 2)고대중국어 어법의 공시적 연구가 발전하였다. 3) 고대중국어 어법서에 대한 연구가 시작되었으며 주로『마씨문통』에 대한 연구가 주를 이루었다. 4) 어법은 역사, 비교, 보편, 세 가지 연구를 통해서 이루어져야 한다는 주장이 제기되었다. 5) 특정 텍스트, 시기별 고대중국어 어법 연구가 시작되었다. 대표적인 저서로는『마씨문통』,『국문법초창(國文法初創)』,『고등국문법(高等國文法)』,『사전(詞詮)』등이다. 다음은 고대중국어 어법론의 건립 등 여섯 가지를 통해 본 시기를 개괄하여 소개하도록 한다.

1) 고대중국어 어법론의 창립

고대중국어 어법론은 청대 마건충이 창립했다. 마건충(1845-1900)은 자는 미숙(眉叔)이며 장수(江蘇)성 단투(丹徒, 지금의 전장(鎭江))출신이다. 유년시기 상하이에서 공부했으며 경사에 통달했으며 프랑스어, 라틴어에 뛰어났다. 1875년 프랑스 파리 대학 정치학과에 파견되어 유학하였다. 졸업해서 귀국 후, 총독 이홍장의 막부에서 양무운동을 도왔다. 1900년 8월 14일에 과로로 서거하였다.

아편전쟁 후, 중국의 지식인들은 교육, 과학을 통해 나라를 구하자는 사조를 형성하였다. 마건충은 평생 국가의 부강을 도모하는 사업에 힘썼으며 어문방면에 있어서 쉽게 이해할 수 있고 학습하기 좋은 법칙을 만듦으로써 사람들이 어문을 학습하는 시간을 단축할 수 있게 하고자 하였다. 그리고 사람들이 자연과학, 사회과학과 같은 유용한 학문에 보다 많은 시간을 소비할 수 있게 하고자 하였다. 마씨는 박학다식하여 라틴어법과 중국 전통적 어문학의 성과를 함께 참고하여 10여 년의 노력 끝에『마씨문통』을 저술하였다. 100

여년 간의 고대중국어 어법의 연구발전은 마건충의 업적과 밀접한 연관성을 띤다. 『마씨문통』의 저술 과정에 아마도 형 마상백(馬相伯, 1840-1938)의 도움을 받은 것으로 보인다.

『마씨문통』(상무인서관, 1898, 이하 『문통』으로 약칭)은 중국의 첫 번째 체계적인 어법저서로 규모가 웅대하고 사려가 주밀(周密)하다. 문제, 모순을 피하지 않고 세세히 다루었다. 어문연구의 새로운 시대를 열어 어문학의 전통적 연구를 돌파하였다. 언어 내부의 구조규칙을 밝히고 중국 고대중국어의 어법론을 세웠다. 이는 중국의 고대중국어 어법론 연구의 새로운 단계를 의미한다. 『문통』은 품사분류에서 문장분석에 주의하였으며 고대중국어 어법의 기초를 마련하였다. 네 부분으로 나뉘며 제1권은 '字', '詞', '次', '句', '讀' 등 각종 어법 용어에 대해서 정의를 내렸다. 모두 23가지 용어를 수록하였으며 전서의 대강에 해당한다. 2권에서 6권에서는 실자, 7권에서 9권까지는 허자를 논하였다. 10권은 구두론(句讀論)이다. 『문통』의 업적은 대략 아래 여섯 가지이다.

1) 어법론의 방법으로 고대중국어의 언어자료를 광범위하고 심도 있게 연구하였다. 『문통』은 선진, 양한의 문헌을 텍스트로 삼았으며 그 안에는 사서, 춘추삼전, 『사기』, 『한서』, 제자서, 『국어』, 『전국책』 등이 포함된다. 한나라 이후의 텍스트로는 한유(韓愈)의 글만을 사용하였다. 『문통』에서 채택한 예문은 7300여개에 달하며 이는 방대한 양이다.

2) 중국어의 품사 체계를 최초로 정립시켰다. 대개 의미에 근거하며 마씨는 자를 크게 실자, 허자 두 부류로 나누었다. 그 다음 실자를 명자(名字), 대자(代字), 동자(動字), 정자(靜字), 상자(狀字) 다섯 부류로 나누고 허자를 개자(介字), 연자(連字), 조자(助字), 탄자(嘆字) 네 부류로 나누었다. 이어서 각 품사를 여러 하위 부류로 나누었다. 예로 동자는 내동자(內動字), 외동자(外動字) 등으로 나눈 것과 같다. 마씨는 각 단어는 고정된 품사를 가지며 문장 안에서 단어의 의미가 변화한 경우 품사도 변할 수 있다고 간주했다. 이러한 변화를 그는 품사가차라고 설명했다. 즉 단어의 의미에 의거하여 품사를 분류하고 일부 단어는 문장에서의 의미 변화에 따라 품사가 변화할 수 있다는 것이다.

3) 『문통』에서는 허사에 대해서 깊게 연구했다. 그가 열거한 전치사 '于', '以', '與', '爲' 등은 실상 고대중국어의 대표적인 전치사이다. 그는 이러한 전치사의 용법을 명확하게 전면적으로 설명하였다. 예로 '如', '而'의 용법을 자세히 다루었다.

4) 중국 고대 어법의 연구성과를 수용하여 '조사' 부류를 만들었으며 고대중국어 어법의 중요한 특징을 드러냄으로써 창의성을 갖추었다. 마씨는 조사를 정확하게 인식하였다. 예로 "'矣', '也' 두 글자는 결사이다."고 설명하고 '也', '矣'를 각각 분석하여 구별하였다.

'也'의 주요 기능은 판단을 표시하는 것으로 판단을 나타낼 때에 '也'의 앞에는 체언, 용언이 올 수 있으며 구[頓], 절[讀] 등이 올 수 있음을 강조했다. 『문통』은 '矣'는 '의론'을 나타내는 기능도 갖추고 있음을 지적하였다.

5) 최초로 체계적으로 문장구조를 분석하였다. 의미 간의 논리관계에 의거하여 문장 성분을 7가지로 분류하였다. 주요 성분은 '起詞'(주어), '語詞'(서술어)이며 그 외에 '止詞'(직접목적어), '表詞'(형용사, 체언술어), '司詞'(전치사 목적어), '加詞'(전목구, 동위구, 기타성분), '轉詞'(간접목적어, 보어)이다. 본서에서는 문장 성분의 구조 규칙에 대해서 상세히 설명하였다. 마씨는 품사와 문장성분을 간단한 대응관계로 확정하였으며 이로써 말미암은 몇 가지 모순점을 해결하기 위하여 명사, 대체사를 문장에서의 위치에 근거하여 여섯 가지 차(次)로 분류하였다. '主次', '賓次', '正次', '偏次', '前次', '同次'이다.

6) 마씨는 문장단위를 세 가지로 나뉘었다. '句', '讀', '頓'이다. 문장은 기사와 어사 두 부분으로 구성된다. 완정한 문장은 주어가 있으며 간혹 없거나 생략되기도 한다. 문장은 단문과 복문 두 종류이며 '讀'는 주술구, 절이다. '頓'은 주술 구조가 아닌 구이다.

이상 여섯 가지는 체계적이고 내용이 방대하다. 마씨의 체계와 현재 고대중국어의 품사 부류와 다른 점은 靜字(형용사)를 수사, 양사, 방위사, 시간사 등으로 세분한 점이다. 현재까지 '次'의 개념 이외에 『문통』의 내용은 그대로 계승되어 고대중국어 어법 체계의 기본 틀이 되었다. 본서에서 제시한 인칭대체사 용법, 목적어 전치, 피동문 형식 등에 관한 규칙은 현재 고대중국어 어법론에서도 활용하고 있다.

2) 공시연구의 발전

『문통』의 영향으로 이를 모방한 고대중국어 어법 서적들이 이어서 출현하였다. 예를 들면 라이위쉰(來裕恂)의 『한문전(漢文典)』(1902), 류진디(劉金弟)의 『문법회통(文法會通)』(1908), 우밍하오(吳明浩)의 『중학문법요략(中學文法要略)』(1917), 위밍쳰(兪明謙)의 『국문법강의(國文法講義)』(1918) 등이다. 이 가운데 특히 장스자오(章士釗)의 『중등국문전(中等國文典)』은 주목할 만 하다.

장스자오(1881-1973)는 자가 행엄(行嚴)이고 후난(湖南) 창사(長沙) 출신이다. 1905년 일본으로 건너가 영국에서 유학하였다. 귀국 후 베이징대학, 둥베이대학의 교수직을 맡았으며 저서로는 『중등국문전』, 『초등국문전(初等國文典)』(1907)등이 있다.

『중등국문전』(상무인서관, 1907)은 저자가 일본에서 유학생들을 위해서 고문을 가르치는 과정에 저술한 것으로 서양의 어법 체계에 근거하여 요내(姚鼐)의 『고문사류찬(古文辭類纂)』 등을 텍스트로 삼아 분석하였다. 전서는 9장으로 구성되며 1장은 총론, 이후 8장은 본서의 품사분류에 근거하여 각 품사 및 그 용법에 대해 다루었다. 비교적 상세하며 읽기 쉽고 아래와 같은 특징이 있다.

1) 품사는 9가지로 나눈다. 명사, 대체사, 동사, 형용사, 부사, 전치사, 접속사(연사), 조사, 감탄사이다. 『문통』과 달리 본서에서는 형용사가 있고 관형어와 중심어 사이의 '之'를 후치 전치사에 포함시켰다. 하위부류에 있어서는 대체사를 인칭, 지시, 의문 세 가지로 분류하고 '接讀代字'를 없앤 점이 상이하다. 동사는 자동사, 타동사, 불완전자동사, 불완전타동사, 피동사, 쌍격동사, 조동사 등의 6가지로 분류하였다. 품사의 하위부류를 나눌 때에는 그 어법특징을 고려하였다. 예로 명사의 하위부류를 설명하면서 명사와 수량사는 구조상 상이한 특징이 있음을 지적하였다. 2) '字', '詞'(단어), '短語'(구)를 명확히 구분했다. 사는 單字詞와 合字詞 두 부류이다. 3) 문장은 4가지이다. 서술문, 의문문, 명령문, 감탄문이다.

3) 문법혁신의 시도

20년대가 되어 일부 학자들은 『문통』 이후의 연구는 고대중국어 어법의 특수성을 분명히 밝혀내지 못하였다고 여기고 고대중국어 어법 고유의 길을 닦고자 혁신을 주장하기도 하였다. 가장 대표적인 예가 류푸(劉復)의 『중국문법통론(中國文法通論)』, 진자오쯔(金兆梓)의 『국문법연구[國文法之研究]』이다.

(1) 류푸(1891-1934)의 자는 반농(半農), 호는 곡암(曲庵)이며 장수(江蘇)성 장인(江陰) 출신이다. 프랑스에서 유학하였으며 베이징대학교 중문과 교수를 역임하였다. 1924년 다시 유럽에서 유학하였으며 귀국 후에 베이징대학교 교수, 중앙연구원 역사언어연구소 연구원으로 겸직하였다.

『중국문법통론』(上海群益書社, 1920)은 류푸가 베이징대학교에서 국어문법을 교수하는 과정에서의 강의 준비 자료를 이후에 정리하여 저술한 것이다. 본서에서 사용한 자료는 선진시기의 고문을 주로 하며 헨리 스위트(H. Sweet, 1845~1912)의 『신영문법(New English Grammar)』에 근거하였다. 책은 모두 3장으로 구성되며 각각 문법연구방법, 어휘법[詞法]과 구법(句法), 중국어 어법의 특징에 대해서 논하였다. 저자의 혁신적 견해는 다음과 같다.

1)두 가지 상이한 문법에 대해 설명하였다. 첫째, 실질적인 문법으로 어느 구체적인 언어의 문법이다. 둘째, 이론적 문법으로 각종 언어가 공유하는 원칙이다. 또한 어법연구 방

법으로 세 가지, 역사, 비교, 보편을 지적하였다. 2)단어를 크게 5가지로 나누고 작게 12가지로 분류하였다. 1實體詞(명사, 대체사), 2品態詞(형용사, 동사), 3指明詞(양사, 표사, 지시대체사, 부분부사), 4形式詞(판단사, 개사, 연사, 조사 등), 5感詞(탄사)등이다. 류푸는 형용사와 동사를 한 가지 부류로 합쳤으며 이는 유럽어의 어법과 상이하지만 실제 중국어에는 부합한다. 이 외에 양사, 판단사를 분류하였다. 3)문장은 단문[簡句]와 복문[複句] 두 가지로 나뉜다. 단문은 보통문(주어와 서술어를 갖춘 문장), 특별문(주어나 서술어가 생략된 문장), 독자문[獨字句]으로 분류하고 문장은 반드시 주어와 서술어가 있어야 한다는 설을 부정하였다. 복문은 종속(subordinate complexes, 主從)과 대등(coordinate complexes, 衡分), 두 가지로 나뉜다. 류푸가 설명한 문법체계는 이미 현재 문법학의 모범형태를 갖추었다.

(2) 진자오쯔(1898~1975)는 자는 자돈(子敦)이며 저장(浙江)성 진화(金華) 출신으로 베이징대학교를 졸업하였다. 젊었을 때, 진화, 상하이, 베이징 등지에서 중학교, 대학교 교사를 역임하였으며 후에 중화서국 부편집장 및 상하이 문사관 편집소 주임, 상후이 문사관 관장 등으로 활동하였다.

『국문법연구』는 저자가 베이징고등사범대학교에서 교수 시의 강의록을 정리한 것으로 1922년 중화서국에서 출판하였다. 3장으로 구성되며 1서론, 2문법연구, 3논리 및 문법현상이다. 본 책은 류푸의 학술적 견해와 유사한 부분이 많지만 어법과 논리의 관계를 강조한 점이 특징이다. 주목할 점은 다음과 같다.

1)어법과 논리의 같은 점, 다른 점을 설명한 후에 보편어법과 중국어어법을 구분하였다. 어법연구는 역사, 비교, 보편 세 가지 측면에서 진행해야 함을 지적하였다. 2)중국어어법의 발전 방향은 복음사가 점점 증가하고 문장에서의 단어 위치가 고정되며 시동, 피동 표현이 점차 분명해졌다. 허사의 용법도 점차 확정되었다. 3)동사와 형용사를 합쳐서 '상사(相詞)'라 하였다. 또한 주어는 항상 체언으로만 구성되는 것은 아니며 서술어도 '상사'로만 구성되는 것은 아님을 지적하였다. 전치사와 접속사에 관한 견해도 중국어의 실제에 부합한다. 병렬관계를 나타내는 것은 접속사, 주종관계를 나타내는 것은 전치사에 속한다.

류푸와 진자오쯔는 이론상 중국어어법의 민족성, 역사성을 강조하였으며 개별 어법문제의 인식에 있어서도 민족성, 역사성에 주의하였다. 예를 들면, 품사분류에 있어서 동사와 형용사의 공통점에 주목하였으며 중국어 발전의 특징을 밝혔다. 이는 마건충의 업적을 뛰어 넘은 것이며 후세의 중국어 어법연구에 좋은 영향을 미쳤다. 비록 스스로의 저서에서 제시한 연구 방법으로 기존의 연구 방법을 대체한 것은 아니며 중국어 특징에 부합하는 새로운 문법체계를 세운 것도 아니지만 이 책에서 설명한 개괄적인 내용은 어법혁신의 전조이며 실제 10여년 후의 문법혁신의 새로운 방향을 열었다.

4) 공시연구의 심화

연구 방법상에는 변화가 없었기 때문에 류푸, 진자오쯔 이후 10년 동안 혁신파는 큰 발전이 없었다. 『문통』의 어법체계를 수정하여 이를 발전시킨 천청쩌(陳承澤), 양수다(陽樹達) 등이 실질적으로 업적을 일구어 냈다.

천청쩌(1885-1922)은 자는 신후(愼侯)이며 푸젠(富建)성 민후우(閩侯) 출신이다. 젊었을 때 마을에서 뽑혀서 일본에서 유학하였으며 법률정치, 철학을 공부하였다. 귀국 후 상무인서관에서 편집, 번역을 담당하였으며 언어문자에 대해 깊이 연구하였다. 그가 『고등국문법연구(高等國文法研究)』를 저술하고자 하였던 바램에 근거한다면 여기에서 소개한 『국문법초창(國文法草創)』은 어법체계를 완성하는데 있어서 일부분이었을 것으로 추측된다. 그 외에도 <품사개론[詞性槪論]>등의 논문을 저술하였다.

『국문법초창』(상무인서관, 1922)는 이론을 깊이 다룬 저서로 근본적인 문제를 지적한 가치 있는 연구서이다. 천씨는 문장에서부터 품사특징을 연구한 책으로 고대중국어 어법연구가 민족성을 띤 방향으로 발전할 수 있게 이끌었다. 대개 문장을 대상으로 어법을 연구하는 경우는 방대한 자료를 언어자료로 수집해야 한다. 따라서 5만자 정도였던 한 권의 책은 언어자료를 수록한 후에는 백 만자에 이르게 되었으며 10여 차례의 원고 수정을 거치면서 완성된 것이다. 본 저서는 후세의 어법연구에 지대한 영향을 미쳤으며 역대 어법학자들이 중요시 여겨왔다. 본 책에서는 어휘구성법에 대해서 다루었으며 통사에 대해서 언급하지 않았다. 13장으로 구성되며 특히 2장, 3장, 13장이 주목할 만하다.

1장은 서론이며 2장은 연구법에 대한 소개로 어법연구의 세 가지 원칙에 대해서 설명했다. 이 가운데 첫 번째 원칙에 해당하는 '설명의 비창조성'은 기본원칙이다. 이 원칙에 있어서 저자는 먼저 중국어의 역사적 발전을 간략하게 서술하였다. 중국어 민족성의 인식에 근거하여 그는 두 가지 사상을 지적하였다. 1)어법은 응당 문위(文位, 문장에서 단어의 위치를 일컬음)를 연구하는 것을 중심으로 한다. 2)품사는 독립적으로 단어의 의미에 근거해서 확정할 수 없으며 문장에서의 위치가 나타내는 주요 의미를 관찰해서 확정해야 한다. 그래야 비로소 하나의 단어가 주로 어느 품사에 귀속되는지 판단할 수 있다. 천씨는 의미에 근거하여 품사를 확정하긴 했지만 품사를 확정짓는데 있어서의 문장의 기능에 대해서도 주의하였다. 이는 마건충이 단어의 의미에 근거하여 품사를 확정하였던 것과는 상이하며 후에 연구자들이 품사를 연구하는데 큰 계발이 되었다. 두 번째 '모방적이지 않는 독립성'의 원칙은 첫 번째 원칙을 고수하며 다량의 연구를 진행하는 과정에 생겨난 직접적인 결과물이다. 천씨는 중국어의 민족성을 강조하며 사동, 의동을 중국어 특수성으로 간주하였다. 또한 관계대체사(마씨의 接讀代字), 형용사의 비교급, 주어의 생략 불가능 등은 중국어 고유의 특징이라 주장했다. 세번째, '실용적이며 꾸밈이 없음'의 원칙은 첫 번째 원칙을 보충한 것이다. 저자는 그 외에도 어법연구의 기타 원칙에 대해서 설명했으며 예를 들면 개별과 일반, 어법과 수사의 구분을 강조하는 것과 같다.

3장 「문법 상 해결해야 할 여러 난제」에서 네 가지 문제에 대해서 논의하였으며 주목할 점은 그가 상술한 세 가지 원칙에 근거하여 본용(本用), 활용을 구분하고 품사의 고정성(詞有定類)을 주장하였다. 이는『문통』의 주장을 수정한 것으로 역시 이후에 고대중국어 품사연구의 바탕이 되었다.

4장에서 12장까지는 품사에 대해서 각각 논의하였으며 이 책의 핵심부분이다. 그 가운데 실사와 허사의 의미적 특징, 동사에 관한 내용이 주목할 만 하다. 그 밖에도 방위사를 명사에 포함시킨 점이 특징이다.

13장은 「활용의 실례」로 품사의 전환, 활용을 상세히 다루었다. 활용은 크게 두 가지로 분류하였으며 본용의 활용과 본용이 아닌 활용이다. 각 품사의 활용에 대해서 전면적으로 깊이 있게 연구하였다. 활용에서 '致動', '意動'에 대한 상세한 설명은 이후 몇 십년간 고대중국어 어법 연구학계에서 계승되었다.

(2) 양수다(1885-1956)은 자가 우부(遇夫), 호는 적미(積微)이며 후난성 창사 출신이다. 1905년 일본에서 유학 후, 귀국하여 베이징 사범대학교 등의 고등교육기관의 교수를 역임하였다. 1949년 후에 중국과학원의 학부위원으로 선발되었다. 그는 건가의 박학을 계승하여 고대중국어의 각 방면에 조예가 깊다. 여기에서 소개한 저서 이외에도 어법과 관련한 저서로『고서구두석례(古書句讀釋例)』(1934) 등이 있으며 그 외에도 여러 편의 논문이 있다.

『고등국문법(高等國文法)』(상무인서관 1930)은 저자가 베이징 사범대학교에서의 교수 시의 경험을 총집합한 것으로 훈고를 중심으로 한 어법서이다. 당시 큰 반향을 일으켰으며 전서는 10장으로 구성된다. 1장은 언어의 기원과 종류, 중국어의 기원과 발전 등에 대해서 다루었으며 이하 9장에서는 각각 9가지 품사를 다루었다. 주요 업적으로 세 가지를 꼽을 수 있다.

1) 유기(劉淇), 왕인지(王引之), 유월(兪越), 장태염(章太炎) 등의 연구를 계승하여 이를 바탕으로 후이루(胡以魯), 장스자오, 천청쩌 등의 어법서의 관점을 받아들여 어휘를 중심으로 하는 독특한 어법체계를 구성하였다. 이 어법체계에서는 구법과 문장 구조에 관계된 내용은 거의 다루지 않는다. 전체 책의 조리가 분명하고 예문도 잘 갖추었으며 검토하며 읽기에 편리하다. 허사에 대해서도 상세히 다루었으며 세심히 훈석하였으며 일부 의견은 예리하며 깨우침을 준다. 2) 언어자료의 양이 방대하며 제자서에서부터 『후한서』, 『삼국지』, 그리고 육조시기, 당나라의 저작까지 다루었다. 3) 『문통』의 오류를 수정하는 것을 중요시여겨 일부 마건충을 능가하는 의견을 제시하기도 하였다. 예를 들면 『문통』에서 '咸', '皆'을 대체사로 간주하였지만 본서에서는 이를 부사에 귀속시켰다.

(3) 고대중국어어법연구에서 중요한 것은 허사연구이며 이 방면에서 초기에 큰 업적을 남긴 사람이 양수다이다. 양수다는 『고등국문법』의 허사와 관련한 내용을 뽑아서 『사전(詞詮)』(상무인서관, 1928)을 출간하였다.

『사전』은 훈고학과 어법론을 결합시켰으며 전서에서 수록한 허사(일부 대체사 포함)가 472개에 달하며 복음사는 수록하지 않았다. 예문은 대개 선진양한의 전적에서 취하였다. 우선 음을 기록하고, 품사를 밝히며 다음 그 뜻을 풀이하고 용법을 설명한다. 이어서 예문을 인용하였으며 일부는 평어(評語)를 덧붙였다. 본서에서는 허사의 품사를 확정지었으며 세밀하게 분류하였다. 허사에 대한 해석이 전면적이고 정확하며 전대의 좋은 견해를 계승하고 그에 반하는 것은 취하지 않았으며 새로운 견해도 많이 보인다. 예증할 수 있는 자료가 풍부하며 내용이 체계적이고 전면적이다. 따라서 학술, 사용가치가 높다.

페이쉐하이(裴學海, 1899-1970)의 『고서허자집석(古書虛字集釋)』은 국내외에 영향을 미쳤다.

『고서허자집석』(상무인서관, 1932)은 10권이며 290개의 허자를 수록하였다. 왕인지의 『경전석사(經傳釋詞)』 이후의 주요 허사 연구서의 견해를 수집하고 이를 보충한 것으로 전면적으로 허사의 각종 용법을 개괄하였다.

5) 어법 전문서 연구

『문통』이 출판된 이후 곧 이를 연구한 서적이 출간되었다. 예를 들면 『마씨문통이람(馬氏文通易覽)』(邵成萱, 瑞安仿古印書局, 1914), 『마씨문통요략계몽(馬氏文通要例啓蒙)』(陶奎, 北京華新印刷局, 1916) 등이 있다. 양수달의 『마씨문통간오(馬氏文通刊誤)』(상무인서관, 1931)는 예문, 품사 등과 관련한 『문통』의 여러 가지 오류를 세심히 수정하였다.

6) 특정 주제 연구

이 시기 고대중국어 어법 방면의 논문은 적다. 30년간 발표된 관련 논문은 약 20편이다. 이 중에는 창의성이 있는 논문이 적지 않다. 예를 들면, 허딩성(何定生) 「한대 이전의 어법연구[漢以前的文法研究]」(1928), 룽겅(容庚) 「주대 금문의 대체사 용례 분석[周金文中所見名詞釋例]」(1929)은 최초의 시기별 연구이며 허딩성 「『상서』의 어법 및 그 연대[尚書的文法其年代]」(1928), 리진시(黎錦熙)의 「삼백편의 '之'[三百篇之'之']」(1929)는 최초의 특정 저서 연구서이다. 천청쩌의 『국문과 국어의 분석[國文和國語的解剖]』(1923), 『문장론의 개괄[文章論大要]』(1925)은 문장구조를 분석하였다.

(2) 비교기(1930년대 초~1930년대 후기)

고대중국어 어법 연구의 발전은 끊임없는 노력을 통해서 이루어진 것으로 각 시기별로 상이한 성과를 이루었으며 이는 앞선 연구자들의 업적을 초석으로 한다. 본 시기에는 앞서 의미에서부터 어법을 연구하는 방법을 초석으로 세 가지 특징이 있다. 1)문장 중심 연구. 단어 중심의 연구에서 문장 중심의 연구로의 변화는 연구 방법의 변화를 뜻한다. 의미를 기준으로 어법을 연구할 때에는 두 가지 연구 방법, 단어 중심 연구와 문장 중심 연구가 있다. 단어중심의 연구는 품사를 분류하는 것에서 시작하며 이어서 문장을 연구한다. 『문통』이 바로 이러한 순서로 구성되었다. 문장중심의 연구는 통사에서 시작하며 그 다음 품사를 고찰한다. 즉 문장에 의거하여 품사를 분류한다. 형태변화가 없는 중국어는 문장에 의거한 품사분류법이 적합하며 이를 통해서 중국어 어법의 특수성을 나타낼 수 있다. 하지만 초창기의 후기에는 고대중국어 어법 연구가 일종의 품사 연구에 그쳤다. 이러한 상태에서 문장중심의 연구의 출현은 진일보하였음을 의미한다. 2)비교연구. 이는 연구 자료의 변화로 구어와의 비교로 고대중국어 어법을 연구하는 것이다. 3)관통. 이는 통시적 연구의 다른 형식으로 이 시기 대표적 저서로 『비교문법(比較文法)』과 『중국문법어문통해(中國文法語文通解)』가 있다.

1) 비교연구

비교연구의 선구자는 류푸이다. 류푸는 『중국문법강의[中國文法講話]』(北新書局, 1932)에서 『중국문법통론(中國文法通論)』의 새로운 체계를 포기하고 당시 비교적 통행되던 학설을 채택했다. 먼저 문어와 구어의 어법을 함께 비교 연구하였다. 특히 '所', '其' 등의 단어의 용법을 상세히 논의하였으며 이는 고대중국어의 대체사 연구에 도움이 된다.

비교어법의 최초 저서는 리진시의 『비교문법(比較文法)』이다.

리진시(1890-1978), 자는 서시(劭西)이며 후난(湖南) 샹탄(湘潭) 출신이다. 1911년 후난우수 사범대학을 졸업하고 1920년에 베이징 고등, 사범학교에서 교수하였다. 1955년 중국 과학원의 철학과 학부 위원으로 임명되었으며 언어학 방면에서 큰 공헌을 하였다.

『비교문법』(北平著者書店, 1933, 1973년에는 부제 '문어어법개요[文語語法擧要]'를 추가하였다)는 본래 저자의 강의노트로 『신저국어문법』의 '실체사(實體詞)의 7가지(위치) 체계를 통해서 『문통』을 연구하였으며 예문을 검열하고 일부 설명을 비판하였다. 주로 고대중국어와 현대중국어를 비교하였으며 영어, 일본어 등도 비교하였다.

서론을 제외하고 7장으로 구성되며 문장중심의 연구 방법으로 고대중국어 어법의 主位, 呼位, 賓位, 副位, 補位, 領位, 同位 등의 문제를 서술하였다. 이는 풍부한 예문을 갖추었으며 참신한 학설을 담고 있는 중요한 저서이다. 저자는 1963년 후서에서 이 책은 주로 '단어 중심 연구와 문장형식'의 각도에서 고대중국어 어법의 8가지 핵심요소를 설명하였으며 그 가운데 허사가 4가지를 차지한다.

1)의문문과 부정문의 목적어가 대체사인 경우 몇 가지 전치 규칙이 있다. 2)전목구는 '부위(副位)' (부사어와 행위의 대상이 아닌 목적어)에 사용될 수 있다. 전치사가 없어도 관련의 어휘가 부위에 사용될 수 있다. 3)판단문은 계사를 사용하지 않으며 이는 고금 사이의 큰 변화이다. 4)사동문과 의동문은 실사의 활용이다. 5)관형어의 표지 '所' 6)주어성 領位의 표지 '之' 7) 聯接 대체사 '者' 8) 領位 대체사 '其' 리진시가 제시한 8가지 핵심요소는 두 가지 문제로 귀결시킬 수 있다. 첫째, 구법문제로 (1), (2), (4)는 동사와 목적어와 관련한 문장형식이고, (3)은 판단문과 관련한 문장형식이다. 둘째, 허사문제로 저자는 '所', '之', '者', '其'는 고대중국어의 상용 특수 허사임을 밝혔다.

2) 통시연구

통시연구는 기간별 연구 방법, 종합적 연구 방법을 취할 수 있다. 관통연구는 역사상의 각 시대의 언어자료를 함께 연구하며 중국어의 역사적 분기를 중시하지 않는다. 다만 상이한 시기의 어법적 특징에 주목한다. 관통연구의 창시자는 양보쥔(楊伯峻)이다.

양보쥔(1909-1992)의 본명은 덕충(德崇)이며 후남성 창사 출신이다. 1932년 베이징대학 중문과를 졸업하였으며 중학교 교사, 중산대학 강사, 후남 「民主報」 신문사 사장, 베이징 대학, 란저우 대학 중문과 부교수, 중화서국 편집 심사직을 역임하였다. 오랜 기간 동안 고대중국어를 가르치고, 연구하고, 보급하는 작업을 하면서 양보쥔의 학문은 보다 깊어졌다. 특히 허사 연구에 특출한 업적을 이루었다. 『중국문법어문통해』, 『문언어법(文言語法)』, 『문언허사(文言虛詞)』, 『고대중국어어법 및 그 발전[古漢語語法及其發展]』(허러스와 공저) 등의 저서를 저술하였으며 다수의 논문을 발표하였다.

『중국문법어문통해』(상무인서관, 1936)은 언어자료 면에서 창의성을 갖추었다. 고대중국어 어법의 역사적 연구의 효시라 할 수 있다. 전서는 12장으로 구성되며 1장은 「품사총론」이며, 3장~11장은 각각 명사, 대체사, 동사, 형용사, 부사, 전치사, 접속사, 조사, 감탄사에 대해서 다루었다.

본서의 핵심은 역사비교 방법으로 허사를 연구한 것으로 분석이 상세하고 정확하다. 상고, 중고 자료뿐만 아니라 근대, 현대 언어자료도 다루었으며 서면어, 구어를 모두 연구하였다. 구법에 관한 설명도 갖추었으며 예를 들면 처음으로 몇 가지 형용사가 동시에 사용될 때의 어순 등에 대해서 논한 것과 같다.

3) 특정 주제 연구

본 단계의 시기는 짧고 논문의 수량도 적은 편으로 몇 년간 대략 10여 편 정도이다. 그 가운데 딩성수(丁聲樹, 1909-1989)의 「부정사 ‘弗’, ‘不’분석[釋否定詞“弗”“不”]」(1935)이 가장 특출하다. 이 논문은 훈고학적 방법에 근거한 허사연구를 문법연구로 전환하였으며 이를 통해 주목할 만한 연구 성과를 이루어냈다. 이는 발아기에서 발전기로 향하는 과도기를 대표하는 논문으로 허사연구의 새로운 시대를 열었다. 이 밖에도 우시창(吳世昌, 1908-1986)의 「시 삼백편의 ‘言’자에 대한 새로운 해석[詩三百篇“言”字新解]」(1933)등이 있다.

2. 발전기(1930년대 후기~1970년대 말)

발전기는 중국어법학사 상의 중요한 시기이다. 고대중국어법 연구의 성과적 측면에서 본다면 이 시기를 대표할 만한 연구자는 왕리(王力), 뤼수샹(呂叔湘), 가오밍카이(高明凱)이다. 이 시기 연구는 연구자료 및 체계 두 가지 방면에 있어서 발아기의 후기에 출현한 연구를 계승, 발전시켰다. 즉 비교와 역사연구 방법 및 통사연구에 주목하였으며 이와 관련하여 큰 연구업적을 이루었다. 왕리, 뤼수샹, 가오밍카이는 풍부한 언어자료를 바탕으로 어법규칙을 체계화한 점에서는 앞선 시기의 연구자들과 같지만 발전기 동안 연구기준에 중요한 변화가 있었다. 이전에는 서양의 어법의미에 근거하여 중국어 어법을 분석하였다면 위의 세 학자는 서양 언어학의 이론적 관점에서 중국어 어법을 연구하였다. 출발점의 차이는 연구기준의 변화를 야기하였다.

발전기는 두 단계로 나뉜다. 종합단계와 통시단계이다.

(1) 종합단계(1930년 후기~1950년대 초기)

이 시기의 연구 방법상의 특징은 1)통사연구를 중시하며 통사연구에서 더 이상 의미만을 기준으로 삼지 않는다. 의미와 어법 형식을 두 가지 상이한 개념으로 간주하며 이 두 가지를 종합하여 기준으로 삼아 어법현상을 분석, 귀납한다. 앞에 발아기는 의미를 기준으로 하며 실상 서양어법의 틀에 의거하여 고대중국어 어법을 연구한 것이다. 이 시기의 어법형식 연구는 반드시 중국어 고유의 특징을 연구 중점으로 삼았으며 이를 통해 고대중국어 어법의 민족적 특징을 드러내었다. 2)허사는 중국어의 중요한 어법 수단임을 인식하고 광의의 허사(허사 및 수사, 대체사 등 여러 종류의 폐쇄적 품사)를 충분히 연구하고 많은 학설을 내놓았다. 왕리, 뤼수샹, 가오밍카이(高明凱)는 세 가지 다른 해결 방안을 제시하였다. 당시 상황을 보건대, 그들의 실사연구 방법은 가장 적합한 방법이지만 이후의 발전 방향을 고려한다면 세 가지 해결방안은 모두 이상적인 것은 아니다. 3)비교연구를 중시하였으며 특히 문어와 구어의 비교연구를 중요시 여겼다. 고대중국어 어법의 연구는 구어와 어법이론도 함께 포함된 것이다. 현대중국어연구와 비교하면 고대중국어어법연구는 상대적으로 취약하다.

1) 발전기의 시작

1935년 1월 왕리는 「중국문법학초탐(中國文法學初探)」의 문장을 발표했으며 이를 기점으로 고대중국어어법연구의 발전기가 시작되었다.

왕리(1900-1986)의 자는 료일(了一)이며 광시(廣西) 장족(壯族)자치구 보바이현(博白縣) 출신
이다. 1926년 칭화대학 국학연구원에 입학하고 1927년 프랑스로 유학을 떠났다. 1932년
귀국하여 칭화, 옌징대학의 교수직을 맡았다. 1954년 베이징대학으로 옮겨갔으며 1956년
중국과학원 철학사회과학 학부위원으로 임명되었다. 왕리가 저술한 언어학 방면의 전문
저서 및 논문은 모두 1000여 만 자로 대부분 창의적이다. 이는 중국 언어학 각 영역의 발
전과 언어학 교학에 큰 영향을 미쳤다. 따라서 그의 이름을 딴 '베이징대학 왕리 언어학
상'도 있다.

「중국문법학초탐」은 창의적이고 획기적인 논문이다. 이론적 방법과 구체적 문제와 관
련하여 고대중국어어법연구에 큰 영향을 미쳤다. 이는 고대중국어의 어법체계를 정립하려
는 것이 아니라 고대중국어 어법의 몇 가지 특성을 고찰하는 것에 중점을 두고 연구 방법
을 확정하였다. 이를 위해서 본문에서 10여 가지 문제를 논의하였으며 이는 3가지 내용으
로 귀결할 수 있다. 첫째, 이 책은 천청쩌의 연구 사상을 거듭 설명하며 심화시켰다. 예를
들면, '중국어는 주어가 필수는 아니다,' '죽은 문법과 사용되고 있는 문법을 구분해야 한
다,' '단어에는 정해진 품사가 있으며 품사변화(활용)의 특징도 있다.'와 같다. 둘째, 후대
에 오랫동안 준수되었던 연구사상을 제시하였다. 예를 들면 다음과 같다. 1)대체사, 전치
사, 접속사, 조사 등 허사는 문법성분이다. 이는 어법연구의 주요 연구대상이다. 2)어순이
고정된 것은 중국어의 특징이며 이는 중국어 어법에 있어서 반드시 다루어야 할 내용이
다. 3)유럽 어법 학계는 '규칙'을 만드는 것에 편중되어 있다. 중국어 어법 학계는 '이론'
을 중시하며 따라서 유연성이 있다. 4)중국어는 시기를 나누어 시기별로 어법사 연구를
진행해야 하며 장기간의 연구 성과는 『중국문법사(中國文法史)』에 담겨 있다. 셋째, 일부
구체적인 문제에 대해서도 다루었다. 예를 들면 다음과 같다. 1)단문, 복문과 관련한 여러
가지 통사, 의미 문제를 다루었다. 2) '其', '之', '所', '於'등의 단어의 용법 및 품사의 활
용(변화)에 대해서 논의하였다. 3)문미조사 '也' 등은 문장의 성질 등을 결정한다. 1937년
왕리는 「중국어 문법의 계사[中文法中的繫詞]」를 발표하였으며 이 논문에서는 계사의 역사
적 변화를 고찰하였으며 '是', '非', '爲', '乃', '繫', '曰', '謂'등과 관련한 문제를 설명하
였다. 본 논문에서는 구체적인 문제를 연구함으로써 사람들을 계발시켰을 뿐만 아니라 저
자의 어법연구에서 나타나는 역사성과 민족성의 관점에 대해서도 밝혔다.

1938년부터 1943년까지 양쯔강 이남지역에서 문법혁신의 논의가 일었으며 이 토론에
가담한 자는 천왕다오(陳望道), 팡광다오(方光燾), 푸둥화(傅東華), 장스루(張世祿) 등의 연구자

들이다. 이 토론은 서양의 어법을 통해서 중국어 어법 체계를 세우는 연구 방법에 대해서 이론적으로 깊게 논의한 것이다. 토론 중에 발표된 30여 편의 논문은 천왕다오가 편집한 『중국문법혁신논총(中國文法革新論叢)』(重慶文聿出版社, 1943)에 수록되었다. 이 토론에서는 품사분류, 문어와 구어의 어법, 어법연구의 대상 및 『마씨문통』의 평가 등의 문제에 대해서 다루었으며 이는 이후 고대중국어어법 연구에 계발이 되었다.

2) 비교연구

30년대 초에서부터 실질적 수요에 의해서 문어와 구어의 어법비교 연구는 이미 중요한 연구주제가 되었다. 이 시기는 겉으로는 연구가 연속적으로 발전한 것처럼 보이지만 실제 이미 근본적인 변화가 일어난 것이다. 이러한 변화는 뤼수샹(呂叔湘)의 『중국문법요략(中國文法要略)』(상무인서관, 1941)에 나타난다.

뤼수샹(1904-1988)은 쨩쑤성(江蘇省) 단양(丹陽) 출신으로 1926년에 국립동남대학 외국어과를 졸업하였다. 1936년 영국 옥스퍼드대학, 런던대학에서 유학하였으며 귀국 후, 윈난대학, 중국 과학원 언어연구소에 몸담았다. 뤼수샹은 오랜 기간 동안 중국어 어법을 연구했으며 학문을 행함에 신중하고 꾸밈이 없어 연구업적이 크다. 1983년 개인의 자산을 기부하여 '중국사회과학원 청년 언어학자 장려금' 제도를 만들었다.

『중국문법요략』은 저자가 윈난대학의 교수로 재직할 당시 중국문법 수업을 교수한 내용을 수정하여 출간한 것이다. 중학교 교사들이 참고할 수 있도록 모든 언어자료를 대개 항일전쟁 이전에 통용되던 중학교 어문 교과서에서 취했다. 이 책의 출판 전에 어법론 저서는 대개 의미를 어법연구의 기준으로 삼았지만 이 책은 연구기준을 연구하고 의미와 어법형식을 모두 기준으로 취하는 방법을 선택하였다. 어법형식과 의미에 대한 분명한 인식을 토대로 전서는 두 가지 방향을 취하여 저술하였다. 즉 상권은 「詞句論」으로 통사 측면에서 의미를 논하였고, 단어의 조합에 대해 논의할 때에는 예스페르센(Jens Otto Harry Jespersen, 1860.7.16.-1943.4.30.)의 '三品說'을 통해 설명했다. 하권은 '表達論'으로 의미를 통해서 통사와 허사를 설명했다. 예문이 풍부하고 조리가 분명하며 견해가 깊어 학계에 지대한 영향을 미쳤다. 고대중국어 연구에서 그가 활용한 연구 방법과 문어를 대상으로 밝힌 연구규칙은 의의가 있다. 구체적으로 아래 4가지로 요약할 수 있다.

1) 품사를 구분하고 문장을 분석할 때, 의미와 구법을 함께 고찰한다.

이 책은 의미에만 근거한 것이 아니라 의미와 기능에 근거하여 단어를 크게 2가지, 작게 7가지로 분류한다. 실제 의미를 갖는 단어로는 명사, 동사, 형용사 3가지가 있고 보조사(광의의 허사)로 限制詞(부사), 지칭사(대체사), 관계사, 어기사 등의 4가지가 있다. 본서는 실사의 구조를 3가지로, 연합관계, 조합관계(부가관계), 결합관계(주술관계)로 나누었으며 서술어의 의미와 품사 성질에 근거해 문장을 4가지로 분류했다. 첫째, 서술문은 사실을 서술하는 문장으로 서술어의 중심은 동사이다. 둘째, 상태 표현문[表態句]은 사물의 성질과 상황을 서술하며 형용사가 서술어이다. 셋째, 판단문은 사물의 함의나 사물의 같은점, 차이점을 변별한다. 넷째, 유무문은 사물의 유무를 나타낸다. 이 책은 문장의 성분을 의미에 근거한 '起詞', '止詞' 등을 나누는가 하면 통사에 근거하여 주어, 서술어로도 나누었다. 이는 저자가 의미와 어법형식을 모두 중시하였음을 나타낸다. 이 책은 주술구조 관계에 근거하여 문장을 세 가지로 나뉘었다. 단문, 번문(繁文, 주술구가 문장성분으로 기능), 복문이다. 이 밖에도 세 가지 특수한 문장형식을 언급하였으며 치사(致使)문, 의위(意謂)문, 유무문이다.

2) 「詞句論」에서 문장과 단어 구조 변환 규칙에 대해서 상세히 서술하였다. 이는 심도 있는 분석으로 계발성을 갖추었다. 변환이란 '상이한 구조의 동일한 의미'를 분석한 것으로 의미와 구법, 두 가지를 모두 중시한 그의 사상을 반영한다. 이러한 연구 방법은 고대 중국어 어법연구 작업에 큰 의의를 갖는다.

3) 表達論에서는 본서의 가장 큰 특징을 담고 있다. 의미를 요강으로 보조사를 의미와 구법 두 가지를 통해서 논의하였으며 8가지 어법유형으로 설명하였다. 수량, 지칭, 장소, 시간, 정반과 허실, 전신(傳信), 전의(傳疑), 행동과 감정과 같다. 그 밖에 여섯 가지 관계, 이합(離合)과 향배(向背), 이동(異同)과 고하, 동시와 선후, 석인(釋因)과 기효(紀效), 가설과 추론, 금종(擒縱)과 부각[襯托]이다.

4) 본서는 각 부분에서 문어의 어법현상에 대해서 정확하게 관찰하고 분석하여 여러 규칙을 밝혔다. 예를 들면 동작과 상태 간의 3가지 관계, '者', '所'의 기능, '有'와 관련한 각종 문장형식의 특징과 같다. 그 외에도 문어에는 문어와 구어의 비교에 있어서는 특히 큰 연구 성과를 이루었으며 창의적 주장이 많다. '之', '者'와 '的'의 비교, '些'와 '等'의 비교, 활용의 비교 등과 같다.

이외에도 이 책에서 여씨는 역사적 어법연구에 주목하였으며 그의 「'無'와 '勿'을 논함[論"無"與"勿"]」(1941)은 그 방법이 과학적이고 결론도 신임할 만 하다. 딩성수의 「부정사 '弗', '不' 해석[釋否定詞"弗""不"]」과 교묘하게 유사한 결과를 도출하였다. 「'相'자 분석

["相"字偏指釋例]」(1942), 「'見'자의 지시기능["見"字之指代作用]」(1943)등도 있다. 이러한 논문은 기반이 탄탄하고 분석이 치밀하며 창의성을 갖추었다고 할 수 있다.

그 밖에도 뤼수샹은 『문언허자(文言虛字)』(開明書店, 1944)를 저술하였다. 이 책은 문어 상용 허사 29개를 수록하였으며 대체사, 전치사, 접속사, 부사, 어기사의 순서로 배열하고 동일한 품사를 의미와 용법에 근거하여 유사한 어휘끼리 분류하여 모두 12가지 하위부류로 나누었다. 그 외에 일부분에서는 풍부한 예문을 통해서 상세히 분석하고 어법상의 기능을 설명하였으며 가능한 한 현대중국어와도 비교하였다. 그 밖에도 150개의 허사를 수록하였으며 해석이 간결하면서 정확하다. 이는 허사연구에 있어서 권위 있는 연구라 할 수 있다.

비교연구의 저서로는 저우츠밍(周遲明)의 『국문비교문법(國文比較文法)』(正中書局, 1948)도 있다.

3) 어법 이론에서 고대중국어 연구

어법이론에 관한 저서에서 고대중국어 어법을 다룬 대표적 저서로 왕리의 『중국어법이론(中國語法理論)』, 가오밍카이의 『중국어어법론(漢語語法論)』이 있다.

(1) 『중국어어법이론(中國語法理論)』(상무인서관, 1944)은 예스페르센의 '삼품설'과 블룸필드(Leonard Bloomfield)의 내심구조(endocentric construction) 이론으로 중국어 어법을 분석하였다. 본서는 6장으로 구성되며 고대중국어와 관련한 주요 내용은 서론과 앞의 5장 부분에 해당한다. 1, 2장은 통사론, 3장은 어법성분, 4장은 교환법과 칭수법(稱數法), 5장은 특수형식에 해당한다.

1)서론에서는 중국어 어법연구에 있어서 6가지 원칙을 제시하였다. 그 가운데 두 번째 조항에 해당하는 "번역은 어법이 아니다."는 주장은 고대중국어 어법연구에 중요한 의미를 갖는다. 2)품사에 있어서 저자는 품사의미와 단어의 기능을 나누어서 설명하였다. 그는 의미에 근거한 품사분류는 중요하지 않으며 단어의 기능에 근거해야 한다고 주장하였다. 의미에 근거한 품사분류를 중시하지 않음은 실제 단어 중심의 연구 방법을 따르지 않은 것이다. 단어의 기능을 중시한 점은 통사관계를 중시한 것이다. 품사, 특히 실사와 관련한 어려운 문제는 이러한 연구 방법을 통해서 깊이 연구할 수 있다. 저자는 문장을 판단문, 묘사문, 서술문, 세 가지로 나누었다. 또한 본서에서 명사와 형용사가 서술어로 사용되는 조건, 사동용법과 사성식의 관계, 상고중국어에는 처치식이 없다. 고대중국어에는 진정한

피동형식이 없다, 문장에서 전목구의 위치 등에 대해서 다루었으며 이는 이후 고대중국어 어법연구에 큰 영향을 미쳤다. 3) 3, 4, 5장에서의 계사 설명, '再, 所, 者, 矣, 於, 以, 而'등의 허사 및 문장구성법에 대한 논의 역시 후대에 영향을 미쳤다.

(2)가오밍카이(1911-1965)는 푸젠(福建) 핑탄(平潭) 출신으로 옌징대학(현 북경대학) 철학과를 졸업하고 이후 프랑스 파리대학에 유학했다. 귀국후, 옌징대학, 북경대학의 교수를 역임하였으며 언어학 이론에 있어서 초석을 마련하였다.

가오밍카이의 『중국어어법론』(개명서점, 1948)은 조제프 방드리(Joseph Vendryes, 1875-1960)와 마보러(馬伯樂)의 영향을 받은 것이다. 저자는 중국어(고대중국어 포함)의 실사는 품사가 없으며 문장에서의 기능에 의거하여 명사기능, 형용사기능, 동사기능을 가진 성분으로 분류할 수 있다고 여겼다. 허사는 10가지로 지시사, 인칭대체사, 수사, 수위사(數位詞), 차수사(次數詞), 체사(體詞), 태사(態詞), 욕사(欲詞)와 원사(願詞), 능사(能詞)와 양사로 분류하였다. 다수의 예문을 갖추었고 설명이 상세하다. 고대중국어의 어법에 대해서도 다수의 창의적 학설을 제시하였으며 인칭대체사, 판단문, 부정사에 대한 견해는 깊은 사고를 바탕으로 하여 연구자들을 계발시켰다.

4) 독립적인 고대중국어 어법 연구

본 시기의 독립적 고대중국어 어법 연구는 비교적 취약하나 단어 중심 방법[詞本位]에 근거한 독특한 견해의 저작이 있다. 이는 푸쯔둥(傅子東)의 『부씨문통(傅氏文通)』(興中印刷廠)이다.

푸쯔둥(1893-1972)는 쓰촨(四川) 장유(江油)현 출신으로 1918년 베이징대학 경제학과 졸업 후, 미국에서 유학하였으며 귀국 후 중산대학, 산시(陝西)사범대학에서 교수를 역임하였다.

문장 중심 연구 방법[句本位]이 어법연구의 주요 사상이 되어가는 시기에『부씨문통』에서 당시 어법연구의 부족한 점을 다음과 같이 지적하였다. 품사연구를 경시한다. 통사연구는 품사와 연관되므로 품사가 정해지지 않으면 어법연구가 불가능하다. 저자는 단어의 의미와 문장 안에서의 단어의 용법상의 관계, 즉 자전에서의 단어 의미와 문장 구조 안에서의 기능을 강조하였다. 또한 그는 예스페르센의 '삼품설'이 중국어 연구에 오랫동안 적용될 수 없음을 예언하였다. 천청쩌과 같이 품사구분에 있어서 단어에는 정해진 품사가 있다는 설을 지지하였으며 단어의 고정적 기능과 간헐적 기능(일반적, 개별적 기능)을 구분할 것을 강조하였다.『부씨문통』의 내용 안배도 저자의 연구사상을 반영한다. 이 책은 3

권, 15장으로 구성되며 명사, 대체사, 동사, 술성사(述性詞, 즉 散動詞), 형용사, 부사, 전치사, 접속사, 조사이다. 12장, 13장, 14장에서는 구두와 관련된 여러 문제를 다루었으며 15장은 표점부호로 구성된다.

5) 어법전문저서 연구

천왕다오의 『중국문법혁신론총』에는 『문통』에 대한 다른 학자들의 두 가지 상반된 주장이 실려 있다. 우선 장세록과 같은 학자는 『문통』학파를 타도해야 한다고 간주하고 천왕다오와 같은 학자는 일부를 혁신하고 계승해야 한다고 여겼다.

허룽(何容)의 『중국문법론(中國文法論)』(獨立出版社, 1942)는 『문통』, 『국문법초창』등의 저서를 이론적 관점에서 비교하였으며 여러 깊이 있는 학설을 제기하였다. 예를 들면, 단어 분류의 기준은 형식특징이어야 한다고 주장하였으며, 『문통』의 '차(次)'와 구두론에 대해 높은 수준으로 정확하게 분석하였다.

6) 특정주제 연구

이 시기 고대중국어 어법연구 관련 논문은 약 30편이다. 시기별, 전문서적 연구에 있어서 성과가 있었다. 딩성수의 『시경』 관련 몇 편의 논문은 높은 평가를 받았다. 예를 들면, 「『시경』의 '式'자설[詩經"式"字說]」(1936), 「『시경·권이』의 芣苢'采采'[詩經卷耳芣苢'采采']」(1940), 「『시경』의 '何', '曷', '胡'[論詩經中的"何""曷""胡"]」와 같다. 선춘후이(沈春暉)의 「주대 금문의 쌍목적어 형식[周金文中之"雙賓語句式"]」(1936), 리추이허(李粹和)의 「선진시기 문법의 특징[先秦時代文法之特徵]」(1936), 싱공완(邢公畹)의 「『시경』의 '中'자 연구[詩經"中"字說]」(1944), 「『논어』의 대응 지별사[論語中的對待指別詞]」(1949), 저우쭈모(周祖謨)의 「사성에 의한 의미 구분과 중국어문법 형태의 연구[四聲別義釋例漢語文法形態之研究]」(1945), 위민(兪敏)의 「중국어 '其'와 티베트어의 'gli'[漢語的"其"和藏語的gli]」(1949) 등은 다른 연구 방법을 개척하였다.

(2) 통시단계(1950년대 초~1970년대 말)

기존 연구를 바탕으로 이 시기는 주로 다음 4가지 측면에서 발전하였다. 1)통시적 연구에 있어서 획기적인 업적을 이루었다. 2)시기별 연구의 저서가 출현하였다. 3)교재가 저술되었다. 4)구조주의 언어학의 연구 방법을 적용하여 고대중국어 어법연구를 시도하였다. 대표적 저서는 『은허 갑골 각사의 어법연구[殷墟甲骨刻辭的語法硏究]』, 『한어사고(漢語史稿)』, 『중국고대어법(中國古代語法)』과 같다. 이 밖에도 높은 수준의 논문이 비교적 다수 출현하였으며 이 역시 이 시기의 연구역량으로 작용하였다.

1) 통시적 연구

① 시기별 연구

우선 시기별 연구에 연구업적을 세운 이는 관섭추(管燮初)이다.

관섭추는 장수(江蘇)성 우시(無錫) 출신으로 1950년 저장대학 연구소를 졸업하고 이후 중국사회과학원 언어 연구소에서 근무하였다. 주로 상고 중국어 어법을 연구했으며 『은허 갑골 각사의 어법연구』, 『서주금문의 어법연구[西周金文的語法硏究]』, 『『좌전』구법연구(左傳句法硏究)』 등을 저술하였다. 특히 시기별 어법 연구에 큰 업적을 남겼다.

『은허 갑골 각사의 어법연구』(중국과학원출판사, 1953)는 최초의 갑골문의 어법에 대한 전면적 연구로 본서는 4부분으로 구성된다. 서론, 구법, 품사, 결론과 같다. 예문이 상세하고 정확하며 수량 통계도 제시하고 있다. 어법현상에 대한 가치 있는 사실을 밝혔으며 다음과 같다. "동음자를 이용하여 언어를 기록한다.", "동물을 지칭하는 명사에 성별의 표지가 있다.", "주어가 있는 문장은 36%로 주어가 없는 문장이 64%이다.", "동사술어 문장이 가장 보편적이며 형용사 서술어 문장은 1%에도 미치지 않는다. 계사 서술어나 명사 서술어 문장도 극히 소수이다.", "부정문의 대체사는 반드시 동사의 앞에 위치한다." 등과 같다.

천명자(陳夢家)는 『은허복사종술(殷墟卜辭綜述)』(과학출판사, 1956)의 「文字」장에서 갑골문의 어법현상에 대해 지적하며 깊고 예리한 학설을 제기하였다. 예를 들면 "부정사는 전체 문장의 앞에 위치할 수 있으며 전체 명제를 부정한다." 등과 같다.

② 중국어사 연구

중국어사 연구는 통시연구의 최후 성과이다.

우선 우리나라의 최초 중국어사 전문서적은 『한어사고(漢語史稿)』(과학출판사, 1958)이다. 이는 왕리가 교육부가 심의, 수정한 '중국어사' 교안의 대강에 근거하여 기타 학자와 자신의 연구 성과를 결집하여 저술한 것이다. 전체 내용이 풍부하며 근거로 삼을 만하며 이후 고대중국어의 통시적 연구에 이론적인 기초와 역사적 틀을 마련하였다. 다음 시기의 통시 연구는 대개 이를 기초로 한다. 이 저서의 구체적 작업에 참여한 학자로는 쉬사오자오(許紹早), 탕줘판(唐作藩), 황웨(黃鉞), 줘옌둥(左言東)이 있다.

이 책의 제1장 서론에서는 중국어사 연구의 대상, 임무, 연구 방법, 중국어사의 분기에 대해서 다루었다. 이 책은 중국어사를 상고, 중고, 근대, 현대 4시기로 나누고 서기 3세기 이전을 상고시기라 하였다. 이후 소위 '고대중국어'는 실제 '상고중국어'를 가리킨다. 또한 상고 중국어 어법의 주요 특징으로 '판단문은 일반적으로 계사를 사용하지 않는다.', '의문문의 대체사 목적어는 동사 앞에 놓는다.'는 점을 밝혔다.

이 책에서는 제3장에서 어법의 발전에 대해서 집중적으로 다루었으며 역사형태학과 역사구법학 두 부분으로 나누어 각종 품사의 발전과 문장형식의 발전 역사에 대해서 다루었다. 이 부분에서 제기한 그의 학설은 광범위하고 자료가 풍부하며 깊이가 깊어 어법사 연구의 초석을 다지는 데 기여하였다.

다음 중국어사 연구에 큰 업적을 세운 학자로 저우파가오(周法高)를 들 수 있다.

저우파가오는 1942년 베이징대학교 문과 연구소를 졸업하고 이후 대만 역사 언어 연구소 연구원을 지냈다. 이 시기 그는 3가지 중요한 저서를 출간하였으며 『중국고대어법 대체사편[中國古代語法 稱代編]』, 『중국고대어법 통사론편[中國古代語法 造句編]』, 『중국고대어법 어휘론편[中國古代語法 構詞編]』(臺北史語所專刊 1959, 1962, 1962)이다. 이는 춘추전국 시기의 문헌을 위주로 위로는 은나라, 주나라, 아래로는 한나라, 위나라, 육조까지의 자료를 다루었다. 전통적 어법연구의 성과를 계승하여 최초로 구조주의 언어학의 방법으로 고대중국어 분석을 시도하였다. 전서의 자료가 매우 풍부하고 상세하며 깊은 연구업적을 세웠다.

1) 저자는 고대중국어를 네 시기, 1은주시기(은대후기에서 서주), 2열국시기(춘추, 전국, 진나라), 3양한시기, 4위진남북조 시기로 나누고 각 시기의 주요 특징에 대해서 간략히 다루었다. (이후 저우파가오는 중국어사를 다시 '3시기, 9단계'로 나누었다. 세 시기는 고대(상고에서 동한), 중고(동한 후반에서 송대), 현대(남송에서 현대)와 같다.

2) 『중국고대어법 대체사편』는 다섯 부분으로 구성된다. 1장 통론에서는 대체사의 변화, 대체사의 격(位)과 어순에 대해 다루었다. 2장에서 5장은 각종 대체사에 대해 다루었다. 본서에서는 3인칭대체사와 지시대체사 사이의 연관성에 주목하였으며 이를 모두 제3장에서 다루었다. 제5장에서는 기타 대체사 가운데 무정(無定)(人, 某, 或), 復指(복지)(自, 己,

身), 偏指(편지)(相, 見), 否定(부정)(否, 莫) 등의 4가지 대체사에 대해서 다루었다. 6장에서는 수량과 관련한 단어를 다루었으며 7장에서는 대체사성 조사 '所', '攸', '者'에 대해 논하였다. 8장에서는 생략에 대해 다루었다.

3) 『중국고대어법 통사론편』은 4장으로 구성된다. 1장은 문장형식(句型)으로 저자는 '주제'와 '해석'과 관련한 문제에 대해서도 다루었다. 문장형식을 두 가지, 완전문장[全句]과 절[小句]로 분류하였다. 완전문장은 다시 판단문과 설명문으로 나뉜다. 2장은 품사로 이 책에서는 품사 구분에 두 가지 상이한 기준을 적용하였다. 우선 구조주의 언어학의 기준에 따라 단어가 주어가 되는지, 술어가 되는지에 의거하여 실사와 허사로 나누었다. 또한 문장의 술어로 기능하는지에 따라 명사와 술어[謂詞]로 나누었다. 다음 기능에 의거하여 술어를 형용사와 동사, 두 가지로 분류하였다. 이상의 기준으로 분류한 허사를 '협의의 허사'라 칭하였다. 또 다른 기준은 열거 할 수 있는가에 근거하여 수량적으로 제한되지만 열거할 수 있는 것을 '광의의 허사'라 하고 다른 것은 실사라 하였다. 광의의 허사는 11가지로 대체사, 수사, 단위사, 방위사, 조위사(助謂詞), 상사(狀詞), 부사, 연사, 전치사, 단호사(單呼詞), 조사이다. 3장은 문장성분에 대해 다루었으며 이를 다섯 가지로 분류하였다. 첫째, 술어로 판단문의 술어는 부사+표어(表語)로 구성된다.(하나의 표어만으로도 구성된다.) 설명문의 술어는 부사+술어+목적어+보어로 구성된다.(하나의 술어만으로도 구성된다.) 둘째, 명사[名語]는 주어, 목적어, 표어, 형용어(形容語, 관형어[定語])의 중심어이다. 이 부분에서는 동위어(同位語)와 형용어도 다루었다. 이 외에 부어(副語, 부사어[狀語]), 보어, 외어(外語, 전체 문장의 수식어)가 있다. 4장은 복문으로, 가설, 용인, 인과, 시간, 전절, 평행 등 6가지로 나누었다.

4) 『중국고대어법 어휘론편』는 4장으로 구성된다. 1음변, 2중첩, 3부가어, 4복어(複語)이다. 이 책에서는 어휘법과 관련한 내용을 매우 상세히 다루었다.

이상의 두 저서 이외에도, 이 시기에 베이징대학 중문과 5, 6급 언어반의 『중국어발전사[漢語發展史]』(인쇄본, 1960)가 있다. 이 책은 상고중국어의 허사에 대해서 많이 다루었으며 허사의 5가지 특징을 귀납하였다. 이는 기타 저서에서 찾아보기 힘든 내용이다.

③ 특정 저서 연구

특정 저서에 관한 연구로는 쉬스잉(許世瑛, 1909-1972)의 『『논어』20편 통사연구(論語二十篇句法研究)』(臺北開明書店, 1973)가 있다.

쉬스잉의 『통사연구』는 『논어』의 문장을 8가지 형식으로 분류하였다. 간단서사문[敍事句], 복잡서사문[敍事繁句], 복잡치사문[致使繁句], 간단의동문[意謂簡句], 복잡판단문[判斷繁], 간단준판단문[準判斷簡句], 복잡준판단문[準判斷繁句], 체계복문[遞繫複句]이다.

이 밖에도 특정 저서의 허사를 연구한 예로 장이런(張以仁)의 『국어허자집석(國語虛字集釋)』(史語所專刊, 1968), 셰더산(謝德三)의 『『여씨춘추』허사용법해석(呂氏春秋虛詞用法詮釋)』(文史哲出版社, 1971)등이 있다.

2) 비교연구

쉬스잉의 『중국문법강의[中國文法講話]』(臺灣開明書店, 1965)는 뤼수샹의 『중국문법요략(中國文法要略)』을 바탕으로 스스로의 독창적 견해를 추가하였다.

이 밖에도 『중국어문언어법(漢語文言語法)』(류징눙(劉景農), 1958), 『고금중국어비교어법(古今漢語比較語法)』(장징(張靜), 장헝(張桁), 1964)이 있다. 두 저서는 취사선택에 있어서 기준이 있고 편집, 배열이 적합하며 간혹 독특한 학설을 제시한다.

3) 공시연구

이 시기 공시연구는 대개 보급 작업과 함께 이루어졌다. 어법체계는 주로 현대중국어어법의 틀을 근거로 하며 개인적 연구 성과를 더하였다. 이 분야에 연구업적을 남긴 이로는 양바이쥔이 있다. 주요 저서로는 『문언어법(文言語法)』(北京大衆出版社, 1955), 『문언어법(文言語法)』(修訂本, 1956), 『문언문법(文言文法)』(1963), 『문언허사(文言虛詞)』(中華書局, 1965)가 있다. 『문언어법(文言語法)』 등에서 저자는 고대중국어의 소품사(小品詞)에 대해서 언급하였으며 무주어문, 무술어문, 복잡한 서술어 형식 등에 대해서 설명하였다. 『문언허사』는 상용되는 허사와 관련한 복음사의 기본적인 용법을 주로 다루었으며 일부 특수용법에 대해서도 언급하였다. 이 밖에도 장이후이(張貽惠)의 『고대중국어어법(古漢語語法)』(1957)이 있다. 이상의 각 저서는 사람들이 고대중국어 어법을 학습하는데 큰 도움을 준다.

4) 교재출간

난카이 대학 중문과 마한린(馬漢麟)이 편집한 『고대중국어독본(古代漢語讀本)』은 우수한 교재이다.

마한린(1919-1978)은 장수성 타이저우 출신으로 1944년 쿤밍서남연합대학 중문과를 졸업하였다. 연이어 칭화대학, 북경 마르크스, 레닌 학원, 난카이 대학에서 교수직을 지냈다. 고대중국어의 몇 가지 영역을 깊이 연구하였으며 그의 학설은 명확하며 신임할 만하다.

『고대중국어독본』(인민교육출판사, 1960)은 고대중국어 교학 체계를 개척하였다. 전서는 어법상의 중요한 문제를 대강으로 삼았으며 10과로 구성된다. 각 과는 어법과 본문 두 부분으로 구성되어 학습에 용이하다. 이 책에서 다룬 어법지식은 간결하며 정확하다.

왕리가 주편한 『고대중국어[古代漢語]』(中華書局, 1962)은 중국에서 최초로 고등교육기관에서 공통으로 사용한 교재이다. 통론부분은 마한린, 궈시량, 주민처(祝敏徹)가 집필하고 제3~5단원의 통론에서 어법을 다루었다. 본서에서의 어법논의는 고금의 어법 차이가 큰 요소, 허사 중에서 중요하고 비교적 자주 사용되는 요소를 다루고 그 일반적 용법만을 다루는 것에 중점을 두었다. 제3단원에서는 4가지 문장 및 이와 관련한 어휘를 다루었다. 즉 판단문의 '也'자, 서술문의 '矣'자, '焉'자, 부정문의 부정사, 의문문의 의문사와 같다. 제4단원에서는 품사의 활용을 다루며 인칭대체사, 지시대체사, '者'자, '所'자에 대해 언급하였다. 제5단원에서는 접속사, 전치사에 대해서 다루었다. 문두, 문중 어기사, 접두어, 접미어 등과 같다. 본서는 어법을 과학적, 체계적, 실용적으로 명확하게 설명하였으며 큰 영향을 미쳤다.

5) 어법 저서 연구

이 시기 고대중국어 어법저서에 관한 연구서로는 장시천(章錫琛) 『『마씨문통』교주(馬氏文通校注)』(1954), 정몐(鄭奠), 마이메이챠오(麥梅翹) 『고대중국어어법학자료모음집(古漢語語法學資料彙編)』(1964)이 있다. 두 저서에서는 많은 노력을 기울여 고대중국어 어법 연구에 큰 도움을 주었다.

6) 특정 주제 연구

앞의 세 시기와 비교한다면 본 시기의 논문의 수가 증가하여 대략 백 편 이상에 달한다. 게다가 대부분은 통시적 관점에서 고대중국어 어법을 연구하였다. 어휘연구가 통사연구에 비해서 많으며 시기별 연구가 특정 저서에 관한 연구보다 많다. 자료가 상세하고 확실하며 결론 역시 신임할 만하여 중국어사 연구에 가치가 있다.

① 어휘연구

이 시기에는 시기별 어휘 연구의 논문이 비교적 많다. 특히 계사를 다룬 논문이 가장 많으며 이를 통해서 상고 중국어의 계사를 전문적으로 이해할 수 있게 되었다. 홍청(洪誠) 「남북조 이전 중국어 계사[論南北朝以前漢語中的繫詞]」(1957)가 가장 특출하다. 이 밖에도 저우리저(周立哲)「진한시기 계사 '是'〔秦漢間的繫詞"是")」(1957), 저우광우(周光午)「진한시기 계사 '是'에 관하여(關于秦漢間的繫詞"是")」, 천명사오(陳夢韶)「상고중국어에서부터 계사가 있었다[漢語從上古卽有繫詞論]」(1962)가 있다. 양사 역시 주요 연구주제이다. 황성장(黃盛璋)의 「양한시대의 양사[兩漢時代的量詞]」(1959), 황자이쥔(黃載君)의 「갑골문, 금문의 양사 응용을 통한 중국어 양사의 기원, 발전 고찰[從甲文, 金文量詞的應用, 考察漢語量詞的起源與發展]」(1964) 등이 있다. 기타 어휘를 연구한 논문도 있다. 저우파가오(周法高)「'之', '其', '厥'용법의 변화["之", "其", "厥"用法之演變]」, 저우츠밍(周遲明)의 「중국어 연동식 복문의 동사[漢語連動式複式動詞]」(1957), 黃景欣(황징신)의 「진한이전 고대 중국어의 부정사 '弗', '不'연구[秦漢以前漢語中的否定詞"弗""不"研究]」(1958), 왕셴(王顯)의 「『시경』의 중첩기능에 상당하는 '有', '其', '斯', '思'자 형식[<詩經>中跟重言作用相當的 有字式, 其字式, 斯字式和思字式]」(1959), 홍청(洪誠)의 「상고중국어 인칭대체사 형태문제에 대한 논의[關于上古漢語人稱代詞形態問題的討論]」(1962), 황성장의 「고대중국어 인칭대체사 연구[古漢語人稱代詞研究]」(1963) 등이 있다.

특정 저서의 어휘를 연구한 논문은 상대적으로 적다. 황롄장(黃連璋)은 『상서』의 허사연구에 업적을 세웠다. 「『상서』문두, 문중, 문말 어기사[尚書句首句中句末語氣詞]」(1964), 「『상서』 개계사 연구[尚書介繫詞研究]」(1967)등과 같다. 그 밖에도 그는 「은대, 주대 어휘법 초탐[殷周構詞法初探]」(1974)을 발표하였다. 왕런쥔(王仁鈞)은 『장자』의 허사에 대해서 시리즈 연구물을 발표하였다.

일부 학자들은 운문 작품의 어휘를 연구하였다. 랴오쉬둥(廖序東)「굴원 부의 인칭대체사 용법[論屈賦中人稱代詞的用法]」(1964), 리궈량(李國良)의 「『시경』, 『초사』의 어기사 비교연구[詩經及楚辭中之語氣詞比較研究]」(1972)와 같다.

② 통사연구

시기별 통사연구의 논문은 그리 많지 않지만 다루고 있는 범위가 비교적 넓다. 피동형식, 사동형식, 보어형식에 대해서 다루었다. 류스루(劉世儒)의 「피동식의 기원[被動式的起源]」(1956), 홍청의 「고대중국어의 피동문[論古代漢語的被動句]」(1958), 위젠핑(余健萍)의 「사성식의 기원과 발전[使成式的起源和發展]」(1957), 주민처(祝敏徹)의 「사성식의 출현과 발전[使成式的産生和發展]」(1963), 주민처의 「선진양한시기의 동사보어[先秦兩漢時期的動詞補語]」(1958), 양젠궈(楊建國)의 「보어형식의 발전 초탐[補語式發展試探]」(1959)과 같다. 또한 저우광우(周光午)의 「선진시기 부정문 대체사 위치 문제[先秦否定句代詞賓語位置問題]」(1959), 팡광다오(方光燾)의 「고대중국어 피동문 기본형식의 몇 가지 의문점에 대하여[關于古漢語被句基本形式的幾个疑問]」(1961), 저우츠밍(周遲明)의 「중국어 쌍목적어구의 어법현상과 역사적 발전[漢語雙鬢語句的語法現象和歷史發展]」(1964), 숭쭤인(宋祚胤)의 「고대중국어의 주어와 서술어 사이의 '之'자에 대하여[論古代漢語主語和謂語之間的'之'字]」(1964)등이 있다.

특정 저서의 구법연구를 다룬 논문은 더욱 적고 운문에 치중되어 있다. 홍신헝(洪心衡)의 「「이소」의 주어, 서술어 사이의 '之'자 삽입 문제[論<離騷>里的主語謂語之間挿入'之'字的題]」(1965), 위뤄자오(余若昭)의 「「열자」어법연구(列子語法研究)」(1973), 다이롄장(戴連璋)의 「「시경」구법연구(詩經句法硏究)」(1976)등과 같다.

③ 어법 전문 저서 연구
홍청의 「왕리의 「한어사고」어법부분에 대한 고찰[王力<漢語史稿>語法部分商権]」(1964)은 「한어사고」를 수정하였으며 가치있는 논문이다.

3. 흥성기(1970년대 말~현재까지)

발전기부터 고대중국어어법연구가 독립적으로 발전하였지만 발아기와 비교했을 때, 점차 현대중국어에 비해서 뒤떨어졌으며 현대중국어의 연구 방법을 견강부회식으로 고대중국어에 적용시키는 정도였다. 하지만 본 시기에 이르러 고대중국어의 어법연구는 다시 번영기를 맞았다. 이전의 연구를 계승하면서 고대중국어 어법연구도 현대중국어 어법연구의 체계를 억지로 적용시키는 단계를 넘어서서 독립적으로 성숙하고 다원화하는 계가가 되었다.

이 시기의 변화는 4가지 측면에서 나타난다. 1)고대중국어 어법의 공시적, 통시적 연구가 결합하여 사람들의 공인을 얻었다. 이를 바탕으로 통시적 연구와 시기별, 전문저서 연구가 본 시기의 주류이다. 고대중국어 어법의 각 연구는 중국어사의 관점으로 자신의 연구대상을 연구하였다. 2)이 시기의 허사연구는 이전의 연구와 큰 차이가 있다. 간단히 훈고학의 귀납, 훈석에 치중한 것이 아니라 문법분석과 결합시켰으며 이러한 허사연구는 어법학연구에 속한다. 3)현대중국어 연구 방법을 바탕으로 실사연구에 분포, 변화의 방법을 적용하였으며 독립된 고대 중국어 실사 체계를 수립하였다. 40년대 초의 허룽은 이미 품사를 분류함에 있어서 어법 형식에 근거해야 하며 의미에 근거해서 분류한다면 우선 품사 체계의 틀을 갖추어야 한다고 하였다. 그러나 당시에는 중국어의 어법 형식에 대한 이해가 부족했다. 십년간의 탐색을 통해 중국어의 어법 형식, 특히 기능(분포와 변환)과 형태를 이해하게 되었다. 4)문장형식 연구에서 문화 언어학에 대해서 고찰하게 되었다. 언어는 민족성, 역사성, 사회성을 가지며 한 민족의 역사, 사회, 문화 등을 고려하지 않고는 한 민족의 언어를 진정으로 이해하기 어렵다. 이러한 점에서 고대중국어어법을 연구할 때에 문화, 역사의 관계를 중시한 점은 옳으며 이는 연구에 유익하다.

이 시기의 고대중국어 어법연구에는 이전의 시기와 상이한 특징이 또 있다. 국내 기존 연구자들의 연구사상을 바탕으로 사승 관계가 형성된 점이다. 루즈웨이(陸志韋), 왕리, 뤼수샹, 가오밍카이, 주더시(朱德熙) 등은 모두 서양 언어학의 이론을 직접 연구한 학자들로 이를 중국의 실제 언어현상과 결합시켜서 큰 연구업적을 이루었다. 이 시기의 고대중국어 어법연구는 그들의 연구 방법과 성과를 직접적으로, 간접적으로 계승하고 있으며 이를 더욱 발전시켰다. 이 앞 두 시기에 큰 연구 성과를 이루었던 연구자들은 이 시기 새롭게 발표한 연구가 그리 많지 않다. 하지만 그중에는 깊이가 깊은 연구가 있다. 또한 그 연구방방과 결론은 이후 모범이 되어 큰 영향을 미쳤다. 주더시「자지(自指)와 전지(轉指)-중국어 명사화 표기 '的, 者, 所, 之'의 어법기능과 의미기능[自指轉指-漢語名詞化標記 "的、者、所、之" 的語法功和語義功能]」(1983)은 이론성이 강한 논문이다. 본 논문에서는 중국어의 두 가지 중요한 어법 범주 지칭(指稱)과 진술(陳述)에 대해 다루었으며 '自指'와 '轉指'의 다른 점, 같은 점에 대해서 다루었으며 '的', '者', '所', '之'에 대한 상세한 연구 역시 중요한 의미를 가진다. 또한 뤼수샹의「'勝'과 '敗'에 대하여[說"勝"和"敗"]」(1987), 왕리가 1927년에 작성하고 1984년에 출판한『중국고문법(中國古文法)』(山西人民出版社) 등이 있다.

이 시기 전문 저서와 교재는 백 여 종에 이르며 백화제방의 형세를 이루었다. 아래에서 공시, 관통, 시기별, 특정 저서, 중국어사, 어법 전문저서 연구, 교재수립과 특정 주제 연구 등 8가지 관점에서 관련한 연구들을 소개하도록 한다.

(1) 공시연구

(1) 공시연구의 성과는 흥성기 어법연구의 발단이다. 이러한 저서는 대개 심오한 내용을 쉽게 설명하여 일반 독자들이 고대중국어 실력을 제고시키는 데에 큰 작용을 한다.

1. 장스루의 『고대중국어(古代漢語)』(上海教育出版社, 1978), 랴오전유(廖振佑)의 『고대중국어 특수어법(古代漢語特殊語法)』(內蒙古人民出版社, 1979), 허러스(何樂士), 아오징하오(敖鏡浩), 왕커중(王克仲), 마이메이챠오 등의 『문언허사해석(文言虛詞淺釋)』(北京出版社, 1979)이 우선 출간되었다. 『고대중국어』의 제4장은 어법에 해당하며 본장에서 저자는 허사에 대해 스스로의 학설을 피력하였다. 뒤의 두 저서도 조리가 분명하며 중점이 특출하여 고서의 독해 능력을 제고시키기에 적합하다.

이후 마한린의 『고대중국어어법제요[古漢語語法提要]』(陝西人民出版社, 1980)는 편폭이 그리 길지 않지만 내용이 충실하며 예문을 잘 갖추어 좋은 입문서이다. 양보쥔의 『고대중국어허사』(중화서국, 1981)는 그의 『문언허사』에 비해서 어휘 항목이 증가했으며 하나의 허사가 갖는 여러 가지 의미와 용법에 대해서 상세하고 정확하게 설명하여 영향력이 크다.

2. 홍청위(洪成玉) 『고대중국어 복음허사와 관용구[古漢語複音虛詞與固定結構]』(절강인민출판사, 1981)와 추융안(楚永安) 『문언복음허사[文言複式虛詞]』(중국인민대학출판사, 1986)는 복음허사를 연구하였다. 전통적 허사 연구는 이러한 허사 연구에 주목하지 않거나 단음절 허사 연구에 이를 덧붙였으나 이상 두 저서에서는 최초로 다음절 허사를 모아 함께 연구하였다.

상술한 두 저서는 연구 자료와 체계에 있어서 유사한 점이 있다. 언어자료는 주로 선진, 양한시기를 채택하였으며 후세의 일부 자료들을 취하였다. 이 책에서는 복음허사를 언어의 단위로 간주하고 그 의미가 종종 단음절 허사의 의미를 간단히 더한 것과 다름에 주목하고 복음허사 조합의 통사관계를 중요시 다루었다. 석문은 3가지 내용을 포함한다. 품사 성질, 용법분석, 현대중국어로의 3가지 내용을 포함하며, 또한 일부 복음허사의 생성시기를 제시하였으며 중국어 역사 연구 시에 참고할 만하다.

홍청위의 책은 모두 490가지 항목을, 추융안의 저서에서는 1241개의 항목을 제시하였다. 그리고 일부 항목 뒤에는 부록(附記)이 있으며 부록에서는 기존 연구자들의 견해를 제시하고 이에 대하여 저자가 보충 설명하였다.

홍청위는 이 저서 이외에도 「'N之P者'구조의 의미관계, 어법관계('N之P者' 結構的語義關係和語法關係)」 등의 논문을 발표하였으며 추용안의 경우 기타 저서로『고대중국어 표현예시(古漢語表達例話)』가 있다.

3. 허사연구에서 큰 연구 성과를 이룬 저서로 허러스, 아오징하오, 왕커중, 마이메이챠오, 왕하이펀(王海棻) 등이 저술한『고대중국어허사통석(古漢語虛詞通釋)』을 꼽을 수 있다.

『고대중국어허사통석(古漢語虛詞通釋)』(北京出版社, 1985)는 당시 국내에서 허사를 가장 많이 수록한 저서로 예문이 적합하고 잘 저술된 글로 특색을 갖추었다. 이 책은 허러스가 통독하고 수정하였으며 서문을 작성하였다. 서문에서는 본서에서 수록한 9가지 허사에 대해서 개괄적으로 서술하였으며 각 품사의 내용, 수량에 대해 열거하고 통계를 제시하였다. 수록한 허사는 639개로 9가지로 나뉜다. 부사, 전치사, 접속사, 조사, 어기사, 조동사, 감탄사, 대체사, 부정수사(不定數詞)와 같다. 책에는 복음절 허사와 관용 어휘 660개도 제시하였다. 석의(釋義)는 각 허사에 대해서 품사, 용법, 의미, 예문 등을 설명한 것이며 문장구조에서 허사의 위치와 기타 문장성분과의 조합 관계에 주의하였다. 다수의 허사 항목의 정문 뒤에는 '부록(附)'을 덧붙여 해당 허사와 동형(同形)의 실사를 소개하고 본문에서 다루기 어려운 내용을 설명하였다. 본서는 기존의 연구결과를 섭렵했을 뿐만 아니라 대량의 고적을 조사, 분석하여 이를 기반으로 각 허사의 특징을 귀납한 점이 독창적이다.

4. 중국사회과학원 언어연구소 고대중국어 연구실에서 출간한『고대중국어허사사전(古代漢語虛詞詞典)』(1999)은 높은 수준의 허사사전에 해당한다. 많은 학자들의 십년간의 노력에 의해서 집필되었으며 학자들은 허사에 대한 장기간의 체계적인 연구와 견고한 기초를 바탕으로 많은 독창적 견해를 제시하였다. 이 사전은 편집에 참여한 연구자들의 깊은 연구 성과를 담고 있으며 또한 각 학자의 관련 논의를 참고하였다. 허사의 기능을 모두 담고자 노력하였으며 허사의 역사적 변화에 대해서도 다루었다. 전서의 이론 수준이 높고 자료가 풍부하며 실용적 가치가 높다. 사전에서는 허사와 관련한 1855개의 항목을 수록하고 있으며 매우 정확하고 상세하게 다루었다.

5. 이 시기에는 공시적 연구 저서가 다수 출간되었으며 사람들의 고대중국어 수준을 제

고시키는데 영향을 미쳤다. 어법을 다룬 저서로 랴오쉬둥(廖序東)의 『문언어법분석(文言語法分析)』, 마중(馬忠)의 『고대중국어어법(古代漢語語法)』(1983), 리신쿠이(李新魁)의 『중국어문언어법(漢語文言語法)』(1983), 리린(李林)의 『고대중국어어법분석(古代漢語語法分析)』(1966)이 있고, 문장형식을 다룬 저서로 둥즈궈(董治國)의 『고대중국어문형대전(古代漢語句型大全)』(1988), 장스루(張世祿)의 『고대중국어문장형식론(古漢語句式論稿)』(1996)이 있다. 허사를 다룬 저서로 쉬런푸(徐仁甫)의 『광석사(廣釋詞)』(1981), 산시(陝西)사범대학중문과 『상용문언허사사전(常用文言虛詞詞典)』(1983), 한정룽(韓崢嶸)의 『고대중국어허사수책(古漢語虛詞手冊)』(1984), 가오수판(高樹藩)의 『문언허사대사전(文言虛詞大詞典)』(1991), 천시아춘(陳霞村)의 『고대중국어 허사 해석(古代漢語虛詞類解)』(1992), 셰지펑(謝紀鋒)의 『허사고림(虛詞詁林)』(1993), 왕하이펀, 자오창차이(趙長才), 황산(黃珊), 우커잉(吳可穎)의 『고대중국어허사사전(古代漢語虛詞詞典)』(1996)이 있다. 의혹스러운 난제들을 분석, 해결한 연구로는 우런푸(吳仁甫)의 『문언어법30가지[文言語法三十辨]』(1988), 황웨저우(黃岳洲)의 『문언의 어려운 문장 해석[文言難句例解]』(1988), 탕치위안(唐啓遠), 저우르젠(周日健)의 『고대중국어 300 난제[古漢語釋疑解難三百題]』(1991) 등이 있다.

(2) 관통연구

비교기에 출현한 관통연구는 이 시기에 새로운 발전을 이루었다.

1. 양보쥔, 허러스의 『고대중국어어법과 발전[古漢語語法及其發展]』(語文出版社, 1992)은 이 방면의 연구를 집대성한 저작이다. 3편으로 구성되며 상편 4장은 개괄에 해당하며 중편의 품사는 모두 11장으로 구성되고 하편의 통사 역시 14장으로 구성된다. 상편과 중편의 1~7장(실사 부분)은 양바이쥔이 집필하였고 중편의 8~11장(허사 부분), 하편은 허러스가 집필하였다. 이 책은 선진시기의 어법을 연구하는 것에 중점을 두었으며 중요한 논점에 있어서는 역사적 발전까지 살폈으며 위로는 갑골문, 금문, 아래로는 한나라, 위나라, 당나라, 송나라, 명청시기까지 아울러 역사적 연구의 특색을 갖추었다.

이 책은 기존의 연구를 흡수하고 당시 여러 학자들의 연구를 수용하고 저자들의 장기간의 연구 성과를 바탕으로 비교적 체계적이며 일정한 수준의 이론성도 갖추었다. 실용적인 어법체계에도 적합하며 많은 새로운 학설들이 80년대 고대중국어 어법 연구의 전체 수준을 반영한다. 본서는 통계를 중시하였으며 열거 할 수 있는 품사는 모두 나열하였으며 수량에 대한 통계도 제시했다. 또한 고대중국어 어법연구의 계승관계를 중시하여 『문통』이 출현한 이래의 고대중국어 어법연구의 발전과정을 밝혔으며 자료가 풍부하고 내용이 충실하다. 그 밖에 저자는 하편의 제13장에서 중국어 문장의 4가지 특징에 대해서 구체적으로 서술하였고 이는 고대중국어 어법의 문장 이해에 도움이 된다. 마지막으로 이 책은 어단(語段)에 관해서 장을 만들어 다루었으며 이는 고대중국어 어법의 저서 가운데 처음이다.

2. 왕하이펀의 『고대중국어의문사[古漢語疑問詞語]』와 『고대중국어 의문사 용법 사전[古語疑問詞語用法詞典]』은 특정 주제에 관한 통시연구이다.

50년대부터 20년간 저자는 의문사에 관심을 두었으며 이후 『중국문법요략』을 계기로 『고대중국어의문사[古漢語疑問詞語]』(절강교육출판사, 1987)을 저술하였다. 이는 의문사, 의문문 형식을 전면적으로 상세히 다룬 첫 번째 연구서이다. 본서에 수록된 의문사로는 단음절사, 쌍음절사, 구, 고정격식이 있다. 의문사의 의미적 특징에 근거하여 의문과 관련한 15가지로 분류하였으며 각 부류를 세분하였다. 전서는 각 의문사를 어법적 기능에 따라 문장형식으로 구성하였다. 채택한 예문은 대개 역사적 시간 순서에 따라 나열하였으며 허사변화 연구에 편의를 제공하였다. 이 밖에도 이 책은 일부 어법서에서 다루지 않은 중요한 어법현상을 상세히 다루었으며 많은 예문을 제공하여 학습에 편리하다.

『고대중국어의문사용법사전』(절강교육출판사, 1922)는 『고대중국어의문사』를 기반으로 이를 대폭 개정한 것으로 일종의 공구서이다. 대개 근대 중국어의 의문사에 관한 내용을 보충했으며 본래의 의미부류도 부분적으로 수정하였다. 갑골문에서부터 청대 의문사에 대해 전면적으로 조사, 수집하였으며 천 개 이상의 문장형식을 제시하였다. 수천 년 동안 출현한 의문문, 사용된 어휘, 문장형식에 대해서 밝혔으며 의문사의 발전과 변화에 대해서도 서술하였다.

왕하이펀의 두 저서는 기존의 연구 성과를 흡수했을 뿐만 아니라 원시 언어자료 연구, 분석에 주의를 기울여 부족한 점을 보충하고 오류를 바로 잡았으며 새롭게 밝힌 점도 적지 않다는 점에서 가치 있다. 왕하이펀은 이상의 두 권 이외에도 『마씨문통과 중국어법학[馬氏文通中國語法學]』 등을 저술하였으며 발표한 논문도 수십편에 달한다. 자료가 풍부하고 창의적 의견이 돋보인다.

3. 허진숭(何金松) 『허사 통시 사전[虛詞歷時詞典]』(호북인민출판사, 1994)은 선진시기부터

근대시기 100여 종의 작품을 연구대상으로 허사에 대해서 전면적으로 연구하였다. 전서를 동의어 분류로 구성하였으며 참고가치가 있다.

(3) 특정 저서 연구

이 시기 특정 저서 연구는 성과가 크다. 허사, 실사, 어법 등 각 방면에 관한 연구가 있다.

1. 허사 연구의 대표 저서로 허러스의 두 권의 시리즈 논문집을 들 수 있다.『『좌전』허사연구(左傳虛詞研究)』(商務印書館, 1989), 『『좌전』범위부사(左傳範圍副詞)』(岳麓書社, 1994)이다.

허러스는 허사연구에서 스스로의 연구 방법을 수립하였고 이는 아래와 같은 특징이 있다. 1) 허사와 통사연구를 결합하여 허사가 단문, 복문, 문단과 고정적인 구조 안에서의 사용양상을 살폈다. 2) 상이한 허사와 문장형식간의 비교연구를 중시하였다. 3)다른 사람들의 연구 성과를 흡수하고 기존에 쟁점이 되었던 난제들에 대해 깊이 연구하고 새로운 견해를 제시하였다. 4)신중히 언어자료를 선택하였으며 계량방법을 중시하였다. 5)허사 연구에 있어서 이론문제를 주의하여 탐색하였다.

『『좌전』허사연구』에서 수록한 논문은 23편으로 주로『좌전』에서 사용 빈도가 높고 용법이 복잡한 20여 개의 허사 및 이와 관련한 문장형식을 주로 연구하였다. 이 책은 이러한 허사의 용법을 전면적으로 서술하였으며 그 안에 반영된 어법적 특색과 규칙을 탐색하였다. 허사 가운데 용법이 복잡한 '以', '之', '于(於)' 등은 별도의 주제로 선정하여 깊이 있게 다루었다. '于'와 '於', '謂之'와 '之謂'등을 비교연구하기도 하였다.

『『좌전』범위부사』는 22편의 논문을 수록하였으며『좌전』의 24가지 범위부사를 연구하였다. 여러 관점에서 범위부사의 어법적, 의미적 특징을 분석하고 범위부사를 여러 층위에서 분류하였다. 본서는 범위부사와 관련한 기존의 난제들을 해결하고자 하였다. 특히 저자의 '皆'에 관한 연구가 가장 대표적이며 '皆'의 의미지향을 깊이 분석하고 기타 범위부사와 비교분석하였다. 본서에서는 허사연구에 관해서도 탐색하였으며 부사연구의 일부 이론문제를 다루었다.

이상 두 저서는 허사를 주도면밀히 다루었으며 이는 관련 허사, 더 나아가 연구 방법 및 중국어사를 이해하는 데 있어서도 가치가 있다. 허러스는 「『좌전』 전반 8명의 공과 후반 4명 공의 기록 어법 차이(左傳前八公和後四公的語法差異)」(1989), 「『좌전』 전반 8명의 공과 후반 4명 공의 기록 어법 차이 재론(再論前八公和後四公的語法差異)」(1994), 「『좌전』의 부정부사 '不', '弗'의 특징 비교(左傳否定副詞語"不"和"弗"特點的比較)」(1994) 등의 논문(『古漢語語法研究論文集』, 상무인서관, 2000)에 보인다)도 발표하였으며 특정 저서의 허사 연구에 큰 영향력을 미쳤다.

특정 저서의 허사연구로 니즈셴(倪志僩)의 『『논어』, 『맹자』 허자 집석(論孟虛字集釋)』(1981), 셰더산(謝德三)의 『묵자허사용법연구(墨子虛詞用法研究)』(學海出版社, 1984)등이 있다.

2. 인궈광(殷國廣)의 『『여씨춘추』 품사 연구(呂氏春秋詞類研究)』는 특정 저서의 품사를 전면적으로 분석하였다.

『『여씨춘추』 품사 연구』(華夏出版社, 1997)는 특정 저서의 품사에 대해서 전면적으로 연구한 최초 저서이다. 저자는 『여씨춘추』를 통계 분석하였으며 결론의 타당성을 높이기 위하여 『여씨춘추』이외에 선진시기의 9가지 문헌을 참고하였다. 본 연구서는 기존의 품사체계를 따르고 있지만 품사의 하위부류에 대해서 깊이 연구하였으며 그 중에서도 형용사 부분에 특히 공을 들였다. 본서는 저자가 오랜 기간 동안 『여씨춘추』를 연구한 성과물로 여러 연구자들에게 도움이 된다.

인궈광은 「'爲之名', '奪之名'에 관한 몇 가지 견해[關于"爲之名"、"奪之名"的幾點看法]」 등의 다수의 논문을 발표하였다.

3. 장원궈(張文國)의 『『좌전』명사연구(左傳名詞研究)』(中國社會科學出版社, 1998)는 기능과 의미를 결합한 연구 방법을 통해 품사분류, 명사와 동사의 두 가지 용법, 생략 등과 관련하여 『좌전』의 명사를 연구하였으며 앞의 8명의 군주, 뒤의 4명의 군주의 차이를 분석하였다. 이로써 선진 중국어에서 명사의 의미에 대해서 설명하였다. 장원궈는 『『상서』어법연구(尚書語法研究)』(2000)도 저술하였다.

4. 『시경』, 『좌전』에 대한 통사연구

(1) 샹시(向熹)의 『『시경』언어연구(詩經語言研究)』는 이 시기 운문 통사를 다룬 첫 번째 저서이다.

『『시경』언어연구』(四川人民出版社, 1987)의 제5장에서 통사를 다루었으며 저자는 시구와 일반문장의 차이를 비교하였으며 시구의 8가지 통사구조를 소개하고 일반적인 운문에서는 드물게 나타나는 『시경』의 중요한 통사 특징을 설명하엿다.

그 밖에도 양허밍(楊合鳴)의 『『시경』문법연구[詩經句法研究]』(武漢大學出版社, 1993)가 있다.

(2) 1994년 출판한 관셰추(管燮初)의 『『좌전』문법연구[左傳句法研究]』(安徽教育出版社)는 저자의 시리즈 연구물 가운데 제3부에 속한다. 이 책은 13장으로 구성되며 각각 통사와

어휘법을 소개하였다. 저자는 어법성분의 출현 비율을 중시하였으며 통사와 관련한 12가지 비율 통계표를 부록으로 제시하였다. 내용이 충실하고 풍부한 예문을 갖추어 『좌전』의 통사구조를 전면적으로 살펴볼 수 있다는 점에서 가치가 있다.

(3) 선샤오룽(申小龍)은 문장형식(구형)연구에 새로운 시도를 하였다.

선샤오룽은 문장형식 분석에 있어서 중국어의 문화적 속성을 강조하였다. 문화언어학은 품사체계에 있어서 3가지 원칙을 확인해야 한다고 간주하였다. 첫째, 실사부류는 의미부류의 구별이다. 둘째, 실사는 언어체계에서 '體'와 '用'을 겸비한다. 셋째, 실사는 의미부류에서 의미조합, 그리고 구두(句讀)에 이르기까지 세 가지가 서로 독립하며 어법적 대응관계의 층차가 존재하지 않는다. 『중국문장형식문화[中國句型文化]』(東北師範大學出版社, 1988)는 저자의 연구사상을 잘 보여준다. 이 책의 제2장에서 6장까지는 『좌전』의 문장형식을 3가지로 나눈다. 주제문, 시사문, 관계문이다. 다음은 각각 주제문은 3가지, 시사문은 12가지, 관계문은 10가지로 나누었다. 이 책은 통사연구에서 창의성을 도모하였으며 새로운 관점에서 고대중국어의 문장형식을 이해하는데 도움이 된다.

5. 어법연구의 저서로는 랴오쉬둥(廖序東) 『초사어법연구(楚辭語法研究)』 등이 있다.

『초사어법연구』는 굴원 작품의 연구이다. 주로 『이소』의 어법을 연구한 논문집으로 모두 10편의 논문을 수록하였다. 이 책의 통사를 논의하는 것에 중점이 있으며 '句腰(문장의 끝 3번째 글자)'와 관련한 특징을 소개하였다. '之, 其, 以, 而, 於, 乎'와 '兮'등의 허사를 집중적으로 논하였다. 이 밖에도 인칭대체사, 의문대체사, 빈어전치 등의 용법에 대해 설명하였다. 저자는 『초사』의 어법을 수 십 년간 진행해 왔으며 이 책은 그 논술이 신중하고 치밀하며 수량통계도 갖추어 『초사』의 어법을 연구함에 이어서 창의적이다.

이 밖에도 웨이더성(魏德勝)의 『『한비자』언어연구(韓非子語言研究)』(北京語言學院出版社, 1995), 『수호지진묘 죽간어법연구[睡虎地秦墓竹簡語法研究]』(首都師範大學出版社, 2000), 첸쭝우(錢宗武)의 『금문상서 언어연구(今文尙書語言研究)』(岳麓出版社, 1996)등이 있다.

(4) 시기별 연구

1. 이 시기 가장 먼저 시기별 어법연구를 한 사람은 관셰추(管燮初)이다. 그는 1981년 『서주금문어법연구(西周金文語法研究)』(상무인서관)를 출판하였다. 이 책은 전면적으로 금문의 어법을 연구한 최초 저서로 어법체계는 딩성수 등이 저술한 『현대중국어어법강의[現代漢

語法講話]』를 참조하였다. 이 책은 13장으로 구성되며 「서언」, 「어법분석 요약 설명[語法分析簡說]」의 두 장을 제외하고 이하 11장까지는 주로 통사성분, 품사, 어휘법 등을 설명하였다. 또한 정량 분석하였으며 자료가 상세하고 결론이 신임할 만다는 점에서 금문어법의 면모를 비교적 잘 반영하였다고 할 수 있다.

시기별 어법저서로는 이명춘(易孟醇) 『선진어법(先秦語法)』(1989)이 있다.

2. 리쥐펑의 『문어실사(文言實詞)』(語文版社, 1994)는 실사를 연구한 저작으로 품사분류방법은 분포, 변환에 근거해서 일정한 순서에 따른 치밀한 연구방법을 취해야 함을 설명하였다. 실사를 체계적으로 분류하였으며 특히 동사를 상세히 다루었다. 선인들은 이와 유사한 연구를 한 적이 없기 때문에 이 책에서는 각 종류의 실사 및 관련 문장형식에 대해 새로운 견해를 제시하였다. "부정사동(否定使動), 의동을 활용으로 삼는다". "명사는 유생과 무생 두 종류로 나눈다". 등과 같다.

리쥐펑은 「선진중국어의자동사 및 기타 사동용법[先秦漢語的自動詞及其使動用法]」에서 비교적 일찍 분포와 교환의 방법을 적용하였으며 자동사(不及動詞)도 자주와 비자주의 구분이 있음을 밝혔다.

3. 류리(劉利)의 『선진중국어 조동사 연구[先秦漢語助動詞研究]』(北京師範大學出版社, 2000)는 의미와 기능 두 가지 측면에서 선진시기 조동사의 범위, 분류, 1음절 조동사의 사용 양상을 연구하였다. 이는 조동사를 깊이 이해하는데 도움이 된다.

4. 시기별 통사연구로는 주치시앙(朱岐祥)의 『은허복사 문법론[殷墟卜辭句法論稿]』(臺灣學生書局, 1990), 선페이(沈培)의 『은허갑골복사 어순연구[殷墟甲骨卜辭語序研究]』(文津出版社, 1992)가 있다. 이상의 두 저서의 언어자료는 풍부하며 내용이 깊다. 선페이는 상고중국어의 어순을 처음으로 전문적으로 다룬 저서로 은허갑골복사의 특수 어순을 중점적으로 다루었다.

5. 시기별 허사 연구로 장위진(張玉金)의 『갑골문허사사전(甲骨文虛辭詞典)』(중화서국, 1994)이 있다. 이 책은 허사의 의미를 해석하고, 통사구조를 결합하여 용법을 설명하였다. 서론에서 은나라, 상나라 시기의 허사 체계에 대해서 소개하였다. 그 밖에도 추이융둥(崔

永東)의 『양주금문허사집석(兩周金文虛詞集釋)』(중화서국, 1994)이 있다.

(5) 중국어사 연구

상고중국어 어법연구를 기반으로 이 시기에는 왕리의 『중국어어법사[漢語語法史]』와 판윈중(藩允中), 시춘즈(史存直), 순시신(孫錫信), 샹시(向熹) 등의 여러 중국어사 관련 저서가 출판되었다.

『중국어어법사』(상무인서관, 1989)는 기본적으로 『중국어 역사』(中冊)의 내용을 바탕으로 수정, 보충작업을 한 것으로 왕리의 후기 어법사상을 반영한다. 두 책을 비교하면, 장절의 안배에 있어서 주로 더욱 세분하였으며 내용의 분량은 대체적으로 증가했다. 또한 일부 견해를 수정하기도 하였다. 주요 변화는 아래 5가지이다. 첫째, 『한어사고』의 '단음절의 발전'과 '수사의 발전' 두 절은 『중국어어법사』에서는 '수를 칭하는 법과 단위사'의 한 장으로 합쳐졌다. 둘째, 『한어사고』의 '문장에서 단어의 임시적 역할'의 장은 『중국어어법사』에서 삭제되었으며 '활용'에 대한 내용도 줄었다. 기타 부분에서 활용에 대해 언급할 경우 설명방식에도 변화가 있다. 셋째, 『중국어어법사』에서는 '장문장의 발전', '능원식의 발전', '연동식의 발전' 3장을 추가하였으며 '동사'를 두 장으로 구성하였다. 이를 통해서 관련 문제에 관한 논의를 보충하였다. 넷째, 『한어사고』의 '구로 기능하는 문장[句子的仂語]'은 『중국어어법사』의 ''之', '其'로 구성된 명사성구'로 바뀌었으며 본장에서 명사화 작용의 '之', '其'의 기능에 대해서 충분히 소개하였다. 다섯 째, 『중국어어법사』의 예문은 『한어사고』에 비해서 거의 2배 증가하였다. 전체 내용이 상세하고 신임할 만하여 중국어사, 고대중국어 연구의 발전 고찰에 영향을 미쳤다.

판윈중의 『중국어어법사개요(漢語語法史概要)』(中州書畵社, 1982)는 서론 2장, 이어서 16장으로 구성된다. 저자는 위로는 갑골, 금문을 아래로는 근대에서 당대에 이르기까지의 자료를 다루었으며 어법현상의 원류를 세밀히 고찰하였다. 조리가 분명하고 내용이 총괄적이다. 또한 『한어사고』에서는 찾을 수 없는 일부 자료들을 보충하였다.

시춘즈의 『중국어어법사개요[漢語語法史綱要]』(華東師範大學出版社, 1986)은 10장으로 구성된다. 광의의 허사의 발전을 전면적으로 다루었으며 간혹 창의적 견해가 돋보인다.

순시신의 『중국어역사어법요략[漢語歷史語法要略]』(復旦大學出版社, 1992)는 고금을 관통하여 여러 장점을 널리 수용하는 것에 힘썼다. 대체사 체계의 발전, 어기사의 운용, 계사

'是'의 출현, 주술술어문장 등의 여러 문제에 대해서 기존의 연구 성과를 바탕으로 자신의 견해를 제시하였으며 이는 문제를 진일보하여 깊이 사고하는 데에 도움이 된다.

샹시의 『간명중국어사[簡明漢語史]』(하편)(고등교육출판사, 1993)는 언어 변화의 체계성, 규칙성에 주목하고 각 시기에 새롭게 출현한 어법성분, 구조형식에 주목하였다. 내용이 전면적이고 상세하며 연구자세가 매우 신중하고 취한 자료가 광범위하여 예로 제시한 자료도 풍부하다.

중국어사 방면의 전문 저서로 수화룽(舒華龍)의 『중국어발전사략[漢語發展史略]』(1983), 순량밍(孫良明)의 『고대중국어어법변화연구(古代漢語語法變化研究)』(1994)를 꼽을 수 있다.

(6) 어법 전문저서 연구

1. 고대중국어 어법저서 가운데 『문통』에 관한 연구가 가장 많다.

순쉬안창(孫玄常)이 저술하고 뤼수샹이 교정한 『『마씨문통』찰기(馬氏文通札記)』(안휘교육출판사, 1984)는 『문통』에 대해 정확하고 깊이 있게 평론하였으며 뤼수샹의 교정은 매우 정밀하여 『문통』 및 관련한 어법 규칙을 연구함에 있어서 도움이 된다.

뤼수샹, 왕하이펀의 『마씨문통독본』(상해교육출판사, 1986)은 본론에 앞서 장편의 서론을 수록하였으며 그 안에서 『문통』의 어법체계 및 기타 장점, 단점을 전면적으로, 체계적으로 평하였다. 이하 10장에서는 기본적으로 『문통』의 체계를 수용고 『문통』에서 권, 문단을 나누는 것을 조금 수정하였다. 원서의 예문도 수정하고 자료, 설명을 보충하기도 하였다. 이를 통해서 독자들의 편의를 도모하였다.

장완치(張萬起)가 편집한 『『마씨문통』연구자료(馬氏文通研究資料)』(중화서국, 1987)는 『문통』이 출현한 이후 1984년 6월까지의 『문통』과 관련한 평론의 글을 수록하였다. 이러한 글은 『문통』을 연구대상으로 전면적으로 깊이 있게 평론하였으며 『문통』을 이해하는데 유익하다.

왕하이펀의 『마씨문통여중국어법학』(안휘교육출판사, 1991)은 뤼수샹의 지도 아래 저술된 것이다.

이 책은 3부분으로 구성된다. 첫째, 『문통』의 어법체계에 대한 평가이다. 이는 『마씨문통독본 서언』의 내용을 확충한 것으로 『문통』의 '字', '詞', '次', '讀', '句'에 대해서 평했다. 둘째, 9가지 관점에서 『문통』과 후세 어법저서 간의 같은 점, 차이점을 분석하였다. 셋째, 『문통』의 200여 개의 상용 술어를 주석으로 간략히 설명한 일종의 사전이다. 저자는 『문통』의 저술배경, 어법체계, 중국어법사상에서의 지위와 영향에 대해서 전면적, 체계적으로 연구하였다. 본서는 각 연구자들의 어법사상을 쉽게 이해할 수 있도록 하였으며 어법학사의 연구에 신임할 수 있는 자료를 제공하였다. 이 책에서 특히 '代字章', '讀, 句章'에서 깊이 있는 내용을 다루고 있으므로 주목해야 한다.

쟝원예(蔣文野)의 『『마씨문통』논문집[馬氏文通論集]』(하북교육출판사, 1995)은 저자가 역대로 발표한 논문을 수집한 저서로 모두 13절로 구성된다. 마건충과 『문통』과 관련한 여러 가지 내용을 다루었으며 부록으로 마건충의 일생을 연대순으로 기록하였다.

2. 고대 허사 저서 연구로 왕커중의 『조어사집주(助語辭集注)]』, 셰후이쳰(解惠)이 주(注)한 『허자설(虛字說)』이 있다.

왕커중의 『조어사집주』(중화서국, 1988)는 저자가 오랜 시간과 노력을 들여 저술한 것으로 서론에서 『조어사(助語辭)』의 체계, 업적, 가치, 결함에 대해서 서술하였다. 또한 『조어사』에서 언급한 3가지 어법문제, 문장의 의미구조 관계, 품사와 허사의 문장 구성 기능에 대해서 논하고 있음을 설명하였다. 이 책은 선인들의 『조어사』에 대한 주석을 많이 수용하였으며 자신의 견해 역시 주석으로 보충하였다. 특히 『조어사』에서 수록한 허사에 대한 스스로의 견해를 밝혔으며 그 가운데에는 독창적인 의견이 돋보인다. 이 책은 체계적이며 지금까지 『조어사』를 가장 상세히 연구한 저서 가운데 하나이다.

왕커중은 여러 논문을 발표했으며 그 자료가 충실하고 깊이가 있다. 예를 들면, 「선진시기 '所'자 품사의 조사[關于先秦"所"字詞性的調查報告]」(1982), 「선진시기 허사 '與'자의 조사보고[先秦虛詞"與"字的調查報告]」(1984), 「고대중국어 동목 의미관계의 제약요소[關于古漢語動賓語義關係的締約因素"]」(1986), 「고대중국어의 '명사+명사' 구조[古漢語的"NN"結構]」(1988)와 같다.

셰후이쳰(解惠)이 주(注)한 『허자설(虛字說)』(중화서국, 1989)은 원서에 주석을 더한 것으로 주석 중에 '按'자를 덧붙여 일부 요소에 대하여 설명하였다. 대부분의 어휘 항목의 주석 끝에는 '추가설명[附說]'을 덧붙여 정문에서 설명한 것에 대해서 평하고 보충하였다. 해씨는 일부 허사에 대해서 깊이 이해하고 있었으며 이 책은 『허자설』을 학습, 연구하는데 도움이 된다. 셰후이쳰은 「실사의 허화[談實詞的虛化]」 등의 논문을 발표하기 했다.

(7) 교재 수립

고등교육기관의 교재 가운데 특출한 것으로 궈시량(郭錫良), 탕쭤판(唐作藩), 허쥬잉(何九盈), 쟝사오위(蔣紹愚), 톈루이쥐안(田瑞娟) 등이 저술한 『고대중국어』(북경출판사, 1983)가 있다.[102] 이 책의 어법체계는 왕리의 『고대중국어』와 유사하다. 하지만 간결하고 중점이 잘 묘사되어 교학과 자습에 적합하며 사회적으로 영향력이 크다.

그 밖에도 주싱(朱星) 편찬의 『고대중국어』(1980), 쟝즈챵(張之強)의 『고대중국어』(1984), 주전쟈(朱振家)의 『고대중국어』(1990), 쟝스루(張世祿)의 『고대중국어 교육규율』(1991), 훙청위(洪成玉)의 『고대중국어 교육규율』(1990) 등이 있으며 각 저서의 어법에 대한 설명은 저자들의 연구 성과를 반영하고 있다.

(8) 특정 주제에 대한 연구

이 시기 특정 주제에 관한 연구 성과는 매우 높으며 십여 년 사이에 발표된 논문은 천여 편에 이른다. 매년 발표되는 논문은 이전 시기의 각 해에 발표된 논문 수량의 10배에 이른다. 이전의 각 시기에 비교한다면 이 시기 논문은 수량이 많을 뿐만 아니라 연구범위가 넓고 수준이 높으며 새로운 연구 방법이나 이론을 활용하였다. 이러한 논문은 이 시기 고대중국어 어법연구의 발전에 큰 영향을 미쳤다. 또한 고대중국어 어법연구를 주제로 하는 논문집이 출현하였으며 청샹칭(程湘清)이 주로 편찬한 『선진중국어연구[先秦漢語硏究]』, 『양한중국어연구[兩漢漢語硏究]』(산동인민출판사, 1982, 1985), 중국사회과학원 언어연구소에서 편찬한 3권의 『고대중국어 연구논문집[古漢語硏究論文集]』(북경출판사, 1982, 1984, 1987) 등이 있다.

1) 이론연구

고대중국어 연구에서 연구동태를 파악하고 이론, 방법을 연구한 사람은 궈시량이다.

1985년 궈시량은 「고대중국어 어법연구 소론[古漢語語法硏究芻議]」에서 고대중국어의 연구에 대해서 5가지 사상을 제시하였다. 첫째, 정확한 시대적 관점을 갖추어야 한다. 언어자료를 취함에 고금의 자료를 무작위로 취해서는 안 된다. 둘째, 어법의 체계성을 중시하

---

102) [역주] 이 책의 "古代漢語常識" 부분을 한국어로 번역한 책이 '김혜영 등(2016), 『고대중국어』, 역락출판사'이다.

며 어법체계의 관점에서 문제를 고찰해야 한다. 셋째, 각종 언어학 이론의 성과를 취합, 수용해야 한다. 넷째, 전문저서, 시기별, 특정 주제에 관한 연구를 제창한다. 다섯째, 정성 분석, 정량분석을 함께 갖추어야 한다. 이러한 원칙을 바탕으로 그는 영향력 있는 다수의 학술 논문을 발표하였다. 이후 「1991년 고대중국어어법연구 간술[1991年古漢語語法研究簡]」 (1992), 「40년이래 고대중국어어법연구 논평[四十年來古漢語語法研究述評]」(1993)을 발표하였 으며 그는 다섯 가지 원칙을 중복하여 서술하고 이를 통해서 고대중국어 어법연구에 존재 하는 문제도 지적하였다. 첫째, 이론을 경시하며 문제를 논의할 때에 훈고학의 허사 훈석 의 방법을 취하여 대체어법분석을 번역에 활용한다. 지금의 것으로 고대의 것을 설명하는 것이다. 둘째, 연구 자료에 대한 중시가 부족하다. 셋째, 정보소통이 어렵고 각각 자신의 연 구에 임한다. 넷째, 연구의 방법을 늘여야 한다. 이러한 주장은 선대 학자들의 연구사상을 계승, 발전시킨 것으로 고대중국어 어법연구가 진일보 발전하기 위한 핵심요소를 밝혔다.

츄시구이(裘錫圭) 「고문자자료의 고대중국어연구의 중요성[談談古文字資料對古漢語研究的 要性]」(1979)에서는 사람들이 출토문헌의 언어자료를 이용하도록 이끌었다. 탕위밍(唐鈺明) 「고대중국어 연구 중의 '변환' 문제[古代漢語研究中的"變換"問題](1995)에서는 변환의 사용에 대해 논의하였다.

메이주린(梅祖麟) 「고대중국어연구의 몇 가지 반복적 출현의 변화방식[古漢語研究中幾個 反復出現的演變方式]」(1998)은 어법변화의 원칙을 귀납하였으며 '정, 반 형식의 평형', '被, 會, 解, 沒 등의 동사 허화', '허화 과정 중의 一과 多' 등 3가지 현상에 대해서 다루었다.

2) 어휘연구

(1) 앞 시기에 비해서 이 시기에는 특정 저서의 어휘 연구에 관한 논문의 수량이 증가하 였다. 역시 『左傳』의 연구가 가장 많다. 천거중(陳克炯)은 우선 1978년 「『좌전』복음사 초 탐[左傳複音詞初探]」, 「『좌전』복음사 재탐[左傳複音詞補探]」을 발표하였으며 그 외 아오징하 오의 「『좌전』 '是'자 용법 조사[左傳"是"字用法調查]」(1982), 마이메이챠오(麥梅翹) 「『좌전』 전 치사 '以'의 전치 목적어[左傳中介詞"以"的前置賓語]」(1983)가 있다. 허러스, 선샤오룽, 리쥐 핑 등의 논문도 발표되었다.

특정 저서의 어휘 연구는 범위가 광범위하며 선진시기에 관한 논문이 많다. 리웨이치(李 維琦) 「『시경』 '維'자 고찰(詩經中"維"字考察)」(1991), 셰저빈(謝質彬)「『논어』를 통해 살펴본 고대 중국어 접속사 '而'의 용법(從<論語>一書看上古漢語連詞"而"的用法)」(1980), 둥쿤(董琨)

「『묵자』의 인칭대체사(<墨子>的人稱代詞)」(1995), 류리(劉利) 「『국어』의 칭수법(<國語>的稱數法)」(1995), 웨이페이취안(魏培泉) 「『장자』의 어법연구(<莊子>語法研究)」(1982), 옌정(閻征) 「『손자』구절의 연접방식(<孫子>語句的連接方式)」(1984) 등이 있다. 또한 양한시기의 연구로 청상칭 「『논형』의 복음사 연구(<論衡>複音詞研究)」(1985), 리빙제(李炳杰) 「『사기』의 복문 접속사(<史記>中的複句連詞)」(1990), 리카이(李開), 한천치(韓陳其)의 논문 등이 있다.

　(2) 앞 시기와 같이 시기별 허사는 연구자들의 중점적 연구주제이다. 궈시량은 「전치사 ‘于’의 기원과 발전(介詞“于”的起源和發展)」(1997), 「전치사 ‘以’의 기원과 발전(介詞“以”的起源和發展)」의 두 글에서 두 가지 허사 기능의 통시적 변화를 상세히 서술하였으며 연구 방법은 모범이 된다. 이 밖에 기타 학자들도 ‘于’자의 사용양상을 논문에서 상세히 다루었다. 예를 들면, 야오관췬(姚冠群)의 「『시경』‘于’자의 용법과 분석(詩經“于”字的用法分析)」(1983), 구저푸(賈則夏)의 「고대 중국어의 ‘于’자와 관련한 두 가지 문제(古漢語中有關“于”字的兩個問題)」(1985), 원위(聞宥) 「‘于’, ‘於’에 대한 새로운 논의(“于”, “於”新論)」(1985), 웨이페이취안 「고대 중국어 전치사 ‘於’의 변화에 대한 약사(古漢語介詞“於”的演變略史)」(1993)등과 같다. 용법이 매우 복잡한 어기사도 주요 연구주제이다. 궈시량은 「선진어기사 신탐(先秦語氣詞新探)」(1988)에서 어기사의 특징, 분류, 표현, 기원 등과 관련한 이론적 문제를 다루었고 어기사의 기능은 하나라는 점을 지적하였다. 기타 논문으로 양샤오민(楊曉敏) 「고대 중국어의 어기사[古代漢語中的語氣詞]」(1980), 자오창차이(趙長才) 「선진 어기사 연용현상과 역사적 변화[先秦語氣詞連用現象的歷史演變]」(1995)등이 있다. 왕훙쥔 「중국어 자칭 명사화 표기 ‘之’의 소실[漢語表自指的名詞化表記‘之’的消失]」(1987)에서는 명사화표지 ‘之’가 서한 초기에 이미 쇠퇴의 경향을 보임을 지적하였다. 오오니시 카츠야(大西克也) 「진한이전 고대 중국어의 ‘주어之서술어’의 구조(秦漢以前古漢語中的“主之謂”結構)」(1994)에서 ‘主之謂’에서 ‘之’의 사용여부는 방언과 관련된다고 지적하였다.

　기타 허사를 연구한 예로는 딩전츈(丁貞藥) 「전치 목적어 뒤의 ‘是’, ‘之’의 품사(論前置賓語後的“是”“之”的詞性)」(1983), 장완치(張萬起) 「접속사 ‘所以’의 형성 시기(連詞“所以”產生的時代)」(1984), 탕유밍 「‘其’, ‘厥’의 분별(其、厥考辨)」(1990), 왕커중, 왕하이펀의 논문이 있다. 전반적인 허사에 대한 연구도 증가하였다. 쟝바오창(姜宝昌) 「복사 허사에 대한 시론(卜辭虛詞試析)」(1982), 위민(兪敏) 「한장 허자 비교 연구(漢藏虛字比較研究)」(1984), 자오청(趙誠) 「갑골문 허사 탐색(甲骨文虛詞探索)」(1986), 비펑성(薛鳳生) 「접속사 ‘而’의 의미와 어법 기능(試論連詞“而”的語義與語法功能)」(1991), 황산(黃珊)「고대 중국어 부사의 기원(古漢語副詞的來源)」(1996)

등과 같다.

시기별 실사 연구 중에는 대체사의 연구가 가장 많다. 궈시량의 논문의 견해는 특출하며 전통적 학설을 수정하고 방법에 대해서도 의견을 제시하였다. 예를 들면, 「제3인칭 대사의 기원과 발전(第三人稱代詞的起源和發展)」(1980)에서 전면적으로 깊이 있게 '之, 其, 彼, 厥' 등의 대체사의 특징 및 변화과정을 다루었다. 또한 그의 「상고 지시대사의 체계[論上古指示代詞的體系]」(1989)에서는 대체사의 지역성, 시간성, 대체사 자체의 차이에 근거하여 선진시기 지시대사를 5가지로 분류하였다. 범지(泛指)와 특지(特指), 근지(近指)와 중지(中指), 원지(遠指), 무정(無定), 술어성 지시대체사[謂詞性指代]이다. 홍포(洪波)는 대체사의 연구에 줄곧 관심을 기울였으며 그의 「상고 중국어의 지시대체사의 서면 체계 재연구[上古漢語指代詞書面體系的再研究]」(1988), 「겸지대체사의 어원 고찰[兼指代詞語源考]」(1994)등에서는 상고중국어의 대체사를 분석하고 상나라, 주나라 시기 언어의 어족 문제에 대해서도 다루었다. 그 밖에도 저우성야(周生亞) 「상고중국어 인칭대체사 복지의 원인[論上漢語人稱代詞繁復的原因]」(1980), 탕쥐판의 「제3인칭대체사 '他'의 기원시대[第三人稱代詞"他"的起源時代]」(1980), 황성장의 「선진고대중국어 지시사 연구[先秦古漢語指示詞研究]」(1983) 등이 있다.

다음은 동사의 연구로 천거중 「선진 이음절 동사와 문법기능[先秦雙音動詞及其句法功能]」(1987), 궈시량 「계사'是'의 형성시기와 어원논쟁에 대한 몇 가지 주장[關于繫詞"是"產生時代語源論爭的幾点認識]」(1990), 자오청(趙誠) 「갑골문 동사탐색(甲骨文動詞探索)」(1990), 류청후이(劉承慧) 「선진중국어의 상태형용사[先秦漢語的狀太形容詞]」(1979), 양샤오민(楊曉敏)의 「선진 양사와 형성, 변화[先秦量詞及其形成與演變]」(1986)가 있다.

어휘법의 연구논문으로는 마전(馬眞)의 「선진중국어 복음사 초탐[先秦漢語複音詞初探]」(1980), 청샹칭 「선진이음사연구[先秦雙音詞研究]」(1982), 청샹칭 「『논형』복음사연구<論衡>複音詞研究」(1985), 궈시량 「선진중국어 어휘법 발전[先秦漢語構詞法的發展]」(1994)이 있다. 이상의 네 논문에서는 복음사, 어휘법과 관련한 규칙을 매우 상세히 밝혔다. 왕닝(王寧) 「실사의 어휘의미와 어법분류(實詞的詞彙意義與語法分類)」(1995)에서는 단어 의미와 품사 사이의 관계를 연구했으며 야오전우(姚振武) 「자칭과 전칭[關于自指和轉指]」(1994), 송사오녠 「고대중국어 술어성분의 지칭과 명사화(古代漢語謂詞性成分的指稱和餘名詞化)」(1997)에서는 自指, 轉指와 관련한 문제에 대해서 깊이 있게 연구하였다.

3) 통사연구

어휘연구와 비교하면 통사연구의 수량은 적다. 탕위밍(唐鈺明)은 이 방면에 있어서 많은 연구를 했으며 그 논문은 출토문헌, 전체문헌을 종합적으로 연구하였으며 정량과 변환의 방법을 적용하여 영향력이 크다.

통사연구에서 피동식의 연구가 대다수이며 탕위밍「상고 중국어의 피동식의 기원[論上漢語被動式的起源]」(저우시푸(周錫馥) 공저, 1985),「선진 중국어 피동식의 발전[論先秦漢語被動式的發展]」, 웨이페이취안「고대 중국어의 피동식의 발전과 변천[古漢語被動的發展與演變]」(1993)등이 있다. 보어 역시 중요한 연구주제로 판윈중(潘允中)「중국어 동보구조의 발전[漢語動補結構發展]」(1980), 송사오녠(宋紹年)「중국어 결과보어 형식의 기원 재탐[漢語結果補語式起源再探]」(1994)이 있다. 기타 연구로는 마한린「고대 중국어에서 도태한 세 가지 문장 형식[古漢語三種被淘汰句型]」(1978), 천추성(陳初生)「초기 처치식에 대한 약론[早期處置式略論]」(1983), 펑춘톈(馮春田)「수호지진묘중간의 일부 어법현상 연구[睡虎地秦墓竹簡某些語法現象研究]」(1984), 탕위밍「갑골문의 '唯 목적어 동사' 형식 및 변화[甲骨文"唯賓動"式及其蛻變]」(1990), 천추성「상고 중국어 동사의 다 대상어의 표시법[論上古漢語動詞多對象語的表示法]」(1991), 탕위밍「고대 중국어의 '동사之명사' 구조의 변환 분석[古漢語"動之名"結構的變換分析]」(1994), 황리리(黃麗麗)「『좌전』 복문연구[<左傳>複句研究]」(1996), 바이자오린(白兆麟)「『좌전』 가설 복문 연구(<左傳>假說複句研究]」(1998)가 있으며 그 외 인궈광의 논문에서도 상세히 다루었다.

황롄장은 앞 시기 전문저서 연구에서 시기별 통사연구로 전환하여「은주시기 문법 초탐[殷造法初探]」(1979),「상고중국어의 문법 발전[上古漢語的句法發展]」등을 발표했으며 류청후이는「선진 중국어의 문장구성 원칙[先秦漢語的結句原則]」(1996)에서 문법의 보편적 문제를 다루었다.

제3절 전망

각 시기별 학자들의 땀과 노력으로 지금의 고대중국어 어법연구 성과를 이룰 수 있었다. 우리는 더 많은 연구업적을 쌓을 수 있도록 노력해야 한다. 다음은 계속해서 연구에 임할 연구자들이 참여할 수 있도록 일부 견해를 덧붙인다. 필자는 고대중국어 어법의 연구를 잘 수행하기 위해서는 여러 방면의 연관성에 주목해야 한다. 예를 들면, 이론과 실제, 통시와 공시, 통사와 품사, 텍스트와 시기, 특정주제와 체계 등과 같다. 아래에서는 이와 같은 몇 가지 연관성에 대해서 언급하도록 하겠다.

1. 이론과 실제

중국의 '소학' 전통은 실용을 중시한다. 『문통』에서 시작된 고대중국어 어법연구도 실용을 목적으로 삼았다. 실용을 중시하는 것은 당연히 필요하다. 연구의 최종 목적은 실용이다. 하지만 실용을 중시하는 전통으로 이론의 중요성을 배척해서는 안 된다. 만약 이론의 수준이 낮다면 연구수준은 제고될 수 없으며 실용 수준 역시 마찬가지이다. 높은 수준의 이론 기초를 바탕으로 고대중국어 어법연구는 큰 진전을 이룰 수 있다. 이론은 구체적인 연구와 실용을 모두 이끄는 기능을 한다. 반대로 구체적인 연구와 실용은 이론을 보충한다. 이론의 중요성은 두 가지 측면에서 나타난다. 우선 이론은 국내외 각 언어학파의 이론과 기타 여러 가지 관련한 학문(기호학, 논리학, 심리학, 철학 등)의 이론을 모두 포괄한다. 각종 이론들을 통해서 고대중국어 어법연구를 이끌어 갈 수 있도록 장려해야 한다. 둘째, 일시적으로는 실용적이지 않고 이론적인 고대중국어 어법연구도 중시해야 한다. 우리가 현재 연구하는 각종 언어학 이론은 서양의 언어를 바탕으로 수립한 것이다. 이러한 이론도 자연히 활용할 수 있으며 중시해야 한다. 중국어의 특징에 근거하여 중국어에 적합한 언어학 이론을 연구하는 것도 응당 중시해야 한다. 국내 선배 학자들은 이 방면에 있어서 이미 연구 업적을 쌓았으며 우리는 이어서 더 많은 연구를 해야 한다.

2. 통시와 공시

공시연구는 통시연구의 중요한 기반이며 한편으로 통시연구는 공시연구를 심화시키는 중요한 요소이다. 통시, 공시연구에서 실용적으로 이론적으로 고대중국어와 현대중국어의 관계는 가치 있는 중요한 문제이다. 비교시기부터 학자들은 문언과 백화의 비교연구를 중시하였다. 이러한 연구 방법의 긍정적 효과는 비교를 통해서 고대중국어 어법에 대한 인식을 심화시킬 수 있다는 점이다. 하지만 고대중국어 어법의 연구나 고대 시기의 공시적 연구가 깊지 않은 상태에서 이와 같은 연구 방법은 고대중국어를 현대중국어에 억지로 끼워 맞춰서 해석하게 하는 역효과를 일으킨다. 고대중국어 어법과 현대중국어 어법은 밀접하게 연관되어 있지만 독립적 체계이다. 두 어법체계 사이에는 여러 가지 공통점도 있지만 차이점도 있다. 고대중국어 연구는 현대중국어 연구(방언연구 포함)의 사상, 업적을 계승해야 하지만 한편으로는 현대중국어 어법의 틀에 고대 어법을 끼워 맞추려 해서는 안 된다. 고대중국어의 어법적 특징을 연구하고 고대중국어 어법체계를 수립해야 한다. 고금 사이의 큰 차이, 그리고 대체적으로 비슷한 것 같지만 차이를 보이는 작은 차이에도 주목해야 한다. 현대중국어 어법의 틀로 고대중국어를 연구하는 경우에는 종종 대개 비슷하지만 작은 차이를 보이는 요소를 간과하기 쉽다. 즉 대체적 유사함으로 작은 차이를 넘기고 현대중국어를 잣대로 고대중국어를 설명하는 것이다. 같은 고대라 하더라도 시기별 차이가 있으므로 마찬가지로 참고하되 억지로 끼워 맞추는 식이 되어서는 안 된다. 또한 한장어족의 기타 언어의 연구도 참고해야 한다.

3. 통사와 품사

어법을 연구할 때는 연구의 순서를 생각하고 늘 연구의 출발점을 선택해야 한다. 만약 그 기점을 품사나 통사 가운데 한 가지로 삼는다면 두 가지 가능성이 있다. 즉 품사를 연구의 기점으로 삼던지, 아니면 통사를 기점으로 삼는 것이다. 만약 품사를 연구의 기점으로 본다면 통사에 근거하지 않고도 일부, 혹은 전체의 품사를 구분할 수 있다. 예를 들면 의미에 근거하여 품사를 분류할 수 있으므로 혹자는 폐쇄성(열거 가능) 품사를 연구기점으로 삼는다. 발아기에는 주로 의미에 근거하여 품사를 분류하였으며 품사를 확정하고 이 품사들의 용법, 통사와 관련한 문제를 다루었다. 발전기에는 의미에 근거한 품사를 중시하지 않았으며 통사관계는 주로 의미관계와 허사를 통해서 정한다. 발전기의 경우 일부 학자들은 폐쇄성 품사를 연구의 기점으로 삼았다. 만약 통사를 연구의 기점으로 삼는다면 품사에 근거할 필요가 없으며 일부 혹은 전체 문장의 통사 성분을 확정할 수 있다. 예를 들면 통사관계는 주로 의미관계, 허사에 의거해 정하며 간혹 공리화의 방법으로 정하기도 한다. 통사관계가 확정되면 품사를 다시 논의한다. 본서에서 사용한 것은 공리화의 방법이다. 하지만 어떠한 순서로 고대중국어의 어법을 연구하는 것이 더욱 적합한가에 대해서는 계속해서 탐구해야 한다. 본래 여러 가지 순서가 가능하며 위에서 언급한 순서는 적합하지 않을 수도 있다. 근래의 연구상황에 근거한다면 통사연구는 품사연구에 취약하고 품사연구는 통사연구를 배제하고 논의될 수 없다. 따라서 품사연구를 약화시키지 않으면서 통사연구를 강화해야 고대중국어 어법연구가 심화될 수 있다.

4. 텍스트와 시기

특정저서 연구와 시기별 연구는 상호 촉진의 관계가 있다. 현재 특정 저서에 관한 연구는 많은 연구 성과를 올렸지만 여전히 부족하다. 이미 연구된 저서도 더 깊이 있게 연구할 수 있고 아직까지 연구하지 못한 저서도 연구하여야 한다. 특정 저서에 관한 연구는 시기별 연구의 기초이다. 저서에 관한 연구가 충분히 이루어지면 시기별 연구는 근거가 있게 된다. 하지만 저서 연구는 시기별 연구와 떼어서 논할 수 없다. 저서는 어떤 작자 개인의 언어자료이며 자연히 당시 고유하던 일반적 어법규율을 반영한다. 한편 저자 개인, 혹은 특정 방언의 어법특징을 반영하기도 한다. 또한 『좌전』, 『국어』, 『사기』 등과 같은 일부 저서는 편폭이 길지만 그 외에는 편폭 상에 제한이 있다. 이와 같은 경우, 품사의 구분이나 문장형식을 귀납하기에는 제약이 있다. 따라서 시기별 어법을 연구할 때에는 저서 연구 성과를 수용해야 하고, 저서를 연구할 때에는 시기별 관련 연구 성과를 참고해야 한다. 양자는 상호보완적이며 떼어 놓을 수 없다.

5. 특정 주제와 체계

일반적으로 사람들은 특정 품사, 문장형식과 같은 특정 주제에 관해서 우선 연구한다. 특정 주제에 관한 연구에 기초를 쌓은 후에 전체 어법 체계를 고찰한다. 하지만 전체 어법체계를 고찰할 때에는 종종 이전의 특정 주제에 관한 연구의 결론이 전체 어법체계에 부합하지 않음을 발견하고 해당 주제에 관한 연구 결론을 수정하고자 한다. 즉 국부적으로 타당성을 갖추었지만 전면적으로 고찰한다면 반드시 타당하다고 볼 수 없거나, 혹은 전면적으로 타당성을 갖추었다 하더라도 국부적 관점에서는 그렇지 않을 수도 있다. 이러한 경우에 특정 주제에 관한 연구에서 도출한 결론을 수정해야 한다. 따라서 특정 주제연구와 전체 어법체계 연구는 일회성 연구가 아니며 특정주제에서 체계로, 다시 체계에서 특정 주제로 여러 차례 반복적인 연구가 진행되어야 한다.

고대중국어 어법 연구에 있어서 각종 연관성에 근거하여 노력을 기울이면 고대중국어 어법연구는 반드시 새로운 연구 성과를 이룰 수 있을 것이다. 일부 연구는 아직까지 이루어지지 않았으며 우리는 기존의 연구 성과를 기반으로 다음과 같은 연구를 진행해야 한다.

1. 각종 특정 연구주제를 연구하는 동시에 상고시기, 상고시기의 특정 시기, 혹은 일부 저서에 관한 어법체계를 수립해야 한다. 각종 유형의 연구주제는 어법체계를 수립하기 위한 기초이다. 이와 같은 연구는 이미 많이 진행되었지만 당연히 계속해서 이루어져야 한다. 견고한 주제 연구를 바탕으로 상고, 상고시기의 단대별, 혹은 일부 저서의 어법체계를 세워야 한다. 상고어법은 몇 가지시기로 나뉠 수 있으며 『좌전』, 『사기』는 언어자료가 풍부한 서적이다. 특정 시기나 저서의 어법체계가 밝혀진다면 상고시기 어법체계를 이해하는데 도움이 된다. 이러한 연구는 많이 이루어졌지만 여전히 더 많은 연구가 필요하다. 따라서 어법체계를 수립할 때에는 일률적으로 하려 하지 말고 근거를 가지고 조리 있게 해야 하며 다양성, 상이한 체계를 장려해야 한다. 고대중국어 어법은 인구어 어법이 아니고 현대중국어 어법과도 상이하다. 우리는 각종 어법과의 공통점을 발견하고 동시에 고대중국어 어법 교유의 특징을 밝히는 것도 장려해야 한다.

과학적인 상고 중국어 어법체계의 수립은 수만 명의 사람들, 특히 청소년들이 고대중국어를 학습할 때에 들여야 하는 시간, 노력을 줄일 수 있게 해준다. 국가, 국민을 이롭게 하는 일이라 할 수 있다. 비교적 완전하고 충분히 상고 중국어 어법특징을 반영한 체계는 중국어사 연구서를 저술하는 데에도 중요한 기초가 된다. 이론상 이 체계는 세계의 언어학이론을 보강하는데 도움이 된다.

2. 어법체계 수립을 기초로 우리는 여전히 여러 가지 연구를 해야 한다. 예를 들면, 공시적 고대중국어 어법 체계를 수립해야 한다. 상고시기부터 청대까지 다량의 서적은 문어로 쓰였다. 문어의 어법 및 그 발전에 대해서도 연구해야 한다. 상고시기부터 청대까지의 어법의 전체적 면모를 반영한 새로운 『문통』이 완성된 후, 마건충이 기대했던 '이를 따라서 문장을 배워라.(循是而學文焉)'보다 더 높은 수준을 실현하였다.

비교적 완전한 어법체계를 바탕으로 훈고학, 문자학, 음운학 등의 연구 성과를 수용함으로써 우리는 여러 공구서를 편찬할 수 있다. 예로 품사를 표시한 상고중국어 사전 두 종류를 편찬할 수 있다. 한 종류는 일반 독자들이 보편적으로 사용하기 위한 용도로 상용 단어를 주로 수록하고 설명도 간략히 함으로써 고대중국어를 학습하는 사람들의 증가를 도모한다. 또 하나는 전공자들의 위한 높은 수준의 것으로 각 지역의 상고 어휘를 수집하고 전면적이고 깊이 있는 설명을 연구자들에게 제공한다. 고대중국어 어법 및 관련 과학 연구를 바탕으로 고적 편집에 새로운 주석본을 제공한다. 이러한 주석본은 응당 당대의 최고 수준을 반영해야 하며 이로써 중국 전통 문화를 발양시키는 공헌을 할 수 있다.

총괄적으로 고대중국어 어법연구 및 관련 연구는 아직까지도 많이 이루어져야 하며 우리는 더욱 많은 사람들이 이러한 연구를 함께 하기를 기대하는 바이다.

저자 후기

나는 언제나 商務印書館에서 출판된 책을 좋아한다. 이는 당연히 도서의 질량, 무엇보다 내용상의 질량이 우수하기 때문이다. 내 자신도 상무인서관에서 책을 내고 싶다는 바램이 없었던 것은 아니지만 이 책을 생각하지는 못하였다.

『고대중국어 어법론(古代漢語語法學)』이 책은 처음 동료들과 집필하기로 약속하여 쓴 일련의 시리즈 중의 한 권이며 1999년 하반기에 완성되었다. 원래 이 책은 어떤 출판사에서 어떤 시기에 출판하기로 계약하였던 것이다. 그런데 생각지도 못하게 계약이 쓸모없게 되고 책도 제 때에 출판하지 못한 채 2년 반의 시간을 허송하게 되었다. 나는 2002년 상반기에서야 우연한 기회에 이 책이 포함된 시리즈의 책이 어떤 원인에 의해 출판되지 못하였는지를 듣게 되었다. 그 원인을 여기에서는 말하지 않겠지만, 분명한 것은 내 책의 원고 때문은 아니라는 것이다. 이러한 상황에서 나는 원고를 다시 검토하게 되었다. 그 당시 나는 기왕 책이 출판이 되지 않았으니 원고를 가져와서 고칠 만한 곳이 있는지를 다시 살펴보려고 생각하였다. 원고를 살펴본 후 내 스스로 이 책은 아직 출판할 가치가 있다고 생각되었고 이에 상무인서관의 저우홍포(周洪波) 선생을 만났다. 저우 선생은 매우 진지하면서도 효율적으로 일을 처리하는 분에 속한다. 그는 매우 빨리 내 원고를 살펴보고 긍정적인 답변을 해왔고 이에 이 책을 상무인서관에서 출판하기로 결정되었다. 상무인서관에 원고를 보낸 후에 장완치(張萬起) 선생이 줄곧 이 책에 관심을 표명하면서 꼭 필요한 여러 도움을 나에게 주었다. 나는 상무인서관의 저우홍포 선생과 장완치 선생 두 분께 감사를 표하고 싶다.

이 책은 집필이 끝난 후 허러스(何樂士) 선생님, 청샹칭(程湘淸) 선생님께 전체를 통독해주실 것을 부탁드렸다. 두 분께서는 내용부터 글쓰기에 이르기까지 매우 진지하게 많은 귀중한 의견을 제시해주셨다. 여기에서 이 분들께 감사를 표하고자 한다.

이 책을 완성할 수 있었던 것을 생각할 때, 왕리(王力) 선생님과 주더시(朱德熙) 선생님 그리고 나의 여러 선생님들께서 내게 베풀어주신 가르침에 대해 감사해야 한다. 이 분들은 모두 제자를 가르치는 데에 게으르지 않으신 정신과 땀으로 나를 언어학의 큰 세계로 인도해주셨다. 내 책의 완성에 즈음하여 여러 선생님들께 감사를 드려야 마땅하다.

이 책에는 선배 학자들의 문법 연구의 성취에 기초하여 나의 몇 가지 새로운 생각도 들어있다. 만약 고대 중국어 문법을 공부하려는 사람에게 이 책이 조금이라도 도움이 되는 것이 있다면, 그 중에 나의 생각에서 나온 부분은 단지 어리석은 자의 사소한 생각일 뿐이다. 나는 그저 둔한 사람에 불과한데 단지 하고 있는 이 방면의 일을 좋아할 뿐이다.

2002년 12월

리쭤펑(李佐豊)

역자 후기

　리쭤핑의 『고대중국어 어법론』은 2004년에 처음 출판되었지만, 저자의 후기에서 밝힌 것처럼 책이 기획되고 집필된 것은 그보다 몇 년 전의 일이다. 그래서 이 책은 지금부터 따지면 거의 20년이 다 된 내용을 담고 있다고 볼 수도 있다. 그럼에도 고대중국어의 어법에 대해 단행본으로 간행된 책이 많지도 않거니와 또 전면적이고 체계적으로 다룬 것이 많지 않다는 점에서 여전히 학술적인 가치가 있는 책이라고 볼 수 있다.

　역자가 이 책을 처음 만난 것은 2004년 책이 출간된 직후의 일이다. 저자에 대해서는 이미 1994년 출간된 『문언문실사』라는 책을 통해 학문세계를 대략 알고 있었다. 당시 일반적인 고대중국어 어법 연구자들은 허사(虛詞)에 더 많은 관심을 기울이는 논문을 쓰는 데에 비하여 저자가 실사에 대한 연구서를 냈다는 것이 흥미로웠다. 또한 『고대중국어어법론』은 고대중국어 어법 연구와 관련된 이론적 문제는 물론 어법 체계를 논하고 있으며 당시까지의 연구에 대한 회고와 전망까지 다루고 있어서 고대중국어 어법의 연구자로서 흥미로운 내용이 많았다. 특히 제1장에서 다루고 있는 "고대중국어 어법론의 연구 대상", "고대중국어 어법론과 관련된 학문 분야", "고대중국어 어법의 특징", "고대중국어 어법의 연구 방법"에 대한 것은, 고대중국어 전공자라면 모두 깊이 생각해볼만한 문제들이었다.

　다만 이 책은 용어의 사용이나 문법의 기술에 있어서 논란이 될 만한 것이 없지는 않다. 가령, 시간을 나타내는 시간사를 역법시간사와 상대시간사로 나누어 설명한 것이나 부정을 나타내는 '非'를 결단부사라고 분류하여 일반적인 부정부사와 나누어 설명하는 것 등이 그것이다. 이는 저자의 독특한 견해로 수긍이 될 듯하면서도 아직은 좀 더 논의를 해볼 필요가 있는 부분이다.

　이 책은 원래 내가 진행하는 대학원 수업에서 십여 전에 교재로 선택하여 학생들과 함께 읽고 초역을 진행한 바 있다. 당시 내가 제1장을 번역하여 학생들에게 제공하고 연구 방법과 관련된 토론을 진행한 후 학생들이 각자 맡은 분량을 번역하고 이를 함께 읽으면서 책의 내용과 번역의 문제를 함께 논의한 바 있다. 그 때 초역에 참여했던 수강생의 대부분은 이미 박사학위를 취득하였고 그 중 일부는 대학의 전임교원으로 활동하고 있다. 당시에는 수업을 위한 번역이라는 점 때문에 급하게 번역되어 잘못된 곳도 적지 않았고 또 부분적으로 번역되지 않은 곳도 있었으며 또한 이 책의 마지막 부분에 있는 고대중국어 연구사는 다루지 않았다. 최근 나는 고대중국어 어법에 대해 다시 살펴보면서 이 책의 원서와 과거 번역된 자료를 함께 보다가 이 책의 번역서가 우리 학계에 소개되는 것이 아직 유효할 수 있겠다는 생각을 하였다.

언제나 느끼는 것이지만, 중국 고대의 언어와 문헌을 연구하고 번역하는 것은 고된 작업이다. 다양한 고전문헌을 다루면서 인용된 문장을 하나하나 찾아가면서 제대로 이해한다는 것이 쉽지 않기 때문이다. 또한 이 분야의 연구자들이 현실적으로 대학에서 진임교원이 되는 것이 쉽지 않기 때문에 평생 연구자로서 살아가는 길을 적절하게 찾아가는 것에 대한 고민이 있다. 이 때문에 나는 대학원생과 중국 고대 언어와 문헌 연구공동체인 "학이사(學而思)"를 조직하고, 2016년 『고대중국어』(역락출판사)를 공동으로 번역하여 출간한 바 있다. 따라서 이 책은 연구공동체 "학이사(學而思)"의 두 번째 번역서인 샘이다. 특히 이번 번역에는 나와 신원철, 김혜영 두 박사께서 주로 작업을 하였기에 세 사람의 이름으로 번역서를 내게 되었다. 그러나 실질적으로 나는 초역을 주도하였고 또 제1장의 완역을 한 바 있지만 이번 번역문의 검토와 재번역 작업은 나보다는 다른 두 분에 의해 주로 이루어졌다. 때문에 비록 내가 전체 진행을 독려하고 저역자 후기의 작성과 내용상 논란이 될 수 있는 부분에 대해 일정 정도 의견을 제시하면서 이루어졌지만, 이 번역서는 실질적으로 신원철, 김혜영 두 박사의 노력에 의해 출판되었다고 말하는 것이 더 타당할 것이다.

한 권의 책이 세상에 선보이기까지 많은 분들의 도움이 있다. 번역에 참여하지 않은 학이사의 구성원들이 평소 함께 공부하고 논의하는 과정이 있었다는 것도 이 책이 나오는 데에 중요한 공헌을 해주었다. 또 어렵고 복잡한 한자가 많은 책을 예쁘게 만들어주신 편집부의 여러분들, 갈수록 어려워지는 학술 출판을 알면서도 책 만들기 일터를 굳건하게 지켜주시는 역락출판사의 이대현 사장께도 고마운 마음을 표하고 싶다.

2018년 8월
역자를 대표하여
이 강 재

색인

저자

리쭤펑(李佐豊)은 1941년생으로 베이징대학(北京大學) 중문학과(中文系)를 졸업하였다. 중국방송대학(中國傳媒大學) 교수로 재직하였으며, 박사지도교수 자격을 갖추고 있다. 선진(先秦)시기의 중국어어법을 주로 연구하였으며, 『문언문실사(文言實詞)』, 『상고중국어어법연구(上古漢語語法研究)』 등의 저서와 다수의 논문이 있다. 베이징대학의 왕리언어학상(王力語言學獎) 등을 수상한 바 있다.

역자

신원철은 서울대학교 중문학과에서 "『經傳釋詞』에 나타난 인성구의 연구"로 박사학위를 취득하고, 현재 서울대학교 등에서 강의하고 있다. 『좌전 명문장 100구』, 『고대중국어』(공동) 등의 역서가 있다.
김혜영은 서울대학교 중문학과에서 "초기 중국어 문법서 연구-『馬氏文通』부터 5·4운동까지의 9종 문법서를 대상으로-"로 박사학위를 취득하고, 현재 서울대, 한국외국어대 등에서 강의하고 있다. 『고대중국어』(공동) 등의 역서가 있다.
이강재는 서울대 중문학과에서 "『論語』上十篇의 해석에 대한 연구"로 박사학위를 취득하였고, 현재 서울대 중문학과 교수로 재직 중이다. 『고려본 논어집해의 재구성』, 『고대중국어어휘의미론』, 『고대중국어』(공동) 등 다수의 저역서가 있다.

고대중국어 어법론

초판1쇄 인쇄 2018년 12월 17일 | 초판1쇄 발행 2018년 12월 28일
저 자 리쭤펑(李佐豊)
역 자 중국 고대 언어와 문헌 연구공동체 학이사(學而思)
        신원철, 김혜영, 이강재
펴낸이 이대현
편 집 홍혜정
디자인 안혜진
펴낸곳 도서출판 역락 | 등록 제303-2002-000014호(등록일 1999년 4월 19일)
주 소 서울시 서초구 동광로 46길 6-6 문창빌딩 2층
전 화 02-3409-2058(영업부), 2060(편집부) | 팩시밀리 02-3409-2059
전자우편 youkrack@hanmail.net 역락블로그 http://blog.naver.com/youkrack3888
역락홈페이지 http://www.youkrackbooks.com

ISBN 979-11-6244-353-8 93720

■책값은 뒤표지에 있습니다. ■파본은 교환해 드립니다.

이 저서는 2015년 대한민국 교육부와 한국연구재단의 지원을 받아 수행된 연구임
(NRF-2015S1A5A2A03050117)

이 도서의 국립중앙도서관 출판시도서목록(CIP)은 서지정보유통지원시스템 홈페이지(http://seoji.nl.go.kr)와 국가자료공동목록시스템(http://www.nl.go.kr/kolisnet)에서 이용하실 수 있습니다.(CIP제어번호 : 2018040975)